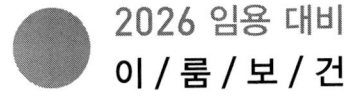

2026 임용 대비
이/룸/보/건

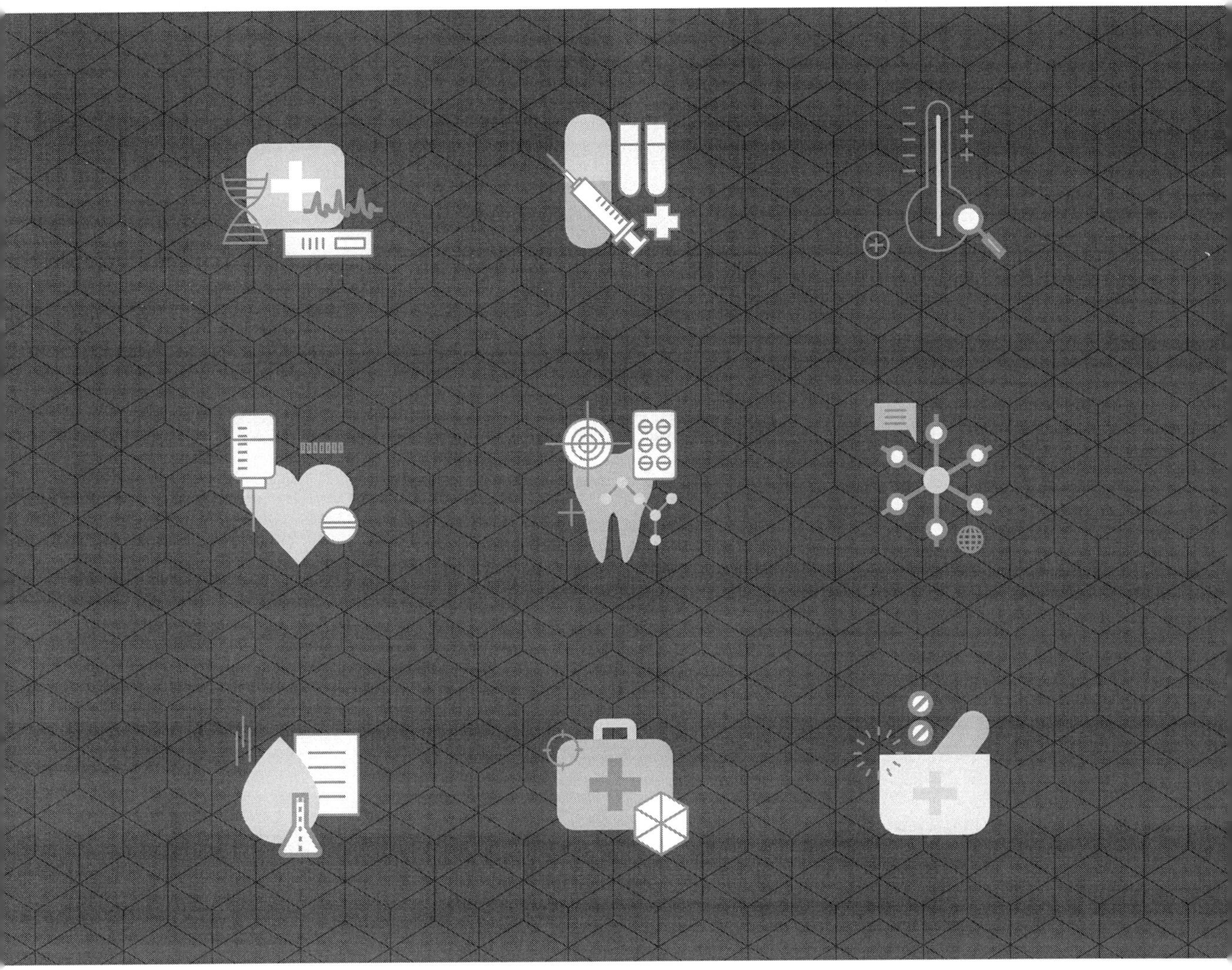

지역 사회 간호학
(학교보건, 보건교육)

아라 편저

직강·인강
G스쿨

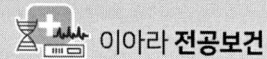

Contents

제 1 장 지역사회 간호학

● **Chapter 1 지역사회 간호의 이해**
   Ⅰ. 지역사회 보건간호 ··· 16
   Ⅱ. 보건간호와 지역사회 간호의 차이 ··· 23

● **Chapter 2 보건정책**
   Ⅰ. 보건정책 ··· 26
   Ⅱ. 보건의료전달체계 ··· 30
   Ⅲ. 보건의료재정 ··· 51
   Ⅳ. 간호사의 역할 ··· 54

● **Chapter 3 건강증진**
   Ⅰ. 건강증진 ··· 62
   Ⅱ. 건강증진과 건강행위 이론 - TbPPPP ·· 67
   Ⅲ. 우리나라 건강증진 ··· 85
   Ⅳ. 국민건강증진법 ··· 94
   Ⅴ. 건강증진사업 ··· 98

● **Chapter 4 지역사회 간호과정**
   Ⅰ. 지역사회 간호이론 ·· 106
   Ⅱ. 지역사회 간호과정 ·· 144
   Ⅲ. 지역사회의 간호활동 및 수단 ··· 182

● **Chapter 5 역학**

　Ⅰ. 역학의 이해 ··· 196

　Ⅱ. 질병의 자연사와 예방수준 ·· 198

　Ⅲ. 질병 발생 요인 ·· 201

　Ⅳ. 역학 연구방법 ·· 216

　Ⅴ. 역학적 측정지표 ··· 230

　Ⅵ. 예방접종 ·· 253

　Ⅶ. 집단검진 ·· 268

　Ⅷ. 감염병 관리사업 ··· 275

　Ⅸ. 인구 현상의 이해 ·· 292

● **Chapter 6 대상별 보건 의료 제공**

　Ⅰ. 일차 보건 의료 ·· 298

　Ⅱ. 가족 간호 ··· 300

　Ⅲ. 산업 간호 ··· 332

● **Chapter 7 환경과 건강**

　Ⅰ. 환경의 이해 ··· 364

　Ⅱ. 환경요인과 건강 ··· 369

　Ⅲ. 위험의사소통 ··· 412

　Ⅳ. 재난간호 ·· 413

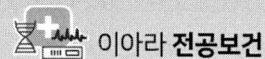

Contents

제 2 장 학교보건 보건교육

● **Chapter 1 학교간호**
- Ⅰ. 학교보건의 이해 ··· 424
- Ⅱ. 학교보건행정 ··· 426
- Ⅲ. 학교보건목표 ··· 431
- Ⅳ. 학교보건과정 ··· 432
- Ⅴ. 건강증진프로그램 ·· 436
- Ⅵ. 학교보건사업 ··· 448

● **Chapter 2 보건교육**
- Ⅰ. 보건교육의 정의 ·· 541
- Ⅱ. 보건교육의 기본이론 ·· 543
- Ⅲ. 보건교육과정 ··· 551

● **부록 : 보건 교과 교육과정(2022 개정 교육과정 총론)**

이아라 **전공보건**

지역사회 간호학

지역사회 간호	객체	목표	활동1
간호의 이해	보건정책	건강증진	간호과정

지역사회 간호의 이해	보건정책	건강증진	간호과정
I.정의 지역사회 대상, 간호 제공 및 보건교육을 통해서 지역사회의 적정기능 수준의 향상에 기여하는 것을 궁극적인 목표로 하는 과학적인 실천	I. 보건정책 II.보건의료체계 1. 국가가 국민의 보건의료요구를 충족시키고 전반적 건강수준을 향상시키기 위해 마련한 보건의료, 제반 법률, 제도 2. 구성요소 : 자조전경관리 3. 유형 　-자유방임형 　-사회보장형 　-사회주의형 4. 우리나라제도 5. 사회보장제도: 사보 산연고 산건 노/공부 기생의 급여/사 복 노아장가 6. 의료보장제도 7. 노인장기요양보험	사업체계 (국민건강증진종합계획, HP2030) I. 건강증진의 이해 1. 건강에 대한 지식보급과 실천할 수 있는 여건 마련을 통해 건강에 대한 가치와 책임의식을 함양하는 것 * 건강의 정의 2. 오타와 국제회의 (1986) 　-3대 원칙: 옹연역 　-5대 활동요소 : 정환 기사지 3. 이론 (TbP4) -타나힐건강증진모형 -precede-proceed -B.건강신념모형 -P.건강증진모형 -합리적행위이론 -계획된행위이론 -범이론적모형	I. 지역사회간호이론 　- 체계이론 　- 교환이론 　- 기획이론 　- 뉴만건강관리체계이론 　- 오렘자가간호이론 　- 로이적응이론 　- M.뉴만확장이론 II. 간호과정 1. 사정 　-사정영역, 수집방법 　-자료분석:분뇨재비결 　-SWOT분석 　-법적기준, 지침확인 2. 진단 　- 오마하진단분류체계 　- 우선순위설정 　　(PATCH, Bryant기준, BPRS, PEARL) 3. 계획 　목표: 관실관측, 언누어무범 　수단 : 경기사법 　수행계획 – 언누어무 　평가계획 – 언누무범 4. 수행 – 조감독 5. 평가 – 투사목효적
II.구성요소 1. 대상 : 개인, 가족, 학교. 산업체, 지역사회 2. 목표 : 적정기능수준향상 3. 간호활동 직접간호제공보건 교육 관리 4. 기능연속지표: 자대성자적 긴초외장기 5. 간호과정: 사정-진단-계획-수행-평가 6. 간호수단	III. 보건의료재정 1.국민의료비억제대책 2.지불보상제도 IV. 간호사의 역할 연 변 교사 상관 옹알증	4. 국민건강증진법 　국민건강종합계획 5. 건강증진사업 -건강증진프로그램 (생활기술프로그램 건강증진학교 건강도시) -보건교육(※)	III. 간호수단 건강관리실 운영, 가정방문, 상담, 매체, 자원활용과 의뢰활동, 집단지도,

활동2	대상			기타	
역학	일차보건의료제공			환경	재난

I. 역학의 이해
1. 정의 : 인구집단 내에 발생하는 모든 생리적 상태와 이상상태의 빈도와 분포를 결정하는 요인의 원인적 관련성 여부에 근거를 두고, 발생 원인을 규명함으로서 효율적 예방법을 개발하는 학문
2. 기능 :
  기술, 원인규명, 전략 개발, 감시, 평가역할
	1. 정의: 접근성, 수용가능성, 주민참여, 지불부담능력을 필수로 하는 건강증진, 예방, 치료, 재활 등 서비스가 통합된 보건의료
	2. 내용 : 건모통풍예방 식약정물
	3. 배경: 1977, 알마아타 회의
				1.환경호르몬
				 -정의
				 -기전
				 -영향
				
				2. 환경
				  영향평가	

	가족	학교	산업체		
	1. 특징 2. 중요성 3. 기능		I.근로자 건강관리 1.건강진단: 배치 전, 일반, 특수, 수시, 임시 2. 사후관리 3. 관련 질환 예 VDT 4. 유해인자별 직업병 -진폐증 -소음 -중금속 -유기용제 -진동 -고온, 저온		1.특성 2.분류 -자연 -사회 3.모형: 4단계 4.심리 5.간호사 역할
	4. 접근법 - 핸슨 앤 보이드 -프리드만				
II. 질병의 자연사와 예방수준 1. 자연사 5단계 2. 질병발생 원인 -병원체, 숙주, 환경 3. 역학모형 4. 발병 경로	5. 이론 -가족발달이론 -체계이론 -구조기능이론 -상징적 상호작용이론	(※) 학교보건별도		3. 환경 요인 -대기 -물 -식품 -생활 환경 -토양 -폐기물	
III. 역학연구 방법					
IV.측정 지표	6.간호과정 -사정: 방법,원칙, 도구, 분석 -진단 -계획 -수행: 지침, 유형 -평가				
V. 사업내용 1) 예방접종 2) 집단검진 3) 감염병예방			II. 산업재해 지표		
4) 만성질환관리사업 5) 방문간호, 가정간호			III.작업환경관리 1.유해인자노출기준 2.관리원칙: 대치, 격리, 환 기. 교육. 보호구	4. 위험의사 소통	
VI. 인구현상의 이해	7.취약가족 간호				

지역사회 간호학			
지역사회 간호	간호 체계	목표	
간호의 이해	보건정책	건강증진	

Ⅰ. 정의
 	
    ① ④ ②
    ⑤ ③ ⑥
 	
Ⅱ. 구성요소
1. 대상
- 정의
- 유형
- 기능
 	
2. 목표
- 적정기능수준 정의
- 영향 미치는요소
 	
3. 간호활동
 	
4. 기능연속지표
- 긍정적
- 부정적
 	
5. 간호과정
 	
6. 간호수단
 	
7. 보건간호 vs
   지역사회 간호
- 목적, 운영 주체, 사업대상, 사업운영방법, 중점예방단계
	Ⅰ. 보건정책
	
	Ⅱ. 보건의료체계
	1. 보건의료 SVC 구성요소
	  (적정보건의료
	  서비스의 조건)
	
	2. 구성요소
	
	3. 국가보건
	  의료체계 유형
	1) 뢰머의
	  매트릭스형 (4)
	2) 프레이:
	  의료 전달체계 (3)
	- 정의, 장점, 단점
	
	4. 사회보장제도
	1) 정의
	2) 종류
	
	5. 노인장기요양보험
	- 대상, 절차,
	  등급판정기준, 급여내용
	  급여제공원칙,
	  유효기간, 비용
	
	Ⅲ. 보건의료재정
	1. 지불보상제도 (7)
	
	Ⅳ. 간호사의 역할
	1. 지역사회 간호사
	2. 보건교사
		Ⅰ. 건강증진
		1. 목표
		
		2. 연혁
		1) 라론드 보고서
		
		2) 오타와 헌장
		- 정의, 3대원칙,
		  5대활동
		
		3) 건강증진학교
		- 기본개념, 원칙, 내용
		
		Ⅱ. 건강증진 이론
		1. 타나힐 - 건강증진
		  모형
		- 3분야, 7분야
		
		2. 베커 - 건강신념
		  모형
		
		3. 팬더 - 건강증진
		  모형
		
		4. 합리적행위이론
		
		5. 계획된 행위이론
		
		6. PRECEDE-
		  PROCEED
		
		7. 프로체스카-
		  범이론적모형
			Ⅲ. 우리나라 건강증진
			1. MDGs:
			  새천년개발목표
			
			2. SDGs: UN 지속가능
			  발전목표 기본계획
			
			3. NCDs: WHO
			  건강증진 3대 축
			
			4. HP 2030
			- 비전, 목표, 기본원칙,
			  6분과, 중점과제,
			  대표지표,
			  학교보건사업지표
			
			Ⅳ. 국민건강증진법
			1. 목적
			2. 보건교육
			
			Ⅴ. 건강증진사업
			1. 건강증진학교
			- 개념, 5가지 원칙, 내용
			
			2. 건강도시
			- 정의, 목표, 특징,
			  개념적 근거
			
			3. 통합건강증진 사업
			- 특성

지역사회 간호학				
활동 1				
간호과정				

I. 지역사회 간호이론
1. 체계이론
- 정의, 유형, 특성, 기능, 회환의 효과, 지역사회에 적용
 	
2. 교환이론
- 정의, 5가지 지본명제, 적용
 	
3. 기획이론
- 정의, 특성, 과정
 	
4. 사회생태학적 모형
- 정의, 건강 영향요인
 	
5. 베티뉴만 - 건강관리체계 이론
- 개념(목표), 주요개념
 	
6. 오렘 - 자가간호이론
- 자가간호 요구, 자가간호 역량, 자가간호 결핍, 간호 역량, 간호체계
 	
7. 로이 - 적응이론
- 자극, 대처기전, 적응양상
	II. 지역사회 간호과정
	1. 간호과정 순서
	
	2. 간호사정
	- 자료수집
	  · 사정영역
	  · 자료수집방법
	- 자료 분석
	  · 순서에 의한 방법
	  · SWOT
	
	3. 간호진단
	- 오마하 - 진단분류 체계
	  · 문제분류틀: 영역, 문제, 수정인자, 증상징후
	  · 중재틀
	
	- 우선순위 결정기준
	
	- 보건사업 기획모형
	  · PATCH
	  · MATCH
	  · MAPP
		4. 간호계획
		- 간호목표 설정
		  · 설정기준, SMART, 기술방법
		
		- 간호활동과 수단선택
		  · 타당성 조사기준
		
		- 수행계획
		  · 수행계획 구성요소
		
		- 평가 계획
		  · 평가 계획 수립 시기, 구성요소
		
		5. 간호수행
		- 수행활동
		- 수행단계에서 요구되는 보건환리 활동
		
		6. 간호평가
		- 평가유형
		  · 평가 주체에 따른 유형
		  · 평가 시기에 따른 유형
		  · 투입산출 모형
		  · 체계 모형에 따른 평가 범주
		  · 논리모형
		  · 경제성평가
		    (비용-효과, 비용-편익, 비용-효용)
		
		- 평가절차
			III. 지역사회 간호활동 및 수단
			1. 방문활동
			
			2. 건강관리실 운영
			
			3. 매체활용
			
			4. 상담
			
			5. 의뢰활동
			
			6. 지역주민 참여
			
			7. 사례관리
			   사례관리 과정	

지역사회 간호학						
역학						
Ⅰ. 역학의 이해	Ⅲ. 질병 발생 요인	Ⅳ. 연구방법	Ⅴ. 측정지표	Ⅵ. 예방접종	Ⅷ 감염병 관리사업	Ⅸ. 인구현상
1. 정의 2. 기능 Ⅱ. 질병 자연사 및 예방수준 1. Leavell& Clark의 자연사 5단계 2. 예방단계 - 1차예방 - 2차예방 - 3차예방	1. 종류 1) 병원체 요인 - 특성 - 감염의 단계 2) 환경요인 3) 숙주요인 - 감수성과 면역 - 집단면역 (5) 2. 역학모형 - 생태학 모형 - 수레바퀴 모형 - 거미줄 모형 3. 감염경로 1) 개념 - 감염, 현성감염, 불현성감염, 멸균, 소독 2) 병원체와 숙주와의 상호반응 3) 감염병 발생 6단계 4) 숙주 감수성 & 면역 4) 감염간호 - 내과적 무균법, 마스크, 격리지침(3)	1. 개념 2. 확정조건 3. 역학의 연구과정 4. 역학 연구 설계 1) 기술역학 - 정의, 주요변수, 방법(3) 2) 분석역학 연구 (1) 단면연구 - 정의, 목적 (2) 환자-대조군 연구 - 정의, 장단점, 공식 (3) 코호트 연구 - 정의, 장단점, 종류, 공식 3) 실험연구 - 이중맹검법	1. 사망, 출생, 모성, 인구 관련 지표 - 사망률 - 출생률 - 성비 - 부양비 - WHO 건강지표 - 보건지표 2. 역학적 사상 측정 1) 구성비율 - 유병률 (시점유병률) 2) 율 - 발생률 - 평균발생률 - 누적발생률 - 발병률, 2차발병률 3) 비 - 상대 위험도 - 교차비 - 기여위험도 - 기여위험분율 4) 계산방법에 따른 측정의 종류 - 조율 - 특수율 - 표준화율 (직접/간접)	1. 목적 2. 금기사항 3. 백신의 유형 4. 소아예방접종 5. 필수예방접종 6. 국가 예방접종 사업 - 어린이 무료접종 - B형간염 산모 - 건강여성 첫걸음클리닉 - 초중학교 입학생 Ⅶ. 집단검진 1. 정의 2. 목적(이해)/ 조건(원칙) 3. 타당도와 신뢰도 1) 타당도 - 민감도 - 특이도 - 양성예측도 - 음성예측도 - 영향을 미치는 요인 - 낮은 엄격성 - 높은 엄격성 2) 신뢰도	1. 감염병 환자분류 2. 감염병 분류 3. 감염병 관리 체계 - 계획 - 신고 및 보고 의무자 - 신고 감염병 - 강제처분 - 인수공통 감염병 4. 감시체계 5. 신종 감염병 - 원인균 - 전파경로 - 예방접종 - 증상 6. 감염병 관리 - 검역 - 격이 - 전파 경로별 주의 (4) 7. 검역법 - 종류 - 감시/격리 요청자 - 감시/격리 기간	1. 개념 - 인구 - 적정 인구 - 정지 인구 - 안정 인구 - 준안정 인구 2. 인구 성장 5단계 설 3. 인구 구조 유형 4. 우리 나라 인구 정책

지역사회 간호학					
대상자별 보건의료 제공		기타			
일차보건의료 제공	산업체	환경 I	환경 II	재난

일차보건의료 제공
- 개념
- 역사적 배경
- 접근의 필수요소
- 내용

가족
1. 가족에 대한 관점

2. 가족 관련 이론
   - 듀발 – 가족발달이론
   - 체계이론
   - 상징적 상호작용론
   - 구조기능 이론

3. 가족간호과정
   1) 간호사정
      (건강 사정도구)
   2) 사정자료분석 (7)
   3) 간호진단
   4) 가족계획
   5) 간호수행 유형 (2)
   6) 간호평가

4. 취약가족 간호

산업체
1. 근로자 건강관리
   1) 명칭
      - 직무스트레스, 감정노동(2), 교대근무, 야간근로, 산업 피로
   2) 유해인자별 직업병 예방관리
      - 분진
      - 중금속(6) (증상, 관리, 예방)
      - 유기용제
      - 고온(4) (기전, 증상, 관리)
      - 저온
   2) 질병
      - 근골격계 질환
      - VDT 증후군 (정의, 증상)
   3) 건강진단의 종류 (5)
   4) 건강진단 사후관리
      - 건강관리 판정기준
      - 업무수행 적합여부 평가기준

3. 사고예방
   - 산업재해 지표
     · 도수율, 건수율, 강도율, 평균작업손실일수, 천인율

4. 작업환경관리
   - 유해인자 노출기준 관리 (3)
   - 하인리히법칙
   - 작업환경관리 기본 원칙 (3)

환경 I
1. 환경의 이해
   1) 환경호르몬
      - 정의, 기전(3)
   2) 환경영향 평가
   3) 국제협약

2. 환경요인과 건강
   1) 대기
   (1) 공기의 구성성분
   (2) 기후
      - 3대요소
      - 온열조건 (4)
      - 온열지수 (6)
   (2) 대기오염
      - 1차 오염물질
        · 매연, 분진, 아황산가스, 질소, 탄소
        · 대기환경기준
        · 대기오염 경보단계
      - 2차 오염물질
        · 오존(증상, 경보단계)
        · 스모그
   (3) 대기오염과 기상
      - 기온역전 (2), 열섬현상, 온실효과오존층 파괴, 산성비
   (4) 대기환경기준 항목

환경 II
2) 물
(1) 수질오염
   - 지표 (5)
   - 현상 (3)
   - 사건 (3)
   - 해석
     · 암모니아질소, 과망간산칼륨, 대장균군
(2) 상수
   - 정수과정
   - 먹는물 수질기준
(3) 하수

3) 식품
(1) 위해요소 중점관리 기준
(2) 식중독
   〈 원인균, 잠목기, 증상, 예방 〉
   - 세균형
   - 독소형
   - 바이러스형
   - 자연독
     (복어, 홍합, 굴조개, 섭조개, 버섯, 감자, 청매, 맥각, 미나리, 곰팡이)

4) 폐기물
   - 처리방법 (2)

5) 환기
   - 횟수, 실내공기 오염

재난
1. 업무 총괄, 조정자

2. 분류 (2)

3. 재난관리 모형 (4)

학교보건			
이해	활동		
목적	건강증진 프로그램	건강검진	학교환경관리 I

1. 학교보건의 이해
- 목적, 중요성, 범위
 	
2. 학교 보건행정
1) 인력
- 학교보건법 시행령
 	
2) 인력의 업무
- 시도교육감, 학교장, 보건교사, 보조인력
 	
3. 보건실
- 위치, 면적, 시설, 온도
	1. 시력관리
	- 채광, 조도
	- 검사방법, 측정결과
	
	2. 청력관리
	
	3. 구강보건관리
	- 치아우식증발생기전,
	- 불소용액사업
	  (기전, 방법, 양치법, 주의점)
	
	4. 비만관리사업
	- BMI, 식사요법
	
	5. 영양요법
	- 목적, 기능 및 결핍
	  (Vit A B1, B2, B3, B12, C, D, E, 단백질)
		1. 계획
		- 교육감, 학교장, 교육부령
		
		2. 대상
		
		3. 검진내용, 기관, 방법
		
		4. 연기, 생략
		
		5. 기록
		
		6. 교부 및 보존
		- 진학시, 졸업시, 졸업못할시
		
		7. 건강검진 실시에 따른 조치
		- 통계표, 적정조치, 등교중지, 교직원 보건관리
		
		8. 실무
		- 신체발달상황
		  (기간, 방법, 통계)
		
		- 건강조사
		  (항목, 기간, 방법)
		
		- 별도검사
		  (누가, 항목 및 대상, 결핵관리, 소변검사 항목/주의사항)
		
		- 건강검진
		  (항목, 기관선정, 방문, 결과)
		
		- 정신건강상태검사
		- 신체능력검사(항목)
			1. 교내환경
			- 관리장소
			- 항목
			- 점검, 기록, 참관, 허용
			- 공개
			- 교사
			- 환기
			- 조도, 채광
			- 온도, 습도
			- 소음
			- 공기질
			・ 교사 내 공기 질에 대한 유지관리
			・ 관리기준: 신축학교, 개교 후 3년 이내 학교, 10년 이상 경과 학교, 도로변 학교, 보건실, 급식실, 석면학교
			
			2. 교외환경
			- 유형
			- 고시
			- 금지행위
			- 보호구역관리

학교보건				
활동				
학교환경관리 II	학교감염병 평상시 관리	감염병 관리방안		학교응급환자 관리

3. 정신 환경
1) 학교폭력
- 정의
- 대처기관
  · 국무총리,
    시도교육청,
    교육지원청, 학교
- 교육감
- 대처방안
  (피해학생, 가해학생)
  교육
- 신고의무
 	
2) 집단 따돌림
 	
3) 성폭력
- 대처방안
 	
4. 학교안전사고
   예방 및 보상
- 예방계획
  수립 및 시행
- 안교안정공제회
- 공제급여
- 안전교육 7대 표준안
	1. 감염병 국가 위기
	   단계별 대응
	
	2. 발생단계
	1) 예방단계
	- 학교장, 보건교사
	2) 대응단계 (3)
	3) 복구단계
	
	3. 등교중지
	
	4. 치료 및 예방
	
	5. 질병예방
	
	6. 예방접종
	
	7. 흔한 감염병,
	   전염가능 기간,
	   등교중지 기간
		1. 인플루엔자
		
		2. 홍역
		
		3. 유행성 이하선염
		
		4. 풍진
		
		5. 수두
		
		6. 성홍열
		
		7. 디프테리아
		
		8. 백일해
		
		9. 파상풍
		
		10. 수족구병
		
		11. 공수병, 광견병
		
		12. 일본뇌염
		
		13. 말라리아
			14. 유행성 각결막염
			
			15. 급성 출혈성
			    결막염
			
			16. 로타바이러스
			
			17. 세균성 이질
			
			18. 콜레라
			
			19. 장티푸스
			
			20. 장출혈성
			    대장균 감염병
			
			21. 신증후군 출혈열
			
			23. 렙토스피라증
			
			24. 결핵
			
			25. 신종인플루엔자
			
			26. 지카바이러스
				1. 학생의 보건관리
				
				2. 보건교육
				
				3. 계획 수립 및
				   교육주기
				
				4. 교육내용
				
				5. 대처

학교보건					
보건교육					
개요	사정	계획	수행	평가	2015 개정 교육과정
1. 건강행위 유형 (3) 2. 보건교육 의미 3. 보건교육 이론 (5) - 정의 4. 수업실제 - 도입, 전개, 정리	1. 보건교육순서 2. 학습자 요구 사정 3. 학습자의 준비성 사정 4. 요구사정을 위한 자료수집 - 양적기법 (2) - 질적기법 5. 면접 조사방법 - 표준화면접 - 패널 면접 - 초점집단 면접 - 집단토론 면접	1. 학습목표 구성요소 - ABCD - BCCC 2. 목표의 분류 (Bloom) - 인지적 영역 - 정의적 영역 - 심동적 영역 3. 학습내용의 선정 4. 학습내용의 조직	1. 방법 1) 강의 2) 또래교육 - 장점 3) 토의 - 포럼 - 세미나 - 배심토의 - 심포지엄 - 버즈토의 - 집단토론 - 브레인 스토밍 4) 시범 5) 역할극 6) 시뮬레이션 (모의실험) 7) 견학 8) 캠페인 9) 프로젝트법 10) 문제중심학습 11) 협동학습 - 직소 모형 3. 교육매체 -ASSURE	1. 평가 도구의 조건 2. 평가 유형 - 기준에 따른 분류 - 시점에 따른 분류 - 성과에 따른 분류 3. 평가 방법 1) 종류 - 인지, 정의, 심동 2) 방법 - 질문지법 - 관찰법 · 종류, 기록 - 자기감시법 - 평정법 · 정의, 척도의 오류(6)	1. 핵심역량 2. 목표 3. 내용체계

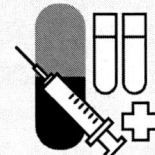
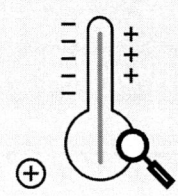
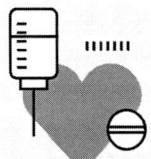

Chapter 1

지역사회 간호의 이해

I. 지역사회 보건간호   ( )월( )일

01. 정의

지역사회를 대상으로 간호제공, 보건교육, 관리를 통해 **지역사회의 적정기능 수준의 향상**에 기여하는 것을 궁극적인 목표로 하는 과학적인 실천

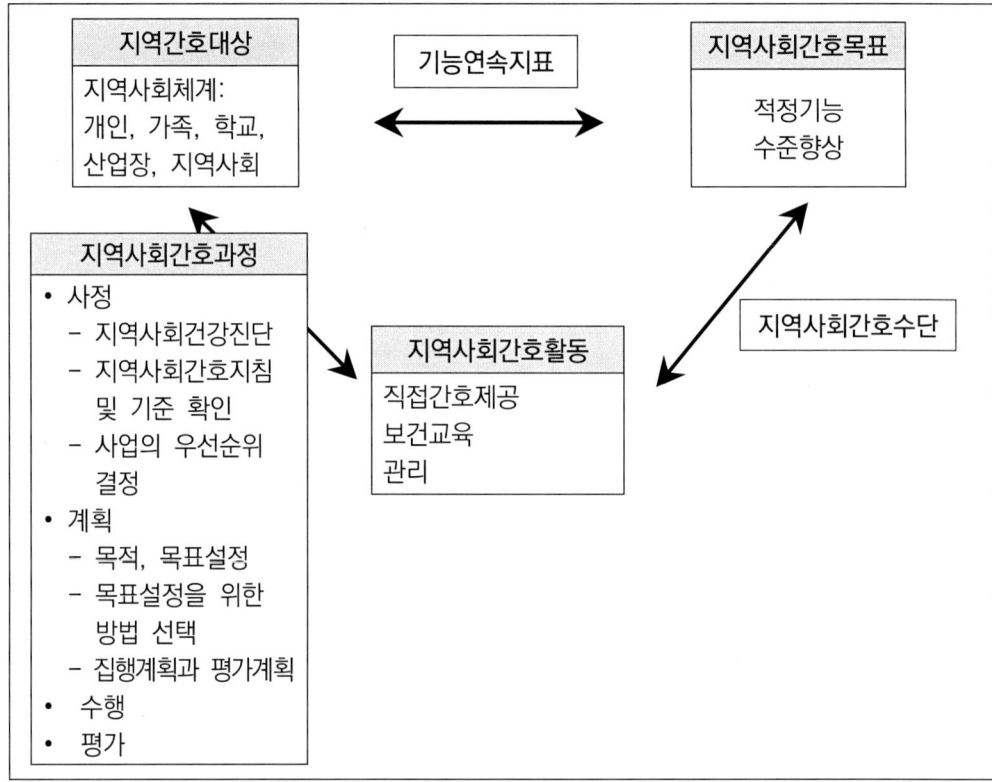

〈김화중의 개념틀〉

* 지역사회 간호이론의 6가지 구성요소 (stevens)
① 간호의 대상: 지역사회 주민 전체
② 간호의 목표: 적정기능수준 (자가건강관리기능)
③ 간호행위: 간호제공, 보건교육, 관리
④ 간호대상과 간호목표와의 관계: 기능연속지표
⑤ 간호목표와 간호행위와의 관계: 지역사회 간호수단
⑥ 간호대상과 간호행위와의 관계: 지역사회 간호과정

Keyword

02. 구성요소

I. 대상

: 개인, 가족, 학교, 산업장, <u>지역사회</u>*

1. 지역사회(WHO. 1974)

1) 정의: 일정한 지리적 영역에서 상호작용을 통한 공동체 의식이 있는 인구집단 <u>지리적 경계</u>, 공동 가치와 관심에 의해 구분되는 <u>사회집단</u>. <u>사회적 상호작용</u>하면서 특정 사회 구조 내에서 규범, 가치, 사회제도를 창출하는 곳

2) 속성(특성): 지리적 영역의 공유, 사회적 상호작용, 공동체 의식

3) 유형(분류): 구조, 기능, 감정적 지역사회 ⓒ 집대지조문생/요자/특소

(1) 구조적 지역사회: 지역주민 간에 시간적·공간적 관계에 의하여 모여진 공동체

① 집합체	• 사람들이 모인 이유에 상관없이 집합 그 자체 • 동일한 건강문제가 있는 집단이나 보건의료 문제 측면에서 볼 때 생활환경 자체가 위험에 노출된 위험집단 ㉔ 매춘 집단, 미혼모집단, 노숙자 집단, 광산촌, 알코올 중독자 집단, 국민
② 대면 공동체	• 지역사회 기본적인 집단 • 구성원 상호간에 상호교류가 빈번하여 소식이 쉽게 전달되고 서로 친근감과 공동의식을 소유하고 있는 집단 ㉔ 가족, 이웃, 교민회
③ 지정학적 공동체	• 지리적·법적 경계로 정의된 지역사회, 정치적 관할구역단위, 합법적 지리적 경계 ㉔ 특별시, 광역시, 시군구 등 행정구역, 읍면, 간호대학(상징적인 특별한 물리적 경계를 지닌 지역사회), 보건소 설립 기준
④ 조직 (조직 공동체)	• 일정한 환경 하에서 특정목표를 추구하는 일정한 구조를 가진 사회단위 ㉔ 보건소, 병원, 교회, 학교, 산업장
⑤ 문제해결 공동체	• 문제를 정의 내릴 수 있고, 문제를 공유하며, 해결할 수 있는 범위 내에 있는 구역 ㉔ 오염된 지역사회뿐 아니라 이 문제해결을 위해 지지하는 환경청 같은 정부기관 포함
⑥ 생태학적 문제 공동체	• 지리적 특성, 기후, 자연환경요인의 영향으로 동일한 생태학적 문제를 내포하고 있는 집단 ㉔ 산림파괴, 산성비, 대기오염, 수질오염, 토양오염 등 문제가 있는 지역사회

Keyword

(2) 기능적 지역사회: <u>어떤 것을 성취</u>하는데 도움이 될 수 있는 <u>지역적 공감</u>을 기반으로 한 집합체, 단순한 지리적 경계보다는 목표성취라는 과업의 결과로 나타난 공동체. 지역사회 주민의 관심 및 목표에 따라 유동적

① 동일한 요구를 지닌 공동체 (요구공동체)	• 주민들의 일반적인 공통문제 및 요구에 기초를 두고 있는 공동체 • 특정 건강문제와 그 문제에 영향을 미치는 요인을 포함하는 집단
	예) 한강이 서울시 산업폐수로 오염시 서울시 포함 영향받는 모든 시·도 포함. 장애아동 집단, 난임 상담 집단, 모자보건 대상 집단
② 자원공동체	• 문제 해결을 위해 자원 활용 범위로 모인 집단
	예) 경제력, 인력, 소비자, 다른 지역사회에 대한 영향력, 물자 등의 자원이 문제해결, 요구 충족 등에 제공

(3) 감정적 지역사회: 지역사회의 감각이나 감성 중심으로 모여진 공동체

① 소속공동체	• 동지애 같은 정서적 감정으로 결속된 지역사회
	예) 고향, 학연, 지연, 종친회, 동창회 등 친밀감으로 결속된 집단
② 특수흥미 공동체	• 특수 분야에 서로 같은 관심과 목적을 가지고 관계를 맺고 있는 결속체
	예) 대한간호협회, 낚시회, 독서회, 산악회

> **국시 [19]** 구성원 상호 간에 교류가 빈번하여 친밀성과 공동의식을 소유하고 있는 가족과 이웃은 어떤 지역사회 유형에 해당하는가?

4) 기능 ● 경사 통통상

(1) 경제적 기능	• 지역사회 주민들이 일상생활을 영위하는 데 필요한 물자와 서비스를 생산 분배 소비하는 과정과 관련된 기능
(2) 사회화기능	• 지역사회가 공유하는 일반적 지식, 사회적 가치, 행동양상들을 새로이 창출하고 유지 전달하는 기능
(3) 사회통제기능	• 지역사회 구성원들이 사회의 규범에 순응하게 하는 기능, 지역사회 스스로 규칙이나 사회규범을 형성하여 구성원들의 행동을 통제하는 활동
(4) 참여적 사회통합 기능	• 하나의 체계로 지역사회 구성원이나 단위 조직들 간의 관계와 관련된 기능. 결속력과 사기를 높이고 주민공동의 문제해결을 위해 공동으로 노력하는 활동
(5) 상부상조기능	• 지역사회 내 질병, 사망, 실업 등 도움이 필요한 상황에 대하여 상호 간에 지지해 주고 조력해 주는 기능

> **국시 [19]** 지역사회 유지를 위해 결속력과 사기를 높이는 활동과 주민 공동의 문제해결을 위해 함께 협력하는 활동은 지역사회의 어떤 기능에 해당하는가?

Ⅱ. 목표

Keyword

: 건강회복·증진·유지, 수명연장을 위해 지역사회 스스로 해결할 수 있도록 자기건강관리능력 증진시켜 <u>적정기능수준을</u> 향상시키는 것

1. 적정기능수준

1) 정의: 고려될 수 있는 모든 요인에 대하여 최대한으로 이룰 수 있는 기능
　　　기능을 수행하는데 영향을 미치는 모든 조건을 고려하여 최대한 성취할 수 있는 기능

2) 영향을 미치는 요소 ❻ 정환 보습 사유

① 정치적 요인	• 사회적 풍토, 정치적 통제는 지역사회 관리를 위한 권한과 권력을 활용하며, 사회 안정 혹은 압박을 유도
② 환경적 요인	• 환경위생(오염), 대기오염은 폐암, 폐기종과 관련, 수질 화학적 오염은 식생활에 크게 위협 등 방해요소로 등장
③ 보건의료 전달체계	• 건강유지 증진시키는 지역사회조직과 의료보험 가입율의 증가는 지역사회의 질병 예방, 건강증진에 도모, 보건의료의 질과 이용 가능 여부
④ 습관적 요인	• 물리, 문화적, 윤리적 요소들과 관련된 습관 ㉮ 흡연, 약물남용
⑤ 사회경제적 요인	• 지역사회 사회경제적 측면은 주민의 안녕과 직결
⑥ 유전적 요인	• 유전적 영향으로 형성된 노력과 잠재력은 수정하기 어렵지만 유전학의 발달로 유전적 영향을 최소로 줄이도록 노력

Ⅲ. 간호활동

Keyword

: 직접간호제공, 보건교육, 관리

Ⅳ. 간호대상과 간호목표와의 관계

1. 기능연속지표(Freshman): 건강-질병의 연속개념　◉ 자대성자적 긴초외장기

: 긍정적 영향과 부정적 영향을 주는 두 개의 대비되는 기능으로 분류

두 개의 대비되는 기능의 중심을 중앙에 두고 어느 주어진 시점에서의 건강수준은 기능의 연속선상인 적정기능 수준과 부정적 기능인 기능장애 사이에 놓인다.

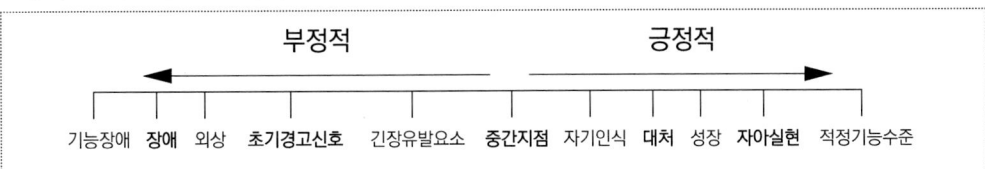

1) 긍정적 영향을 주는 기능

① 자기인식	• 대상자가 있는 어떤 장소에서 그들에게 일어나는 일들을 이해할 수 있는 것
② 대처	• 현재 발생한 문제를 처리할 수 있는 능력
③ 성장	• 상황에 적합한 태도로 변화할 수 있는 능력
④ 자아실현	• 지역사회의 견지에 맞는 적절한 성취를 이루고 유지하는 능력
⑤ 적정기능수준	• 문제를 스스로 해결할 수 있는 능력

2) 지역사회간호사 역할

대상자의 기능연속선상에서 긍정적, 부정적 기능요소를 동시에 사정하여 적정기능수준을 유지하고 향상할 수 있도록 긍정적인 방향을 향해 나가도록 도와주는 역할

문제 [94]　기능 연속 지표에서 부정적인 기능 요소에 속하는 첫 단계는?
　　　　　① 긴장을 유발하는 요소　② 외상(증상)　③ 간호제공과 보건교육　④ 기능 장애

Keyword

V. 간호대상과 간호행위와의 관계

: 지역사회 간호과정

1. 사정
① 지역사회 건강진단
② 지역사회간호 지침 및 기준 확인
③ 사업의 우선순위 결정

2. 계획
① 목적과 목표설정
② 목표설정을 위한 방법과 수단의 선택
③ 집행계획과 평가계획

3. 수행

4. 평가 및 재계획

VI. 간호목표와 간호행위와의 관계

: 간호수단

Ⅱ 보건간호와 지역사회 간호 차이   (   )월(   )일

이아라 **전공보건**

구분	보건간호	지역사회간호	지역사회를 기반으로 한 간호
철학	지역사회와 인구집단의 건강관리에 중점	지역사회 내의 개인, 가족 집단의 건강관리에 중점	삶의 주기 전반에 걸쳐서 발생하는 개인, 가족의 상병관리에 중점
사업목적	질병예방과 건강보호	건강유지증진, 삶의 질	급·만성 증상관리
서비스 배경	지역사회와 인구집단의 건강관리에 최대 다수의 최대행복 추구	지역사회주민 개인의 건강관리	가족 중심의 상병관리
운영주체	정부	정부, 지역사회주민 및 기관	-
재정 (재원조달)	국비, 지방비(수혜자)	국비, 지방비, 지역사회기금	-
사업대상	<u>선택된 집단, 고위험 집단</u>	개인, 가족, 기관, 지역사회	상병을 가진 대상자, 가족
사업유형	간접적 건강관리 서비스 제공 인구집단에게 직접간호 제공도 가능	고위험 대상자에 대한 직접간호 제공 프로그램 관리 등 간접간호 제공	상병을 가진 대상자에 대한 직접간호 제공
사업운영 방법	정부정책 지원 사업 지역진단에 의한 보건사업	<u>대상자의 요구에 근거한</u> 지역보건사업	-
사업전달	<u>수동적, 하향적</u>	<u>능동적, 수평적</u>	-
실무	건강수준, 의료요구 사정	포괄적, 일반적	포괄적, 지속적
중점 예방단계	일차예방	일차예방 이차예방(집단검진 등) 삼차예방과 재활	이차예방 삼차예방 일차예방도 가능

이아라 **전공보건**

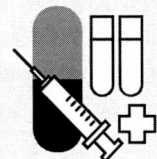
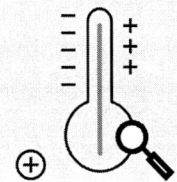
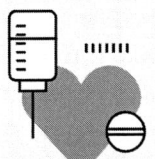

Chapter
2

보건정책

 # 보건정책

( )월( )일

이아라 **전공보건**

01. 정의

- 정책: 정치-행정적 목적 실현을 위해 마련한 방침. 문제 해결을 위한 정부의 공식적 의사결정
- 보건의료: 국민의 건강을 보호·증진하기 위해 국가 지방자치단체, 보건의료기관 또는 의료인 등이 행하는 모든 활동(보건의료기본법)
- 보건의료정책: 인구집단의 건강상태 유지·증진을 목표로 하는 정부나 기타 단체들의 활동
- 건강권: 보건의료기본법 제10조(건강권 등)
  ① 모든 국민은 이 법 또는 다른 법률에서 정하는 바에 따라 자신과 가족의 건강에 관하여 국가의 보호를 받을 권리를 가진다.
  ② 모든 국민은 성별, 나이, 종교, 사회적 신분 또는 경제적 사정 등을 이유로 자신과 가족의 건강에 관한 권리를 침해받지 아니한다.

02. 정책과정

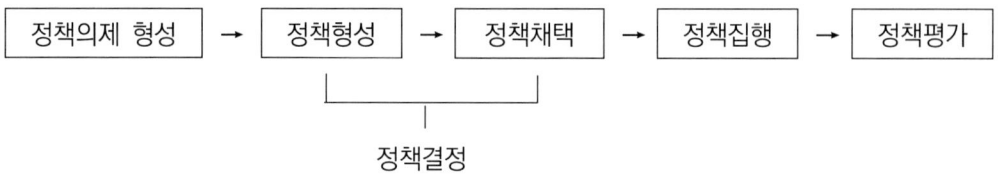

| 문제 [21] | 앤더슨이 제시하는 보건정책과정 중 정책당국이 심각성을 인정하여 해결해야 하는 정책문제를 선정하는 단계는? |

03. 보건정책 환경의 변화

1. 저출산·고령화에 따른 인구구조의 변화

1) 합계출산률의 변화: 합계 출산율은 지속적으로 낮아져 2014년 합계 출산율 1.21 명
2) 인구감소와 고령화 진전: 총 인구는 2030년 5,216만 명까지 성장하고 이후 감소할 것으로 전망
3) 경제의 잠재 성장력 악화: 인구구조의 변화는 생산 가능 인구의 감소로 인한 경제의 잠재 성장력 악화뿐 아니라 복지, 교육, 국방, 금융, 주거 등 각 분야에 많은 변화를 가져올 것으로 예측
4) 보건의료체계 변화에 대한 요구 증가: 노인의료비 등 사회보장 지출 증가로 정부재정 부담 증가

2. 건강에 대한 인식과 수요의 변화

1) 생활습관의 변화, 만성 질환으로의 질병구조 변화로 인해 치료 중심의 의료서비스에서 질병 예방 및 건강증진 중심의 의료서비스에 대한 요구, 전문화-기술력 높은 의료서비스에 대한 요구도 증가
2) 국민의 건강에 대한 관심과 건강요구 수준의 향상
3) 수입식품의 급격한 증가, 생산유통의 복잡화 등으로 인해 식품위해요인이 증가
4) 신종감염병 출현 등 식품안전 및 감염병 관리체계 선진화에 대한 요구 증가

3. 의료서비스 산업 및 IT 기술의 발달

1) 디지털기술을 기반으로 한 정보화 시대의 가속화와 함께 지식 기반사회가 도래
2) U-Health와 같은 정보통신기술을 이용한 의료서비스 제공체계에 대한 요구가 증가할 것으로 기대
3) 정보의 가속화와 지식기반사회 조성은 의사-환자 간 정보 격차의 축소에 기여할 것이며 의료서비스의 질에 대한 관심과 기대가 커지고 병원경영의 투명화에 대한 요구도 증대될 것으로 기대

4. 국민의료비의 상승

1) 소득수준 증가, 건강보험 확대, 인구 고령화 및 만성 퇴행성 질환 증가로 건강에 대한 요구가 증대되어 국민의료비 증가.
2) 국내총생산 증가율보다 국민의료비 증가율이 더 높아서 이에 의료서비스 수준과 의료비 지출문제를 동시에 고려한 합리적인 국민의료비 관리방안에 대한 사회적 요구가 지속

Keyword

5. 보건의료 관련법 제정

연도	법령	내용
1956년	보건소법 제정	보건간호사업에 대한 법적 기틀 마련
1962년	보건소법 개정	보건소 중심으로 전국적인 차원에서 보건간호사업 시행
1980년	농어촌 등 보건의료를 위한 특별조치법 제정	무의촌 지역에 보건진료전담공무원을 배치하여 일차보건의료사업을 실천
1981년	산업안전보건법의 제정	산업간호사의 역할 확고
1991년	학교보건법 개정	학교에서 일차보건의료 제공자로서 보건교사의 역할과 보건교육, 보건지도, 환경위생관리의 역할 가능하게 함
1990년	가정간호사제도 시작	전문적이고 지속적인 간호를 의료서비스와 연계되게 하여 지역사회 중심으로 확대
1995년	국민건강증진법	보건소 중심으로 건강증진을 위한 프로그램이 개발되어 주민들의 건강에 대한 가치와 책임의식을 고취시키고 스스로 건강생활을 실천할 수 있는 여건을 조성함으로써 지역사회간호사의 역할을 확대
2025년	간호법 제정	간호사 업무의 독립성을 위해 독자적인 근거법 마련 시행령, 시행규칙 미비

6. 지역사회간호실무

구분		내용
보건간호사	근거법	• 간호법 5조 '전문간호사 조항' '전문간호사 자격인정 등에 관한 규칙'과 지역보건법 16조, 시행령 16조, 시행규칙 4조에 의한 전문인력에 해당(현행법 개정 미비)
	자격기준	• 보건소, 보건지소 등에 보건의료에 관한 업무를 전담할 전문인력으로 간호법에 의거하여 간호사 면허를 받은 자를 배치
보건교사	근거법	• 초중등교육법 제21조 교원의 자격조항
	자격기준	• 다음 자격기준에 해당하는 자로서 대통령령으로 정하는 바에 의해 교육부장관이 수여하는 자격증을 받은 자로 1, 2급 보건교사로 나뉜다. 1급 보건교사는 보건교사 2급 자격증을 가진 자로서 3년 이상의 보건교사 경력을 가지고 자격연수를 받은 자. 보건교사의 자격기준은 다음과 같다. - 대학의 간호학과 졸업자로서 재학 중 소정의 교직학점을 취득하고 간호사 면허증을 소지한 자 - 전문대학 간호과 졸업자로서 재학 중 소정의 교직학점을 취득하고 간호사 면허증을 소지한 자

Keyword

보건관리자	근거법	• 산업안전보건법 제18조와 간호법 전문간호사 자격인정 등에 관한 규칙(현행법 개정 미비)
	자격기준	• 간호사 면허를 받은 자 • 산업전문간호사는 전문간호사 자격인정 등에 관한 규칙에 근거하여 산업전문간호사 교육과정을 마치고 보건복지부 장관이 실시하는 전문간호사 자격시험에 합격해야 한다.
보건진료 전담공무원	근거법	• 농어촌 등 보건의료를 위한 특별조치법(1980.12)의 제16조 보건진료전담공무원 자격 조항
	자격기준	• 보건진료전담공무원의 자격은 간호사, 조산사 면허를 가진 사람으로서 보건복지부장관이 실시하는 26주 이상의 직무교육을 받은 사람. 직무교육에 관하여 필요한 사항은 보건복지부령으로 정한다.
조산사	근거법	• 의료법의 제6조 조산사 면허

	자격기준	• 다음의 자격에 해당하고 조산사 국가시험에 합격한 후 보건복지부장관의 면허를 받아야 한다.
		  - 간호사의 면허를 가지고 보건복지부장관이 인정하는 의료기관에서 1년간 조산 수습과정을 마친 자
		  - 보건복지부장관이 인정하는 외국의 조산사 면허를 받은 자

전문간호사	근거법	• 간호법 5조의 전문간호사 조항과 전문간호사 자격인정 등에 관한 규칙

	자격기준	• 전문간호사가 되고자 하는 자는 다음 각 호의 1에 해당하는 자격을 가진 자로서 전문간호사 국가자격시험에 합격한 후 보건복지부장관의 자격인정을 받아야 한다.
		  - 최근 10년 이내에 3년 이상 해당 분야의 실무경력자로서 보건복지부장관이 지정하는 기관에서 해당 전문간호과정을 이수한 자
		  - 보건복지부장관이 인정하는 외국의 해당 전문간호사 자격을 가진 자
		  - 전문간호사의 영역: 전문간호사 자격인정 등에 관한 규칙 제2조의 전문간호사의 자격기준에 의한 보건, 마취, 정신, 가정, 감염관리, 산업, 응급, 노인, 중환자, 호스피스, 임상, 아동, 종양전문간호사 등

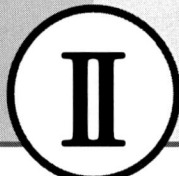 보건의료전달체계

( )월( )일

이아라 **전공보건**

01 정의

: 보건의료서비스를 원하는 사람이 있는 경우 적절한 시기에 적정한 장소에서 적정한 의료인에 의해 진료를 받도록 해주는 절차(국민에게 건강관리를 전달하는 체계)
보건의료서비스*, 보건의료조직, 보건의료기획으로 구성

> *** 보건의료 서비스**
>
> 1) 정의:
> 국민의 건강을 보호 증진하기 위하여 보건의료인이 행하는 모든 활동.
> 건강증진, 예방, 치료 및 재활 등을 포함한 보건의료의 전 영역에서 직접 사람에게 행하는 모든 조치
>
> 2) 구성요소(적정 보건의료서비스의 조건) ● 지효 질접
>
> : 마이어스(Myers)는 보건의료서비스의 개념과 내용이 복합적 상호작용에 의하여 생산, 공급되므로 상호조화를 이루고 적정해야 한다고 주장하면서 4가지 조건을 제안
>
> | 구성요소 | 주요내용 |
> |---|---|
> | 접근 용이성 | 개인적 접근성, 포괄적 서비스, 양적 적합성 |
> | 질적 적정성 | 전문적 자격. 개인적 수용성, 질적 적합성 |
> | 지속성 | 개인 중심의 진료, 중점적 의료제공, 서비스 조정 |
> | 효율성 | 평등한 재정, 적정한 보상, 효율적 관리 |

02 목적

1. 의료자원의 효율적인 이용과 지역 및 의료기관의 균형적 발전을 도모
2. 종합병원에 대한 환자 집중현상을 방지
3. 국민보건의료비 증가 억제
4. 건강보험 재정 안정화

Keyword

03. 필요성

국민 입장	적정 의료를 받을 수 있으므로
	대학병원을 선호하는 보건행태의 문제 때문에
	의료비 및 간접비용(교통비) 절감을 위해
의료인 입장	효율적 진료 가능
	의료의 질 향상을 위해

04. 구성요소 ◐ 자조전경관리

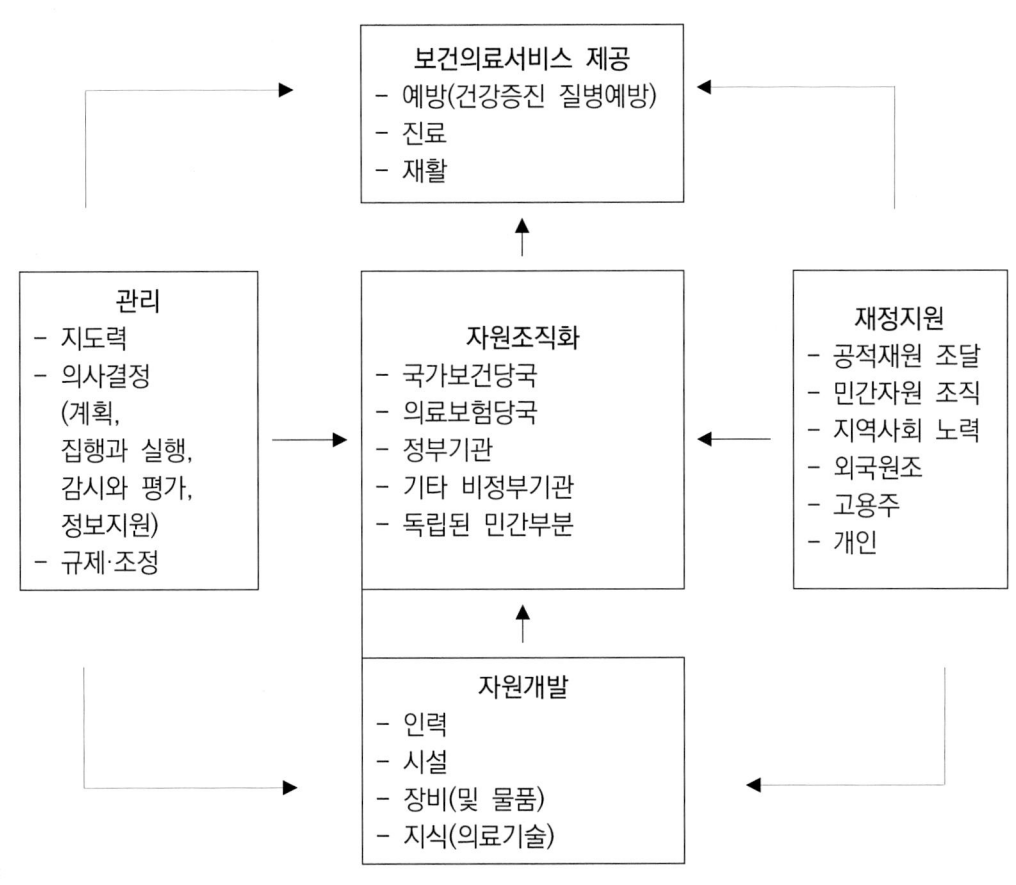

[국가 보건의료체계 하부구조와 구성요소]

Keyword

1) 보건자원 개발	보건의료 제공 수행에 필요한 인적, 물적 자원개발
2) 자원의 조직적 배치	보건의료 전달과정을 위해 자원의 조직적 배치
3) 보건의료 전달	국가보건의료체계에서 보건의료요구가 절차를 거쳐 제공되느냐에 따라 보건의료가 구분됨. 예방, 진료, 재활로 이루어짐
4) 경제적 지원	
5) 경영관리	의료서비스의 수요가 가용자원을 초과하므로 지도과 기획을 통해 보건의료서비스에 대한 우선순위를 결정하는 것. 지도력, 의사결정, 규제와 조정으로 구성

05. 국가보건의료체계의 유형

1. 분류

1) 자율성과 형평성

   (1) 자율성(개인의 성취 업적, 정치적 압력으로부터의 자유 중시)

   (2) 형평성(공평성. 기회균등 중시, 자유를 선택의 자유로 해석. 조건의 동일성을 전제 같은 상황에 있는 사람에게 비슷한 수준의 사회보험료 또는 세금 부과)
   우리나라: 민간 주도 의료시장, 빈부격차가 큰 경우 건강불평등은 크고 빈곤계층은 성별 연령 지역별로 계층 격차가 커지므로 보건행정 추구하는 가치로 형평성 필요

2) 기본시각에 따른 보건의료제도

   (1) 보건의료를 기본권으로 보는 경우
   ① 특징: 개인의 경제적 능력에 관계없이 필요에 따라 의료이용 가능.
      의료의 공익성. 재원조달·보건의료자원 지역 간 분포는 정부에 의해 통제
   ② 장점: 보건의료서비스가 국민 개개인이 갖는 보건의료에 대한 요구에 따라 배분되어 모든 사회계층에 동일하게 이용기회가 주어진다는 것
   ③ 단점: 의료자원 불균형 분포, 사회계급 존재, 일반적 의식이나 교육수준의 차이 등으로 실제 보건의료 이용에는 차이가 있고, 건강 수준도 계층에 따라 달라짐

   (2) 보건의료를 경제 내 다른 서비스와 동일하게 보는 경우,
   ① 장점: 소비하는 보건의료의 양과 질이 경제적인 능력에 따라 달라진다는 것
   ② 단점: 의료기관 대부분은 민간 소유, 빈곤계층의 보건의료 이용 제한, 지역 간 보건 의료시설 및 인력의 불균형 분포는 지역 간 불공평한 이용기회 초래. 고가 의료장비, 비싼 신기술 선호로 고급 의료기술 도입에 의한 국민 의료비 상승.

Keyword

2. 유형

1) 뢰머의 매트릭스 형 ⓒ 자기 복 포장 사계

(1) 보건의료체계 구성요소: 경제적 요소와 정치적 요소를 교차하여 만들어짐
    ① 경제적 차원: GNP에 따라 선진국, 개도국, 극빈국, 자원 풍부한 나라로 구분
    ② 정치적(정책적) 차원: 정부가 보건의료시장에 개입하는 정도 반영

자유기업형 보건의료체계 (개인↑정부↓)	• 정부개입 최소화. 수요 공급 및 가격을 시장에 의존 • 민간 의료시장 발달. 정부 보건의료 프로그램 취약, 보장성 낮고, 보건의료비는 개인 책임. 의료비 남용 발생
	예) 미국, 의료보험 실시 전 우리나라
복지지향형 보건의료체계	• 정부나 제3지불자가 민간 보건의료시장에 개입 • 사회보험이나 조세를 통해 보건의료서비스 수혜 제공 • 민간에 의해 보건의료서비스가 제공되어도 자유기업형과 다르게 질, 비용 등 정부통제. 형평성 보장, 의료비 상승
	공공 주도의 의료보험제도를 가진 독일, 일본. 한국
포괄적 보장형 보건의료제도	• 복지지향형보다 시장개입의 정도가 더 심함 • 전 국민이 완전한 보건의료서비스는 무상 • 국민건강권 보장을 위해 보건의료에 높은 우선순위
	영국
사회주의 계획형 보건의료체계	• 정부에 의한 시장개입이 가장 심함. 민간 의료시장을 완전히 제거하고 보건의료를 중앙계획을 통한 통제체계로 대체
	러시아

2) Fry의 보건의료체계 유형 ⓒ 재운 질적 예비 지불

구분	자유방임형	사회보장형	사회주의형
정의	국민이 의료인, 기관선택에 있어 최대한 자유가 허용되며, 정부 통제는 제한된 상태	국가가 건강에 관련된 모든 서비스를 포괄적으로 제공하고 의료기관을 관리하는 국가 보건 서비스	의료자원, 서비스의 균등한 분포와 균등한 기회 제공을 위해 개인의 선택권은 존재하지 않음
의료의 원칙	• 의료의 자유 선택과 책임 강조 • 기획, 조정이 어려움 • 행위별수가제 채택 • 의료의 개인 책임 • 사회 여건, 경제성에 따라 의료서비스 차등 • 전문화 추구	• 국민보건 서비스형 • 무료의료서비스 • 초진의, 일반의, 병원치료는 전문의 • 예방의학 강조 • 환자의 가정, 병원 외래 치료	• 의료는 사회경제 정책의 일부 • 무료의료서비스 • 예방의학 강조
의료의 기본 구조	• 가족단위 개념 없음 • 환자 스스로 의료 서비스, 의료 기관 선택 • 전문의 진료 • 다양한 의료기관	• 가정의사제도 • 일반의에게 등록되어 진료를 받음 • 의사를 선택하여 등록할 수 있는 권리 부여	• 초진의사 방문 진료 • 병원은 주로 입원 환자 취급 • 농촌에서는 중급의료인력 활용 • 의사의 선택제한
장점	• 선택에 대한 자유재량권 • 자유경쟁 하에 의료기관의 효율적 운영 • 높은 의료서비스의 질	• 예방서비스 강조 • 의료비 증가 억제 • 의료기관 국가 관리 • 지속적, 포괄적 서비스 • 균등한 기회제공 • 소득재분배 효과	• 의료서비스의 균등분포, 균등 기회제공 • 예방서비스 비중이 큼 • 의료전달이 조직적, 체계적 자원 활용도 높음
단점	• 예방서비스 부족 • 높은 의료비 • 진료의 지속성 문제 • 의료자원의 지역 간 불균형 심화 • 의료자원 비효율적 활용	• 의료서비스 선택권 제한 • 대규모 형태로 비효율적 의료서비스 • 의료의 질, 생산성 저하 (의사 인센티브 부족) • 정부복지비용 부담 증가	• 의료서비스의 선택권 없음 • 관료조직의 경직성 • 의료생산성 질 저하

문제 [03]
국시 [20]
자유방임형 보건의료체계에서는 정부의 통제력은 미약한 반면, 민간 의료부문의 비율이 높고 영향력이 크다. 자유방임형 보건의료체계의 단점을 5가지만 쓰시오. (5)

06. 우리나라 보건의료제도

1. 특성

: 사회보험형 전국민건강보험제도와 민간보험의 의료공급체계가 상호작용하는 복지지향형

* 사회보험과 민간보험의 차이

	사회보험	민간보험
가입방법	강제 가입	임의 가입
보험료 부과	소득 수준에 따라 차등 부과	위험 정도, 급여 수준에 따라 부과
보험급여	필요에 따른 균등급여	보험료 수준에 따른 차등급여
보험료 징수	법률에 의해 강제 징수	사적 계약에 의해 징수

2. 문제점

1) 국민의료비의 지속적인 증가
    : 의료서비스 증가욕구, 과잉진료, 수요창출행위 비효율적 소비행태

2) 공공보건의료의 취약함과 민간 위주의 의료공급체계
    : 민간부문의 의료시장 주도로 형평성 문제, 의료비 상승, 의료의 공공성 취약

3) 제약 없이 환자가 의료제공자를 선택
    : 1차 의료의 마비. 의료인 고르기 현상. 1차 진료를 위한 인력확보와 제도적 개선 필요

4) 보건의료공급자의 문제점
    : 의료제공자간 기능의 미분화 및 무질서한 경쟁으로 의료서비스의 중복과 낭비 초래

5) 포괄적인 의료서비스의 부재
    : 예방, 치료, 재활 서비스 부족으로 치료 중심의 부분적이고 단절된 의료서비스만 제공. 예방중심의 정책 방안 추진 요구

6) 의료기관 및 인력의 지역 간 불균형 분포
    : 도시집중 현상으로 농촌 지역 주민의 의료이용에 장애, 불필요한 경제적 부담 심화

7) 공공의료분야의 다원화
    : 보건의료분야부서의 다원화, 기획과 집행, 책임과 권한이 분산

3. 우리나라 전달체계

: 국민건강보험법에 의한 진료수급절차에 따라 보건의료전달체계(진료단계)가 실시
 제한된 의료자원의 효율적 운용, 무분별한 의료의 남용 방지

1) 1단계 진료

   종합전문요양기관을 제외한 전 지역의 모든 의료기관에서 진료 받을 수 있는 경우(1차 진료기관이나 2차 진료기관)

2) 2단계 진료

   ① 상급종합병원에서 진료를 받는 경우.
   ② 1단계 진료에서 환자의 질병상태에 의하여 그 환자의 진료를 상급 의료기관에서 진료하여야 할 필요가 있을 경우 '요양급여의뢰서'에 의해 진료가 행하여지는 경우
   ③ '요양급여의뢰서'를 지참하지 않으면 국민건강보험을 적용받을 수 없다.
   ④ 요양급여의뢰서 없이 2단계 진료를 받을 수 있는 경우
      - 상급종합병원에서 근무하는 자가 당해 요양기관에서 진료를 받을 경우
      - 상급종합병원의 치과, 재활의학과, 가정의학과에서 진료를 받는 경우
      - 상급종합병원에서 분만 혹은 응급진료를 받는 경우
      - 혈우병 환자가 혈우병 진료를 받는 경우

3) 우리나라 보건의료체계의 문제점

   ① 공공보건의료의 취약, 민간 위주의 의료 공급체계
   ② 도시에 집중된 보건의료
   ③ 보건행정체계의 이원적 구조
      : 보건복지부(정책결정, 기술지원, 사업관리, 감독), 행정안전부(인사권, 예산집행권)
   ④ 보건의료체계 상호 간의 기능적 단절: 민간 공공 부분의 단절 등
   ⑤ 보건조직의 다원화: 업무의 연계성 부족

07. 사회보장제도

1. **정의**: 질병, 장애, 노령, 실업, 사망 등 각종 사회적 위협에서 모든 국민을 보호하고 빈곤을 해소하며, 국민 생활의 질을 향상시키기 위하여 제공되는 사회보험, 공공부조, 사회복지 서비스 및 관련 복지제도

2. **기능**

   1) **최저생활의 보장**: 사회보장이 보장하는 수준은 생리적 한계에서의 최저생활, 모든 국민이 인간으로서 존엄을 보장받는 기본요건 충족
   2) **소득분배의 기능**: 개인소득이 시기에 따라 변동하는 시간적 소득분배, 계층 간 소득이 이전하는 사회적 소득분배
   3) **경제적 기능**: 국민경제의 성장과 경제변동을 완화하는 기능
   4) **사회적 기능**: 국민 생활 안정 기능, 국민 생활의 각종 요구나 이해대립을 조정하는 기능

3. **유형**

   1) **사회보험**: 국민에게 발생하는 사회적 위험을 보험방식에 의하여 대처함으로서 국민 건강과 소득을 보장하는 제도. 연대성과 가입 강제성 적용. 5대 사회보험*

   > *5대 사회보험
   > - 산업재해보상보험: 업무상 재해에 대한 소득보장, 의료보장
   > - 건강보험: 질병, 부상에 대한 의료보장
   > - 연금보험: 국민의 장애, 폐질, 사망, 노령에 대한 연금급여로 소득보장
   > - 고용보험: 실업에 대한 소득보장
   > - 노인장기요양보험: 고령·노인성 질병으로 일상생활을 혼자서 수행하기 어려운 노인에게 제공하는 신체활동 또는 가사활동 지원 등의 장기요양급여

   2) **공공부조**: 국가 및 지방자치단체의 책임 아래 생활 유지 능력이 없거나 생활이 어려운 국민의 최저 생활을 보장하고 자립을 지원하는 제도
   3) **사회복지서비스**: 국가, 지방자치단체 및 민간 부분의 도움이 필요한 모든 국민에게 상담, 재활, 직업소개 및 지도, 사회복지시설 이용 등을 제공하여 정상적인 생활이 가능하도록 지원하는 제도. 국민의 삶의 질 향상 자원제도로 인간다운 생활을 보장함

Keyword

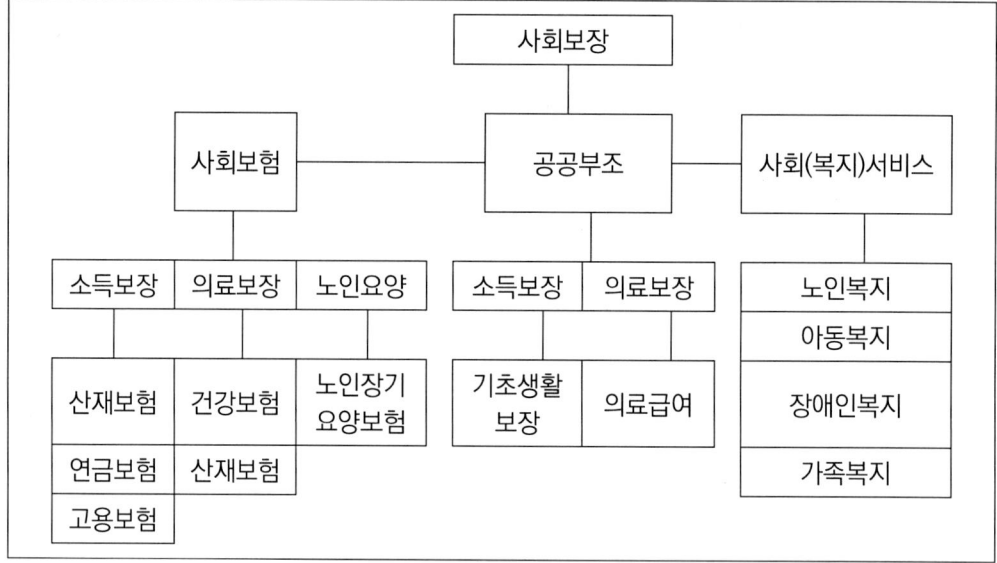

[사회보장제도]

● 사보/산연고 산건 노/공부/기생의급여/사복/노아장가

구분	건강보험	노인장기요양보험	국민연금	고용보험	산재보험
관장부처	보건복지부			고용노동부	
운영주체	국민건강보험공단	국민건강보험공단	국민연금공단	고용보험공단	근로복지공단
근거법	국민건강보험법	노인장기요양보험법	국민연금법	고용보험법	산업재해보상보험법
보장내용	의료보장/건강증진	노인요양	소득보장	실업급여/고용안정 및 직업능력개발	산업재해보상보험법
도입시기	1977.1.1	2008.7.1	1988.1.1	1995.7.1	1964.7.1

Keyword

4. 종류

1) 의료보장제도

① 정의: 국민의 건강권을 보호하기 위해 필요한 보건의료서비스를 국가, 사회가 제도적으로 제공하는 것 (질병으로 인한 수입중단에 대처하는 경제보장으로서의 소득보장과 치료비를 공동으로 부담하는 의료비 보장이라는 역할)
② 목표: 개인의 능력으로 해결할 수 없는 건강문제를 사회적 연대책임으로 해결하여 사회구성원 누구나 건강한 삶을 향유할 수 있도록 하는 것
③ 유형: 사회보험방식, 국가보건서비스 방식, 민간보험 방식, 공공부조방식
④ 우리나라 의료보장제도: 사회보험 일종인 건강보험과 공공부조인 의료급여로 구성(국민건강보험제도*, 의료급여제도)

국민건강 보험제도	⟨1977;건강보험도입. 1989:전국민 의료보험제도 실시⟩

	1. 특징: 국민건강보험법 기반, 국민건강보험공단이 사업의 주체가 된다.
	2. 적용대상
	  1) 원칙: 국내에 거주하는 국민은 건강보험의 가입자 또는 피부양자가 됨.(강제가입)
	  2) 예외: 「의료급여법」에 따라 의료급여를 받는 사람, 「독립유공자예우에 관한 법률」, 「국가유공자 등 예우 및 지원에 관한 법률」에 따라 의료보호를 받는 사람("유공자 등 의료보호대상자") 은 제외

의료급여 제도 ((구) 의료보호)	1. 정의: 생활유지 능력이 없거나 생활이 어려운 저소득 국민의 의료문제를 국가가 보장하는 공공부조제도로서 건강보험과 함께 국민 의료보장의 중요한 수단이 되는 사회보장제도 2. 적용대상(수급권자)

	1종	• 국민기초생활보장수급자 근로무능력가구, 희귀질환자, 중증난치질환자, 시설수급자 • 타법적용자: 이재민, 의상자 및 의사자의 유족, 입양아동(18세 미만), 국가유공자, 중요무형문화재 보유자와 가족, 북한이탈주민, 5·18민주화운동 관련자, 노숙인 • 행려환자
	비교)	
	2종	국민기초생활보장 수급권자 중 의료급여 1종 수급권자 기준에 해당되지 않는 자 (예. 차상위 계층)

2) 노인장기요양보험제도
   ① 정의 및 목적
      : 고령, 노인성 질병 등의 사유로 일상생활을 혼자서 수행하기 어려운 노인 등에게 장기요양급여(신체활동, 가사활동 지원)를 사회적 연대 원리에 따라 제공하는 사회보험(2007년 노인장기요양보호법 제정, 2008년 제도 시행)

   ② 특징
      - 건강보험제도와 별도 운영
      - 사회보험방식을 기본으로 한 국고 지원 부가방식
      - 보험자 및 관리운영기관의 일원화
        (관리운영기구: 국민건강보험법 상 국민건강보험공단이 운영)
      - 노인중심의 급여

   ③ 장기요양급여 제공의 기본원칙
      - 노인이 의사와 능력에 따라 <u>최대한 자립적으로 일상생활을 수행할 수 있도록 제공</u>
      - 노인의 심신상태·생활환경과 노인 등 및 그 가족의 욕구·선택을 종합적으로 고려하여 필요한 범위 안에서 이를 적정하게 제공
      - 노인 등이 가족과 함께 생활하면서 가정에서 장기요양을 받는 <u>재가급여를 우선적으로 제공</u>
      - 노인의 심신 상태나 건강이 악화되지 않도록 의료서비스와 연계하여 제공

   ④ 대상(법2조 1호)
      - 65세 이상의 노인 또는 65세 미만이 자로서 치매·뇌혈관성질환 등 대통령령으로 정하는 노인성 질병을 가진 자(65세 미만자의 노인성 질병이 없는 일반적 장애인은 제외)
      - 등급판정위원회는 6개월 이상 기간동안 일상생활(ADL)을 혼자서 수행하기 어렵다고 인정되는 경우 장기요양서비스를 받을 자를 결정, 등급판정

      > 노인성 질병: 알츠하이머병, 지주막하출혈, 뇌내출혈, 뇌경색증, 뇌졸중, 뇌전동맥의 폐쇄 및 협착, 대뇌동맥의 폐쇄 및 협착, 파킨슨병, 중풍후유증, 진전

⑤ 장기요양 등급판정기준(영 7조 1항)

등급	심신의 기능상태
1등급(최중증)	심신의 기능상태 장애로 일상생활에서 전적으로 다른 사람의 도움이 필요한 자로서 장기요양인정 점수가 95점 이상인 자
2등급(중증)	심신의 기능상태 장애로 일상생활에서 상당부분 다른 사람의 도움이 필요한 자로서 점수가 75점 이상 95점 미만인 자
3등급(중등증)	심신의 기능상태 장애로 일상생활에서 부분적으로 다른 사람의 도움이 필요한 자로서 점수가 60점 이상 75점 미만인 자
4등급(경증)	심신의 기능상태 장애로 일상생활에서 일정부분 다른 사람의 도움이 필요한 자로서 점수가 51점 이상 61점 미만인 자
5등급 (치매특별등급)	치매(노인성 질병에 해당하는 치매로 한정) 환자로서 점수가 45점 이상 51점 미만인 자
장기요양 인지지원등급	치매(노인성 질병에 해당하는 치매로 한정)환자로서 점수가 45점 미만인 자

⑥ 장기요양인정 유효기간(시행령 8조)
- 원칙: 최소 1년 이상(장기요양인정 유효기간은 2년)
- 갱신된 장기요양인정 유효기간: 장기요양인정 갱신(갱신 신청은 유효기간 만료 전 30일까지 완료) 결과 직전 등급과 같은 등급으로 판정된 경우
  - 장기요양 1등급의 경우: 4년
  - 장기요양 2등급부터 4등급까지의 경우: 3년
  - 장기요양 5등급 및 인지지원등급의 경우: 2년

⑦ 장기요양급여 종류 ⓒ 재가 시설 현금
- 장기요양급여는 노인 등이 가족과 함께 생활하면서 가정에서 장기요양을 받는 <u>재가급여를 우선적으로 제공</u>

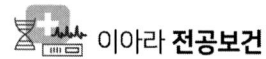

Keyword

종류	내용	기준
재가급여	방문요양	장기요양요원이 수급자의 가정 등을 방문하여 신체활동 및 가사활동 등을 지원하는 장기요양급여
	방문목욕	장기요양요원이 목욕설비를 갖춘 장비를 이용하여 수급자의 가정 등을 방문하여 목욕을 제공하는 장기요양급여
	방문간호	장기요양요원인 간호사 등이 의사지시서에 따라 수급자 가정 방문하여 간호, 진료 보조, 요양 상담, 구강위생 등 제공
	주·야간 보호	수급자를 하루 중 일정한 시간 동안 장기요양기관에 보호하여 신체활동 지원 및 심신기능의 유지·향상을 위한 교육·훈련 등을 제공하는 장기요양급여
	단기보호	수급자를 월 9일 이내 기간 동안 장기요양기관에 보호하여 신체활동 지원 및 심신기능의 유지·향상을 위한 교육·훈련 등을 제공하는 장기요양급여 * 단기보호 급여 기간: (원칙) 월 9일 (예외) 여행, 치료 등 가족이 돌볼 수 없는 경우 4회 연장
	기타재가 급여	수급자의 일상생활·신체활동 지원 및 인지기능의 유지·향상에 필요한 <u>용구(소프트웨어 포함)를 제공</u>하거나 가정 방문하여 재활에 관한 지원 등을 제공하는 장기요양급여 * 휠체어, 전동·수동침대, 욕창방지매트리스·방석, 욕조용 리프트, 이동욕조, 보행기 등
시설급여	노인요양 시설	장기요양기관이 운영하는 노인의료복지시설(노인전문병원 제외) 등에 <u>장기간 동안 입소</u>하여 신체활동 지원 및 심신기능의 유지·향상을 위한 교육·훈련을 제공하는 요양급여 * 시설 입소 시 반드시 필요한 것: 장기요양인정서
	노인전문 요양시설	
특별현금급여	가족 요양비	장기요양기관이 현저히 부족한 지역(도서 벽지)에 거주하는 자, 천재지변 등으로 장기요양급여 이용이 어려운 자, 신체·정신·성격의 이유로 가족의 요양을 받아야 하는 자 * 가족요양비 수급자는 재가급여, 시설급여 중복수령 금지, 기타 재가급여(복지용구)는 중복수급 가능 가족요양비 지급액: 매월 수급자에게 15만원 지급
	특례 요양비	수급자가 장기요양기관이 아닌(노인요양시설 등) 기관에서 재가급여 또는 시설급여에 상당한 장기요양급여를 받은 경우 장기요양급여비용의 일부 지급
	요양병원 간병비	수급자가 노인복지법상의 노인전문병원 또는 의료법상의 요양병원에 입원한 때 장기요양에 사용되는 비용의 일부를 지급 * 요양병원 간병비: 현재 유보

⑧ 급여제공의 일반 원칙
- 원칙: 장기요양급여는 수급자가 가족과 함께 생활하면서 가정에서 장기요양을 받는 재가급여를 우선으로 제공
- 등급별 급여제공
  • 장기요양등급 1등급 또는 2등급인 자: 재가급여 또는 시설급여 이용
  • 3등급부터 5등급까지인 자: 재가급여만 이용 가능
  • 인지지원등급: 주·야간보호급여, 단기보호급여, 기타재가급여만 이용 가능
- 예외: 3등급부터 5등급에 해당하는 자 중 등급판정위원회로부터 시설급여가 필요한 것으로 인정받은 자는 시설급여 이용 가능
  • 주수발자인 가족구성원으로부터 수발이 곤란한 경우
  • 주거환경이 열악하여 시설입소가 불가피한 경우
  • 치매 등에 따른 문제행동으로 재가급여를 이용할 수 없는 경우

⑨ 노인장기요양보험 인정 및 이용 절차

1) 장기요양 인정신청	신청자: 본인(65세 이상 노인 또는 65세 미만 노인성 질환 대상자), 가족, 친족, 사회복지 전담공무원(가족 등 동의 필요), 시장 군수 구청장이 지정하는 자
	방법: 국민건강보험공단에 장기요양인정신청서, 의사소견서를 첨부하여 신청
2) 방문조사	국민건강보험공단 소속 직원인 사회복지사 또는 간호사가 직접 방문
	기본적 일상생활활동, 수단적 일상생활활동, 인지기능, 행동, 간호, 재활영역 등 기능상태와 질병, 증상, 환경상태, 서비스 욕구 등 종합적 조사 및 점수 산정
3) 등급판정	국민건강보험공단은 장기요양인정조사표에 따라 장기요양등급 1차 판정실시
	국민건강보험공단은 조사 결과서, 의사소견서를 등급판정의원회에 제출
	등급판정위원회는 1차 판정 결과 심의. 장기요양 인정 여부 및 등급을 최종 판정
	판정은 신청서 제출한 날로부터 30일 이내 완료. 정밀조사가 필요한 경우 연장
4) 판정결과 통보	공단은 등급판정위원회 심의 완료 후 지체없이 장기요양인정서 작성하여 송부
	공단은 장기요양인정서를 송부 시 개인별장기요양이용계획서 함께 송부

Keyword

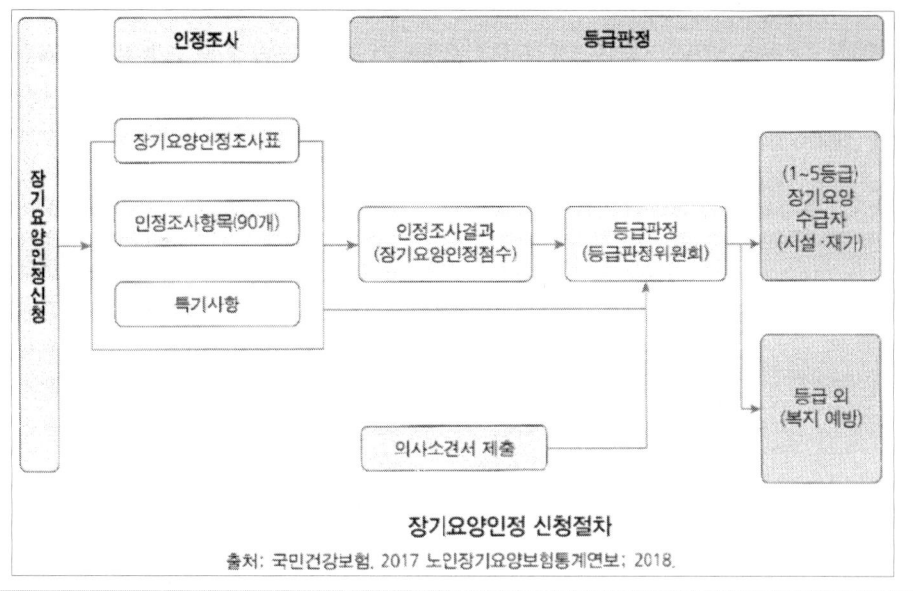

장기요양인정 신청절차
출처: 국민건강보험, 2017 노인장기요양보험통계연보; 2018.

⑩ 재원조달

재원은 장기요양보험료(60~65%), 국가지원(20%), 본인일부부담금(15~20%)로 구성

〈본인 일부 부담금〉
① 대통령령으로 정하는 바에 따라 비용의 일부 본인 부담
 (장기요양급여를 받는 수급자의 장기요양등급, 장기요양급여의 종류 및 수준 등에 따라 본인 부담의 수준을 달리 정할 수 있다.)
② 기타 급여수급권자(저소득층), 천재지변 등 보건복지부령으로 정하는 사유로 인하여 생계가 곤란한 자는 60% 범위에서 차등 감경
③ 국민기초생활수급권자(의료급여 수급자)는 무료(본인부담 면제)
④ 국가는 보험료 예상수입액의 20% 부담

대상	• 연령: 65세 이상의 노인 또는 65세 미만인 자 • 질환: 노인성 질병을 가진 자(치매·뇌혈관성질환 등) • ADL: 6개월 이상 기간동안 일상생활(ADL)을 혼자서 수행하기 어렵다고 인정되는 경우			
절차	장기요양 인정신청 • 본인, 가족 등 신청 • 국민건강보험공단에 • 장기요양인정신청서 및 의사소견서 첨부	→ 방문조사 • 국민건강보험공단 공무원 직접 방문 • 기본 ADL, 수단적 ADL, 인지 등 종합적 조사 및 점수 산정	→ 등급판정 • 1차 판정: 국민건강보험공단 • 최종 판정: 등급판정위원회 • 등급판정기간: 신청서 제출한 날로부터 30일 이내	→ 판정 결과 통보 • 장기요양인정서 및 개인별 장기요양이용계획서 송부

Keyword

등급 판정 기준	① 1등급(최중증): 심신의 기능상태 장애로 일상생활에서 전적으로 다른 사람의 도움이 필요한 자로 ② 2등급(중증): 심신의 기능상태 장애로 일상생활에서 상당부분 다른 사람의 도움이 필요한 자 ③ 3등급(중등증): 심신의 기능상태 장애로 일상생활에서 부분적으로 다른 사람의 도움이 필요한 자 ④ 4등급(경증): 심신의 기능상태 장애로 일상생활에서 일정부분 다른 사람의 도움이 필요한 자 ⑤ 5등급(치매특별등급): 치매(노인성 질병에 해당하는 치매로 한정) 환자로서 점수가 45점 이상 51점 미만인 자 ⑥ 장기요양 인지지원등급: 치매(노인성 질병에 해당하는 치매로 한정)환자로서 점수가 45점 미만인 자
급여 내용	• 재가급여: 방문요양, 방문목욕, 방문간호, 주·야간보호, 단기보호, 기태 재가급여 • 시설급여: 노인요양시설, 노인전문시설 • 특별현금급여: 가족요양비, 특례요양비, 요양병원간병비
급여 제공 원칙	• 원칙: 장기요양급여는 수급자가 가족과 함께 생활하면서 가정에서 장기요양을 받는 재가급여를 우선으로 제공 • 예외: 3등급부터 5등급에 해당하는 자 중 등급판정위원회로부터 시설급여가 필요한 것으로 인정받은 자는 시설급여 이용 가능 　- 주수발자인 가족구성원으로부터 수발이 곤란한 경우 　- 주거환경이 열악하여 시설입소가 불가피한 경우 　- 치매 등에 따른 문제행동으로 재가급여를 이용할 수 없는 경우
유효 기간	• 원칙: 최소 1년 이상(장기요양인정 유효기간은 2년) • 갱신: 1등급의 경우(4년), 2등급부터 4등급까지의 경우(3년), 5등급 및 인지지원등급(2년)
비용	• 구성: 장기요양보험료(60~65%), 국가지원(20%), 본인일부부담금(15~20%) 본인부담금 ① 시설급여 20%, 재가급여 15%는 본인 부담 ② 기타 급여수급권자(저소득층) 등은 각각 60%로 경감 ③ 국민기초생활수급권자는 무료(본인부담 면제) ④ 국가는 보험료 예상수입액의 20% 부담

Keyword

3) 노인복지법

① 목적
: 노인의 질환을 사전예방 또는 조기 발견하고 질환 상태에 따른 적절한 치료·요양으로 심신의 건강을 유지하고, 노후의 생활안정을 위하여 필요한 조치를 강구함으로써 노인의 보건복지증진에 기여

② 노인학대
: 노인에 대하여 **신체적·정신적·정서적·성적 폭력** 및 **경제적 착취** 또는 **가혹행위**를 하거나 **유기 또는 방임**을 하는 것
  [비교] 아동학대: 보호자를 포함한 성인이 아동의 건강 또는 복지를 해치거나 정상적 발달을 저해할 수 있는 신체적·정신적·성적 폭력이나 가혹행위를 하는 것과 아동의 보호자가 아동을 유기하거나 방임하는 것.

③ 고령친화도시
국가와 지방자치단체는 지역정책과 발전과정에 노인이 능동적으로 참여하고 노인의 역량 강화, 돌봄 및 안전, 건강하고 활력 있는 노후생활이 구현되도록 정책을 운영하는 지역(고령친화도시)을 조성하도록 노력하여야 한다.

④ 노인복지시설
종류: 노인주거복지시설, 노인의료복지시설, 노인여가복지시설, 재가노인복지시설, 노인보호전문기관, 노인일자리지원기관, 학대피해노인 전용쉼터

Keyword

노인주거복지시설	
양로시설	노인을 입소시켜 급식과 그 밖에 일상생활에 필요한 편의를 제공함을 목적으로 하는 시설
노인공동생활가정	노인들에게 가정과 같은 주거여건과 급식, 그 밖에 일상생활에 필요한 편의를 제공함을 목적으로 하는 시설

노인복지주택	노인에게 주거시설을 임대하여 주거의 편의·생활지도·상담 및 안전관리 등 일상생활에 필요한 편의를 제공함을 목적으로 하는 시설
	• 입소자격자: 60세 이상의 노인,
	• 입소자격자와 함께 입소가능한 자
	  1. 입소자격자의 배우자
	  2. 입소자격자가 부양을 책임지고 있는 24세 미만의 자녀·손자녀
	  3. 장애로 인하여 입소자격자가 부양을 책임지고 있는 24세 이상의 자녀·손자녀

재가노인복지시설	
방문 요양 서비스	가정에서 일상생활을 영위하고 있는 노인(재가노인)으로서 신체적·정신적 장애로 어려움을 겪고 있는 노인에게 필요한 각종 편의를 제공하여 지역사회안에서 건전하고 안정된 노후를 영위하도록 하는 서비스
주·야간 보호서비스	부득이한 사유로 가족의 보호를 받을 수 없는 심신이 허약한 노인과 장애노인을 주간 또는 야간 동안 보호시설에 입소시켜 필요한 각종 편의를 제공하여 이들의 생활안정과 심신기능의 유지·향상을 도모하고, 그 가족의 신체적·정신적 부담을 덜어주기 위한 서비스
단기 보호 서비스	부득이한 사유로 가족의 보호를 받을 수 없어 일시적으로 보호가 필요한 심신이 허약한 노인과 장애노인을 보호시설에 단기간 입소시켜 보호함으로써 노인 및 노인가정의 복지증진을 도모하기 위한 서비스
방문 목욕 서비스	목욕장비를 갖추고 재가노인을 방문하여 목욕을 제공하는 서비스
기타 서비스	그 밖에 재가노인에게 제공하는 서비스로서 보건복지부령이 정하는 서비스 (재가노인지원서비스, 방문간호서비스, 복지용구지원서비스)

Keyword

노인의료복지시설	
노인요양 시설	치매·중풍 등 노인성질환 등으로 심신에 상당한 장애가 발생하여 도움을 필요로 하는 노인을 입소시켜 급식·요양과 그 밖에 일상생활에 필요한 편의를 제공함을 목적으로 하는 시설
노인요양 공동생활 가정	치매·중풍 등 노인성질환 등으로 심신에 상당한 장애가 발생하여 도움을 필요로 하는 노인에게 가정과 같은 주거여건과 급식·요양, 그 밖에 일상생활에 필요한 편의를 제공함을 목적으로 하는 시설

노인여가복지시설	
노인 복지관	노인의 교양·취미생활 및 사회참여활동 등에 대한 각종 정보와 서비스를 제공하고, 건강증진 및 질병 예방과 소득보장·재가복지, 그 밖에 노인의 복지증진에 필요한 서비스를 제공함을 목적으로 하는 시설
경로당	지역노인들이 자율적으로 친목 도모·취미활동·공동작업장 운영 및 각종 정보교환과 기타 여가활동을 할 수 있도록 하는 장소를 제공함을 목적으로 하는 시설
노인 교실	노인들에 대하여 사회활동 참여 욕구를 충족시키기 위하여 건전한 취미생활·노인건강유지·소득보장 기타 일상생활과 관련한 학습프로그램을 제공함을 목적으로 하는 시설

의료보장제도	노인장기요양보험	노인복지법	산재보험
건강보험제도		노인복지시설 : 여보 일 쉼 재주의	보험급여
		주거: 공양복	
		재가: -방문간호	
의료급여제도		의료: 요/공	업무상 재해
		여가: 경복교	

4) 산업재해보상보험제도

① 목적
　근로자의 업무상의 재해를 신속하고 공정하게 보상하며, 재해근로자의 재활 및 사회 복귀를 촉진하기 위하여 이에 필요한 보험시설을 설치·운영하고, 재해 예방과 그 밖에 근로자의 복지 증진을 위한 사업을 시행하여 근로자 보호에 이바지하는 것

② 특징
　- 관리운영기구: 산업재해보상보험법 상 <u>근로복지공단</u>이 운영

③ 보험급여 종류

요양급여	근로자가 업무상의 사유로 부상을 당하거나 질병에 걸린 경우 지급
	1. 진찰 및 검사 2. 약제 또는 진료재료와 의지(義肢)나 그 밖의 보조기의 지급 3. 처치, 수술, 그 밖의 치료 4. 재활치료 5. 입원 6. 간호 및 간병 7. 이송
휴업급여	업무상 사유로 부상을 당하거나 질병에 걸린 근로자에게 요양으로 취업하지 못한 기간에 대하여 지급
장해급여	근로자가 업무상의 사유로 부상을 당하거나 질병에 걸려 치유된 후 신체 등에 장해가 있는 경우
	비교) 장해특별급여: 보험가입자의 의 또는 과실로 발생한 업무상의 재해로 근로자가 장해등급 또는 진폐장해등급에 해당하는 장해를 입은 경우
간병급여	요양급여를 받은 사람 중 치유 후 의학적으로 상시 또는 수시로 간병이 필요하여 실제로 간병을 받는 사람에게 지급
유족급여	근로자가 업무상의 사유로 사망한 경우에 유족에게 지급
	비교) 유족특별급여: 보험가입자의 고의 또는 과실로 발생한 업무상의 재해로 근로자가 사망한 경우
상병보상연금	요양급여를 받는 근로자가 요양을 시작한 지 2년이 지난 날 이후에 다음 각 호의 요건 모두에 해당하는 상태가 계속되면 휴업급여 대신 상병보상연금을 그 근로자에게 지급 1. 그 부상이나 질병이 치유되지 아니한 상태일 것 2. 그 부상이나 질병에 따른 중증요양상태의 정도가 대통령령으로 정하는 중증요양상태등급 기준에 해당할 것 3. 요양으로 인하여 취업하지 못하였을 것

Keyword

장례비	근로자가 업무상의 사유로 사망한 경우에 지급하되, 평균임금의 120일분에 상당하는 금액을 그 장례를 지낸 유족에게 지급
직업 재활 급여	1. 장해급여 또는 진폐보상연금을 받은 사람이나 장해급여를 받을 것이 명백한 사람으로서 대통령령으로 정하는 사람(이하 "장해급여자"라 한다) 중 취업을 위하여 직업훈련이 필요한 사람(이하 "훈련대상자"라 한다)에 대하여 실시하는 직업훈련에 드는 비용 및 직업훈련수당 2. 업무상의 재해가 발생할 당시의 사업에 복귀한 장해급여자에 대하여 사업주가 고용을 유지하거나 직장적응훈련 또는 재활운동을 실시하는 경우(직장적응훈련의 경우에는 직장 복귀 전에 실시한 경우도 포함한다)에 각각 지급하는 직장복귀지원금, 직장적응훈련비 및 재활운동비

④ 업무상 재해 인정 기준
: 업무상 사고, 업무상 질병, 출퇴근 재해의 사유로 발생한 부상·질병 또는 장해 발생, 사망에 업무와 재해 사이에 상당인과관계가 있는 경우

1. 업무상 사고
가. 근로자가 근로계약에 따른 업무나 그에 따르는 행위를 하던 중 발생한 사고
나. 사업주가 제공한 시설물 등을 이용하던 중 그 시설물 등의 결함이나 관리소홀로 발생한 사고
다. 사업주가 주관하거나 사업주의 지시에 따라 참여한 행사나 행사준비 중에 발생한 사고
라. 휴게시간 중 사업주의 지배관리하에 있다고 볼 수 있는 행위로 발생한 사고
마. 그 밖에 업무와 관련하여 발생한 사고
2. 업무상 질병
가. 업무수행 과정에서 물리적 인자(因子), 화학물질, 분진, 병원체, 신체에 부담을 주는 업무 등 근로자의 건강에 장해를 일으킬 수 있는 요인을 취급하거나 그에 노출되어 발생한 질병
나. 업무상 부상이 원인이 되어 발생한 질병
다. 「근로기준법」 제76조의2에 따른 직장 내 괴롭힘, 고객의 폭언 등으로 인한 업무상 정신적 스트레스가 원인이 되어 발생한 질병
라. 그 밖에 업무와 관련하여 발생한 질병
3. 출퇴근 재해
가. 사업주가 제공한 교통수단이나 그에 준하는 교통수단을 이용하는 등 사업주의 지배관리하에서 출퇴근하는 중 발생한 사고
나. 그 밖에 통상적인 경로와 방법으로 출퇴근하는 중 발생한 사고

III. 보건의료재정

( )월( )일

이아라 **전공보건**

01. 국민의료비 증가요인

수요 측 요인	제도적 기전	
사회보장의 양적, 질적 확대 소득수준의 향상 의료수요에 대한 다양한 욕구 고령화 사회의 진전 만성질환의 증가	보건의료전달체계 (2,3차 중심) 지불보상제도 (행위별 수가제) 의료의 공공성 (민간위주 의료)	국민의료비 (보험급여) 증가
공급 측 요인		
의료기술의 변화		

02. 국민의료비 억제대책

1. 수요 측 억제방안:

1) 본인 부담률 인상(비용부담을 이용)
2) 급여 범위 확대 지양
3) 질병예방을 통한 국민의료비 억제(보건교육, 모자보건 및 노인보건 향상, 일차보건의료체계화를 통한 질병예방)

2. 공급 측 억제방안

1) 고가 의료기술 사용 억제, 장비의 공동 사용 등으로 의료 수가 상승 억제
2) 행정절차의 효율적 관리 운영

3. 의료전달체계 측면 억제방안

1) **의료전달체계 확립**: 일차의료강화는 전체 보건의료 효율 증대, 국민의료비 상승억제
2) **지불보상제도의 개편**: 사후방식은 의료비 및 급여증가를 가속화하는 가장 큰 원인. 사전결정방식(포괄수가제, 총괄계약제 등)으로 개편할 필요성 대두
3) **다양한 의료대체서비스, 인력개발 및 활용**: 대체의료기관 및 서비스 개발과 활용은 저렴한 비용으로 이용 가능, 다양한 보건의료전문가 활용(전문 간호사, 보건소)은 최소의 비용으로 국민 보건의료 요구를 최대로 충족시킬 수 있는 효율적인 인력관리 가능
4) 의료의 사회화와 공공성 확대

03. 지불보상제도 ● 행상일인총포봉급

종류	장점	단점
행위별 수가제	정의: 진단, 치료, 투약과 개별행위의 서비스를 총합하여 의료행위를 한 만큼 보상하는 방식	
	의료인의 자율성 보장, 양질의 서비스 제공	과잉진료, 의료비 상승, 치료중심의 의료행위, 의료자원 지역 간 편재 경향, 행정절차 복잡, 비용 증가
상대 가치 수가제	• 정의: 의료인의 진료행위의 난이도에 대한 상대가치와 자원의 투입량을 고려하여 수가를 책정하는 방법 • 상대가치 산출에는 의료인의 노련화 숙련도, 판단력, 스트레스, 의료장비, 재료비, 보조 인력의 인건비 요소 등이 반영 • 수가: 상대가치점수에 서비스의 단위당 가격인 환산지수를 곱한 값 • 장점: 행위별 수가제와 유사 • 단점: 의사의 능력과 질의 투입자원을 고려하지 못하고 있음 환자의 상태가 고려되지 못하고 있음	
포괄 수가제	• 정의: 환자에게 제공되는 의료서비스의 양과 질에 상관없이 환자 요양일수별 혹은 질병별로 보수단가를 설정하여 미리 정해진 진료비를 의료기관에 지급하는 제도 ● 맹 제자 탈수 편항 • 석용(7개 질병군): 인과의 수정체 수술 이비인후과의 편도 및 아데노이드 수술, 일반외과의 항문 및 항문주위 수술, 서혜 및 대퇴부 탈장 수술, 충수절제술, 산부인과의 자궁 및 자궁부속기 수술, 제왕절개분만	
	과잉진료 및 총 진료비 억제효과, 행정업무절차 간편, 의료기관의 자발적 경영효율화 노력	의료의 질적 저하, 환자 기피 현상, 부당청구 성행
봉급제	정의: 서비스의 양에 관계없이 일정기간 의료 활동에 대한 반대급부로서 의료인에게 일정보수를 지급하는 방식	
	의사 직장보장, 수입안정, 경쟁심 억제	진료의 관료화 형식화
일당 지불제	정의: 장기 환자를 다루는 의료서비스 제공자에게 진료비를 보상하기 위한 방법. 일당 비용은 개별 환자를 하루 진료하는 데 드는 모든 비용	
	관리비용이 낮음. 행적적으로 간편	

Keyword

인두제	정의: 의료인이 담당하는 등록환자 수나 실 이용자수를 기준으로 진료보수금액이 결정되는 제도	
	과잉진료 억제, 예방목적, 총 진료비 억제효과 계속적 포괄적인 의료 제공 가능, 행정업무절차가 간편	환자의 의료기관 선택에 제한, 후송의뢰 증가로 과소진료
총액 계약제	정의: 지불자(보험자)와 공급자(의사단체) 간 미리 진료보수총액을 정하는 계약. 총액 범위 내에서 진료를 담당하고 의료서비스를 이용하는 제도	
	진료보수를 효율적으로 이용하려는 동기, 과잉진료 억제, 의료비 절감효과	의료공급의 혼란, 의료의 질적 저하 우려
우리 나라	<u>행위별 수가제</u>를 기본으로 상대가치를 고려하여 수가를 책정하는 <u>상대가치제</u> 적용. 7개 <u>질병군별 포괄수가제</u> 적용에서 76개 질병군 등으로 확대추세. 일부 의료기관 <u>일당지불제</u> 실시	

문제 [22] 밑줄 친 ⓒ과 ⓔ의 의미를 순서대로 서술하시오.
> 진료비 지불제도: 행위별 수가제, ⓒ <u>인두제</u>, 봉급제, ⓔ <u>포괄수가제</u>, 총액계약제

문제 [94] 우리나라와 일본이 채택하고 있는 보건의료의 보수지불제도는?
① 인두제 ② 행위별 수가제 ③ 봉급제 ④ 총괄계약제

문제 [98] 최근 간협신문에는 DRG지불제도에 대한 시범사업, 중간평가, 결과에 관한 기사가 실렸다. 이와 같은 시범사업을 하게 된 현행제도의 문제점에 대해 논의하시오.

국시 [19] 진료비 지불보상제도 중 제공된 의료서비스의 단위당 가격에 서비스양을 곱한 만큼 보상하는 방식은?

Ⅳ 간호사 역할

( )월( )일

이아라 **전공보건**

01 지역사회 간호사의 역할 ⓒ 연변 교사 상관 옹알증

1. **연구자**: 탐구·관찰을 통해 연구 후 지역 건강문제 해결방안, 간호방법 개발·평가 연구결과를 면밀히 검토해 실무에 적용, 간호연구 계획·수정
2. **변화촉진자**: 변화에 작용하는 <u>방해요인, 촉진요인을 확인 후 변화하도록 동기부여</u>에 조력. 대상자 <u>의사결정을 도와 바람직한 방향으로 행동이 변화하도록 돕는 역할</u> 자기 것이 되도록 집단을 도움
3. **보건교육자**: 대상자의 보건교육요구 사정, 체계적·포괄적인 보건교육과 그 실천전략 계획·교육 실시·평가. 대상자는 건강문제를 스스로 해결할 수 있음
4. **건강사정자**: 대상자의 건강력, 가족력, 생활양식, 건강관리 양상, 건강위험요인을 사정하는 것으로 건강증진 사업을 위한 기초자료 제공에 중요
5. **사례관리자(관찰자)**: 지역사회에 거주하고 있는 고위험군 발굴하여 대상자의 문제 사정, 계획, 수행, 평가하고 지역사회 내 다양한 보건의료서비스로 연계시켜 주는 역할. 대상자의 욕구를 충족시키고 자원을 비용 효과적으로 사용하도록 유도
   대상자와 기관이 처음 접촉 단계를 도와주고 그들 간 의사소통을 원활하게 해 줌, 제공자의 추천사항을 설명하고 강화. 대상자의 옹호자와 같은 도움을 줌
6. **상담자**: 자신의 건강문제 해결에 필요한 지식과 기술에 대한 정보를 제공하여 문제 해결 방법을 대상자 스스로 찾을 수 있도록 도움(해결 범위를 정하는 데 조력)
7. **건강관리자**: 대상자의 연령에 따른 건강요구를 파악, 건강위험요인을 조기에 발견하여 평생 동안 지속적으로 관리할 수 있는 방안을 강구하거나 대상자의 질병을 조기에 발견하고 관리하는 것
   ㉑ 건강 상담 지도, 건강 교실 운영, 만성질환자 또는 고위험군의 등록관리 등
8. **옹호자(대변자)**: 대상자의 건강관리에 대한 의사결정을 존중하고 지원, 건강관리체계를 이용하는 <u>방법을 안내하여 적절한 건강증진서비스를 제공받도록 지원하는 것</u>. 최선의 서비스를 받을 수 있도록 환자에 대해 해당 기관에 정보를 제공. 대상자에게 학습될 행동을 수행, 대변자에 대한 요구를 결정, 적합한 방법으로 진상을 규명, 결정자에게 대상자의 사례 제시, 대상자가 홀로 설 수 있도록 준비
9. **알선자(자원의뢰자)**: 대상자가 지역사회의 인적, 물적, 사회 환경적 자원과 다양한 보건 의료서비스의 종류를 <u>적절히 활용하게 하는 것</u>. 지역사회 자원에 대한 정보수집, 의뢰의 요구와 적합성 결정, 의뢰 수행, 의뢰에 대한 추후관리

Keyword

* 옹호자와 알선자는 지역사회 자원 활용을 안내하는 역할은 공통이나, 옹호자는 적극적으로 환자를 대신해 자원 활용이 가능하도록 가르쳐주는 역할

10. **자가간호증진자**: 대상자의 자가 간호 수준을 파악, 수준에 맞는 프로그램을 개발하여 운영함으로서 대상자의 자기간호역량을 향상시키는 것

11. **협력자**: 대상자의 건강문제 해결방안을 결정하는 공동모임에 관여하며 건강관리 팀과 의사소통하여 공동의 의사결정을 함
    건강 관련 상태와 기여요인의 징후와 증상의 지식을 발전시킴, 질병과 이에 관련된 상태의 사례 확인 및 확인된 사례의 추후관리 제공

12. **일차의료제공자**: 대상자 상태 사정 및 문제 확인, 문제 치료 계획 및 수행, 다른 지지 서비스 소개, 교육과 감독, 간호계획 수정, 자 자가간호 교육, 건강관리 서비스와 연계

13. **직접간호제공자**: 대상자 건강상태 사정, 간호진단 유출, 간호 수행계획 및 수행. 간호중재 결과평가

14. **교섭자**: 다른 건강요원들과 의사소통, 공동 의사결정에 참여, 대상자의 문제해결을 위한 공동 활동에 참여

> **국시 [21]** 다음에서 설명하는 지역사회간호사의 역할은?
> - 대학생들이 캠퍼스 내 절주문화 조성의 필요성을 인식하도록 유도한다.
> - 지역사회 주민들이 주민자치모임을 구성하도록 하고, 절주캠페인을 돕는다.

02. 보건교사의 역할 ⓒ 계 진환 관상평 기 허약자 교(회)예의 방문

1. 학교보건계획의 수립
2. 학교 환경위생의 유지관리 및 개선에 관한 사항
3. 학생과 교직원에 대한 건강진단의 준비와 실시에 관한 협조
4. 각종 질병의 예방처치 및 보건지도
5. 학생·교직원의 건강관찰, 학교의사의 건강 상담, 건강평가 실시에 관한 협조
6. 신체가 허약한 학생에 대한 보건지도
7. 보건지도를 위한 학생가정 방문
8. 교사의 보건교육 협조와 필요시의 보건교육
9. 보건실의 시설 설비 및 약품 등의 관리
10. 보건교육자료의 수집 관리
11. 학생건강기록부의 관리
12. 다음의 의료행위 ⓒ 의외 부질 (없)응요
   1) 외상 등 흔히 볼 수 있는 환자의 치료
   2) 응급을 요하는 자에 대한 응급처치
   3) 부상과 질병의 악화를 방지하기 위한 처치
   4) 건강진단결과 발견된 질병자의 요양지도 및 관리
   5) 의료행위에 따르는 의약품의 투여
13. 그 밖의 학교 보건관리

문제 [92] 보건교사의 직무로 볼 수 없는 것은?
① 학교보건 계획수립
② 상병 악화방지를 위한 의약품 부여
③ 학생 및 교직원의 건강진단 실시와 평가
④ 학교환경위생 관리 및 개선

문제 [95] 학교보건 시행령에 규정된 보건교사의 직무는?
① 학교보건 교육계획 수립에 의한 자문
② 학교에서 사용하는 의약품 및 독극물의 실험
③ 학생 및 교직원의 건강 진단
④ 상병의 악화 방지를 위한 처치

Keyword

문제 [93] 다음 〈보기〉에서 학교 간호를 위한 보건교사의 활동을 바르게 나열한 것은?

〈보 기〉

㉠ 보건실 활동
㉡ 방문 및 의뢰활동
㉢ 상담 및 면접활동
㉣ 행정활동
㉤ 의사소통을 위한 매체활동
㉥ 지역사회 조직 활동
㉦ 기회활동
㉧ 집단 지도활동

① ㉠ ㉡ ㉢ ㉤ ㉦
② ㉠ ㉡ ㉥ ㉦ ㉧
③ ㉡ ㉢ ㉣ ㉤ ㉥ ㉦ ㉧
④ ㉠ ㉡ ㉢ ㉣ ㉤ ㉥ ㉧

문제 [96] (보기)에서 보건교사의 역할을 모두 고르면?

〈보 기〉

㉠ 환경위생
㉡ 학교보건 사업 평가
㉢ 보건교육 계획 및 실시
㉣ 학교보건 봉사계획 및 실시

① ㉠, ㉡, ㉢
② ㉠, ㉢, ㉣
③ ㉡, ㉢, ㉣
④ ㉠, ㉡, ㉢, ㉣

03 | 보건교사의 리더십

1. 리더십
: 리더와 구성원이 함께 이루어야 할 공동목표를 달성할 수 있도록 리더가 영향력을 발휘하는 과정

2. 이론

1) 특성이론
   - 리더 자질이 선천적으로 타고나는 것으로 후천적으로 육성할 수 없는 것
   - 우수한 자질을 모두 갖춘 사람이 현실적으로 존재하기 어려움, 하급자의 영향과 환경적 영향 등을 고려하지 않음

2) 행동이론
   - 리더가 집단에서 어떻게 행동하는가에 따라 리더십이 효과성 결정, 후천적 교육개발 가능
   - 리더의 행동분석을 통하여 리더의 행동패턴을 밝혀 〈행동 훈련 리더 양성 방법〉 연구

Keyword

리더 행동	권위형	명령적이고 추종자의 참여를 허용 안함, 칭찬이나 비판을 개인적으로 하고 중립적 태도 취함, 생산량 많은 편
	민주형	집단의 토의나 결정을 권장, 칭찬이나 비판 시 객관적 입장, 가장 생산적
	자유방임형	집단에게 완전한 자유를 주고 리더십의 행사가 없는 스타일, 생산성 가장 낮음, 지도자의 존재 여부와 관계없이 행동

3) 상황이론

조직이 처한 상황에 따라 특정 리더십 유형의 효과성과 효용성이 달라진다는 관점

상황적합성이론(피들러)	상황적 리더십 이론(허쉬와 블랜차드)
• 상황변수가 리더십의 유효성을 결정짓는다는 전제 • 리더의 유형과 리더십 상황의 호의성 간의 적합 정도에 따라 리더십의 효과가 달라짐 • 리더십의 효과성과 최소선호 동료 작업자(LPC)의 관계를 상황이 어떻게 조절하는지 기술하는 LPC 연계성 모형을 제안 • 리더의 유형: 과업지향성 리더 (LPC 점수 낮음), 관계 지향성 리더 (LPC 점수 높음) • 리더십 상황이 호의적이거나 비호의적이면 과업지향적 리더십, 중간이면 관계 지향적 리더십이 효과적임.	• 상황에 따라 상이한 리더십 스타일을 구성할 수 있다고 봄 • 상황조절변수: 부하의 성숙도를 설정하고, 부하의 성숙도에 따라 상이한 리더십을 발휘하여야 한다고 주장 • 구성원의 성숙도: 능력과 동기에 의해 구분
〈상황변수를 결정하는 세 가지 상황 조절 변수〉 • 리더-구성원과의 관계: 구성원들이 리더를 신뢰하고 존경하는 정도를 나타내는 변수 • 과업의 구조화 정도: 과업의 할당 및 평가방식의 구조화 정도 • 리더의 직위권한(직권): 리더에게 부여된 공식적이고 합법적인 영향력의 정도	• 리더십 유형 - 지시형 리더십(높은 과업지형-낮은 관계지향): 신규간호사 - 설득형 리더십(높은 과업지형-높은 관계지향): 집단이 성숙하는 시기 - 참여형 리더십(낮은 과업지형, 높은 관계지향): 흥미가 낮은 경력자 - 위임형 리더십 (낮은 과업지향, 낮은 관계지향): 성숙도 높은 집단

4) 현대적 리더십 이론 (번스)

거래적 리더십	• 거래에 주요 관심 두고 조직 구성원들의 현재 욕구를 만족시키고자 노력하는 리더십 • 조직구성원이 조직이 요구하는 목표를 달성하여 조직에 기여하면 조직은 구성원에게 물질적, 정신적 대가 지불하는 방식
변혁적 리더십	• 급변하는 환경 속 조직의 생존과 경쟁력 강화를 위해 조직의 변화를 유발할 수 있는 리더의 능력에 초점 • 리더가 구성원들에게 비전을 제시, 구성원들에게 충성, 신뢰, 존경 등의 감정을 일으켜 기대보다 높은 노력을 이끌어내고 태도와 가치관의 변화를 통해 성과를 이끌어내는 리더십 〈변혁적 리더십의 구성요인〉 • 카리스마: 리더는 바람직한 가치관, 존경심, 자신감 등을 구성원에게 심어줄 수 있어야 하고 비전을 제시할 수 있어야 한다. • 영감적 동기부여: 리더는 부하에게 높은 기대를 가지고 조직 구성원 간의 공유된 비전을 실현하도록 노력한다. • 지적자극: 리더는 구성원이 상황을 분석하는데 있어 기존의 합리적 틀을 뛰어넘어 보다 창의적인 관점을 개발하도록 격려한다. • 개별배려: 리더는 구성원이 개인적 성장을 할 수 있도록 욕구에 관심을 기울이고 알맞게 임무를 부여하여야 한다.
셀프 리더십	• 스스로를 더 높은 수준의 직무 수행과 효과성으로 이끌어가기 위한 철학과 체계적인 사고·행동 전략을 특징으로 하는 리더십 • 셀프리더십 구성요소: 자기관리, 건설적 사고, 자연적 보상
서번트 리더십	• 구성원의 자발적 헌신은 리더의 희생이나 헌신으로부터 생겨난다는 전제하에 최선을 다해 구성원의 성장과 발전을 돕고 지원하는 리더십

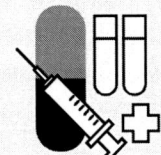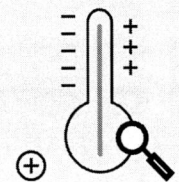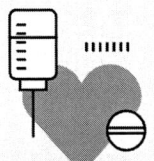

Chapter 3

건강증진

I. 건강증진

( )월( )일

이아라 **전공보건**

01. 정의

- 질병의 치료나 예방에 그치는 것이 아니라, 건강 행위실천을 통해 개인의 건강잠재력이 충분히 발휘될 수 있도록 하며, 건강을 유지·향상 시키기 위한 보건 교육적·예방의학적·사회 제도적·환경 보호적 수단을 강구하는 것
- 건강에 미치는 개인이 건강습관과 사회환경의 개선을 통해 국민 모두가 최적 수준의 건강을 유지하도록 하는 과정

02. 목표

건강증진은 비용-효과적이며 지속 가능한 방법으로 자가건강관리(self-care) 능력을 향상시키고, 개인이나 지역사회가 가지고 있는 건강잠재력을 최대한 이끌어내도록 역량을 강화함으로써 건강수명을 연장하고, 만성 퇴행성 질환의 증가로 인한 국가의 경제사회적 부담을 경감시키는 것

03. 건강증진의 접근방식

1. **건강증진**: 질적 양적으로 충분한 삶의 가능성을 향상시키기 위한 모든 수단
2. **수단**: 신체적 정신적 기능을 유지 증진 시키고 건강에 해로운 요인에 대한 저항력을 기르기 위한 수단. 예방적 수단, 환경적 수단, 행동적 수단 제시

건강문제	예방적 수단	환경적 수단	행동적 수단
고혈압	• 조기발견·치료	• 식품의 지방 및 염분감소	• 과체중의 염분에 대한 인식 고조, 저지방·저염분 식사
폐암	• 조기발견·치료	• 담배광고 억제, 발암물질에 대한 직업적 노출 감소	• 금연권장
치아상실	• 충치치료·치석제거	• 수돗물의 불소화 • 설탕생산· 광고 억제	• 칫솔질 권장 • 과당식 회피

Keyword

[건강증진에 대한 3가지 접근방식]

	법적근거(조사주기)	내용
지역사회 건강조사	지역보건법 (1년마다)	지역주민의 건강실태를 파악하고, 지역보건의료계획의 기초자료로 활용하기 위한 조사
노인실태조사	노인복지법 (3년마다)	노인의 건강, 경제, 사회활동, 생활환경, 가치관 등에 대해 파악하는 실태조사
국민생활실태조사	국민기초생활보장법 (3년)	기초생활보장제도 평가 및 계획 수립을 위한 수급권자, 수급자 및 차상위계층 등의 특성을 파악하기 위한 실태조사(면접조사)
청소년건강행태조사	국민건강증진법 (1년마다)	우리나라 청소년(중. 고등학생)의 건강행태에 대한 현황파악을 통해 청소년 건강증진사업 계획 및 평가를 위한 기초자료 제공, 국제비교를 위한 청소년 보건지표 제공 및 관련분야의 기초 연구자료 제공

04 | 발전

Ⅰ. 건강한 지역사회 추구

1. 정의: 현대 사회에 나타나는 <u>다양한 건강요구를 효율적으로 충족시키는 사회</u>.

> * 건강의 정의
> (WHO) 건강이란 질병, 장애가 없을 뿐만 아니라 신체적·정신적·사회적·영적으로 완전히 안녕한 역동적 상태

2. 건강한 지역사회 구축의 목적: 건강과 관련된 지역사회의 문제를 찾아내고 해결하여 지역사회 주민이 건강하게 살도록 하는 것

3. 연혁

1) 캐나다 "라론드 보고서"
 : 건강한 지역사회 개념이 처음 제시

Keyword

라론드 보고서
인간의 건강, 질병, 사망을 결정하는 요인 : 생물학적 요인, **생활습관 요인**, 환경요인, 보건의료 요인 등 4가지 건강 장 특히, **생활습관**이 건강에 영향을 미치는 비중이 크다. (건강에 대한 개인의 책임성 강조) 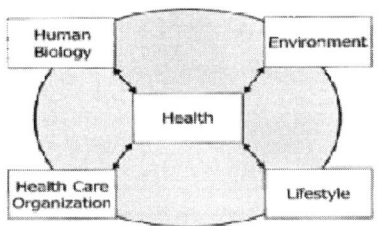 Lalonde Framework

국시 [19] 라론드 보고서(Lalonde Report, 1974)에 제시된 건강결정요인 중 질병발생 등 건강에 가장 큰 영향을 미치며 개인의 의지에 따라 통제가 가능한 요인은?

2) 캐나다 "오타와 건강증진헌장"
: 모든 사람의 건강잠재력을 최대한 발휘할 수 있도록 동등한 기회와 자원을 확보하는 것을 목적으로 제시

* 제1차 <u>오타와 국제회의</u>, 오타와 헌장

   (1) 정의
   - 건강이란 삶의 목적이 아닌 일상생활을 위한 자원,
   - 건강증진이란, <u>사람들이 자신의 건강에 대한 통제력을 증대시키고 건강을 향상시키는 능력을 갖도록 하는 과정</u>

   (2) 목적
   - 건강증진을 통하여 모든 사람들의 건강평등 실현에 초점을 두어 현재의 건강 불평등을 줄이고 모든 사람들이 건강 잠재력을 최대한 발휘할 수 있도록 동등한 기회와 자원 확보
   - 건강증진을 성취하기 위해 준수해야 할 건강증진의 3대 원칙 및 건강증진원칙은 5대 활동요소로 실천되어야 함을 강조

   (3) 건강증진 3대 원칙 ⓒ 옹연역
   ① 옹호(advocacy): 건강에 대한 관심을 불러일으키고, 보건의료의 수요를 충족할 수 있는 건강한 보건정책을 수립하는 것
   ② 연합(alliance): 모든 사람들이 건강하도록 관련 전문가들이 연합해야 하는 것
   ③ 역량강화(empowerment): 개인과 가족이 건강을 유지할 수 있는 권리를 인정하며, 그들이 스스로 건강관리에 적극 참여하여 자신들의 행동에 책임을 갖도록 하는 것

Keyword

(4) 건강증진을 위한 5대 활동요소 ⓒ 정환 기사지
  ① 건강한 공공정책의 수립: 정책 결정자들에게 건강에 대한 책임감 자각을 강조하고 입법, 재무, 조세, 조직 변화 등 다양한 측면을 포함한 건강증진 정책수립과 이를 촉진하기 위한 활동
      건강증진은 모든 부분에서 정책입안자들이 정책결정의 결과가 건강에 미치는 영향을 인식하게 함으로써 국민건강에 대한 책임을 환기시킴. 정책은 입법, 재정, 조세 및 조직개선 등 다양한 부분에서 상호보완적으로 접근해야 하며, 통합정비된 활동에 따라 안전하고 건전한 상품과 서비스 개발, 건강한 공공서비스, 청결하고 쾌적한 생활환경을 확보하는데 기여하는 연대활동으로 계획하는 활동
  ② 지지적 환경의 조성: 환경은 건강의 원천으로, 안전·만족과 즐거움을 줄 수 있는 직장 및 생활환경 조성으로 건강증진 가능
      일과 여가생활은 건강에 좋은 원천이 되므로 안전하고, 건강을 북돋우며, 만족과 즐거움을 줄 수 있는 직장 환경과 생활환경을 조성해야 건강증진이 가능. 자연적·인공적 환경보호나 자연자원의 보존은 건강증진 전략에서 기본이 되어야 할 활동
  ③ 개인의 기술개발: 건강증진활동을 통해 개개인은 건강과 환경에 대한 통제능력을 향상시키고, 건강에 유익한 선택을 할 수 있는 능력을 갖는 활동, 생의 주기에 따른 건강증진 활동을 하여 전 생애의 각 단계를 준비할 수 있고 만성질환이나 상해, 위기에 대처할 수 있는 능력이 개발됨
  ④ 보건의료서비스(사업)의 방향 재설정: 건강증진의 책임은 개인, 지역사회, 보건전문인, 보건의료기관, 정부 등 공동의 몫. 건강추구에 함께 기여하는 보건의료체계를 만들어 가야 함. 사업의 방향은 치료에서 건강증진으로 전환.
  ⑤ 지역사회활동 강화: 건강증진사업의 목적을 달성하기 위해서는 우선순위와 활동 범위를 결정하고, 전략적 계획과 실천방법을 모색하는 데서 구체적이고 효과적인 지역사회활동을 통해 수행되어야 함. 지역사회를 발전시키기 위해 자조와 사회적 지지를 높이는 지역사회의 인적 물적 자원 개발과 공공의 협력을 강화하고, 건강문제에 주민들의 참가와 지도를 강화하는 탄력적 체계를 개발하여야 함.

(5) WHO 학교건강증진 영역과 내용 - 건강증진학교 ⓒ 정환 기사지
  ① 학교보건정책(건강한 공공 정책 확립)
    : 건강 향상시키는 영역에서 건강 관련 이슈에 대한 학교의 정책 방향을 제시
      ㉮ 급식, 금연, 금주, 투약, 응급처치 훈련
  ② 학교의 물리적 환경(건강 지향적 환경조성)
    : 교사, 운동장, 실내·외 시설, 학교 주변의 위생 및 쾌적함을 유지
      ㉮ 안전 검사, 환기, 조명, 청결 유지, 쓰레기
  ③ 학교의 사회적 환경(건강 지향적 환경 조성)
    : 교직원간, 학생 간 상호관계, 교직원과 학생간의 상호관계, 학생과 학부모 간 상호관계 ㉮ 학생 교직원 간 친밀한 관계, 인정 존중받는 학생, 좋은 교우관계, 학부모 교육

④ 지역사회와의 연계(지역사회 활동 강화)
  : 지역사회의 참여를 촉진하여 학교활동에 협조하고 참여, 지역사회와 학교의 연계를 유지.
⑤ 개인의 건강 기술(개개인의 기술 개발)
  : 교육과정에서 건강 관련 내용을 다루어 학생 참여를 유도
    교사들에게 건강교육 실시 및 건강자원 정보 제공, 교사는 역할 모델
⑥ 학교보건 서비스(보건의료 사업 방향 재조정)
  : 학생 건강관리, 건강유지 증진에 대한 책임을 갖고 직접 서비스 제공
    ㉮ 예방접종, 건강검사, 구강보호 서비스 실시, 건강자료 기록 보관

국시 [00] 다음은 오타와 헌장에서 제안한 건강증진활동 중 무엇에 해당하는가?

- 운동시설 이용료에 대해 소비세를 경감하도록 관련 법을 개정하였다.
- 경찰청은 어린이, 노인
- 장애인 보호구역에서 속도위반 과태료를 대폭 인상하였다.

문제 [00] 학교보건사업 중 청소년들을 위한 건강증진 사업은 매우 중요하다. 이와 관련하여 다음 질문에 답하시오.
1) 세계보건기구가 오타와 회의에서 제안한 [건강증진]의 개념을 설명하시오.
2) 청소년이 건강증진 프로그램의 표적 대상자가 될 수 있는 이유를 3가지 이상 제시하시오.

문제 [15] 다음은 세계보건기구(WHO)의 국제건강증진회의와 관련된 방송 보도 내용이다. 괄호 안의 ㉠에 해당하는 용어와 밑줄 친 ㉡에 해당하는 건강증진 활동 영역(Health Promotion Action Means) 4가지의 핵심 내용을 서술하시오.

기 자: 저는 지금 WHO의 제8차 국제건강증진회의가 열리고 있는 장에 나와 있습니다. 이번이 벌써 8번째 회의인데, 첫 번째 회의는 언제 열렸지요?
A 과장: 네, 1986년에 개최되었습니다. WHO 1차 회의에서 건강증진에 대한 정의가 제시되었고, 건강증진을 위한 5가지 주요 활동영역도 그 당시 채택된 (㉠) 헌장에서 제시된 바 있습니다.
기 자: 그렇군요. 첫째 건강증진 활동영역은 무엇입니까?
A 과장: 네, 첫째 활동영역은 '건강한 공공정책 수립' 입니다. 이 영역은 정책 결정자들에게 건강에 대한 책임감 자각을 강조하고 입법, 재무, 조세, 조직 변화 등 다양한 측면을 포함한 건강증진 정책수립과 이를 촉진하기 위한 활동을 포함합니다.
기 자: 네, 나머지 ㉡4가지 건강증진 활동영역의 핵심 내용은 무엇인가요?

Ⅱ 건강증진과 건강행위 이론
-TbPPPP

01. 타나힐 건강증진모형: 3분야 7영역 ⓒ 예보고

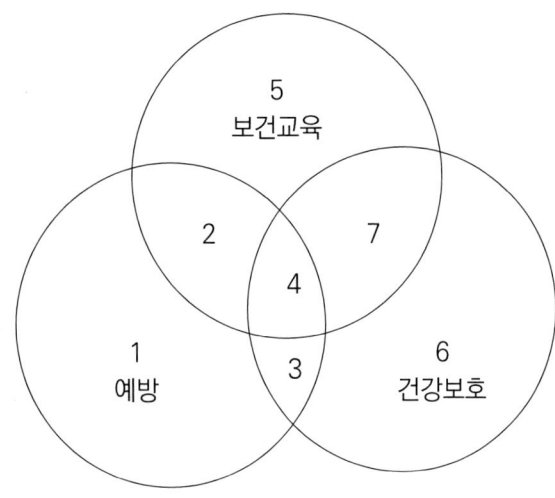

1. 7영역

〈예방 중심 건강증진 영역〉

1. 예방서비스: 의학적 개입을 통해 질병과 불건강을 감소시킴
   예) 예방접종, 자궁검진, 선천성 장애 선별검사, 고혈압 발견, 금연을 위한 니코틴 껌 사용, 감시 체계
2. 예방적인 보건교육: 불건강을 예방하기 위해 생활양식의 변화를 유도하고 예방사업을 이용하도록 권장하는 노력
   예) 금연상담과 정보제공
3. 예방적인 건강보호: 충치예방을 위해 수돗물에 불소를 첨가하는 것 등 건강보호 차원에서 소개된 여러 법률, 정책, 규칙의 제정과 시행
   예) 수돗물 불소첨가
4. 예방적인 건강보호를 위한 보건교육: 예방적 건강보호를 위한 방법들이 성공을 거두기 위해 대중들에게 도움이 되는 사회적 환경을 조성하려는 노력
   예) 안전벨트 의무사용 입법을 위한 로비활동

〈적극적 건강향상 중심 건강증진 영역〉

5. 적극적 보건교육: 개인이 적극적으로 건강의 기초를 세우도록 행동을 변화시키는 보건교육, 그리고 개인이나 전체 지역사회가 적극적 건강에 필요한 건강 관련 기술과 자신감의 증대 등을 개발할 수 있도록 도와주는 보건교육
   예) 청소년 대상의 생활 기술 습득 활동

> 6. 적극적 건강보호: 깨끗한 공기를 제공하기 위해 직장 내에서의 흡연금지 규칙을 시행한다거나 적극적 건강상태를 증진하기 위해 사용이 편리한 여가시설을 마련하는 데 공공자금을 제공하는 것
>   예) 작업장 금연정책
> 7. 적극적 건강보호를 위한 보건교육: 대중이나 정책 결정자들에게 적극적 건강보호 수단의 중요성을 인식시키고 이들에 대한 지원을 보장받기 위한 노력
>   예) 담배광고 금지를 위한 로비활동

2. 3분야

1) **보건교육**: 적극적으로 건강을 향상시키고 불건강을 예방하기 위한 일련의 의사소통활동 대상자의 지식, 태도, 행동에 영향을 주고 건강한 환경을 조성함으로 자기건강 관리능력을 개발하는 것

2) **예방**: 건강평가를 통해 건강 위험요인 조기발견으로 질병과 불건강을 감소시키는 것, 일차예방은 건강 위험요인을 감소시킴으로써 질병 또는 특정 건강문제의 발생을 예방하고, 이차 예방은 질병 또는 특정 건강문제를 조기에 발견하여 그 진행을 예방하고, 삼차 예방은 기존 질병에 의한 장애의 진행 및 고통의 감소, 질병 재발의 예방

3) **건강보호**: 법률적·재정적·사회적 방법을 통해 건강에 유익한 환경을 제공함으로써 인구집단을 보호하는 것
   예) HACCP 제도 등 식품안전정책, 자동차 안전벨트 착용 의무화, 공공장소 금연 활동

02. Becker 건강신념모형

Keyword

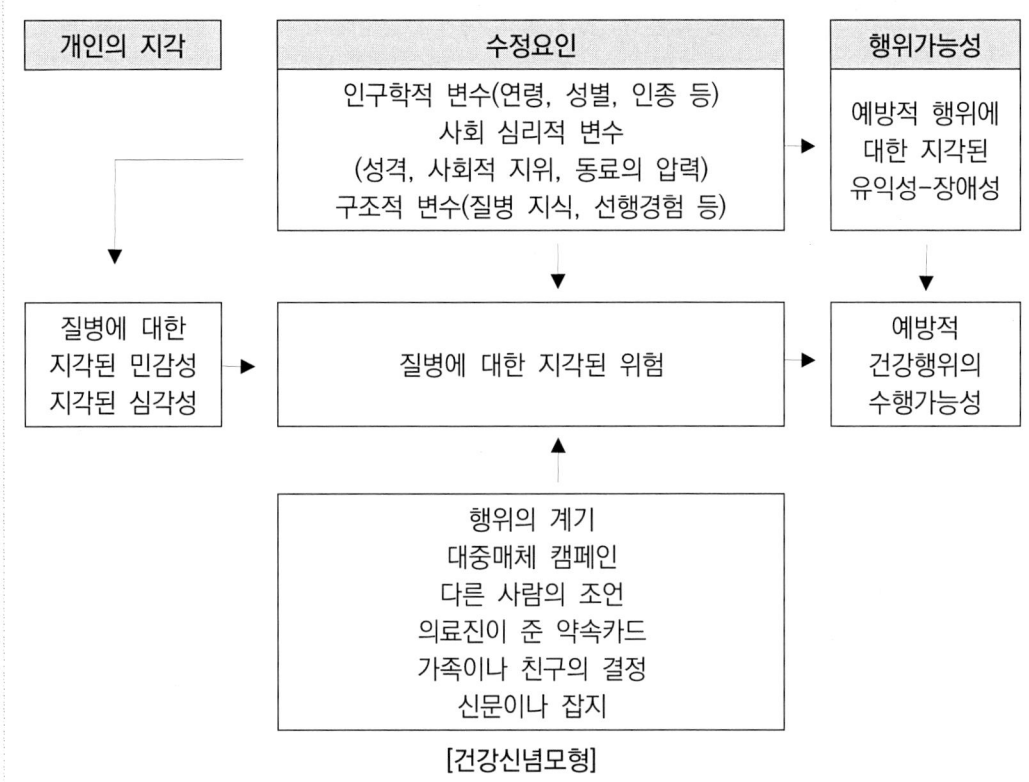

[건강신념모형]

* 건강신념 모형 구성요소와 관련성(Glanz K. Limer Bk)

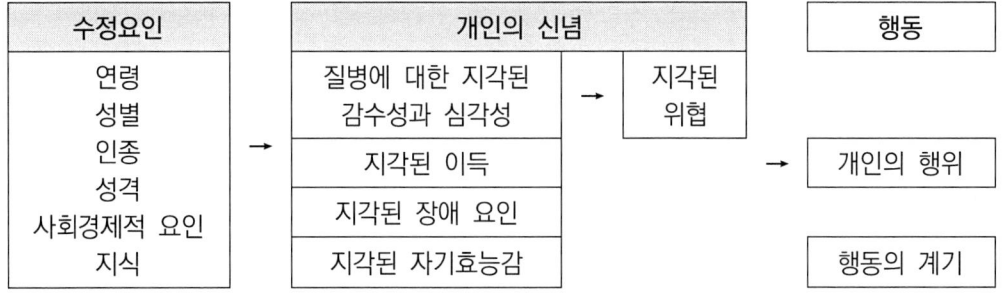

1. 특징

1) 질병예방 프로그램에 참가하지 않는 이유를 설명하기 위해 개발

2) 건강 행위 가능성 제시
   - 자신에게 건강문제가 발생할 가능성이 높다고 여길 때
   - 건강문제가 자신에게 심각한 결과를 가져올 수 있다고 믿을 때
   - 자신이 하려는 행위가 건강문제 발생 가능성, 심각성을 감소시켜 줄 것이라 믿을 때

- 예측되는 이익이 장애보다 크다고 믿을 때
- 행동을 자극하는 내외적인 경험을 하고 자신이 그 건강행위를 할 수 있다고 믿을 때

3) 사람들은 나쁜 건강상태를 피하거나 감별해 내기 위해 건강행위를 함

2. 요소

개념	정의
① 질병에 대한 인지된 감수성	개인이 특정 질병에 걸릴 가능성에 대해 인지하고 있는 정도
② 인지된 질병의 심각성	사람들이 특정 질병의 심각성에 대해 인지하는 정도
③ 행위에 대한 인지된 혜택	특정행위를 함으로써 오는 혜택에 대한 인지정도
④ 행위수행에 대한 인지된 장애	사람들이 특정 행위를 수행하는데 부딪힐 어려움에 대한 인지정도
⑤ 행위를 위한 중재	사람들은 하여금 특정 행위에 참여하도록 자극을 줄 수 있는 중재

1) **지각된 민감성**: 자신이 질병에 걸릴 위험이 있다는 가능성에 대한 인지정도
   민감성이 높으면 건강행위를 실천할 가능성이 높음
   ㉠ 질병에 걸릴 가능성, 진단받을 가능성, 재감염 가능성

2) **지각된 심각성**: 질병에 걸렸을 경우 치료하지 않으면 어느 정도 심각하게 될 것인가에 대한 지각, 심각성이 높으면 건강행위를 실천할 가능성이 높음

3) **질병에 대한 지각된 위협**
   - 지각된 민감성 + 지각된 심각성 = 지각된 위협감(위험인식)
   - 질병의 위협적 인지가 높을수록 예방행위를 할 가능성이 높음

4) **지각된 유익성**: 특정행위를 함으로써 얻을 수 있는 혜택과 이익에 대한 인지정도
   특정행위를 함으로써 오는 혜택이 많다고 생각할수록, 행위실천 가능성이 높음

5) **지각된 장애**: 특정 건강행위에 대한 부정적 지각. 건강 행위의 방해요소
   ㉠ 행위 시 비용부담, 위험성, 부작용, 고통, 불편함, 시간소비, 습관 변화 등
   장애에 대한 지각 정도가 클 경우 특정행위에 참여할 가능성이 낮음

6) **행위의 계기**: 사람들로 하여금 특정행위에 참여하도록 자극을 줄 수 있는 중재
   인지된 감수성이 낮거나 질병을 심각하게 생각하지 않는 사람들에게는 강하고 효과적인 중재를 해야만 특정행위에 참여할 가능성이 커짐
   ㉠ 외적요인(개인교육, 캠페인, 상담을 통해 지식을 주거나 설득, 우편, 신문)
   내적요인(질병으로 인한 증상)

3. 비판

1) 건강증진 중재, 즉, 변화를 위한 중재 측면에 대한 설명 부족
2) 신념을 직접 변화시키려는 노력은 성공할 가능성이 적고 환경이나 조직이 변화 같은 다른 방법도 고려해야 함
3) 질병의 위협을 가정하므로 건강증진 측면보다는 질병예방을 강조

> **문제 [00]** 만성질환이 증가함에 따라 보건교육의 중요성이 강조되고 있다. 만성질환 예방을 위한 학교보건교육 실시 후 학생의 이행(compliance)을 증진시키기 위한 전략을 5가지 이상 제시하시오.

> **문제 [05]** Becker 등의 건강신념모형은 질병예방행위를 설명하기 위한 모형이다. 이 모형에서 제시된 개념을 5가지만 열거하고, 각 개념에 대한 정의를 1줄 이내로 쓰시오.

> **문제 [12]** 다음은 어느 중학생의 건강 상담 카드이다. 보건교사는 글랜즈, 라이머와 루이스의 건강신념모델을 이용하여 김OO 학생이 비만 관리 프로그램에 참여하도록 격려하고자 한다. 건강신념모델을 구성하는 개념 중 '개인의 지각' 및 '행위 가능성'의 하위 개념을 각각 정의하시오. 또한 김OO학생의 비만 관리 프로그램 참여를 격려할 수 있는 중재 방안을 '개인의 지각' 및 '행위가능성'의 하위 개념별로 각각 5가지씩 제시하시오.
>
>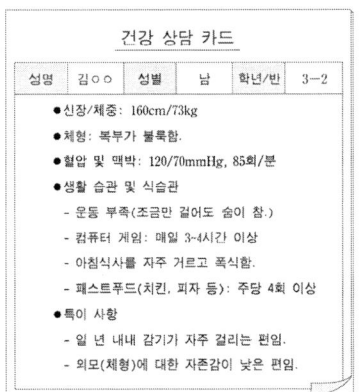

4. 기타 이론

임파워먼트이론(사람을 활용하는 기술): 조직 구성원들의 업무 수행 능력을 향상시키고 관리자들이 지니고 있는 권한을 실무자에게 이양하여 그들의 책임 범위를 확대함으로써 의료인들이 보유하고 있는 잠재 능력 및 창의력을 최대한 발휘하도록 하고자 하는 이론

03. Pender 건강증진모형

: 건강행위에 영향을 미치는 요인 설명
ⓒ 인정받은 유효정이 대상장을 받다.

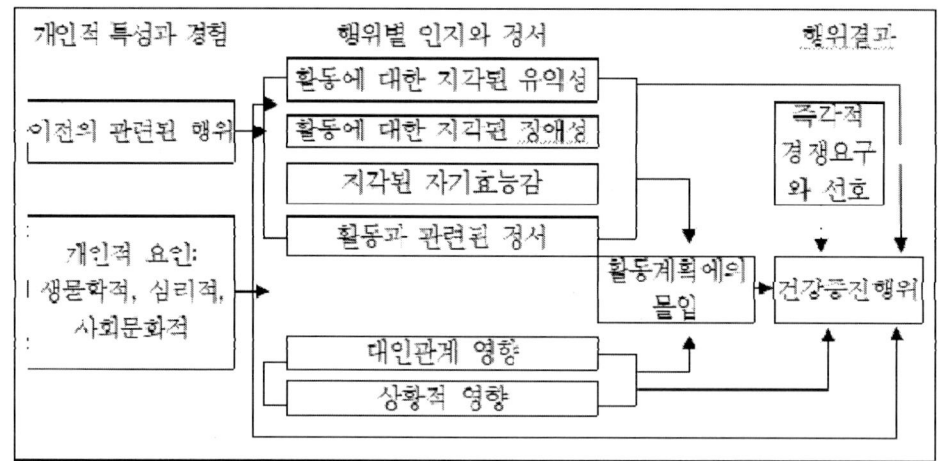

1. 개인의 특성과 경험

1) 이전의 관련 행위:
   현재와 비슷하거나 같은 행위를 과거에 얼마나 자주했는지를 의미하는 것

2) 개인적 요인
   - 생물학적 요인: 연령, 성, 비만도, 사춘기상태, 폐경상태, 폐활량, 힘, 균형성
   - 심리적 요인: 자존감, 자기 동기화, 개인능력, 지각된 건강상태, 건강의 정의
   - 사회문화적 요인: 종족, 보건교육, 사회경제 수준

2. 행위별 인지와 정서 (간호 중재 대상)

1) 활동에 대한 지각된 유익성: 특정행위에 대한 개인이 기대하는 이익이나 긍정적 결과

2) 활동에 대한 지각된 장애성: 활동에 부정적 측면을 지각하는 것을 말함
   ㉮ 이용하기가 불가능한 것, 불편함, 값이 비쌈, 어려움, 시간 소비가 많음, 흡연, 고지방 식이 섭취 행위를 포기함으로써 얻는 만족감 감소

3) 지각된 자기효능감: 수행을 확실하게 성취할 수 있는 개인의 능력에 대한 판단
   자기효능감이 높을수록 지각된 장애 정도는 낮아짐

4) 활동과 관련된 정서: 행위에 대한 주관적 느낌으로 행위 시작 전후 과정 중에 일어남.
   특정 행위에 대한 정서적 반응은 활동 자체와 관련된 정서, 활동하는 개인과 관련된 정서, 환경과 관련된 정서로 구분. 긍정적 정서를 동반한 행위는 반복 가능성 높음.

5) 대인관계 영향: 다른 사람의 태도, 신념, 행위에 영향을 받는 것

   가족 동료 보건의료 제공자 등과 규범(다른 사람의 기대치), 사회적 지지(수단과 정서적 격려), 모델링(다른 사람이 하는 행위를 관찰하는 대리학습) 등

6) 상황적 영향: 상황에 대한 개인적 지각과 인지로 행위를 촉진시키거나 방해함.

   안전한 환경, 편안한 환경, 환상적이고 흥미로운 환경에서 행위수행을 더 잘함

3. 행위 결과

1) 활동계획에의 몰입: 사람들은 일반적으로 비조직적 행위보다 조직적인 행위를 함

2) 즉각적 경쟁 요구와 선호: 계획된 건강증진행위를 하는 데 방해되는 다른 행위

   이를 억제를 위해 자기조절능력 및 통제능력을 훈련

3) 건강증진행위: 최종목적으로 이를 통해 건강상태에 도달.

   건강증진행위가 삶의 모든 측면에서 건강한 생활양식으로 통합되면 생에 전 기간 동안 긍정적인 건강을 이룸

4. 모형의 활용

이모형에 의하면 개인의 건강증진행위를 촉진하기 위해 건강의 중요성과 자신의 건강상태를 올바르게 지각하고, 건강증진행위를 수행함으로써 얻게 되는 유익성을 경험하도록 하며, 건강증진행위 수행 시 장애요인을 파악하여 이를 감소시킬 수 있도록 대상자를 돕는 프로그램을 개발 운영함이 바람직, 또한 자기효능을 높일 수 있는 다양한 방법으로 보건교육을 실시하여 대상자 스스로 건강증진행위를 수행하는데 자신감을 갖도록 도와줌

> **문제 [06]** 바람직한 건강 행위를 유도하기 위한 이론으로 펜더(Pender)의 건강증진모델(Health Promotion Model)이 있다. 이 모델은 개인의 특성과 경험, 행위별 인지와 감정, 행위결과의 세 영역으로 구성되어 있다. 세 영역 중 행위별 인지와 감정은 중재(intervention)의 대상으로 중요하다. 이 영역에 포함된 요소들(factors) 중 4가지 쓰고, 그에 대한 정의를 기술하시오.[4점]

4. 합리적 행위이론

Keyword

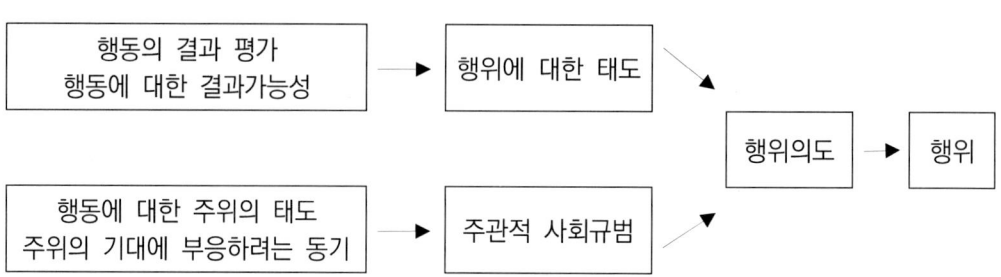

1. 기대가치이론에 기초

적용: 인간의 행위는 그 행위를 수행하고자 하는 의도에 의해 결정되고, 의도는 그 행위에 대해 개인이 가지는 태도와 주관적 규범에 의해 결정되므로 의도한 행위수행에 장애가 없다고 가정할 때 사회적 행위나 건강관련 행위를 예측할 수 있으며, 행위를 예측하기 위해서는 의도를 파악. 행위 의도를 파악하고 이해하기 위해서는 태도와 주관적 규범을 고려해야 한다. 태도는 신념에 따라 달라지며, 행동에 대한 태도는 행동이 초래할 결과의 가치와 그 결과들이 발생할 가능성을 따져서 결정된다. 주관적 규범은 주위의 중요한 사람들이 그 행동과 관련되어 어떠한 기대를 하는지에 대한 개인의 판단과 그러한 기대에 부응하고자 하는 사회적 역할 수행에 대한 동기의 크기에 따라 결정

개인이 특정행위의 결과에 만족하고 그 행위를 하도록 사회적 압력이 있다고 인식할 때 행위수행이 일어난다고 설명

05. 계획된 행위이론

: 합리적 행위이론이 확대된 이론

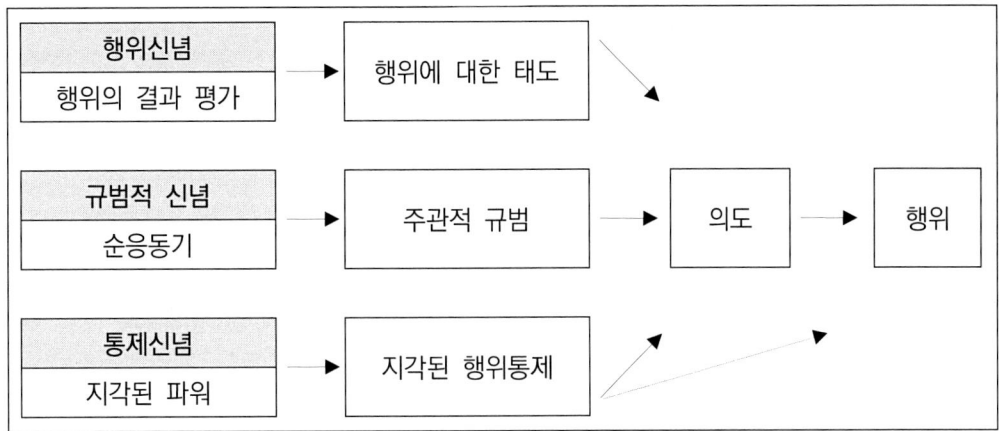

1. 구성요소 ⓒ 신평 순파 태규 통

행위 의도의 결정 요인	선행요인
행위에 대한 태도	(행위)결과신념: 행위를 수행하므로써 특정결과가 올 것이라고 믿는 것
	결과평가: 행위로 인하여 초래된 결과에 대해 평가하는 것
주관적 규범	규범적 신념: 개인의 특정 행위 수행에 대해 특정인으로부터 받는 사회적 압력
	순응동기: 개인에게 영향을 미치는 특정을 따르려는 정도
지각된 행위통제	통제신념: 행위수행에 필요한 자원, 기회 및 장애물의 존재유무 등에 대한 행위통제에 대한 신념
	지각된 영향: 행위를 용이하게 하는 요소(기술, 자원, 환경), 방해요소(장애물, 환경이 행위수행을 방해)가 중요하게 작용한다고 평가하는 영향력

1) **행위에 대한 태도**: 행위수행에 대한 개인의 긍정적 또는 부정적 평가 정도
   ① 행위신념: 어떤 행위가 특정한 결과를 이끌어낼 것이라는 기대 혹은 대가에 대한 신념
   ㉮ 운동 결과인 체중감소, 만성퇴행성 질환 예방을 이끌어내리라는 신념
   콘돔 사용이 임신 예방과 성병 예방의 결과를 이끌어내리라는 신념
   비만 아이가 운동, 식이요법으로 체중 감량 할 수 있다는 신념

Keyword

② 행위에 대한 결과평가: 행위로 초래될 결과 평가
  ㉠ 운동으로 인하여 초래될 결과인 체중감소, 만성퇴행성질환 예방 평가
    콘돔 사용으로 인하여 초래될 결과인 임신과 성병예방에 대한 평가
    체중감량으로 인하여 외모도 아름다워지고, 만성질환을 예방할 수 있다는 결과 평가

2) **주관적 규범**: 제시된 행위를 선택하도록 만드는 사회적 기대감에 대한 개인의 지각 정도
  ① 규범적 신념: 주위의 의미 있는 사람들이 행위실천에 대해 지지할지 반대할지에 대한 믿음
    ㉠ 운동 수행에 주변의 특정인들의 지지, 반대할 것으로 여기는 사회적 압력을 느끼는 신념, 콘돔 사용여부에 주변의 특정인들의 지지, 반대할 것으로 여기는 사회적 압력을 느끼는 신념 부모님도 비만을 우려하고 있고, 체중 감량한다고 하면 적극적으로 지지
  ② 순응동기: 준거를 이행하려는 동기화
    ㉠ 의미 있는 특정인들이 내가 운동을 해야 한다고 생각하는 사회적 압력에 따르고 이행하려는 동기화
    의미 있는 특정인들이 내가 콘돔을 사용을 해야 한다고 생각하는 사회적 압력에 따르고 이행하려는 동기화
    부모님과 선생님의 우려에 보답하고 싶다.

3) **지각된 행위통제**: 특정 행위 수행에 있어 어려움이나 용이함을 지각하는 정도
  ① 통제신념: 행위수행에 필요한 자원, 기회 및 장애물의 존재유무 등에 대한 행위통제에 대한 신념
    ㉠ 개인 운동을 촉진시키고 용이하게 하는 이용 가능한 요소인 기술, 자원, 환경과 방해요소인 장애물, 환경의 존재유무에 지각하는 행위의 통제에 대한 신념
  ② 지각된 영향: 행위를 용이하게 하는 요소(기술, 자원, 환경), 방해요소(장애물, 환경이 행위수행을 방해)가 중요하게 작용한다고 평가하는 영향력
    ㉠ 운동을 용이하게 하는 요소인 기술, 자원, 환경이 운동에 용이하게 작용하거나 운동 방해하는 요소인 장애물, 환경이 운동 방해에 중요하게 작용한다고 평가하는 영향력

06 | PRECEDE-PROCEED 모형

● 사역 행환(한) 교생(이) 행정(을) 수평(적으로 했다.) - 성강촉

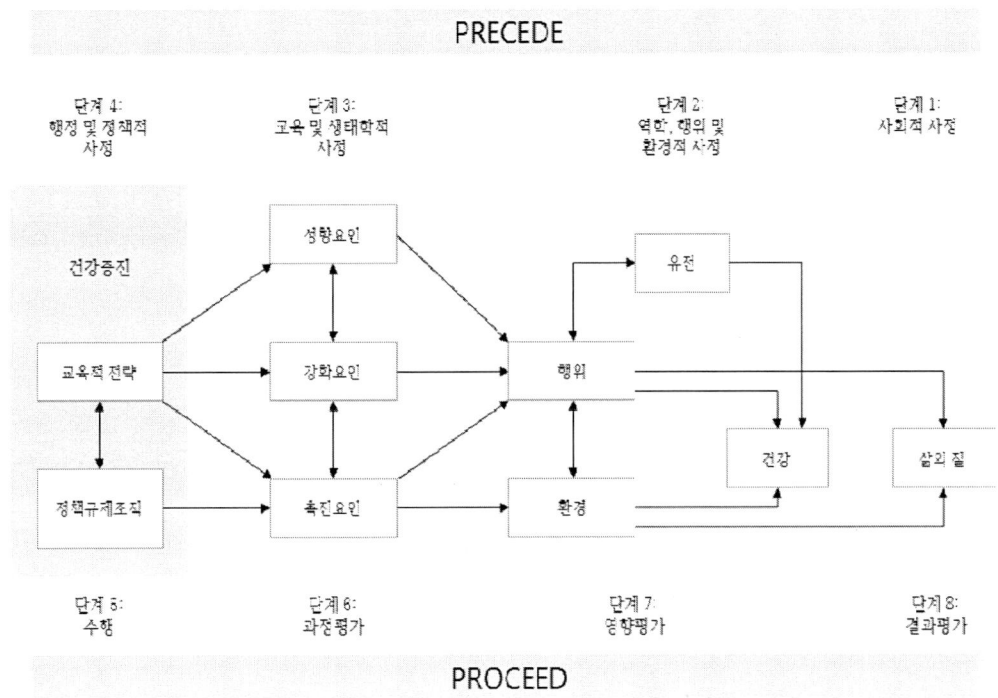

1. 정의

보건교육의 계획부터 수행평가 과정의 연속적인 단계를 제공하여 포괄적인 건강증진 계획이 가능한 모형

1) Precede 과정: 보건교육사업의 우선순위 결정 및 목적 설정을 보여주는 진단과정
2) Proceed 과정: 정책수립 및 보건교육사업 수행과 사업 평가에서의 대상과 기준을 제시하는 건강증진계획의 개발단계

2. 특징

여러 측면의 사정과정을 통해 건강과 건강행위에 미치는 다양한 요인을 복합적으로 분류하여 조직화할 수 있는 접근체계를 제시. 건강행위에 사회 생태학적 측면(가족, 지역사회, 문화, 신체적, 사회적 환경) 들이 중요한 요인임을 강조하며 건강행위 변화에 대한 책임을 대상자 중심으로 본 다른 건강행위 관련 모형과 구별

3. 단계 (8 단계)

Keyword

1) **사회적 진단**: 주민의 삶의 질에 영향을 미치는 요인을 규명하는 단계

   사회문제를 파악하여 삶의 질을 증진시키거나 방해가 되는 요인들을 객관적·주관적으로 사정

   예) 객관적 사정: 실업률(사회적 지표), 주택밀도, 대기상태(환경적 지표), 지역사회와 관련된 신문, 자료 등을 이용해 삶의 질과 관련된 주요 문제 사정

   주관적 사정: 지역주민의 적응(스트레스 생활사건, 개인적 사회적 자원), 삶의 만족도 (긍정적 생활경험), 지역주민 의견을 토대로 한 삶의 질과 관련된 문제 사정

2) **역학, 행위, 환경적 진단**

   ① 역학적 진단

   사회적 진단단계에서 규명된 삶의 질에 영향을 미치는 구체적인 건강문제를 규명, 그 건강문제의 우선순위를 정하여 제한된 자원을 사용할 가치가 가장 큰 건강문제를 규명하는 단계. 대상 집단의 건강문제의 범위 분포 원인을 기술

   예) 건강문제 지표
   - 양적 측정방법: 유병율, 발생률, 빈도율, 사망률, 이환율, 장애율
   - 삶의 질을 가늠하는 5D: 사망률, 이환율, 장애율, 불편감, 불만족
   - 평균여명, 체력상태

   ② 행위적 진단
   - 역학적 사정 단계에서 확인한 건강문제와 원인적으로 연결된 건강관련 행위 규명. 행동적 요인 고려
   - 방법
     a. 문제 원인이 되는 행위요인, 비행위 요인을 분류
     b. 행위 중 예방행위, 치료행위로 요인 분류
     c. 행위중요도 분류 (자주 발생하는 행위, 건강문제와 명백히 관련 있는 행위)
     d. 행위가변성 분류
        (변경 가능성이 높은 행위 - 최근 형성된 행위, 표면적 행위. 성공변화 경험 행위 낮은 행위 - 오래전 형성 행위, 문화가 깊은 행위, 변화 시도안한 행위)
     e. 건강행위 매트릭스 그리기

	더 중요한	덜 중요한
더 가변적인	1면: 프로그램의 초점이 되는 높은 우선순위	3면: 정치적 목적을 위해 변화를 보여주는 것을 제외하면 낮은 우선순위
덜 가변적인	2면: 새로운 프로그램을 위한 우선순위, 평가가 필수적으로 요구	4면: 프로그램 없음

[건강행위 매트릭스]

f. 목표행위 결정 - 1면, 2면의 행위가 사업의 초점이 되는 행위
g. 행동목표 진술 - 변화대상, 성취건강행위, 조건의 범위, 수락기준(시간적 기준, 속도)
ABCD(audience, behavior, condition, degree)
㉠ 심맥관계질환의 유병율과 사망률이 높았다면 이에 영향을 주는 행위들을 찾아내고, 그 행위를 할 수 밖에 없는 환경이 무엇인지 찾아내는 단계로 흡연, 과음, 고지방음식섭취, 좌식생활, 운동행위 등은 행위요인이나 성·연령·가족력 등은 비행위 요인이다.

③ 환경적 진단
운동시설, 건강진단시설 등의 유무 및 접근 용이도, 금연구역 설정 유무와 실천 정도, 스트레스 정도 등 조사

3) 교육 및 조직적 진단(교육 및 생태학적 사정)
: 건강 행위의 변화를 가져오기 위한 보건교육프로그램을 설정하는 단계
행위 및 환경적 진단단계에서 규명된 건강행위에 영향을 주는 성향요인, 촉진요인, 강화요인을 사정

① 성향(소인)요인: 행위의 근거나 동기를 제공하는 <u>인지, 정서적</u> 요인. 지식, 태도, 신념, 가치, 자기효능 등이 있음. 위 요인들은 중재 전략을 세우거나 보건교육계획에 유용
② 촉진(가능)요인: 개인이나 조직의 건강행위 수행을 가능하게 도와주는 요인
보건의료 및 지역사회자원의 이용 가능성, 접근성, 시간적 여유 제공성과 개인의 기술, 개인의 자원 및 지역사회자원
㉠ 자원: 담뱃값, 흡연 예방프로그램의 저렴한 비용, 금연 관련 용품 제공 등
기술: 신체 운동, 휴식, 자가간호
③ 강화요인
<u>보상</u>, 칭찬, 처벌 등과 같이 행위를 계속 유지하게 하거나 중단하게 하는 요인
㉠ 사회적 신체적 유익성, 대리, 보상, 사회적 <u>지지</u>, 친구의 <u>영향</u>, 충고와 보건의료제공자에 의한 긍정적 혹은 부정적 반응 등
환자 교육에서는 간호사·의사·가족에 의해 행위가 강화될 수 있고, 산업장 보건교육에서는 동료·감독·부서장·가족에 의해 강화가 제공
④ 관계: 이 세 요인의 범주는 상호배타적인 것이 아니므로 한 요소가 여러 요인에 속할 수도 있다. 행위는 세 가지 요인이 복합적으로 영향을 미쳐 나타남

4) 행정 및 정책적 진단

이전단계에서 세워진 계획이 건강증진 프로그램으로 전환되기 위해서는 행정 또는 정책적인 진단이 필요

㉮ 건강증진 프로그램에 이용 가능한 예산, 자원, 시간, 프로그램 수행 시 극복해야 할 장애, 프로그램 지원 정책

5) 수행

- 성공적 사업을 수행하기 위해 철저한 계획, 적절한 예산, 적절한 조직과 정책적지지, 적절한 인력 훈련과 감독, 과정평가 단계에서의 지속적 감시가 중요
- 경험과 대상자의 요구에 대한 민감성, 상황변화에 따른 융통성, 장기목적에 대한 인식, 유머 감각

6) 평가: 사업평가의 관심은 자원의 투입과 사업 활동의 변화와 관련된 대상의 변화

① 과정평가:
  - 프로그램 수행이 정책, 이론적 근거 등에 따라 잘 이루어졌는지 평가하는 것
  - 프로그램 진행과정의 첫 번째 평가, 수행 중 문제점을 찾아냈을 때 프로그램 관리자는 그 문제가 표면화되기 전에 수정할 수 있음

② 영향평가: 대상행위와 성향·촉진·강화 요인 그리고 행위에 영향을 미치는 환경요인이 목표 행동에 미치는 즉각적인 효과에 대해 평가

③ 결과평가: 진단 초기 단계에서 사정된 건강상태와 삶의 질 변화를 평가

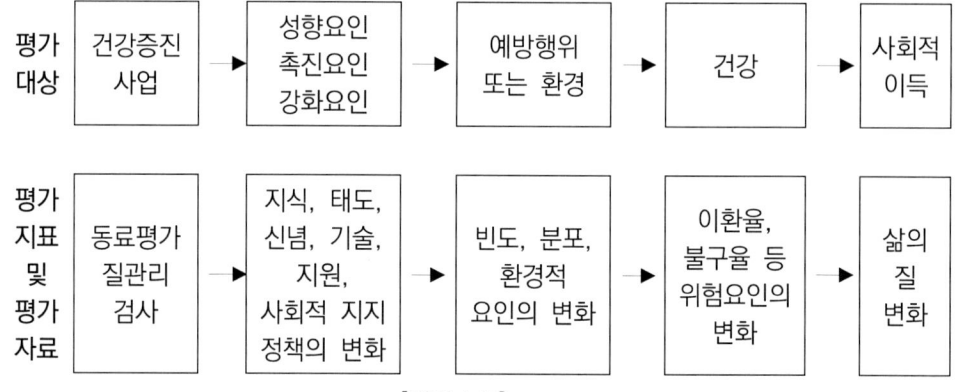

[평가수준]

07. 프로체스카의 범이론적 모형

: 행위변화단계와 행위변화과정을 핵심으로 개인 집단이 문제 행위를 어떻게 수정하고 긍정적 행위를 선택하는가의 행위변화를 설명하는 이론

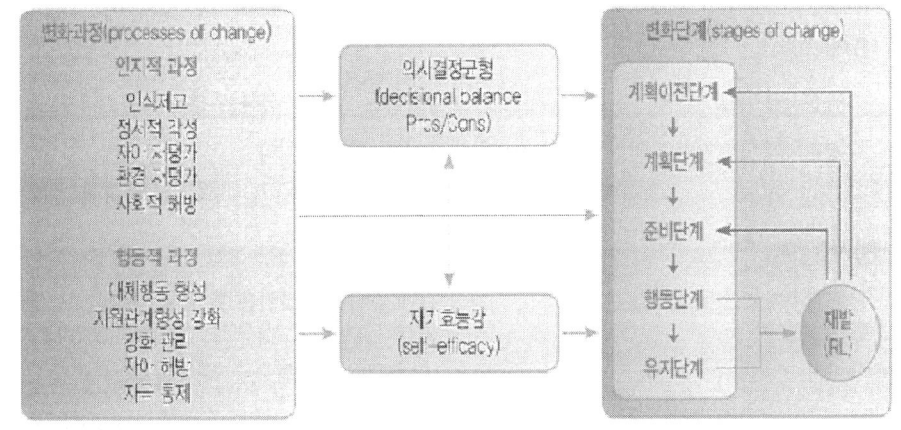

그림 7-10 범이론 모형의 개념틀

1. 변화단계

단계	정의	중재
계획전단계	6개월 이내 행동 변화의 의지가 없는 단계	교육, 홍보
계획단계	6개월 이내 행위변화의 의도를 가지고 있으며 문제에 관심을 두는 단계. 구체적 계획은 없는 단계	자기평가
준비단계	1개월 이내 행위를 하려는 의도가 있는 단계	행동변화 기대치 설정
행동단계	행동 시작 후 6개월 이내 행동 변화가 실행되는 단계	건강행동 실천기회 모니터링, 기대치 보완
유지단계	행위변화를 최소한 6개월 이상 지속하여 생활의 일부분으로 정착하는 단계	재발방지, 기술습득

2. 변화과정 ⓒ 프랑스 / 의극 환자 자해 강조 통역 사해

: 변화의 한 단계에서 다음 단계로 이동하기 위해 수행하는 활동

1) 인지적 변화과정

의식상승 (인식제고)	문제 행위에 새로운 정보를 찾고, 타인을 관찰한 후 자신의 상황에 비추어 정보를 해석하는 것
	예) 미디어 활동, 피드백, 설명, 대처, 인지유도, 해석, 독서요법, 대중매체 캠페인 등
극적전환 (정서적 각성)	부정적 감정을 경험·표출함으로써 변화에 대한 양가감정을 해소시킴
	예) 이완, 역할극, 사이코드라마. 심리극, 간증, 대중매체 캠페인
환경재평가	개인의 습관·존재 유무가 어떻게 사회적 환경에 영향을 미치는지를 정서적, 인지적으로 사정하고 고려하는 과정
	예) 불건강 행위의 사회적 영향 인식, 감정이입훈련, 글쓰기
자기 재평가 (자아 재평가)	- 계획 단계에서 준비단계로 이동할 때 자신의 가치관과 신념에 따라 자신의 행동을 정서적, 인지적으로 재평가하는 과정. - 행동수정의 동기를 스스로 부여하는 일
	예) 심상요법, 가치의 명료화, 교정감정의 경험
사회적 해방	사회내에서 행동에 대한 바람직한 인식과 환영하는 분위기를 조성하는 단계
	예) 힘 북돋우기, 정책의 개입

2) 행위적 변화과정

강화관리	긍정적 행위변화에 대한 보상을 늘리고, 불건강 행동에 대한 보상을 감소
	예) 조건부 계약, 공공연하거나 은밀하게 강화, 보상
조력관계 (지원관계 형성 강화)	문제행위를 변화시키려고 시도하는 동안에 타인의 도움을 신뢰하고 수용하여 사용하는 지지관계를 형성하는 것
	예) 자조모임, 사회적지지, 자유적 연대, 상담 전화
자극통제	행동 방해 원인을 조절하고 극복할 대안을 시도하여 행동을 일으키는 선행적 상황을 조정하는 과정
	예) 환경의 재구성, 고위험 신호 피하기, 재떨이 없애기
역조건 형성 (대체행동 형성)	행동단계나 유지단계에서 문제행위를 긍정적 경험으로 대체할 수 있는 능력이나 대처방법 및 기술 습득
	예) 휴식, 주장, 이완요법, 둔감하게 하기(탈감작), 긍정적 자기주장
자기해방	변화하겠다고 결심하고 공개함으로써 의지를 더욱 강화시키고 확실한 책임을 갖도록 함
	예) 의사결정치료, 의미치료, 결심 알리기

Keyword

	변화단계				
	계획전단계	계획단계	준비단계	행동단계	유지단계
변화과정	의식고취, 극적안도감 환경재평가				
		자기재평가			
			자기개선 (자기해방)		
				조작적 관리, 조력관계 역조건화, 자극통제	

[변화단계별 변화과정]

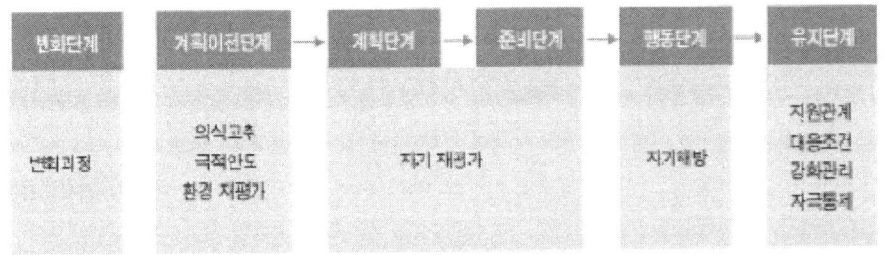

변화단계에 따른 변화과정

출처: Glanz, K., Rimer B. K., Viswanath, K, Health Behavior and Health Education; 2008.

3. 자기효능감/유혹

자기 효능감	구체적 상황에서 목표달성 수행에 필요한 행동을 조직하고 수행하는데 대한 개인 능력의 판단, 기대로서 개인의 긍정적인 행위를 지속하고자 하거나 문제 행위에서 벗어나고자 하는 것에 대한 신념에 영향을 미침 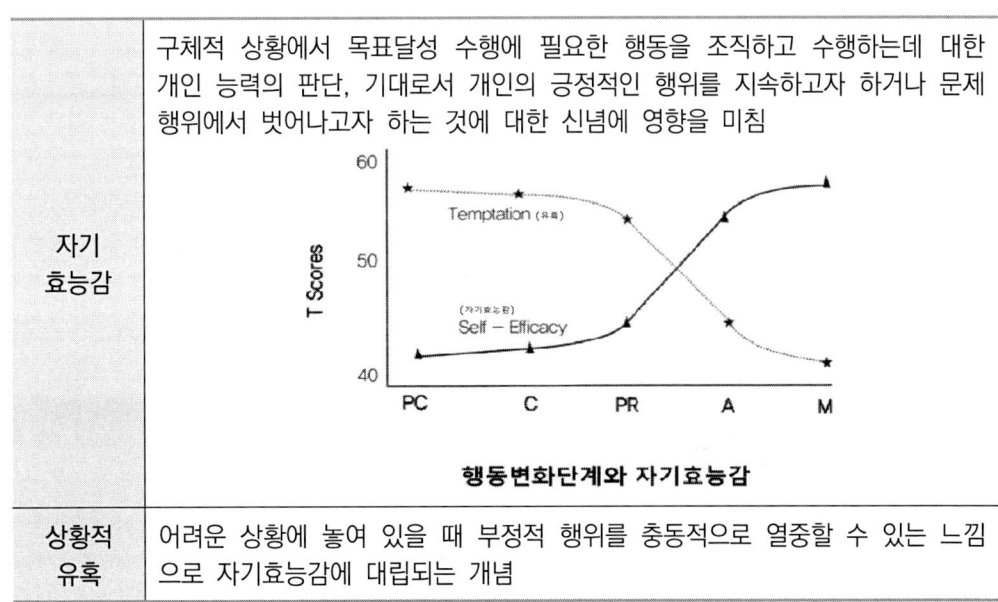 **행동변화단계와 자기효능감**
상황적 유혹	어려운 상황에 놓여 있을 때 부정적 행위를 충동적으로 열중할 수 있는 느낌으로 자기효능감에 대립되는 개념

4. 의사결정균형

행위에 대한 의사결정은 개인에게 변화가 가져다주는 이득과 손실을 비교하여 상대적으로 이득이 있거나 손실이 적을 때 함(개인의 어떤 행동을 변화시킬 때 자신에게 생기는 긍정적 측면(찬성, 이득)과 부정적 측면(반대, 손실)을 비교하고 평가하는 것)

건강행위에 관한 긍정곡선과 부정곡선은 계획단계부터 교점을 갖는다.
이득과 손실이 같아지는 단계는 계획단계, 이득이 손실보다 높은 상태로 지속되는 것은 준비단계부터이다.

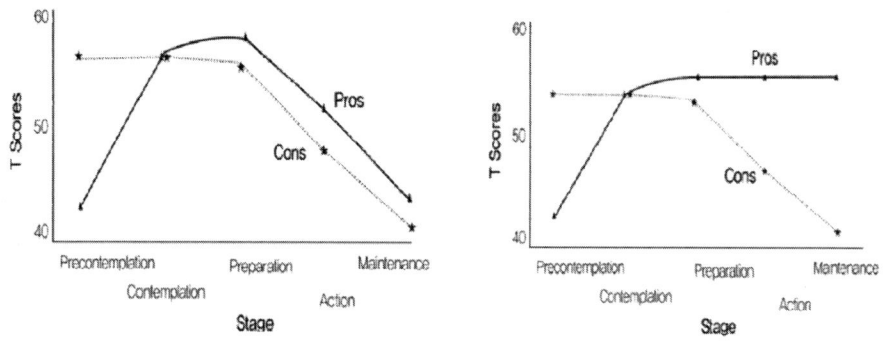

의사결정균형: 건강상 바람직하지 않은 행동   의사결정균형: 건강상 바람직한 행동

pros = 이득, cons = 손실

Ⅲ 우리나라 건강증진   ( )월( )일

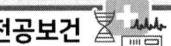

이아라 **전공보건**

01. 제 5차 국민건강증진종합계획(Health Plan(HP) 2030)

1. 정의

1) 국민건강증진종합계획

　개인의 주도적 참여에 의한 자신의 건강 및 건강결정요인 변화능력 향상을 정부가 지원하는 과정(개인의 주도, 정부의 지원, 건강결정요인의 세 가지 키워드)

2) 건강증진

WHO	사람들이 자신의 건강에 대한 통제력을 증가시키고 건강을 개선할 수 있게 하는 과정"으로 정의
오타와헌장	사람들이 자신의 건강을 관리하고 향상시키게 하는 과정
방콕헌장	사람들로 하여금 자신의 건강과 건강결정요인에 대한 관리능력을 증가시켜서 스스로 건강수준을 향상시키는 것을 가능하게 하는 과정

3) 건강결정요인: 건강증진종합계획에서 변화시키고자 하는 대상

　건강결정요인 중 건강 행동, 보건의료서비스제공환경, 사회 물리적 환경 요인의 개선은 사업과제로서 중점적으로 적용

2. 법적근거

1) 국민건강증진법 제4조(국민건강증진종합계획의 수립)

　① 보건복지부장관은 국민건강증진정책심의위원회의 심의를 거쳐 국민건강증진종합계획을 5년마다 수립하여야 한다. 이 경우 미리 관계중앙행정기관의 장과 협의를 거쳐야 한다.

3. 건강증진정책 체계도

1) 새천년개발목표 (MDGs)

정의	빈곤을 반으로 감소시키자는 범세계인 약속.
목표	개선, 환경보호에 관해 지정된 8가지 실천
내용	① 극심한 빈곤과 기아 퇴치, ② 초등교육의 완전보급, ③ 성평등 촉진과 여권 신장, ④ 유아 사망률 감소, ⑤ 임산부의 건강개선, ⑥ 에이즈와 말라리아 등의 질병과의 전쟁, ⑦ 환경 지속 가능성 보장, ⑧ 발전을 위한 전 세계적인 동반관계의 구축 <UN 새천년개발목표(MDGs)> 1. 극심한 빈곤과 기아의 탈출 2. 보편적 초등교육의 제공 3. 성평등과 여성 자력화의 촉진 4. 아동사망 감소 5. 산모건강 증진 6. HIV/AIDS, 말라리아와 다른 질병 퇴치 7. 지속가능한 환경 보장 8. 개발을 위한 국제적 협력관계 구축 ※ www.un.org

Keyword

2) UN의 지속 가능 발전목표 기본계획(SDGs)
  - 방향: 사회개발-경제개발-지속가능환경을 3가지 축으로 하는 총 17개 목표 설정
  - 개발의제: 5P(people, Planet, prosperity, Peace, Partership), 17목표, 169개 세부목표
  - 목표: 모든 사람의 건강한 삶을 보장하고 웰빙 증진
  - 지속가능발전목표(SDGs, 2030 지속가능발전 의제)

의미	• 2015년 UN 총회에서 2030년까지 달성하기로 결의한 의제 • 지속가능발전의 이념을 실현하기 위한 인류 공동의 17개 목표 • 전 세계 모든 국가가 공통적으로 달성해야 하는 목표
인식	하나의 목표를 위한 행동은 다른 목표 달성에 유기적인 영향을 미치며, 개발을 통해 사회·경제·환경적 지속가능성이 균형 있게 조정되어야 한다
방향성	'단 한 사람도 소외되지 않는 것(Leave no one behind)'이라는 슬로건과 함께 인간, 지구, 번영, 평화, 파트너십이라는 5개 영역에서 인류가 나아가야 할 방향성을 17개 목표와 169개 세부 목표로 제시
목표	빈곤 종식, 기아 종식, 건강과 웰빙, 양질의 교육, 성평등, 깨끗한 물과 위생, 적정한 청정 에너지, 양질의 일자리와 경제성장, 산업 혁신과 사회기반시설, 불평등 감소지속가능한 도시와 공동체, 책임감 있는 소비와 생산, 기후 변화 대응, 해양 생태계, 육상 생태계, 평화 정의 제도, SDGS를 위한 파트너십

3) WHO. (NCDs) 건강증진 3대 축
: 좋은 거버넌스, 건강한 도시와 공동체, 건강정보 이해능력

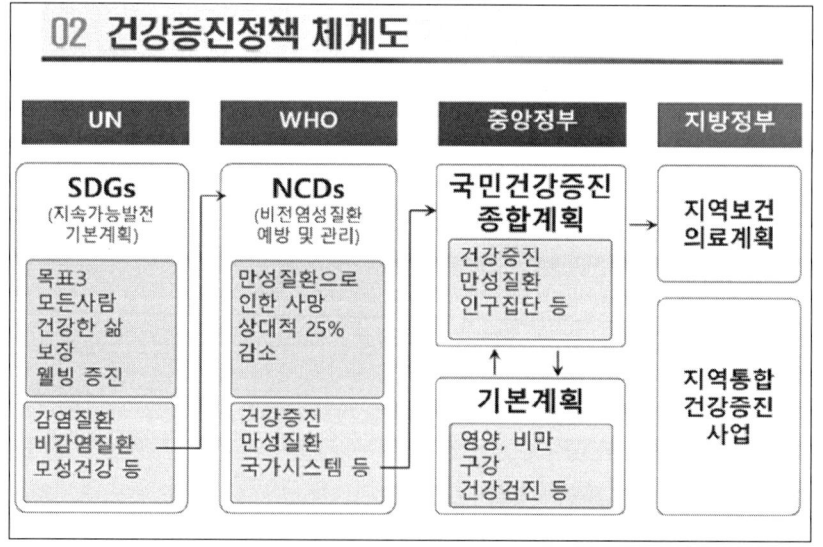

4. 중점과제별 주요 목표와 사업: 6개 분야, 28개 과제로 선정

[국민건강증진종합계획(HP 2030)의 기본 틀]	
비전	모든 사람이 평생 건강을 누리는 사회

▲

목표	건강수명 연장과 건강형평성 제고

▲

기본 원칙	① 국가와 지역사회의 모든 정책수립에 건강을 우선적으로 반영 ② 보편적인 건강 수준의 향상과 건강형평성 제고를 함께 추진 ③ 모든 생애과정과 생활터에 적용 ④ 건강 친화적인 환경 구축 ⑤ 누구나 참여해 함께 만들고 공유 ⑥ 관련된 모든 부문에 대한 연계·협력 등

▲

사업 분야	건강생활실천	정신건강관리	비감염성 질환 예방관리	감염 및 환경성 질환 예방관리	인구집단별 건강관리	건강친화적 환경 구축
	금연 절주 신체활동 영양 구강건강	자살예방 치매 중독 지역사회-정신건강	암 심뇌혈관 질환 (고혈압, 당뇨) 비만 손상	감염병 예방 및 관리(결핵·에이즈·의료관련감염 및 항생제 내성, 예방형태개선 (손씻기 등)) 감염병 위기대비·대응 (검역/감시 예방접종 포함) 기후변화성 질환(미세먼지·폭염·한파)	여성 영유아 아동청소년 근로자 노인 장애인 군인	건강친화적 법제도 개선 건강정보 이해력 제고 혁신적 정보 기술의적용 재원마련 및 운용 지역사회지원 (인력시설) 확충 및 거버넌스 구축

© 금주 신구 영/자매 중지/암심 비상/감염 예방 위기
- (모든 사람) 성·계층·지역 간 건강 형평성 확보, 적용대상을 모든 사람으로 확대
- (평생 건강을 누리는 사회) 출생부터 노년까지 전 생애주기에 걸친 건강권 보장, 정부를 포함한 사회 전체를 포괄

Keyword

< 제4차 및 제5차 계획의 기본틀 비교 >

구분	4차 국민건강증진종합계획(HP2020)	5차 국민건강증진종합계획(HP2030)
비전	**온 국민**이 함께 만들고 누리는 건강세상	**모든 사람**이 **평생 건강**을 누리는 사회
목표	건강수명 연장과 건강형평성 제고	건강수명 연장, 건강형평성 제고
기본원칙		①HiAP, ②건강형평성, ③모든 생애과정 ④건강친화환경, ⑤누구나 참여, ⑥다부문 연계

사업분야	총6분과	27개 중점과제	총6분과	28개 중점과제
	I. 건강생활 실천 확산	1.금연, 2.절주, 3.신체활동, 4.영양	I. 건강생활 실천	1.금연, 2.절주, 3.영양, 4.신체활동, 5.구강건강
	II. 만성퇴행성 질환과 발생위험요인 관리	5.암, 6.건강검진(삭제) 7.관절염(삭제) 8.심뇌혈관질환 9.비만 10.정신보건(분과 확대) 11.구강보건(분과 이동)	II. 정신건강 관리	6.자살예방, 7.치매, 8.중독, 9.지역사회정신건강
			III. 비감염성 질환 예방관리	10.암 11.심뇌혈관질환 ①심뇌혈관질환②선행질환 12.비만 13.손상
	III. 감염질환 관리	12.예방접종 13.비상방역체계 14.의료관련감염 15.결핵 16.에이즈	IV. 감염 및 기후변화성 질환 예방관리	14.감염병 예방 및 관리 ①결핵②에이즈 ③의료감염·항생제 내성 ④예방행태개선 15.감염병위기대비대응 ①검역/감시②예방접종 16.기후변화성 질환
	IV. 인구집단 건강관리	16. 모성건강(→'여성') 17. 영유아건강 18. 노인건강 19. 근로자건강증진 20. 군인건강증진 21. 학교보건 22. 다문화가족건강→여성 23. 취약가정방문건강(→노인) 24. 장애인건강	V. 인구집단별 건강관리	17.영유아 18.아동·청소년 19.여성 20.노인 21.장애인 22.근로자 23.군인
	V. 안전환경 보건	25.식품정책(삭제) 26.손상예방	VI. 건강친화적 환경 구축	24.건강친화적법제도개선 25.건강정보이해력 제고 26.혁신적 정보기술의 적용 27.재원마련 및 운용 28.지역사회자원(인력, 시설) 확충 및 거버넌스 구축
	VI. 사업체계 관리	27.사업체계관리(인프라, 평가, 정보·통계, 재원)		

✦ 건강검진 : 비감염성질환 '암' 등에 검진내용 포함하고 중점과제에서 제외
  관절염 : 정책담당부서가 없어 관리 어려움. 노인 등에 포함하고 중점과제에서 제외
  식품정책 : 건강생활실천 '영양' 과제 등에 포함하고 중점과제에서 제외

5. 제4차 HP2030의 분야별 대표지표

	2030 대표지표
금연	성인 남성, 여성 현재흡연율(연령표준화)
절주	성인 남성, 여성 고위험 음주율
신체활동	성인 남성, 여성 유산소 신체활동 실천율(연령표준화)
영양	식품안정성 확보 가구분율
구강건강	영구치(12세) 우식 경험률(연령표준화)
암	성인 남성, 여성(20-74세) 암 발생률(인구 10만명당, 연령표준화)
*심뇌혈관질환	성인남성, 여성 고혈압 유병률(연령표준화) 성인남성, 여성 당뇨병 유병률(연령표준화) 급성 심근경색증 환자의 발병 후 3시간 미만 응급실 도착 비율
자살예방	자살사망률(인구 10만명당) 남성 자살사망률(인구 10만명당) 여성 자살사망률(인구 10만명당)
치매	치매안심센터의 치매환자 등록·관리율(전국 평균)
중독	알코올 사용장애 정신건강 서비스 이용
지역사회 정신건강	정신건강 서비스이용률
비만	성인남성, 여성 비만 유병률 (연령표준화)
손상	손상사망률(인구 10만명당)
감염병 예방 및 관리	신고 결핵 신환자율(인구 10만명)
감염병 위기 대비대응	MMR 완전접종률
기후 변화성 질환	기후보건영향평가 평가체계 구축 및 운영
영유아건강	영아사망률(출생아 1,000명당)
아동·청소년	고등학교 남학생, 여학생 현재 흡연율
여성	모성사망비(출생아 10만명당)
노인	노인 남성의, 여성의 주관적 건강인지율
장애인	성인 장애인 건강검진 수검률
근로자	연간 평균 노동시간
군인	군 장병 흡연율
건강정보 이해력 제고	성인남성, 여성 적절한 건강정보이해능력 수준

- 24개 중점과제별 대표지표 64개 선정(*성별 구분 없이 총 17개 지표)
  - 대표지표에 대한 성, 소득, 지역 격차 모니터링 위한 <u>형평성 지표</u> 49개 선정
    (성별 25개, 소득 1개, 지역 3개, 성별·소득 16개, 성별·지역 4개)

Keyword

- 대표지표 선정원칙
  - 모든 중점과제별 1개 이상 대표지표 선정(단, 6분과 인프라 과제 제외)
  - '결과지표' 중심으로 선정, 중점과제 특성에 따라 과정지표 포함
  - 국내 건강수명 연구*를 활용하여 기준 및 목표 조정6) 학교보건 사업지표

6. 학교보건 사업지표

지표명	2008	2013	2020	관련사업코드	사업명
24-4. 학생 정신건강 수준의 향상				24-라	
중·고등학생 자살 시도율	4.7%	4.1%	3.2%		
중·고등학생 스트레스 인지율	43.7%	41.4%	36.2%		
24-5. 학생 건강한 성태도 함양				24-마	
중·고등학생 성관계 경험률	5.1%	5.3%	5.1%		
중·고등학생 연간 성교육 경험률	(2010) 68.9%	71.6%	90.0%		
24-6. 학생 손상 및 안전사고 발생 감소				24-바	
학교 내 안전사고 발생률	-	14.6‰	17.1‰		
학교 안전교육 경험률	-	77.7%	90.0%		
24-7. 학생 인터넷 중독 감소				24-사	
인터넷 중독위험군 비율	14.3%	11.7%	12.0%		
스마트폰 중독위험군 비율	-	25.5%	25.0%		
24-8. 건강한 교육환경 조성				24-아	
석면 함유 학교 건축물 개선율	-	29.3%	37.4%		

Keyword

지표명	2008	2013	2020	관련사업코드	사업명
24-1. 학교건강지원기구의 설립				24-가	가. 학교건강지원기구의 설립
2020년까지 교육부에 1개설치	0개	0개	1개		
2020까지 17개 시도교육청에 1개씩 설치	1개소	1개소	17개소		
24-2. 학생 건강행태 및 건강상태의 개선				24-나	나. 학생들의 건강행태 및 건강상태의 개선
중·고등학교 현재흡연율 (1.금연)					
- 남학생	16.8%	14.4%	12.0%		
- 여학생	8.2%	4.6%	4.4%		다. 학생들의 개인위생 실천율의 증가
중고등학교 현재음주율 (2.절주)					
- 남학생	26.1%	19.4%	17.3%		
- 여학생	22.6%	12.8%	11.4%		라. 학생들의 정신건강 수준 향상
비만유병률					
비만유병률(BMI 기준)	14.9%	21.5%	21.0%		
비만유병률(상대체중 기준)	11.2%	15.3%	15.0%		마. 학생들의 건강한 생태도 함양
중·고등학생 신체활동 실천율 (3.신체활동)					
유산소 신체활동 실천율[1]	-	('14)5.1%	5.6%		바. 학생들의 손상예방 및 안전사고 발생 감소
근력 신체활동 실천율[1]	-	('14)22.1%	24.3%		
신체능력 4,5급 비율	-	8.9%	8.0%		
중·고등학생 평생 약물 경험률	0.7%	0.5%	0.4%		
24-3. 학생 개인위생 실천율의 증가				24-다	사. 학생들의 인터넷 중독 감소
중고등학생(13-18세) 학교에서 화장실 사용 후 비누이용 손씻기 실천율	47.9%	79.1%	90.0%		아. 건강한 학교 환경 조성
중고등학생(13-18세) 점심직후 칫솔질 실천율 (11.구강보건)	34.5%	36.7%	50.0%		

Ⅳ. 국민건강증진법

( )월( )일

이아라 **전공보건**

01 제정 이유

국민 생활수준 향상으로 급성전염병 발생은 감소되나 식생활변화·운동부족·흡연·음주로 만성퇴행성 질환이 증가해 보건정책 방향을 치료중심의 소극적 방법에서 보건교육·영양개선·건강생활실천 등 사전예방적 사업으로 전환, 국민건강증진을 도모하려는 것

① 절주를 유도하기 위하여 주류의 판매용 용기에 과다한 음주는 건강에 해롭다는 내용이 표시된 경고 문구를 표기하도록 함.
② 금연 유도위하여 담배 자동판매기는 대통령령으로 정하는 일정 장소에만 설치할 수 있도록 제한, 19세 미만자에 대해 담배를 판매할 수 없도록 하며, 공중 이용 시설 소유자 등은 당해 시설을 금연구역과 흡연구역으로 구분하여 지정하도록 함.
③ 건강한 생활을 위하여 지역사회 주민·단체 및 공공기관이 참여하는 건강생활실천협의회를 구성하여 건강생활실천운동을 전개하도록 함.
④ 시장·군수·구청장은 지역주민의 건강증진을 위하여 보건소장으로 하여금 보건교육·영양관리·건강검진 등 건강증진사업을 수행할 수 있도록 함.

02 내용

1. 정의

국민건강 증진사업	보건교육, 질병 예방, 영양개선, 건강관리 및 건강생활의 실천 등을 통하여 국민의 건강을 증진시키는 사업
보건교육	개인 또는 집단으로 하여금 건강에 유익한 행위를 자발적으로 수행하도록 하는 교육
영양개선	개인 또는 집단이 균형된 식생활을 통하여 건강을 개선시키는 것
신체활동 장려	개인 또는 집단이 일상생활 중 신체의 근육을 활용하여 에너지를 소비하는 모든 활동을 자발적으로 적극수행하도록 장려하는 것
건강관리	개인 또는 집단이 건강에 유익한 행위를 지속적으로 수행함으로써 건강한 상태를 유지하는 것
건강친화 제도	근로자의 건강증진을 위하여 직장 내 문화 및 환경을 건강 친화적으로 조성하고, 근로자가 자신의 건강관리를 적극적으로 수행할 수 있도록 교육, 상담 프로그램 등을 지원하는 것

2. 건강 광고

건강 관련 광고금지	• 검증되지 아니한 건강비법 또는 심령술의 광고 • 기타 잘못된 정보를 전하는 광고
주류광고 제한·금지	• 원칙: 주류 광고 안됨 • 예외: 주류 판매업 면허를 받은 자 및 주류를 수입하는 자는 광고 가능 〈광고 시 준수사항〉 • 음주자에게 주류의 품명·종류 및 특징을 알리는 것 ○ • 경고 문구를 광고와 주류의 용기에 표기하여 광고 ○ 　(경고 문구 표기되어 있지 아니한 부분을 이용하여 광고 시 경고 문구를 주류의 용기 하단에 별도로 표기할 것) • 주류 판매촉진 위하여 경품 및 금품 제공내용 표시 × • 음주 권장 또는 유도, 임산부 또는 미성년자의 음주 행위 묘사 × • 운전이나 작업 중에 음주하는 행위 묘사 × • 검증되지 아니한 광고내용(음주가 체력 향상, 질병 치료, 정신건강에 도움 등) 표시 ×
담배광고 제한·금지	〈광고 시 준수사항〉 • 흡연자에게 담배의 품명·종류 및 특징을 알리는 것 ○ • 흡연 경고 문구의 내용 및 취지에 반하는 내용, 형태가 아닌 경우 ○ • 비흡연자에게 직접적 또는 간접적으로 흡연을 권장 또는 유도하거나 여성 또는 청소년의 인물을 묘사 × • 국민의 건강과 관련하여 검증되지 아니한 내용을 표시 ×

3. 절주

절주운동	「주류 면허 등에 관한 법률」에 의하여 주류제조의 면허를 받은 자 또는 주류를 수입하여 판매하는 자는 대통령령이 정하는 주류(「주세법」에 의한 주류 중 알콜분 1도 이상의 음료)의 판매용 용기에 과다한 음주는 건강에 해롭다는 내용과 임신 중 음주는 태아의 건강을 해칠 수 있다는 내용의 경고 문구를 표기하여야 한다.
금주구역 지정	- 지방자치단체는 음주폐해 예방과 주민의 건강증진을 위하여 필요하다고 인정하는 경우 조례로 다수인이 모이거나 오고 가는 관할구역 안의 일정한 장소를 금주구역으로 지정할 수 있다. - 지정된 금주구역에서는 음주를 하여서는 아니 된다. - 특별자치시장 · 특별자치도지사 · 시장 · 군수 · 구청장은 제1항에 따라 지정된 금주구역을 알리는 안내표지를 설치하여야 한다. 이 경우 금주구역 안내표지의 설치 방법 등에 필요한 사항은 보건복지부령으로 정함

Keyword

4. 금연 조치

담배 자동판매기 설치	1, 판매자: 담배사업법에 의한 담배를 판매하는 자는 <u>대통령령이 정하는 장소</u>에서만 담배자동판매기 설치하여 담배를 판매한다. 2, 시행령에서 정한 장소 　1) 미성년자 보호 법령에서 19세 미만의 자의 출입이 금지되어 있는 장소 　2) 지정소매인 기타 담배를 판매하는 자가 운영하는 점포 및 영업장 내부 　3) 공중 시설 중 흡연실(19세 미만의 자에게 담배자동판매기를 이용하지 못하게 할 수 있는 흡연실로 한정) 3. 요건 　1) 담배자동판매기 설치시 <u>성인인증장치를</u> 부착하여야 한다.
금연구역	1. 흡연실 설치 : 다음 공중이 이용하는 시설의 소유자·점유자·관리자는 시설의 전체를 <u>금연구역으로 지정하고 금연구역을 알리는 표지를 설치</u>하여야 한다. 이 경우 흡연실을 설치할 수 있다. 　- 어린이집, 학교[교사(校舍)와 운동장 등 모든 구역을 포함] 　- 의료기관·보건소·보건의료원·보건지소, 청소년활동시설(수련관) 　- 도서관, 어린이놀이시설, 학원, 객석 수 300석 이상 공연장, 지하도에 있는 상점가, 관광숙박업소, 체육시설 　- 교통 관련 시설의 대합실·승강장, 지하보도 ,어린이운송용 승합자동차 　- 사회복지시설, 목욕장, 게임제공업소, 일반음식점영업소, 만화대여소 2. 금연아파트 　1) 시장·군수·구청장은 공동주택의 거주 세대 중 <u>2분의 1 이상</u>이 그 공동주택의 복도, 계단, 엘리베이터, 지하주차장 전부 또는 일부를 금연구역으로 지정하여 줄 것을 신청하면 그 구역을 금연구역으로 지정, 금연구역 알리는 안내표지 설치하여야 한다. 3. 금연구역 　1) 특별자치시장·특별자치도지사·시장·군수·구청장은 흡연으로 인한 피해 방지와 주민의 건강 증진을 위하여 다음 장소를 금연구역으로 지정한다. 　- 「유아교육법」에 따른 유치원 시설의 경계선으로부터 30미터 이내의 구역(일반 공중의 통행·이용 등에 제공된 구역을 말한다) 　- 「영유아보육법」에 따른 어린이집 시설의 경계선으로부터 30미터 이내의 구역(일반 공중의 통행·이용 등에 제공된 구역을 말한다) 　- 「초·중등교육법」에 따른 학교 시설의 경계선으로부터 30미터 이내의 구역(일반 공중의 통행·이용 등에 제공된 구역을 말한다.) 　2) 이 경우 <u>금연구역임을 알리는 안내표지를 설치</u>하여야 한다.
담배에 관한 경고문구 등 표시	「담배사업법」담배의 제조자 또는 수입판매업자는 담뱃갑포장지 앞면·뒷면·옆면에 다음 내용을 인쇄하여 표기하여야 한다. 표기는 담뱃갑포장지에 한정하되 앞면과 뒷면에 하여야 한다. 1. 표기 항목 　1) 흡연의 폐해를 나타내는 내용의 경고그림(사진 포함) 30%

Keyword

    2) 흡연이 폐암 등 질병의 원인이 될 수 있다는 내용 및 다른 사람의 건강을 위협할 수 있다는 내용의 경고문구 50%(1+2)
    3) 타르 흡입량은 흡연자의 흡연습관에 따라 다르다는 내용의 경고문구
    4) 담배에 포함된 다음 각 목의 발암성물질 ❸ 나 벤비니 비카(나프틸아민, 벤젠, 비닐 크롤라이드. 니켈. 비소. 카드뮴)
    5) 보건복지부령으로 정하는 금연상담전화의 전화번호
2. 경고그림: 사실적 근거를 바탕하고 지나치게 혐오감을 주지 않을 것

5. 기타

구강
건강
사업
	1. 구강건강에 관한 교육사업
	2. 수돗물불소농도조정사업
	3. 구강건강에 관한 조사·연구사업
	4. 아동·노인·장애인·임산부 등 건강취약계층을 위한 구강건강증진사업
	5. 기타 구강건강의 증진을 위하여 대통령령이 정하는 사업
	  시행령 1. 충치예방을 위한 치아홈메우기사업
	      2. 불소용액양치사업
	      3. 구강건강의 증진을 위하여 보건복지부령이 정하는 사업

보건 교육의 내용	1. 금연·절주 등 건강생활의 실천에 관한 사항 2. 만성퇴행성질환 등 질병의 예방에 관한 사항 3. 영양 및 식생활 관한 사항, 4. 구강건강에 관한 사항, 5. 공중위생에 관한 사항 6. 건강증진 위한 체육활동에 관한 사항, 기타 건강증진사업에 관한 사항
건강 증진 사업	1. 보건교육 및 건강 상담, 2. 영양관리, 3. 구강건강의 관리 4. 질병의 조기발견을 위한 검진 및 처방 5. 지역사회의 보건문제에 관한 조사·연구 6. 기타 건강교실의 운영 등 건강증진사업에 관한 사항

Ⅴ 건강증진사업

( )월( )일

이아라 **전공보건**

01. 건강증진학교

1. 건강증진학교 개념
  배우고 일하며 생활하기 위한 건강한 장소로서 지속적으로 능력을 강화한 학교 조성을 통해 학생과 교직원의 건강을 향상 시킴

2. 목적
- 지역사회의 요구나 지역사회가 처한 환경에 따라 달라질 수 있으며, 생활, 학습, 작업을 위한 건강한 환경을 조성하여 대상자의 건강 잠재력을 강화시키는 목적
- 학교 환경에서 강화되고 학습된 건강행위와 가치는 학생들의 생애 전체에 걸쳐 계속적인 생활양식이 됨(예. 건강한 식사, 신체활동, 효과적인 의사소통, 긍정적인 사고, 인내, 자기존중, 타인에 대한 좋은 감정, 협동과 갈등해결 기술 등)

3. 건강증진학교 접근 원칙
  민주적인 수행과 참여, 형평성과 접근성, 임파워먼트와 수행능력, 지속가능성, 교과과정에 근거한 건깅증진. 교사 프로그램, 학교환경, 협동과 제휴, 지역사회 참여, 성과측정

4. WHO 건강증진학교 사업내용

구성요소	사업내용
학교보건정책	학교보건위원회 구성, 학교 내 금연운동, 요보호아동 건강 상담 제공, 응급처치 교육
학교의 물리적 환경	학교환경위생관리(실내외 먼지오염, 식수위생)l 학교 주변 보도블록 교체, 양치질 교실 조성, 휠체어 전용 통로 설치 등
학교의 사회적 환경	학부모건강교육, 어린이 건강클럽 운영, 사회성 증진 프로그램, 정신건강교육
지역사회 유대관계	물리적 지원환경(교육청, 구청연계), 아동안전지킴이(지역사회주민), 학교 금연(학교주변 담배판매업소), 학교보건요원(의사, 약사, 지역자원)
개인건강기술	흡연, 음주예방교육, 올바른 식생활교육, 손 씻기 체험교육, 줄넘기교육
학교보건서비스	학생 및 교직원 건강검진, 감염병 예방접종안내, 신체검사 통계

02. 생활기술프로그램

1. 정의
- 생활기술: 일상생활에서 직면하는 다양한 상황에 대해 효과적으로 대응할 수 있도록 해주는 기술

2. 목표
- 목표: 생활기술을 기반으로 하는 훈련프로그램은 주변 환경을 건강에 좋은 방향으로 변화시키는 행동을 하도록 훈련하고, 자신의 행동이나 자신이 타인을 대하는 행동을 건강 지향적으로 변화시킴
- 목적: 생활기술은 특정한 문제행동을 변화 시키기보다는 청소년에게 저항할 수 있는 거절기술, 자기주장 기술, 생활 속에서 직면할 수 있는 여러 가지 문제 상황을 다룰 수 있는 자가 관리능력, 문제해결능력과 같은 일반적인 사회기술 발달

3. 보트빈의 생활기술훈련프로그램
청소년의 약물 남용 예방을 위해 대인관계 기술, 사회 영향력 기술을 혼합하여 사용할 것 주장. 학교현장 위주의 약물 남용 예방프로그램 개발

프로그램명	목적	목표
약물남용 원인과 영향	약물남용 원인과 영향에 대한 학생 이해 도모	• 약물 사용의 원인 이해 • 약물 사용을 높이는 사회적 영향 이해 • 신체적, 심리적 의존을 묘사
자기 향상	이미지와 행동 사이의 관계에 대한 이해 도모	• 자기 이미지의 형성과정 토의 • 자기 이미지와 행동 사이의 관계 • 자기 개선 노력의 시작
의사결정	학생들의 의사결정 능력 증진	• 의사결정의 3단계 이해 • 다양한 상황을 통한 의사결정과정 연습
대중매체의 영향	대중매체의 영향에 대한 학생들의 인식 증진	• 매체 영향의 근원 이해 • 태도와 행동에 미치는 매체의 영향에 대한 토의 • 매체 영향에 대처하기 위한 비판적인 사고기술
불안 및 분노대처	불안과 분노에 대처하는 학생들의 능력 증진	• 불안 및 분노대처기술의 이해 • 긴장이완 훈련 연습 • 불안 빛 분노에 대처하기 위한 인지적인 자기조절 기술연습

03. 건강도시

: 건강형평성(누구나 차별 없이 보건의료서비스의 혜택을 누리는 것)을 위한 사업

1. 정의

(WHO) 지역사회의 물리적, 사회적, 환경적 여건을 개선하면서 개인의 잠재능력을 최대한 발휘하고 시민이 상호협력하여 최상의 삶을 누리는 도시

건강도시란 살기에 적합하고 지속적으로 개발 가능하고, 형평성이 있으며, 통합적이고, 환경의 질이 높은 수준을 유지하고 적절하게 번영하기 위해 노력하고 때로는 상충하는 이들 가치 간의 균형을 추구하는 공동체

[법적 정의]: 지역사회 구성원들의 건강을 실현하도록 시민의 건강을 증진하고 도시의 물리적·사회적 환경을 지속적으로 조성·개선하는 도시

2. 건강 도시의 궁극적 목표

건강, 목표달성을 위해 친목적 공동체, 생활 가능한 환경, 경제발전이 균형을 이루고 통합적으로 추구

시민의 건강과 안녕을 의사결정 과정 중심에 두는 도시, 결과가 아닌 과정을 의미

3. 특징

도시 개발 설계 초기 단계에서부터 건강개념이 도입되어야 함을 강조

특정 건강수준을 성취했다고 건강도시가 되는 게 아닌 건강을 도시의 주요문제로 인식하고 개선시키기 위해 노력한다면 현재의 상태에 관계없이 건강도시가 된다.

4. 건강도시의 요건(WHO)

- 깨끗하고 안전하며, 질 높은 물리적 환경(주거의 질 포함)
- 현재 안정되고 장기적으로 지속 가능한 생태체계
- 상호 협력이 잘 이루어지며, 비착취적인 지역사회
- 건강, 복지에 영향을 미치는 결정에 대한 시민의 참여와 통제
- 모든 시민을 위한 음식, 물, 주거, 안정 등 기본적인 욕구 충족
- 광범위하고 다양한 만남, 상호교류와 의사소통 기회가 있는 폭넓은 경험과 자원에의 접근
- 다양하고 활기 넘치며 혁신적인 경제
- 역사, 문화적, 생물학적 유산 그리고 타 집단과 개인 간의 연계 조장
- 이상의 특성들과 양립하고 그것을 증진시키는 도시 형태
- 모든 시민이 접근할 수 있는 적절한 공중 보건 및 치료서비스의 최적 수준
- 지역주민의 건강 수준이 높은 도시(높은 건강 수준과 낮은 이환율)

5. 건강도시 지표 9가지

- 인구
- 건강 수준
- 생활양식(흡연, 음주, 운동, 체중조절 등)
- 공중보건정책 및 서비스
- 주거환경
- 사회경제적 여건(교육, 취업, 수입, 범죄, 문화행사)
- 물리적 환경(대기, 수질, 소음, 식품관리),
- 불평등
- 물리적 및 사회적 하부구조(교통, 도시계획 등)

6. 건강도시와 관련된 개념적 근거

1) 건강의 사회적 결정 요인

그림 3-5 건강의 주요 결정요소(The main determinants of health)
자료원: Dahlgren, G., & Whitehead, M. (2007). European Strategies for Tackling Social Inequalities in Health: Levelling up Part 2-Copenhagen: WHO Regional Office for Europe.

고정된 유전자는 중심에, 주변에는 변화될 수 있는 다양한 건강영향요인이 있다.
* 건강은 다양한 방식과 경로를 통해서 개인, 가족, 지역사회 생활에 영향을 미치는 모든 요소들의 결과물
  ① 첫째 층: 건강을 증진시키거나 손상시킬 수 있는 개인적 행태와 살아가는 방식
  ② 둘째 층: 사회 및 지역사회 네트워크
  ③ 셋째 층: 구조적 요인들인 생활 및 근로조건
  ④ 넷째 층: 주택, 서비스에 대한 접근성 그리고 필수 시설의 마련 등 포함

Keyword

2) 모든 인류에게 건강을(Health for All)
- 알마아타 선언(1978.WHO 국제회의 선언)에서 '모든 인류에게 건강을' 목표로 하여 수단으로 일차보건의료 개념 도입
- 모든 사람들이 자신의 잠재력을 인지할 수 있는 기회와 권리가 있다는 형평성의 원칙과 건강도시 계획은 건강증진을 목표로 한다는 원칙 수립
- 건강은 생활 속에서 많은 부문들의 행동과 결정에 의해 영향을 받을 뿐 아니라 부문 간의 행동결과로, 지역사회의 참여가 필수적

3) 건강증진: 오타와 헌장

다섯 가지 행동 명령 각각은 독립적이지만 건강한 공공정책이 나머지 네 가지(개인의 기술과 능력 강화 활동, 건강을 위한 지원적 환경 창출, 지역사회 활동 강화, 보건의료서비스 방향 재설정)를 가능하게 한다. <u>건강도시의 궁극적 목표는 건강한 공공정책 수립</u>

4) UN 지역의제 21
- 유엔 환경개발회의에서 채택된 행동강령.
- 지구 전체의 환경을 보존하기 위한 실천계획
- 건강과 환경개발은 친밀하게 상호 연결. 일차보건의료에 대한 요구, 전염병 및 취약계층 보호, 오염 등 건강위험으로부터 인간 건강을 보호증진시키는 데 초점

7. 사례-우리나라 건강도시(건강도시 프로젝트)

1) 과천시
- 우리나라 건강도시 프로젝트를 가장 먼저 추진(과천시, 과천시 보건소, 연세대학교 보건대학원의 건강증진연구소가 협력하여 사업 추진)
- 목적: 건강을 해치지 않고 건강에 친화적인 환경을 조성하는 것.
- 추진사업: 1996년 건강증진 센터의 설립 및 운영, 건강 취약대상인구의 건강증진 프로그램 개발 운영, 건강증진 프로그램 강화. 건강환경과천 21사업 추진. 건강정보지 발간, 금연 및 흡연 예방프로그램, 영양프로그램, 여성건강프로그램, 지역건강관리 정보시스템, 고혈압 예방 및 관리사업 등 시행

2) 서울시
- 2003년 9월 시작(건강도시 프로젝트의 추진 계획)
- 추진사업: 건강한 직장 아파트 어린이집 만들기, 청계천 복원사업, 뉴타운 개발사업, 서울 숲 가꾸기 사업, 대중교통 체계개선 및 건강증진 서비스의 개선, 금연사업 등 '건강한 학교만들기, 학교공원화 사업, 폐기물재활용 운동, 녹색구매운동, 고품격 대중교통 서비스, 도심 그린웨이 자전거 이용활성화, 자치구 안전도시 프

로그램 개발보급, 한강르네상스 사업, 서울거리 르네상스, 공원녹지 늘리기, 2030 그린디자인 서울' 등

3) 서울시와 유럽이 공유하는 건강도시 지표
   - 건강 지표: 사망률, 사망원인, 저체중 출생 등
   - 보건의료서비스 지표: 도시보건교육 프로그램 유무, 영유아 예방접종율, 간호사 1인당 인구수
   - 환경지표: 대기 및 수질오염, 가정쓰레기 수집지수, 도시녹지율, 스포츠와 여가활동, 거주지
   - 사회경제지표: 평균 이하 주거지에 사는 주민비율, 노숙자 수, 실업률, 30대 이상 산모 출산 수, 유산율, 장애인 취업률 등

04. 통합건강증진 사업

1. 의의

중앙정부가 전국을 대상으로 획일적으로 실시하는 국가 주도형 사업방식에서 탈피하여, 지자체가 지역사회주민을 대상으로 실시하는 건강생활실천 및 만성질환 예방, 위약계층 건강관리를 목적으로 하는 사업을 통합하여 지역 특성 및 주민 수요에 맞게 기획, 추진하는 사업

2. 특성

기존 국고보조사업	지역사회 통합건강증진사업
- 사업내용 및 방법지정지침	- 사업 범위 및 원칙 중심 지침
- 중앙 집중식. 하향식	- 지방분권식. 상향식
- 지역 여건에 무방한 사업	- 지역 여건과 연계된 사업
- 산출 중심의 사업평가	- 과정, 성과 중심의 평가
- 분절적 사업수행으로 비효율	- 보건소 내외 사업 통합, 연계 활성화

3. 목적

지역사회주민의 건강 수준 향상을 위해 지자체가 주도적으로 사업을 추진하여 지역주민의 건강증진사업 체감도 및 건강형태 개선
- 중앙정부와 지방정부가 함께 노력하여 국민건강증진종합계획 목표달성
- 지역별 다양한 특성과 주민 요구와 연계되는 건강증진 사업개발

4. 내용(사업영역)

(사업영역 간 경계를 없애고, 주민 중심으로 사업을 통합 협력하여 수행할 것 권장)
금연, 음주폐해예방(절주), 신체활동, 영양, 비만예방관리, 구강보건, 심뇌혈관질환 예방관리, 한의약건강증진, 아토피, 천식, 예방관리, 여성어린이 특화, 치매관리, 지역사회중심재활, 방문건강관리

 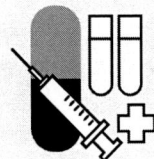 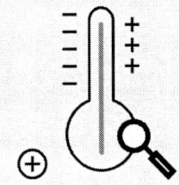 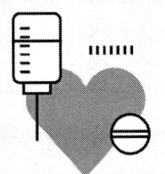 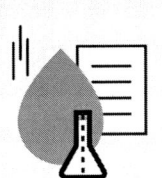 

Chapter 4

지역사회 간호과정

Ⅰ 지역사회 간호이론

( )월( )일

이아라 **전공보건**

01. 체계이론(System theory)

1. 정의
- 간호이론개발에 가장 많이 사용되는 원형이론 중 하나
- 부분과 구성요소 조직, 상호작용, 상호의존성에 초점
- 모든 유기체는 하나의 체계이며 상호작용하는 여러 구성요소로 이루어진 하나의 복합물
- 체계: '사물 사이에 환경과 상호작용하고 있는 요소들의 집합체'로 부분의 합보다 큰 것
  '어떠한 목적을 달성하기 위해 역동적인 상호작용을 하며 조직된 요소들의 세트를 의미'

* 폐쇄체계: 환경과의 관계가 상호 닫혀있는 요소의 집합체
  개방체계: 체계 내에서 경계를 통해 환경과 상호 교환되는 요소들의 집합체 (예) 인간
  　　　　 개방체계는 환류 기전과 체계 자체의 정보처리 요소를 통해 환경에 적응하기 위해 필요한 정보를 입수하고, 균형을 유지하며 체계가 항상성을 유지하도록 돕는다.

2. 특성(체계를 구성하는 기본구조)
1) 환경: 경계 외부의 세계로 속성의 변화가 이루어지는 곳
2) 경계: 체계를 환경으로부터 구분하는 것
   경계를 통해 환경과 상호작용하는 정도에 따라 폐쇄적이거나 개방적임
3) 계층적 질서: 체계의 배열로 계층적 위계질서가 있음. 하위체계의 계속적 활동으로 체계유지
4) 속성: 체계의 부분이나 요소의 특성

3. 기능
- 체계에 의해 행해지는 행동으로 에너지(물질, 정도의 형태)를 필요로 함

1) 투입(input): 체계 내로 에너지가 유입되는 과정
   → 예) 보건교사의 지식과 기술
2) 변환(throughput): 체계 내에서 에너지를 사용하는 과정
   → 예) 학교 간호과정, 간호제공, 보건교육

3) 산출(output): 체계 내 보유하지 않은 에너지를 배출하는 과정
   → 예) 학교의 적정기능수준 향상
4) 회환(feedback): 체계가 완전한 기능을 발휘하기 위해 산출의 일부가 재투입되는 과정
   → 효과) 피드백은 각 체계를 점검하고 환경의 제약요인을 완화시켜 스스로 교정하여 항상성과 균등 종국이 이루어진다. 하부체계가 상부체계를 도와주는 작용을 한다.
- 체계는 생존, 성장을 위해 투입-변환-산출, 적응, 통합, 의사결정의 기능을 수행해 나가며 이 과정이 상호작용함으로써 체계는 체계외 환경과 끊임없는 변화에 대응해 감.

* 일반 체계 모형과 지역사회 간호의 체계 모형

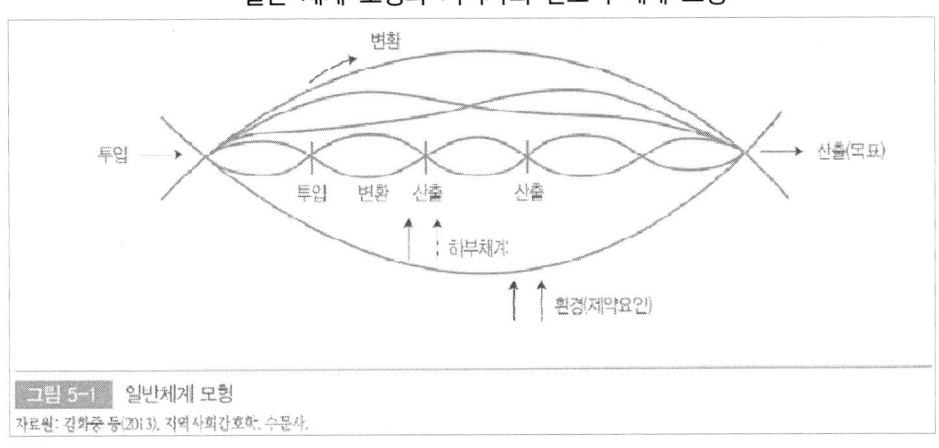

그림 5-1 일반체계 모형
자료원: 김화중 등(2013). 지역사회간호학. 수문사.

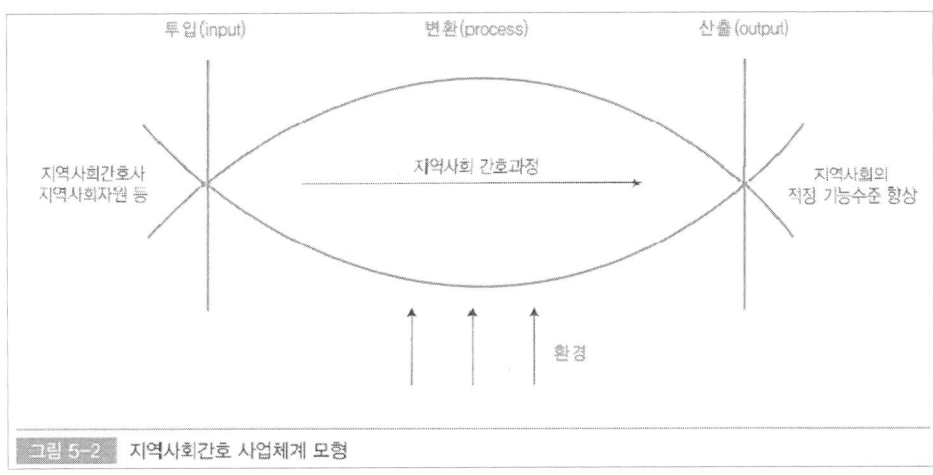

그림 5-2 지역사회간호 사업체계 모형

4. 주요개념

1) 물질과 에너지
   ① 엔트로피: 일로 전환될 수 없는 체계 내 에너지의 양, 무질서 에너지
   ② 네겐트로피: 체계에 의해 사용되는 자유에너지, 일할 수 있는 에너지의 양
      - 개방체계는 네겐트로피에 의해 물질유입이 가능하여 폐쇄체계와 달리 고도의 질서와 분화를 통해 발달과 진화가 이루어질 수 있다.

2) 항상성 (steady state)
   - 생성과 파괴가 일어나는데도 변화하지 않고 체계 내 요소가 균형 상태를 유지하는 것 체계 내 조절작용은 회환에 의해 이루어짐 (ex) 체온조절

3) 균등 종국(동일한 결과)
   - 시작상태와 관계없이 과정에 장애가 있어도 동일한 목표에 도달하는 것
   - 개방 체계의 특성으로 체계는 목표 지향적이고 서로 다른 시작조건과 과정을 거치면서 동일한 목표에 도달

4) 위계적 질서
   체계가 상호 연결되며, 부분이나 구성요소 간 순차적이고 논리적인 관계가 있음

5. 지역사회간호에 적용

구성요소	지역사회도 하나의 체계
목표	지역사회의 건강(적정기능수준 향상, 건강유지 증진, 삶의 질 향상)
경계	지역사회(예: 도시의 행정구역)
구성물	지역사회주민(대상)
자원	지역사회 자원(건강과 관련된 인적·물적·사회 환경적 자원들)
상호작용	지역사회 구성물 간(주민과 자원 간)의 상호작용
체계과정	지역사회체계는 항상 투입, 변환, 산출의 과정으로 목표를 달성하기 위해 움직이고 있음

구성물과 자원이 체계 속에서 투입되고 상호작용하는 변환과정을 거쳐서 산출결과에 도달
㉑ 주민들이 지역사회자원을 이용하는 과정, 보건의료인으로부터의 보건의료시설의 이용, 상담횟수, 보건간호사의 가정방문 실적

02. 교환이론

1. 정의(호만스)
인간의 상호작용을 보상과 처벌 및 비용의 교환으로 보는 이론

2. 교환이론 5가지 기본명제
① 성공명제: 특정 행동이 보상되면 그 행동은 되풀이될 가능성이 높음
② 자극명제: 특정 자극을 포함한 과거의 행동이 보상을 받으면 이전과 동일하거나 유사한 활동을 많이 하게 됨
③ 가치명제: 특정 행동이 결과가 가치가 클수록 그 행동을 할 가능성이 큼
④ 박탈 포만 명제: 특정한 보상을 많이 받으면 받을수록, 그 이상의 보상은 점차 가치가 없는 것으로 되어감
⑤ 욕구 불만 공격 명제: 기대한 만큼의 보상을 못 받았을 때 혹은 생각하지 않았던 벌을 받았을 때 인간의 분노

3. 주요개념
- 교환자원은 물질적 자원과 비물질적 자원으로 구분
- 보상은 교환을 통해 얻을 수 있는 것, 심리적, 사회적, 물질적, 신체적 보상이 있음.
- 교환과정은 간호과정 중 수행단계에서 가장 잘 이루어짐

4. 적용
교환과정에는 물질적, 비물질적인 것이 함께 이루어지며, 이 과정에서 상호관계가 좋은 방향으로 변화하도록 노력. 일방적 교환이 되지 않도록 주민과 함께 보건사업 내용을 계획하고, 정기적으로 과정을 평가하면 긍정적인 교환과정이 성립

- 간호 수행 시 가장 많이 적용
- 간호사와 대상자 간에 서로 주고받는 대등한 위치에서 접근하여 함께 계획하고 적정 기능 수준향상 능력을 개발하도록 도와주어야 함
- 지역사회 간호사의 임무
  보건의료서비스와 지역사회주민 사이에 상호교환이 잘 이루어지도록 ① 교환을 위한 단계 설정 ② 조직화 ③ 기준 설정 ④ 교환될 결과에 대한 피드백의 전 과정을 계획 검토, 제약요인 완화, 하부체계 검토 후 효과적인 교정 작업을 하면서 수행
- 예: 지역사회 간호사는 지역주민들에게 피임 도구를 주면서 그에 대한 값을 받는다. (물질적 교환과정), 간호사는 피임 도구 사용법에 대하여 대화를 주고받는다.(비물질적 교환과정) 상호교환이 항상 좋은 결과만을 가져오는 것은 아니다.

03. 기획이론

Keyword

1. 정의
- 국민들의 보건의료수요를 충족하기 위해 가진 한정된 자원을 효과적으로 활용하기 위한 방안. 목적이 아닌 수단
- 연속적인 과정으로 항상 재검토하여야 하며 환경요인의 변화에 따라 방침을 수정함으로써 현실에 적응할 수 있는 탄력적이며 계속적인 변화과정
- 조직적인 계획적, 동태적 과정으로 현재보다 더 좋은 미래를 만들고 미래 일에 대한 불확실성을 경감시킬 목적을 갖는 하나의 의사결정 과정

> * 기획의 정의
> - 행동하기 전에 무엇을 어떻게 해야 하는지를 결정하는 것(행동을 설계하는 것)
>
> * 보건기획
> - 보건상의 목표를 달성하기 위해 복수의 대안 중에서 최선의 안을 선택하여 조직적·의식적·계속적으로 노력하는 것

2. 기획의 기본 구성요소
: 현재 상태에 대한 이해. 미래에 원하는 방향(목적), 원하는 방향으로 가기 위한 방법(전략, 세부사업, 무엇을 해야 하는가, 필요한 행동을 어떻게 지원할 것인가)

3. 특성 ⓒ 과연 미행 접지

1) **목표 지향적, 미래지향적**
   : 미래 불확실성을 최소화하여 지역사회 목표에 맞게 미래를 변화시키려는 수단

2) **행동 지향적, 변화 지향적**
   : 수립한 기획을 실행할 수 있도록 기획자에게 권한과 자원을 부여하여 계획을 성공적으로 이끄는 활동

3) **연속적 의사결정과정**
   : 기획단계는 위계적인 체계로 연결, 상호영향을 미치므로 일회적 아닌 연속적인 의사결정이 계속되는 과정

4) **과학적 연구 근거기반**
   : 과학적인 연구결과를 근거로 필요한 서비스를 예측하여 사업을 기획함으로써 서비스의 효과성과 효율성을 높임

5) 접근성
: 서비스를 필요로 하는 대상자가 쉽고 편리하게 사업에 접근하도록 기획

6) 지속성
: 보건사업 전 과정을 계속적으로 모니터링, 서비스의 지속성을 유지하기 위해 대상자와의 관계, 서비스 계획 및 진행에 대한 의사소통, 서비스 중단자에 대한 조사 및 사후관리를 증진시키기 위한 노력이 요구

4. 필요성 ⓒ 배대변 결정

1) <u>각종 요구의 희소자원의 배분</u>: 부족한 자원을 사회경제적 중요성에 따라 우선순위를 정하여 기대되는 요구와 자원의 배분을 상호 조정하여야 하기 때문

2) <u>이해대립의 조정 및 결정</u>: 갈등에 대한 선택의 문제를 해결하는데 기획이 필요함

3) <u>변화되고 발전되는 지식과 기술개발에 따른 적용</u>: 지식과 기술이 급속하게 발전하면서, 무엇을 취해야 할 것인지 적절히 선택해야 함

4) <u>합리적 결정 수단 제공</u>: 현황, 우선순위, 목표 및 목적의 결정, 활동계획의 선정을 통하여 능률과 효율의 원칙을 기반으로 하여 합리적인 정책결정을 내릴 수 있는 수단을 제공하는 의사결정 과정임

5. 과정(기획의 순환)

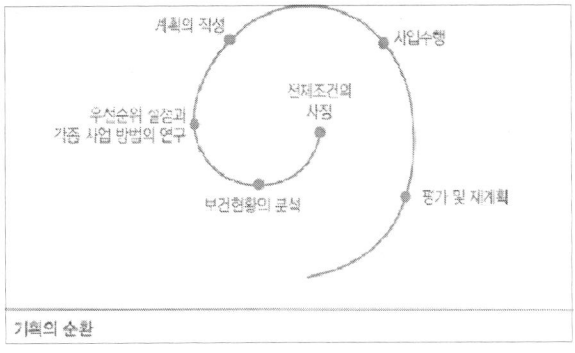

기획의 순환

1) <u>전제조건의 사정</u>: 기획할 수 있는 상태인지 아닌지를 결정하는 준비단계
   (기획팀의 조직, 법적 합법성 확보)

2) <u>보건현황 분석</u>: 현재 보건문제, 보건의료사업, 각종 자원에 대한 정보 수집 연구

3) <u>우선순위 설정과 각종 사업방법의 연구</u>: 보건현황을 분석하여 얻은 자료를 기반으로 우선해야 할 사업 선정 및 이 선정된 사업의 구체적 목표, 방법, 수단 선택

4) <u>계획의 작성</u>: 기획을 위한 환경, 기획을 위한 전략을 고려하고, 기획을 위한 전제조건에 대한 사정 및 수립, 보건현황분석, 우선순위 선정, 사업의 구체적인 목적, 각종 방법 및 수단의 연구 등을 계획서로 작성

5) <u>사업수행</u>: 구체적인 수행계획 수립

6) <u>평가 및 재계획</u>: 계획되어 수행된 사업의 결과를 양적·질적으로 측정하는 기준에 따라 비교. 평가의 결과는 다음 기획에서 자료가 되어 재계획이 됨

5. Gulick의 관리과정(POSDCoRB)

* 간호관리

1) 조직의 목표를 달성하기 위해 구성원이 주어진 업무를 성취하는 과정
2) 양질의 간호를 제공하기 위해 간호직원들의 노력과 필요한 모든 자원의 활용을 기획, 조직, 인사, 지휘, 통제하는 과정과 기능
3) 구성원들이 주어진 업무를 성취하도록 지도, 지시해서 조직의 목표를 달성하는 과정

① Planning(계획)	간호의 궁극적인 목적인 "환자에게 양질의 간호를 제공하기" 위해 정책, 절차를 설정하는 것
② Organizing(조직)	목표에 효과적으로 달성하도록 하기 위해 인간집단을 형성하는 것
③ Staffing(인사)	조직 내 개인 및 집단을 지도하고 조정할 인력(지도자)를 배치하는 것
④ Directing(지휘)	간호부서의 목표를 달성하기 위해 필요한 활동을 수행하도록 간호직원들에게 동기를 부여하고 지도하는 관리 기능
⑤ Coordinating(조정)	업무집단의 구성원들이 함께 조화를 이루어 일하도록 하는 활동
⑥ Reporting(보고)	효과적인 조직 관리에 중요한 것으로 관리기능을 상호 연결시킬 뿐만 아니라 조직의 외부와 내부 환경, 집단과 집단, 개인과 개인 사이의 모든 상황을 연결시켜 주는 의사소통 과정
⑦ Budgeting(예산)	조직 활동의 기대되는 결과를 수치로 표현한 것으로 일정기간 동안 조직의 계획을 종합하여 화폐 가치로 표현해 놓은 금액으로 표시된 업무 계획

6. 효과적인 기획의 원칙

: 목적 부합성, 미래예측성, 탄력성, 포괄성, 균형성, 경제성, 계층화

Keyword

| 문제 [98] | Gulick은 관리의 과정과 기능을 POSDCoRB 제시하였다. 이를 토대로 간호 관리를 정의하고 각 단계를 기술하시오. |

| 문제 [94] | 지역 사회 간호과정 중 기획의 설명이 아닌 것은?
① 변화에 따라 방침을 수정한다.　　② 항상 미래에 연결되어 있다.
③ 계속적인 변화 과정이다.　　　　④ 수단이 아니고 목적이다. |

| 문제 [99] | 조직의 원리를 5가지 이상 쓰시오.
- 계통명분전
　계층제의 원리, 통솔범위의 원리, 명령통일의 원리, 분업의 원리, 조정의 원리, 전문화의 원리 |

04 사회생태학적 모형

1. 정의
개인의 건강과 행동에 영향을 미치는 개인적, 환경적 차원을 통합한 다양한 차원의 요인을 고려하여 보건사업의 전략을 수립하는 이론

2. 특징
건강증진 중재가 개인에게만 초점 맞추는 것이 아닌, 각 차원에 대한 접근이 가능. 개인과 환경을 구분하여 구체적인 건강증진방법과 예방행위 제시

3. 건강 영향요인

개인 요인	개인에게 영향을 줄 수 있는 요소. 인구 사회학적 특성과 개인이 변화하고자 하는 능력과 욕구 등. 개인의 자아효능감, 심각도, 민감도
대인 간 요인	개인의 행동을 변화시킬 수 있는 사회적, 문화적 지지. 개인의 행동에 영향을 줄 수 있는 개인 간지지, 사회적 지지, 사회적 기준과 권유
조직요인	개인의 건강에 영향을 주는 사회적 환경에서 조직과 개인이 연결되는 곳에서 개인의 행동에 영향을 미칠 수 있는 것

Keyword

지역사회 요인	개인의 행동을 지지해 줄 수 있고, 개인의 건강을 향상시킬 수 있는 환경적 자산으로 조직이 공식, 비공식적으로 존재하는 것 지역사회의 다양한 성격이 개인의 건강 관련 행위를 하는데 영향을 주므로 지지적인 환경 조성은 건강증진의 촉매제로 작용
정책요인	환경을 구성하는 요소. 개인행동에 영향을 주는 법, 정책, 규제, 로비
모형	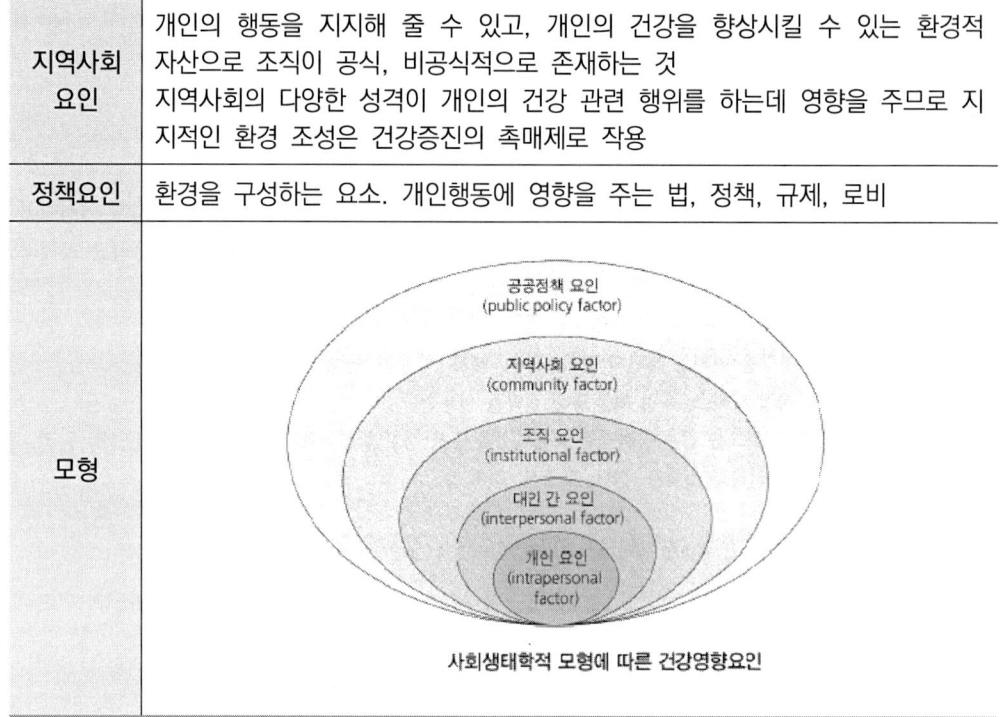 사회생태학적 모형에 따른 건강영향요인

4. 생태학적 모형에 따른 전략의 종류

단계	사용되는 전략의 종류
개인 수준	(건강 관련 행동에 영향을 미치는 개인의 지식, 믿음, 태도, 기질 변화를 위해) 교육, 행태개선 훈련, 직접 서비스 제공, 유인 제공
대인 간 수준	(가족, 친구, 직장동료, 이웃 등 개인에게 영향을 미칠 수 있는 사람 관리) 기존 네트워크의 활용. 새로운 네트워크의 개발(멘토 활용, 동료 활용, 자조집단의 형성), 비공식적인 자생적 지도자의 활용
조직요인 지역사회 요인 정책요인	지역사회수준 • 조직개발 이론과 조직관계 이론의 적용 • 이벤트, 매체 홍보. 사회마케팅, 지역사회 역량 강화, 지역사회 개발 • 지역사회 규범 개선 • 옹호, 정책개발

05. Betty Neuman의 건강관리체계이론

1. 개념
- 간호활동을 <u>예방을 위한 개념</u>으로 설명
- 건강: 인간체계 내 기본구조, 방어선이 스트레스원을 막아 안정 상태를 이루는 것
- 간호(건강관리 목표): <u>예방활동을 통해 스트레스원이 구조까지 침범하지 않도록 방어선을 강화시켜 주는 것</u>
- 간호활동: 기본 구조를 보호하기 위해 스트레스원을 제거 또는 약화시키거나 유연방어선 및 정상방어선을 강화시키는 일차적 예방활동과 저항선을 강화시키고 나타나는 반응에 대해 조기발견하고 빠른 처치를 시행하는 이차적 예방활동, 기본구조에 손상이 왔을 때 이를 재구성하도록 돕는 삼차 예방활동으로 구성

2. 주요개념

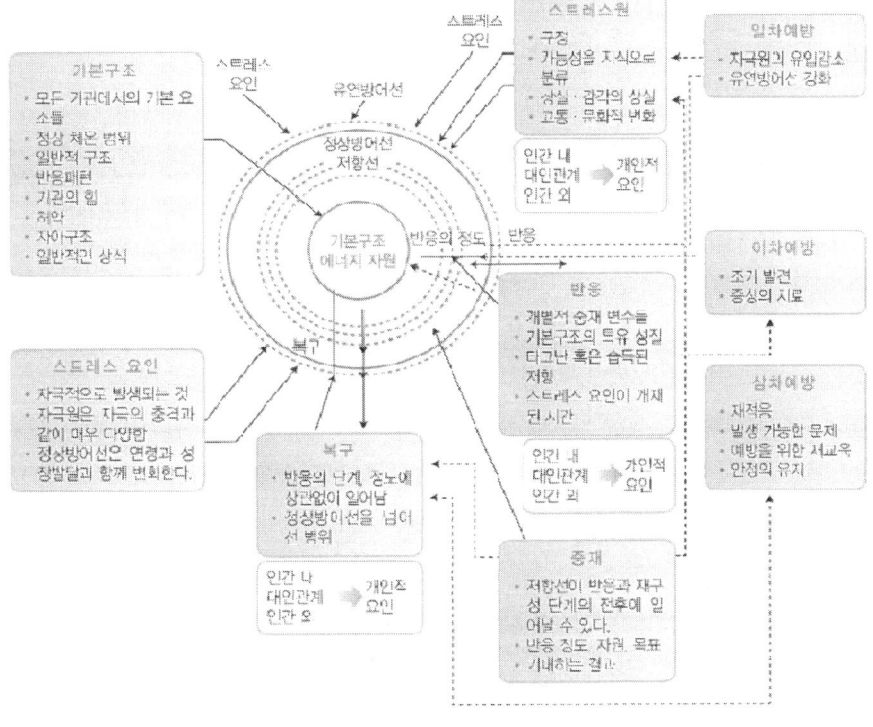

그림 5-4 뉴만(Neuman)의 간호도형

자료원: Neuman, B.(1995). The Neuman System Model: Application to Nursing Education and Practice. (3rd ed.). Co: Appleton & Lange. p 17.
이소우 등(2000). 간호이론의 이해. 수문사. p 296.

Keyword

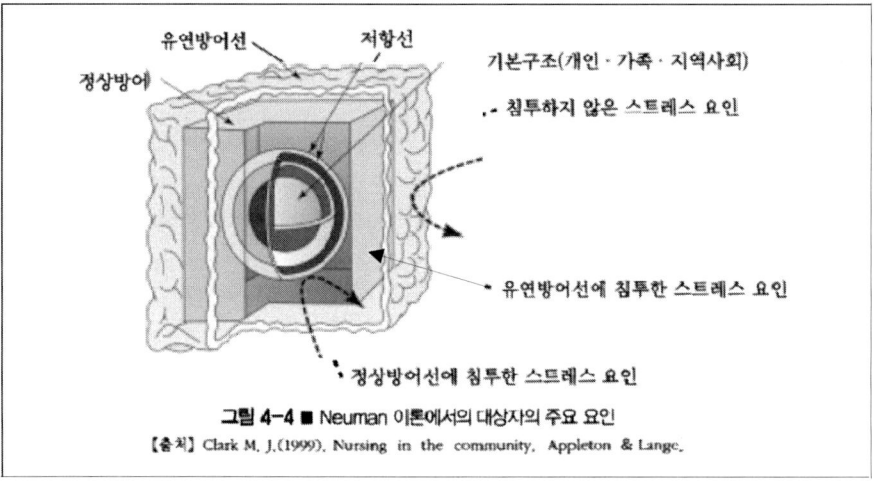

그림 4-4 ■ Neuman 이론에서의 대상자의 주요 요인
【출처】 Clark M. J.(1999). Nursing in the community, Appleton & Lange.

■ 건강관리 체계이론

기본구조	- 정의: 대상자의 생존요인, 유전적 특징 등 생존에 필요한 에너지 자원
	- 강화: 유연방어선과 정상방어선을 강화
	- 예시: 생리적·심리적·사회문화적·발달적·영적변수
저항선	- 정의: 스트레스원에 의해 기본구조가 침투되는 것을 보호하는 내적요인들
	- 강화: 스트레스원이 정상방어선을 침범에 대항해 기본구조를 유지하는 저항요소
	- 예시: 신체 면역체계, 지역사회주민들의 유대관계, 결속력 교육수준, 문화, 수입, 경제수준, 건강에 대한 자아개념과 태도)
정상방어선	- 정의: 대상자의 안녕상태 혹은 스트레스원에 대해 정상 범위로 반응하는 상태, 체계가 오랫동안 유지해온 평형상태
	- 강화: 건강수준을 유지하기 위해 모든 스트레스에 대처하는 근본방법 유지
	- 예시: 경제수준, 교육수준, 소득수준, 주거환경, 환경위생, 지식, 발달체계, 문제해결능력, 대처능력
유연방어선	- 정의: 가장 먼저 스트레스의 대항하는 1차 방어선 외부자극으로부터 대상체계를 일차로 보호하는 완충 기능
	- 강화: 스트레스원이 유연방어선을 거쳐서 정상방어선까지 침범하지 못하도록 완충 역할
	- 예시: 수면시간, 영양상태, 스트레스에 대한 이전 경험, 의료체계, 보건의료전달체계
스트레스원	- 체계 내(내적) 요인: 통증, 상실, 분노, 상하수도 시설미흡, 환경위생불량
	- 체계 간(대인적) 요인: 역할기대, 의료기관 이용 불편감, 자원 이용 불편
	- 체계 외(외적) 요인: 관습의 변화, 경제상황, 실직, 고용불안

Keyword

1) **기본구조**: 대상자의 생존요인, 유전적 특징 등 <u>생존에 필요한 에너지 자원</u>

   기본구조는 에너지 자원을 가지고 있어서 외적 환경과 에너지 교환을 가능하게 한다. 건강관리와 간호의 기본 목적: 스트레스원이 기본구조 까지는 침범을 하지 않도록 **유연방어선과 정상방어선을 강화**하는 것

   ㉠ 생리적·심리적·사회문화적·발달적·영적변수들이 역동적으로 구성, 개인의 고유한 특성을 보임
   - 생리적 특성: 물리적 환경, 주민들의 인구구조 분포, 의료자원의 분포, 건강수준, 사망률
   - 심리적 특성: 개인 및 가족의 관계, 지역사회 의사소통, 주민의 자율성, 유대관계, 결속력
   - 사회문화적 특성: 문화, 관례, 전통, 교육, 통신, 안전, 교통, 경제, 산업, 수입, 보건사업수준
   - 발달적 특성: 삶의 변화와 관련 있는 삶의 발전 과정, 역사, 개발상태, 발전계획
   - 영적 특성: 건강에 대한 태도, 가치관, 신념, 종교분포, 영적 추구양상

2) **저항선**: 스트레스원에 의해 기본구조가 침투되는 것을 보호하는 내적요인들

   스트레스원에 대항하는 유연방어선의 기능이 충분하지 못하면 스트레스원은 정상방어선을 넘어서게 되고 체계는 침투되어 들어오는 스트레스원에 대항하여 체계의 정상방어선을 안정되게 유지하려고 한다. 각 체계는 나름대로의 저항요소를 가지고 있어서 이 저항요소의 기능에 의해 정상방어선을 지킨다.

   ㉠ • 소음 노출 시 <u>완화기법</u> 시행자는 스트레스를 덜 받고, 비시행자는 스트레스 침투로 저항선이 감소되어 편두통 호소
   - 생리적 변수: 당뇨병 환자는 감염병 질환 폭로 등의 스트레스에 반응
     신체 면역체계(면역체계는 유지되어 온 안정을 회복하고 스트레스원에 의한 불안정을 최소한으로 적게 하기 위한 내정 저항력을 나타냄)
   - 영적 변수: 종교적인 중재와 신의 벌에 대한 신념
   - 발달변수: 새로운 지역사회는 잘 형성된 지역사회보다 홍수 등 스트레스 해결을 위한 자원 부족
   - 사회문화적 변수: 교육을 많이 받은 대상자는 적게 받은 대상자보다 스트레스원의 침투를 예방할 수 있는 지식이 더 많음 (<u>교육수준, 문화, 수입</u>)
   - 정신적 변수: 건강에 대한 <u>긍정적 태도</u>로 운동, 금연 등 건강증진행위를 하는 사람들은 순환기 질환에 덜 걸림 (<u>건강에 대한 자아개념과 태도</u>)
     - 지역사회주민들의 경제수준은 적절한가? 지역사회주민들의 교육수준은 어떠한가?
     - 지역사회주민들의 유대관계, 결속력은 어떠한가?

3) 정상방어선: 저항선 바깥에 존재. 스트레스원에 대해 저항하는 상태
   - 건강수준 유지 위해 대상체계가 기능한 모든 스트레스에 대처하는 근본적 방법
   - 대상자의 안녕상태 혹은 스트레스원에 대해 정상 범위로 반응하는 상태, 외적 자극이나 스트레스원에 대해 나타내는 정상적 반응의 범위
   - 개인의 일상적인 대처유형, 삶의 유형, 발단단계와 같은 행위적 요인과 변수들의 복합물
   - 체계가 오랫동안 유지해온 평형상태로 외부 침입 스트레스원에 의해 무너지면 기본구조가 손상되어 생명이나 존재에 위협
     예 • 당뇨병 환자나 건강문제 없는 대상자 모두 정상방어선으로 정상 건강상태
        • 경제수준(낮은 경제수준), 교육수준, 소득수준, 주거환경(부적합한 주거환경), 환경위생(비위생적 환경관리), 지식, 발달체계
        • 지역사회주민들의 건강에 대한 태도, **문제해결능력, 대처능력**은 어떠한가?
        • 지역사회주민들의 건강상태는 어떠한가?
        • 지역사회의 교통 및 통신 상태는 적절한가?
        • 물리적 환경요소들은 적절한가?

4) 유연방어선: 가장 바깥에 위치
   - 기본구조를 둘러싼 선 중 가장 바깥에 위치하는 것
   - 환경으로부터 가장 먼저 스트레스의 대항하는 1차 방어선
   - 외부자극으로부터 대상체계를 일차로 보호하는 쿠션 기능(완충적 역할)
   - 외부자극이나 변화에 대해 신속하게 축소하거나 확장하는 등으로 대처함으로써 스트레스원이 유연방어선을 거쳐서 정상방어선까지 침범하지 못하도록 완충 역할
     예 • 개인: 소음 노출 시 피로 수준이 낮은 자(충분한 휴식)는 스트레스를 문제없이 해결하나 피곤한 자의 소음 노출은 정상방어선 침해로 두통 발생
        • 지역사회: 미취업 정도 - 미취업정도가 낮으면 생활상태 회복을 위한 자원을 많이 보유해 홍수 등 스트레스원의 공격을 견딤
        • 지역사회의 **보건의료체계**는 적절한가?, 의료서비스의 질이 양호한가? 의료기관의 분포상태가 적정한가?
        • 수면시간, 영양상태, 스트레스에 대한 이전 경험, 의료체계, 보건의료전달체계

5) 스트레스원

스트레스원은 불균형 상황위기, 성숙위기 등 잠재적 요인을 가진 긴장을 일으키는 자극원

① 체계 내 또는 내적 요인: 체계 내에서 일어나는 요소
  (개인 - 조건반사, 통증, 상실, 분노, 지역사회 - 상하수도 시설미흡, 환경위생불량)
  ㉮ 지역사회 자체 내 물리적 환경(공해, 도로, 주거상태, 쓰레기 관리, 시장형성, 질병상태, 환자수, 의료기관 및 요원 수 등) 상태는 적절한가?

② 체계 간 또는 대인적 요인: 체계 간에 일어나는 자극요인
  (개인 - 개체 간 일어나는 역할기대, 지역사회 - 의료기관 이용 불편감, 자원 이용 불편불만)
  ㉮ 다른 지역사회와 비교해 볼 때 기본 구조에 관련된 자원들이 적절한가? 주민들의 자원 활용에 어려움은 없는가?

③ 체계 외 또는 외적 요인: 개체 외부에서 발생하는 요인
  (관습의 변화, 경제상황, 실직, 고용불안)
  ㉮ 지역사회 외부의 변화, 즉 정부 정책 등의 변화로 인해 지역사회에 영향을 주는 스트레스 요인은 무엇인가?
  정부나 외부기관으로부터 적절한 자원을 제공받는가?

6) 재구성

- 기본구조가 침투되기 이전의 상태인 체계의 안정,
- <u>정상방어선으로 되돌아가는 것</u>

7) 반응도: 대상자가 스트레스원에 적응하는 데 필요한 에너지양

8) 예방단계 (예방중재)

중재는 대상자가 체계 안정성을 유지하고 획득하며 지속할 수 있도록 돕는 활동

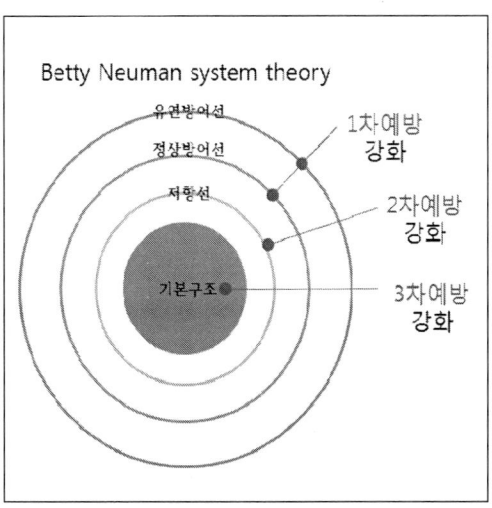

Keyword

① 1차 예방: 대상체계의 증상, 반응이 생기지 않은 상태에서 수행되는 간호중재
   - 스트레스원 자체를 중재하여 없애거나 약화시키는 활동
   - 스트레스원을 약화 또는 줄이거나, 접할 기회를 피하거나, 유연방어선을 강화하여 스트레스원이 정상방어선을 침범하지 못하게 보호하는 중재
     - 예) 우선순위 결정, 자극원의 유입감소, 유연방어선 정상방어선 강화하는 방법 건강교육, 대상자의 식이조절, 적절한 운동, 수면 및 스트레스 대치전략 등의 예방형

② 2차 예방: 스트레스원이 정상방어선을 침범하여 저항선에 접근함으로써 나타나는 증상을 감소시키고 저항선을 강화시키는 활동
   - 신체의 적정 기능에 영향을 미칠 수 있는 위험요인과 악화된 상황을 감소 또는 최소화
   - 증상이 나타났을 때 시행하는 중재방법으로 우선적으로 증상을 완화하거나 저항선을 강화하여 스트레스원이 저항선을 뚫고 기본구조를 손상시키지 못하도록 보호하고 저항선과 정상방어선의 재구성이 빨리 이루어지도록 강화
   - 증상을 치료하여 기본구조의 침입을 방지
     - 예) 조기발견, 증상치료, 건강사정 및 진단, 문제해결을 위한 자원 활용 및 의뢰

③ 3차 예방: 기본구조가 파괴되었을 때 합리적인 적응 정도를 유지하는 것
   - 스트레스원에 의해서 대상체계의 균형이 깨진 상태에서 다시 균형 상태를 재구성함으로써 바람직한 안녕상태로 되돌리기 위한 중재
   - 재구성(복구) 과정을 돕는 중재 활동
     - 예) 재적응, 발생 가능한 문제, 안정의 유지
       새로운 삶에 적응하기 위한 재교육, 발생 가능한 문제 예방을 위한 재교육, 재활사업

9) 복구: 스트레스에 대한 반응을 처리한 이후 체계가 안정된 상태로 되돌아가는 것

3. 간호과정

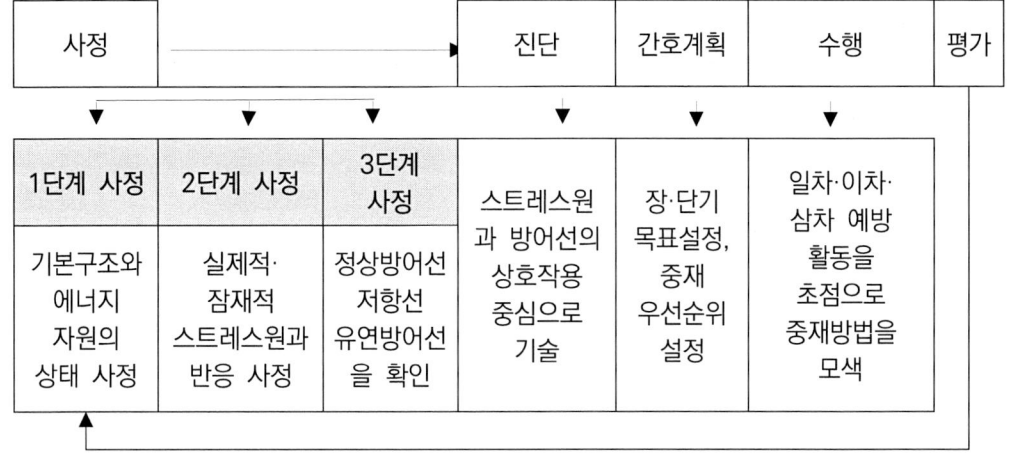

1) 사정

	개인	가족	지역사회
스트레스원 기본구조	어린 나이의 임신 신체적인 몸, 활력 기능	- 10대 딸의 임신 - 가족구성, 가족역할	- 10대 임신 발생 증가 - 인구의 연령 구성, 지역사회 기능 활력
저항선	- 아이에 대한 태도 - 양육기술의 정도	- 지지체계의 가능성 - 가족의 수입 - 가족교육 수준 - 가족발달 단계	- 건강관리시설과 서비스의 적정성과 이용 가능성, - 교육과 수입 수준 - 건강관리시설의 교통편의
정상방어선	- 급성·만성 질병 유무 영양 수준 - 생활유형과 습관 - 건강에 대한 태도	- 10대 성행위에 대한 가족의 태도 - 가족의 구성 - 가족의 결속력	- 10대 인구의 정도 - 교육과 수입 수준 - 피임사업의 이용 가능성 - 통상 10대 임신율
유연방어선	- 피로 정도 - 다른 스트레스원 유무	- 다른 스트레스원 - 가족의 융통성	- 건강 프로그램에 대한 재정 가능성
재구성의 목표	- 건강한 부모 자녀 - 부모 역할 개발 - 앞으로의 효과적인 피임 방법을 사용	- 새 가족구성원과 역할변화에 대한 적응	- 성교육과 피임사업 제공 10대 임신율의 저하

2) 간호수행

	개인	가족	지역사회
재구 목표	- 건강한 부모, 부모역할 개발 - 앞으로 효과적 피임법 적용	새 가족 구성원과 역할 변화에 적응	- 성교육, 피임사업 제공 - 10대 임신률 저하
1차 예방	- 적당한 영양, 휴식, 운동을 통해 건강증진 - 10대 성행위에 효과적인 피임사용 권장	- 부모 및 어린이를 위한 성교육 - 부모와 성교육 토론의 장을 만듦	10대를 위한 성교육과 피임사업 제공
2차 예방	- 산전 간호에 의뢰 - 임신코스를 조사하고 합병증 예방 - 분만과 부모 역할 준비	새 가족을 맞아들이는 데 적응하도록 지지	요구에 맞는 부모자녀 간호서비스를 개발하는 데 지지
3차 예방	재임신 예방으로 분만 후 피임사용 권장	다른 딸에 대해 과보호하는 가족을 단념시킴	재임신을 예방하기 위해 피임사용에 대한 10대 임신자 교육

4. 이론의 적용

1) 기본구조 사정

생리적 (물리적) 특성	지역사회의 물리적 구조와 기능, 주민들의 인구구조, 건강 및 질병상태 사정 • 만성질환 유병률이 높음 • 고혈압과 당뇨 조절율이 60~70% 임 • 건강생활 실천 정도(운동, 식습관)가 낮음 • 65세 이상 노인의 저작 불편 호소율이 47%임
심리적 특성	지역사회 의사소통, 독립성, 지적 수준, 결속력, 전반적 안녕감 등 사정 • 건강관리 지식 부족 • 건강생활 실천 의지 부족 • 마을회관이 의사소통의 중심처가 됨
사회문화적 특성	안전, 교통, 통신, 교육, 경제, 문화, 산업, 보건사업 등 필수여건을 사정 • 초등학교와 교회가 있음 • 주로 밭농사를 지음
발달적 특성	지역의 역사, 지역사회 산업발달과정, 자조력 등을 사정 • 마을 형성의 역사가 깊음
영적 특성	종교, 가치관, 신념, 건강신념 등 사정 • 교회에 다니는 주민이 있음 • 건강을 중요하게 인식하고 있으나 건강사업에 대한 참여는 부족함

2) 스트레스원 사정

내적 요인	지역사회 자체가 가지고 있는 스트레스 요인 • 건강관리 지식 및 실천 의지 부족 • 만성질환 유병률이 높고 고혈압과 당뇨 조절률 미흡 • 노인의 구강 건강문제 • 쓰레기 분리수거 미실천
대인적 요인	타 지역사회와의 관계나 정부와의 관련에서 나타날 수 있는 스트레스 요인 • 보건지소와 연계하는 사업의 경우 주민참여가 적음
외적 요인	지역사회 외부에서 지역사회 전체로 영향을 주는 스트레스 요인

3) 방어선 사정

유연 방어선	일시적으로나 과외요인으로 기본구조를 보호하는데 도움이 되는 요인을 사정 • 보건진료소의 보건사업 • 마을지도자(부녀회장, 이장, 마을회관 회장)의 리더쉽이 높은 편임)
정상 방어선	기본이 되고 평상시에 지역사회 기본구조를 보호하는 역할을 하는 요인 사정 • 경제상태는 몇 가구 제외하고 밭농사로 수입이 있음 • 노인인구가 많아 교육수준이 낮음 • 마을회관 중심으로 의사소통이 원활함
저항선	기본구조를 보호하는 최후의 요인이 무엇인지 사정 • 지역주민의 응집력이 좋음 • 오래전 형성된 마을로 상부상조하는 편임

4) 간호진단, 계획 수행

진단	증상	일차예방	이차예방	삼차예방
건강 관리 감시	• 높은 만성질환 유병률 • 낮은 고혈압, 당뇨 조절률 • 낮은 건강생활 실천율	• 지역주민 건강교육 • 건강생활 실천을 위한 다양한 교육자료 개발 • 건강생활 실천을 위한 캠페인	• 건강검진을 통한 만성질환 조기발견 • 보건진료소 중심 • 고혈압, 당뇨교실 운영	• 만성질환 합병증 • 대상자에 대한 재활교육
구강 건강	노인의 높은 저작 불편 호소율	• 마을회관에 구강세트 배부 • 칫솔질 교육	• 치과와 연계하여 의치보철 시술 • 틀니 교정	
위생	쓰레기 분리수거 미실천	• 분리수거에 대한 교육 • 수거함 설치		

Keyword

국시 [20]	[20] 뉴만(B. Neuman)의 건강관리체계이론에서 다음은 어느 개념을 설명한 것인가?

- 한 체계가 오랫동안 유지해 온 평형상태
- 대상체계가 경험하는 모든 스트레스원에 대처하는 근본적인 방법
- 개인의 일상적 대처유형, 삶의 유형, 발달단계와 같은 행위적 요인과 신체상태, 유전적 요인 등 변수들의 복합물

[사례]

P시 K 마을은 해발 200m의 고지대로, 무단 거주한 무허가 불량주택이 대부분이며 영세한 인구과밀지역이다. 마을의 주요 시설로는 복지관, 이발관, 미용실, 교회, 절, 약국이 각각 1개소가 있고, 교통수단으로는 마을 저지대까지만 운영되는 마을버스만 있어 대부분의 주민들이 교통문제를 불편사항으로 호소하고 있다. 종교는 불교가 많고 특히 다른 지역에 비해 무속신앙을 믿는 사람들이 많다. 얼마 전 마을 부근에 큰 신발공장이 생겨 부녀자들이 많이 취업을 하여 어린이를 돌볼 시간이 부족해 자녀들을 복지관의 어린이집으로 보내거나 그대로 집안에 방치해 두고 있다. 가옥 소유는 자가가 60% 정도 되나 평수가 너무 적고 대부분의 주민들이 공동 화장실을 사용하고 있어 화장실이 비위생적으로 관리가 되고 있다. 마을 주민들은 생활보호 대상자가 많고, 주된 작업은 노동과 가내수공업이다. 마을 주민들의 교육수준은 대체로 낮다. 마을의 도로는 소방도로가 되어 있지 않아 화재 발생의 위험이 크며, 차도와 도로의 구분이 없고 도로의 곳곳에 위험물이 어질러져 있어 어린이들의 안전사고 위험이 많다.
주민들은 대체로 건강관리에 무관심하며 주민의 20%가 고혈압을 앓고 있다. 최근 지역사회 건강 진단 시 당뇨병과 뇌졸중 환자도 점차 증가하고 있는 추세이다.

[사례의 해결]

간호사정	1. 기본구조
	① 생리적 특성: 도로상태 불량, 의료자원 분포 부족(복지관 진료실, 약국) 병원, 보건소가 멀어 약국 우선 진료, 고혈압 환자가 20% 정도 있으며, 당뇨병과 뇌졸중 등 성인병 환자가 많고, 어린이 예방접종률도 낮다.
	② 심리적 특성: 저소득층이 많아 주민의 자율성이 부족하고, 젊은 층들은 맞벌이로서 낮에는 집에 없어 지역사회의 의사소통에 어려움이 많다.
	③ 사회문화적 특성: 근교에 학교가 없어 학생들의 등하교 시 마을버스를 이용하므로 교통이용이 불편하고 경제적 부담을 받고 있다. 직업이 일정하지 않은 노동자가 많으나 생활보로대상자를 대상으로 한 보건사업 및 사회복지사업의 혜택이 많은 편이다.
	④ 발달적 특성: 저소득층 밀집 마을로서 개발이 되지 않고 있다.
	⑤ 영적 특성: 주민들은 생계에만 관심이 있고 대체로 건강에 무관심하다.
	
	2. 스트레스원
	① 체계 내 요인
	  - 상하수도 및 소발도로 시설 미흡
	  - 쓰레기 방치와 화장실의 비위생적 관리에 의한 환경위생 불량
	  - 영세한 인구과밀 지역
	  - 시장권 형성이 안 됨
	  - 주민들의 건강관리 무관심으로 성인병 환자 증가,

Keyword	- 도로 불량으로 안전사고 위험률 증가 - 마을 저지대까지만 운영되는 마을버스로 교통 불편사항 호소 - 주민들의 낮은 교육수준 ② 체계 간 요인 - 교통수단의 불편으로 주민들의 보건소나 의료기관의 낮은 이용률 - 다른 지역사회와 비교 시 지역사회 자원인 마을 내 주요 시설 부족 - 다른 지역사회의 여러 자원 이용 시 주민들의 불편감과 불만이 증가됨 ③ 체계 외 요인 - 새로운 신발공장 설치 후 외부 사람들의 전입, 전출이 많아짐 - 새로운 신발공장 설치 후 부녀자들의 취업으로 어린이 보호 및 관리 문제 발생 3. 방어선 ① 저항선 - 부적당한 건강관리 행위 - 주민들의 삶의 만족감 낮음 - 낮은 경제수준 및 교육수준 - 다른 지역에 비해 무속신앙을 믿는 사람이 많음 ② 정상방어선 - 만성 질환의 유병률 증가 - 감염성 질환 발생 증가 - 부적합한 주거환경 - 높은 사고의 위험성 - 건강문제 인식 및 문제해결능력 부족 ③ 유연 방어선 - 의료기관의 부재 - 부적절한 보건의료체계 - 불편한 교통수단으로 다른 지역 자원 활용의 어려움
간호 진단	가. 부적절한 질병관리로 인한 <u>만성질환자 증가</u> 나. 비위생적인 화장실 관리로 인한 <u>수인성 전염병 발생 가능성</u> 다. 쓰레기관리 불량으로 인한 <u>비위생적인 환경관리</u> 라. 부적절한 물리적 환경으로 인한 <u>안전사고 위험발생 가능성</u> 마. 경제적 어려움과 관련된 주민들의 낮은 <u>삶의 만족감</u> 바. 의료기관의 부재와 관련된 <u>부적당한 건강관리 행위</u>

	진단	중재		
계획 및 수행		1차 예방 (방어선 강화)	2차 예방 (저항선 강화)	3차 예방(지역사회 체계의 안정성 유지)
	가 나 다 라 마	지역주민의 건강교육 지역사회 내 위험요인의 감소 및 제거 지역주민의 식이조절, 적절한 운동, 수면 등 스트레스 대처전략	지역사회 문제의 조기발견 지역사회문제해결을 위한 자원 활용 및 의뢰	새로운 삶의 양식에 적응하기 위한 재교육 발생 가능한 문제예방을 위한 재교육 지역사회 재활사업 제공

06. Orem의 자가간호이론 ⓒ (요구)일발 건강/전부 교육(간호)

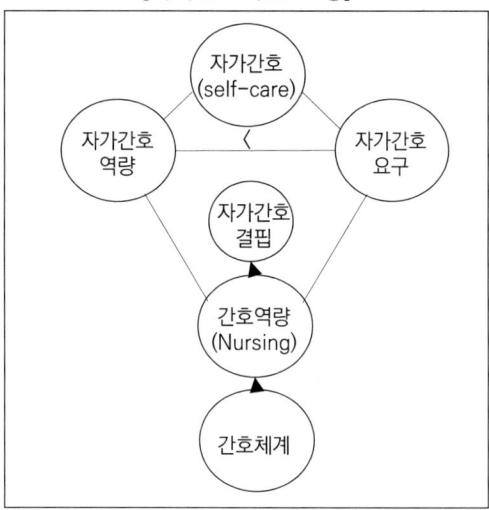

[자가간호이론 모형]

1. 주요개념

1) **인간**: 생물학, 사회적, 상징적으로 기능하는 하나의 통합된 개체로 삶, 건강, 안녕을 유지, 증진하기 위해 내부에 자가 간호요구를 가지고 자가 간호를 수행할 수 있는 역량인 자가 간호역량을 가진 자가 간호행위자

2) **자가 간호요구**: 인간이 개인의 안녕 삶 건강을 유지하기 위한 기능화와 발달에 영향을 미치는 환경적 요소나 개인 자신의 요소를 조절하기 위하여 개인 스스로가 수행할 활동

Keyword

	일반적 자가간호 요구	• 인간이 공통적으로 가지고 있는 자가 간호요구 • 인간의 기본적인 욕구를 충족시키는 행동 　㉮ 공기, 물, 음식(영양), 배설, 휴식과 활동, 고립과 사회적 상호작용, 위험으로부터의 예방, 기능증진, 정상적인 삶 등의 자가간호요구 　- 다음의 자원들이 적합한가? (수분과 음식 섭취, 깨끗한 공기, 배설, 활동과 휴식, 고립과 사회적 상호작용, 위험으로부터의 예방) 　- 가정 내에서나 주변에 안전을 위협하는 것이 있는가? 　- 가족은 생명과 안녕에 대한 위험을 어떻게 예방하는가? 　- 가족구조, 가족역동성 및 가족의 물리적 환경 등이 정상적인 성장발달을 도와주는가? 　- 가족 내에서 인간발달 및 기능을 어떻게 증진시키는가?
	발달적 자가간호 요구	• 발달과정과 생애주기에서 특정적이게 필요로 되는 요구 • 인간 발달과정 중 성장발달과 관련된 상황에서 필요로 하는 자가 간호요구 　㉮ 발달과업을 도와주는 활동, 임신, 미숙아 출생, 배우자, 부모 사망 　- 가족은 구성원의 다양한 삶의 단계에 있어 발달과정을 지지할 수 있는 적절한 지식과 자원이 있는가? 　- 가족은 자신들의 성장발달에 장애를 주는 요소들을 예방하고 극복하는가? (건강유지의 실패, 건강하지 못함이나 기능장애, 부적절한 주거환경, 말기 질병이나 임박한 죽음) 　- 가족 구성원들 중 가족의 간호를 제공하는 사람은 누구안가?
	건강이탈시 자가간호 요구	• 질병상태 등 치료와 관계된 비정상적 상태에 대한 자가 간호요구 • 질병이나 상해 시에 요구되는 것으로 자아상의 정립, 일상생활과정의 변화, 건강이탈로 인한 진단이나 치료에 대처하거나 새로운 생활에의 적응과 관련되어 나타나는 자가간호 요구 　㉮ 적당한 의료서비스를 받으며, 건강이탈로 인한 결과에 조치. 의사의 처방을 효과적 수행, 부작용 시 조치, 현재 건강상태 등 고려하여 건강증진을 위해 생활유형 조정 　최근 결장루술을 한 환자의 결장루술 부위의 피부간호 자아상의 변화, 가스형성 감소를 위한 식단조절, 질병의 치료와 대처하는 행동 등의 자가간호 요구 　- 가족 구성원 중 가족이 아플 때 의학적 도움을 찾는 책임을 갖고 있는 사람은 누구인가? 　- 가족이 필요할 때 원하는 의학적 자원들은 무엇인가? 　- 가족은 아플 때 처방된 진단 및 치료와 재활에 대한 적절한 방법들을 잘 수행하는가? 　- 가족들은 질병과 손상 예방을 위해 제시된 중재방안들을 수행하는가? 　- 가족 구성원 중 한 사람이 아플 때 가족은 어떻게 적응하는가?

Keyword

3) **자가 간호역량**: 자가 간호활동을 수행하는 힘. 대상자가 자신의 이익을 위해 스스로 실행하고 개발하는 능력 예) 지식, 기술과 태도, 신념, 가치, 동기화

4) **자가 간호결핍**: 자가 간호요구를 충족시킬 수 없을 때 발생하는 자가 간호역량 부족현상

5) **간호역량**: 간호를 제공하는 간호사들의 능력. 자가간호 결핍이 있는 대상자에게 이익과 안녕을 주고 자가간호 요구를 충족시키기 위해 치료적 간호체계를 설계, 제공, 조절하는 간호능력

6) **간호체계**: 환자를 위해 처방, 설계, 직접간호를 제공하는 체계적인 간호활동

전체적 보상체계	• 개인이 자가 간호활동을 <u>거의 수행하지 못하는</u> 상황 • 간호사가 전적으로 환자를 위해 모든 것을 해주거나 활동을 도와주는 경우. • 간호사가 환자의 산소공급, 영양공급, 배설, 신체 청결, 신체 운동 및 감각자극 등의 모든 욕구를 충족시켜 주어야 되는 경우
부분적 보상체계	• 개인이 일반적인 자가 간호요구는 충족시킬 수 있으나 건강이탈요구를 충족시키기 위해서는 <u>도움이 필요한</u> 경우 • 간호사와 대상자가 함께 건강을 위한 간호를 수행하는 경우. • 수술 받은 지 얼마 되지 않은 환자의 경우
교육지지적 체계	• 환자가 자가 간호요구를 충족시키는 <u>자원</u>을 가지고 있으나 <u>의사결정, 행위 조절, 지도, 기술</u>을 획득하는데 간호사의 도움이 필요한 경우. • 방법 지지, 지도, 발전적 환경제공 및 교육 등

전체적 보상체계

간호사의 활동 ▸
- 환자의 자가 간호요구를 성취시킴
- 자가 간호의 불가능한 부분을 보상시킴
- 환자를 지지하고 보호함

부분적 보상체계

간호사의 활동
- 부분적으로 자가 간호를 환자 대신 시행해줌
- 자가 간호의 제한된 부분을 보상시킴
- 필요할 때 환자를 보조해 줌

- 부분적으로 자가 신호를 시행함
- 자가 간호 역량을 조절함
- 간호사가 보조 활동을 받아들임 ◂ 환자의 활동

교육 지지적 보상체계

간호사의 활동 ▸
- 자가 간호를 수행함
- 자가 간호역량의 개발과 활성화를 조정함 ◂ 환자의 활동

Keyword

* 건강 - 각 개인, 각 개인의 부분, 그리고 기능적인 형태의 총체나 통합의 상태
간호 - 스스로 돕고 스스로를 도울 수 없는 개인을 돕고자 하는데 기본을 둔 인간적인 봉사로 개인에게 초점을 두고 있으며, 개인적 건강상태로 인해 자가간호에 무능력한 개인에게 필요한 직접적인 도움을 주는 것

2. 간호과정

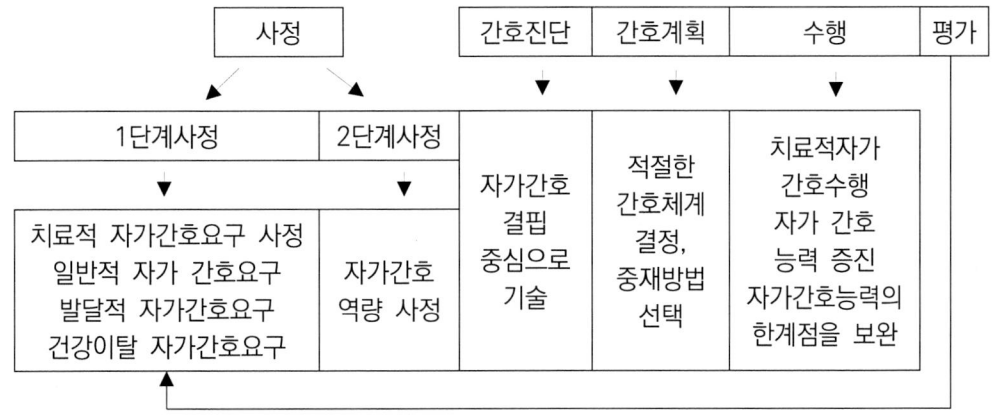

3. 이론의 적용

[사례] - 오렘의 자가간호 이론 사례

> 최 씨 가족은 최 씨(53세), 김 씨(52세), 큰아들(28세), 큰며느리(25세), 손자(4세) 모두 다섯 식구이다. 최 씨는 사업부도 후 3년 전부터 아파트 경비로 일해 왔으나, 6개월 전 뇌졸중으로 쓰러져 편마비로 거동이 불편하여 항상 누워 지내고 있다.
> 최 씨 부부는 2남 1녀의 자녀를 두었으며, 이웃에 딸이 출가하여 살고 있고 매월 자녀들이 조금씩 생활비를 보내고 있다.
> 최 씨는 전혀 거동을 하지 못해 부인 심 씨가 전적으로 일상생활을 돌봐 주고 있다. 머리는 매주 1번 정도 감기고 목욕은 시키지 못하고 물수건으로 닦아주고 있다. 최 씨는 현재 미추 부근에 욕창이 8mm 정도 생겨 진물이 나며, 어깨 부위의 피부도 발갛게 되어 있다. 최 씨는 재활운동을 하려고 애쓰고 있으나 부인 김 씨가 돌려 눕히고 하면 화를 내고 때려 혼자서는 어려운 일이라 말하였다. 김 씨는 최 씨의 대소변을 혼자서 받아내고 빨래도 혼자서 처리하고 있다. 최 씨와 김 씨는 짠 음식을 좋아하는 편이며, 특히 김 씨는 식사를 불규칙하게 하는 편이다. 아들은 퇴근 후 2층으로 올라와 최 씨의 재활운동을 돕고 있다.
> 김 씨는 최근 두통과 어지럼증으로 보건소에 가니 혈압이 170/96이라 하였다. 그러나 현재 증상이 없어 약은 먹지 않고 있으며, 이웃에서 권하는 민간요법을 하고 있다.
> 집은 다세대 가옥 주택이고, 화장실은 공동 화장실을 이웃의 6가구가 사용하고 있어 매우 불결하였으며, 부엌은 입식 구조, 난방 연료는 석유, 취사 가구는 가스사용, 식수는 상수도를 사용하고 있고, 실내 환기가 잘 안되고, 주변 환경도 지저분하며 특히 쓰레기는 규격봉투에 넣었으나 잘 수거되지 않아 파리가 들끓고 있었다. 2층을 오르내리는 가파른 계단 경사는 김 씨가 오르내리기 힘들고, 손자가 다니기도 위험했다.

Keyword

[사례의 해결]

간호 사정	**1. 자가 간호요구사정** 1) 일반적 자가 간호요구 - 수분: 상하수도 시설은 안전함 - 음식 섭취: 짜고 자극적인 음식 섭취. 불규칙한 식습관. 불균형된 영양섭취 - 공기: 실내 환기를 잘 시키지 않으며 주변 환경도 다소 불결함 - 배설: 최 씨 대변 횟수는 일주일에 1~2회, 부인이 소변을 받아내고 있음 - 활동과 휴식: 최 씨는 거의 움직일 수가 없고, 김 씨는 거의 혼자서 최 씨를 돌봄으로 매우 지쳐있음 - 고립과 사회적 상호작용: 김 씨는 남편을 혼자서 돌보므로 여가활동을 거의 못하고, 큰아들 외에는 며느리 손자도 잘 오지 않고 이웃과 왕래가 없음 - 위험으로부터의 예방: 뇌졸중의 재활에 대한 정확한 지식이 없고, 고혈압의 올바른 관리방법을 모르며, 민간요법에 의존하고 있음 - 주변 환경: 2층으로 올라가는 계단이 가파른 관계로 낙상의 위험이 있음 - 발달 및 기능증진: 최 씨는 혼자 대소변 처리하기 원하며 재활치료 희망함 2) 발달적 자가 간호요구 - 최 씨는 활동적으로 일할 중년기의 발달과업을 뇌졸중으로 인한 좌측 편마비로 제한받고 있음. - 실직과 한 가정의 가장으로서 권력과 역할을 상실한 것뿐만 아니라 부인 김 씨마저 직장을 그만두어 경제적 어려움을 겪고 있어 심리적으로 매우 위축되고 있으며 주변 사람들과의 대화도 꺼림 - 최 씨의 간호를 김 씨가 전적으로 담당하고 있어 역할 과중으로 김 씨는 여가활동이나 건강관리를 하기가 어려운 상태임 - 큰아들은 퇴근 후 2층으로 올라와 최 씨의 재활운동을 돕고 있음 3) 건강이탈 자가간호요구 - 최 씨는 편마비가 심함 - 최 씨는 미추 부근 욕창이 점점 심해짐 - 최 씨는 우울증으로 보이고 분노감을 잘 나타냄 - 김 씨는 고혈압 관리를 제대로 하지 않고 민간요법에 의존하고 있음 - 김 씨는 결핵 재발에 대한 정확한 진단을 받지 않고 있음 **2. 자가 간호역량 사정** - 최 씨를 간호할 인적자원이 있으므로 가족이 의논하여 간호 역할 분담 가능 - 김 씨에게 고혈압 관리에 대한 정확한 진단과 치료 방법을 제공하면 자가 간호를 할 수 있는 잠재력이 있음 - 최 씨도 재활을 하고 싶은 욕구가 있으며, 아들이 최 씨의 재활에 관심을 갖고 보건소에서 제공하는 재활프로그램에 최 씨를 참여시키려고 노력함

Keyword

간호 진단	1. 신경학적 장애와 관련된 신체 기동성 장애 　- 모든 관절운동범위가 유지되고 근육의 양과 근력이 유지된다. 2. 감각 및 운동 장애와 관련된 피부 통합성 장애(욕창) 　- 환자의 피부는 깨끗하고 건조하다. 3. 고혈압의 지식 부족과 관련된 불이행 　- 처방된 치료 계획에 대해 적극적으로 참여한다. 4. 활동 감소와 관련된 변비 　- 정상적인 배변습관을 유지한다. 5. 가족 구성원 간의 친밀감 부족과 관련된 부적당한 역할 편중 　- 가족 구성원은 모두 균등한 역할을 가진다. 6. 부적절한 주거환경과 관련된 높은 사고 위험성 　- 가족은 사고 발생 위험을 인식하고, 사고 발생이 없다. 7. 지식 부족과 관련된 비위생적인 환경관리 　- 위생적인 환경관리를 한다.

	간호사의 활동	간호방문을 통해 욕창관리를 한다.	
		적합한 의료기관에 대한 정보제공과 의뢰를 실시한다.	
		가정에서 할 수 있는 재활운동프로그램을 제공한다.	
		중풍교실 및 고혈압 교실에서 참여, 보건교육을 실시	환자 및 가족의 활동
		식이요법에 맞는 식단을 가족과 함께 작성한다.	
		체위 변경을 자주하며 재활운동을 시작한다.	
		최 씨와 가족들은 중풍교실에 참여한다.	
		김 씨는 정기적으로 고혈압 측정, 약물요법, 운동 시행	

Keyword

[사례2] - 오렘의 자가간호 이론 사례

> 김 씨(68세, 여성)는 독거노인으로 기초생활 수급자이며 임대아파트에서 살고 있다. 3달 전 고혈압으로 진단받아 현재 혈압약을 처방받았으나 약보다는 민간요법에 의지하고 있다. 증상이 있을 때 약을 복용하고, 혈압 관리에 대한 지식은 거의 없다. 자녀들은 타지에 살고 있어 왕래가 거의 없는 편이다.

• 간호 사정

일반적 자가간호요구	• 공기.물: 화장실이 어둡고 환기가 안되어 냄새가 남. 화장실 바닥에 물기가 많고 정리정돈이 안되어 있음. 수도 사용 • 영양: 짜고 자극성 있는 음식을 좋아하며, 하루에 평균 2끼 식사함 • 배설: 소변과 대변에 문제없음 • 활동과 휴식: 주 4~5회 아파트 내 경로당과 복지관에 다니는 것 외에 규칙적인 운동은 하고 있지 않음 • 고립과 사회적 상호작용: 경로당에 다니고 있으며 이웃 할머니와 왕래가 있음. 자녀들과 왕래가 거의 없는 편임 • 위험 예방: 고혈압에 대한 지식이 없으며 약값을 절약하기 위해 증상이 있을 때 약을 복용함 • 기능상태 증진: 혈압으로 뇌졸중 발생하는 일은 없어야 한다고 함
발달적 자가간호요구	김 씨는 노년기로 건강 문제에 대한 대처가 필요함
건강이탈 자가간호요구	• 혈압이 170/100mmHg, BMI 25, 두통과 어지러움을 호소함 • 약 복용 및 고혈압 지식 부족, 식이, 운동을 실천하고 있지 않음
자가간호 역량 사정	• 김 씨는 뇌졸중에 대한 두려움이 있어서 교육이 이루어지면 자가간호할 수 있는 잠재력이 있음 • 거동이 자유로워 보건소에서 실시하는 고혈압프로그램 참여 가능

• 간호진단, 계획, 수행

진단	증상	계획
건강관리 감시	• 짜고 자극성이 있는 음식을 좋아함 • 규칙적 운동하지 않음 • 증상 있을 때만 고혈압약 복용 • 혈압이 170/100mmHg, BMI 25, • 두통과 어지러움을 호소	• 고혈압 관리 중요성 교육 • 교육자료를 통해 약물, 식이,운동교육 • 보건소 고혈압 교실에 연계 • 지속적인 자가관리 계획수립
주거	• 화장실이 어둡고 환기가 안되어 냄새가 남 • 화장실 바닥에 물기가 많고 정리정돈이 안되어 있음	• 집안 내 낙상 위험요인 설명 및 감소 방안 계획, 낙상이 건강에 미치는 영향 교육, 낙상예방교육, 화장실 환경 개선을 위해 복지관, 지역기관 연계

07. Roy 적응이론

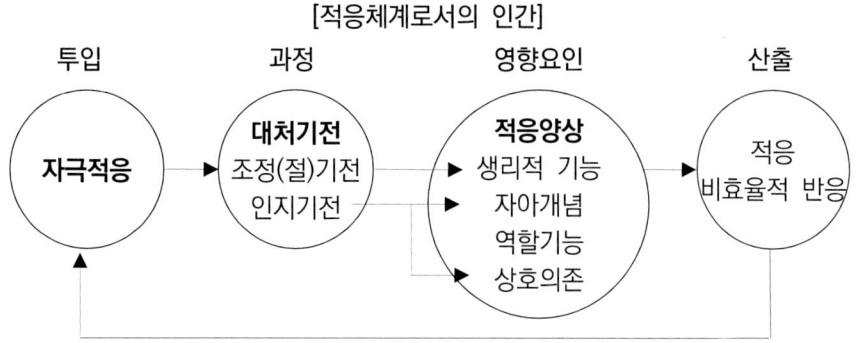

1. 주요개념

1) 인간: 하나의 체계로서 주위환경으로부터 계속적인 자극을 통해 대처기전을 활용하여 적응양상을 나타내고 그 결과 반응을 나타내게 됨.

2) 자극

① 초점자극: 인간의 행동유발에 가장 큰 영향을 미치는 즉각적이고 직접적인 사건이나 상황변화 예) 국가고시, 임신 - 주가 되는 원인
   현재 가족 전체의 가장 큰 관심문제는 무엇인가?
   가족 각 구성원들이 가장 큰 관심문제는 무엇인가?

② 연관(관련)자극: 초점 자극 이외에 행동유발과 관련된 다른 모든 자극. 초점자극으로 유발되는 모든 자극. 예) 피곤, 소화불량, 우울 -초점자극 외
   가족이 그들의 큰 관심문제(경제적 자원, 물리적 자원, 지지체계 유무, 병원 입원)에 대처하고 적응할 때 가족구조, 가족역동과 환경에 영향을 주는 요인은 무엇인가?

③ 잔여자극: 행동에 간접적 영향을 주는 것. 태도, 신념, 성격 - 보이지 않는 것
   가족이 적응을 시도할 때 고려되어야 할 가족의 지식, 기술, 신념 및 가치관(예: 발달단계, 문화적 배경, 영적 종교적 신념, 목표, 기대)은 무엇인가?

예시	초점자극	연관자극	잔여자극
부적합한 주거환경	교통사고로 인한 전신마비	쓰레기 분리수거, 처리가 되지 않아 냄새가 심하고 파리가 끓음	쓰레기 처리에 대한 지식 부족
		화장실 바닥이 물기로 미끄러움	위험 환경에 대한 가족들의 무관심
		가스 밸브를 항상 열어 놓음	
미성숙 아동의 임신	임신	전반적 건강상태	불법에 대한 가족의 태도
		아버지와의 관계, 가족 지지	어린이에 대한 태도 개인적 포부와 목표
		산전관리 접근	수입, 교육수준

Keyword

3) 대처기전 ⓒ 조인
① 조정(절)기전: 자극에 대한 자율신경계반응, 호르몬계반응, 정신신체반응하는 기전으로 자동적이고 무의식적인 반응을 나타냄 (생리적 적응양상) ㉮ 신체적인 힘, 물리적 자원
- 가족의 건강, 즉 영양상태, 신체적인 힘, 유용 가능한 물리적 자원
② 인지기전: 자극이 투입되었을 때 인지적 정보처리과정, 학습, 판단, 정서과정을 통해 사회 심리적 반응을 관장하는 기전 (자아개념, 역할기능, 상호의존 적응양상)
㉮ 교육, 의사결정, 문제해결능력
- 가족의 교육수준, 지식상태, 의사결정, 문제해결능력, 가족체계의 투입 및 과정에 나타나는 가족의 능력과 개방성 정도

4) 적응양상 ⓒ 생자역상
: 대처기전의 활동으로 나타나는 적응방법의 종류. 인간의 기본적 욕구를 나타내는 행위
① 생리적 기능: 환경 자극에 대한 인간의 신체적 반응
생리적 통합성에 대한 인간의 기본욕구
㉮ 수분·전해질, 활동·휴식, 배설, 영양, 순환·산소, 감각, 체온, 내분비계 조절
가족은 적절한 의식주 관리를 하는가?
가족은 건강을 위한 의학적, 예방적 관리를 어떻게 하는가?
가족은 휴식, 운동, 안전한 환경, 청결 등을 적절히 실행하는가?
② 자아개념: 정신적 통합성을 유지하기 위하여 일어나는 적응양상
- 신체적 자아: 신체적으로 자신을 지각하고 형성하는 능력, 자신의 신체에 대한 주관적 생각, 감각과 신체상 포함
- 개인적 자아: 자신의 성격, 기대, 가치에 대한 평가로 도덕-윤리적 자아, 자아일관성, 자아 이상. 기대가 포함
㉮ 가족은 결속력을 가지고 있는가?
가족은 자신들의 자조 능력을 스스로 어떻게 보고 있는가?
가족의 윤리적, 도덕적 가치관은 무엇인가?
가족 구성원들의 동반자 정신과 서로 간의 이해 정도는 어떠한가?
가족이 현재와 미래에 지향하는 것은 무엇인가?
③ 역할기능 양상: 사회적 통합성에 대한 적응방식. 통합성 유지를 위해 환경 내 다른 사람과 상호작용하고, 적합한 행동역할을 하며 능숙하게 역할을 수행하여야 함
- 1차 역할, 2차 역할, 3차 역할로 구분
- 역할이행에 대한 역할결핍이 생기면 역할상실과 역할갈등의 문제가 나타남
㉮ 가족 구성원들이 맡은 역할은 무엇인가?
가족은 역할수행을 위해 서로 어느 정도 도움을 주고 있는가?
가족은 역할부담으로 인한 갈등이 있는가?

가족은 어떻게 의사 결정하는가?
가족은 적절한 의사소통을 하는가?

④ 상호의존 양상: 상호의존감이란 독립심과 의존심 사이의 균형.
  ㉮ 의미 있는 타인이나 지지체계와의 관계, 사랑, 존경, 가치를 주고받는 것과 관련 상호작용 문제시 분리, 거부, 미움, 고독, 경쟁
  가족 구성원은 가족이 허용하는 내에서 각자 어느 정도 목표 성취를 하는가?
  가족 구성원은 서로를 지지하는가? 가족의 지지체계는 무엇인가?
  가족은 다른 가족과 정보 및 협력을 어느 정도 개방적으로 하는가?
  지역사회 내에서의 가족의 상호작용 양상은 어떠한가?

10대 임신	생리적 양식	자아개념 양식	역할기능 양식	상호의존 양식
개인	• 배고픔이 증가됨 • 피곤이 증대	• 임시에 대한 죄책감 극복하고 선으로 인지	• 모성역할 학습 • 가족, 사회적 역할 적응	• 가족의 사랑과 지지를 받음

5) 반응
① 효율적(적응) 반응: 긍정적 (생존, 성장, 재생산, 자아실현 등과 같이 개인의 통합성 증진)
② 비효율적 반응: 부정적(통합성을 증진시키지 못하거나 방해)

2. 간호과정

```
사정                          간호진단      간호계획      수행       평가
 │                              │            │           │
 ├──────┬──────┐                ▼            ▼           ▼
 ▼      ▼                   비효율적      4가지 적응양상에
1단계사정  2단계사정            반응과        적응반응으로 변화할 수
 ▼       ▼                  자극의         있도록 적응양상 반응과
4가지 적응양상에  자극의        관련성을       자극에 대한 중재방법 모색
의한 대상자 반응  사정          중심으로 기술
사정
```

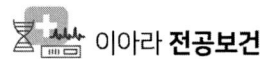

3. 간호 중재

10대 임신	생리적 양식	자아개념 양식	역할기능 양식	상호의존 양식
개인	• 적당한 영양제공 • 운동 장려로 불편감 해소 교육 • 에너지 충전을 위한 휴식 권장	• 임신에 대한 감정 표현 권장 • 임신 죄의식 극복을 도움	• 어머니 역할을 배우도록 지지 • 가족, 사회적 역할에 적응하도록 도움	• 가족의 지지를 구하기 위해 사랑을 표현하도록 격려

4. 이론의 적용

• 간호 사정

1단계 사정(적응양상의 행동 반응 사정)

생리적 양상	• 우측 무릎 통증 심함. 관절염 관리 위해 약 복용 중이며, 약 의존도가 높음. 관절염 관리를 위한 스트레칭운동, 찜질 등에 대한 지식 부족 • 집안 정리 정돈이 안되어 있고 비위생적임 • 하루 2끼 정도 식사를 하고 있음
자아개념 양상	자신이 쓸모없고 자식에게 짐이 된다고 느낌, 우울감이 있음
역할기능 양상	부모 역할을 충분히 하지 못하였다고 느낌
상호의존 양상	큰딸에게 의존 중, 인근 병원만 다니고 복지관, 경로당에 다니지 않음

2단계 사정(행동 반응에 영향을 주는 자극 사정)

초점 자극	관절염, 통증
관련 자극	약물 의존도 높음, 운동하지 않음, 관절염 관리에 대한 지식 부족, 집 안팎의 주거환경이 비위생적임, 우울감 있음, 경제적으로 어려운 편임, 지지자원 부족
잔여 자극	성격이 소극적임, 건강관리에 대한 적극성이 부족함

Keyword

- 간호진단, 계획, 수행

진단	증상	계획
통증	• 관절염으로 오른쪽 무릎에 심한 통증 • 관절염 관리에 대한 지식부족 • 진통제 의존도가 높음 • 건강관리에 대한 적극성 부족	• 퇴행성관절염 증상, 통증 주기적 사정 • 관절염 관리방법(스트레칭, 운동, 냉온찜질)에 대해 시범/교육 • 통증 심한 경우 병원방문 권장. 약물복용 모니터링. 보건소 실시 관절염 교실 연계
정신건강	• 자신이 쓸모없고 자식에게 짐이 된다고 하는 등 자존감 저하 • 우울감 있음 • 부모역할을 충분히 못했다고 함 • 소극적 성격	• 대상자가 자신에 대한 느낌을 표현하고 회복하도록 자존감 향상 교육 • 주기적으로 우울감 관찰 • 자원봉사자 연계, 경로당, 복지관을 소개하여 또래 집단과의 상호작용 격려 • 우울감 해소를 위한 활동계획
위생	• 집안 정리정돈이 안되어있고 집안팎의 주거환경이 비위생적 • 큰 딸외에는 교류 없음	• 자원봉사자를 연계하여 집안일을 도와줌 • 복지관이나 행정복지센터 연계하여 주거환경 개선

[사례]

옥 씨(33세)는 3년 전 뺑소니 택시 교통사고로 전신마비가 되었다. 가족은 자신을 포함해서 남편 강 씨(38세) 딸(10세), 아들(6세) 네 식구가 거주하고 있다. 그는 사고로 어린 아들은 양육할 수 없어서 아들은 생후 백일부터 자원봉사자에게 위탁하였고, 자원봉사자를 친부모로 알고 있다.

사고 이전에는 부부가 함께 소규모의 의류공장을 운영해 왔으나 현재는 강 씨가 의류공장에서 벌어오는 월 40만 원 정도와 장애인 수당 및 후원자들의 도움으로 월 60만원으로 어렵게 생활하고 있다.

옥 씨는 전신 마비로 인해 3년 전부터 폴리 카테타를 꽂고 있으며, 두 손의 손가락만 부분적으로 움직일 수 있고, 개인위생 관리는 남편과 딸에게 거의 의존하고 있다. 강 씨는 근무 도중에 부인의 점심과 저녁 준비를 위해 집에 들르며, 거의 새벽 2시까지 공장에서 일을 하고 있다. 딸은 방과 후 장애인 어머니를 돌보고 심부름을 하는 일에 거의 시간을 보내며, 복지관을 통해 하루 1~2시간 정도 과외활동을 하고 있다.

옥 씨는 장애로 인해 자녀들에게 어머니의 역할을 하지 못하고 있으며 또한 남편과의 성생활이 원활하지 못해 남편에게도 항상 미안한 마음을 갖고 있다.

[사례의 해결]

간호사정

1. 적응양상

1) 생리적 양상
- 의식주 관리:
  - 복지관에서 2주에 1번씩 밑반찬을 제공, 남편이 근무 중에 들러 식사를 준비함
  - 부엌은 입식, 양변기를 사용하고, 주거공간은 적절하며, 급수시설은 양호함
  - 건강을 위한 예방적, 의학적 관리
  - 경제적 어려움으로 전문 재활치료를 받지 못하고 있고, 폴리 카테터는 한 달에 한 번 교환하며, 삶아서 재사용하고 있음
  - 옥 씨는 욕창 예방을 위해 체위변경을 자주함

2) 자아개념 양상
- 강 씨는 딸과 많은 대화를 하지 못하나 옥 씨와 딸은 밀접한 애정관계 유지 중. 옥 씨는 아들에게 애착을 가져 두 달에 1번 정도 정규적으로 만나지만 아들은 옥 씨와의 만남을 싫어해 방문을 꺼려한다.
- 가족은 천주교를 믿으며, 사고 이후 종교가 큰 정신적, 영적 지지가 되고 있다. 옥 씨는 오랜 환자 역할로 주변 사람들의 도움에 익숙해지고 의존적 경향 보임

3) 역할기능 양상
- 의사소통: 의사결정 방법은 부부 공동합의하에 이루어지고 있다. 강 씨는 늦은 출퇴근 시간으로 딸과는 거의 접촉을 못하나 아내와는 대화가 원활하다. 옥 씨와 딸은 밀접한 의사소통을 하나 대상 가족과 아들과는 의사소통이 단절되어 있음
- 역할기능: 강 씨는 가장으로서 가정의 생계 책임을 위해 새벽 2시까지 일함
  - 옥 씨는 가사일, 남편의 내조, 자녀 돌봄 등을 전혀 할 수 없음
  - 옥 씨는 불구로 인해 부부의 성생활이 원활하지 못함

4) 상호의존 양상
- 이웃, 정부, 교회, 보건의료체계 등과 상호작용
  - 이웃 및 장애인 단체, 교회 모임을 통해 정보를 주고받음
  - 복지관 간호사를 통해 건강상태 점검 및 의료 혜택을 제공받음
  - 복지관 자원봉사자 연결

2. 대처기전
- 조정기전
  - 옥 씨는 기동 불능 상태이나 두 팔을 이용하여 앙와위 혹은 복위에서 좌위로 체위 변경이 가능하고, 엄지와 검지를 이용하여 두 손으로 물건을 잡을 수 있음
  - 의료보호 2종 대상자이며, 장애인 수당과 후원금이 매달 지급됨
  - 재활침대와 휠체어가 있으며, 무선전화기와 TV가 있으며, 장애인 소식지와 자원봉사자들의 방문을 통해 사회적 고립감을 감소시키고 있음
- 인지적 기능
  - 부부의 교육수준: 중졸 상태임
  - 지식상태: ROM 운동 및 체위 변경의 중요성은 인지, 요도관 무균술은 모름

Keyword

	진단	초점	연관자극	잔여자극
간호 진단 및 자극	부적절한 주거환경	교통사고로 인한 전신마비	• 쓰레기 분리수거 및 뒤처리가 되지 않아 악취, 파리가 끓음 • 화장실 바닥 물이끼로 미끄러움 • 가스밸브장치를 항상 열어 놓음	• 쓰레기 처리에 대한 지식 부족 • 위험 환경에 대한 가족들의 무관심
	기동장애		• 양 손가락은 부분적으로 움직일 수 있으며 주로 손바닥을 이용해 물건을 잡을 수 있음 • 하반신마비로 혼자서 움직임과 이동 불가능함	• 장기간 투병으로 재활의 적응적 자세 부족 • 주변 지지체계에 강한 의존 • 장기적 환자의 역할 고정으로 게으른 성격으로 변함
	자가간호결핍		• 1회/3주 이동 목욕차를 통해서만 전신목욕 실시, 머리 감기는 1주에 1회, 세수는 불규칙적. • 옥 씨는 양 손바닥을 이용하여 칫솔질을 하나 깨끗하게 못함. • 배변감각을 못느껴 1회/5일 남편이 관장 실시. 요도관 사용중	• 옥 씨는 오랜 마비상태로 인해 개인위생에 대한 관심이 저하됨
	부적절한 성생활		• 성교 시 옥 씨는 성감을 못 느낌 • 한 달에 1~2회 정도 성생활을 하며, 요도관을 삽관하고 있어 성교 시 심리적으로 불편함 • 피임을 위해 배란일을 피한 성생활을 함	• 장애자로서 아내 역할에 대한 부담감 있음 • 옥 씨는 성감이 없어 남편과의 성관계 시 수치심을 느낌 • 옥 씨는 불규칙한 배란일로 임신에 대한 두려움 있음
	부적절한 질병관리		• 요도관은 삶아 쓰고 소변백은 몇 차례 재사용하고 있음 • 요도관 교환 시 멸균된 용품을 사용하지 않아 소변검사 결과 세균이 검출되었고 피가 나온 적 있음 • 옥 씨는 부동으로 1일 대사요구량 적으나 전혀 식이조절을 하지 않아 하복부 비만이 심함 • 옥 씨는 저혈압이 있고 자주 현기증을 일으켜 재활침대 사용 꺼림	• 폐기해야 할 의료소모품을 아깝게 생각함(관리에 대한 무지) • 방광염 발병 후 투약으로 인해 완화되는 것이 반복됨으로써 질병의 심각성을 못 느낌 • 옥 씨는 현재 비만으로 인한 건강 문제가 없으므로 비만 예방을 위한 식이 조절의 중요성에 대한 인식을 전혀 못하고 있음

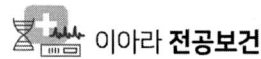

Keyword

		• 강 씨는 기관지가 좋지 않아 마른기침을 하면서도 흡연 중	• 옥 씨는 재활침대 사용 시 순간적인 의식소실을 두려워함
	불완전한 가족 구조	• 아들이 자원봉사자에게 위탁되어 길러짐 • 아들은 부모를 친척으로 알며 대상 가족과 연관된 모든 것을 거부함(전화, 음식, 방문)	• 아들은 장애인에 대한 두려움으로 방문을 싫어함 • 아들은 옥 씨의 일방적인 애정표현으로 인한 거부감을 가지고 있음
	가족 발달 과업의 미완성	• 옥 씨는 어머니의 역할을 수행하지 못해 딸을 돌봐주지 못하며, 학교 및 가정 외의 생활을 도와주지 못함 • 딸은 방과 후 친구와 어울려 지내는 데 시간적, 심리적 제약받음 • 딸은 학령기 아동으로서 생활해야 하는 학습 환경이나 가족적 분위기를 갖지 못함	• 딸은 동일시의 대상인 어머니의 역할 부족으로 인해 성역할을 혼동하고 있음 • 자유롭게 놀고 싶은 욕구가 적절히 해소되지 않아 불만이 있음
	역할 편중	• 강 씨는 장기적인 아내의 간호, 가사일, 직장일, 딸의 학업 뒷바라지를 혼자서 하고 있어 매우 지쳐있음 • 딸은 아버지 부재중 어머니의 간호 및 기본적 가사 일을 도움	• 강 씨는 장기간 간병으로 심리적 갈등이 있음 • 딸은 어린 나이에 어머니 간호에 스트레스를 받음 • 딸은 부모 갈등으로 인한 가정불화에 불안감이 있음

Keyword

문제 [08] 중학교에서 A형 간염 환자가 발견되어 보건 교사는 환자 간호 및 질병의 확산을 방지하기 위한 간호를 계획하려고 한다. 로이(Roy)의 간호이론에 따라 자극의 유형과 적응 모드(양상)를 확인하고자 할 경우, 다음 각 항목에 해당되는 것이 무엇인지 쓰시오.(4)

항목	자극 유형 또는 적응 모드
• A형 간염에의 이환	① 자극 유형
• 학생들의 손 씻기 습관	② 자극 유형
• 급식실 및 급수 환경	③ 자극 유형
• 감염 학생이 피로와 오심을 호소함	④ 적응 모드
• 감염 학생이 친구로부터 따돌림을 당해 외로움을 경험함	⑤ 적응 모드
• 감염 학생이 황달로 인해 신체상 손상을 경험함	⑥ 적응 모드

문제 [19] 중학교에서 A형 간염 환자가 발견되어 보건 교사는 환자 간호 및 질병의 확산을 방지하기 위한 간호를 계획하려고 한다. 로이(Roy)의 간호이론에 따라 자극의 유형과 적응 모드(양상)를 확인하고자 할 경우, 다음 각 항목에 해당되는 것이 무엇인지 쓰시오.(4)

항목	자극 유형 또는 적응 모드
• A형 간염에의 이환	① 자극 유형
• 학생들의 손 씻기 습관	② 자극 유형
• 급식실 및 급수 환경	③ 자극 유형
• 감염 학생이 피로와 오심을 호소함	④ 적응 모드
• 감염 학생이 친구로부터 따돌림을 당해 외로움을 경험함	⑤ 적응 모드
• 감염 학생이 황달로 인해 신체상 손상을 경험함	⑥ 적응 모드

8. Margaret Newman의 확장이론(건강모형이론)

1. 의의

질병은 인간의 생활양식을 반영하는 것이며, 필요한 것은 인간이 의미 있는 생활양식을 인식하고 받아들이는 것이라는 생각에서 유래. 패러다임의 변환(질병 증상 치료 → 패턴 추구)

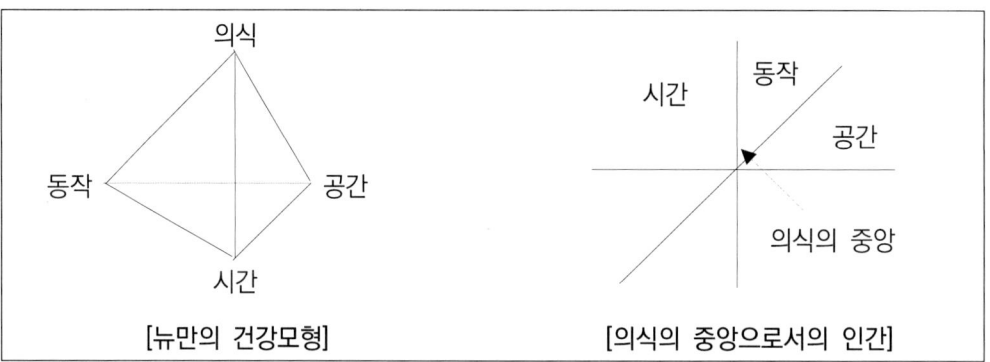

[뉴만의 건강모형] [의식의 중앙으로서의 인간]

2. 주요개념

1) 건강: 질병과 비질병을 모두 포함, 인간의 총체적 패턴.
   다양한 방법으로 반응하고 대체 안을 지각하는 능력이 증가되면서 환경과 자신에 대한 인식이 함께 발달되는 과정

2) 패턴: 개인을 총체적 존재로 이해하기 위한 주요개념임
   - 패턴 특성의 예: 인간되어감, 목소리 패턴, 움직임 패턴을 지시하는 유전패턴이 있음
   - 패턴의 특성: 움직임, 다양성, 리듬이 포함. 에너지의 교환과 변형에 밀접하게 관여함
   - 건강구성요소: 인간-환경 상호작용의 패턴

3) 의식: 체계의 정보능력, 즉 환경과 상호작용하는 체계의 능력
   - 의식과 상호 관련된 세 가지(시간, 동작, 공간)개념은 전체 변화하는 패턴을 설명
   - 시간감각을 의식수준의 변화 속에서 변화하는 요인으로 파악
   - 시간을 지각하는 것이 인간의 건강상태에 대한 지표

4) 동작 (움직임): 인간이 현실을 지각하고 자신을 알게 되는 수단임
   - 병리현상으로 움직임에 제한이 있는 사람은 변화된 움직임의 속도에 적응 필요

5) 시간과 공간: 시간과 공간은 보완적인 관계
   - 신체·사회적으로 움직이지 못해서 삶의 공간이 감소할 때 인간의 시간은 증가함

- 동작-시간-공간의 개념을 상호관계 속에서 진화하는 의식의 패턴으로 볼 수 있음
6) 간호: 의식의 확장과정에서 파트너를 제공
   - 간호사는 개인, 가족, 지역사회가 자신의 패턴을 맞추도록 도와주는 촉진자
   - 간호과정: 패턴 인식의 하나

3. 간호과정

1) 간호중재 과정에서 해야 할 일: 보건의료전문인이 '자신의 패턴을 감지함으로써 다른 사람의 패턴을 알게 되는 패턴 인식. ㉎ 두 개의 돌멩이를 물에 던졌을 때 나타나는 파문과 같이 지역사회간호사는 다른 사람의 패턴에 초점을 맞추고 파문이 퍼지는 것과 같이 대상자와 서로 상호작용할 수 있음
2) 확장이론에서 의식의 진화패러다임을 설명, 간호사들이 활동하기 위해서는 새로운 역할이 필요하다고 함, 지역사회에서 간호사들은 특정 시간이나 장소에 국한되지 않은 지속적인 파트너십을 유지하면서 대상자와의 관계를 자유롭게 할 수 있음

Ⅱ 지역사회 간호과정 ( )월( )일

이아라 **전공보건**

01 간호과정 순서 ● 수분 문지기 진우 목수 수평계 수평

사정	→	진단	→	계획	→	수행	→	평가
자료수집 자료분석 문제도출 간호 기준과 지침 확인		간호진단 우선순위 결정		목표설정 간호방법과 수단선택 수행계획 평가계획		계획된 활동 수행 - 조정, 감시, 감독 필요한 지식과 기술선정 수행의 장애요인 인식 의뢰		평가 실행

〈간호과정 절차〉

02. 지역사회 간호사정

1. 자료수집

1) 사정유형

　(1) 포괄적 사정: 지역사회 관련자료 전부를 찾아내는 방법. 시간 비용 많이 들고 다른 방법과 중독되어 사용하는 경우 적다.

　(2) 친밀화 사정: 지역사회에 익숙해지고자 건강기관, 사업장 등 시찰해 필요한 자료수집, 자원 파악

　(3) 문제중심 사정: 지역사회의 중요문제에 초점 두고 사정하는 방법

　(4) 하위체계 사정: 전체 지역사회를 사정하는 것이 아니라 특정 부분, 일면을 조사하는 것

2) 자료수집 시 고려할 점

　(1) 지역사회 간호 사정은 지속적인 자료수집을 통해 가능
　(2) 실제적 요구만 아니라 잠재적 요구도 파악
　(3) 이용 가능한 정보를 최대한 활용
　(4) 지역사회 보건에 관한 자료수집은 전문가 판단, 효과적 의사소통 기법, 특별한 조사기술 필요

3) 사정영역

지역사회 사정영역

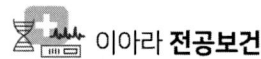

Keyword

사정영역		지표
인구	인구학적 특성	가구수, <u>인구수, 성별/연령별 분포</u>, 성비, 영유아비, 노인인구비, 총 부양비, 유년부양비, 노년부양비, 생산연령비, <u>교육 수준, 결혼 상태</u>, 종교, 직업별 분포, 조사원이 생각하는 경제 수준, 가구당 평균 <u>월수입</u>, <u>가족구조</u>, 가족기능, 평균 가족구성원 수, 가족발달단계
	건강상태	• <u>상병·질병이환 수준</u>: 급성질환발병률, 만성질환발병율, 만성질환 관리실태 • <u>사망양상</u>: 조사망률, 영아사망율, 모성사망율, 비례사망비, 비례사망지수, 10대 사인, 평균 수명 • <u>건강관련 행위</u>: 흡연율, 음주율 정도, 운동실천, 건강검진율, 식습관

자원 및 환경		• 보건의료자원
		  - 민간의료기관 수, 의료인 수, 인구에 대한 보건의료 종사자의 비율 등
		  - 지역보건 의료기관 현황: 보건소 등 설치 현황, 인력 현황 등
		• 사회복지시설 및 보건의료 관련 민간기관/조직
		  - 사회복지시설의 종류별 수, 민간기관 종류와 수와 역할, 보건소와의 협력 관계 등
		• 보건의료 재원
		  - 보건예산 비율, 보건의료기관 예산 현황 등 보건의료시설, 기자재, 인력
		  - 의료보장상태: 건강보험, 의료급여비율
		• 물리적 자원 및 환경: 학교, 체육 시설, 도서관, 경로당, 양로원 등
		• 편의시설: 시장, 관공서, 우체국, 은행, 교통편
		• 지역주민 조직 및 활동: 조직의 종류. 구성원 기능
		• 사회 경제 환경위생 상태: 주택 소류, 주택구조, 방의 수. 거주 가구 수. 환기 및 채광 상태, 식수원, 화장실의 위치 하수구 설치, 쓰레기 분리수거, 채광, 청결 상태, 문화기구 소유 상태

상호작용		보건의료기관 이용률 및 만족도, 이용 목적, 현재 참여 중인 지역사회 조직, 지역사회 조직 참여 의사, 활동 정도, 이웃과의 관계
목표		지역보건 사업목표 및 미션, 지방자치단체 정책과의 관련성
경계		행정구역, 관내도, 연혁, 지역사회 개발사업

> **국시 [21]** 지역사회간호사가 지역 내 의료기관의 수와 서비스 내용, 사회복지시설의 종류, 주민자치 조직에 대한 자료를 수집하려고 한다. 해당하는 사정 영역은?

4) 자료수집방법

간접정보 수집 (기존자료조사)		정부 발행 보고서, 통계자료(인구센서스), 회의록, 건강기록(의료기관의 의무기록), 연구논문 등 자료를 이용하는 것. 지역사회 문제 규명을 위한 경제적이고 효율적 자료수집 방법
직접정보 수집	지역시찰 (차창 밖 조사) 시	지역사회를 걸어 다니거나 자동차를 이용하여 둘러보면서 지역사회의 특성, 환경, 지역주민 특징, 지리적 경계, 교통상태, 주요 기관의 위치 등 파악, 지역사회의 생활 리듬, 분위기 등 지역사회의 전반적인 사항에 대하여 신속하게 관찰 가능 지역사회를 단기간에 빠르고 다양하게 사정진단을 내려 사업계획을 세워야 할 때 적절
	지역지도자면담 (정보원 면담) 청	지역사회 내 공식 비공식적인 지역지도자나 지역의 유지들을 통하여 지역사회의 건강문제, 문제해결과정 등의 자료수집. 면담 시 구조화된 설문지를 이용하면 자료수집에 더 효율적
	참여관찰 촉	지역사회 주민들에게 영향을 미치는 의식 행사 등에 직접 참여하여 관찰하는 방법. 특히, 지역사회의 가치, 규범, 신념, 권력구조, 문제해결과정 등에 대한 정보수집에 적절 *완전 참여관찰: 폐쇄적 집단 자료수집 시 적절
	설문지 조사문	구체적, 직접적 자료수집방법. 가정방문하여 직접 면담하거나 질문지를 통해 자료를 수집하는 것, 시간과 비용이 많이 들지만 특정문제 규명, 상세한 특성 확인 가능
	공청회, 언론매체/타	위원회, 공청회를 활용. 신문, 방송, 언론매체 활용

문제 [06] 보건교사가 학교 간호문제를 파악하려고 할 때, 사용할 수 있는 자료수집 방법을 5가지만 기술하시오.(4)

문제 [95] 헬렌-유라와 메리-월시의 간호과정단계는?
① 사정-수행-계획-평가   ② 계획-사정-수행-평가
③ 계획-수행-사정-평가   ④ 사정-계획-수행-평가

국시 [21] 지역사회 현황을 사정하기 위하여 활용할 수 있는 자료수집방법은?
① 지역시찰 (   ), ② 단체장 면담(   ),
③ 전화설문조사(   ), ④ 보건사업 보고서 검토(   ),
⑤ 지역사회간호사의 관찰(   )

문제 [97] 학교건강사정을 통해 학교간호사업계획을 세우고자 한다.
1) 자료 수집항목을 기술하시오.
2) 문제의 우선순위를 설정하는 기준을 제시하시오.

Keyword

> **문제 [94]** 〈보기〉는 지역사회 간호과정 들을 말한 것이다. 그 간호과정을 순서대로 바르게 나열하시오.
>
> 〈보 기〉
> ㉠ 목표 설정 ㉡ 우선순위 설정 ㉢ 평가계획
> ㉣ 집행 계획 ㉤ 방법 및 수단 선택 ㉥ 수행

2. 자료 분석

1) 순서에 의한 분류방법 ● 분뇨확(재비)결

   ① 분류단계: 수집된 모든 정보를 특성별 범주화하여 <u>연관성 있는 것끼리 분류</u>하는 단계. 지역사회의 특징, 인구 특성, 건강상태, 환경 특성, 지역사회 자원 등으로 **범주화**
   예) - 인구학적 특성: 연령, 성별
       - 지리적 특성: 지역의 경계, 도로의 위치
       - 사회경제적 특성: 교육수준, 소득수준

   ② 요약단계: 분류된 자료를 근거로 지역사회 특성을 요약 서술, 지도에 표시, 자료의 특성에 따라 비율을 구하고 <u>표·그림·그래프 등을 작성</u>하여 요약하는 단계
   예) - 공공시설 분포를 지도 위에 표시한다.
       - 자료의 특성에 따라 자료를 요약한다.
       - 보건의료시설의 분포를 그래프로 작성한다.

   ③ 확인단계((재확인·비교단계): 규명된 자료 간의 불일치, 누락된 자료, 자료 간의 차이 등을 고려 수집된 자료가 부족한 경우나 <u>더 필요한 자료가 무엇인지 재확인</u>.
       - 포괄적이고 총체적인 <u>지역사회의 문제를 평가</u>하기 위한 단계
       - 부족하거나 더 필요한 자료가 없는지 파악한다.
       - 다른 지역의 자료나 과거의 통계자료 등을 비교한다.

   ④ 결론단계: 자료의 분석·합성 과정을 통해 수집된 자료의 의미를 찾는 단계
       지역사회 <u>건강요구 및 구체적 문제를 찾아 결론 내리는 단계</u>
       - 현재 상황을 과거 자료와 비교하여 문제 경향을 파악한다.

> **국시 [20]** 지역사회간호사가 지역사회의 건강요구를 확인하기 위해 수집된 자료를 분석하는 단계를 각각 쓰시오.
> ① 공공시설 분포를 지도 위에 표시한다.
> ② 자료의 특성에 따라 자료를 요약한다.
> ③ 보건의료시설의 분포를 그래프로 작성한다.
> ④ 지역사회 특징, 인구 특성, 건강 상태 등으로 범주화한다.
> ⑤ 현재 상황을 과거 자료와 비교하여 문제의 경향을 파악한다.

Keyword

2) SWOT 분석

① 정의: 조직의 강점과 약점을 발견하고 외부환경의 기회와 위기를 찾아내어 사업의 전략 방향을 채택하는 것

조직	환경
S(Strength): 조직의 내부역량의 강점	O(Opportunity): 외부환경의 기회요인
W(Weakness): 조직의 내부역량의 약점	T(Threat): 외부환경의 위협요인

② 사업수행을 위한 조직과 환경에 대한 분석(SWOT분석)

강점	약점
• 정신보건센터, 치매지원센터 설치 • 안정화된 웹 기반 확보 • 취약계층 방문건강관리 시스템 정착 • 기관장의 높은 관심과 지지확보 • 담당 팀의 사업수행에 대한 적극성 • 사업별 전문인력 확보	• 보건소 위치의 편중(동쪽 끝) • 보건소 협소, 운동 공간 협소 • 기간제 인력활용-사업지속성 확보어려움 • 보건사업에 젊은층 낮은 참여 • 취약계층의 낮은 이용률 • 보건소 기능에 대한 인식 부족
기회	위협
• 지역주민의 건강에 대한 높은 관심 • 웰빙트렌드 증가 • 인구의 10%가 산업장 인구 • 사업장의 직원 건강에 대한 관심 • 지역사회 연계 자원 풍부	• 급변하는 의료 위험 환경 • 음주 흡연에 대한 관대한 문화 • 저출산 고령화 현상 지속 • 자살률, 스트레스 증가 • 그릇된 건강 인식 • 건강의 양극화(취약계층 의료 불평등)

③ 사업운영 전략

	강점(S)	약점((W)
기회 (O)	SO 전략(공격적인 전략) 기회를 활용하면서 강점을 더 강화 예) 사업구조, 영역 및 시장 확대	WO 전략 (국면전환 전략) 외부환경 기회 활용, 자기 약점 보완 예) 운영효과 개선, 보건소와 연계 구조조정, 혁신운동
위협 (T)	ST 전략(다각화 전략) 외부환경위협요소회피, 자기강점활용 예) 신사업 진출, 신기술, 신고객 개발, 새로운 보건사업 개발	WT 전략(방어적 전략) 외부환경의 위협 요소를 회피하고 자신의 약점을 보완 예) 사업축소, 폐지 철수

④ 사업운영 전략 사례

SO전략 내부역량 강점과 외부환경 기회요인 적용	WO전략 내부역량 약점을 보완하고 기회요인 적용
• 대상자별 맞춤형 질병예방관리 운영 • 안정된 방문보건 인력을 활용한 취약계층 건강증진 서비스 제공 • 건강교육강화	• 젊은층 확보를 위한 야간 및 주간건강프로그램 개발 보급 • 지역 내 구축된 운동 공간 활용을 위한 협력체계구축 • 인력 질 관리 향상을 위한 프로토콜 개발
ST전략 내부역량 강점으로 외부환경 위협요인 최소화	WT전략 내부역량 약점보완 외부환경 위협요인 최소화
• 노인 건강프로그램 개발 보급 • 취약계층 접근도 향상 • 유관기관과 협력체계강화, 사업의 공동 추진으로 건강관리 접근도 향상	• 적극적 보건사업 홍보 • 보건지소 적극적 활용 • 신 취약계층을 위한 지원체계 확대

국시 [20] 보건소 간호사가 코로나바이러스감염증-19 상황에서 치매예방프로그램을 기획하기 위해 SWOT분석을 하였다. 다음은 무엇에 해당하는가?

- 질병관리청의 사회적 거리두기 정책에 따른 대면프로그램의 최소화 원칙
- 감염에 대한 불안감 고조로 노인들의 사회적 접촉 감소

국시 [19] 보건소에서 지역보건의료계획을 수립하기 위해 SWOT 분석을 실시하였다. 다음은 무슨 요인에 해당하는가?
① 신종감염병 유행
② 보건소의 전문인력 부족
③ 다양한 건강전문가 집단의 협력
④ 보건복지부의 건강증진정책 확대
⑤ 사업에 대한 보건소장의 높은 관심

3. 간호사업의 법적 기준과 지침 확인

03. 간호진단

Keyword

1. 오마하진단분류체계

1) 의의: 지역사회보건 간호실무영역에 적용 가능. 간호과정에 기초한 간호진단

2) 분류체계 종류
   ① 진단분류체계(문제분류체계): 대상자 문제 진단 시 활용
   ② 중재분류체계: 간호사가 서비스를 하는 간호활동 목록
   ③ 결과에 대한 문제 등급 척도: 특정 문제나 간호진단과 관련된 대상자의 경과를 측정하는 평가도구

3) 분류체계 틀: 4수준 (영역, 문제, 문제별 수정인자, 증상/징후) 4영역(생건환심사)

[오마하 문제분류체계의 구성] ⓒ 생건 환심사

구성	영역	문제(진단)	수정인자		증상/징후
문제분류틀	환경 심리사회 생리 건강관련행위 기타	4종 12종 18종 8종 기타	Ⅰ 대상자 개인 가족 집단 지역사회	Ⅱ 심각도 건강증진 잠재적 결핍/손상 실제적 결핍/손상	문제의 증상 및 징후
중재틀	1. 범주 1) 건강교육, 상담, 안내 2) 처치와 시술 3) 사례관리 4) 감독 2. 중심내용: 간호중재와 활동내용(62개 목록) 3. 대상자에 대한 구체적 정보				
결과	서비스 전 과정을 통하여 대상자의 발전 과정을 측정 5점 리커트 척도로 점수가 높을수록 양호한 상태				

- 영역(첫째 수준): 문제분류 첫 단계
  지역사회 건강실무자의 우선순위 영역과 대상자의 건강 관련문제를 나타냄
  ① 환경: 대상자, 가정 등 광범위한 지역사회의 물질적 자원과 물리적 환경
     문제(4): 수입, 위생, 주거, 이웃/직장의 안전
  ② 심리 사회: 행위, 감정, 의사소통, 관계, 발달의 양상.
     문제(12): 지역사회 자원과의 의사소통(자원 이용), 사회적 접촉, 대인관계, 역할변화, 영성, 슬픔, 정신건강, 성적 관심. 돌봄/양육, 무시, 학대, 성장과 발달
  ③ 생리영역: 생활을 유지하는 기능과 과정
     문제(18): 청각, 시각, 언어와 말, 구강(치아)건강, 인지. 통증. 의식, 피부. 호흡. 순환. 신경근육골격, 소화와 수분. 배변 기능, 배뇨 기능, 생식기능, 임

Keyword

신, 산후, 전염성/감염성 상태

④ 건강 관련 행위영역: 안녕 상태를 유지 증진하고 회복을 향상시키며 질환 위험 요인을 감소시키는 행위
  문제(8): 영양, 수면과 휴식 양상, 신체적 활동, 개인위생, 약물 사용, 가족계획, 건강관리감시 투약 처방

- 영역별 문제(둘째 수준): 42가지 대상자의 문제. 간호진단과 대상자의 요구, 문제, 강점을 나타내는 영역

구분	내용
환경영역	수입, 위생, 주거, 이웃/직장 안전
심리사회영역	지역사회 자원과의 의사소통, 사회적 접촉, 역할변화, 대인관계, 영성, 슬픔, 정신건강, 성적 관심, 돌봄/양육, 무시, 학대, 성장과 발달
생리영역	청각, 시각, 언어와 말, 구강건강, 인지, 동통, 의식, 피부, 신경 근육 골격기능, 호흡, 순환, 소화와 수분, 배변기능, 배뇨기능, 생식기능, 임신, 산후, 전염성/감염성 질환
건강관련 행위영역	영양, 수면과 휴식 양상, 신체적 활동, 개인위생, 약물오용, 가족계획, 건강관리 감시, 투약

- 수정인자 (셋째 수준)
  ① 첫째수정인자: 문제의 <u>대상을 규명하는</u> 것. 개인·가족·지역사회 포함 (개인, 가족, 집단)
  ② 둘째수정인자: <u>건강-질병 연속선</u>을 표현하기 위해 의도된 것 (건강증진, 결핍, 손상) 잠재적·실제적 결핍 손상 <u>예 가족</u> 수입의 <u>결핍</u>

- 실제적인 증상과 징후(넷째 수준)
  ① 증상: 대상자나 가족, 친지 등에 의해 보고된 대상자 문제의 <u>주관적 증거</u>
  ② 징후: 건강관리 제공자에 의해 관찰되는 대상자문제의 <u>객관적 증거</u>

- 중재틀
  ① <u>건강교육, 상담, 안내</u>: 정보를 제공, 대상자의 문제를 예측하며 자가간호와 대처에 대한 대상자의 행동과 책임감을 증가시키도록 하는 것에서부터 의사결정과 문제 해결을 돕는 것까지를 포함하는 <u>간호사의 개인, 가족, 지역사회를 지지하는 활동</u>
  ② <u>처치와 시술</u>: 개인, 가족, 지역사회의 증상과 징후를 예방하고, 위험요인과 조기 증상과 징후를 규명하고, 증상과 징후를 감소시키거나 혹은 완화시키는 기술적 간호활동
  ③ <u>사례관리</u>: 조정, 옹호, 의뢰와 같은 간호활동을 포함

④ <u>감독</u>: 주어진 상태나 현상과 관련지어 대상자의 상태를 나타내기 위한 발견, 측정, 비판적 분석, 감시와 관련된 개인, 가족, 지역사회의 상태를 확인하기 위한 간호활동을 포함

4) 결과에 대한 문제등급척도

	개념	1	2	3	4	5
지식	정보를 기억하고 해석하는 대상자 능력	지식 없음	최소한 지식	기본 지식	적절한 지식	월등한 지식
행위	상황 혹은 목적에 맞는 관찰 가능한 반응, 활동, 행동	부적절	약간 적절	적절하나 일관성 없음	대체로 적절	일관성있게 적절
상태	객관적, 주관적 정의 특성과 관련된 대상자의 상태	극히 심한 증상	심한 증상	중등도 증상	최소한 증상	증상 없음

[오마하진단분류체계에 의한 지역사회 간호진단의 예]

영역	문제	진단명	증상과 징후
건강	신체적 활동	신체적 상태에 대한 부적절한 운동 형태	• 노령화 • 근골격계 증상 호소(30%) • 좌식생활 • 주1회 미만의 운동
환경	위생	부적절한 식수공급	• 간이상수도 사용(100%) • 최근 3년간 수질검사하지 않음 • 수질 상태가 나쁘다고 주민 70%가 호소
환경	위생	부적절한 쓰레기 처리	• 방치된 쓰레기, 악취 • 낮은 분리수거 실천율(25%) • 주민의 분리수거에 대한 관심 결여

[지역사회 간호진단과 오마하 분류체계에 의한 간호문제]

지역사회 간호진단		오마하 문제분류		
문제	원인/관련요인	영역	수정인자: 문제	증상/징후
건강 결핍: 높은 당뇨 유병률	당뇨 지식 결핍 비만, 운동 부족	건강관련 행위	실제결핍: 영양	비정상적인 혈당
건강위협: 사고의 가능성	가파른 층계 사용 돌봄의 부족	환경	잠재결핍: 이웃/직장의 안전	물리적 위험, 불안전한 주거시설, 기타: 돌봄부족

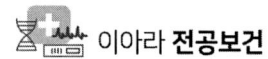

Keyword

[오마하 진단 적용사례] 1. 인플루엔자의 발생: 지역사회 내 질병 전파 감소

인구 12만 도시 휴가철에 인플루엔자 유행, 점원이 감염 중 일을 계속하여, 다수의 사람이 바이러스에 노출. 보건소의 백신 공급이 충분치 않아, 지연되어 공급. 보건소는 24시간 예방접종 클리닉 운영. 입원환자 대부분 인플루엔자, 다수가 발열, 기침 등 증상 보임. 대부분 인플루엔자 초기 증상을 몰라 감염을 예방하기 위해 격리 필요. 보건소는 대중매체, 보건시설, 타지역사회의 도움으로 교육 캠페인 실시. 질병 예방, 치료방법, 백신 구하는 방법 등 정보제공 및 타인 접촉 제한 교육. 주민들은 휴가기간이어서 자발적 격리를 하지 않았고, 일부 이벤트는 취소, 연기되어 이벤트 참석은 최소한으로 줄었다. 인플루엔자는 200건 발생, 31명 사망으로 종결.

문제분류체계				중재체계		성과에 대한 문제 등급척도
영역	문제	수정	증상/징후	범주	대상(구체적 정보)	
생리적	전염성/감염성 상태 (우선순위 높음)	지역사회/실제적	- 감염 - 발열 - 양성의 감별검사/배양/임상결과 - 전파 방지에 불충분한 공급/장비/정책 - 감염 관리법을 따르지 않음 - 불충분한 면역	교육 안내 상담	- 해부/생리(전파) - 의사소통(질병 정보제공, 항바이러스 약물을 얻는 방법과 한계에 대한 정보제공, 대중의 공포를 줄이기 위한 시도) - 교육 (전파위험감소 부분) - 감염방지(자가방역 및 건강관리 서비스 방문 등의 효과적 예방 대책 및 조치) - 의학 치료(응급실과 가정의료 적절한 사용)	K:2-최소한 지식 (대부분 질병발생을 알고 있었음; 유병자는 다른 예방법은 없고 항바이러스 약물치료가 필요하다는 것을 알았고, 일부는 지나치게 우려했음) B:3- 적절하나 일관성 없는 행위(주민들은 항바이러스 약물치료를 받았지만 대다수가 행동을 제한하지 않았고 자발적인 검역도 따르지 않았음) S:2 심한 증상/징후(통계 결과 독감 감염 사망자 많음)
				치료 절차	- 투약관리(환자들에 대한 항바이러스 약물)	
				감시	- 감염예방(연락처 조사, 모니터링, 사망시 추적)	
				사례 관리	- 의사소통(단체가 지원하는 건강 미디어 캠페인) - 감염예방(노출된 주민들에 대한 강제격리)	

Keyword

> **방문간호대상자 사례**
> 김씨(82세, 여)는 7년 전 협심증으로 심장동맥확장술을 받고, 5개월 전 인공관절수술을 받아 장애 5급 판정을 받음. 현재 당뇨, 고혈압, 협심증약을 매일 복용 중김씨는 남편 최씨(89세)가 고혈압 당뇨 뇌병변 2급, 혈관성 치매로 요양병원에 입원 후 혼자 지냄. 자녀는 1남 3녀로 딸들은 타지역에 거주해 전화로만 소통. 아들은 같은 지역에 거주하며 요양병원에 있는 최씨 (89세)의 수발을 돕고 있다, 김씨가 실질적으로 의지할 사람도 아들뿐이다. 김씨는 인공관절수술로 거동이 불편하여 지팡이를 사용하고 있으며 거의 매일 집근처에 교회를 다니고 있다.
> 여가활동으로는 동네 주민과 모여 담소를 나누거나 TV 시청, 산책 등을 한다. 식사는 짜지 않게 하는데 하루에 2끼 정도를 불규칙하게 하고, 식후 약 복용 또한 자주 잊어버린다고 한다. 현재 BP 14/80mmHg, BS 110mg/dL이다

영역	문제분류틀			중재틀		결과에 대한 문제 등급척도
	문제	수정	증상/징후	범주	대상(대상자의 구체적 정보)	
건강관련행위	약물요법	개인/실제적	- 고혈압, 당뇨, 협심증으로 약물 복용 중 - 불규칙한 약물 복용 - 스스로 약물 복용 주기를 조절해도 된다고 생각함 - 규칙적인 약물 복용 중요성 모름 - 불규칙한 식습관 - 현재 (BP: 140/80 mmHg BS: 110mg/dL)	교육 안내 상담	- 검사소견(혈압측정 결과에 대한 설명) - 투약관리(처방대로 정확한 일정에 맞게 투여하는 것의 중요성) - 행동수정(규칙적 식사)	K(지식):2 - 최소한의 지식 (약물이름,용량, 부작용은 모르나 약물복용 일정은 앎) B(행위):3 - 적절하나 일관성 없음 (자주 식후 약물복용을 잊어버림) S(상태):3 - 중등도(약물 복용 중이나 BP140/80 mmHg. 가끔 속이 쓰리다 함)
				치료	- 진단된 투약 처방	
				사례 관리	- 간호의 연속성(대상자와 간호계획, 평가) - 지지그룹(전화정보제공, 환자모임 참여) - 지지체계(가족, 신앙) - 지역사회자원 (지역봉사단체에서 음식 공급)	
				감시	- 약물투여(처방대로) - 식이관리(바른식이점검) - 신체(활력징후, 혈당) - 간호(일정대로 간호)	

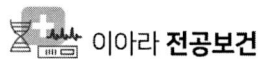

Keyword

[미혼모 가족 사례]

(1) 지역 쉼터에서 임시로 지내고 있는 모자 가족의 오마하 시스템 적용

- 첫 방문 시 자료
  - 집이 없는 김 씨(26세)와 20개월 된 아들
  - 지역의 한 쉼터에서 3주간 지내고 있다.(이용시간: PM5:30~다음 날 AM7:30)
  - 아침은 쉼터에서 먹고 나머지는 기회가 되는 대로 아무거나 먹는다.
  - 혼자라는 생각이 들며 상황을 개선하기 위해 할 수 있는 일이 없다고 말한다.
  - 자신과 아들을 위한 집을 원하며 현재 아들이 건강한 것에 감사하고 있다.
- 개인력: 미혼모이며 두 번째 임신 30주, 산전관리를 한 번도 받은 적이 없다.
  - 키 158cm, 체중 68kg(임신 전 53kg, 지난 몇 주간 체중증가 심각)
  - 혈압 148/96, 단백뇨, 무릎 부종
  - 대상자의 여동생 역시 임신 중 고혈압을 앓은 경험이 있다.

(2) 오마하 시스템을 적용한 간호과정

① 영역: 환경적
  문제: 수입(높은 순위)
  가. 문제분류체계
  - 수정인자: 가족/실제적
  - 실제적인 증상, 증후: 낮은 수입/수입 없음
  - 의료보험 부재
  - 생활필수품 구입 어려움
  나. 중재체계
  - 범주: 교육 안내 상담
    - 재정에 대한 상담(정규적인 산전관리를 할 수 있는 재원 마련)
  - 범주: 사례관리
    - 지속적인 간호(무주택자, 의사소통하고 싶은 욕구를 느낌)
    - 의료/치과적 관리(무료 보건의료기관 의뢰)
    - 사회사업/상담(재정 자원을 위한 의뢰)
  - 범주: 감독
    - 재정 의뢰에 대한 추후관리
  다. 결과에 대한 문제측정척도
  - 지식: 2-최소한의 지식(음식 또는 교통수단에 대한 자원을 알지 못함)
  - 행위: 2-대체로 부적절(다른 산전관리 기관은 이용하지 않고 쉼터의 상담실 이용)
  - 상태: 2-심한 증상/증후(3주간 쉼터 이용하고 다른 계획이 없음)

Keyword

② 영역: 환경적
문제: 주거(높은 순위)
가. 문제분류체계
- 수정인자: 가족/실제적
- 실제적인 증상, 증후: 무주택자

나. 중재체계
- 범주: 교육 안내 상담
  - 거주할 집(모자가 지속적으로 머물 수 있는 집)
  - 안전(교통, 날씨, 거리나 쉼터에서 다른 사람들과의 교류)
- 범주: 사례관리
  - 사회사업/상담(주거상담을 위한 의뢰)
- 범주: 감독
  - 거주할 집(의뢰 및 쉼터에서 나왔을 때의 추후관리)

다. 결과에 대한 문제측정척도
- 지식: 2-최소한의 지식(쉼터에서 오래 있을 수 없다는 것을 알고 있음)
- 행위: 2-대체로 부적절(자원으로 사회사업서비스를 확인하였으나 이용하지 않음)
- 상태: 1-극히 심한 증상/증후(주거가 해결되지 않은 임신3기)

③ 영역: 생리적
문제: 임신(높은 순위)
가. 문제분류체계
- 수정인자: 개인/실제적
- 실제적인 증상, 증후: 산전운동, 휴식, 영양관리 어려움
  - 산전 합병증/조산 가능성 - 부적절한 사회적 지지

나. 중재체계
- 범주: 교육 안내 상담
  - 식이 관리(거리에 있는 동안 식이 섭취)
  - 휴식/수면(거리나 쉼터에 있는 동안의 양상)
- 범주: 감독
  - 신체적 증상(체중, 혈압, 단백뇨, 식이, 태아건강)

다. 결과에 대한 문제측정척도
- 지식: 2-최소한의 지식(산전관리를 받아야 할 필요성을 인식하지 못함)
- 행위: 2-대체로 부적절(20개월 된 아들과 거리에서 시간을 보냄)
- 상태 2-심한 증상/증후(임신 동안 가족의 고혈압력, 단백뇨, 빠른 체중증가, 혈압상승)

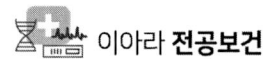

Keyword

문제 [11] 오마하 문제분류체계를 적용한 지역사회 간호진단 단계 중 (가), (나)에 해당되는 내용으로 옳은 것은?

영역(1단계)	증상과 징후(4단계)
환경 영역	• 주요 급수원이 지하수임
사회 심리적 영역	• (가)
생리적 영역	• 주민들의 주요 건강문제는 근육·골격 기능 손상이며 주요 원인은 관절염 때문임
건강관련행위 영역	• (나)

	(가)	(나)
①	마을 공터에 방치된 쓰레기로 인해 악취가 심함	흡연자의 비율이 높음
②	마을회관 앞 도로가 교통사고 다발 지역임	주민 다수의 개인위생이 불량함
③	독거노인들의 사회고립문제가 심각함	관절염 환자의 30%가 처방받지 않는 관절염 치료제를 사용함
④	차상위 계층에 속한 주민비율이 10%임	의료보호 대상 비율이 15%임
⑤	소외된 다문화 가정의 비율이 20%임	주민 대부분 보건소에 갈 때 교통편이 불편하다고 호소함

2. 우선순위 결정기준: PATCH, Bryant 기준, BPRS 기준 등 ⓒ BPBP

1) BPRS(Basic Priority Rating System) 기준

① 정의: 우선순위 평가를 위해 공식에 따라 점수 계산 방법

> 공식: BPRS = (A+2B) × C
> A: 문제의 크기
> B: 문제의 심각도
> C: 사업의 추정 효과
> 점수 크기에 따라 우선순위를 매김

② 단점: 점수가 계량화되어 객관적으로 보이지만, 문제의 심각성, 사업효과에 기획가의 <u>주관적 판단에 의한 점수 부여가 객관성을 훼손하고 있음</u>.
- 건강문제의 크기보다 심각성, 심각성보다는 보건사업의 효과에 비중을 둔 것은 예산 낭비를 막는 합리적인 견해라고 보는 반면, 객관적 자료가 부족한 <u>사업효과가 영향력이 크다는 것은 공식에 의한 점수의 타당성을 저해할 위험이 크다</u>할 수 있음

③ 구성요소 ⓒ 크심추/ 중 긴해경
- 문제의 크기: 만성질환은 유병율, 급성질환 발생률 크기를 이용하여 점수화

- 문제의 심각도
  • 긴급성: 문제가 긴급한 정도, 주민입장에서 상대적 중시도
  • 경중도: 조기사망률, 잠재수명 손실일수, 장애 정도
  • 경제적 손실
  • 해결의지: 문제 해결을 위한 정치적지지, 문제에 대한 대중의 인지 정도 등
- 사업의 추정효과: 사업효과의 정확한 추정은 어렵지만, 사업의 최대 효과와 최소 효과를 추정하여 점수를 부여

2) PEARL

① 정의: BPRS방식에 의해 문제 중요성이 판단되어도 정치·경제·행정·시간·윤리적 이유 등으로 사업을 통해 <u>문제해결을 하지 못하는 경우</u> 측정
② 방법: BPRS 계산 후 사업 <u>실현가능성 여부</u>를 판단하는 기준으로 사용
  - 각 항목에 0 or 1 점을 부여, 5가지 항목의 점수를 곱하여 사업의 시행여부를 결정
  - 한 가지 항목이라도 0점을 받으면 사업은 시작될 수 없음
  - 항목 ⓒ 경수 적법자

Propriety (적절성)	해당기관의 업무범위에 해당되는가?
Economic Feasibility (경제적 타당성)	문제를 해결하는 것이 경제적으로 의미가 있는가?
Acceptability (수용성)	지역사회나 대상자들이 사업을 수행할 것인가?
Resources (자원의 이용가능성)	사업에 사용할 재원이나 자원이 있는가?
Legality (적법성)	건강문제를 해결해야 할 법적 규제 또는 법적 권한이 있는가?

3) Bryant기준 ⓒ 크심기관

문제의 크기, 문제의 심각도, 사업의 기술적 해결 가능성, 주민의 관심도

4) PATCH ⓒ 중가

: 건강문제의 <u>중요성</u>과 <u>변화가능성</u>을 요소로 함
① <u>문제의 중요성</u>: 건강문제가 지역사회에 얼마나 심각한 <u>영향</u>을 주는가,
  - 건강문제 변화 시 건강 수준에 얼마나 <u>효과</u>가 나타나는지 평가하는 기준.
② <u>변화가능성</u>: 건강문제가 얼마나 용이하게 변화될 수 있는가를 평가하는 기준
  ⓔ 노인의 흡연보다 청소년의 흡연이 변화 가능성이 높다고 보는 것

5) 문제의 크기, 중요성과 이용할 수 있는 자원동원 가능성에 따른 기준
    ① 문제의 크기와 중요성
        - 지역사회 전체 혹은 많은 수의 주민에게 영향을 미치는 문제(감염병)
        - 영유아 사망의 원인이 되는 문제(영양결핍, 사고, 폐렴)
        - 모성건강에 영향을 주는 문제(분만 합병증, 유산)
        - 학동기 아동, 청소년기에 영향을 주는 문제(영양, 식습관, 비만, 사고)
        - 만성질환, 장애 (고혈압, 정신지체)
        - 지역사회 개발에 영향을 주는 문제(기생충, 기타 지역사회문제)
    ② 자원동원 가능성
        - 인적자원(주민이나 보건 관련 요원), 물적 자원(건물, 시설, 도구, 물품)
        - 참고자료: 참고서적, 기록. 보고서, 지침서
        - 사회적인 지원과 정책, 재정문제, 활용 가능한 시간

6) 이선자: 문제 종류, 해결가능성. 예방가능성, 문제인식 차등성을 고려한 기준 ⓒ 문해예찬

기준항목	척도	비중
현존문제의 특성	건강결핍: 3 건강위협: 2 미래위기: 1	1
문제의 해결 가능성	쉽게 완화시킬 수 있는 문제: 2 부분적으로 완화시킬 수 있는 문제: 1 완화시킬 수 없는 문제: 0	2
예방 가능성	높은 것: 3 보통인 것: 2 낮은 것: 1	1
문제 인식의 차등성	긴급을 요하는 심각한 문제: 2 급하지 않으나 관심을 가져야 할 문제: 1 문제로 생각하지 않는 문제: 0	1
평점방법	1. 기준에 따라 각 문제를 평점함 2. 평점을 예상 최고 득점으로 나누고 비중을 곱한다. $$\frac{문제점수}{최고점수} \times 비중$$ 3. 문제의 각 평점을 합산한다. 　예상 최고 점수는 5이고 이것은 비중의 합계와 같다.	

Keyword

7) 김모임: 7가지 면을 고려한 기준 취준자 관심 인정

대상자의 취약성, 간호사의 준비도, 자원동원 가능성,
주민의 관심도, 문제의 심각성, 인구집단의 범위, 국가정책과의 연관성

8) NIBP(Need Impact-Based Planning) ● 닙 크효

: 건강문제의 크기(Need)와 해결방법의 효과(Impact)를 기준으로 우선순위를 평가 선정된 우선순의 사업실행 가능성을 CLEAR 기준으로 보완(PEARL과 유사)

  * CLEAR
    ① **C**ommunity capacity(지역사회 역량): 건강 프로그램 시행 시 대상자가 사업에 대한 관심을 가지고 기획, 수행, 평가 등 전 과정에 적극적으로 참여하며 탄력적으로 대응할 능력이 있는지 확인
    ② **L**egality(합법성): 건강 프로그램사업과 관련된 법적 기준과 지침을 확인하여 사업을 수행 시 법적인 제한점이나 문제가 없는지 확인
    ③ **E**fficiency(효율성): 건강 프로그램 시행에 드는 투입 비용을 환산했을 때 비용 효과적인지 확인
    ④ **A**cceptability(수용성): 대상자들이 건강 프로그램 시행 시 거부감 없이 받아들여 참여할 수 있는지 확인
    ⑤ **R**esource availability(자원의 활용성): 주민이나 건강 프로그램 관련 요원들의 인적 자원, 건물, 시설, 도구, 물품, 비품 등의 물적 자원 등이 활용 가능 여부를 확인

3. 보건사업 기획모형

1) PATCH 모형
    ① 의의: 지역사회 보건사업을 위한 실무팀을 구성하여 지역의 자료수집, 우선순위 설정, 통합적 중재계획 개발, 효과, 평가 모형
    ② 단계
        - 1단계 (지역사회의 조직화): 실무팀 구성
        - 2단계 (자료수집 및 분석): 주요 보건문제 결정을 위한 기초자료
        - 3단계 (우선순위 설정): 건강문제의 중요성과 변화가능성
        - 4단계 (포괄적 중재안 개발)
        - 5단계 (평가): PATCH 과정의 필수 부분. 각 단계가 잘 진행되고 있는지, 중재 활동은 잘 수행되고 있는지 모니터링

2) MATCH(Multilevel Approach to community Health)

① 정의: 지역사회보건사업 전략을 생태학적인 여러 차원에서 단계적으로 영향을 주도록 고안된 모형. 개인의 행동과 환경에 영향을 주는 요인을 개인에서부터 조직, 지역사회, 국가의 여러 수준으로 나누어 지역사회 보건사업을 기획

② 특성
- 개인의 행동과 환경에 영향을 주는 요인들을 개인부터 조직, 지역사회, 정부, 공공정책 등 여러 수준으로 나누어 프로그램 계획
- 질병과 사고 예방을 위한 행동과 환경적인 요인이 알려져 있고 우선순위가 정해졌을 때 적용하는 지역사회 환경 요건을 강조한 통합적인 모형
- 정부, 보건 정책기관들이 포괄적 건강증진 프로그램 시행할 때 많이 사용
- 요구도에 대한 충분한 자료가 있어 프로그램의 목적을 선택하고 기술하는 것부터 시작(사정 단계가 없다.)
- 보건교육 프로그램의 목적 기술에서부터 정부나 보건 관련 정책기관들이 포괄적 보건교육 프로그램을 실행할 때 사용

③ 과정(단계)

목적/목표설정 → 중재계획 → 프로그램 개발 → 실행 → 평가

1단계 목적설정단계	2단계 계획단계	3단계 보건교육 프로그램개발단계	4단계 집행준비 및 수행단계	5단계 평가단계
• 건강상태목표 • 우선순위목표 • 건강행위목표 • 환경요소목표	• 사업대상설정 • 사업목적설정 • 사업달성 위한 조성자 설정 • 수행방법 설정	• 사업구상 • 사업목표 개발 • 수행계획 개발 • 사업전달전담조직 • 장비, 예산마련	• 적절한 사업전략 • 대책, 실행, 관리 • 사업담당 인력 확보 및 교육	• 과정평가 • 영향평가 • 성과측정

목적/목표 설정	건강상태 목적 선정, 우선순위 목적 선정, 건강 행위요인과 관련된 목적 선정, 환경요인과 관련된 목적 선정
중재계획	• 개인, 개인 간 조직, 지역사회, 정부 수준의 중재 목표 파악 • 중재 목표 선정 • 중재를 이루기 위한 매개 변인 파악 • 중재접근방법선정(예: 교육, 훈련, 상담, 지역사회 조직 등)
프로그램 개발	각 프로그램의 내용적인 구성요소 등 프로그램 개발과 관련된 내용을 상세하게 기술하는 단계
실행	

Keyword	

평가	• 과정평가: 중재계획과 과정에 대한 유용성, 실제 수행에 대한 정도와 질, 프로그램 수행 후 즉시 나타나는 교육적인 평가
	  - 사업지속 여부 결정 및 향후 계획, 사업수행 과정평가, 보건교육에 대한 질 평가, 단기 성과측정(중재계획과 과정에 대한 유용성, 수행에 대한 정도와 질, 즉시 나타나는 교육 효과)
	• 영향평가: 보건프로그램의 단기적인 결과로 지식, 태도, 기술을 포함한 중간 효과와 행동 변화 또는 환경적인 변화를 포함
	  - 사업: 사업담당자, 자문단 및 대상자에 대한 평가, 사업과 환경적 평가(보건교육 프로그램의 단기적인 결과로 지식, 태도, 기술을 포함한 중간효과, 행동 변화, 환경변화)
	  - 부작용: 사업 중 드러난 문제점 개선
	• 결과평가(성과측정): 보건성과, 비용편익, 정책권고, 장기적인 보건 프로그램 효과 측정

3) MAPP 모형 (Mobilizing for Action Planning & Partnership)

① 의의: 지역사회 건강증진을 위한 보건사업 기획 모형
- 지역사회 건강향상을 위한 전략적 접근, 지역사회단위의 전략적 기획을 통해 지역주민의 삶의 질 향상을 도모하는데 활용되는 도구
- 지역사회를 중심으로 구성된 <u>지역보건체계</u>가 총체적 체계사고를 통해 해당 지역사회의 <u>보건현황을 파악</u>하고, <u>보건문제에 대응하는 역량 개발</u>에 초점 맞추는 모형

② 단계 ⓒ 지조파 비 사전 목순(건강 핵체 변역)

그림 5-14   MAPP의 과정

Keyword

1단계: 지역사회 조직화와 파트너쉽 개발	기획과정에 참여할 조직 및 단계를 파악하고 동참하는 주도형 기획과정의 구성에서 시작, 그 결과 현실적으로 실현 가능한 기획안을 개발하는 데 목적
2단계: 비전 설정	건강한 지역사회 의미와 특성 및 10년 후 변화될 모습이 포함된 공유 가능한 비전을 세움
3단계: 사정(지역사회 현황 4영역의 포괄적·심층적 사정)	가. 지역의 건강 수준 사정: 지역사회의 건강한 삶의 질과 관련된 주요 쟁점 확인 나. 지역사회 핵심주제와 강점 사정: 지역 주민이 느끼는 핵심주제 - 지역사회에서 가장 중요한 것은 무엇인가요? - 우리는 지역사회의 건강을 증진 시킬 수 있는 어떤 자산을 가지고 있나요? 다. 지역보건체계 사정: 지역 주민 건강에 기여하는 모든 보건조직과 활동을 포괄적 확인 - 우리 지역 공중보건체계의 활동, 장점, 역량은 무엇입니까? - 우리 지역에 제공되고 있는 필수적인 서비스는 어떤 수준입니까? 라. 변화의 역량 사정: 지역사회 건강문제와 보건체계에 영향을 미칠 수 있는 법적, 기술적, 기타 문제 확인
4단계: 전략적 이슈 확인	진단결과에 따라 지역사회보건 전략의 우선순위 이슈 선정
5단계: 목표와 전략 수립	우선순위 이슈에 대한 구체적 목표, 전략 수립
6단계: 순환적 활동	순환적으로 지역사회보건사업을 계획하고 수행하고 평가함)

04. 지역사회 간호계획

1. 간호사업 목적과 목표 설정

1) 목표의 종류

① 목적과 목표
- 목적: 실현하려는 의도가 강조된 <u>추상적 표현</u>
- 목표: 목적 달성 위해 의도했던 일이나 사업의 성취결과를 명확·<u>구체적 표현</u>
  - 일반적 목표: 노력의 결과로 이루어지는 의도된 특정 상태나 조건. <u>상위목표</u>
  - 구체적 목표: 사업목적을 달성하기 위한 종속적, 세부적 목표. <u>하위목표</u>

목표 설정 예

지역사회간호진단: 높은 성인병 유병율
일반적 목표: 성인병 유병율을 2014년 12.6%에서 2020년까지 9.7%로 떨어뜨린다.
구체적 목표
- 고혈압 대상자를 100% 등록시킨다.
- 관절염 자조교실 참여율을 50%로 높인다.
- 고혈압 대상자가 연 0.5% 씩 감소될 것이다.
- 당뇨병의 악화를 예방한다.
- 규칙적인 생활습관 및 식습관이 형성될 것이다.
- 금연, 절주율이 10% 감소될 것이다.

---

② 인과관계에 따른 목표

구분	의미 및 목표지표
과정목표	결과목표나 영향목표 달성을 위한 실제 활동, 활동(산출)의 양적 수준과 투입 및 산출의 적절성 • 운동 프로그램 회차별 진행률
영향목표	건강 수준 변화를 위해 요구되는 결정요인, 기여요인의 변화 • 운동에 대한 지식 수준 변화 정도 • 운동에 대한 태도 변화 정도
결과목표	건강 수준의 변화. • 사망률, 유병률, 운동실천율 등

③ 투입- 산출 모형에 의한 목표

구분	의미 및 목표지표
투입목표	보건사업 투입 인력, 시간, 돈, 장비, 시설 등 자원에 대한 목표 • 보건소 노인운동교실 공간설치로 예산 700만원을 편성한다
산출목표	보건사업의 결과로 나타나는 활동, 이벤트, 서비스, 생산물 등, 목적을 성취하기 위한 활동에 대한 목표 • 보건소 노인운동교실의 연간 참가인원을 1,200명으로 한다.
결과목표	보건사업 결과인 건강수준, 건강결정 요인의 변화에 대한 목표 • 노인인구의 걷기 실천율이 52%에서 60%로 증가한다.

④ 목표달성에 필요한 시간에 따른 목표

구분	의미 및 목표지표
장기목표	목표달성에 5~10년이 소요되는 목표. 사업 최종목적 달성을 위해 필요한 변화 추구, 상병, 사망 등 건강지표변화, 사회적 가치 변화
중기목표	서비스 이용의 변화 정도, 행동의 변화
단기목표	장기적인 변화를 위해 필요한 단기적(2~3개월에서 2년 이내)인 결과 변화에 대한 목표. 사업에 대한 지지도 변화, 정책에 대한 지지 변화, 지식 및 태도, 믿음의 변화

2) 목표 설정의 기준/좋은 목표가 갖추어야 할 요소 ⓒ 관실관측
   ① 관련성: 현재 지역사회 내 해결해야 할 문제와 지역사회의 정책과의 일치
   ② 실현가능성: 문제의 성격이 해결 가능한 것인가, 자원동원 가능성과 문제해결 능력의 확인. 현실적, 구체적일수록 해결 가능
   ③ 관찰가능성: 일의 성취결과를 눈으로 확인할 수 있는 것
   ④ 측정가능성: 성취된 결과를 수량화할 수 있는 것. 객관적 목표가 됨.

3) 목표 설정 시 고려할 사항: SMART 방식
   ① Specific(구체성): 목표는 구체적으로 기술될 것
   ② Measurable(측정가능성): 목표는 측정 가능할 것
   ③ Aggressive & Achievable(적극성과 성취가능성) 목표는 성취가능한 수준일 것. 노력 없이 성취 가능한 소극적인 목표는 제외
   ④ Relevant(연관성): 목적 및 문제해결과 직접 관련성이 있을 것. 문제와 목적 간 인과관계
   ⑤ Time limited(기한): 목표달성을 위한 기한이 명시될 것

Keyword

4) 목표의 기술방법 ⓒ 언누어무범
- 목표의 구성(어디서, 누가, 언제, 무엇, 범위)을 포함한 진술문으로 기술
  ① 언제까지: 바람직하게 상태나 조건이 수행되어야 할 <u>기간, 시기</u>
  ② 누가: 바람직하게 변화되어야 할 인간이나 환경으로 <u>사업의 대상</u>
  ③ 어디서: 사업이 시행되는 <u>장소</u>
  ④ 무엇: 변화 또는 <u>달성해야 하는 상태나 조건</u>
  ⑤ 얼마나/범위: 달성하려는 상태나 조건의 양
  * <u>무엇과 범위</u>는 생략할 수 없는 중요 항목

  예) <u>2016년 1월 1일부터 12월 31일까지</u> <u>00지역</u> <u>주민</u> 중 일주일에 5일 이상
               언제   어디 누가

       <u>30분 이상씩 걷는 비율</u>이 <u>50% 증가</u>된다.
            무엇   범위

> **국시 [20]** A 산업장 근로자의 건강검진 결과 난청발생률이 높게 나타나 다음과 같은 보건사업 목표를 설정하였다면 이외에 반드시 포함해야 할 항목은?
>
> > 2019년 12월까지 절단작업장의 보호구 착용률을 전년보다 30% 높인다.
>
> - 목표 기술시 고려해야 할 사항
>
> ① 상·하위 목표 간에 관계있는 기술을 한다.
> ② 사업 후의 결과를 최종 행위로 기술한다.
> ③ 대상자가 변화하는 것, 즉 행동용어로 기술한다.
> ④ 한 문장 안에 단일 성과만을 기술한다.
> ⑤ 목표는 수단 또는 결과로 표현할 수 있다.
>   예) 수단표현: 모든 영아에게 기본 예방접종을 실시한다.
>   결과표현: 마을의 영아사망률이 2016년 1월부터 12월까지 12.8%에서 8%로 감소한다.

2. 간호활동과 수단 선택

- 간호활동: 직접간호, 보건교육, 관리
- 간호수단: 가정방문, 건강관리실 운영, 상담, 계약, 의뢰활동, 보건팀 운영, 대상자 참여유도

1) 선택절차
① 목표달성을 위한 <u>여러 가지 방법과 수단 찾기</u>
② 문제해결을 위해 요구되는 자원과 동원 가능하고 이용 가능한 <u>자원을 파악</u>
③ 가장 <u>최선의 방법과 수단 선택</u>
④ 구체적인 활동 <u>기술</u>

2) 타당성 조사 기준 ● 경기사법
: 선택 시 고려할 점, 사업의 실현성을 위해 타당성을 고려
① 경제적 타당성: 경제적으로 시행 가능하고 효과가 경제적으로 분명한 것
② 기술적 타당성: 방법이 기술적으로 가능하고 효과가 있는 것
③ 사회적 타당성: 사업대상자들의 수용도, 얼마만큼 받아들여 줄 것인가
④ 법률적 타당성: 목표달성 행위가 법률 제도적으로 보장되는 것인가

3) 오마하 체계를 이용한 간호방법과 수단의 선택
- 오마하 문제 등급 척도를 적용하여 바람직하게 기대되는 결과 작성 가능.
- 등급 척도는 대상자가 무엇을 아는지(지식), 무엇을 행하는지(행동), 무슨 상태인지(상태)

① 간호진단: 가족 위생결핍

등급척도	현재 상태	기대되는 결과
지식	최소한의 지식	기본적 지식
행동	때때로 적절함	대체로 적절함
상태	중등도의 증상/징후	최소한의 증상/징후

② 기대되는 결과에 대한 오마하 문제 등급척도

개념	1	2	3	4	5
지식(기억력과 정보해석에 대한 대상자의 능력)	지식 없음	최소한의 지식	기본적 지식	적절한 지식	탁월한 지식
행동(관찰 가능한 반응, 행위, 혹은 목적에 부합된 대상자의 활동들)	전혀 적절하지 않음	거의 적절하지 않음	때에 따라 적절함	대체로 적절함	항상 적절함
상태(객관적이고 주관적인 정의적 특성과 관련된 대상자의 조건)	아주 심함 증상	심한 증상/징후	중등도 증상/징후	최소한 증상/징후	증상/징후 없음

3. 수행계획(집행계획)

1) 수행계획 구성요소 ⓒ 언누어무

: 누가, 언제, 어디서, 무엇을 가지고 할 것인가를 포함

① 언제: 업무가 언제 시작해서 끝나는지, 각 업무활동 단계마다 시작하는 시간과 끝나는 시간을 기록하여 시간표를 작성. ㉠ 연간계획, 월간계획, 주간계획
② 누가: 어떤 지식과 기술을 갖춘 요원 몇 명이 업무를 담당할 것인가를 계획, 업무분담
③ 어디서: 업무활동을 수행할 지역, 장소, 마을 등의 명칭을 명확히 기술
④ 무엇: 업무활동에 필요한 도구와 예산을 계획하는 것

4. 평가계획 ⓒ 언누무범

: 간호계획 수립 시 평가계획 수립

- 평가계획 구성요소
    1) 평가시기(언제): 평가를 언제 할 것인지, 연말, 분기말, 월말 등 미리 시간표 작성
    2) 평가자(누가): 평가를 누가 할 것인가를 정하는 것
    3) 평가도구(무엇): 무엇을 가지고 평가할 것인지 결정하는 것.
        ① 타당성: 조사하려는 내용을 정확하게 반영해 주는지, 평가내용을 올바르게 평가하고 있는지
        ② 신뢰성: 측정하려는 내용이 오차 없이 정확히 측정되는지 알아보는 것
    4) 평가범주(범위)
        ① 투입된 노력: 투입된 자원의 소비량을 보는 것
        ② 사업의 진행 정도: 수행계획 기준으로 일정에 맞도록 수행되는지 파악
        ③ 사업의 성취도: 목표달성 정도를 설정한 목표(하위목표)가 어느 정도 도달되었는지
        ④ 사업의 적합성: 투입된 자원의 충족여부 파악(사업 실적과 요구량과의 비율)
        ⑤ 사업의 효율성: 투입량에 대한 산출량(투입 노력에 대한 목표달성 정도 평가)

05. 간호수행

1. 수행활동: 직접간호, 보건교육, 보건관리
  * 중재수레바퀴모델

1) 정의: 개인, 가족, 체계, 지역사회 수준에서 17가지 간호활동 정의

2) 모형

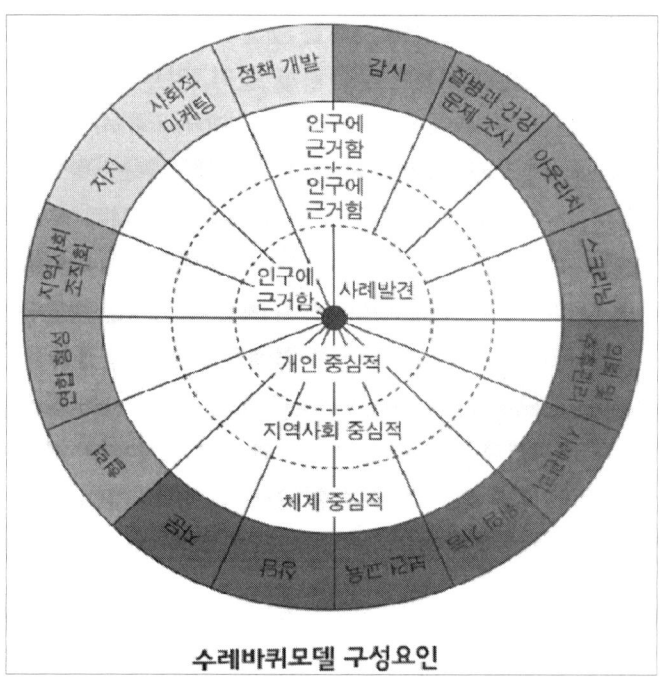

수레바퀴모델 구성요인

① 아웃리치 (out-reach)	보건의료서비스 접근성이 낮은 위험 집단을 찾아 건강문제의 원인 및 문제해결방법, 서비스 이용방법 등에 대한 정보를 제공하는 것
	(예) 간호 기피현상에 대해 재미있는 보건교실 등을 운영하는 인식개선 활동 보건의료서비스 접근성이 낮은 곳에 방문간호사 배치 증가하려 서비스 취약 인구 확인
② 스크리닝 (선별)	질병이 있으나 건강위험 요인과 증상이 없는 대상자 발견
	(예) 사례관리 과정 중 초기면접 시 긴급한 욕구가 있는지 단순한 욕구로 단지 정보제공만으로 충분한지 스크리닝 해내는 과정
③ 감시	지역사회 보건간호 중재를 계획 수행 평가하기 위해 지속적이고 체계적인 자료를 수집, 분석, 정보를 해석하여 건강상태를 기술하고 모니터링 하는 것

Keyword

④ 질병과 건강문제 조사	인구집단의 건강을 위협하는 정보를 체계적으로 분석하여 원인을 확인하고 위험 상황에 있는 대상을 찾아 관리방법을 결정하는 것	
⑤ 사례발견	건강위험 인자를 가진 개인과 가족을 찾아내어 필요한 자원을 연계해주는 것. 개인과 가족 수준에서만 이루어짐	
⑥ 의뢰 및 추후관리	실제적, 잠재적 문제를 예방하거나 해결하는 데 필요한 자원을 찾아내고 개인, 가족, 집단, 조직, 지역사회 등이 이러한 자원들을 이용하도록 돕는 것	
⑦ 사례관리	각 서비스를 서로 조정하여 체계적으로 제공함으로서 서비스 중복 및 누락을 막고 개인과 가족의 자가간호체계와 지역사회의 역량을 최적화하는 것	
⑧ 위임	법에 보장된 간호사의 역할에 근거하여 지역사회 간호사가 수행하는 직접적 보건업무 (다른 적합한 사람에게 수행하도록 맡긴 업무 포함)	
⑨ 보건교육	개인, 가족, 체계, 지역사회의 지식, 태도, 가치, 신념, 행위, 습관을 변화시키기 위해 사실이나 기술을 전달하는 것	
⑩ 상담	자가간호나 대처역량 강화를 목적으로 개인, 가족, 체계, 지역사회와 지지적, 정서적 상호관계를 정립하는 것	
⑪ 자문	개인, 가족, 체계, 지역사회와 상호작용하여 문제 해결하는 과정 속에서 문제해결에 필요한 정보를 찾고 최적의 해결방법을 이끌어내는 것	
⑫ 협력	둘 이상의 사람 혹은 조직이 건강증진 및 유지를 위한 역량을 강화함으로써 공동 목표를 달성하도록 하는 것	
⑬ 협약체결	둘 이상의 기관이 공동의 목적을 달성하기 위하여 협약을 통해 긴밀한 관계를 형성하고 문제해결 및 지역사회 리더십을 강화함	
⑭ 지역사회 조직화	지역사회가 공동의 문제나 목표를 설정하고 자원을 개발하며 공동의 목표를 성취하기 위한 전략들을 개발하고 실행할 수 있도록 돕는 것.	
	지역사회에 있는 공식적(반상회, 지역 생활체육협회 등), 비공식적 소집단 모임(전문직 모임이나 부녀회, 동호회 등)은 필수 수행기전 중 하나임	
⑮ 옹호	개인, 가족, 체계, 지역사회가 자신을 스스로 변호하고 자산의 이익을 위해 행동할 수 있는 역량을 개발할 수 있도록 지역사회 간호사가 대상자를 변호하거나 그들의 이익을 위해 행동하는 것	
⑯ 사회적 마케팅	관심 인구집단의 지식, 태도, 가치, 신념, 행위, 관습 등에 영향을 주기 위하여 기획한 프로그램에 대해 상업적 마케팅 원칙과 기술을 적용하는 것	
⑰ 정책개발	지역사회 건강수준을 향상할 수 있는 주요한 기전 중 하나	

보건분야 공공정책 - 인구집단의 요구를 파악하고 공공의 이익을 위해 개인의 선택을 제한하기도 함

2. 수행단계에서 요구되는 (보건관리) 활동 ⓒ 조감독

: 지역사회 간호사는 해야 할 업무와 보건요원, 주민들의 업무활동을 <u>조정</u>, 사업 진행 <u>감시</u>, 활동을 <u>감독</u>해야 함

조정	• <u>계획을 상황에 맞추어 집행하는 것</u> • 지역사회 간호사는 <u>요원들의 분담된 업무를 세분화</u> 하여 다른 업무의 관련성에 따라 서로 조정함. (요원들 간 업무를 조정함으로써 업무 중복, 누락을 방지하기 위해 요원들 간의 관계를 명확히 함) 업무의 중복·결핍이 없도록 요원들 간의 업무를 분담하여 상황별 결정사항에 따라 의사소통을 통한 조정을 시행 • 방법 - 계획한 목표를 재검토한다. - 각 목표에 필요한 활동을 재검토한다. - 시간표에서 일의 시작, 진행과정 및 끝을 확인한다. - 책임자의 기술수준이나 능력에 맞게 일이 분배되었는지 대조한다. - 관련 직원들과 논의하여 대상자를 포함한 지역사회의 참여방법을 정한다.
감시	• 사업의 목적달성을 위하여 <u>계획대로 진행되는지 확인하는 것</u>. • 투입, 과정, 결과에 대한 감시가 있음, 업무활동의 표준 유지 ㉠ 계속적 관찰, 기록의 검사, 자원의 점검, 토의, 체크리스트 작성 등
감독	• 학교간호에 참여하는 학생들이나 교직원 또는 비전문 인력의 활동이 정상적으로 이루어지는지를 살펴서 <u>기술적인 조언을 제공하고 조정함</u> (직원들에게 관심을 갖고 활동지지, 용기를 북돋고 학습기회도 마련하는 것) • 감독계획을 만들어 <u>정기적으로 지역사회를 방문하여 실시하는 것</u>으로 목표 정도의 평가, 주어진 업무수행 수준의 관찰, 사업 진행 동안 발생한 문제와 개선점을 토의하고 필요 시 조언을 수행하는 활동 • 최종 목적은 목표 달성

국시 [20] 지역사회간호사가 보건사업을 수행할 때 다음은 보건관리 활동 중 무엇에 대한 설명인가?

- 업무의 질적 표준을 유지하기 위함
- 정보체계구축 및 기록, 계속적인 관찰과 점검활동을 수행함
- 사업목적을 달성하기 위해 진행하는 사업이 계획대로 진행되고 있는지 확인함

06. 간호평가

: 사업에 관한 의사결정을 지원하기 위해 체계적으로 정보를 수집, 분석, 보고하는 과정
지역사회보건사업의 평가는 지역사회보건사업 수행 후에 무엇이 얼마나 성취되었는가 파악, 지역사회보건사업의 설정된 목표를 어느 정도 달성하였는지 결정하는 과정

1. 평가의 목적
- <u>목적 달성 정도</u>를 알기 위해
- 사업의 효과나 <u>효율을 판정</u>하기 위해
- 사업의 <u>개선방안</u>을 찾기 위해
- 사업 <u>책임을 명확</u>하게 하기 위해
- 건강, 건강결정요인, 보건사업에 대한 <u>새로운 지식을 획득</u>하기 위해

2. 평가지표
평가는 이미 설정된 목표를 어느 정도 달성했는가에 대한 개량적 개념을 가지고 객관적으로 분석되어야 하며, 목표달성의 질과 양, 수준을 측정하는 데 있어 업무량, 성과, 충족도, 효율성, 과정 5개의 범주(슈크만)로 구분

업무량	효과에 관계없이 목표달성을 위해 수행된 업무의 질과 양을 측정 평가하는 것
성과	목표달성을 위한 활동이 기대했던 만큼의 변화를 초래했는가를 측정하는 것
충족도	성과가 총 필요량을 얼마나 충족시켰느냐를 평가하는 것
효율성	동일량의 업무와 비용의 투자로 어떤 방법이 업무수행에 가장 큰 효과가 있는가에 대한 투자 효과의 개념
과정	몇 개의 대안 중에서 어느 수행방법이 주어진 여건 하에 가장 적합한지와 평가를 할 때 성공 또는 실패를 초래한 관련 요인들을 규명하는 것으로 구성

Keyword

3. 평가의 유형

1) 평가 주체에 따른 유형

① 내부평가	• 실제 보건사업을 수행하고 있는 실무자에 의해서 이루어지는 평가
	• 장점: 기관의 특성이나 지역사회보건사업의 독특한 성격을 반영
	• 단점: 평가자 자신이 지역사회보건사업 관리와 관련되어 객관적이고 공정한 평가 활동을 하기 어려워 결과에 대한 신뢰성 문제가 제기
② 외부평가	• 전문기관이나 전문가들이 구성된 패널에 의하여 실시
	• 장점: 보건사업에 대한 전문적 지식을 가지고 객관적으로 평가 가능
	• 단점: 비용과 시간이 많이 소요되고, 지역사회보건사업을 수행하는 기관이나 지역사회보건사업의 고유한 특성을 반영하기 어렵다.

2) 평가자료에 따른 구분

① 질적평가	• 장점: 검사 도구로 측정하여 수량화할 수 없는 경우 활용함으로써 그 특성의 달성 정도나 수준을 보다 상세하게 기술 묘사할 수 있다.
	• 단점: 기준의 신뢰성 및 객관성을 보장받기 어렵고 보장을 위해 고도의 전문성이 요청되거나 자료수집에 비용과 시간 및 노력이 많이 든다.
② 양적평가	• 수량화된 자료를 가지고 적절한 통계 방법을 이용하여 기술하고 분석하는 평가

3) 평가시기에 따른 유형

① 현황분석	• 기획과정에서 사업을 시작하기 전 지역이나 대상자의 보건문제를 분석하고 사업의가능성을 검토하는 과정
② 과정평가	• 사업의 수행상태를 파악하고 개선방안을 검토하는 평가
③ 결과평가	• 사업의 결과를 평가하는 것으로 사업이 종료된 후 사업의 개선사항과 지속 여부 등을 결정하기 위해 시행함

① 진단평가	• 사전평가로 프로그램이 시작되기 전에 대상자들의 프로그램에 대한 이해도, 흥미, 준비도, 지식수준, 동기 여부 등을 사전에 특정하기 위해 시도되거나 어떤 유형의 지역사회보건사업이 필요한지를 결정하기 위해 요구분석 및 선행연구 검토 등을 통해 실시되는 평가
② 형성평가	• 지역사회보건사업을 수행하는 중간에 실시되는 평가. 사업이 계획한 대로 진행되고 있는지, 무엇이 어느 정도 수행했는지, 수행 중 어떤 문제점이 발생했는지, 문제점이 발생했다면 파급 정도가 얼마나 되고 해결방안은 무엇인지 평가
③ 총괄평가	• 사업이 실시된 후 진행되는 평가로 투입된 노력의 대가로 무엇이 나타났는지, 목표는 달성했는지, 사업이 대상자 및 사회에 끼친 영향 등을 평가

Keyword

4) 투입-산출 모형(Donabedian의 사업과정평가)에 따른 평가의 유형

① 구조평가	사업에 투입되는 자원의 적절성을 평가하는 것
	예 • 사업 인력의 양적 충분성, • 수업수행에 필요한 전문성의 확보, • 시설 및 장비의 적절성, • 사업 정보의 적정성에 대해 평가
② 과정평가	사업을 실행하는 과정 중에 실시하는 평가
	예 • 목표 대비 사업의 진행정도, 사업진행일정 준수 • 사업 자원의 적절성과 사업의 효율성 • 사업 이용자의 특성과 형평성 • 사업전략 및 활동의 적합성과 제공된 서비스의 질 평가
③ 결과평가	• 사업의 종료 시 사업효과를 측정하기 위한 것 • 사업의 지속이나 확대 여부를 판단하기 위해 시행 • 건강 수준의 변화나 조직 및 지역사회의 변화 정도를 측정하는 것 (영향평가와 결과평가로 나누기도 하는데, 영향평가는 단기적 결과에 대한 평가, 결과평가는 프로그램의 궁극적 목표, 결과에 대한 평가로 구분)
	예 효과 • 단기적 효과: 즉각적으로 관찰 가능한 프로그램의 효과인 인식(사업의 수용도, 접근 용이성, 프로그램에 대한 존재 인식, 위험에 대한 인식), 지식, 태도, 행동 변화 측정, 사업목표 달성여부 측정 (프로그램의 영향으로 주민들의 지식, 태도, 행위에 변화가 있는가? 프로그램으로 다른 프로그램에 어떤 파급효과가 있었는가?) • 장기적 효과: 프로그램 투입집단의 생리학적 측정지표, 유병율, 사망률 등의 감소 (영향평가보다 자원, 시간이 많이 걸린다.) • 효율: 변화율 평가 • 만족도: 사업이 끝난 후 평가 • 사업 계속성, 수정 보완의 필요성 여부 평가

국시 [19] 대사증후군 예방 및 관리사업에서 투입되는 인력의 수 및 전문성, 물품, 예산 등을 평가하고자 할 때 해당하는 평가 종류는?

Keyword

투입 산출 모형		
사업 과정	평가항목	평가
구조(투입)	인력, 예산, 시설/장비	
과정(진행과정)	만족도/흥미도 프로그램 참여율 교재 적절성 대상자 적절성	
결과(산출)	효과: 지식변화, 행위변화, 사업목표의 달성 정도	
	효율: 투입된 자원과 산출물의 비율	

5) 논리모형에 따른 평가(logic model)

: 사업에 투입하려는 자원, 수행하고자 하는 활동, 성취하고자 하는 결과 사이의 관계를 체계적이고 시각적으로 보여주는 로드맵. 사업 활동을 모니터링 하는 효과적인 방법으로 현재 프로그램이 제대로 수행되는 데 도움을 주고, 미래의 프로그램을 계획하는 데도 도움

① 논리모형의 구성요소

투입단계의 평가	지역사회보건사업 수행을 위해 필요한 자원, 인력, 예산, 시설, 장비 등
활동단계의 평가	건강 결과를 성취하기 위해 지역사회보건사업에서 수행한 직접적인 중재, 교육, 상담, 자문, 옹호, 환경사정, 사례관리, 건강검진 등
산출 단계의 평가	지역사회보건사업 활동으로 얻은 직접적인 산출물, 교육 혹은 상담횟수, 참가자 수
결과 단계의 평가	결과 단계의 평가: 단기, 중기, 장기 결과로 구분하여 지역사회보건사업 수행으로 나타난 대상자의 변화, 영향, 결과, 대상자가 얻는 새로운 지식, 기술 향상 정도, 변화된 태도, 수정된 행동, 개선된 건강상태 등

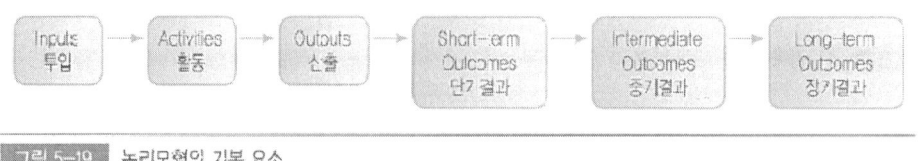

그림 5-19 논리모형의 기본 요소

Keyword

> 국시 [20] 논리모형에 근거하여 근로자 대상 근골격계 관리프로그램을 계획 시 참가자 수, 상담횟수와 의료기관 연계 건수를 평가하고자 한다. 이는 어느 평가유형에 해당하는가?
> ① 투입평가 ② 영향평가 ③ 산출평가 ④ 구조평가 ⑤ 결과평가

② 논리모형 적용 예시

(가) 대사증후군 관리사업 논리모형

자료원: 2009 철동 군 지역사회 건강조사 자료분석.

6) 체계모형에 따른 평가의 범주

① 투입자원 평가(투입)	• 사업에 투입된 인력과 예산 및 자원을 평가하는 것 • 사업 초기에 계획되었던 인력, 자원, 예산에 비하여 실제로 투입된 실적이 어떠한가를 파악하고 그 차이를 분석하며 그 원인을 규명하는 과정 * 목표달성을 하지 못한 원인 • 계획 당시 목표설정이 지나치게 낮게 책정되었거나 또는 달성이 어렵게 설정된 경우 • 간호요구가 잘못 파악된 것을 근거로 목표가 설정된 경우 • 목표설정은 잘 되었지만 투입 노력 부족, 방법, 수단, 집행계획에 문제가 있었던 경우
② 사업진행 평가(과정/변환)	• 계획되었던 일정과 진도에 맞추어 사업이 수행되었는지를 평가 • 사업진행이 집행계획과 차질이 있다면 그 원인을 분석하고 계획변경 여부를 평가
③ 목표달성정도 평가(산출)	• 성과 혹은 결과평가는 목표달성정도를 평가함 • 계획된 목표 수준이 일정기간 내에 얼마나 달성되었는가를 평가하는 과정 • 목표수준에 도달하지 못하였다면 그 원인을 규명할 것
④ 사업 효율성 평가(산출/투입)	• 사업 수행하는데 투입된 노력, 최소 비용 최대 목표 달성 효과 • 인적·물적 자원 등을 비용으로 환산하여 사업의 목표달성정도와 비교함으로써 측정됨. 투입 대비 산출 = 총소요비용/참여인원수/사업으로 인한 변화의 결과 ㉮ 고혈압 관리를 위해 보건교육에 소요된 단위 비용 10만원(총소요비용)/10명(참여인원)/10%(교육으로 인한 식습관 변화율) =1,000원/명/% 대상자 한 명당 식습관 실천율 1% 향상시키는데 1,000원 소요됨
⑤ 사업적합성 평가(결과/요구)	• 사업실적을 지역사회의 요구량과 비교, 지역사회 요구에 얼마나 충족, 적합했는지 평가 사업 대비 요구 충족 = 사업, 사업목표, 사업결과/지역사회 요구 X 100% ㉮ 10명(고혈압 교육을 받은 자; 사업결과)/ 1000명(고혈압 환자)X100%=1% 고혈압 관리에 대한 지역사회 요구량에 비해 사업으로 인한 요구량 충족은 1%이다.

7) 경제성 평가

: 의료 수요 충족에 대한 희소한 자원의 효율적 자원 배분 방향을 제시하는 수단

① 비용-효과분석(cost effective analysis, CEA)

정의	• 분석 대상 프로그램들에서 같은 방법으로 측정한 하나의 효과에 대한 각각의 관련된 비용을 비교하여 어느 사업이 효과단위당 비용이 덜 드는지 판단하는 것 • 동일한 단위로 측정할 수 있는 두 가지 이상의 대안 중에서 최소 비용이 소요되는 안을 선택하기 위해 사용되는 방법
장점	• 어떤 프로그램 혹은 중재가 비용 대비 효과가 더 좋은지 평가 가능 • 인간의 생명이나 건강 증진 등 무형의 편익을 화폐가치로 정량화해야 하는 부담이 없다
단점	• 투입된 비용을 측정할 수 없거나, 사업효과 측정 도구가 다르거나, 중요한 건강결과가 두 개 이상인 경우 적용 곤란 • 당뇨병 환자의 혈당을 낮추는 일과 고혈압 환자의 혈압을 낮추는 일은 CEA를 통해 서로 비교될 수 없다
예	• 평균 혈압 감소 정도, 예방접종 완료 아동 수, 증가된 수명년수 등
	• 투입 비용 대비 금연율 증가 정도

② 비용-편익 분석

정의	• 비용과 편익(결과로 얻은 직접적 편익+사회적 편익 등 간접적 편익 포함)은 모두 화폐 단위(단일 척도)로 측정하며 총 편익에서 총비용을 빼서 구한 순편익으로 어느 프로그램이 더 좋은지 평가
장점	• 프로그램들이 산출하는 건강 결과가 동일하거나 하나일 필요 없다. • 광범위한 종류의 서로 다른 사업을 비교하는 데 사용이 가능
단점	• 비교 대상 사업 중 어느 사업이 비용 대비 더 큰 사회적 편익을 주는지는 확인 곤란

③ 비용-효용 분석(cost utility analysis, CUA)

정의	• 효용(개인의 선호도)은 일반적으로 질보정생존년수(QALYs)로 측정헤 보건의료적 개입이 그 결과로서 환자의 삶의 질에 영향을 미치는 경우 사용되는 방법 (결과치: 생존년 그 자체보다도 생존년의 가치 또는 생존년으로부터 얻는 효용(utility)의 크기) • 비용-효용 분석의 산출식은 QALY당 비용 • 비교하고자 하는 사업이 건강과 관련된 삶의 질이 유일하거나 중요한 산출물일 때 사용될 수 있으며, 다양하고 산출물의 단위가 넓어서 공통의 측정 단위를 가지게 되는 경우에 적용.
장점	• 결과가 다른 프로그램들 비교 가능 • 다양하고 이질적인 산출물들을 하나의 복합적이고 종합적인 산출물로 통합할 수 있어, 이질적인 프로그램에 대해 광범위한 비교가 가능.

표 5-20 경제성 평가 방법 비교

유형	적용 조건	기본 공식	비용측정	결과의 측정
비용-효과 분석	• 동일한 산출효과 비교	$\frac{총 비용}{효과 단위}$	• 화폐단위	• 자연단위(예시: 연장 수명, 혈압 변화 여행접종 완료 이동 수 등)
비용-편익 분석	• 동일하거나 다른 형태의 산출효과 비교	• 순편익 = 총 편익 - 총 비용	• 화폐단위	• 화폐단위
비용-효용 분석	• 동일하거나 다른 형태의 산출효과 비교	$\frac{총 비용}{효용 단위}$	• 화폐단위	• 질보정생존년수 (Quality Adjusted Life Years)

4. 평가절차 ⓒ 대기자 목 비가 재

(1) 평가 대상(내용)과 측정기준의 설정	평가하고자 하는 내용(대상)과 측정기준을 설정하는 것. 계획단계에서 마련된 기준을 확인
(2) 평가자료의 수집	평가에 필요한 정보와 자료를 수집
(3) 설정된 목표와 현재 상태의 비교	목표 수준과 도달한 현재 상태 비교
(4) 목표도달 정도의 가치판단과 분석	실제 도달한 목표 수준과 성취 정도를 파악하고 성패에 대한 요인을 분석
(5) 재계획 수립	평가 결과에 따라 사업 진행여부, 개선사항을 반영하여 추후의 사업 진행 방향을 정하고 의사결정을 함

국시 [20] 지역사회 간호사업의 평가단계에서 우선 해야 할 업무는?

Keyword

5. 평가결과의 활용

1) 이해 당사자의 참여: 평가 초기부터 주요 이해당사자를 평가에 포함

2) 보고서 작성: 사업성과를 간단하고 명료하게 제시

3) 사업성과의 확산: 성취 내용, 달성 결과물을 여러 경로와 다양한 방식으로 알림

4) 사업 개선에 활용: 다음 사업에 회환되도록 사업 개선, 새로운 사업 기획에 활용

5) 사업 제공인력의 교육과 지원에 활용: 교육, 기술적 지원 여부 판단 보완

6) 사업에 관한 정책결정에 활용: 사업 지속, 수정, 중단 여부 결정에 활용

7) 의사결정자나 지역사회주민의 관심을 집중

III. 지역사회 간호활동 및 수단   ( )월( )일

이아라 **전공보건**

01. 방문활동

1. 방문원리

1) <u>방문활동 대상의 중요도</u>: 개인보다는 집단, 건강한 인구집단보다 <u>취약한 인구집단</u>, 비감염성 질환보다 <u>감염성 질환</u>, 만성질환보다 <u>급성질환</u> 우선순위가 높음

2) 하루에 여러 곳을 방문 하는 경우: <u>비감염성 질환, 면역력 낮은 대상자부터 우선방문</u>

2. 방문활동 과정

방문 전 활동	• 대상자와 가족 이해를 위해 기록부, 상담일지 확인, <u>자료수집</u> • 구체적 <u>간호계획 수립</u> • <u>대상자에게 연락 후 위치 확인</u>, 방문시간, 날짜 조정 • 간호계획에 따라 필요한 기록지, 기구, 약품, 각종 용품 <u>방문가방 준비</u> • 교통수단 확인, 행선지. 목적 출발 및 도착예정 시간 <u>보고 및 기록</u>
방문 중 활동	• 자신소개, 방문목적 충분히 설명. 대상자에게 관심표명 및 <u>신뢰관계 형성</u> • 주의 깊은 관찰, 질의응답으로 <u>대상자의 요구 파악</u>(포괄적 문제 확인) • 대상자와 함께 동원 가능한 자원(가족, 지역사회)을 최대한 활용하여 적절한 <u>간호계획 세움</u> • 이해하기 쉽도록 충분히 설명, 정확하고 효과적인 방법으로 <u>서비스 제공</u> • 대상자, 가족 변화 <u>평가</u>, 간호활동의 만족도 확인
방문 후 활동	• 방문가방에 약품, 물품 <u>정리</u> • 확인된 대상자 특징, 건강문제, 앞으로의 계획 등 <u>기록</u> • <u>의뢰</u> 필요시 기관에 연락, 추후관리 카드 작성 • 방문 결과를 <u>구두, 서면보고</u> • 방문활동 진행과정, 간호수행 적합성, 목표달성 정도 등을 <u>평가</u>, 반영

Keyword

전	자료수집	plan	연락	방문가방	보고
중	라포형성	요구	plan	서비스	평가
후	가방정리	기록	의뢰	보고	평가

3. 장·단점

	장점	단점
대상자 측면	• 익숙한 환경에서 긴장감이 덜하고 편안하게 서비스 받음 • 대상자의 건강결정권 통제력 향상	• 대상자의 부담감 • 같은 문제 경험자와의 교류기회 감소
가족 측면	• 가족 전반적 정보를 포괄적 수집 • 가족 상황에 맞는 교육 상담 제공	• 교육 상담 시 주변 가족들로 인해 산만
지역사회/ 간호사 측면	• 지역사회와의 우호적 관계 증진 • 거동불편자 등 대상자의 서비스 기회, 접근성 향상	• 시간·비용 많이 소모 • 건강관리실 물품·기구의 활용 불충분

국시 [21] 보건소 간호사가 가정방문을 할 때 대상자의 방문순서를 쓰시오.
① 신생아를 둔 산모
② 인지기능 저하가 현저한 노인
③ 결핵약 투여를 시작한 중년 남성
④ 면역억제제를 복용 중인 골수이식 환자
⑤ 최근에 골다공증을 진단받은 폐경기 여성

Keyword

02. 건강관리실 운영

1. 장·단점

	장점	단점
대상자 측면	• 특별한 상담 및 의뢰활동의 즉각적 실시 • 같은 건강문제를 가진 다른 대상자와 정보공유 기회가 제공	• 대상자가 긴장하는 경우 자신의 문제를 솔직하게 드러내지 못함
가족 측면	• 한정된 공간에서 건강관리가 이루어지므로 외부의 산만함 감소	• 대상자와 가족의 실제 현황을 파악 곤란
지역사회 측면	• 방문활동에 비해 지역사회 간호사의 시간을 절약. 건강관리실에 비치된 다양한 물품, 기구 사용	• 상황에 적합한 시범이 곤란 • 운영시간의 제약성 • 방문이 불가능한 대상자들의 접근성 감소

> **문제 [07]** 지역사회 간호사가 간호수단으로 건강관리실 활동을 활용할 경우 기대되는 장점을 4가지만 쓰시오(3)

03. 매체활용

1. 편지

장점	단점
• 경비절약 • 능력있고 독립성 있는 가족에게 문제해결을 위한 행동에 대해 책임감 갖게 함	• 가정 상황에 대한 관찰과 파악이 불가능 • 새로운 문제를 발견할 기회 적음 • 수신인에게 전달되지 않을 때 확인 불가

2. 전화

장점	단점
• 시간·비용 경제적 • 가정 내 방문객에 대한 부담감 감소 • 편지보다 덜 사무적, 훨씬 개인적 • 가정방문이 필요한 가족의 선별방법	• 가정 상황에 대한 전체적인 파악 불가능 • 전화시설 없는 곳에서 이용 불가능

Keyword

3. 유인물

장점	단점
• 보관 후 수시로 볼 수 있음 • 교육 내용이 조직적, 계획적으로 남아있음 • 신뢰성 높음	• 글을 모르면 효과 없음 • 제작과 기술에 비용이 많이 듦

4. 벽보

장점	단점
• 지역사회 주민의 시각을 자극해 많은 주민에게 전파 가능 • 그림, 글씨를 통해 주민의 흥미 유발	• 제작에 특별한 기술 필요 • 장기적으로 게시할 수 있는 장소와 시설 필요

5. 방송

장점	단점
• 유인물 등에 노출되지 않는 대상자에게 유용 • 스피커 소리가 친근감 유발 • 가장 빠르게 대상자에게 전달 • 권위 있게 인식되어 대상자의 주의집중 용이	• 시간이 지나면 방송 내용을 잊음 • 방송망 활용의 번거로움

6. 인터넷

장점	단점
• 업무처리가 효율적, 속도가 빠름 • 자료를 송신하거나 다른 자료를 수정 보완하여 활용 가능	• 디지털 기기의 초기 구입비용이 높으며, 활용기술과 능력이 없으면 사용 효율 감소 • 무분별한 자료에의 노출로 잘못된 정보의 노출 위험성 • 사생활보호, 기밀보호 등 정보 보호의 문제

04. 상담

1. 과정

과정	특성
관계형성과 경청	• 상담초기단계에서 <u>상호신뢰감</u> 형성이 중요 • 대상자의 이야기에 <u>경청</u>하는 것도 중요
탐색과 직면	• 대상자 문제를 정확히 <u>이해</u>, 규명하기 위하여 상담의 목적을 <u>탐색</u> • 지금까지 행동과는 다른 변화를 요구하는 상담자의 행동방향을 상호 탐색하여 대상자가 자신의 <u>문제를 직면</u>하게 함
종결	• 대상자가 태도 및 행동변화를 일으키도록 그 자신의 문제에 직면한 후에 오는 여러 가지 바람직한 생각을 <u>행동화</u>하도록 도와줌

05. 의뢰활동

1. 주의점

① 의뢰 전 반드시 개인, 가족, 지역사회와 먼저 의논, 대상자가 의뢰된다는 사실을 인식
② 의뢰하는 기관과 그 담당자를 접촉, 의뢰하기 전에 관련된 모든 사실을 알아 둔다.
③ 먼저 연락하거나 개인적으로 방문하여 적절한 의뢰서에 필요한 정보를 기재한 후 개인, 가족에게 주어서 직접 해당 기관으로 가게 한다.
④ 개인이나 가족에게 의뢰하는 기관에 대해 설명해 주고 필요한 정보를 제공(의뢰 대상이 안정감 갖게 됨) 위치, 담당자를 만날 시간, 장소를 정확히 알려 준다.
⑤ 의뢰는 가능한 한 개개인을 대상으로 한다
⑥ 의뢰 직전에 대상자의 상태를 한 번 더 확인하도록 한다.

06 | 지역사회 조직의 계획과 활용

Keyword

: 지역사회 간호사업 수행을 위해 지역 주민이 자발적, 적극적으로 참여할 수 있도록 지역사회의 각종 조직을 개편하는 일

1. 고려사항
1) 충분한 능력, 자질이 있는 사람들로 단체 구성
2) 주민의 적극적, 자발적 참여
3) 실질적·형식적·합법적 정책

2. 3가지 접근법

지역 발전적 접근법	• 지역사회 주민의 적극적 참여 추진력을 바탕으로 하여 사회 경제적인 추세에 따라 창조적으로 계획되는 과정 • 주민의 협동, 자립, 자조의 방안을 바탕으로 주민의 지역사회 고유의 지도력 증진을 모색하는 방법
사회적 계획의 접근법	• 교정이 필요하다 추정되는 지역사회 활동이나 제도의 기본적인 변화 목적 • 지역사회 지도자의 자발적 참여를 유도하여 전달매개자로 사업의 필요성을 주민에게, 주민의 요구를 간호사에게 전달하는 역할
이미 조직된 지역사회 조직 활용 방법	• 공식조직(통반, 반상회), 비공식조직(부녀회, 조기축구회) 활용

07. 지역주민 참여

: 지역주민은 필요로 하는 기초적 보건요구와 지역사회발전 실현을 위한 필수적 자원을 지역사회 스스로 보유하는 경우가 많아, 이를 활용하기 위한 주민 참여는 필수적

1. 의의
: 자원의 확보, 지역문제 해결 가능, 지역공동체의 건설, 주민의 권리, 역량 강화, 공공의 수요 충족, 신속한 개발, 지속가능성

2. 단점
: 사업의 전문성과 능률성 저하 가능성, 시간과 비용 소모, 지엽적 견해의 조장, 책임회피 책임소재 불분명, 주민의 참여회피 경향, 사용 전략의 문제

3. 지역주민의 참여 수준

1) 참여 유형에 따른 분류

2) 주민의 주도 정도에 따른 분류: 동원, 협조, 협력, 개입, 주도

동원	강요된 참여, 주민 의지는 가장 낮아 형식적 참여
협조	참여를 유도하나, 보건사업의 계획과 조정과정이 제공지 측에 여전히 독점
협력	보건사업의 계획과 조정과정에서 주민들의 의사가 반영
개입	주민들이 보건사업의 계획, 조정, 평가에 개입. 주민이 정책 결정에 우월한 권력을 가지고 참여
주도	주민의 자발적 참여 정도가 가장 높은 단계. 보건사업에서 주민이 주도

국시 [21] 주민의 주도 정도에 따른 분류 중 다음에 해당하는 주민참여 단계는?

> 보건소 간호사가 입주민 대표자회의에서 '금연아파트 만들기 사업'으로 환경이 쾌적해져 주거만족도가 높아진 사례를 공유하고, 사업 착수를 제안하였다. 이후, 부녀회가 자발적으로 사업에 참여할 주민을 모집하여 보건소 금연캠페인을 함께 벌였다.

Keyword

3) 기능에 따른 분류
① 정보제공단계: 참여의식을 자극하고 고취시키는 기초단계
② 대민관계: 주민들이 실제로 직접 참여하는 것을 의미
③ 관여 단계: 사업계획부터 수행까지 주민이 함께 참여하여 진행하는 단계
④ 책임 및 권한위임 단계: 주민 스스로 모든 결정권을 가지는 것. 주민위원회가 사업을 감독하는 관계

표 6-1 아른스타인(Arnstein)의 주민참여 8단계

참여 성격	참여단계	참여의 중심내용
비참여 단계 (degree of non participation)	1단계	조작(manipulation): 주민들의 정착지지를 이끌어내기 위한 의사결정자의 책략이 이루어짐 예) 주민교육, 설득, 계몽
	2단계	임상치료(therapy): 참여자를 치료의 수용자로서 제한시킴(동의하지 않는 자는 교육 또는 정보 제공 안 함)
형식적·명목적 참여단계 (degree of tokenism)	3단계	정보 제공(informing): 정보의 공유는 공공성이 중요하지만 이러한 쌍방향적 정보흐름보다 일방적 정보흐름이 주류를 이룸. 예) 자료제공, 문의에 대답
	4단계	상담(consultation): 조사, 대중조사, 집회, 공청회를 통한 방법으로 주민의 의견과 아이디어를 수렴하는 단계이며, 이에 대한 통제는 권력을 가진 자에게 있음
	5단계	회유(placation): 자문과 정책결정 또는 계획수립과정에서 주민의 참여를 허용하지만, 집행과 그 가능성의 판단은 여전히 권력을 가진 자에게 있음 예) 위원회를 통한 의견제시, 의견수렴
주민권력 단계 (degree of citizen power)	6단계	협동관계(partnership): 주민과 정책결정자들의 협상을 통해 권력을 공유하면서 정책결정을 하며, 합동위원회를 통해 적극적인 주민의견을 투입할 수 있음
	7단계	권한위임(delegated power): 주민에게 일정한 정책대안이나 프로그램의 결정권을 이양함
	8단계	주민통제(citizen control): 참여의 최고난계로 주민이 기획, 정책입안, 프로그램관리 등 모든 업무를 관장함

자료원: Arnstein, sherry R. "A Ladder of citizen Participation." JAIP. Vol. 35, No. 4, July 1969, pp.216-224.

08. 사례관리

1. 정의
: 복잡하고 다양한 문제나 욕구를 가진 클라이언트가 개별적 기관이나 전문가 등의 지역사회 내 서비스 제공자들을 찾아다니지 아니하고 사례관리자로부터 필요한 서비스를 보다 쉽고 효과적으로 받아들일 수 있도록 필요한 자원을 활용하여 대상자가 지역사회 내에서 독립적 생활을 할 수 있게 도와주는 통합적인 서비스 전달방법

2. 사례관리자의 역할
① 옹호자 및 교육: 대상자에게 필요한 서비스와 교육
② 임상간호 조정 및 촉진: 대상자의 건강을 위한 다양한 간호의 측면을 촉진, 조정
③ 지속적인 관리: 필요한 간호의 적절한 수준 유지
④ 재정관리: 서비스를 위한 자원 관리
⑤ 결과관리: 대상자의 원하는 목적을 성취하기 위한 중재와 관찰
⑥ 정신사회적 관리: 개인, 가족, 환경을 포함하여 정신사회적 요구를 사정하고 관리
⑦ 연구개발: 간호 실행의 변화를 위하여 연구개발

3. 원칙
: 지속성, 포괄성, 통합성, 개별성, 책임성

4. 사례관리의 과정
: 사례발견(초기접촉) → 사정 → 계획수립 → 중재(직·간접적인 서비스 제공) → 점검 → 종결 → 평가·재사정

- 사정내용: 대상자의 욕구 사정, 대상자의 장단점 및 능력 사정, 자원 사정(사회적 지지망 사정, 공식적 대인서비스 사정), 장애물 사정
- 직간접서비스 내용
  - 직접적 방법: 개별화된 상담 및 치료프로그램 제공
  - 간접적 방법: 지역사회에 있는 기관, 공식적 비공식적 지지 확보

Keyword

- 중재

표 6-2 사례관리의 중재과정

과정	중재 내용
초기면접	대상자가 기능적, 재정적 서비스를 받을 자격이 있는지를 결정
문제상황 평가 및 측정	대상자의 욕구와 대상자가 활용할 수 있는 비공식적 망에 대한 정보 수집 및 객관적인 사정과 평가
재활계획	전달된 서비스와 빈도, 지속기간 및 목표를 구체화하고, 이 계획을 대상자와 전문가의 협력에 의해 수립함
서비스의 조정	재활계획에서 필요로 하는 서비스를 식별해서 조정하고, 서비스 제공자 및 필요한 자원들에 대해서 조정함
모니터링	서비스가 계획대로 전달되고 있는지 검토하고 계획을 수정함
재측정	서비스 전달상황을 재평가함

자료원: 나운환(2008), 재활상담과 사례관리, 집문당.

5. 사례관리 단계

1) **사정단계**: 사례관리자와 클라이언트가 클라이언트의 확인된 욕구에 관한 정보를 수집, 분석, 순위화시키고 종합하기 위해 협력하는 과정

2) **서비스 계획단계**: 의미 있는 목표를 확인하고 이러한 목표에 부합하는 활동과 서비스를 개발하는 체계적인 과정

3) **개입 및 실행단계**: 사례관리자가 클라이언트, 클라이언트의 사회적 관계망, 서비스제공자들의 실행 등을 변화시키기 위해 직접적 또는 간접적으로 개입하는 것

4) **점검단계**: 서비스와 지원계획이 클라이언트의 지지체계 내 성원들에 의해 얼마나 잘 수행되고 있는가를 확인하기 위해 활용하는 과정

5) **검토 및 평가단계**: 사례관리자에 의해 동원되고 조정된 서비스 계획, 서비스의 구성요소 및 활동내용이 가치가 있는 것인가에 관하여 질적·양적 기술을 활용하고 결정을 내리는 과정.

Keyword

국시 [20] 다음 상황에 적용된 지역사회 간호활동은?

- 1년 동안 학교흡연예방사업을 진행하기 위해 A 중학교와 B 보건소가 사업팀을 구성하여 운영하였다.
- 사업목표를 달성하기 위해 두 기관이 자원을 공유하며 상호 역량강화를 위해 노력하였다.
- 자원, 위험과 책임의 공동 관리를 통하여 흡연예방사업을 성공적으로 수행하여 흡연율을 낮추는 데 기여하였다.

국시 [19] 사례관리 대상자들의 특성 및 문제가 다양하기 때문에 각 대상자의 욕구와 환경에 맞도록 사례관리를 시행하는 것에 해당하는 사례관리 원칙은?

국시 [20] 사례관리자로서 방문간호사가 다음의 활동을 수행하였다면 이에 해당하는 기능은?

당뇨병을 앓고 있으며 혼자 사는 70세 할머니를 사정한 결과 할머니가 처방약을 잘 복용하지 않고 식이조절이 되지 않아, 당뇨관리의 중요성을 강조하고 약물관리와 식이요법에 대해 지도하였다

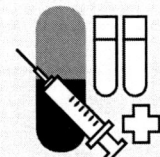
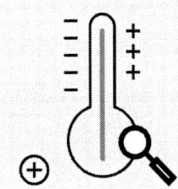
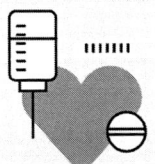
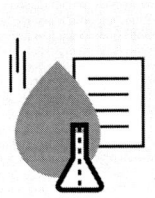

Chapter 5

역학

Keyword

역학	질병		
의의	질병의 자연사	질병발생 요인	발생 경로
집 생이 빈포 원인 예방	(Leavell&Clark) 1. 자연사 5단계 - 비병원성기 - 초기병원성기 - 불현성감염기 - 현성감염기 - 회복기	병원체요인: 물화생 *특성 - 특이성과 항원성 - 병원체의 양 - 외계에서 생존능력 - 감염력 - 병원력 - 독력 숙주요인: 생생체 - 감수성과 면역 - 집단면역 환경요인: 물회생	발생과정 : 체소 탈출 파 침입 숙주 - 병원체 - 병원소 - 병원소로부터의 병원체 탈출 - 전파 - 새로운 숙주에의 침입 - 새로운 숙주의 감수성과 면역
기능	예방수준	역학모형	
- 기술 - 원인규명 - 개발 - 감시 - 평가	- 1차 예방 - 2차 예방 - 3차 예방	-지렛대(생태학적) 모형 -수레바퀴모형 -거미줄(원인망) 모형	

Keyword

연구		관리			
역학적 연구	측정지표	예방접종	집단검진	감염병관리	만성병관리

- 원인적 연관성
- 확정조건
:특공강일시
-연구단계
	출생, 사망, 모성, 인구학적 지표	- 예방접종 전후의 주의사항
		- 예방접종 금기사항
		- 예방접종 약물보관
			목적
			원칙
				법정감염병 관리
				- 국가
				- 지역사회
				- 개인
				  환자
				  분류
				
				감염병분류
				
				관리체계
				
				신종감염병 출연
				
				감염병관리
					만성병질환:
					심뇌혈관 질환, 당뇨병, 만성 호흡기 질환, 암
					
					만성병질환자 가족문제
					- 신체적,
					  정신적,
					  사회적,
					  경제적문제

			타당도 - 민감도, - 특이도, - 양성예측도 - 음성예측도		
연구방법	구성비율, 율, 비 -유병률 -발생률 -발병률 -상대위험도 -교차비 -기여위험도 -기여위험분율		영향요인 - 명확성 - 한계치 - 유병률 - 신뢰도 - 연구자		
- 기술역학 (인적, 지역적, 시간적) - 분석역학 단면연구 환자-대조군 연구 코호트연구 -실험연구		백신유형 - 생백신 - 사백신 예방접종표			방문간호, 가정간호사업
	조율, 특수율, 표준화율		신뢰도 높이는 방법 - 관측자 - 측정도구 - 대상자 - 환경		

Ⅰ. 역학의 이해

( )월( )일

이아라 **전공보건**

01. 정의

: 인구집단 내에 발생하는 <u>모든 생리적 상태와 이상 상태</u>의 <u>빈도와 분포</u>를 기술하고, 이를 결정하는 요인의 <u>원인적 관련성 여부</u>에 근거를 두고, 그 발생원인 및 투입된 사업의 결과를 규명함으로써 <u>효율적 예방법을 개발</u>하는 학문(ⓒ 집 생이 빈포 원인 예방)

  * 특성
   - 연구대상은 인구집단
   - 인구집단에 발생하는 모든 질병의 자연사, 질병의 분포, 분포의 결정요인을 탐구
   - 궁극적 목적은 인구집단의 건강증진을 위한 수단 개발

02. 역학의 기능과 활용

1. 기술적 역학의 기능

1) (질병) 자연사에 관한 기술: 생리적 상태나 이상상태 등 모든 현상을 관찰하여 기술
   - 질병의 원인 규명을 위한 연구방향 결정
2) (현황) 건강수준과 건강 및 질병 양상에 관한 기술: 보건지수(사망률, 발생률), 질병양상, 환경, 문화, 인구 등 다양한 측면 기술. 질병의 원인 규명을 위한 가설 설정의 기초
3) (인구) 모집단 및 인구동태에 관한 기술: 역학대상인 인간집단의 동태 등 상세히 기술
4) 기술지수의 개발 및 계량치에 대한 정확도와 신뢰도의 검증

2. 원인 규명의 역할

: 자연사의 빈도와 분포를 기술하고, 결정요인과의 관련성 연구를 통해 질병의 원인과 감염 경로를 찾아내어 질병발생의 예방과 전파를 차단, 질병을 효과적으로 관리하기 위함

3. 연구전략 개발의 역할

: 질병 발생 현상에 대한 가정 혹은 전제를 세워 질병 발생의 실측치를 근거로 이론모형 개발. 효율적 예방법 개발

4. 질병과 유행 발생의 감시역할
: 유행성 질병 발생을 사전에 예견, 통제하기 위해 이상 상태의 발생분포를 정밀히 감시

5. 보건사업평가의 역할
: 보건사업계획 설계 평가, 진행 과정과 효율성 평가, 보건사업 얻어진 효과에 대한 평가의 역할

문제 [94] 역학조사의 목적으로 가장 옳은 것은?
① 지역사회 건강에 대한 사실적 정보를 제공한다.
② 질병의 원인을 기술하고 자료를 이용하여 질병의 조절 및 근절을 꾀하는 것이다.
③ 많은 보건사업은 역학정보로 확인된 지역사회문제를 다루는 노력으로 이루어진다.
④ 질병 발생의 역학적 기술에서는 집단의 인식, 시간적, 지리적 특성을 기술한다.

국시 [19] 질병관리본부에서 주간 감염병 동향을 발간하여 홈페이지에 공개함으로써 감염병 발생 변화를 조기에 감지하여 적절한 조치를 취하도록 하는 것에 해당하는 역학의 목적은?

II. 질병 자연사와 예방수준

( )월( )일

이아라 **전공보건**

01. 질병의 자연사: 질병의 시작과 끝까지 일렬의 과정(Leavell & Clark)

발병기 이전	발병기
질병에 걸리기 전 상호작용: [질병 병원체] [사람 숙주] 질병유발 촉진제를 생산하는 환경요인	질병의 진행경로 임상경계 / 식별 가능한 초기질병 / 진전된 질병 / 회복기 초기 발병기 (무증상기, 불현성기) / (증상기, 현성기) / 사망·만성질환·불구 숙주와 질병유발 촉진제의 상호작용 회복

02. 질병의 자연사 5단계

1단계	2단계	3단계	4단계	5단계
비병원성기	초기병원성기	불현성감염기	현성감염기	회복기
1차 예방		2차 예방		3차 예방

비병원성기	병원체, 숙주, 환경의 상호작용. 숙주의 저항력, 환경이 숙주에게 유리하게 작용하여 병원체의 숙주에 대한 자극을 극복. <u>건강이 유지되는 시기</u>
초기병원성기	발병기 이전에 병원체의 <u>자극이 시작</u> 숙주의 면역강화로 질병에 대한 저항력이 요구되는 시기
불현성감염기	병원체의 자극에 대한 숙주의 <u>반응이 시작</u>되는 조기의 병적 변화기 전염성 질환은 잠복기에 <u>감염은 되었으나 증상이 나타나지 않는 시기</u>. 비전염성 질환은 자각 증상이 없는 초기 단계
현성감염기	<u>임상 증상이 나타나는 시기</u>
회복기	<u>회복, 불구, 사망에 이르는 시기</u> 질병으로부터의 후유증, 불구를 최소화하고 잔여기능을 최대로 재생시켜 활용하도록 도와주는 단계

Keyword

인간에게 나타나는 질병의 자연사	
병인, 숙주, 환경 요인 간의 상호작용 자극생성	숙주와 자극물의 상호작용 　　　　식별 가능한　　　　　　진전된 초기발병기　　초기병변　　질병　　회복
발병기 이전	발병기

건강증진	건강보호	조기진단과 조기치료	장애의 국소화	재활
• 보건교육 • 생의 발달 단계에 맞는 좋은 영양 수준 • 인성발달 • 적절한 환경 주거, 오락 제공 및 적절한 작업 조건 • 결혼 상담과 성교육 • 주기적인 선택검진	• 예방접종실시 • 개인위생 • 환경위생 • 작업적 위험에서의 보호 • 사고방지 • 특별영양소 섭취 • 암예방 • 알레르기를 일으키는 물질로부터의 보호	• 개별 또는 진단방법을 통한 사례 발견 • 집단검진 조사 • 선택적 검진 목적 • 질병의 진행을 치유하기 위해 • 전염성 질병의 전파를 막기 위해 • 합병증과 후유증을 예방하기 위해 • 장애의 기간을 줄이기 위해	• 질병의 진전을 막기 위한 적절한 치료, 합병증과 후유증을 예방하기 위해 • 장애를 국소화하고 죽음을 예방하기 위한 시설 마련	• 재활훈련 지역사회시설과 병원시설 마련, 남겨진 시설의 최대한 이용을 위한 교육 • 재활을 돕기 위한 공공 및 산업체 교육 • 고용 확대 • 직업소개 • 작업요법(병원) • 집단 거주 시설 활용
1차 예방		2차 예방		3차 예방
예방 단계의 적용 수준				

국시 [21] 다음 지역사회 노인을 대상으로 한 당뇨병 예방관리사업의 예방 단계는?
① 당뇨병 진단 확인
② 처방된 인슐린 투약 관리
③ 건강한 식생활 정보 제공
④ 당뇨환자 자조모임 활성화
⑤ 망막 및 신장 합병증 검사 안내

국시 [20] 지역사회 고혈압관리사업을 실시할 때 예방 단계는?
① 고혈압 치료사업
② 뇌졸중 환자 대상 재활사업
③ 고혈압·당뇨병 등록관리사업
④ 주민 대상 건강생활습관 교육
⑤ 고혈압 환자의 주기적인 혈압측정

03. 예방단계

Keyword

예방수준	예방조치

1차 예방	• 질병 발생을 억제하는 것, 질병의 자연사 단계 중 1, 2단계를 위한 예방
	  – 건강증진: 생활조건 개선, 환경에 대해 적응할 수 있는 체력증진, 생리적 기능향상, 보건지식 습득 등
	  – 건강 보호: 예방접종, 환경개선, 영양 섭취, 안전관리 등 특수대책을 강구하여 건강을 저해하는 인자를 배제
	  예) 규칙적인 운동, 스트레스 관리, 균형 잡힌 식이, 보건교육, 예방접종

2차 예방	• 조기발견과 조기 치료, 질병의 자연사 단계 중 3, 4단계를 위한 예방
	  – 감염질환: 감염기회를 최소화함으로써 질병 전파방지, 치료 기간과 경제력과 노동력의 손실 감소
	  – 비감염 질환: 조기에 발견함으로써 치료 기간 단축, 생존율 증가
	  예) 집단 건강검진 및 조기진단, 현존하는 질환의 치료

3차 예방	• 질병으로 인한 신체적·정신적 손상에 대한 후유증 최소화 • 장애 시 물리치료를 실시하여 신체기능을 회복(의학적 재활) • 기능장애를 최소한으로 경감시키고 남아 있는 기능을 최대한으로 활용하여 정상적인 사회생활을 할 수 있도록 재활 및 직업훈련을 시켜주는 것, • 자연사 단계 중 5단계를 위한 예방 예) 사회 재적응 훈련, 자조집단

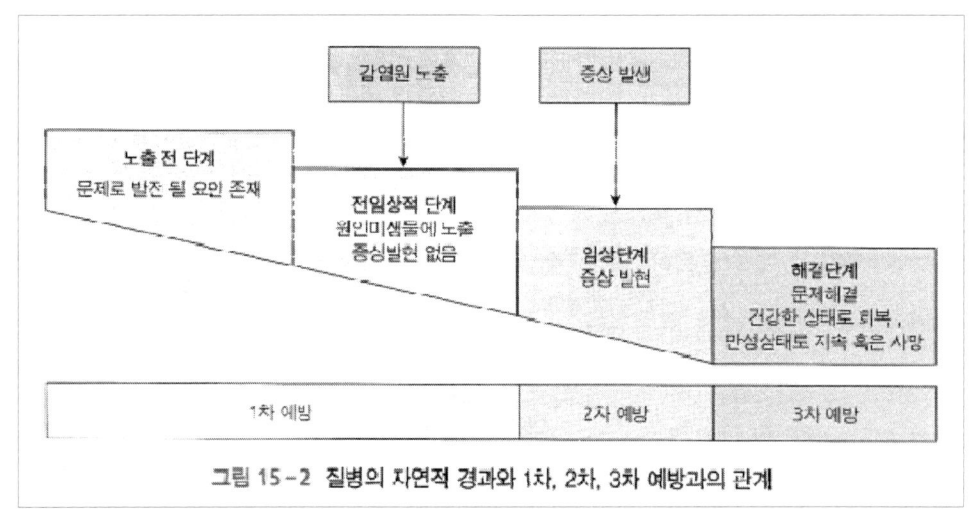

그림 15-2 질병의 자연적 경과와 1차, 2차, 3차 예방과의 관계

Ⅲ 질병 발생 요인   ( )월( )일

이아라 **전공보건**

01 종류

1. 병원체 요인
: 건강문제 발생에 직접 원인이 되는 요인

1) 종류
   ① 물리적 병원체: 열, 과다한 자외선 노출, 방사능
   ② 화학적 병원체: 내인성 화학물질(인체에서 분비되는 물질로 대사 이상 유발),
      외인성 화학물질 (살충제, 음식 첨가물, 빙초산, 양잿물)
   ③ 생물학적 병원체: 바이러스, 박테리아, 리케차, 프로토조아, 메타조아, 진균

2) 생물 병원체의 특성 ◐ 항상 특이한 양 생존 병 감독
   ① 특이성과 항원성
      - 특이성: 한 병원체가 반드시 한 가지의 질병만을 일으키는 성질
      - 항원성: 감염 시 숙주에게 면역을 생기게 하는 면역 특이성
      ㉮ 풍진 바이러스는 풍진 면역만 형성, 수두 감염에는 전혀 면역 기능이 없음
   ② 병원체의 양
      : 침입한 병원체 종류에 따른 병원체의 양은 발병에 큰 영향을 미침
      ㉮ 식중독: 다량의 균/ 장티푸스, 콜레라, 세균성 이질: 소량의 병원체에도 감염이
         잘됨
   ③ 외계에서의 생존능력
      : 숙주에서 탈출하여 외계에서 생존할 수 있는 능력
   ④ 감염력 ◐ 감감수감
      : 병원체가 숙주에 침입하여 알맞은 기관에 자리 잡고 균의 증식을 일으키는 것
        병원체가 숙주 내에 침입 증식하면 면역 반응을 일으키게 하는 능력
        감염을 성공시키는데 필요한 최저 병원체 수
      ㉮ 콜레라는 장티푸스보다 적은 수로도 감염시킬 수 있어 감염력이 높다.

Keyword

$$감염력 = \frac{감염자수(불현성\ 감염자수\ +\ 현성감염자\ 수)}{감수성자\ 총수(N)} \times 100$$

$$\frac{A+B+C+D+E}{}$$

$$이차\ 발병률 = \frac{잠복기간\ 중\ 발병자\ 수}{일차환자에\ 노출된\ 감수성자\ 수} \times 100$$

(감수성자: 감염 과거력이 없거나, 예방접종을 받지 않은 사람)

⑤ 병원력(발병력) ⓒ 병 감염 발
: 병원체가 임상적으로 질병을 일으키는 능력. 감염된 숙주 중 현성 감염을 나타내는 수준

$$병원력 = \frac{발병자\ 수(현성감염자\ 수)\ (B+C+D+E)}{감염자수(A+B+C+D+E)} \times 100$$

⑥ 독력 ⓒ 독발중사, 치 발사
: 임상적 증상을 발현한 사람 중 매우 심각한 정도를 나타내는 수준

$$치명률 = \frac{사망자수(E)}{발병자수(B+C+D+E)} \times 100$$

$$독력 = \frac{중환자수(D)\ +\ 사망자수(E)}{발병자수(B+C+D+E)} \times 100$$

* 총감수성자(N)

감염				
불현성 감염(A)	현성감염(B+C+D+E)			
	경미한 증상B	중등도 증상(C)	심각한 증상(D)	사망(E)

* 감염병에서 감염력, 병원력, 독력의 상대적 강도

구분	감염력	병원력	독력
정의	가족 내 발단자와 접촉하여 감수성자 중 감염자 수	전체 감염자 중 발병자 수	전체 발병자 중 중증 환자 (후유증 또는 사망자) 수
높다	두창, 홍역, 수두, 폴리오	두창, 광견병, 홍역, 수두, 감기	광견병, 두창, 결핵, 한센병
중간	풍진, 유행성 이하선염	풍진, 유행성 이하선염	폴리오
낮다	결핵, 한센병	폴리오, 결핵, 한센병	홍역, 풍진, 수두, 감기

3) 감염의 단계

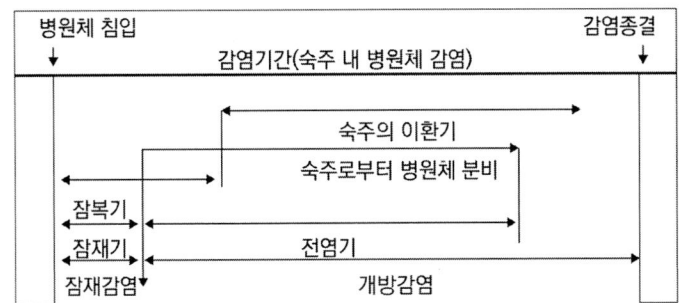

① 잠재기: 인체에 병원체가 침입해 인체 내에 머무르는 시기
② 잠복기: 병인의 침입에서부터 병원체가 증식하여 질환에 대한 증상이 생기기 전까지
③ 잠재감염: 병원체가 인체 내에 침입되어 감염되었으나 환자의 기도분비물, 분변, 혈액, 조직 등에서 병원체를 발견할 수 없는 상태
④ 전염기: 잠재기간이 끝나 병인을 체외로 내보낼 때까지

2. 환경요인

① 물리적 환경: 지형학, 기후, 주거, 기후, 일기, 계절, 물 등
② 사회경제적 환경: 인구밀도, 지연자원, 의료보장제도, 도시화정도, 정치, 과학의 발달
③ 생물학적 환경: 모든 생물, 건강에 중요한 미생물과 병원체, 질병 전파 매개물, 병원소

3. 숙주요인

: 유전적 요인과 외부 환경과의 상호작용으로 결정

1) 종류
① 생물학적 요인: 연령, 성, 종족 . 감염에 대한 숙주의 감수성
② 체질적 요인: 선천적, 후천적 저항력, 건강상태, 영양상태
③ 생활형태 요인: 생활습관, 직업, 개인위생

2) 숙주의 감수성과 면역
① 감수성: 병원체에 의해 숙주가 영향받는 정도
  - 정상 방어기전이 깨지면 감염에 대한 감수성이 증가, 예방접종을 통한 면역으로 감수성 감소
② 숙주면역력: 숙주의 저항력,
  - 특이적 면역(특정 병원체에만 방어할 수 있는 저항력
    ㉠ 질병, 백신주사로 몸에 항체가 생성되는 경우) 과 비특이적 면역(여러 병원체에 공통적으로 작용하는 비특이적 저항력
    ㉠ 피부나 점막을 통한 방어)으로 구분

3) 집단면역

: 인구집단의 면역상태로 지역사회에 병원체 침입하여 전파하는 것에 대한 집단의 저항성.

① 면역을 가진 인구비율이 높은 경우 감염자와 감수성자가 접촉할 수 있는 기회가 적어져 감염재생산자수가 1보다 작아짐. 즉, 질병 유행이 일어나지 않고 소멸하는 것

② 백신 접종은 개인의 감염 예방과 동시에 공중보건이라는 측면에서 집단면역을 높이는 데 주요한 목적이 있음

[백신으로 예방할 수 있는 질병의 집단면역 수치]

질병	전파	RO	집단면역수치
디프테리아	침, 타액	6-7	85%
홍역	공기전염	12-18	92~94%
이하선염(볼거리)	공기 및 비말	4-7	75~86%
백일해	공기 및 비말	12-17	92~94%
폴리오	분변-경구로	5-7	80~86%
Rubella(풍진)	공기 및 비말	5-7	80~85%
smallpox(수두)	공기 및 비말	6-7	83~85%

* 집단면역 수준(%) = 면역체(저항성)를 가진 자/총인구수 × 100%
* 한계밀도: 유행이 일어나는 집단면역의 한계치
* 기본(기초)감염 재생산수(Ro): 어떤 집단의 모든 인구가 감수성이 있다고 가정할 때 단 한명의 감염병 환자가 감염 가능기간동안 직접 감염시키는 2차 감염자의 수

(Ro) = 2차 감염자수 / 전체 접촉자 수

* 감염재생산수(R): 한 인구집단 내에서 특정 개인으로부터 다른 개인으로 질병이 확대되어 나가는 잠재력

> (R) = RO - pRO
> RO: 기본감염재생산수, P: 집단면역수치, R: 2단계 감염자수
>
> 〈해석〉
> R<1: 질병의 유행이 일어나지 않고 사라지게 된다.
> R=1: 풍토병이 된다.(지역사회에 일정 수 유지)
>   (R=1 또는 1이하일 때 풍토병이 되거나 전파가 예방된다.)
> R>1: 질병의 유행이 일어난다.

[공무원 기출]

1. 모든 사람이 A질병에 감수성을 가진 어떤 마을에 A질병에 걸린 사람이 평균적으로 직접 감염 시키는 사람수가 10명이었다. 이 후 마을 사람들 중 90%가 예방접종을 받아 면역이 생겼다고 할 때, 3세대 감염자수는 몇 명인가?

답: 1명

2. 어느 지역의 A질병 집단면역이 0%일 때, 두 번째 단계에서 1명이 2명으로, 세 번째 단계에서 2명이 4명으로, 4번째 단계에서 8명으로 전파된 경우, 이 후 마을 사람들 중 50%가 예방접종을 받아 면역이 생겼다고 할 때, 네 번째 단계에서 질병에 걸린 사람의 수는 몇 명인지 쓰시오.

답: 1명

3. A요인 폭로군에서의 B질병 발생률은 20%이고, A요인에 폭로되지 않은 군에서의 B질병 발생률은 5% 이다. B 질병에 대한 A 요인의 귀속위험도(attributable risk)는?

답:
귀속위험도= 폭로군의 질병발생률−비폭로군의 질병발생률 = 20%−5%=15%=0.15
상대위험도 = 폭로군의 질병발생률/비폭로군의 질병발생률 = 20%/5%=4

4. 다음 그림은 어느 한 집단에서 질병의 유형을 도식화 한 것이다. 예를 들어 최초 환자 A가 2명에게 전파하고, B와 C가 각각 3명과 2명에게 전파한 뒤, 각 감염자들이 0~2명 씩 전파하였다. 이런 유형에서 기초감염재생산자수는 모두 몇 명인가?

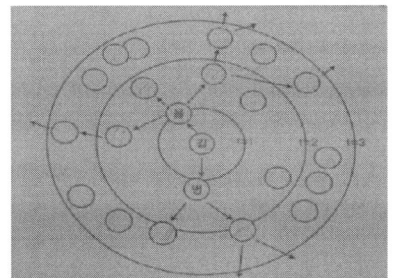

답: 2차 감염자수 16/전체 접촉자수 11 = 1.45명

02. 역학모형(요인들간 관계)

Keyword

1. 생태학적 모형(John Gorden 지렛대 이론)
: 질병은 <u>숙주, 환경, 병원체 세 요인</u> 사이에 상호관계
   건강은 숙주-병인-환경 변인이 평형상태를 유지할 때 가능

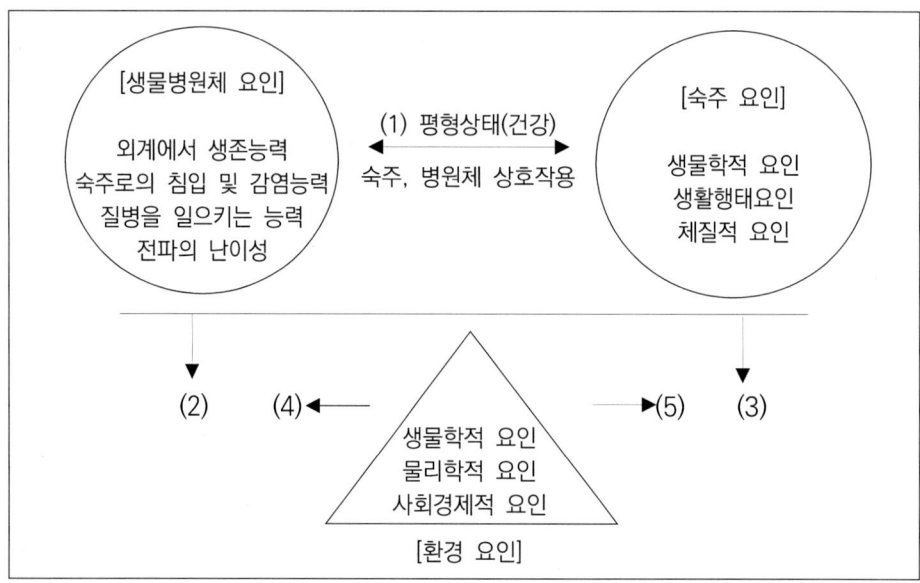

[생태학적으로 본 질병 혹은 유행의 발생기전]

1) 지역사회 내 유행이 발생하지 않은 경우, 세 요인이 평형을 이룬 경우
2) <u>병원체 요인에 변화가 있을 때</u>
   (인플루엔자 등 바이러스가 항원변이를 일으켜 감염력 병원성이 증가되는 경우)
3) 개인, 집단 면역수준이 떨어져 <u>숙주의 감수성이 증가</u>하는 경우
4) <u>환경이 숙주의 감수성을 증가시키는 방향</u>으로 변화한 것
   (기근으로 인한 영양불량, 대기오염이 상기도 감염 촉발)
5) <u>환경이 병원체에 유리한 방향</u>으로 변화했을 경우(홍수, 지진, 화재)
* 한계: 질병발생 원인인 병원체를 명확하게 알고 있는 <u>감염병 설명에는 적합</u>
         선천성 질환 등 <u>유전적 소인이 있는 질병</u>이나 병인이 불분명한 <u>비감염성 질환</u>
         발생 설명에는 부적절

2. 수레바퀴 모형

: 숙주-환경의 상호작용에 의해 만성병이 발생하는 것을 설명하는 모형
수레바퀴 모형은 질병 발생에 관여하는 원인 요소들(다요인)의 기여 정도에 중점

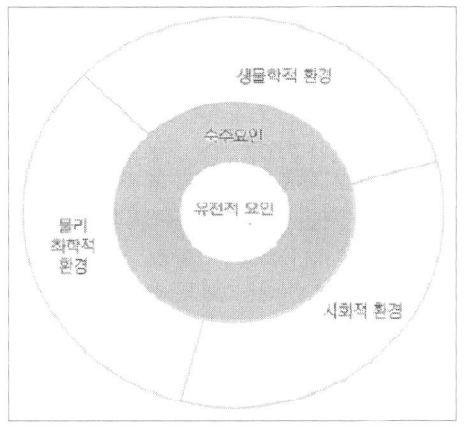

* 특징
    ① 인간은 유전적 소인을 갖고 있으며, 서로 다른 유전적 소인으로 인하여 질병이 발생
    ② 인간을 둘러싼 환경(생물학적, 물리적, 사회경제적)은 인간에게 만성병 발생원인 제공
    ③ 질병에 따라 하나 또는 둘 이상의 환경이 복합적 작용하여 질병을 일으키기도 한다. 질병의 병인을 강조하지 말고 다요인적 병인 확인 필요성
    ④ 다른 모형과는 달리 병원체 요인을 배제하고 질병 발생을 설명

* 강점
    ① 유전적 소인에 의한 질병 발생 설명
    ② 만성병 발생원인을 인간을 둘러싼 환경(생물학적, 물리적, 사회경제적)적 요인으로 설명
    ③ 질병의 병인을 강조하지 않고 다요인적 병인 설명
    ④ 다른 모형과는 달리 병원체 요인을 배제하고 질병 발생을 설명

3. 거미줄 모형(MacMahon), 원인망 모형

: 만성병은 사람의 내·외부 여러 환경에 얽히고 연결되어 발생됨을 설명하는 모형
병인-숙주-환경을 구분하지 않고 모두 질병발생에 영향을 주는 요인으로 파악하며 많은 원인요인 중 몇 가지를 제거하면 질병 예방이 가능하다는 것을 보여줌

* 특징
  ① 질병의 예방대책 수립 및 비감염성 질환 예방 및 이해에 효과적인 모형
  ② 병인, 환경, 숙주를 구분하지 않고 모두 질병 발생에 영향을 미침
  ③ 여러 가지 복잡한 원인들을 차단하거나 1차 원인과 가장 가까운 곳을 단절하면 질병 예방 가능

* 강점
  ① 만성병 발생 원인을 내·외부 여러 환경의 연결과 함께 설명
  ② 병인-숙주-환경을 구분하지 않고 다요인적 병인 설명
  (많은 원인요인 중 몇 가지를 제거하면 질병 예방 가능)

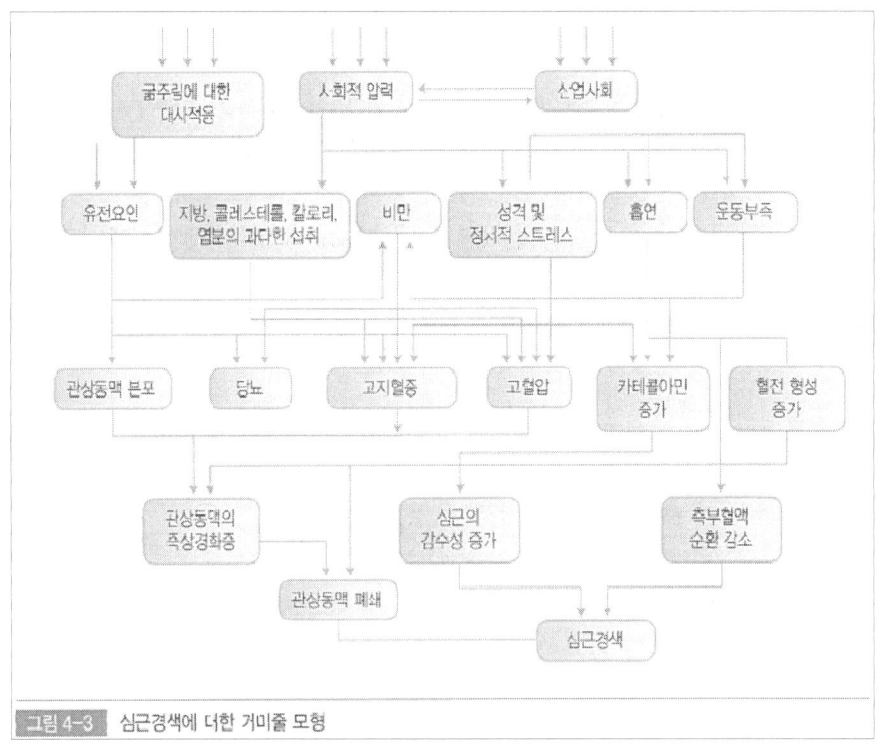

그림 4-3 심근경색에 대한 거미줄 모형

03. 질병의 역학관리(감염 경로)

1. 감염성 질병의 역학

1) 개념

① 감염: 미생물이 숙주 내로 침입하여 적당한 기관에 자리 잡아 증식하는 상태
  - 병원체가 감수성 있는 숙주에 침입한 결과 나타나는 질병
② 현성감염: 감염결과 숙주의 정상적 생리 상태를 변화시켜 이상 상태를 나타내는 것, 증상의 발현
③ 불현성 감염: 증상 없이 면역만 생기는 감염
  * 중요성
    - 불현성 감염자의 수가 현성 감염자보다 많아 질병의 규모, 양상 파악이 곤란
    - 증상이 없어 전염성 질환 전파가 크고 용이함
    - 숙주의 부분적 면역 획득으로 재감염 시 위중한 상태 방어 가능
    - 지역사회의 집단면역 수준의 증가
④ 전염병: 감염병 중 감염력이 강하여 소수의 병원체로 쉽게 감염되고 사람에게서 사람으로 전파력이 강한 감염성 질병
⑤ 감염병: 병원체의 감염으로 인해 질병이 발병된 상태
⑥ 집락: 미생물이 숙주 내에서 존재하고 성장하지만 인체조직 침입이나 해를 미치지 않는 것
⑦ 병원 감염(의료기관 획득 감염→의료 관련 감염): 입원 당시 감염이 없거나 잠복기가 아니었다가 입원 이후 발생한 경우 (예방법: 손위생, 무균법)
⑧ 지역획득 감염: 입원 당시 이미 감염이 있었던 경우
⑨ 멸균: 아포 등 모든 형태의 미생물을 완전히 제거하고 파괴시키는 것
⑩ 소독: 감염을 일으킬 수 있는 병원성 균만을 주로 사멸 또는 제거하는 것.
  - 세균의 아포와 같은 형태는 제거하지 못한다
⑪ 방부: 병원성 미생물의 발육과 작용을 저지 또는 정지시키는 것

국시 [19] 다음 중 숙주와 병원체 접촉에 의한 상호 반응의 결과로 불현성감염을 유발할 가능성이 높은 작용 요인은?
① 다량의 병원체
② 부적절한 침입로
③ 숙주의 면역결여
④ 숙주의 높은 감수성
⑤ 병원체의 낮은 병원력

2) 병원체와 숙주의 상호반응

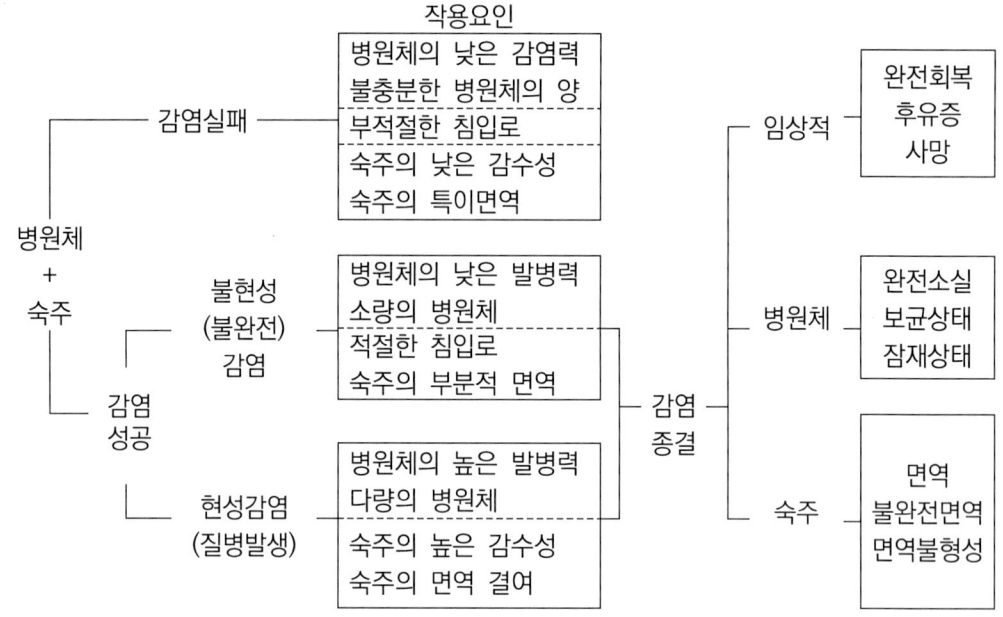

3) 감염성 질병의 발생과정 ⓒ 체소 탈출 파 침입 숙주

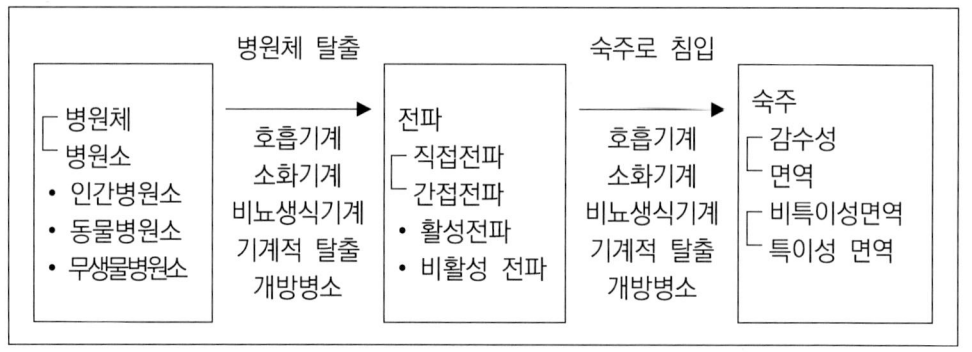

* 감염병 발생과정 6단계(감염 고리)

병원체 → 병원소 → 병원체 탈출 → 전파 → 숙주로 침입 → 숙주의 감염

감염 고리 중 한 부분이 끊어지면 새로운 감염은 발생하지 않는다.

① 병원체: 감염질환 1차 원인
  - 생물병원체
   : 박테리아(콜레라, 장티푸스, 디프테리아, 나병, 성병 등)
     바이러스 (소아마비, 일본뇌염, 홍역, 이하선염)
     리케치아(발진티푸스, 발진열), 진균(무좀)

프로토조아(아메바성 이질, 말라리아)
메타조아(회충, 십이지장충)
- 세균성병원체
  : 연쇄상 구균(성홍열, 인후통, 류머티즘성 열, 심장병) 폐렴구균(폐렴), 포도상 구균(피부염), 살모넬라균(장티푸스, 살모넬라식중독)
  매독균(매독), 결핵균(결핵), 디프테리아균(디프테리아) 리케차(발진티푸스)
  바이러스(홍역, 인플루엔자 감기, 수두, 풍진, 소아마비), 곰팡이균(무좀)
  이질아메바(급성 이질, 간농양), 말라리아 원충(간헐적 발열, 만성 빈혈)

② 병원소
  : 병원체가 생활, 증식하며 계속해서 생존하면서 다른 숙주에게 전파될 수 있는 상태로 저장되는 장소. 필수요소 병원체가 생존 및 증식을 할 수 있는 장소와 영양소가 있을 것
  - 인간병원소: 인간에서 인간으로 전파되는 양상 (예) 현성감염자, 불현성감염자, 보균자
  - 건강보균자: 불현성 감염과 같은 상태로 증상이 없으면서 균을 보유하고 있는 상태(B형 간염)
  - 잠복기 보균자: 증상이 나타나기 전에 균을 보유하고 있는 상태(호흡기 감염성 질환)
  - 회복기 보균자: 회복기에 균을 보유하고 있는 상태(위장관 감염병 질병, 세균성 이질)
  - 만성 보균자: 균을 오랫동안 보유하고 있는 상태(장티푸스, B형 감염)
  - 동물병원소: 병원체가 동물과 인간 모두 질병, 인수공통 질병
    예) 결핵(소, 돼지, 새), 일본뇌염(돼지 조류, 뱀), 광견병(개, 고양이, 기타 야생동물), 황열(원숭이)
  - 무생물병원소: 흙, 먼지는 무생물이면서 병원소 역할(흙: 파상풍, 탄저병)

③ 병원소로부터의 병원체의 탈출
  - 호흡기로부터 탈출: 대화, 기침, 재채기(결핵, 감기, 홍역, 디프테리아)
  - 소화기로부터 탈출: 토물, 분변 (장티푸스, 콜레라, 폴리오)
  - 비뇨생식기 탈출: 혈액성 병균이 소변, 성기, 점막 통해 탈출(성병, 임질)
  - 기계적 탈출: 주사기, 동물매개체를 통해 직간접으로 탈출(뇌염, 간염 등)
  - 개방 병소: 병소를 통해 직접 배출 (나병, 종기, 트라코마)

④ 전파방법: 탈출한 병원체가 새로운 숙주에 옮겨지는 과정
  - 직접전파: 병원체가 매개체 없이 숙주에서 다른 숙주로 직접 옮겨지는 과정
  - 간접전파: 중간매개체를 통해 숙주에게 전파되는 과정
  - 기계적 전파: 생물에 의해 병원체가 다른 숙주에게 전파되는 경우
  - 생물학적 전파: 병원체가 매개생물 내에서 증식 혹은 발육 과정을 거친 후 전파되는 경우

Keyword

표 3-2 주요 감염병의 탈출, 전파, 침입의 예

탈출	전파	침입	감염병
기도 분비물	직접전파(비말), 공기매개전파(비말핵), 매개물(옷, 침구 등)	기도	결핵, 홍역, 디프테리아, 인플루엔자
분변(feces)	음식, 파리, 손, 개달물	입	장티푸스, 소아마비, 콜레라, A형 간염
혈액	주사바늘	피부	AIDS, B, C형 간염
	흡혈절족동물		말라리아, 일본뇌염, 황열, 뎅기열
병변부위 삼출액	직접전파(성교, 손)	피부, 성기점막, 안구점막 등	단순포진, 임질, 매독

출처: 지방행정연수원 & 질병관리본부, 2016년도 공통교재, 역학 및 감염병관리; 2016

표 3-3 생물학적 전파의 종류와 감염성 질병

종류	특징	감염성 질병(매개전파체)
증식형(propagative T.)	· 단순히 병원체의 수만 증가	· 페스트(쥐벼룩), 일본뇌염(모기), 황열(모기)
발육형(cyclo-development T.)	· 병원체가 발육만 함	· 사상충증(모기)
증식발육형(cyclo-propagative T.)	· 병원체가 증식과 발육을 함께함	· 말라리아(모기), 수면병(파리)
배설형(fecal T.)	· 곤충의 위장관에 증식하여 대변과 함께 나와 숙주의 상처를 통해 전파됨	· 발진티푸스(이), 발진열(쥐벼룩)
경란형(transoval T.)	· 병원체가 충란을 통해 전파하는 경우	· 재귀열(진드기), 록키산 홍반열(진드기)

자료원: 이정렬, 역학과 건강증진, 수문사; 2017

직접전파	직접접촉	피부접촉 점막접촉 수직감염 교상	피부탄저, 단순포진 임질, 매독 선천성 매독, 선천성 HIV감염 공수병
	간접접촉	비말	인플루엔자, 홍역
간접전파	무생물매개 전파	식품 수인성(물) 공기(비말핵) 개달물(환자사용물건)	콜레라, 장티푸스 콜레라, 장티푸스 수두, 결핵 세균성 이질
	생물매개 전파	기계적 생물학적	세균성이질, 살모넬라증 말라리아, 황열

* 감염고리(감염 회로)
  ① 의미: 감염은 감염 회로가 완성될 때 발생. 예방은 감염 회로 고리를 끊을 것
    - 구성요소: 감염원(병원체), 저장소, 탈출구, 전파방법, 숙주의 침입구, 감수성 있는 숙주

Keyword

* 주요 매개생물과 관련된 감염병

매개생물	주요 감염병
모기	말라리아, 사상충증, 일본뇌염, 황열, 뎅기열
쥐	렙토스피라증, 살모넬라증, 라싸열, 신증후군출혈열
쥐벼룩	페스트, 발진열
진드기류	재귀열, 쯔쯔가무시증
이	발진티푸스, 재귀열

문제 [93] 곤충이 매개하는 전염병 중에서 이에 의한 것은?
① 페스트 ② 발진열 ③ 파라티푸스 ④ 발진티푸스

⑤ 새로운 숙주에의 침입
: 병원체에 따라 침입 경로가 정해져 있음(탈출 경로 = 침입 경로)
⑥ 새로운 숙주의 감수성과 면역

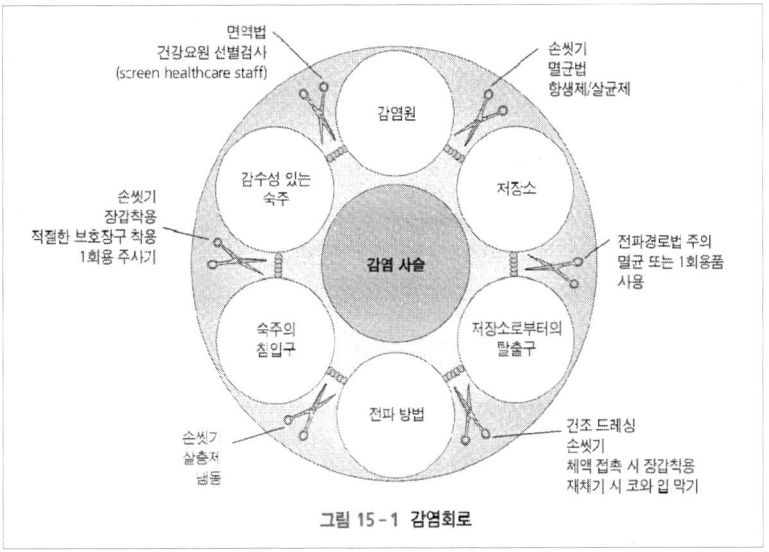

그림 15-1 감염회로

면역 형태	획득방법	면역기간
자연적		
능동면역	항원과 자연적인 접촉으로 감염	일시적 혹은 영구적
수동면역	태반(IgG), 모유 수유(IgA)를 통해	일시적
인공적		
능동면역	항원을 접종	일시적 혹은 영구적
수동면역	항체나 항독소 접종	일시적

Keyword

4) 감염 단계

잠복기	전구기	발병기	회복기
병원체에 의해 신체가 침범되어 감염 증상이 나타나기까지 기간	초기질병 징후, 증상은 막연. 비특이적, 피로, 권태, 미열 대상자가 전염병 보균자 인식 없어 확산	특이한 징후와 증상발현 시기	감염에서 회복되는 시기

5) 감염 간호 수행

* 내과적 무균법: 감염 회로를 끊는 것
① 손위생: 손씻기(장갑은 대체 못함), 소독손씻기, 소독손마찰, 외과적손소독
② 소독과 멸균

여과법	• 공기나 액체 속 미생물을 열, 화학약품을 사용하지 않고 여과기를 이용하여 세균을 제거하는 방법. 고성능 필터 사용해 공기 중 먼지, 미생물 제거
소각법	• 불에 태워 병원체를 없애는 방법, 가장 완전한 방법
자비 소독법	• 100℃에서 10~20분간 끓이는 것 • 아 포형성균과 간염바이러스를 제외한 모든 병원균이 파괴
자외선 소독	• 전자기의 낮은 에너지 형태로 미생물의 세포 파괴. • 실내 공기와 표면의 미생물을 파괴시키는 목적으로 사용
건열법	• 건열멸균기 사용, 160~170℃ 열에서 1~2시간 정도 멸균. • 증기나 습기가 있으면 안되는 물품(파우더) 소독 시 이용
고압증기 멸균법	• (외과적 무균법) 고압증기 형태의 습열로 아포를 포함한 모든 미생물을 파괴하는 물리적인 방법. 멸균 효과 크고 관리 방법 편리. 무독성, 경제적 • 120~130℃, 3기압 3의 압력에서 4분간 멸균, 30분간 건조

* 마스크
① 기능: 대상자 호흡기계에서 나온 미생물이 타인의 호흡계로 흡인되는 것뿐 아니라 의료인 호흡기계로부터 미생물이 탈출하는 것 예방
② 유형 (cdc 지침서)

HEPA 필터 마스크 또는 N95 마스크	• 결핵 의심, 대상자 방에 들어갈 때 (N95: 공기 중 미세과립의 95% 이상을 걸러주고 N은 기름성분에 저항성이 없다는 의미(not resistant to oil)) • N95 마스크 필터는 유입되는 공기를 거르기 때문에 공기매개 주의가 요구되는 대상자 간호 시 착용
외과용 마스크	• 내쉬는 공기만 거르는 용도 • 공기, 비말 전파주의 대상자 이동 시 타인 보호 위해 착용

Keyword

* 격리지침

표준주의	모든 대상자에게 적용

- 모든 혈액, 체액(땀 제외), 완전하지 않은 치부와 점막에 적용
- 손 위생, 장갑 착용 마스크, 보안경 착용, 가운,
- 기구 세척 및 소독, 오염된 세탁물 접촉 주의, 오염된 기구, 주사 바늘 관리,
- 반드시 1인실을 사용할 필요는 없다.
- 호흡기 기침 에티켓(외과용 마스크 착용)

전파경로별 주의		
분류	질병	방어벽 보호
공기주의	• 비말핵 크기 5마이크론 이하 시 • 홍역, 수두, 파종성 대상포진, 활동성 결핵	• 음압 1인 격리실 • HEPA 필터로 최소한 6~12회/h 공기 교환. N95 마스크,사용 • 가능한 환자이동 제한, 환자 이동 시 외과용 마스크 착용
비말주의	• 비말핵 크기 5마이크론 이상 시 • 대상자와 1m 이내 전파 • 디프테리아, 풍진, 연쇄알균 인두염, 폐렴, 성홍열, 백일해, 이하선염, 마이코플라즈마 폐렴, 뇌수막구균 폐렴 및 패혈증 폐페스트	• 1인실 혹은 동일환자 집단 병실 • 대상자와 1m 이내에서 외과용마스크 사용 • 가능한 환자이동 제한, 환자 이동 시 외과용 마스크 착용
접촉주의	• 대상자나 환경과 직접 접촉 • 다제내성 균주에 의한 감염, 집락 • 밀폐안된 상처 배액이 있는 경우 • 옴	• 1인실 혹은 동일환자 집단 병실 • 코호트 환자, 장갑, 가운 등 개인 보호구 사용 • 격리카트(혈압계, 청진기, 체온계) 비치
보호환경	• 동종조혈모세포 이식 대상자	• 양압 1인실 • HEPA필터로 12회/h 공기 교환 • 호흡기 마스크, 장갑, 가운 사용

국시 [20] 신종인플루엔자의 전파를 차단하기 위한 방법은?
① 마스크 착용 ② 매개동물 박멸 ③ 깨끗한 식수 공급
④ 위생적인 음식 제공 ⑤ 기피제 처리를 한 의복 착용

Ⅳ 역학 연구방법

( )월( )일

이아라 **전공보건**

01. 개념

: 인간집단의 건강과 관련된 여러 현상의 빈도나 분포가 어떤 요인과 관련이 있는지 확인해가는 과정. 인과성과 원인을 밝히는 과정

- 원인적 연관성: 한 사상의 양, 질이 변하면 뒤따르는 사상의 양, 질에도 변화가 있는 관계
- 비원인적 연관성: 두 개의 사상 사이에 제3의 변수가 끼어들어 마치 두 개의 변수 간에 인과관계가 있는 것처럼 보이는 것

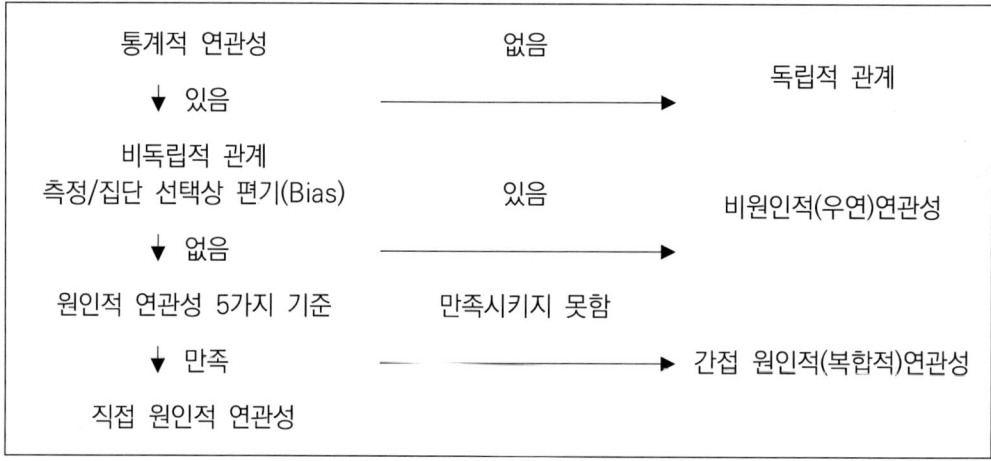

[원인적 연관성에 대한 역학연구 결과해석]

02. 확정조건 🎯 특강일시 공

Keyword

* 코흐의 가설
: 병인과 질병의 병인론을 정립하는 과정에서 특정 균과 감염성 질환 사이의 인과관계를 판단하기 위해 충족해야 하는 조건을 주장

구분	내용
1	동일 질환을 가진 각 환자 모두로부터 동일 세균이 발견되어야 한다.
2	그 세균은 분리되어야 하고 순수배양에서 자라야 한다.
3	감수성 있는 동물에게 그 순수 배양된 세균을 접종하면 동일 질병이 발생해야 한다.
4	그 세균은 실험적으로 발병하게 한 동물로부터 다시 발견되어야 한다.

1) **시제의 정확성(시간적 선후관계)**: 질병발생(결과)보다 원인적 요인에의 폭로가 반드시 선행될 것

2) **연관성의 강도(통계적 연관성의 강도)**: 비교위험도로 측정, 비교위험도가 클수록(연관성이 강할수록) 원인적 연관성일 가능성이 큼. 통계적 연관성

3) **기존 지식과의 연관성의 일치도**: 통계적 연관성이 있는 경우 이미 확인된 지식소견과 일치할 경우 (밑줄은 맥마흔의 3가지 기준)

4) **연관성의 특이도**: 요인에 폭로되었을 경우 질병발생을 추정할 수 있을 만큼의 특이성 필요. 결과의 예측가능성

5) **생물학적 공통성(생물학적 설명가능성)**: 역학적으로 관찰된 두 변수 사이의 연관성을 분자생물학적인 기전으로 설명 가능하거나 동물실험이 증명되면 연관성이 강화, 합리적 생물학전 기전 필요
   (1)~(5) 까지는 미국 공중보건사업위원회의 5가지 기준

6) **특이성**: 어떤 요인이 특정 질병에는 관련을 보이나 다른 질병에는 관련을 보이지 않는 경우 인과관계의 가능성이 높아짐

7) **생물학적 발생 빈도**: 질병 발생률은 요인에 대한 폭로의 양이나 기간 상관성의 양 반응 관계

8) **일관성(신뢰성)**: 폭로요인과 질병의 관계가 반복하여 같은 결과를 나타내는 경우. 즉, 다른 연구, 다른 지역, 다른 집단에서도 같은 결과가 입증되어야 함

9) **실험적 증거**: 실험적 연구를 통해 연관성 변동이 관찰되면 원인 가능성 증가
   (1)~(9) 힐(hill)의 9가지 기준

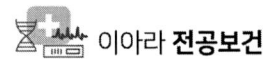

03. 역학연구과정

Keyword

1. 간호과정과 역학적 과정 비교

간호과정	역학적 과정

사정
(지역사회 주민의
문제를 알아내기
위한 자료수집)
	1단계: 문제의 양상, 범위, 전망을 결정
	1) 상태의 자연사
	2) 상태의 영향요인
	  (1) 병인(근원적 자료): 기생충, 세균, 바이러스 등, 생물학적 요인, 영양학적 요인. 정신 사회적 요인, 물리적, 화학적 요인
	  (2) 숙주
	  (3) 환경
	3) 분포양상: 사람, 지역, 시간
	4) 상태빈도: 유병률, 발병률, 생정통계 측정치

분석(간호진단 또는 가설의 공식화)	2단계: 임시적 가설의 공식화 3단계: 가설검정을 위한 구체적 자료를 수집, 분석
계획	4단계: 통제 계획
수행	5단계: 통제계획의 이행
평가	6단계: 통제계획 평가
수정 또는 종결	7단계: 적절한 보고서를 작성
연구	8단계: 연구 수행

2. 연구단계

진단확인-유행확인-유행특성기술-가설설정-감염원 전파기전 확인-감염 위험집단의 확인-보고

1) **유행의 발생과 그 크기에 대한 확인**
   : 질병감시체계를 통해 기본적 발생상황을 기준으로 질병의 현황을 파악(모니터링)
   집단발생이 토착성 발생수준 이상의 환자가 발생할 때 우선 의심
   [환자 발생 정확히 파악 – 동일질병여부 확인 – 진단확진 시 유행여부 판단 – 유행의 크기, 규모 추정을 통해 신속 긴급조치 여부 암시]

2) **유행 질환의 역학적 특성 파악**
   - 시간적 특성: 일별, 주별, 월별, 계절별로 사건의 빈도분포 양상을 보는 것
     발병일별 빈도 분포(유행곡선) 그림을 통해 폭로의 단일성(단일봉), 2·3차 전파 확인
   - 지역적 특성: 발병일시, 환자 특성을 지점도(spot map)를 그려 지역특성별 분포를 확인. 유행의 원인, 감염원, 감염경로의 정보 제공 예) 풍토병 확인
   - 인적 특성: 감염병의 성별, 연령별 분포, 발생률 파악은 감염원과 경로 짐작에 도움

3) 유행원인에 대한 잠정적 <u>가설설정</u>

: 역학적 특성을 기술하기 위한 역학조사 과정에서 얻은 정보를 토대로 가장 가능성이 높은 병원체, 병원소, 감염원, 전파양식 등에 대한 가설을 세움

4) 분석 역학적 방법을 이용한 <u>가설 검증</u>

: 설정된 가설 증명을 위해 의도적으로 설계된 연구방법을 구사하여 원인 또는 전파양식을 밝혀내는 것(단면조사, 환자 대조군 연구, 폭로-비폭로 연구(코호트 연구) 실시)

5) <u>관리대책수립</u>

: 병원체의 특성, 폭로위험이 높은 집단의 특성 및 감염원 등을 근거로 구체적인 예방과 관리방법을 결정하여 수행하는 것
관리방법의 효과를 평가하여 병원체 및 전파경로에 대한 가설 확증

6) 유행결과에 대한 보고서 작성

: 유행조사 결과 얻은 결과, 업무 수행시 얻은 체험 등이 타연구에도 참고가 되도록 작성

국시 [94] 〈보기〉는 전염병 관리의 효과적인 수행을 위하여 그 유행조사를 실시한 내용이다. 그 조사실시를 위한 가장 바람직한 순서는?

〈보 기〉
㉠ 진단의 확인
㉡ 병원체의 전염원 파악과 전파기전 확인
㉢ 유행 여부의 확인
㉣ 유행의 특성 기술
㉤ 감염 위험 집단의 확인

국시 [21] 설사 환자가 집단으로 발병하여 역학조사를 하려고 할 때 지역사회간호사가 가장 먼저 해야 할 일은?

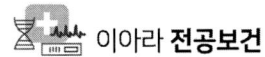

04. 역학 연구 설계

Keyword

	기술역학	단면연구	환자-대조군연구	코호트 연구
연구 대상	지역사회주민 병의원 환자	일반인구 표본	이미 발병환자와 대조군	의심요인에 폭로 - 비폭로 집단
주요 목적	보건문제 현황 파악, 질병원인에 대한 가설유도	원인규명 - 특정질환과 요인 간의 연관성	원인규명 - 각 군의 요인 폭로비율의 비교	원인규명 - 폭로군, 비폭로군의 발생률 비교
필요한 정보	인구동태자료, 상병조사자료, 병의원 통계자료, 사망자료	동일시점에 특정질환 원인으로 의심되는 요인에의 폭로 여부	발병 이전 의심요인에 얼마나 폭로되었는지 여부	일정기간 추후 조사하여 이들 각 군에서 발생하는 환자
장점	• 기존자료 이용 • 단시간 내에 결과를 얻을 수 있다. • 비교적 비용이 적게 든다.	• 일반인구 표본으로 이를 대표함 • 유병률 파악 • 자료의 정확도 높음 • 비용, 시간의 경제성 • 질병의 자연사나 규모를 모를 때 첫 번째 연구로 시행 • 지역사회 보건사업의 우선순위를 정하는데 도움	• 여러 개의 가설을 동시에 시험 • 시간, 경비, 노력의 경제성 • 자료 얻기가 용이 • 희귀 질병, 잠복기 긴 질병 연구 가능 • 관련된 여러 요인 동시 조사 가능	• 발병률 산출 가능 • 수집된 정보 편견 적다 • 인과관계의 질적 확인 • 질병진행의 전과정 관찰 가능 • 위험요인 노출수준을 여러 번 측정 가능 • 선후관계 분명 • 노출과 많은 질병 간 연관성 관찰 가능 • 위험요인 노출이 드문 경우 연구도 가능
단점	• 자료의 정확도 문제 • 방대한 자료 분석 • 시간적 선후관계의 오류 발생 가능 • 생태학적 오류 • 발생의 가능성	• 표본규모가 커야 함 • 시간성 속발성 확인 곤란 • 복합요인들 중 원인에 해당하는 요인 발견 곤란 • 유병률이 낮은 질병, 노출률이 낮은 요인 연구 곤란 • 높은 치명률의 질병연구에는 부적합	• 발병 후 관찰로 의심요인에 대한 정보 편견이 많이 작용 • 시간적 선후관계 불분명 • 대조군 선정 어려움 • 위험의 직접적 산출 곤란	• 발병률이 비교적 높은 질환으로 제한 • 큰 표본수 요구 • 시간, 노력, 경비 비경제적(장기간 관찰해야 한다.) • 높은 탈락률 • 질병 발생률 낮은 경우 연구 어려움

* 연구 목적이 질병의 특성 기술은 기술역학, 인과관계를 규명하는 것은 분석역학이다.

Keyword

1. **기술역학연구**: 인구집단에서의 질병 발생과 관계되는 모든 현상을 기술
   질병의 원인을 찾는데 필요한 중요한 단서를 제공하고 또는 새로운 가설을 얻기 위해서 시행되는 연구

1) 기술역학의 주요 변수

인적변수	연령, 성, 종족, 결혼상태, 경제상태, 교육수준, 직업, 종교, 출산순위, 부모의 연령, 가족 수 등
지역적 변수	지대적(한대·열대·온대), 국제적, 지구적, 국내적, 국소적, 도시, 농촌
시간적 변수	토착성, 유행성, 장기변동, 주기변동, 계절변동

① 인적변수
- 연령이 증가할수록 질병 발생은 오히려 감소(홍역)
- 연령증가에 따라 질병 발생이 꾸준히 증가(암, 고혈압)
- 진단방법과 선호도에 따라 증가(자궁암, 위암)

② 지역적 변수
: 지역적 특성에 따라 질병 발생의 차이를 비교하고자 할 때 사용하는 변수 (풍토병)

토착성 (편재적)	어떤 지역에 그 질병이 항상 존재하며 비교적 오랜기간 동안 발생수준이 일정한 양상을 유지 예) 기생충 질환
산발성	지역이나 시간에 따라 질병 발생의 응집성이 관찰되지 않는 질환. 질병유행이 아니고 시간이나 지역에 따라 어떠한 경향성을 보이지 않는 질환
대유행성 (범발적, 범세계적)	질병발생이 한 지역에 국한되지 않고 최소한 두 국가 이상의 광범위한 지역에 동시에 발생 또는 유행하는 것
유행성	어떤 지역에서 토착성 발생수준 이상으로 많은 환자가 발생하거나 그 지역에 전혀 없던 질환이 외부로부터 침입되어 유행하여 환자가 발생하는 경우 예) 장티푸스, 콜레라

③ 시간적 변수
: 시간적 흐름에 따라 질병발생의 차이를 보고자 할 때 사용

Keyword

추세변동 (장기변동)	• 어떤 질병을 수년 또는 수십 년간 관찰하였을 때 증가 혹은 감소하는 경향을 보여주는 것 • 장기간 질병분포의 변화를 관찰하여 이환율 및 사망률의 변동 확인. • 10년 단위로 질병의 발생과 사망률 추적, 원인에 대한 가설설정에 도움 • 사망 자료와 전염병 신고 자료를 통한 질병 발생의 현황 예 수년 전에 못 보던 팔 다리 결손 신생아 출현은, 10년 전 새로 시판된 수면제가 원인임을 밝혀냄 • 장티푸스(30~40년 주기), 디프테리아(10~24년 주기), 인플루엔자(약 30년)
계절변동	• 질병분포가 1년을 주기로 많이 발생하는 달이나 계절이 있는 현상 예 매개동물(모기)로 전파되는 말라리아는 6~10월 사이에 가장 많이 발생 • 여름철에는 소화기계 감염병, 겨울철에는 호흡기계 감염병 유행
일일변화 (돌연유행)	• 어떤 질병이 국한된 지역에서 일시에 많은 사람에게 돌발적으로 발생하는 현상, 매일의 질병변화. 잠복기가 짧고 환자 발생이 폭발적일 때 유용 예 장티푸스, 콜레라 등의 수인성 전염병, 식중독
불시유행 (불규칙 변화)	• 어떤 시간적 특징을 나타내지 않고 돌발적으로 질병이 발생하여 집중적으로 많은 환자가 발생하는 경우, 외래 감염병의 국내 침입 시 돌발적으로 유행하는 경우
주기변동 (순환변화)	• 장기간 걸친 관찰과정에서 발병발생 빈도가 일정한 기간을 두고 반복하여 달라지는 주기성 예 홍역 2~3년 주기로 유행하는데 이는 집단면역 수준이 떨어지기 때문. 유행이 지나면 면역 없는 신생아 수는 증가, 면역 인구의 사망 전출로 감수성자 비율이 증가하기 때문. 유행성 독감(3~6년), 백일해(2~4년)

Keyword

2) 기술역학 연구방법

① 생태학적 연구(상관성 연구)
: 다른 목적을 위해 생성된 기본자료 중 질병에 대한 인구집단 통계자료와 관련 요인에 대한 인구집단 통계자료를 이용하여 상관관계 분석
주로 질병 발생의 원인에 대한 가설유도를 위해 시도
- 장점
연구주제에 대한 발상만 있으면 기존 자료들을 재구성하여 연구가설을 평가해 볼 수 있는 손쉬운 방법. 간편성, 경제성, 폭넓은 활용 가능성
- 단점
첫째, 원인적 요인과 질병 발생 간의 <u>선후 관계가 불분명</u>
시간적인 선후 관계 문제 완화 방법 - 원인에 해당하는 변수와 질병 발생에 대한 변수를 같은 시점에서 관찰할 것이 아니라 원인-질병 발생 간의 지연기(lag time)를 이용하여 과거 시점에 대한 원인변수 자료를 사용함으로써 완화
둘째, 생태학적 연구의 결과를 인과성으로 해석하려고 할 때 오류 발생
연구결과에 유의한 상관성이 관찰되더라도 개인 수준에서는 요인과 질병 간의 관련성이 관찰되지 않는 <u>생태학적 오류</u> 발생
예: 갑상선 암 발생빈도가 증가하고, 비슷한 시기에 휴대폰 사용시간이 늘어났다고 해서 휴대폰 사용과 갑상선 암 사이에 인과적 연관성이 있다고 해석하는 것은 생태학적 오류

② 사례연구(case study)
: 단일 환자에 관한 기술, 기존에 보고되지 않았던 특이한 질병 양상이나 특이한 원인이 의심되는 경우, 원인적 노출 요인과 발병에 대하여 임상적 특성을 기술하여 보고하는 것
- 연구대상: 새로운 질병, 치료에 대한 부작용, 특이한 치료 경과와 예후, 기존에 잘 알려진 질병이라도 특이한 질병의 자연사나 발병 양상
- 장점: 기존의 지식에 부합되지 않는 예외의 사건들을 기술함으로써 새로운 가설, 인과성 등 발견 가능
- 단점: 단일 환자에 대한 시술이기 때문에 질병의 발생수준을 측정하거나 노출 요인과 질병 발생 간의 가설을 검증하기 어렵다.

③ 사례군 연구(case series study)
: 사례연구의 연장선으로 사례연구에서 나타난 공유 사례들을 가지고 이들의 공통점을 기술하여 가설을 수립하는 연구방법
새로운 원인 규명에서 결정적인 역할을 하는 중요한 연구
- 장점: 연구대상들의 공통점이 명확할 때는 원인적 요인과 질병 간의 인과성에 대한 사례연구보다 강력한 가설 제기
- 단점: 비교군이 없기 때문에 노출요인과 질병발생 간 인과성을 밝힐 수 없다.

2. 분석역학연구

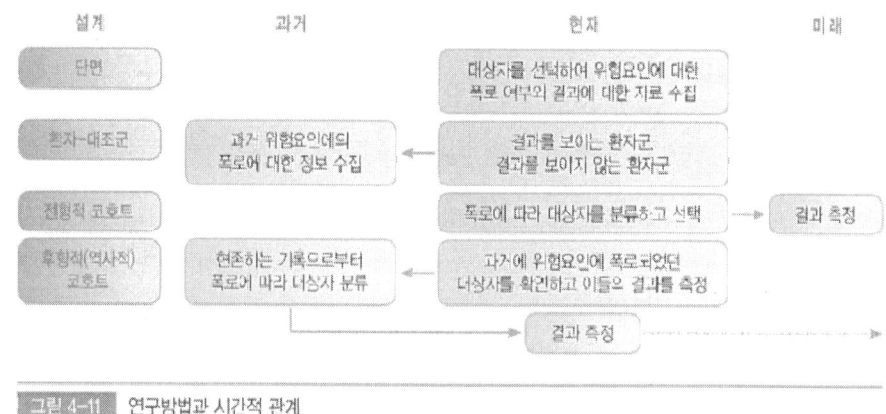

그림 4-11 연구방법과 시간적 관계

: 기술연구를 통하여 발생빈도와 분포를 결정하는 이유나 관련 요인 중에서 설정된 원인을 증명하기 위한 연구

1) 단면연구(시점조사, 유병률 연구)
   ① 정의: 특정 기간에 한정된 모집단에서 질병과 특정 요인과의 관계를 동시에 조사하여 서로 간의 관련성을 보는 연구(상관관계 연구, 유병률 조사)
   ② 목적
      첫째, 유병률 혹은 어떤 요인에의 노출률을 파악하기 위함(유병률 추정 목적의 연구 시 유병률 조사라고 함.)
      둘째, 질병의 위험요인을 밝히는 것. 질병과 관련요인에 대한 노출 정보를 얻을 수 있기 때문에 시행. 서서히 진행되어 질병발생 시점이 불분명하거나, 질병발생 초기 증상이 미미하여 진단받기까지의 시간이 많이 필요한 질병인 경우 위험요인 찾는 연구에 유용, 반대로, 유병기간이 짧은 질병이거나 드문 질병인 경우 단일시점 환자가 적기 때문에 부적절
   ③ 단면연구 설계와 예

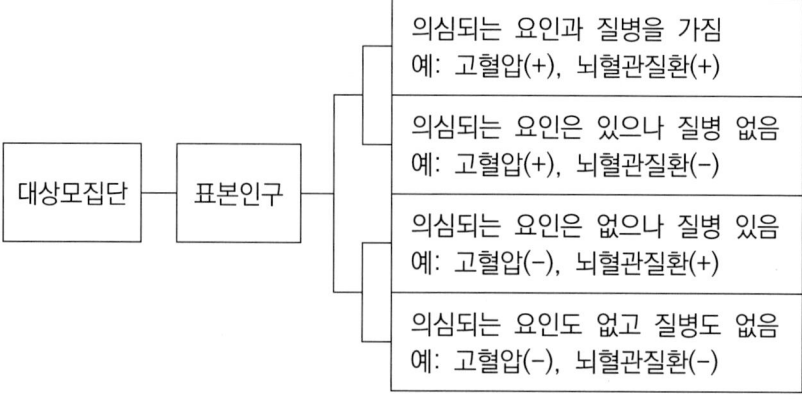

④ 장단점 ● 단정여유/ 원빈 시커 예

장점	단점
- 단시간 내에 할 수 있어 경제적 - 시행이 쉽고 자료의 정확도 높다 - 동시에 여러 요인과의 관련성 연구 - 유병률 높은 질병을 파악에 유용	- 복합요인 중 원인에 해당하는 요인을 찾기 곤란 - 일정한 시점에서 조사하기 때문에 빈도가 낮은 질병이나 이환 기간이 짧은 질병에는 부적절 - 인과관계를 동시에 파악해 시간적 속발성 불분명 - 표본의 규모가 커야 함 - 예측력 낮다

2) 환자-대조군 연구(=기왕조사)
- 질병 군을 선정한 후 이러한 문제가 없는 대상자(대조군)를 선정하여 비교하는 것
- 현재 질병이 있는 환자군이 과거에 노출된 요인을 조사하는 것으로 **후향성 연구**라고 한다.
- 연구대상자의 선정기준에 따라 코호트 연구와 구별
- <u>교차비</u>(두 집단이 과거 원인이라 의심되는 요인에 폭로되었던 비율 비교) 확인
- <u>희귀한 질병, 발병기간이 긴 질병</u>에 활용

① 환자-대조군연구 설계와 예

② 장단점 ● 경희 단위 간편 대인

장점	단점
• 연구가 쉽고 시간, 비용, 노력이 경제적 • 적은 연구대상자, 발생이 적은 연구, 희귀질병 연구도 가능 • 연구결과를 비교적 단시일 내 알 수 있음 • 피연구자가 연구로 인해 새로운 위험에 노출되지 않음	• 상대위험비 구할 수 없고 교차비에 의한 간접비교만 가능 • 연구에 필요한 정보가 과거에 관련해 편견이 생길 수 있음 • 대조군 선정 어려움 • 인과관계의 질을 확인할 수 없음

③ 환자-대조군 연구의 분석
: 요인과 질병 간의 연관성 지표로서 교차비 산출
- '환자군에서 위험요인 노출/비노출 비에 비해, 대조군에서의 노출/비노출 비 =(A/C)/(B/D)' 혹은 '위험요인 노출군에서의 질병 있음/없음 비에 비해, 위험

요인 비노출군에서의 질병 있음/없음 비=(A/B)/(C/D)'로 정의
- 위험요인이든 질병이든 상관없이 두 대응비에 대한 비, 즉 <u>교차비(비의비)</u>는 모두 **AD/BC**로 계산

환자대조군 연구의 교차비 계산

질병 \ 요인	환자군	대조군	계
노출됨	A	B	A+B
노출되지 않음	C	D	C+D
계	A+C	B+D	

질병여부에 따른 교차비 = (A/C) / (B/D) = AD/BC
노출여부에 따른 교차비 = (A/B) / (C/D) = AD/BC

3) 코호트 연구

: 코호트 (같은 특징을 가진 인구집단)
- 건강한 집단을 대상으로 여러 변수(인구학적 변수, 직업 등)에 따라 질병의 발생 요인에 폭로된 집단과 폭로되지 않은 집단 간 발생률을 계속 관찰하는 것
- 현시점을 기준으로 앞으로의 결과를 검토하는 것으로 **전향성 연구**
- 발생률이 높은 질병, 인과관계가 확인된 질병, 요인에 노출되어 발병까지 기간이 짧은 질병 연구에 유용

① 코호트 연구 설계와 예
: 코호트 선정 방법 2가지
- 노출 여부를 기준으로 연구에 참여할 집단을 선정하는 방법
- 연구대상자들의 노출 여부를 확인하기 전에 인구집단을 먼저 선정하고 단면조사 후 노출 집단과 비노출 집단을 구분하는 방법

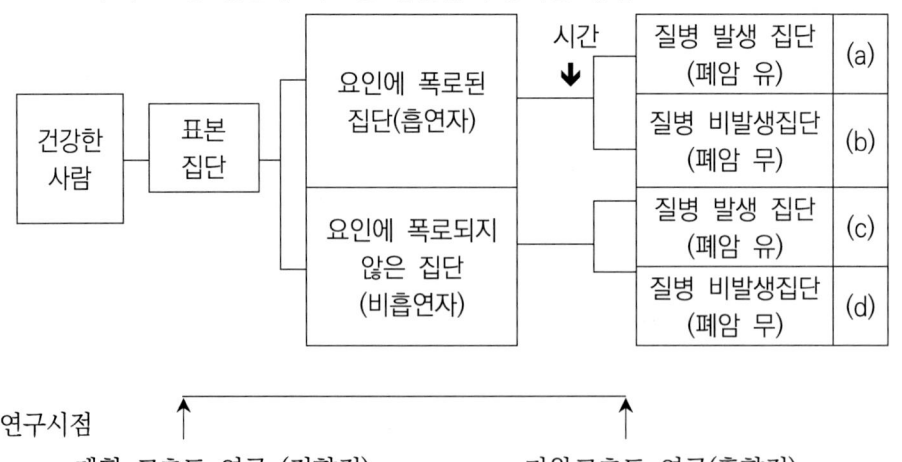

② 장단점　ⓒ 여상인 위신/비대응 결정

장점	단점
• 한 번에 여러 가지 가설을 검증할 수 있음 • 상대위험비 구함 • 인과관계의 전후관계가 분명 • 질병발생의 위험률을 직접 구할 수 있음 • 신뢰성 높은 자료를 얻을 수 있음	• 시간, **비용**, 노력이 많이 듦(비경제적) • 많은 **대상**자 필요 • 실패가능성 높음-연구 대상자 추적 불능 (사망, 이동시 탈락)(**응**답과 추적 실패로 인한 편견) • 연구대상자가 사실을 알게 되어 조사에 영향을 줄 수 있음(**결**과 평가에서의 편견) • **정**보편견(얻어진 정보의 질이 노출군과 비노출군에서 차이가 있다면 심각한 편견 발생)

③ 종류
- 전향적(계획) 코호트 연구: 대상 질병 발생 전에 위험 요인들을 조사한 후 현재 시점을 기준으로 <u>앞으로 장기간 관찰</u>. 이들 중 발생한 질병과 의심되는 요인과의 관련성 분석
- 후향적(기왕)코호트 연구: 대상 질병이 발생한 이후에 연구, 역사적 사건연구 요인에 폭로된 집단과 폭로되지 않은 집단에서의 환자 비율을 비교

④ 코호트 연구의 분석
- 상대위험비(비교위험도, 상대위험도)
  • 특정노출과 특정질병발생 사이의 연관성 크기는 요인에 노출된 집단과 비노출 집단의 질병발생률 비로 산출하는 것
  • 비교위험비가 1보다 큰 경우는 해당요인에 노출되면 질병의 위험도가 증가한다는 것.
  • 즉, 위험요인 노출과 질병발생 사이에 연관성이 있으며 이 요인은 질병 유발 원인일 수 있다.
  • 비교위험비가 1보다 작은 경우는 해당요인에 노출된 경우, 오히려 질병의 위험도가 감소한다는 것. 이 요인은 질병을 예방하는 효과가 있다고 해석
- 질병발생율
- 귀속위험도

Keyword

폐암발생과 흡연에 관한 코호트 연구

원인 노출여부	폐암에 걸림	폐암에 걸리지 않음	계
흡연자	90(a)	710(b)	800(a+b)
비흡연자	10(c)	1190(d)	1200(c+d)
계	100(a+c)	1900(b+d)	2000(a+b+c+d)

흡연군 = a/a+b = 90/800 = 112.5/1,000
비흡연군 = c/c+d = 10/1,200 = 8.3/1,000

$$\text{상대위험비} = \frac{\frac{a}{a+b}}{\frac{c}{c+d}} = \frac{\frac{90}{800}}{\frac{10}{1,200}} = 13.5$$

* 흡연군에서의 폐암발생률은 비흡연군의 발생률보다 13.5배만큼 크다.

문제 [94] 역학 연구 방법에서 전향성 연구에 해당되는 것은?
① 코호트 연구 방법
② 환자-대조군 연구 방법
③ 과학적 연구 분야에 많이 사용
④ 위험 요인에 노출 여부 확인

---

3. 실험연구

: 실험적 방법을 사용하여 질병의 원인을 규명하고자 하는 연구
실험군과 대조군을 <u>무작위 추출 할당</u>(무작위로 대상자 선정)하여 실험군에는 임의조작하여 의심되는 요인에 폭로시키고 대조군은 비폭로 후 각 군의 발병률, 치유율을 비교하는 연구

1) <u>이중맹검법</u> 실시

- 연구대상자와 실험자 모두 실험 내용을 모르게 하고, 편견을 최소화하기 위해 실험군, 대조군 중 어느 집단에 속했는지 모르도록 설계
- 이중맹검법을 효율적으로 활용하는 방법은 <u>위약투여법</u>이 있다.
(밑줄은 실험 연구의 방법론적 전략)

장점	단점
인과관계가 가장 정확	도덕적 문제, 동물실험의 인간 적용의 한계

Keyword

국시 [20] 다음은 어느 역학적 연구방법에 해당하는가?

A지역에서 2000년 30~50대 남자로 심장병이 없는 3,000명을 모집하여 그때부터 2018년까지 고혈압과 심장병과의 관계를 파악하기 위하여 추적관찰을 하였다. 고혈압을 위험요인으로 보고 고혈압이 추후 심장병 발생에 미치는 영향을 상대위험도(relative rate)로 파악하였다.

국시 [19] 1980년 A 대학에 입학한 건강한 학생 전체를 대상으로 흡연 학생집단과 비흡연 학생집단을 구분하고, 30년 후 두 집단에서의 폐암 발생률을 비교하고자 할 때 사용할 수 있는 지표는?
① 누적발생률
② 시점유병률
③ 이차발병률
④ 기여위험도
⑤ 평균발생률

Ⅴ 역학적 측정지표

( )월( )일

이아라 **전공보건**

인구 및 인구동태 통계: 사망률		
*조사망률	$\dfrac{\text{1년 동안 모든 원인에 의한 사망자 수}}{\text{그 해의 연 중앙인구}}$	×1,000
연령별 특수 사망률	$\dfrac{\text{1년 동안 특정 연령집단에서 사망자 수}}{\text{특정 연령집단의 연 중앙인구}}$	×1,000
원인별 특수 사망률	$\dfrac{\text{1년 중 특정질병으로 인한 사망자 수}}{\text{그 해의 연 중앙인구}}$	×100,000
*비례사망률	$\dfrac{\text{같은 해의 특정 원인에 의한 사망 수}}{\text{특정 연도의 총 사망수}}$	×100
*비례사망지수	$\dfrac{\text{그 해 50세 이상 사망 수}}{\text{연간 총 사망수}}$	×100
*모성사망률	$\dfrac{\text{1년 동안 임신 분만 산욕의 합병증으로 인한 사망자 수}}{\text{15~49세 가임기 여성 수}}$	×100,000
*모성사망비	$\dfrac{\text{모성사망수 (같은 년도의 임신 분만 산욕합병증으로 사망한 모성 수)}}{\text{1년 간 출생아 수}}$	×100,000
유아사망률	$\dfrac{\text{1~4세의 사망자 수}}{\text{그 해 중앙시점의 1~4세 인구 수}}$	×1,000
*영아사망률	$\dfrac{\text{1년 동안 생후 1년 이내 사망자 수}}{\text{같은 해 동안 생존 출생아 수}}$	×1,000
*신생아 사망률	$\dfrac{\text{1년 동안 생후 28일 이내 사망자 수}}{\text{같은 해 동안 생존출생아 수}}$	×1,000
*주산기 사망률 출생전후기사망률	$\dfrac{\text{같은 연도의 28주 이후 사산 수+생후 1주 이내의 사망 수}}{\text{1년간 출생 수}}$	×1,000
태아 사망률	$\dfrac{\text{1년 동안 임신 20주 이상 된 태아의 사망자 수}}{\text{같은 해 동안 태아 사망자와 생존출생아 수}}$	×1,000

Keyword

사산율		$\dfrac{\text{임신 28주 이후의 사산아 수}}{\text{특정연도 출산아 수(출생+사산아)}}$	×1,000
*α-index		$\dfrac{\text{같은 연도의 영아 사망 수}}{\text{어떤 연도의 신생아 사망 수}}$	×1,000
출생사망비		$\dfrac{\text{특정 인구집단 내에서의 생존 출생자수}}{\text{특정 인구집단 내에서의 사망자 수}}$	×100
질병치명비 (치명률)		$\dfrac{\text{특정질환으로 인한 사망자수}}{\text{특정질환으로 이환된 사례 보고수}}$	×100

인구 및 인구동태 통계: 출생률

조출생률		$\dfrac{\text{특정 1년 동안 출생아수}}{\text{당해 연도의 연 중앙인구}}$	×1,000
일반출산율		$\dfrac{\text{특정 1년 간 총출생아수}}{\text{15~49세 여자의 연 중앙인구}}$	×1,000
연령별출산율		$\dfrac{\text{여자의 연령별 출생아수}}{\text{당해 연령별 연 중앙 여자인구}}$	×1,000
*합계출산율		연령별 출산율을 모두 더하여 산출 (15~49세) $\Sigma f(x)$ (fx: x세 여성의 출산율)	
*재생산율	총재생산율	합계출산율 × $\dfrac{\text{여아 출생 수}}{\text{총 출생 수}}$ (여자출생 구성비)	
	순재생산율	총재생산율 × $\dfrac{\text{가임 연령 시 생존자}}{\text{여아출생수}}$ (출생 여아의 생존율)	
모아비		$\dfrac{\text{0~4세}}{\text{가임연령 여성인구(15~49세)}}$	×1,000

* 성비: 남녀인구의 균형상태, 여자 100명에 대한 남자의 수. (남자/여자) × 100

1차성비	태아의 성비	남〉여
2차성비	출생 시의 성비	남=여
3차성비	현재 인구의 성비	남〈여

부양비

총부양비	$\dfrac{\text{0세~14세 인구 + 65세 이상 인구}}{\text{15~64세 인구}}$	×100

Keyword

유년부양비	$\dfrac{0\text{세}~14\text{세 인구}}{15~64\text{세 인구}}$	× 100
*노년부양비	$\dfrac{65\text{세 이상 인구}}{15~64\text{세 인구}}$	× 100
*노령화 지수	$\dfrac{65\text{세 이상 인구}}{0~14\text{세 인구}}$	× 100
경제활동인구비	$\dfrac{\text{경제활동인구}}{15~64\text{세 인구}}$	× 100

01. 사망, 출생, 모성, 인구 관련 지표

Keyword

* 조사망률	• 국가 간, 지역 간 건강 비교에 많이 사용 • 연령구조나 사망분포는 고려하지 않아 연령구조가 다른 2개 이상 국가 간 사망수준 비교는 어렵다. – 표준화율로 보정
* 비례~로 시작하면 분모가 사망자수이다.	
* 비례사망률	1년 동안 총사망자 수 중 특정 원인(사인)별 사망분포를 나타낸다.
* 비례사망지수	• 나라별 건강수준을 파악하고 지역 간 건강수준을 비교한다. • <u>비례사망지수가 크면 노령인구의 사망수가 많아 건강수준이 높다.</u>
(WHO 건강지표: 비례사망지수, 평균수명, 조사망률) ⓒ 조수비	
* 보건지표: 영아사망률, 모성사망률	
* 모성사망률	• 보건 수준을 나타내는 중요한 지표 • 임산부의 산전, 산후 관리 정도를 알 수 있고 지역사회의 의료전달체계 및 사회경제적 수준을 반영한다. • 모성사망비와는 다르게 출산·출생과 관계없이 가임기 모든 여성의 모성사망을 측정할 수 있는 지표
* 모성사망비	• 모성사망수: 임신과 관련된 원인으로 임신 또는 분만 후 42일 이전에 발생한 여성 사망자 수 • 산전산후관리, 분만처리, 분만 장소를 포함한 환경 위생, 출산력 조절과 밀접한 관계가 있으며 지역사회의 의료전달체계 및 사회경제적 수준반영을 반영 • 모성사망: 임신 중 또는 출산 후 임신이 직접적인 원인이 되었거나 또는 임신이 기존 질병을 악화시킨 간접적 원인이 되어 산모가 사망한 경우로 한정, 임신 중 감염된 감염병, 만성 질병 및 사고에 의한 사망은 제외
* 영아사망률	• 한 국가의 보건수준을 나타내는 지표로 사용. • 경제, 모자보건, 보건수준, 환경위생, 영아수준에 민감 • 보건수준이 향상되면 영아사망률이 감소하므로 국민보건상태의 측정지표로 사용 • 국가 간 영아사망율의 변동범위가 조사망률에 비해 훨씬 크므로 국가 간 변동 범위가 커서 비교 시 편의성이 높다. • 태아의 건강상태 불량에 의한 사산은 고려되지 않아 모성의 출산력, 태아의 건강상태 평가에는 미흡
* 신생아 사망률	• 신생아 사망의 원인은 조산, 선천성 기형 • 모자보건, 미숙아 관리에 따라 영향을 많이 받고 보건위생상태에는 영향을 덜 받음(위생 상태를 향상시켜도 사망률 감소는 적다.)

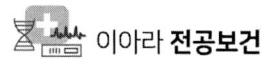

Keyword		
	* 주산기 사망률	• 태아의 건강상태(염색체 이상, 선천성 이상)를 파악 • 산모 건강상태와 밀접한 관련, 이를 감소시키기 위해 산전관리 중요 • 산모의 건강상태, 태아의 건강상태까지 파악-영아사망률과의 차이점
	* 알파 인덱스	• α-지수가 커질수록 영아사망 원인에 대한 예방대책 수립, 시행 필요 • 1에 근접할수록 대부분 신생아 사망으로 건강 수준이 높은 것 의미
	* 합계출산율	• 한 명의 여자가 특정년도 연령별 출산율에 따라 출산한다면 일생 동안 몇 명의 아이를 낳는지 나타내는 지수(산출된 연령별 출산율 합) • 합계출산율: 현재 인구수를 유지하기 위한 합계출산율 (2.1명 이상) 저출산 국가(2.1명 미만) 초저출산 국가 (1.3명 이하)
	* 재생산율	• 한 명의 여자가 일생동안 몇 명의 여자아이를 낳는지 나타내는 지수
	* 노년인구	• 65세 이상 노년인구는 (총인구의 7%)를 넘어 고령화 사회에 돌입 • 고령사회(노년인구 비율 14%)에 진입했고, 이 후 2028년에는 초고령 사회(노년인구 비율 20%)에 진입할 전망
	* 순재생산율	• 순재생산율 1이상이면 다음 세대 인구 증가함을 의미, 1미만은 인구 감소 의미

국시 [20] 일정 기간에 특정 질병에 걸린 사람 중 그 질병으로 사망한 사람이 얼마인지를 백분율로 표시한 것은?

문제 [92] (㉠)에 해당하는 것은?

$$\text{모성 사망률} = \frac{\text{모성 임신, 분만, 산욕 합병증으로 사망한 부인수}}{(\text{㉠})} \times 100$$

① 가임 연령 여성 인구   ② 부인 사망수   ③ 총 출생수   ④ 중앙 인구

문제 [95] 〈보기〉 ㉠에 해당되는 것은?

〈보 기〉
$$\text{노년화 지수} = \frac{\text{노년인구}}{(\text{㉠})} \times 100$$

① 0-14세 인구   ② 0-19세 인구   ③ 15-49세 인구   ④ 15-64세 인구

국시 [19] 2017년에 B 지역에서 수집된 자료를 바탕으로 산출된 노령화지수는?

• 0~14세 인구: 50명.   • 15~64세 인구: 250명.   • 65세 이상 인구: 100명

문제 [93] 성비에 관한 설명으로 옳은 것은?
① 남자의 수를 전체 인구수로 나눈 것이다.
② 1차 성비는 남자가 여자보다 많다.
③ 보통 남자 100명에 대한 여자의 수를 말한다.
④ 총 인구에서 여자가 차지하는 비율이다.

문제 [18] 다음은 고등학교 봉사동아리 학생들을 위한 자료이다. 〈작성방법〉에 따라 서술하시오

[노인 체험 활동 교육자료]

○ 노인 인구의 증가
· 통계청(2016)에 의하면 우리나라는 전체 인구에서 65세 이상 노인이 차지하는 비율이 2000년에는 7.2%로 (㉠)사회에 진입하였고, 2020년에는 15.6%로 (㉡)사회로 진입할 예정이라고 함
○ 노년부양비와 노령화지수(A 지역 사례)

〈표〉 A 지역의 인구구성 추계

구분	2010년	2030년	2050년
0~14세	2,000	1,600	1,200
15~64세	8,000	7,200	6,000
65세 이상	1,600	2,400	3,600

〈작성 방법〉
○ 유엔(UN) 분류기준에 따라 괄호 안의 ㉠, ㉡에 해당하는 내용을 순서대로 서술할 것
○ A 지역의 2010년과 2050년의 노년부양비와 노령화지수를 산출하여 각각 비교 설명할 것 (소수점 둘째 자리에서 반올림 없이 소수점 첫째 자리까지 제시할 것.)

문제 [12] 수집된 자료를 비교한 내용으로 옳은 것을 〈보기〉에서 고르시오.

자료	(가) 지역	(나) 지역
가임 여성 수	250,000명	200,000명
1년 간 출생아 수	9,000명	6,500명
1년 간 모성 사망 수	1명	1명
1년 간 신생아 사망 수	20명	16명
1년 간 영아 사망 수	30명	28명

〈보기〉
ㄱ. 모성 사망율은 (가) 지역이 (나) 지역보다 더 높다.
ㄴ. 영아 사망율은 (나) 지역이 (가) 지역보다 더 높다.
ㄷ. 신생아 사망율은 (가) 지역이 (나) 지역보다 더 높다.
ㄹ. 알파 인덱스(a-index)는 (나) 지역이 (가) 지역보다 더 높다.

국시 [19] 다음의 영아 사망 및 신생아 사망과 관련된 α-index 값 중 건강 수준이 가장 높은 지역은?

A 지역: 1.1,   B 지역: 1.6,   C 지역: 2.1,   D 지역: 2.6,   E 지역: 3.1

Keyword

문제 [11] 모자보건과 관련된 통계 지표에 대한 설명으로 옳은 것은?
① 출산율은 인구 1,000명당 출생수를 말하며 인구분석학적 이해를 돕는다.
② 순재생산율 1.0을 기준으로 1.0보다 크면 인구는 늘고 1.0보다 작으면 인구가 줄어드는 것을 의미한다.
③ 모성사망비는 임산부의 산전 산후 관리 및 사회 경제적 수준을 반영하고 사고나 우발적 원인에 의한 모성사망도 포함된다.
④ 영아 후기 사망률은 1,000명 출생당 생후 6개월부터 1년 미만의 사망으로서 일반사망률에 비하여 통계적 유의성이 높다.
⑤ 주산기 사망률은 10,000명 출산당 사산수와 생후 2주일 이내 신생아 사망수를 합친 것으로 보건 수준을 평가하는 지표이다.

문제 [94] 사망률을 추정하는 방법들 중 옳지 않은 것은?

① 주산기 사망률 = $\dfrac{\text{같은 해에 일어난 28주 이후의 태아 사망자 수}}{\text{1년간 출산 수}} \times 1,000$

② 영아사망률 = $\dfrac{\text{(같은해)출생 후 1년 미만에 사망한 영아수}}{\text{(어떤 연도 1년간) 출생수}} \times 1,000$

③ 원인별 특수 사망률 = $\dfrac{\text{같은 해 특정 원인에 의한 사망자 수}}{\text{연평균(또는 중앙) 인구}} \times 1,000$

④ 연령별 사망률 = $\dfrac{\text{같은 해의 총 사망자 수}}{\text{특정 연도의 중앙 인구}} \times 1,000$

문제 [95] 보건 통계 지표공식 중 옳은 것은?

① 비례사망지수 = $\dfrac{\text{연간 60세 이상의 사망자수}}{\text{연간 총 사망자수}} \times 1,000$

② 영아사망률 = $\dfrac{\text{생후 28일 미만의 사망자수}}{\text{연간 출생아수}} \times 1,000$

③ 일반출산률 = $\dfrac{\text{연간 출생아수}}{\text{5~49세의 가임여자 인구}} \times 1,000$

④ 연령별 사망률 = $\dfrac{\text{X세의 1년간 사망자수}}{\text{연간 총 사망자수}} \times 1,000$

국시 [19] B 지역의 비례사망지수가 전국 평균보다 낮았다. 이에 대해 해석하시오.
① 건강수준이 전국 평균보다 ( )
② 노인인구 사망률이 전국 평균보다 ( )
③ 만성질환 사망률이 전국 평균보다 ( )
④ 감염성 질환 사망률이 전국 평균보다 ( )
⑤ 건강관리서비스 수준이 전국 평균보다 ( )

02. 역학적 사상 측정

1. 구성비율
: 전체 중 특성 있는 소집단의 상대적 비중(상대빈도, 구성비, 분율) 분모에 분자 포함

1) 유병률
: 어떤 시점이나 일정기간에 특정시점 혹은 기간의 인구 중 존재하는 환자의 비율
발생시기와 관계없이 일정 시점에 존재하는 모든 환자의 비율

① 시점유병률 (=유병률)
: 어떤 주어진 시점에서 인구 중 질병을 가진 사람들의 수를 측정하는 것
한 시점에서의 유병상태 (=기간 내 환자 수/전체인구)

$$\text{시점유병률} = \frac{\text{그 시점에서의 환자 수}}{\text{특정시점에서의 전체 대상자 수}} \times 10\text{의 배수}$$

- 의의: 유병률을 통해 지역사회 내 총 질병 부담을 측정하여 지역사회 의료요구를 충족시키기 위한 서비스, 프로그램, 시설, 전문인력, 치료제의 공급양의 필요성에 대한 계획을 세움
- 장점: 질병 관리대책을 세우는 데 유용
- 단점: 질병의 원인 조사에는 도움이 되지 않음
- 유병률이 높아지는 경우: 질병 독성이 약해지거나 치료 기술 발달로 생존기간이 길어진 경우

② 기간유병률
: 일정기간 동안 질병을 가진 환자 수를 측정하는 것

$$\text{기간유병률} = \frac{\text{관찰시작 시점에서의 유병자 수 + 관찰기간에 새로 발견된 환자 수}}{\text{전체 대상자 수}} \times 10\text{의 배수}$$
(그 기간 내에 존재한 환자 수)

2) 율
: 단위 시간 동안 측정값의 변화량으로 분모에 시간이라는 단위를 가진다.

(1) 발생률
- 일정기간 동안 대상 인구집단에서 질병에 걸릴 확률이나 위험도를 직접 측정하는 것
건강한 전체 인구 수 중에서 특정질병이 관찰기간에 새로 발생한 환자 수를 단위 인구수로 표시

$$\text{발생률} = \frac{\text{특정기간 동안 새로 발생한 환자 수}}{\text{특정기간 동안 위험에 노출된 인구수}} \times 10\text{의 배수}$$

- 발생률의 분자는 새로운 환자, 분모는 관찰 인구 집단에서 대상 질병에 이미 이환된 사람과 예방 접종 등으로 면역을 가진 사람은 제외

① 평균발생률 (=발생밀도)
  : 연구대상자의 관찰기간이 서로 다른 것을 고려하여 어떤 일정한 인구집단에서 질병의 순간 발생률을 측정하는 것, 분모는 관찰기간의 총합

$$평균발생률 = \frac{일정한\ 지역에서\ 특정한\ 기간\ 내\ 새롭게\ 질병이\ 발생한\ 환자\ 수(사례\ 수)}{관찰\ 대상자(건강인)의\ 총\ 관찰기간} \times 10의\ 배수$$

- 전입 전출에 변화가 많은 인구, 만성질환의 발병조사에 적용
  - 예) A 1년, B 2년, C 3년 관찰 후 23명에게서 질병이 발생하였다면 3/6년(총 관찰기간) *10의 배수 = 평균발생률
  - 예) 한 지역에서 A, B, C, D를 대상으로 특정 질병 코호트 연구 중이다. A 대상자는 2년 동안 관찰되다가 추적 불가능해졌고, B, C, D는 3년, 5년, 2.5년 관찰 가능하였다. 이 지역에서 관찰기간 동안 특정 질병이 B와 C에게(2건) 발생한 경우 발생밀도는 얼마인가? 신환/총 관찰인년 = 2명/12.5년 =0.16

② 누적발생률
  : 일정기간에 질병에 걸리는 사람들의 구성비율,
  특정 기간에 한 개인이 질병에 걸릴 확률 추정(=신환/건강한 전체인구)
  누적발생률이 10%라는 것은 그 질병이 발생할 확률이 10%임을 의미

$$누적발생률 = \frac{일정\ 지역에서\ 특정\ 기간\ 내\ 새롭게\ 질병이\ 발생한\ 환자\ 수}{동일\ 기간\ 내\ 질병이\ 발생할\ 가능성을\ 지닌\ 인구수} \times 100$$

(2) 발병률
  - 어느 집단이 한정된 기간에 한해서만 어떤 질병에 걸릴 위험에 놓여 있을 때 전체 인구 중 주어진 집단 내에서 새로 발병한 총수의 비율
  - 의의: 누적발생률의 한 형태, 특정 질병발생이 한정된 기간에 한해서만 가능한 경우 감염병처럼 짧은 기간에 특별한 유행 또는 사건이 발생할 때 사용
  - 발생률과 발병률의 차이: 발병률은 인구 집단에서 단기간에 걸쳐 특정 질환에 걸릴 위험이 노출되어 있는 경우, 이 질환에 얼마나 많이 걸릴지 계산. 제한된 기간 동안(예. 감염병 유행 기간) 정해진 특정 집단에 적용되는 것으로 발생률과 구별

① 발병률

$$(일차)발병률 = \frac{질병\ 발병자\ 수}{유행기간\ 중\ 원인요인에\ 접촉\ 또는\ 노출된\ 인구} \times 100$$

  - 예) 500명의 감수성이 있는 초등학교에서 홍역이 발생하여 유행 전 기간, 즉 5주에 걸쳐서 100명의 환자가 발생하였다. 첫 주에는 10명, 둘째 주 20명, 셋째 주 45명, 넷째 주 20명, 다섯 째 주 5명의 환자가 발생하였다. 매주의 발병률과 유행 전 기간의 발병률의 차이를 비교해 보자.

Keyword

5주간 홍역 발병률의 예	
매주 발병률	유행전기간(5주)의 발병률
1주: 10명 → (10/500)×100 2주: 20명 → [20/(500-10)]×100 3주: 45명 → [45/(500-10-20)]×100 4주: 20명 → [20/(500-10-20-45)]×100 5주: 5명 → [5/(500-10-20-45-20)]×100	(100/500)×100=20

② 이차발병률
- 질병에 감수성 있는 사람들이 발단환자와 접촉하여 잠복기가 경과한 후 그 질병이 발생하는 율.
- 의의 감염성 질병에서 그 병원체의 감염력과 전염력을 측정하는데 유용하게 이용

$$\text{이차발병률} = \frac{\text{질병 발병자 수}}{\text{환자와 접촉한 감수성이 있는 사람의 수}} \times 100$$

(3) 발생률과 유병률의 관계

$$P(\text{유병률}) = I(\text{발생률}) \times D(\text{이환기간})$$

㉠ A지역 뇌혈관질환을 조사한 결과 1년 동안의 유병률은 인구 10만 명당 272명, 같은 기간의 발생률은 210명이었다면 뇌혈관질환의 평균 이환기간은 D=272/210=1.3년 즉 16개월이 된다.

① 질병 별 유병률과 발생률의 비교
- 급성질병: 수 주 또는 수개월 내에 완전히 회복되든가 사망하는 질병의 유병율과 발생률을 1년 간 비교한다면, 사망이 없을 때에는 발생률과 유병률이 거의 같고(유병률=발생률), 치명률이 높은 경우에는 유병률보다 발생률이 높다(유병률〈발생률).
- 유병률은 새로 발생된 환자와 기존환자 수의 합계가 분자인 반면, 장기간일 때에는 유병률의 분자는 그 기간 동안 살아남은 환자로만 구성되고 새로 발생하여 사망한 환자는 빠지기 때문
- 만성질병: 이환기간이 1년 이상 이환하고 치명률이 낮은 만성 질환을 생각해 보면 매년 발생된 환자가 누적되므로 유병률이 발생률보다 훨씬 높다.(유병률〉발생률)

② 유병률과 발생률의 활용
- 발생률: 급성, 만성 질환 관계없이 질병의 원인을 찾는 연구에서 가장 필요한 측정지표. 급성 질환의 유행 여부의 진단, 전파기전, 병원체 원인을 찾는데 유용.

이아라 **전공보건**

Keyword

- 유병률: 질병관리에 필요한 인력 및 자원 소요의 추정, 질병퇴치 프로그램의 수행 평가, 주민의 치료에 대한 필요, 병상 수, 보건기관 수 등의 보건계획을 수립하는데 필요한 정보 제공

예) A학교에 인플루엔자 발생현황을 보고 유병률, 발생률을 구하시오.

A학교 총학생수: 100명, 기존 인플루엔자 환자수:10명					
기간	1주	2주	3주	4주	계
신규환자발생수	1	2	3	3	9

유병률: (10+9)/100 X 100 = 19%
발생률: 9/(100-10) X 100 = 10%

문제 [93] 다음 〈보기〉와 관계있는 것은?

〈보기〉
전교생 1,500명인 고등학교에서 1학년 학생 500명에 대한 X-선 촬영결과 6명의 결핵환자가 발견되었다.

① 유병률이 1.2%이다.   ② 유병률이 0.4%이다.
③ 발생률이 1.2%이다.   ④ 발생률이 0.4%이다.

문제 [97] (㉠)에 해당하는 것은?

$$\frac{같은\ 기간\ 내에\ 새로\ 발생한\ 환자수}{특정\ 기간\ 내에\ 위험에\ 폭로된\ 인구수} \times 100 = (\ ㉠\ )$$

① 시점 유병률(Point prevalence)   ② 기간 유병률(Period prevalence rate)
③ 발생률(Incidence rate)   ④ 발병률(Attack rate)

문제 [14] 다음은 보건교사가 작성한 A형 간염 발생에 대한 감염병 통계 보고서이다. 괄호 안의 ㉠, ㉡에 해당하는 비율을 각각 구하시오. (단, 학생 100명당 비율로 계산하고 산출값은 반올림 없이 소수점 이하 첫째 자리까지만 제시할 것)

감염병 통계 보고서

2013년 0월0일부터 0월0일까지 00고등학교에서 4주간 A형 간염이 다음과 같이 발생하였기에 이에 대한 감염병 통계 결과를 보고합니다.

- 총학생 수: 100명
- 기존 A형 간염 학생 수: 10명

〈표〉 신교 A형 간염 발생 현황

항목 \ 기간	제1주	제1주	제1주	제1주	계
신규 A형 간염 발생자 수(명)	2	8	3	2	15
유병률(%)			(㉠)		
발생률(%)			(㉡)		

Keyword

3) 비
: 측정값을 다른 측정값으로 나눈 지수(a:b, a/b), 분자가 분모에 포함되지 않음

(1) 상대위험도(비교위험도) RRR
- 특정 위험요인에 노출된 사람들의 발생률과 그렇지 않은 집단 간 발생률 비교
- (해석방법) 기준 노출 상태에 비하여 특정 노출상태에 있는 집단의 질병발생 확률이 ( )배 높다
- 적용: <u>코호트 연구</u>에서 폭로군에서의 발생률과 비폭로군에서의 발생률의 비 비가 클수록 폭로된 요인이 병인으로 작용할 가능성이 커짐.

- 상대위험도가 1보다 큰 경우: 해당 요인이 <u>질병 발생의 확률을 증가시키는</u> 방향으로 작용
- 상대위험도가 1보다 작은 경우: 요인의 노출로 인해 질병 <u>발생위험이 감소하는</u> 경우
- 상대위험도가 1에 가까울수록: 위험요인과 질병과의 연관성은 작아진다.

[상대위험비 계산공식] ⓒ 폭발/비폭발

요인	질병 있다	질병 없다	계
있다	A	B	A+B
없다	C	D	C+D
계	A+C	B+D	A+B+C+D

$$\text{상대위험비} = \frac{\text{의심되는 요인에 폭로된 집단에서의 특정질병 발생률}}{\text{의심되는 요인에 폭로되지 않은 집단에서의 특정질병 발생률}} = \frac{A/(A+B)}{C/(C+D)}$$

㉠ 흡연집단과 비흡연집단 사이에 폐암발생률의 차이가 있는지를 조사한 코호트 연구결과 흡연집단 2,180명 중 351명, 비흡연집단 675명 중 10명의 폐암 환자가 발생하였다. 상대위험도를 계산하시오.

$$RR = \frac{351/2,180}{10/675} = 10.9$$

* 흡연집단이 비흡연집단에 비해 폐암 발생 위험이 10.9배 높다

문제 [13] 다음은 K 및 S 지역의 지역 건강 현황 분석 자료이다. 자료에 근거한 두 지역의 상대위험도(Relative Risk)와 비례사망지수 (Proportional Mortality Indicator)를 비교한 것으로 옳은 것을 〈보기〉에서 고르시오. (2.5)

〈K 및 S 지역의 지역 건강 현황 분석〉

○ 목적
- 고등학생들에게 흡연의 장기적 위해성을 알리기 위함.
- 흡연과 후두암 발생률의 상관관계를 밝히기 위함.
- 생정 통계를 통한 지역의 건강 수준을 평가하기 위함.

○ 구체적 과제(※산출값은 반올림 없이 소수점 첫째 자리까지 제시할 것)
- 지역의 상대 위험도 산출(과제 I)
- 지역의 비례 사망 지수 산출(과제 II)

과제 I. 코호트 연구에 의한 두 지역의 후두암 발생 현황

〈K 지역〉   단위: 명

흡연 유무	후두암 환자군	후두암 비환자군	계
흡연자	100	50	150
비흡연자	30	260	290
계	130	310	440

〈S 지역〉   단위: 명

흡연 유무	후두암 환자군	후두암 비환자군	계
흡연자	60	40	100
비흡연자	40	160	200
계	100	200	300

과제 II. 2011년 두 지역의 연령대별 사망 현황   단위: 명

연령대	K 지역	S 지역
60세 이상	360	800
50—59세	120	600
40—49세	320	155
30—39세	180	40
20—29세	150	25
10—19세	30	50
0—9세	40	80
총사망자 수	1,200	1,750

ㄱ. K 지역의 흡연군은 비흡연군에 비해 후두암 발생위험이 6.4배 높다.
ㄴ. K 지역의 흡연군은 비흡연군에 비해 후두암 발생위험이 17.3배 높다.
ㄷ. S 지역의 흡연군은 비흡연군에 비해 후두암 발생위험이 3배 높다.
ㄹ. S 지역의 흡연군은 비흡연군에 비해 후두암 발생위험이 6배 높다.
ㅁ. K 지역의 비례사망지수는 S 지역의 비례사망지수보다 낮다. 따라서 S 지역보다 K 지역의 건강 수준이 더 높다.
ㅂ. S 지역의 비례사망지수는 K 지역의 비례사망지수보다 높다. 따라서 K 지역보다 S 지역의 건강 수준이 더 높다.

Keyword

(2) 교차비(대응위험도, 비의비, OR, odds ratio)
- 특정질병이 있는 집단에서 위험요인에 폭로된 사람과 그렇지 않는 사람의 비, 특정 질병이 없는 집단에서의 위험요인에 폭로된 사람과 그렇지 않은 사람의 비를 구한 후, 두 비 간의 비를 구한 것
- 환자-대조군 연구에서 요인과 질병과의 관계를 알기 위해 사용

- 해석은 상대위험도와 같다.
  OR〉1 질병발생 원인 가능성이 크다.
  OR=1 연관 없음
  OR〈1 예방효과

$$교차비(OR) = \frac{특정질병이\ 있는\ 집단에서\ 위험요인에\ 폭로된\ 사람과\ 그렇지\ 않은\ 사람의\ 비}{특정질병이\ 없는\ 집단에서\ 위험요인에\ 폭로된\ 사람과\ 그렇지\ 않은\ 사람의\ 비} = \frac{A/C}{B/D} = \frac{AD}{BC}$$

◉ 지역사회주민을 대상으로 민물회 섭취와 간흡충증의 관계를 연구한 것이다. 교차비는?

민물생선회	간흡충증	
	있다	없다
섭취한 적 있다	437(A)	975(B)
섭취한 적 없다	182(C)	787(D)

이는 환자-대조군 연구로 교차비를 측정하며 간흡충증 사례군 중 유해요인 노출군과 비노출군의 비(437/182)를 간흡충증이 없는 대조군 중 유해요인 노출군과 비노출군의 비(975/787)로 나누어 계산

$$OR = \frac{437/182}{975/787} = 1.93$$

해석
- 질병여부에 따른 교차비(A/C)/(B/D): 민물생선회를 섭취한 경우가 민물생선회를 섭취하지 않은 경우보다 간흡충증 발생위험이 1.93배 높다.
- 노출여부에 따른 교차비(A/B)/(C/D): 환자군에서 민물생선회를 섭취한 경우가 대조군에서 민물생선을 섭취한 경우보다 간흡충증 발생위험이 1.93배 높다.

(3) 기여위험도(귀속위험도, AR, Attributable Risk)
- 요인노출 여부에 관계없이 집단 간의 질병발생률의 차이를 산출하여 질병 발생에서 특정 위험요인 노출이 어느 정도 기여하는지를 판단하는데 이용된다. (코호트연구에 활용)
- 적용: 흡연자의 폐암 발생률 중 흡연 때문에 증가한 부분이 어느 정도인가를 의

Keyword

미하는 것.
- 특정 위험 요인의 노출을 완전히 제거할 경우 질병을 얼마나 예방할 수 있는지 파악할 수 있으며, 기여위험도는 폭로군과 비폭로군의 발생률 차로 산출한다.

공식 기여위험도 = 폭로군에서 발생률 - 비폭로군에서 발생률
㉮ 기여위험도를 구하고 설명하시오.

	폐암		계
	유	무	
흡연군	10	990	1,000
비흡연군	5	2,995	3,000

흡연자의 폐암질병 발생률 - 비흡연자의 발생률
= 10/1,000 - 5/3,000 = 25/3,000 = 8.3/1,000

- 흡연군이 비흡연군보다 폐암이 1,000명당 8.3명(건)이 더 발생하며 비흡연시 폐암위험도가 1000명당 8.3명을 줄일 수 있다. 1000명당 8.3명은 흡연에 기인한 폐암이다.

(4) 기여위험분율(귀속위험 백분율)
- 폭로집단에서 해당 위험요인의 노출이 기여한 정도가 얼마나 되는지를 표현한 것
- 적용 흡연자들이 폐암에서 흡연요인의 기여위험분률이 70%(0.7)라고 한다면, 이는 흡연자들에서 발생한 폐암에서 흡연요인 때문에 발생한 폐암이 전체 폐암의 70%가 된다는 것을 의미
- 이는 흡연자들에서 흡연요인을 제거한다면 폐암발생의 70%를 줄일 수 있다고 해석됨

$$기여위험분율 = \frac{기여위험도}{폭로군에서의 발생률} \times 100$$

㉮ 흡연군 폐암발생률은 10만 명당 235, 비흡연군 폐암발생률이 10 일 경우 귀속위험백분율을 구하고 설명해라.
풀이: 10만 명당 225명은 흡연에 기인한 폐암이다.
(235-10)/235 × 100 = 96%
폐암의 96%는 흡연으로 인해 발생하며, 금연함으로써 96%의 질병발생률을 막을 수 있다.

4) 계산방법에 따른 측정의 종류

(1) 조율: 일정기간 동안 인구집단 전체에서 실제로 발생한 수를 나타낸 지표 현실적으로 산출이 가능하여 종합적인 지표

Keyword

(2) 특수율: 비슷한 특성을 지닌 소집단별(성별, 연령, 학력, 질병 등)로 나누어 두 집단을 비교하는 지표. 보건학, 역학적으로 유용. 소집단별로 경향을 나타내므로, 실제 건강수준이나 특성을 파악하는데 용이해서 조율의 문제점을 보완

(3) 표준화율(보정율): 인구구성의 차이에 따른 영향을 배제하면서 사망상태나 유병상태를 한 수치로 나타내어 두 지역을 비교하는데 활용할 수 있는 지표. 그러나 요약된 자료로, 가상적인 지표이므로, 실제적인 특성을 알고자 할 때는 특수율을 사용
 - 직접표준화방법
 - 간접표준화방법

* 계산방법에 따른 측정의 종류

1. 조율(Crude rate)
: 전체 모집단 중 사건의 비율. 지역사회의 실제자료를 요약하여 지역 간 비교에 사용.
   예) X-선상 결핵유병률(인구 100명 당)

	1995	2000	2005	2010	2015
조유병률	3.3	2.5	2.2	1.8	1.0
연령표준화유병률	3.3	2.5	2.1	1.6	0.8

- 2015년 결핵유병률은 1.0, 표본인구 64,130명 중 608명으로 100명 당 1.0명
- 장점: 현재 인구 100명 당 결핵 환자수 정보 제공. 결핵환자 총 수의 추산이 가능함.
- 단점: 지역사회 인구학적 특성이 달라 조율의 차이를 해석하기 곤란
   - 조유병률으로는 결핵관리에 필요한 특성 파악 곤란
   - 효율적 계획 수립 곤란 (결핵 환자 입원 시 소아병상수로 계산해야 하는지, 항결핵제 요구량은 얼마인지 알 수 없음)
- 조사 연도마다 인구의 연령 구성비가 달라져 중간년도 인구로 표준화하여 추산

2. 소집단별 (특수) 사건율(Group specific rate)
: 모집단을 동일한 특성을 가진 소집단으로 분류하여 각 소집단 내 사건의 율을 계산하여 비교하는 방법(종족, 성, 연령, 직업, 학력, 결혼상태 경제수준, 지역구분, 계절 등)
   예) 연령별 유병율: 어느 연령군에 환자 비율이 높은지를 알 수 있다.
       연령별 발생률: 어느 연령 군에서 결핵이 새로 발생할 확률이 높은지 즉, 위험연령층이 어느 것이며 어떤 예방 조치가 필요한지 방향 제시

Chapter 5. 역학

Keyword

문제 [14] 다음 표는 안전사고 발생에 대한 분석 자료이다. 〈표1〉과 〈표2〉에서 도출된 발생률의 명칭을 쓰고 각각의 특징을 서로 비교하여 서술하시오.(5)

〈표〉 안전사고 발생분석표 Ⅰ

구분 \ 학교	A학교		B학교	
	학생(명)	발생(건수)	학생(명)	발생(건수)
여	200	10	100	5
남	100	10	200	20
계	300	20	300	25
발생률(100명당)	6.7		8.3	

〈표〉 안전사고 발생분석표 Ⅱ

구분 \ 학교	A학교			B학교		
	학생(명)	발생(건수)	발생률(100명당)	학생(명)	발생(건수)	발생률(100명당)
여	200	10	5.0	100	5	5.0
남	100	10	10.0	200	20	10.0
계	300	20		300	25	

3. 표준화율(Group standardized rate, 보정률)
   - 의미: <u>인구구조가 서로 다른 두 인구집단의 사건비율을 비교하기 위해</u>, 인구구조의 차이가 사건비율 수준에 미치는 영향을 제거한 객관화된 측정치를 산출하여 두 집단의 사망률 수준을 비교하는 방법
   - 인구집단의 역학적 특성이 서로 다른 집단의 보건지표를 비교할 때, 비교하고자 하는 집단 간의 인구학적 특성의 차이를 통제하고 같은 조건으로 만들어 비율을 계산하여 두 지역을 비교할 수 있도록 하는 방법
     - 필요성: 사건 발생에 영향을 미치는 변수 혹은 변수들의 각 인구 내 구성비가 다를 때 이 구성비의 차이 때문에 유발되는 <u>조율의 차이를 조정</u>해 줌으로써 잘못된 인식을 바로잡기 위함

연령구분	'가'지역			'나'지역		
	사망률	사망수	인구	사망률	사망수	인구
계(조사망률)	12.5	125	10,000	6.3	63	10,000
0~49세	2.6	17	6,500	2.6	23	8,700
50세 이상	30.8	108	3,500	30.8	40	1,300

   - 설명: '가' 지역과 '나' 지역의 조사망률 비교 시 '가' 지역 사망확률이 '나'보다 2배 높다. 그러나 <u>연령 군별 사망률</u>을 비교해 보면 동일 연령에서 사망하는 비율은 똑같다.

- 이는 '가' 지역의 사망확률이 더 높아서가 아니라 '가' 지역에 사망확률이 높은 50세 이상의 인구구성비가 크기 때문인 것을 알 수 있다.

  그러므로 가장 정확한 비교방법은 각 변수 계급별 상호비교이며, 이는 표준화된 사건률로 비교해야 한다.

1) 직접 표준화 방법 (직접법)
   - 의미
     - 각 모집단의 소집단 계급별 사건비율에 동일한 비중을 주기 위해 표준인구를 활용하는 방법
     - 두 개 이상의 지역사회를 비교할 때 표준이 되는 인구집단을 선정한 후, 각 지역의 연령별 사망률 혹은 발생률을 표준인구에 적용하여 비교하고자 하는 각 지역의 사망수 혹은 발생 수를 계산함으로써 두 지역을 비교하는 방법

연령계급	사망률	표준인구	기대사망수
1(0~9세)	a1	P1	a1P1
2(10~19세)	a2	P2	a2P2
⋮	⋮	⋮	⋮
N	aN	PN	aNPN
계(전연령)	a	P	A

직접 표준화율 = (A/P) X 100

(a:모집단의 연령별 사망률, P:표준인구의 연령별 사람수, aP: 각 연령별 기대사망수)

- 단위 인구당 표준화 사망률 = A/P × 단위인구(1,000) accident/people
- 계산방법 ⓒ 사표 기대율
  ① [범주별 발생률 산출] 연령별사망률(=사건률, 발생률)을 구한다.
  ② [발생률을 표준인구에 대응]
     표준인구(=두 집단의 연령계급별 평균인구, 두 지역의 인구를 합한 수)를 구한다.
  ③ [표준인구에서 기대되는 발생 건수 산출]
     연령별(기대사망수(=사망률X표준인구)를 구한다.
     연령별 표준인구에 각 지역의 연령별 사망률을 곱하면 표준인구에서의 기대 사망수 계산
  ④ [발생건수를 표준인구로 나누기]
     단위인구당 표준화율(=A/P x 단위인구)을 구한다.
     지역별로 연령별 기대 사망 수를 합하여 표준인구로 나눈다.
     (의미: 모집단의 연령별 사망률을 표준인구에 적용시켰을 때 몇 명의 사망자가 될 것이냐는 추정치)

Keyword

(인구 1,000명당)	'가'지역			'나'지역		
연령구분	사망률	표준인구	기대사망수	사망률	표준인구	기대사망수
0~49세	2.6	7,600	19.8	2.6	7,600	19.8
50세 이상	30.8	2,400	73.9	30.8	2,400	73.9
연령표준화사망률		10,000	93.7		10,000	93.7

- 설명: 표준화율 = 93.7/10,000 * 1,000 = 9.37
  · 모집단의 연령별 사망률을 표준인구에 적용시켰을 때 <u>인구 1,000명 당 9.37명의 사망자가 발생할 것으로 추정 가능하다.</u>
  · 연령별 사망률에 의해 표준화율이 결정되므로 연령별 사망률이 동일할 때는 두 집단의 사망수준은 동일한 것으로 비교하고자 하는 <u>집단의 연령별 구성비가 같을 때는 표준화할 필요가 없다.</u>
- 예시1:

표 4-10 직접 표준화 과정

연령	사건비율	기준인구	기대사건 수
0~4	a1	P1	a1P1
5~9	a2	P2	a2P2
10~14	a3	P3	a3P3
15~19	a4	P4	a4P4
20~24	a5	P5	a5P5
...		...	...
계	a	P	A

직접 표준화율 = (A/P) ×100

자료원: 김정순(2000), 역학원론, 신광출판사.

표 4-11 직접 표준화 과정 적용 예

연령	관찰된 요통률	표준인구 수	표준인구에서 관찰된 요통 수
30~39	10%	200	20
40~49	20%	200	40
50~59	30%	200	60
계		600	120

직접 표준화율 = (120/600) ×100 = 20%

- 예시2:
  두 지역의 연령별 사망률(조율)

연령	A 지역(항생제 투여)		B 지역(항생제 투여)	
	사망 수	사망률(%)	사망 수	사망률(%)
1~14	105/930	11.3	118/1,560	7.6
15~60	307/7,310	4.2	40/1,600	2.5
계(전 연령)	412/8,240	5.0	158/3,160	5.0

Keyword

두 지역의 연령별 사망률(직접 표준화 방법)

연령	위험에 폭로된 표준집단의 수	A 지역		B 지역	
		사망률	기대사망 수	사망률	기대사망 수
1~14	223	11.3	25.2	7.6	16.9
15~60	347	4.2	14.6	2.5	8.7
계(전연령)	570	7.0	39.8	4.5	25.6
직접 표준화 사망률		39.8/570=7.0		25.6/570=4.5	

문제 다음을 보고 A학교, B학교의 조발생률, 직접 표준화 방법에 의한 사고 발생률을 계산하시오.

구분	A학교			B학교		
	학생 수	사건 수	사고 발생률 (1,000 명당)	학생 수	사건 수	사고 발생률 (1,000 명당)
남학생	2,000	8	4.0	4,000	12	3.0
여학생	4,000	6	1.5	2,000	3	1.5
계	6,000	14	–	6,000	15	–
조율	14/6000 * 1000=2.3			15/6000 * 1000=2.5		

	A	B
조율	14/6000 * 1000=2.3	15/6000 * 1000=2.5
직접 표준화율	$\dfrac{6000*4+6000*1.5}{12000} = 2.75$	$\dfrac{6000*3+6000*1.5}{12000} = 2.25$

조율
사건 수/학생 수 * 1000 = 사건율
X/2000* 1000 = 4   X/4000* 1000 = 3
X/4000* 1000 = 1.5   X/2000* 1000 = 1.5

2) 간접표준화 방법(간접법)
: 표준인구의 소집단계급별 사건비율을 비교하고자 하는 모집단들의 소집단별 인구에 활용하는 방법 (두 개 이상 집단의 연령별 특수사망률을 알 수 없거나 대상인구 수가 너무 적어서 안정된 연령별 특수사망률을 구할 수 없는 경우에 이용)

연령계급	인구	표준인구의 사건율/10x	기대사건수
1(0~9세)	P1	A1	A1P1
2(10~19세)	P2	A2	A2P2
⋮	⋮	⋮	⋮
N	PN	AN	ANPN
계(전연령)	P	A	E

(표준화하려는 집단의 총사건수: Q, 표준인구의 사건율/10x: W,
간접표준화율 = Q/E × W)

- 계산방법
  (표준인구의 연령별 사망률을 비교하고자 하는 집단들의 연령계급별 인구에 곱해서 얻은 기대사건 수의 총계를 계산하여 표준화하고자 하는 집단의 총 사망 수를 기대총사망 수로 나눈 표준화사망비를 얻어 표준인구의 사망비율을 곱해 표준화시키는 방법)
  ① 연령별 사건율 X 연령계급별 인구 = 기대사건수(E)의 총계를 계산한다.
  ② 표준화하고자 하는 집단의 총사건수(Q)/기대총사건수(E)=*표준화사건비(Q/E)를 구한다.
  ③ 표준인구의 사건비율(W)을 곱해줌으로써 표준화시킨다.

  $$*표준사건비 = \frac{어떤집단에서 관찰된 총사건수}{이 집단에서 예상되는 총기대사건수}$$

  〉 1: 표준인구집단에 비해 더 많은 사건의 발생을 의미
  〈 1: 표준인구집단에 비해 더 적은 사건의 발생을 의미

  적용 규모가 작은 집단에서 사건수가 적기 때문에 소집단별 사건률을 낼 경우 소집단계급 중 극히 소수이거나, 전혀 사건이 없는 소집단이 수 개 있어 소집단별 사건률을 얻을 수 없는 경우 또는 자료에 따라서는 소집단별 건수조차 정리되지 않아 얻을 수 없을 경우에 유용

Keyword

연령	A지역		B지역		표준인구의 결핵유병율/100
	인구	기대환자수	인구	기대환자수	
0~49세	3859	55.4	3,300	55.1	1.43
50~85세 이상	377	23	526	32.1	6.1
계	4,236	78.4	3,826	87.2	2.3
결핵조유병률/100	82		92		
표준화유병률/100	82/78.4X2.3=2.4		92/87.2X2.3=2.4		

- 설명: 조유병률을 비교할 때는 B지역의 결핵 유병률이 훨씬 더 높았으나 표준화한 뒤에는 똑같음을 보여주고 있다. 즉, B지역 노인인구의 비율이 높았기 때문이며, A지역보다는 B지역의 연령별 인구 구성이 표준인구와 더 가깝다. 표준사건비는 A, B 두 지역 모두 1보다 커서 표준인구집단에 비해 더 많은 환자가 발생함을 알 수 있다.

Keyword

표 4-12 간접 표준화 과정

연령	인구	표준인구의 사건율	기대사건 수
0~4	P1	A1	A1P1
5~9	P2	A2	A2P2
10~14	P3	A3	A3P3
15~19	P4	A4	A4P4
20~24	P5	A5	A5P5
...	...	...	...
계	P	A	E

표준화하려는 집단의 총 사건 수 : O   표준인구의 사건율 : W   간접 표준화율 = (O/E) × W

자료원 : 김정순(2000). 역학원론. 신광출판사.

표 4-13 간접 표준화 과정 적용 예

연령	인구	표준인구의 결핵유병률(100명당)	기대환자 수
5~9	851	0.7	6.0
10~14	836	0.6	5.0
15~19	745	1.3	9.7
20~24	443	1.7	7.5
25~29	206	1.3	2.7
30~34	181	3.0	5.4
35~39	228	2.8	6.4
40~44	207	2.4	5.0
45~49	162	4.8	7.8
50~54	128	4.1	5.2
55~59	97	6.0	5.8
60~64	83	8.0	6.6
65~69	45	6.8	3.1
70~74	17	7.9	1.3
75~79	5	14.3	0.7
80~84	2	8.5	0.2
85+	0	14.3	0
총 사건 수	4,236	88.5	78.4

결핵 환자수 : 82, 표준화 유병률 : 2.3(인구 100명당), 간접 표준화율 = (82/78.4) × 2.3 = 2.4명

자료원 : 김정순(2000). 역학원론. 신광출판사.

Ⅵ 예방접종

( )월( )일

이아라 **전공보건**

01 예방접종의 의의 및 원리

1. 의의 및 목적
: 사람들이 모여 살고 있는 지역사회에 널리 퍼져 있는 <u>감염병을 예방할 목적</u>으로 인류가 활용하는 가장 효과적인 수단

2. 원리
: 병원체(바이러스나 세균 등)를 죽이거나, 약독화시켜 얻은 면역원을 접종하여 체내 면역반응에 의해 항체를 형성하여 해당 질환에 걸리지 않게 하는 것, 대다수 예방접종은 능동면역

02 예방접종 전후의 주의사항

1. 접종 전 주의사항

접종 전 주의사항	준비물	• <u>의복</u>을 입혀서 데리고 나온다. <u>모자보건수첩</u>을 가지고 간다.
	허용	• 접종 전날 <u>목욕</u>. 건강상태가 좋은 <u>오전 중</u>에 접종한다. • 어린이의 건강상태를 잘 아는 <u>보호자</u>가 데리고 온다
	금기	• 집에서 체온을 측정 후 <u>고열</u>이 나면 예방접종을 미룬다. • 예방접종을 하지 않을 <u>어린이</u>는 함께 데려가지 않는다.

2. 접종 후 주의사항

접종 후 주의사항	관찰	• 접종 후 <u>20~30분간</u> 접종기관에 머물러 관찰한다. • 귀가 후 적어도 <u>3시간 이상</u> 주의 깊게 관찰한다. • 접종 후 <u>최소 3일</u>은 특별한 관심을 가지고 관찰, 심하게 보채고 울거나 구토, 고열증상이 보이면 즉시 의사의 진찰
	허용	• 접종 부위는 <u>청결</u>하게 한다. 아기는 반드시 바로 <u>눕혀</u> 재운다.
	금기	• 접종 당일과 다음 날은 <u>과격한 운동</u>을 삼간다. • 접종 당일은 <u>목욕</u>을 시키지 않는다.

Keyword	문제 [01]	예방접종 시 피접종자의 주의사항 4가지를 기술하시오.
	문제 [98]	예방접종의 의의(목적)를 설명하고 예방접종을 실시할 때 보건교사가 사전에 선별해야 할 건강문제(예진사항)을 제시하시오.

03. 예방접종 금기사항 ● 현설만 피임 알면 열인감

1. 설사를 하고있는 자
2. 최근 앓은 적이 있거나 현재 질환을 앓고 있는 자
3. 습진 등 피부병이 있는 자
4. 임신 중 생균 접종 금지, 사균 투여 시 가임여성은 접종 후 3개월 후 임신을 권고
5. 약이나 달걀을 먹고 피부에 두드러기 등 백신 성분에 알레르기가 있는 경우
6. 면역문제 (면역 억제자, 면역억제 아동과 같이 사는 아동)
7. 열이 있는 자
8. 인공면역, 생백신 접종 후 1개월 이내 생백신 금지, 최근 3개월 이내 면역글로블린을 받은 모체로 부터 전달받은 항체가 있는 기간의 수동 면역이 있는 아동은 생백신 접종 금기(3개월 지난 후 접종)
9. 감염병(홍역, 수두) 이환 후 1개월 이내인 경우

04. 개별 백신 별 금기사항/주의사항 및 접종이 가능한 경우

1. 금기사항
① 이전에 백신 접종 시 심한 알레르기 반응(아나필락시스 등)을 보인 경우
② 백신 성분에 대한 심한 알레르기 반응(아나필락시스 등)

2. 주의사항
① 중등도 또는 중증의 급성질환(발열 여부에 무관)

3. 접종이 가능한 경우
① 경증 또는 중등도의 국소 이상반응
② 열이 없거나 미열이 동반된 가벼운 급성 질환
③ 이전 접종 후 미열 혹은 중등도의 발열
④ 건강해 보이는 유소아가 이전에 검진 받은 적이 없는 경우

⑤ 항생제 치료를 받고 있는 경우
⑥ 질병의 회복기
⑦ 미숙아, 모유 수유
⑧ 최근에 전염병에 폭로된 경우
⑨ 페니실린 알레르기, 백신 아닌 물질 알레르기, 알레르기 가족력, 알레르기 유발물질로 면역치료 중, 백신성분에 대한 비아나필락시스성 알레르기, 비특이적 알레르기

05 | 예방접종 약품의 보관

- 예방접종약을 항상 2~8도에 보관하도록 한다.
- 얼지 않게 잘 보관하며, 만약 약이 동결되었을 경우 사용하지 않는다.
- 방문접종을 할 때에는 얼음박스 내에 얼음과 접종약이 접촉되지 않도록 주의한다.
- 약을 사용하기 전 흔들어 육안으로 이상한 것이 발견되면 절대 사용하지 않는다.
- 유효기간이 경과한 약품은 규정에 의하여 용도를 변경하거나 폐기 처분

06 | 백신의 유형

약독화된 생균 백신 ● MBC 구두소장은 탄 황수(소) 같다. 지속력이 높고, 저렴하다.	
바이러스	홍역, 이하선염, 풍진(MMR), 경구용 소아마비, 황열, 수두, 두창, 탄저, 로타, 대상포진
세균	BCG(결핵)
재조합	경구용 장티푸스, 인플루엔자
불활성화된 백신(사균 백신) : 안정성이 높고, 보강접종으로도 효과가 크다.	
바이러스	인플루엔자, 주사용 소아마비, 광견병, A형 간염, 대상포진(유마트스 환자, 면역적제 질환자, 고령자)
세균	백일해, 주사용 장티푸스, 콜레라, 페스트
세균, 바이러스 부분	B형 간염, 인플루엔자, 백일해
독소	디프테리아, 파상풍
재조합	B형 간염
다당류	폐렴구균, 수막염구균, 혈호균성 헤모필루스 인플루엔자 B형

Keyword

문제 [95] 약독화 생백신을 접종하는 질환은?
① 홍역 ② 백일해 ③ 간염 ④ 파상풍

문제 [95] 일본뇌염 예방접종에 관한 내용으로 옳지 않은 것은?
① 접종 대상은 3-15세이다.
② 3세 이상은 1.0ml를 피하주사 한다.
③ 초회 접종은 7-14일 간격으로 2회 실시한다.
④ 백신 보관 적정온도는 0℃ 이하이다.

문제 [92] 최근의 예방접종으로 PPD검사의 반응이 억제될 수 있는 것은?
① DPT ② 홍역 ③ 백일해 ④ 장티푸스

06. 소아 예방 접종법

대상 전염병	백신 종류 및 방법	출생 시	4주 이내	1개월	2개월	4개월	6개월	12개월	15개월	18개월	19~23	24~35	만 4세	만 6세	만 11세	만 12세
결핵	BCG (피내용)		1회													
B형 간염	HepB (근육)	1차		2차			3차									
디프테리아 백일해 파상풍	DTap (근육)				1차	2차	3차		4차					5차		
	Td/Tdap														6차	
소아마비 (폴리오)	IPV(근육, 피하)				1차	2차		3차						4차		
b형 헤모필루스 인플루엔자	PRP-T/ HBOC (근육)				1차	2차	3차	4차								
폐렴구균	PCV (근육)				1차	2차	3차	4차								
	PPSV										고위험군에 한해 접종					
MMR	MMR (피하)							1차						2차		
수두	Var (피하)							1차								
A형 간염	HepA (근육)							1~2차								
일본뇌염	사백신 (근육)							1~2차				3차	4차			5차
	생백신 (피하)							1차				2차				
사람유두종 바이러스	HPV (근육)														1~2차	
인플루엔자	IIV (근육)							매년 접종								
로타 바이러스 감염증	RV1(로타 릭스)				1차	2차										
	RV5(로타 텍)				1차	2차	3차									

Keyword

* 예방접종 암기법

횟수	종류	시기
1회	수두 BCG	1년(12~15개월) 1달(4주 내)
2회	사람유두종 바이러스 A형 간염 MMR 일본뇌염(생백신) 로타(RV1)	11~12세 12~23개월 12~15개월/4~6세 12~23개월(1차)/24~35개월 2, 4개월
3회	로타(RV5) B형 간염	2, 4, 6개월 0, 1, 6개월
4회	폐렴구균 소아마비(폴리오) b형 헤모필루스 인플루엔자	2, 4, 6개월, 12~15개월 2, 4, 6~18개월, 4~6세 2, 4, 6개월, 12~15개월
5회	DPT 일본뇌염(불활성화. 사백신)	2, 4, 15~18개월, 4~6세 12~23개월(1~2차)/24~35개월
6회	Td/Tdap	11~12세
평생	인플루엔자	6개월 이후 매년 접종

07. 예방 접종별 실시대상 및 표준접종시기

1. B형간염

1) 모든 신생아 및 영아

2) 과거 B형간염의 감염증거와 예방접종력이 없는 성인 중 B형간염 바이러스에 노출될 위험이 높은 환경에 있는 사람을 우선 접종권장 대상으로 한다.
   ① B형간염 바이러스 보유자의 가족
   ② 혈액제제를 자주 수혈받아야 되는 환자
   ③ 혈액투석을 받는 환자
   ④ 주사용 약물 중독자
   ⑤ 의료기관 종사자
   ⑥ 수용시설의 수용자 및 근무자
   ⑦ 성매개질환의 노출 위험이 큰 집단

(3) 임신부가 B형 간염 표면 항원(HBsAg) 양성일 때 출생 후 12시간 이내 B형 간염 면역 글로불린(HBIG) 및 B형 간염 백신을 동시에 접종, 이후 B형 간염 접종일정은 출생 후 1개월 및 6개월에 2차, 3차 접종

2. 디프테리아 · 파상풍 · 백일해

구 분		표준접종시기	접종 간격	백 신
기초 접종	1차	생후 2개월	최소한 생후 6주 이후	DTaP
	2차	생후 4개월	1차접종후 4~8주 경과후	DTaP
	3차	생후 6개월	2차접종후 4~8주 경과후	DTaP
추가 접종	4차	생후 15~18개월	3차접종후 최소 6개월 이상 경과후	DTaP
	5차	만4~6세	-	DTaP
	6차	만11~12세	-	Tdap 혹은 Td

1) 모든 영유아,

2) 산후조리업자 및 종사자(의료인, 간호조무사) - 근무 2주전까지 1회 접종

3) 폴리오: 모든 영유아 대상 생후 2, 4, 6개월에 3회 기초 접종 권장 (3차 접종은 생후 6~18개월까지), 만4~6세에 추가 접종

4) 홍역: 유행 시 생후 6~11개월에 MMR 백신 접종이 가능하나 이 경우 생후 12개월 이후에 MMR 백신 재접종 필요

5) A형 간염: 1차 접종은 생후 12~23개월에 시작, 2차 접종은 1차 접종 후 6~12(18)개월 간격으로 접종

6) 일본뇌염
   - (불활성화 백신, 사백신): 1차 접종 후 7~30일 간격으로 2차 접종하고, 2차 접종 후 12개월 후 3차 접종
   - (약독화 생백신): 1차 접종 후 12개월 후 2차 접종

7) 장티푸스
   - 접종대상(제한적으로 접종)
     ① 장티푸스 보균자와 밀접하게 접촉하는 사람(가족 등)
     ② 장티푸스가 유행하는 지역으로 여행하는 사람 및 체류자
     ③ 장티푸스 균을 취급하는 실험실 요원
   - 표준접종시기
     - Vi polysaccharide 백신: 만 2세 이상에서 1회 접종할 것을 권장
     - 경구용 생백신: 만 5세 이상에서 격일로 3회 투여할 것을 권장
     - 장티푸스 걸릴 위험에 계속 노출 경우: 3년마다 추가접종 할 것 권장

Keyword

8) 인플루엔자
- 인플루엔자(불활성화 백신): 접종 첫 회에는 4주 간격으로 2회 접종 필요, 접종 첫 해 1회 접종을 받았다면 다음 해 2회 접종을 완료

- 접종대상
  1) 인플루엔자 바이러스 감염 시 합병증 발생이 높은 대상자(고위험군)
     - 65세 이상 노인
     - 생후 6개월~59개월 소아
     - 임신부
     - 만성폐질환자, 만성심장질환자(단순 고혈압 제외)
     - 만성질환으로 사회복지시설 등 집단 시설에서 치료, 요양, 수용 중인 사람
     - 만성 간 질환자, 만성 신 질환자, 신경-근육 질환, 혈액-종양 질환, 당뇨환자, 면역저하자(면역억제제 복용자), 60개월~18세의 아스피린 복용자
     - 50~64세 성인(만성질환을 갖고 있는 경우가 많으나 예방접종률이 낮아 포함)
  2) 고위험군에게 인플루엔자를 전파 시킬 위험이 있는 대상자
     - 의료기관 종사자
     - 6개월 미만의 영아를 돌보는 자
     - 만성질환자, 임신부, 65세 이상 노인 등과 함께 거주하는 자
  3) 집단생활로 인한 인플루엔자 유행 방지를 위해 접종이 권장되는 대상자
     - 생후 60개월~18세 소아 청소년

- 표준접종시기
  - 매년 1회 접종 원칙
  - 단, 과거 접종력이 없거나, 첫 해에 1회만 접종받은 6개월 이상 9세미만의 소아에게는 1개월 간격으로 2회 접종하고, 이후 매년 1회 접종한다.
  - 고위험군은 인플루엔자 유행 시기 이전에 예방접종을 받을 것을 권장

9) 신증후군출혈열
- 접종대상(제한적으로 접종을 권장)
  ① 군인, 농부 등 직업적으로 신증후군출혈열 바이러스에 노출위험이 높은 집단
  ② 신증후군출혈열(유행성 출혈열) 바이러스를 다루거나 쥐 실험을 하는 실험원
  ③ 야외활동이 빈번한 사람 등 개별적 노출 위험이 크다고 판단되는 자

- 표준접종시기
  - 1개월 간격으로 2회 접종, 2차 접종 후 12개월 뒤에 3차 접종할 것을 권장한다.

Keyword

10) 폐렴구균
   - 접종대상
     - 모든 영유아 대상
     - 65세 이상 노인을 대상으로 접종할 것 권장
   - 표준접종시기
     - 영유아의 경우 폐렴구균 단백결합 백신으로 생후 2개월, 4개월, 6개월에 3회 기초접종을 실시하고, 생후 12~15개월에 1회 추가접종할 것을 권장
     - 65세 이상 노인은 폐렴구균 다당질 백신으로 1회 접종할 것을 권장

11) 사람 유두 바이러스 감염증: 만 12세에 6개월 간격으로 2회 접종, 2가와 4가 백신 간 교차적용은 권장하지 않음
   - 접종대상
     - 해당 연도에 만 12세 이거나 만 12세에 달하게 되는 여아를 대상
   - 표준접종시기
     - 사람유두종바이러스 백신(2가 또는 4가)으로 만 12세에 1차 접종 후 6개월 간격으로 2차 접종할 것을 권장

* 성인 국가 예방접종 사업으로 무료접종
  : 만 65세 이상 인플루엔자(매년 1회), 폐렴구균(1회)

08. 필수 및 임시 예방접종 실시(감염병예방법 제24조, 25조)

1. 필수예방접종 ⓒ DPT MMR b일수 폐소해 로타 A인 사결 (장신)

① 종류
  1. 디프테리아
  2. 폴리오
  3. 백일해
  4. 홍역
  5. 파상풍
  6. 결핵
  7. B형간염
  8. 유행성이하선염
  9. 풍진
  10. 수두
  11. 일본뇌염
  12. b형헤모필루스인플루엔자
  13. 폐렴구균
  14. 인플루엔자
  15. A형간염
  16. 사람유두종바이러스 감염증
  17. 그룹 A형 로타바이러스 감염증
  18. 그 밖에 질병관리청장이 감염병의 예방을 위하여 필요하다고 인정하여 지정하는 감염병(1. 장티푸스, 2. 신증후군출혈열)

② 사전 고지
특별자치도지사, 시장·군수·구청장은 필수예방접종 대상 아동 부모에게 보건복지부령으로 정하는 바에 따라 필수예방접종을 사전에 알려야 한다.

③ 필수예방접종의 사전 알림
  - 특별자치도지사, 시장·군수·구청장은 사전에 알리는 경우 사전 알림에 동의한 사람에게 문자전송, 전자메일, 전화, 우편으로 알린다.
  - 사전 알림에 동의하지 않거나 필요한 개인정보가 없는 경우에는 해당 지방자치단체 인터넷 홈페이지에 공고하여 필수 예방접종을 사전에 알린다.

2. 임시 예방접종 - 관할 보건소에서 실시

① 질병관리청장이 감염병 예방을 위하여 특별자치시장·특별자치도지사 또는 시장·군수·구청장에게 예방접종을 실시할 것을 요청한 경우
② 특별자치시장·특별자치도지사 또는 시장·군수·구청장이 감염병 예방을 위하여 예방접종이 필요하다고 인정하는 경우

③ 공고: 특별자치시장, 특별자치도지사 또는 시장·군수·구청장은 임시예방접종을 할 경우에는 예방접종 일시 및 장소, 예방접종 종류, 예방접종 받을 사람의 범위를 정하여 미리 인터넷 홈페이지에 공고하여야 한다.

3. 예방접종증명서

① 질병관리청장, 특별자치시장·특별자치도지사 또는 시장·군수·구청장
 - 예방접종자 본인 또는 법정대리인에게 예방접종증명서 발급
② 학교보건법
 - 초등학교·중학교장은 학생이 <u>새로 입학한 날부터 90일 이내</u> 예방접종증명서를 발급받아 예방접종 완료 여부를 검사한 후 교육정보시스템에 기록
 - 특별자치시장·특별자치도지사 또는 시장·군수·구청장은 초등학교와 중학교의 장에게 「학교보건법」 제10조에 따른 예방접종 완료 여부에 대한 검사 기록을 제출하도록 요청할 수 있다.
 - 특별자치시장·특별자치도지사 또는 시장·군수·구청장은 제1항에 따른 제출 기록 및 제2항에 따른 확인 결과를 확인하여 예방접종을 끝내지 못한 학생 등이 있으면 예방접종을 하여야 한다.

4. 예방접종 후 이상반응에 대한 검사

① 「의료법」에 따른 의료인 및 의료기관 장은 필수예방접종 또는 임시예방접종 후 혈소판감소성 혈전증 등 보건복지부령으로 정하는 이상반응이 나타나거나 의심되는 사람 발견시 질병관리청장에게 이상반응에 대한 검사를 의뢰할 수 있다.

5. 예방접종 휴가

① 사업주는 예방접종을 받은 근로자에게 유급휴가를 줄 수 있다. 국가 및 지방자치단체는 필요한 경우 사업주에게 해당 유급휴가를 위한 비용을 지원할 수 있다.
② 국가 및 지방자치단체는 「고용보험법」 제2조제1호에 따른 피보험자이 제1항에 따른 유급휴가를 사용하지 못하는 경우 그 비용을 지원할 수 있다.

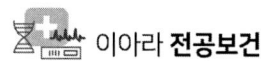

09. 감염병 예방접종의 실시기준과 방법

1. 목표
: 국가예방접종사업을 안전하고 효과적으로 시행 목적

2. 적용대상
: 필수예방접종
- 질병관리청장은 국민의 예방접종에 대한 관심을 높여 감염병에 대한 예방접종을 활성화하기 위하여 예방접종주간을 설정할 수 있다.
- 누구든지 거짓이나 그 밖의 부정한 방법으로 예방접종을 받아서는 아니 된다.

3. 실시대상 · 시기 · 주의사항
: 예방접종 전문위원회 심의+질병관리청장 고시

1) 예방접종 실시
  ① 장소: 원칙은 보건의료기관 내에서 실시,
    예외로 감염병의 확산을 막기 위하여 보건의료기관 이외 장소에서도 실시
  ② 의료인이 접종(접종 종류, 시기, 방법, 접종 백신에 대하여 충분히 숙지)
  ③ 예방접종 시행 전 예방접종 예진표 작성 함(작성일로부터 5년간 보존)

2) 주의사항
  ① 기록: 접종대상자의 인적사항, 접종명, 접종차수, 백신제조번호, 접종일자, 접종방법 등 접종내역
  ② 보고: 필수 · 임시접종 실시자는 특별자치도지사 또는 시장 · 군수 · 구청장에게 내용 제출, 심각한 이상 반응 의심시 의료기관 장이 보건소장에게 즉시 신고

10. 어린이 국가예방접종 지원사업

1. 목표
: 예방 접종률 향상을 통한 예방접종 대상 감염병 퇴치

2 내용
: 만 12세 이하 어린이를 대상으로 필수예방접종(18종)의 접종비용 전액 지원

3. 종류
결핵(BCG, 피내용), B형간염, DTaP, 파상풍/디프테리아(Td), Tdap, 폴리오(IPV), 디프테리아/파상풍/백일해/폴리오(DTaP-IPV), 디프테리아/파상풍/백일해/폴리오/b형헤모필루스인플루엔자(DTaP-IPV/Hib), b형헤모필루스인플루엔자, 폐렴구균, 홍역/유행성이하선염/풍진(MMR), 수두, 일본뇌염 불활성화 백신(IJEV), 일본뇌염 약독화 생백신(LJEV), A형간염, 사람유두종바이러스 감염증, 인플루엔자, 로타바이러스 감염증

11. 국가 예방접종 지원사업 - B형 간염 주산기 감염 예방사업

1. 정의
: 주산기에 B형 간염 산모의 혈액이나 체액이 신생아에게 노출되어 B형간염 바이러스가 모체에서 아기에게 전파되는 것
- 주산기: 출산 전·후 기간(임신 29주~생후 1주까지)
- 미숙아: 출생 시 체중이 2kg 미만이면서 임신주수 37주 미만인 아기

2. 대상
: 표면항원(HBsAg) 양성 또는 e항원(HBeAg) 양성 산모로부터 출생한 영유아

3. 사업내용 및 일정

예방처지 일정	예방처치 방법
면역글로블린 투여	• 출생 직후 1회 투여 (표면 항원(HBsAg) 양성 또는 e항원(HBeAg) 양성 산모로부터 출생한 영유아)
B형 간염 접종	• 기초접종 1~3회 접종 • 일반일정: 출생 시 1차, 생후 1개월 2차, 생후 6개월 3차 • 미숙아 일정: 출생시, 생후1개월 1차, 생후 2개월 2차, 생후 6개월 3차 접종(총 4회 접종)

B형 간염항원·항체 검사	• 항원·항체 1차 검사
	• 기초접종 3회 완료 후, 생후 9개월 이상 15개월에 검사 시행
	  - 1차 재접종 → 2차 항원·항체 정량검사 → 항체 형성 시 종료
	  - 1차 재접종 → 2차 항원·항체 정량검사 → 항체 미형성 → 2, 3차 재접종 → 3차 항원·항체 정량검사 → 종료

12. HPV 국가예방접종 지원사업

1. 사업대상
- 만 13~17세 여성 청소년
- 만 18~26세 저소득층 여성 (기초생활보장수급자, 차상위계층, 장애인, 자활근로인)

2. 사업내용

① HPV 예방접종 비용지원(2~3회)

첫 접종 나이	접종 횟수	백신	차수	다음 접종 간격
만12~14세	2회	HPV2, HPV4	1차	6~12개월
			2차	-
만15~25세	3회	HPV2	1차	1개월
			2차	5개월
			3차	
만15~26세		HPV4	1차	2개월
			2차	4개월
			3차	

② 12세 대상자 표준 여성청소년 건강상담 지원
  : 성장발달과 초경에 대해 의사선생님과의 1:1 상담 실시

13. 초·중학교 입학생 예방접종 확인사업

1. 사업대상
: 당해연도 초등학교 및 중학교 입학 대상자

2. 예방접종

1) 초등학교

: 4~6세 추가접종 4종(DTaP 5차, 폴리오 4차, MMR 2차, 일본뇌염 불활성화 백신 4차 또는 약독화 생백신 2차)

* DTaP-IPV 4차를 접종한 경우 DTaP 5차와 IPV 4차 접종을 완료한 것과 동일

2) 중학교

: 11~12세 추가접종 3종(Tdap(또는 Td) 6차, 일본뇌염 불활성화 백신 5차 또는 약독화 생백신 2차, HPV 1차(여학생 대상))

3. 사업방법

① 접종 미완료자가 접종을 완료할 수 있도록 학교에서는 보건교사, 지역사회에서는 보건소 담당자가 예방접종 독려
② 예방접종 금기자는 〈예방접종 금기사유〉가 명시된 진단서를 발급받아 입학 후 학교에 제출

〈예방접종 금기자〉
* 백신 성분에 대해서 또는 이전 백신 접종 후에 심한 알레르기 반응(아나필락시스)이 발생했던 경우
* 백일해 백신 투여 7일 이내 다른 이유가 밝혀지지 않은 뇌증이 발생했던 경우
* 면역결핍자 또는 면역억제제 사용자

VII 집단검진

( )월( )일

이아라 **전공보건**

01 정의

: 만성질환 2차 예방의 대표적인 방법
  지역사회 인구집단을 대상으로 질병 증상이 없는 건강한 사람 중에 질병을 가지고 있을 만한 사람들을 신속, 분명하게 가려내기 위해 시행하는 <u>선별검사</u>

02 목적

(1) 지역사회의 유병률과 <u>질병 상태를 정확히 파악</u>, 질병 전체의 규모나 발생 양상이 많은 정보를 얻음
(2) 질병을 조기 상태에 파악하면 <u>질병의 자연사나 발생기전 이해를 도모</u>
(3) <u>조기진단 조기 치료</u>는 생명의 연장과 질병 치유에 도움
(4) 검진과정에서 <u>보건교육</u>이 되어 주민들의 지식 증진, 예방 중요성 인식, 정기진단 유도 가능

03 조건(원칙)

질병	• 선별해 내려는 상태는 <u>중요한 건강문제</u> • 어느 정도의 잠복기 또는 <u>초기증상을 나타내는 시기가 있는 질병</u> 대상 • 질병의 발생 및 진행 <u>과정(자연사)이 알려진 질병</u> • 치료해야 할 <u>환자로 규정하는 기준</u>이 마련되어 있을 것
검사	• 질병 유무의 결과를 내주는 <u>타당, 신뢰성 있는 검사방법</u>이 있어야 한다. • 검사방법이 <u>기술적으로 시행하기 쉽고</u>, 검사의 단가가 <u>싸야</u> 하며, 주민들이 검사방법 자체를 <u>거부감 없이 받아들일 수 있는</u> 것 • 검사방법의 비용효과분석 측면에서 볼 때 <u>검진을 위해 투자하는 비용, 시간, 노력</u>이 질병 심각성 측면, 효과적인 치료방법 모색 측면에서 이점이 있을 것 • 환자색출은 <u>계속 이루어져서 질 것</u>
치료	• 질병이 조기에 발견되면 효과적인 <u>치료방법</u>이 있을 것 • 정확하게 진단 내리고 치료할 수 있는 <u>시설</u>이 있을 것

04. 검사방법의 타당도와 신뢰도

: 집단검진의 검사 도구가 갖추어야 할 필수조건

검사 질병	있음	없음	합계
양성	a(진양성)	b(위양성)	a+b(총 검사 양성 수)
음성	c(위음성)	d(진음성)	c+d(총 검사 음성 수)
합계	a+c(총 환자 수)	b+d(총 비환자 수)	a+b+c+d

1) 타당도(=정확도)

: 어떤 측정치 또는 측정방법이 평가하고자 하는 내용을 얼마나 정확하게 측정하였는지 정도

(1) 종류

① 민감도: 특정 검사방법이 질병이 있는 사람을 양성으로 바르게 확인해내는 능력

$$민감도 = \frac{a}{a+c} \times 100(\%) = \frac{검사양성수}{총환자수}$$

② 특이도: 건강한 사람을 음성으로 바르게 찾아내는 능력

$$특이도 = \frac{d}{b+d} \times 100(\%) = \frac{검사음성수}{총비환자수}$$

* 민감도, 특이도는 환자, 비환자 위주이고, 예측도는 검사 위주이다.

③ 양성예측도: 검사결과가 양성인 사람 중에서 질환이 있는 사람의 비율

$$양성예측도 = \frac{a}{a+b} \times 100(\%) = \frac{검사 양성 환자 수}{총검사양성 수}$$

④ 음성예측도: 검사결과가 음성인 사람 중에서 건강한 사람의 비율

$$음성예측도 = \frac{d}{c+d} \times 100(\%) = \frac{검사음성비환자수}{총검사음성수}$$

* 예측도의 의미: 양/음성 결과로 판정된 사람 중 ( )%가 실제 질병으로 확진되었다.

* 기타 위음성률 (검사결과 음성인 사람 중에서 가음성인 사람의 수), 위양성률 (검사결과 양성인 사람 중에서 가양성인 사람의 수)이 있으나 이는 학자마다 구하는 공식의 차이를 두고 있다.
- 환자 중심으로 구할 경우, 위음성률 = 1-민감도, 위양성률 = 1-특이도
- 검사 중심으로 구할 경우, 가음성률 = 1-음성예측도, 가양성률 = 1-양성예측도 (Fleiss)로 사용하고 있어 혼동을 초래하나 각 방법 나름대로 유용하게 활용된다.

Keyword

참고)
위음성률: 검사결과 음성자 중에서 가음성자 수

$$\text{양음성률} = \frac{c}{c+d} \quad \frac{\text{가음성자 수}}{\text{음성자 수}}$$

위양성률: 검사결과 양성자 중에서 가양성자 수

$$\text{위양성률} = \frac{b}{a+b} \quad \frac{\text{가양성자 수}}{\text{총검사양성수}}$$

예) 민감도, 특이도, 예측도(양성, 음성)를 구하시오.

검사\질병	있음	없음	합계
양성	188	72	260
음성	12	488	500
합계	200	560	760

민감도: 188/200 × 100 = 94%
특이도: 488/560 × 100 = 87%
양성예측도: 188/260 × 100 = 72%
음성예측도: 488/500 × 100 = 98%

문제 [07] 학생들에게 우울 선별검사를 하여 우울증 위험군과 정상 군으로 분류하고 병원 검진을 실시하였다. 두 가지 결과가 다음과 같을 때, 양성 예측도에 대해 1줄 이내로 설명하고 그 값을 구하시오. (소수점일 경우 반올림해서 소수점 첫째 자리까지 쓰시오) (3)

		병원 검진 결과		총계
		우울증	정상	
우울증 선별검사	위험군	10	15	25
	정상군	5	170	175
총계		15	185	200

(2) 정확도(타당도)에 영향을 미치는 요인
- 정확성을 검증하는 지표는 절댓값이 아니라, 동일한 검사에서도 측정기준의 명확성, 설정기준치의 수준, 검진대상 집단 내 유병률, 측정 도구의 신뢰도 등 요인에 의해 변동

① 질병/환자 정의에 대한 <u>기준의 명확성</u>
② 검사결과의 양성, 음성 <u>구분의 한계치</u>
- 구간계급별로 연속된 수치들의 어느 지점을 경계로 검사의 양성, 음성을 분류하느냐에 따라 정확도의 지표가 달라짐. 한계치를 연구 목적이 따라 임의로 설정 가능
  - 예 당뇨병 유병조사시 비용이 많이 들어도 정확한 자료가 필요하면 혈당치를 100mg/ml로 정하여 민감도를 높이고, 당뇨병 치료제 효과 연구를 위해서는 170mg/ml 이상으로 올리면 확진에 드는 비용을 대폭 줄일 수 있음

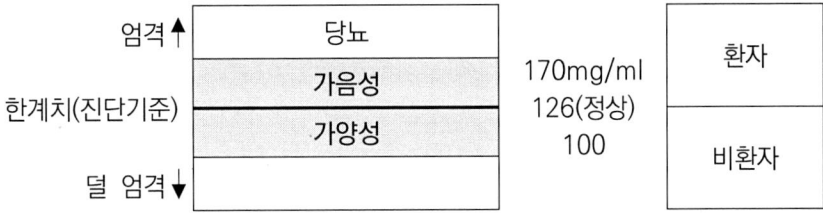

낮은 엄격성	• 진단기준이 낮으면 가양성자 수 증가 • 가양성자수가 증가하면 가음성자 감소 - 민감도 상승, 특이도 하락 (민감도 = 진양성/진양성 + 가음성, 특이도 = 진음성/진음성+가양성)
	• 조기진단이 필요한 경우, 정확한 자료가 필요한 경우 • 희귀질환, 심각한 질환, 암 등은 조기 발견이 예후에 큰 영향을 미침 • <u>유병률이 높은 경우</u>에 진짜 환자를 찾아내기 위해 민감도 높은 검사가 유리
높은 엄격성	• 진단기준이 엄격하면 가양성자 수 감소 • 가양성자수 감소하면 가음성자 증가 - 특이도 증가, 민감도 감소
	• 질병 있는 사람 색출, 유병률이 높은 질환 • 가볍고, 치료법 있고 대체로 조기진단이 예후에 큰 영향을 미치지 않는 흔한 질환 • <u>유병률이 낮은 경우</u>에는 특이도 높은 검사가 유리

③ 검진집단 내 측정대상 질병의 유병률
: 유병률이 낮을수록 가음성률 감소하고 가양성률 증가,

$$유병률 = \frac{진양성 + 가음성}{진양성 + 가음성 + 진음성 + 가양성}$$

유병률은 민감도나 음성예측도보다 **특이도와 양성예측도**에 더 영향을 미침

검사결과	인구2만명 중 유병률 0.1%일 때			유병률 1.0%일 때		
	진단결과		계	진단결과		계
	병(+)	병(-)		병(+)	병(-)	
양성	19	18,260	18,279	190	10,200	10,390
음성	1	1,720	1,721	10	9,600	9,610
계	20	19,980	20,000	200	19,980	20,000

민감도 19/20×100 = 95% 민감도: 95%
특이도 1,720/19,980×100 = 8.6% 특이도: 48.5%
양성예측도 19/18,279×100 = 0.1% 양성예측도: 1.8%
음성예측도 1,720/1,721×100 = 99.9% 음성예측도: 99.8%

④ 신뢰도
: 동일 대상에 대한 반복 측정이 얼마나 일정성을 가지고 일치하느냐의 검정 신뢰도가 높다고 반드시 정확도가 높아지지 않는다.
⑤ 연구자의 편견과 양심

2) 신뢰도

(1) 특징
- 오차가 클수록 신뢰도가 낮아짐
- 신뢰도는 정확도의 필수조건
- 신뢰도의 저하를 유발하는 요인
  : 관측자의 편견과 기술의 미숙, 측정 도구의 부정 상태, 측정 시의 환경조건

(2) 신뢰도를 높이는 방법

지표설명	정의	오차 감소
① 관측자 내 오차	동일인이 동일 대상을 여러 번 반복하여 측정했을 때 동일치를 얻는 확률을 보는 것	관측자의 편견 및 기술의 미숙 감소, 동일한 관측자 측정으로 측정자수 최소화
② 관측자 간 오차	동일 대상을 동일한 측정 도구로 여러 사람이 측정했을 때 동일치를 얻을 확률을 보는 것	측정 도구의 부정 상태 감소, 측정도구 주기적 관리, 객관적 측정법 개발

③ 대상자의 생물학적 변동에 따른 오차를 감소
④ 측정할 때의 환경조건이 측정을 방해하지 않도록 설정

문제 [94] 집단검진에 관한 설명이다. 옳지 않은 것은?
① 건강한 집단을 대상으로 한다.
② 고위험군이 대상일 때 효과가 크다.
③ 효율성은 정확도 주민의 수용도 비용과 관계있다.
④ 결과 판정 시 증상, 임상, 검사결과 등을 종합하여 실시한다.

문제 [98] 집단검진의 효율성을 높이기 위해 갖추어야 할 조건을 제시하시오.

문제 [01] 집단검진의 목적을 설명하시오.

문제 [05] 어느 학교에서 당뇨병 집단검진을 위해 매년 소변검사를 실시하고 있다. 이 학교 보건교사는 소변검사가 당뇨병 여부를 확인하는데 정확한 검사방법인지 알아보기 위해 전교생의 정밀검진을 통해 확진을 받도록 하였다. 다음 결과표에서 소변검사의 정확도를 확인할 수 있는 대표적 지표인 민감도와 특이도를 1줄 이내로 설명하고 각각이 값을 구하시오. (4)

		병원 검진 결과		총계
		당뇨병 환자	정상	
학교 소변검사 결과	양성	45	20	65
	음성	5	1,980	1,985
총계		50	2,000	2,050

Keyword

국시 [21]
다음 진단검사 결과표에서 특이도는? (소수점 첫째 자리에서 반올림)

		확진에 의한 질병		총계
		있음(+)	없음(-)	
검사 결과	양성	70	40	110
	음성	30	120	150
총계		100	160	260

문제 [11]
S 중학교에서 학생을 대상으로 우울 위험군 선별검사를 실시하였다. 위험군 선별 기준치를 A(16점 이상)와 B(24점 이상)의 두 가지로 하였다. 선별검사 결과와 의료기관의 진단검사 결과가 표와 같을 때, A와 B의 특이도와 양성 예측도를 구하시오.

A. 기준치를 16점 이상으로 한 결과 (단위: 명)

진단검사 \ 선별검사	우울증 유	우울증 무	합계
양성(우울 위험군)	80	20	100
음성(정상군)	120	880	1,000
합계	200	900	1,100

B. 기준치를 24점 이상으로 한 결과 (단위: 명)

진단검사 \ 선별검사	우울증 유	우울증 무	합계
양성(우울 위험군)	60	20	80
음성(정상군)	140	880	1,020
합계	200	900	1,100

공무원 문제
1. 검사방법의 타당도에 대한 설명으로 옳은 것은?
① 특이도가 낮으면 양성예측도가 감소한다.
② 민감도가 증가하면 특이도가 함께 증가한다.
③ 진단기준의 경곗값을 올리면 민감도가 증가한다.
④ 유병률이 높은 질환은 특이도가 높은 검사방법을 이용한다.

공무원 문제
2. 당뇨 환자 발견 검사에서 공복 시 혈당이 126mg/dL 수준에서 115mg/dL로 변경된다면 민감도와 특이도는 어떻게 되는가?
① 민감도는 증가하고, 특이도는 감소한다.
② 민감도와 특이도 모두 증가한다.
③ 민감도와 특이도 모두 감소한다.
④ 민감도는 감소하나 특이도는 증가한다.
⑤ 민감도, 특이도 모두 변함이 없다.

VIII. 감염병 관리사업

( )월( )일

01. 법정 감염병 관리

1. **국가적 차원** - 법적 조치
2. **지역사회 차원** - 지역사회의 감염병 침입 사전방지를 위해 모든 구성원이 노력
3. **개인적 차원** - 감염되지 않도록 스스로 책임

02. 감염병 환자 분류기준

1. 감염병 환자
- 감염병의 병원체가 인체 내에 침입하여 증상을 나타내는 자
- 보건복지부령이 정하는 기관이 실험실 검사를 통해 확인된 사람

2. 감염병 의사환자
: 감염병 병원체가 인체 내에 침입한 것으로 의심이 되나 감염병 환자로 확인되기 전 단계에 있는 사람

3. 병원체보유자
: 임상적인 증상은 없으나 감염병 병원체를 보유하고 있는 사람

4. 감염병 의심자
- 감염병환자, 감염병의사환자, 병원체보유자와 접촉자, 접촉의심자
- 검역관리지역 또는 중점검역관리지역에 체류, 그 지역을 경유 사람으로서 감염이 우려되는 사람
- 감염병병원체 등 위험요인에 노출되어 감염이 우려되는 사람

Keyword

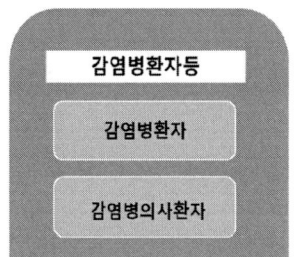

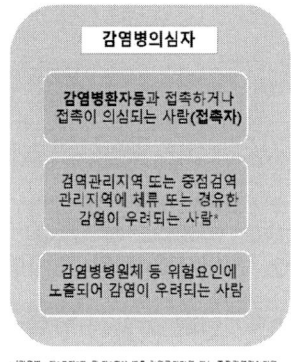

* 「검역법」 제2조제7호 및 제8호에 따른 검역관리지역 또는 중점검역관리지역

03 감염병 분류

제1급 감염병	정의	• 생물테러감염병 또는 <u>치명률이 높거나 집단 발생의 우려가 커서 발생 또는 유행 즉시 신고</u>하여야 하고, 음압격리와 같은 <u>높은 수준의 격리가 필요한 감염병</u>으로서 다음 각 목의 감염병을 말한다. • 다만, 갑작스러운 국내 유입 또는 유행이 예견되어 긴급한 예방·관리가 필요하여 <u>질병관리청장이 보건복지부장관과 협의하여 지정하는 감염병</u> 포함한다. ⊙ SM 신인 신보라 농남아 콩고 마페들고 탄두리 치긴먹는데 에볼리디야
	질환	1. <u>중증급성호흡기증후군(SARS)</u> 2. <u>중동호흡기증후군(MERS)</u> 3. <u>신종인플루엔자</u> 4. <u>신종감염병증후군</u> 5. <u>보툴리눔독소증</u> 6. <u>라싸열</u> 7. <u>동물인플루엔자 인체감염증</u> 8. <u>남아메리카출혈열</u> 9. 크리미안<u>콩고출혈열</u> 10. <u>탄저</u> 11. <u>두창</u> 12. <u>리프트밸리열</u> 13. <u>마버그열</u> 14. <u>페스트</u> 15. <u>야토병</u> 16. <u>에볼라바이러스병</u> 17. <u>디프테리아</u>

Keyword

제2급 감염병	정의	• 전파가능성을 고려하여 발생 또는 유행 시 24시간 이내에 신고하여야 하고, 격리가 필요한 다음 각 목의 감염병을 말한다. • 다만, 갑작스러운 국내 유입 또는 유행이 예견되어 긴급한 예방·관리가 필요하여 질병관리청장이 보건복지부장관과 협의하여 지정하는 감염병 포함 ◉ 풍수 출세 반포 A b 결홍 백일 성유E 카페 폴 콜라 한수막 파장 폐
	질환	1. **결**핵　　　　　　10. **백**일해　　　　　　18. **성**홍열 2. **수**두　　　　　　11. **유**행성이하선염　 19. **반**코마이신내성 3. **홍**역　　　　　　12. **풍**진　　　　　　　　황색**포**도알균 4. **콜**레라　　　　　13. **폴**리오　　　　　　　(VRSA) 감염증 5. **장**티푸스　　　　14. **수**막구균 감염증　 20. 카바**페**넴내성장 6. **파**라티푸스　　　15. **b**형헤모필루스　　　내세균속균종 7. **세**균성이질　　　　　인플루엔자　　　　　(CRE) 감염증 8. 출혈성대장균감염증 16. **폐**렴구균 감염증　 21. **E**형 간염 9. **A**형간염　　　　17. **한**센병　　　　　　　지정) 엠폭스(MPOX)
제3급 감염병	정의	• 그 발생을 계속 감시할 필요가 있어 발생 또는 유행 시 24시간 이내에 신고하여야 하는 다음 각 목의 감염병을 말한다. • 다만, 갑작스러운 국내 유입 또는 유행이 예견되어 긴급한 예방·관리가 필요하여 질병관리청장이 보건복지부장관과 협의하여 지정하는 감염병 포함 ◉ 쯔쯔. 웨스트 말레지아에서 열혈 렙 브루는 비브리 야콥은 일진 신라파의 유치한 CB에 매일 공황으로 발발 떨다 매일 큐를 날리뎅
	질환	1. **파**상풍　　　　　　13. **공**수병(恐水病)　　21. **라**임병 2. **B**형간염　　　　　14. **신**증후군출혈열　 22. **진**드기매개뇌염 3. **일**본뇌염　　　　　15. 후천성면역결핍증　23. **유**비저(類鼻疽) 4. **C**형간염　　　　　　　(AIDS, **에**이즈)　　24. **치**쿤구니야열 5. **말**라리아　　　　　16. 크로이츠펠트-　　 25. 중증**열**성혈소판 6. **레**지오넬라증　　　　　**야콥**병(CJD) 및　　　감소증후군 7. **비브리**오패혈증　　　　변종 크로이츠펠트　　(SFTS) 8. **발진**티푸스　　　　　　-야콥병(vCJD)　　 26. **지**카바이러스 9. **발진**열　　　　　　17. **황**열　　　　　　　　감염증 10. **쯔쯔**가무시증　　　18. **뎅**기열　　　　　 27. **매**독 11. **렙**토스피라증　　　19. **큐**열(Q熱) 12. **브루**셀라증　　　　20. **웨**스트나일열

Keyword

	정의	• 제1급감염병부터 제3급감염병까지의 감염병 외에 유행 여부를 조사하기 위하여 표본감시 활동이 필요한 감염병을 말한다. 다만, 질병관리청장이 지정하는 감염병을 포함한다. ◉ UN 반장(관) 충기가 급 해외 메티포도녹아(MR)을 인수했다.
제4급 감염병	질환	1. **인**플루엔자 2. **회충**증 3. **편충**증 4. **요충**증 5. **간흡충**증 6. **폐흡충**증 7. **장흡충**증 8. **수**족구병 9. 임질 10. 클라미디아감염증 11. 연성하감 12. 성기단순포진 13. 첨규콘딜롬 14. **반**코마이신내성**장**알균(VRE) 감염증 15. **메티**실린내성황색**포도**알균(MRSA) 감염증 16. 다제내성**녹**농균(MRPA) 감염증 17. 다제내성**아**시네토박터바우마니균(MRAB) 감염증 18. **장관**감염증 19. **급**성호흡기감염증 20. **해외**유입기생충**감염증** 21. **엔**테로바이러스**감염증** 22. 사람**유**두종바이러스 감염증 지정) 코로나바이러스 감염증-19
기생충 감염병	정의	• 기생충에 감염되어 발생하는 감염병 중 질병관리청장이 고시하는 감염병(4급 감염병 중 밑줄)
세계 보건 기구 감시 대상 감염병	정의	• 세계보건기구가 국제공중보건의 비상사태에 대비하기 위하여 감시대상으로 정한 질환으로 질병관리청장이 고시하는 감염병
	질환	1. 두창 2. 폴리오 3. 신종인플루엔자 4. 중증급성호흡기증후군(SARS) 5. 콜레라 6. 폐렴형 페스트 7. 황열 8. 바이러스성 출혈열 9. 웨스트나일열
생물 테러 감염병	정의	• 고의 또는 테러 등을 목적으로 이용된 병원체에 의하여 발생된 감염병 중 질병관리청장이 고시하는 감염병
	질환	1. 탄저 2. 보툴리눔독소증 3. 페스트 4. 마버그열 5. 에볼라열 6. 라싸열 7. 두창 8. 야토병
성매개 감염병	정의	• 성 접촉을 통하여 전파되는 감염병 중 질병관리청장이 고시하는 감염병
	질환	1. 매독 2. 임질 3. 클라미디아 4. 연성하감 5. 성기단순포진 6. 첨규콘딜롬 7. 사람유두종바이러스 감염증

Keyword

인수공통감염병	정의	• 동물과 사람 간에 서로 전파되는 병원체에 의하여 발생되는 감염병 중 질병관리청장이 고시하는 감염병
	질환	1. 장출혈성대장균감염증 2. 일본뇌염 3. 브루셀라증 4. 탄저 5. 공수병 6. 동물인플루엔자 인체감염증 7. 중증급성호흡기증후군(SARS) 8. 변종크로이츠펠트-야콥병 9. 큐열 10. 결핵 11. 중증열성혈소판감소증후군(SFTS)
의료관련감염병	정의	• 환자나 임산부 등이 의료행위를 적용받는 과정에서 질병관리청장이 고시하는 감염병
	질환	가. 반코마이신내성황색포도알균(VRSA) 감염증 나. 반코마이신내성장알균(VRE) 감염증 다. 메티실린내성황색포도알균(MRSA) 감염증 라. 다제내성녹농균(MRPA) 감염증 마. 다제내성아시네토박터바우마니균(MRAB) 감염증 바. 카바페넴내성장내세균속균종(CRE) 감염증

문제 [06] 개정된 감염병예방법에 의거 국가 필수 예방접종 대상 감염병(2급)에 해당하는 감염병의 종류 10가지를 쓰시오. (4)

문제 [02] 법정전염병 분류기준과 각 급에 해당하는 전염병을 3가지씩 제시하시오.

문제 [22] 다음은 고등학교 보건교사가 작성한 교직원 대상 연수 계획안의 일부이다. 괄호 안의 ⓒ에 해당하는 감염병의 명칭을 쓰시오. [1점]

1. 감염병별 예방 및 대응
1) (ⓒ)
① 임상증상: 전신 감염증으로 주 감염부위에 따라 임상증상이 매우 다양함.

일반적인 공통 증상		발열, 전신 피로감, 식은땀, 체중감소 등
주 감염부위에 따른 임상증상	폐	발열, 기침, 가래, 혈담, 흉통, 심한 경우 호흡곤란 등
	폐 외	일반적인 증상 외에 침범 장기에 따른 증상

② 학교장의 조치: 학교장은 (ⓒ)이/가 발생한 경우에는 의사, 치과의사 또는 한의사의 진단이나 검안을 요구하거나 해당 주소지를 관할하는 보건소장에게 신고
※ 근거: 감염병의 예방 및 관리에 관한 법률(법률 제18507호, 2021.10.19.)

문제 [93] 제 1급 법정 전염병만으로 짝지어진 것은?
① 소아마비, 백일해
② 콜레라, 황열
③ 장티푸스, 아메바성 이질
④ 일본뇌염, 유행성 출혈열

Keyword

문제 [92] 다음 중 2급 법정 전염병만 나열한 것은?
① 유행성이하선염, 폴리오, 세균성 이질   ② 성홍열, 유행성 출혈열, 일본뇌염
③ 백일해, 풍진, 파상풍   ④ 말라리아, 홍역, 수두

국시 [21] 치명률이 높거나 집단 발생의 우려가 커서 발생 또는 유행 즉시 신고하여야 하고, 음압격리와 같은 높은 수준의 격리가 필요한 감염병은?

국시 [21] 병원체가 토물, 분변을 통해 배출되므로 음식물의 위생을 철저히 관리하여 확산을 막을 수 있는 감염병은? (각각의 감염 경로를 설명할 것)
① 홍역 ② 뇌염 ③ 백일해 ④ 장티푸스 ⑤ 디프테리아

국시 [19] 감염병 전파 예방을 위해 감염 확진 환자가 취급한 음식물과 식수를 접할 때 주의가 필요한 질병은? (각각의 감염 경로를 설명할 것)
① 홍역 ② 수두 ③ 파상풍 ④ A형간염 ⑤ 유행성이하선염

문제 [19] 다음은 보건교사가 교직원을 대상으로 작성한 연수자료의 일부이다. 감염병의 예방관리에 한 법률 시행규칙(보건복지부령 제593호, 2018. 9. 27., 일부 개정)에 근거하여 ㉠, ㉡에 해당하는 명칭을 순서로 쓰시오.

학교 내 감염병 발생 시 위기대응
• 감염병의 예방 및 관리
• 학교장의 보건소 신고가 필요한 감염병
㉠ • 증상: 발열, 기침, 콧물, 결막염, 코플릭 반점(Koplik's spots), 반구진 발진(maculopapular rash) 등 • 감염경로: 비말 전파, 비인두 분비물과 직접접촉
• 표본감시 대상이 되는 감염병
㉡ • 정의: 기생충에 감염되어 발생하는 감염병으로서 정기적인 조사를 통한 감시가 필요하여 보건복지부령으로 정하는 감염병 • 종류: 회충증, 편충증, 요충증, 간흡충증, 폐흡충증, 장흡충증

04. 감염병 관리체계

1. 계획
: 질병관리청장은 보건복지부장관과 협의하여 감염병의 예방 및 관리에 관한 기본계획을 5년마다 수립·시행

2. 신고 및 보고

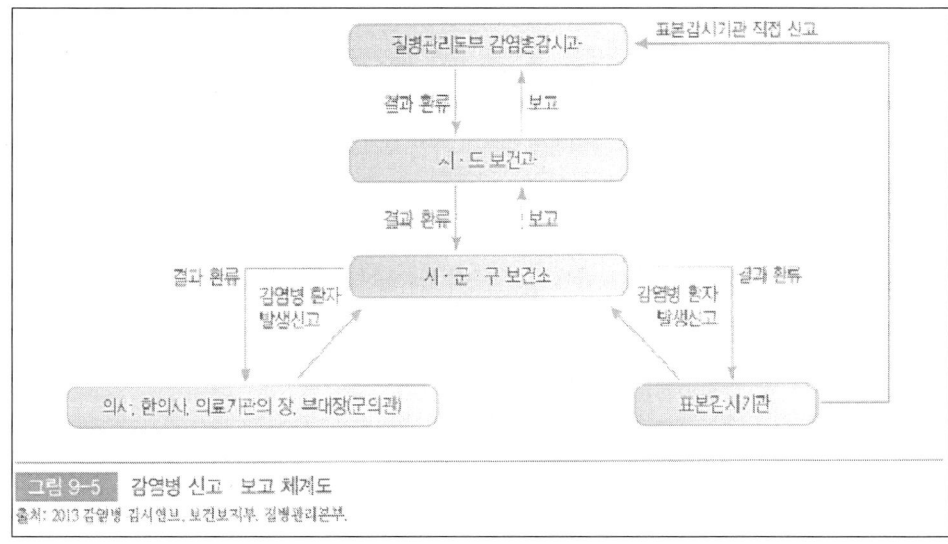

그림 9-5 감염병 신고·보고 체계도
출처: 2013 감염병 감시연보, 보건복지부, 질병관리본부.

Keyword

신고 및 보고 의무자				
의사 →	소속 의료기관 장(보고) 무소속 시 관할 보건소장(신고) →	질병관리청장 또는 관할 보건소장에게 신고 →	관할 특별자치도지사 또는 시장·군수·구청장에게 보고 →	질병관리청장 또는 및 시·도지사에게 각각 보고
	1. 감염병 진단, 사체 검안 시 2. 예방접종 이상 반응 진단 시 3. 제1급~제3급 감염병 사망 시 4. 감염병 의심자가 검사 거부 시 • 4급 감염병 제외	제1급(　즉시) 제2급 및 3급(24시간 이내), 4급(7일 이내)	• 4급 감염병은 표본감시기관이 질병관리청장 또는 관할 보건소장에게 신고	
그 밖의 신고 의무자				
제1급~제3급 감염병 중 보건복지부령으로 정하는 감염병이 발생한 경우 관할 보건소장에게 신고	1. 일반가정: 세대주. 세대주 부재 중 세대원 2. 학교, 사회복지시설, 병원, 관공서, 회사, 공연장, 예배장소, 선박·항공기·열차 등 운송수단, 사무소·사업소, 음식점, 숙박업소 또는 그 밖에 여러 사람이 모이는 장소의 관리인, 경영자 또는 대표자 3. 「약사법」에 따른 약사·한약사 및 약국 개설자			

결핵, 홍역, 콜레라, 장티푸스, 파라티푸스, 세균성 이질, 장출혈성대장균감염증, A형간염
Ⓒ A 2장 파세 콜 결홍

* 후천성면역결핍증 예방법
제5조(의사 또는 의료기관 등의 신고) ① 감염인을 진단하거나 감염인의 사체를 검안한 <u>의사 또는 의료기관</u>은 보건복지부령으로 정하는 바에 따라 <u>24시간 이내</u>에 진단·검안 사실을 관할 보건소장에게 신고하고, 감염인과 그 배우자(사실혼 관계에 있는 사람을 포함한다. 이하 같다) 및 성 접촉자에게 후천성면역결핍증의 전파 방지에 필요한 사항을 알리고 이를 준수하도록 지도하여야 한다. 이 경우 가능하면 감염인의 의사(意思)를 참고하여야 한다.

1) 신고
　① 의사, 치과의사, 한의사 → 소속 의료기관의 장에게 보고
　　• 의료기관에 소속되지 아니한 의사 등 → 관할 보건소장에게 신고
　　　- 감염병 환자 등을 진단하거나 그 사체를 검안(檢案)한 경우
　　　- 예방접종 후 이상 반응자를 진단하거나 그 사체를 검안한 경우
　　　- 감염병 환자가 제1급~제3급 감염병에 해당하는 감염병으로 사망한 경우
　　　- 감염병 환자로 의심되는 사람이 감염병 병원체 검사를 거부하는 경우
　　　- 표본감시 대상이 되는 제4급 감염병으로 인한 경우는 제외

　② 보고 받은 의료기관 장 및 감염병 병원체 확인기관 장 → 질병관리청장 또는 관할 보건소장에게 신고 <u>(제1급 감염병: 즉시, 제2급 감염병 및 제3급 감염병: 24시간 이내, 제4급 감염병: 7일 이내)</u>

③ 일반가정에서는 세대주 (세대주가 부재중인 경우 세대원)
  - 약사·한약사 및 약국개설자
  - 학교, 사회복지시설, 병원, 관공서, 회사, 공연장, 예배 장소, 운송수단, 각종 사무소·사업소, 음식점, 숙박업소, 여러 사람이 모이는 장소의 관리인, 경영자 또는 대표자 - <u>제1급부터 제3급 감염병까지에 해당하는 감염병 중 *보건복지부령으로 정하는 감염병이 발생한 경우에는 의사 등의 진단이나 검안을 요구하거나 해당 주소지를 관할하는 보건소장에게 신고</u>

2) 보고
  - 신고받은 보건소장 → 관할 특별자치도지사 또는 시장·군수·구청장에게 보고
  - 보고 받은 특별자치도지사 또는 시장·군수·구청장 → 질병관리청장 및 시·도지사에게 각각 보고

> * 보고 시기
> 1. 제1급감염병의 발생, 사망, 병원체 검사결과의 보고: 신고를 받은 후 즉시
> 2. 제2급감염병 및 제3급감염병의 발생, 사망 및 병원체 검사결과의 보고: 신고를 받은 후 24시간 이내
> 3. 제4급감염병의 발생 및 사망의 보고: 신고를 받은 후 7일 이내
> 4. 예방접종 후 이상반응의 보고: 신고를 받은 후 즉시

3) 감염병 환자 파악 - 보건소장은 기록 및 명부 관리

4) 역학조사
  - 질병관리청장, 시·도지사 또는 시장·군수·구청장은 감염이 발생해 유행할 우려가 있거나, 감염병 여부가 불분명하나 발병원인을 조사할 필요가 있다고 인정하면 지체없이 역학조사 실시

5) 감염병 표본감시 - 표본감시 대상 감염병은 제4급 감염병

Keyword

6) 감염병 환자관리 및 접촉자(의심자) 관리

필수 입원	① 전파 위험 높은 감염병으로서 제1급 감염병 및 <u>질병관리청장이 고시</u>한 감염병에 걸린 감염병환자등은 감염병관리기관에서 입원치료 해야한다. (🄲 A 2장 파세 콜, 결홍, 성소수)
임의 입원	② 질병관리청장, 시·도지사, 시장·군수·구청장은 다음 대상자에게 자가치료, 시설치료, 의료기관 입원치료 하게 할 수 있음 • 의사가 자가치료 또는 시설치료가 가능하다고 판단하는 사람 • 입원치료 대상자가 아닌 사람 • 감염병 의심자
전원 이송	③ 보건복지부장관, 질병관리청장, 시·도지사, 시장·군수·구청장은 치료 중인 사람을 다른 의료기관으로 전원, 자가, 기타시설로 이송하여 치료받게 할 수 있다. • 중증도의 변경이 있는 경우 • 의사가 입원치료의 필요성이 없다고 판단하는 경우 • 격리병상이 부족시 등 질병관리청장이 전원등 조치가 필요하다고 인정한 경우
격리	④ 감염병자 격리 • 질병관리청장, 시·도지사 또는 시장·군수·구청장은 <u>제1급감염병 발생 시</u> 자가 또는 시설에 격리를 하게 할 수 있다. • 감염병 관리기관(보건복지부장관, 질병관리청장 또는 시·도지사는 보건복지부령으로 정하는 바에 따라 「의료법」 제3조에 따른 의료기관)에서 격리 ⑤ 감염병 의심자 격리 • 시·도지사는 감염병 발생 또는 유행 시 감염병 의심자 격리시설을 지정한다. 「의료법」 제3조에 따른 의료기관(병의원)은 감염병의심자 격리시설로 지정할 수 없다.

7) 감염병에 관한 <u>강제처분</u>

① 질병관리청장, 시·도지사 또는 시장·군수·구청장은 *감염병 환자가 있다고 인정되는 주거시설, 운송수단, 그 밖의 장소에 들어가 필요한 조사나 진찰 가능, 감염병 환자로 인정될 때 동행 치료받게 하거나 입원시킬 수 있다.
  - 제1급감염병
  - 제2급감염병 중 <u>결핵, 홍역, 콜레라, 장티푸스, 파라티푸스, 세균성이질, 장출혈성대장균감염증, A형간염, 수막구균 감염증, 폴리오, 성홍열</u> 또는 질병관리청장이 정하는 감염병(엠폭스(MPOX))
  - 제3급감염병 중 질병관리청장이 정하는 감염병
  - 세계보건기구 감시대상 감염병

② 질병관리청장, 시·도지사 또는 시장·군수·구청장은 제1급감염병이 발생한 경우 감염병 의심자에게 자가·시설 격리, 격리에 필요한 이동수단 제한, 감염 여부

검사를 할 수 있다. 조사거부자는 감염병관리기관에 동행하여 조사나 진찰을 받게 하여야 한다.

8) **예방조치(환경관리)**: 방역조치, 지역 차단, 소독, 격리 등

9) **예방접종**

10) **인수공통감염병의 통보**

법	「가축전염병예방법」에 따라
통보자	신고를 받은 국립가축방역기관장, 신고대상 가축의 소재지를 관할하는 시장·군수·구청장 또는 시·도 가축방역기관의 장
통보 질환	가축전염병 중 ⓒ 탄광조동 1. 탄저 2. 고병원성조류인플루엔자 3. 광견병 4. 그 밖에 대통령령으로 정하는 인수공통감염병(동물인플루엔자)
시기, 대상	즉시 질병관리청장에게 통보

05 | 감염병 감시체계

1. 개념
- **감시**: 감염병 관련 자료를 체계적, 지속적으로 수집, 분석, 해석하고 결과를 제때에 필요한 사람에게 배포하여 감염병 예방 및 관리에 사용하도록 하는 일체의 과정

2. 종류(감염병의 예방 및 관리법 제11조)

1) **감염병 전수감시**: 모든 의사, 한의사, 의료기관의 장, 부대장, 감염병 병원체 확인기관의 장이 신고 의무를 갖는 감시체계

2) **감염병 표본감시**: 표본감시기관을 지정하고 그 기관에 한하여 신고를 받아 운영하는 감시체계

3) **감염병 보완감시**: 감염병 감시체계를 보완하고, 법정 감염병에 속하지 않으나 발생상황과 추리에 대한 모니터링이 필요한 감염병을 포함. 능동적으로 신속하게 대처하기 위한 감시체계

3. 업무기관 - 질병관리본부

감염병 및 특수질환에 관한 조사. 연구, 평가업무를 관장. 감염병에 관한 조사. 연구 업무는 감염병 전파방지, 효과적 예방, 진단, 치료법 개발, 신종감염병 발생에 대비

4. 관리

1) 감염병 위기 시 대응체계

   긴급상황실 확대 가동. 위기 시 자체위기평가회의 결과에 따른 위기경보 발령

2) 주요 감염병 관리

   ① 신종감염병 긴급상황 보고 및 대응체계

구분	대상질병
호흡기(4종)	중동호흡기증후군(MERS), 중증급성호흡기증후군(SARS), 동물인플루엔자 인체감염증, 신종인플루엔자
바이러스성출혈열(6종)	에볼라바이러스병, 마버그열, 라싸열, 크리미아콩고출혈열, 남아메리카출혈열, 리프트벨리열
생물테러	두창, 페스트, 탄저, 보툴리눔독소증, 야토병
기타(1종)	신종감염병증후군

   ② 관리대상 신종감염병
   : 1급 감염병(치명률이 높고, 지속적 전파가능성 있으며, 효과적인 예방치료제가 없거나 미흡한 수준으로 사회경제적 파급력이 높은 감염병)

   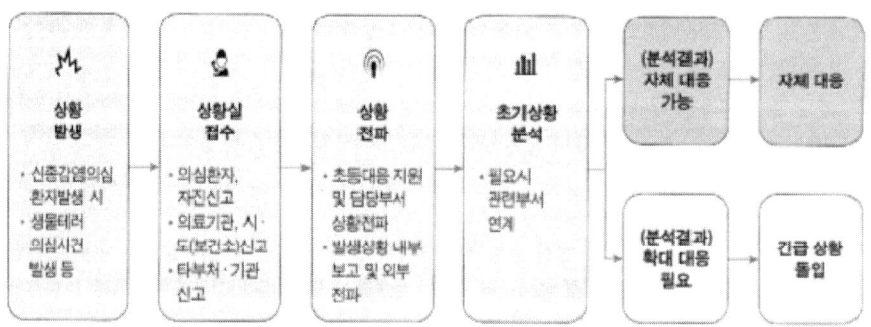

   신종감염병 긴급상황 보고 및 대응체계

06. 신종감염병 출현

〈가을철 발열성 질환〉

	신증후군 출혈열(3): 유행성 출혈열	쯔쯔가무시(3)	렙토스피라증(3)
원인균	Hantaan virus (심한 증상) seoul virus (경한 증상)	리케치아 쯔쯔가무시	렙토스피라 인테로간스 인수 공통 감염병
병원소	설치동물(등줄쥐, 집쥐)	설치동물(등줄쥐, 집쥐)에 기생하는 털진드기 유충	설치동물(쥐), 야생동물, 가축, 개, 소, 돼지
전파 경로	감염된 등줄쥐의 타액, 배설물, 소변, 분변을 통하여 호흡기 전염	들쥐에 기생하는 털진드기 유충이 사람을 물어서 걸림	보균동물의 소변으로 오염된 흙, 자연수로 상처난 피부 접촉
	사람과 사람 사이 직접 전파 X		
예방 접종	O, 백신 예방접종	X	O, 백신 예방접종, 화학적 예방
치료	대증요법	테트라싸이클린, 클로람페니콜, doxycycline, 7-14일간 투여	테트라싸이클린, doxycycline, 페니실린, 에리스로마이신
증상	1. 발열기 ⓒ 발저핍 이회(창) - 고열 - 통증: 전신근육통, 쇠약감 - 홍조: 얼굴, 목에 홍조 - 안구: 결막충혈, 안구통 2. 저혈압기 - 저혈압: 열 하강되고 일시적 저혈압, Hct 상승, 쇼크 - 점상출혈: 혈소판 감소 - 단백뇨, 혈뇨: 신장 손상 3. 핍뇨기 - 신부전: 핍뇨, 혈압상승, 폐수종, 뇌부종 - 점상출혈: 점상 출혈 감소, 혈소판 정상화 시작 4. 이뇨기 - 다뇨, 쇼크, 요비중 감소 5. 회복기 - 소변량 정상, 소변 농축기능 정상	진드기 상처 - 1-2주 잠복기를 거쳐 진드기에 물린 상처로 까만 딱지 2. 피부발진 - 1cm 홍반성 구진이 목, 몸통에서 온몸으로 퍼지면 건조 가피 형성 - 소양감 없음 3. 고열 - 급성발열, 오한, 두통, 근육통 4. 림프절 비대 5. 결막염 6. 호흡기계: 기침, 폐렴 7. 소화기계: 구토, 복통	고열 - 고열이 39-40℃로 2-12일간 지속, 두통, 오한 2. 근육통: 하지 근육통 3. 눈충혈 4. 호흡기계: 기침, 객담, 호흡곤란, 각혈, 폐출혈 5. 간괴사, 황달 6. 신장계 - 요감소, 신부전, 중증 출혈로 사망

Keyword

예방법	(공통예방법) 유행지역: 유행지역의 숲, 풀밭에 가지 말 것 잡풀제거: 쥐가 서식하지 못하게 논둑, 관목 숲, 경작지 주변 잡풀을 제거 구제: 매개 동물인 들쥐, 집쥐를 철저히 구제		
	들쥐의 배설물에 접촉을 피하도록 잔디 위에서 자거나 침구, 옷을 말리지 않기	긴옷, 장화:야외활동, 밭일 할 때 긴 옷 입고 장화 신기(진드기 접촉 예방) 진드기 구충제 사용: 수풀에서 작업하는 사람들은 피부, 옷에 진드기 구충제 사용	들쥐의 배설물에 오염된 흙, 물의 접촉을 피하도록 장화, 고무장갑, 보호의를 착용하고 논의 물을 빼고 마른 뒤 벼 베기 작업을 할 것

문제 [12] 쯔쯔가무시증 병원체가 인체로 침투하는 것을 막는 데 도움이 되는 방법?
① 깨끗한 식수를 사용한다.
② 5년마다 예방접종을 한다.
③ 자외선 차단제를 도포한다.
④ 작업 시 보안경을 착용한다.
⑤ 작업 중 입었던 모든 옷을 세탁한다.

문제 [96] 유행성 출혈열의 증상과 경과기는?
① 유열기-저혈압기-핍뇨기-이뇨기-회복기
② 유열기-저혈압기-이뇨기-감뇨기-회복기
③ 저혈압기-유열기-이뇨기-감뇨기-회복기
④ 저혈압기-감뇨기-유열기-이뇨기-회복기

문제 [92] 유행성 출혈열의 임상 경과를 바르게 나열한 것은?
① 유열기-저혈압-이뇨기-감뇨기-회복기
② 저혈압기-유열기-이뇨기-감뇨기-회복기
③ 저혈압기-감뇨기-유열기-이뇨기-회복기
④ 유열기-저혈압기-감뇨기-이뇨기-회복기

07. 감염병 관리

1. 요인별 관리

병원체와 병원소 관리		동물병원소는 살처분, 사람 병원소는 환자, 보균자 조기 발견 및 적절한 치료, 격리 등을 통해 병원체 병원소 제거
전파과정 관리	검역	유행지에서 들어오는 사람들을 병원체의 잠복기 동안 신고 및 격리로 감염여부를 확인할 때까지 감시
	격리	감염병 전파 우려 환자, 보균자를 전염력이 없어질 때까지 감수성자들과 접촉하지 못하도록 하는 것
숙주관리		면역의 증강: 예방접종을 통한 집단면역수준 향상 환자 조기발견 및 조기치료
위생	환경 위생	• 물·식품 매개감염 – 환자 보균자 배설물 위생적 처리, 안전한 식수 및 식품 공급 • 호흡기 감염 – 환자가 있던 장소 사용한 물건에 대해 소독 • 인수공통감염병 – 동물 배설물의 위생적 처리
	식품 위생	식품의 생산, 유통, 조리와 음식물 보관 각 단계별 철저한 관리 필요
	개인 위생	손 씻기, 접촉 등 직접전파 예방. 감염병 매개 동물과 접촉 피하기, 병원체에 오염 혹은 오염가능성 있는 장소의 접근 피하기

2. 전파경로별 주의 ⓒ 표 공비 접촉

표준주의	• 의료기관 내 환자 대상의 모든 처치, 간호를 하는데 가장 기본적인 지침 • 격리지침 준수 시 기본적으로 표준주의에 전파경로별 주의를 추가해 준수	
전파경로별 주의	접촉주의, C	• 직접 또는 간접적인 접촉으로 병원균이 전파되는 경우 • (아데노 바이러스, 탄저. 아메바성 이질, 콜레라, 헤르페스 일부, 농가진, 파라 인플루엔자, 사스, 두창, 결핵, 바리셀라 조스터)
	• 환자 배치 • 개인보호구 사용 • 철저한 환경관리 • 방문객 관리	• 1인실 입원. 전파가능성이 높은 환자 우선 배치, • 코호트 격리(동일 병원균 감염환자끼리 한 병실 입원) • 손위생 수행 후 장갑을 착용하고, 옷이 오염될 것으로 예상될 때에는 가운을 착용
	비말주의, D	• 기침, 재채기, 대화 중 호흡기 비말로 병원체가 전파되는 경우(아데노 바이러스, 탄저, 디프테리아, 후두개염. 인플루엔자, 뇌수막염. 이하선염, 마이코플라즈마 폐렴, 백일해, 사스)
	• 환자 배치 • 개인보호구 사용 • 철저한 환경관리 • 방문객 관리	• 가능한 한 1인실에 배치, 코호트 격리 • 는 수술용 마스크를 착용 • 공기 중에 에어로졸이 없어질 때까지 충분한 시간이 지난 후에 청소
	공기주의 A	• 사람 간 공기전파가 가능한 병원체에 감염되었거나 의심되는 경우(홍역, 사스, 두창, 결핵, 바리셀라 조스터)
	• 환자 배치 • 개인보호구 사용 • 철저한 환경관리 • 방문객 관리	• 음압격리실 배치 • N95 마스크를 착용

07. 검역법

1. 목적
: 우리나라로 들어오거나 외국으로 나가는 사람, 운송수단 및 화물을 검역하는 절차와 감염병을 예방하기 위한 조치에 관한 사항을 규정하여 국내외로 감염병이 번지는 것을 방지함으로써 국민의 건강유지·보호 목적

2. 종류 ⓒ 황사 메콜 페스 신동 애볼라
① 콜레라, ② 페스트, ③ 황열, ④ 중증급성호흡기증후군(SARS),
⑤ 동물인플루엔자 인체감염증, ⑥ 신종인플루엔자감염증,
⑦ 중동 호흡기 증후군(MERS) ⑧ 에볼라바이러스병
⑨ 외국에서 발생하여 국내로 들어올 우려가 있거나 우리나라에서 발생하여 외국으로 번질 우려가 있어 질병관리청장이 긴급 검역조치가 필요하다고 고시하는 감염병

3. 격리

1) 검역감염병 환자 격리
① 기간: 환자 감염력이 없어질 때까지, 격리기간이 지나면 즉시 해제
② 내용: 격리기간 동안 격리된 사람은 검역소장의 허가를 받지 아니하고는 다른 사람과 접촉할 수 없다.

2) 검역감염병 접촉자에 대한 감시 및 격리
① 감시 및 격리 요청
질병관리청장은 감염병 접촉자 또는 검역감염병 위험요인에 노출된 사람이 입국 후 거주하거나 체류하는 지역의 특별자치도지사·시장·군수·구청장에게 건강상태를 감시하거나 격리시킬 것을 요청할 수 있다.

3) 감시 또는 격리 기간 ⓒ 오~콜레라, 육 페황, 10일 동사, 14메, 21에, 신전
해당 검역감염병의 최대 잠복기간을 초과할 수 없다.
1. 콜레라: 5일, 2. 페스트: 6일, 3. 황열: 6일,
4. 중증 급성호흡기 증후군(SARS): 10일, 5. 동물인플루엔자 인체감염증: 10일
6. 중동 호흡기 증후군(MERS): 14일, 7. 에볼라바이러스병: 21일
8. 신종인플루엔자, 질병관리청장이 긴급 검역조치가 필요하다고 인정하는 감염병
   : 검역전문위원회에서 정하는 최대 잠복기간

4) 신고
(1) 해외감염병신고센터: 질병관리청장은 검역관리지역에 체류하거나 그 지역을 경유한 국내 입국자 건강상태를 신고할 수 있도록 보건복지부령으로 정하는 장소에 설치

Ⅸ 인구 현상 이해   ( )월( )일

이아라 **전공보건**

01 개념

1. 인구
: 일정한 기간에 일정한 지역에 생존하는 인간집단, 정치적·경제적 생활권을 같이하며 집단생활을 하는 주민 총체

2. 적정인구
: 주어진 여건 속에서 최대의 생산성을 유지하여 최고의 생활수준을 유지할 수 있는 인구

3. 정지인구
: 인구규모가 변하지 않고 일정하게 유지되는 것
 출생률과 사망률이 같아 인구 자연증가율이 0인 경우

4. 안정인구
: 인구이동이 없는 폐쇄인구의 특수한 경우
 연령별 구조와 인구의 자연증가율이 일정한 때

5. 준안정인구
: 연령별 출생률만이 일정하게 유지된다는 조건하에서 나타나는 이론

6. 폐쇄인구
: 인구 유입·유출이 없고 증감 요인 중 출생, 사망에 의해서만 수적 변동이 있는 인구
 / 개방인구: 인구의 유입과 유출이 있는 인구

7. 상주인구
: 조사 시점에 해당 지역에 주소를 둔 인구

8. 현재 인구
: 조사 시점에 해당 지역에 실제로 존재하는 인구

9. 종업지 인구
: 취업자들이 그들이 일하는 장소에 귀속시킬 때의 인구

02. 인구변천 이론: 인구의 변동과정을 일반화 한 이론

1. 인구성장 5단계설 (블래커)

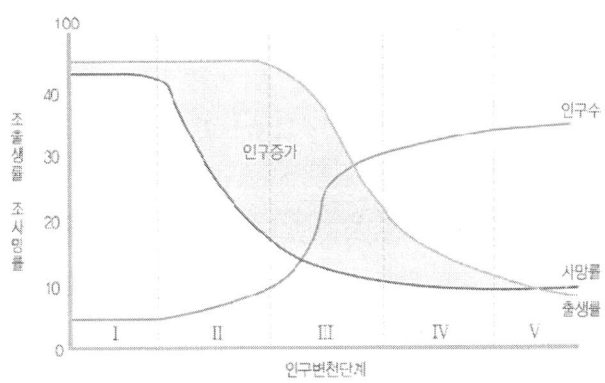

그림 4-28. 인구변천단계
자료원: 이선자, 정문희, 이명숙(1997), 개정증보 지역사회노건간호학, 신광출판사.

1) 제1단계(고위정지기, 다산다사형)
   : 고출생률과 고사망률의 인구정지형. 사망률이 점차 낮아짐에 따라 급속한 인구증가가 예견되는 잠재력을 가지고 있는 형태. 정치적 불안 또는 빈곤문제가 해결되지 않는 경우에는 높은 사망률로 인구가 증가하지 않을 수도 있다. 후진국형 인구형태

2) 제2단계(초기확장기, 다산소사형)
   : 인구의 높은 출생률과 낮은 사망률이 특징. 높은 자연증가율을 보인다.
   사망률은 대량으로 사용되는 DDT 등의 살충제, 설파제 및 항생제의 출현, 보건행정망의 발달, 식량의 원활한 수급 등에 의해 저하. 개발도상국가형 인구형태

3) 제3단계(후기확장기, 소산소사형)
   : 인구의 낮은 사망률과 낮은 수준의 출생률로 인해 인구 성장이 둔화되어 앞으로 몇십 년간 인구감소 상태가 유지될 것으로 예측, 대부분 산업발달과 핵가족화 경향이 있는 국가의 인구형태

4) 제4단계(저위정지기)
   : 인구의 출생률과 사망률이 최저에 달하여 인구증가가 정지되는 형.

5) 제5단계(감퇴기)
   : 인구의 출생률이 사망률보다 낮아지는 인구감소형

2. 3단계 인구변천이론(노테스틴과 톰슨)

1) 제1단계(고잠재적 성장단계)

 : 출생률과 사망률이 모두 높은 다산다사형
  인구의 증가는 제한된 범위에서만 일어남, 산업화에 따른 사망률 저하, 평균수명 연장. 높은 영아사망률

2) 제2단계(과도기적 성장단계)

 : 인구폭증이 발생 다산소사형, 영아사망률의 저하, 인구변천 단계

3) 제3단계(인구감소 시작단계)

 : 출생률과 사망률이 낮아지는 소산소사형, 점진적 인구 감소 예견

03 | 인구구조 유형

1) 피라미드형 : 후진국형	• 출생률과 사망률이 모두 높은 형 • 1~14세 인구가 50세 이상 인구의 2배가 넘는다.
2) 종형 : 선진국형	• 출생률, 사망률이 낮아 정체인구가 되는 단계 • 정지인구 구조와 비슷 • 0~14세 인구가 50세 이상 인구의 2배와 같다 • 인구 노령화 현상-노인복지문제 대두
3) 항아리형 : 감퇴형	• 출생률과 사망률이 모두 낮으며 출생률이 사망보다 낮아 인구가 감소하는 유형, 0~14세 인구가 50세 이상 인구의 2배가 되지 않는다. 유소년층 비율이 낮고 청장년층 비중이 크게 나타나며, 국가경쟁력 약화 우려
4) 호로형 : 전출형, 농촌형	• 15~49세 인구가 전체인구의 50%미만 • 청장년층 유출로 출산력 저하, 낮은 유년층 비율
5) 별형 : 전입형, 도시형	• 15~49세 인구가 전체 인구의 50%이상. • 출산연령에 해당하는 청장년층 비율이 높아 유년층 비율이 높다.

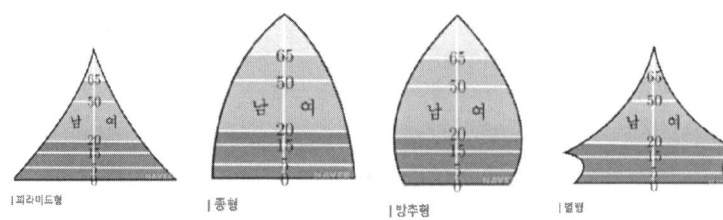

04. 우리나라 인구정책

* 인구정책의 기본 구도

그림 4-31 인구정책의 기본 구도
자료원: 조남훈 등(2006), 저출산고령사회 기본 계획의 이해, 한국보건사회연구원.

1. 인구정책의 변천

1) 출산억제 정책기(1962~1995)
   : 가족계획사업을 중심으로 한 범국민운동

2) 인구자질향상 정책기(1996~2003)
   : 보건복지서비스 확대, 여성의 사회진출 기회 촉진

3) 저출산 고령화 대응 정책기(2004~)
   : 새로마지 플랜 2015수립(저출산·고령사회 기본계획)
   제 3차 기본 계획 '브릿지 플랜'(2016~2020)
   제 4차 저출산 고령사회 기본계획

2. 저출산 고령화 대책

1) 제 4차 저출산 고령사회 기본계획(2021~2025)

   ① 추진배경
   - **초저출산 현상**이 지속, **합계출산율**이 '16년 이후 하락
   - '25년 고령화율 20%, 고령자 1천만명이 넘는 **초고령사회 진입 예상**
   - **'20년은 인구 자연감소가 현실화되는 첫 시기**, 인구성장에 부담되는 **인구 오너스기 본격화, 수도권 인구가 비수도권 인구를 추월**
   - 저출생 현상의 심화, 인구 규모의 감소 및 인구구조의 변화

   > 인구보너스: 전체 인구에서 차지하는 생산연령 비중 증가 경제성장
   > 인구오너스: 전체 인구에서 차지하는 생산연령 비중 감소 경제성장 저해

② 제4차 기본계획의 정책체계도

비전	모든 세대가 함께 행복한 지속 가능 사회

목표	개인의 삶의 질 향상	성평등하고 공정한 사회	인구변화 대응 사회 혁신

추진 전략	1. 함께 일하고 함께 돌보는 사회 조성 ① 모두가 누리는 워라밸 ② 성평등하게 일할 수 있는 사회 ③ 아동돌봄의 사회적 책임 강화 ④ 아동기본권의 보편적 보장 ⑤ 생애 전반 성·재생산권 보장	2. 건강하고 능동적인 고령사회 구축 ① 소득공백 없는 노후생활보장체계 ② 예방적 보건·의료서비스 확충 ③ 지역사회 계속 거주를 위한 통합적 돌봄 ④ 고령친화적 주거환경 조성 ⑤ 존엄한 삶의 마무리 지원
	3. 모두의 역량이 고루 발휘되는 사회 ① 미래 역량을 갖춘 창의적 인재 육성 ② 평생교육 및 직업훈련 강화 ③ 청년기 삶의 기반 강화 ④ 여성의 경력유지 및 성장기반 강화 ⑤ 신중년의 품격있고 활기찬 일·사회 참여	4. 인구구조 변화에 대한 적응 ① 다양한 가족의 제도적 수용 ② 연령통합적 사회 준비 ③ 전 국민 사회안전망 강화 ④ 지역상생 기반 구축 ⑤ 고령친화경제로의 도약

추진 체계	① 연도별 중앙부처·지자체 시행계획 수립 ② 중앙·지자체 인구문제 공동대응 협의체 운영 등 중앙·지역 거버넌스 구축

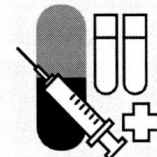
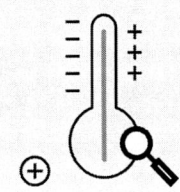
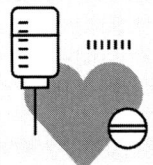
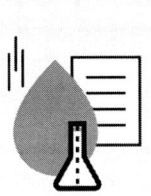

Chapter 6

대상별 보건 의료제공

 일차 보건 의료

( )월( )일

이아라 **전공보건**

01 일차보건의료

1. 개념
: 단순한 일차 진료만이 아닌 개인, 가족, 지역사회를 위한 건강증진, 예방, 치료 및 재활 등의 서비스가 통합된 보건의료

2. 역사적 배경
1977. WHO 〈Health for all by the year 2000〉 인류건강 실현목표 설정
1978. 소련의 알마아타 회의. 일차보건의료 제안.
1980. 12. 우리나라 일차보건의료
　　　　　농어촌등 보건의료를 위한 특별조치법 제정, 무의촌 지역에 보건진료소 설치

3. 일차보건의료 접근의 필수요소 (WHO) ⓒ 수지주접
: 4A(accessible, acceptable, available, affordable)
① 수용가능성: 지역사회가 쉽게 받아들일 수 있는 방법으로 사업 제공
　　- 과학적 합리적 사회적으로 수용가능한 방법과 기술에 근거함
② 지불부담능력: 지역사회 지불능력에 맞는 보건의료수가로 제공.
　　- 국가·지역사회가 재정적 부담 가능한 방법으로 이루어지는 것이 바람직
③ 주민참여: 지역사회의 모든 개인 및 가족이 쉽게 받아들일 수 있는 방법으로 설계되어야 하며 지역주민의 적극적인 참여 필요.
　　- 지방 분권화된 보건의료체계 속에서 일차보건의료 도입이 바람직
④ 접근성: 개인 가족 단위의 모든 주민이 쉽게 이용 가능해야 함.
　　- 주민과 가장 가까운 위치에서 계속적인 건강관리가 이루어져야 함.
　　　 지역적·지리적·경제적·사회적으로 지역 주민이 이용하는데 차별이 있어서는 안 됨

4. 일차보건의료의 내용 ⓒ 통풍 식물약 모교 예정
① 지역사회가 가지고 있는 건강문제와 문제 규명하고 관리하는 방법 교육
② 식량의 공급과 영양 증진
③ 안전한 물의 공급
④ 가족계획을 포함한 모자 보건
⑤ 그 지역사회의 주된 감염병의 예방접종
⑥ 그 지역의 풍토병 예방 및 관리

Keyword
⑦ 통상질환과 상해의 적절한 치료
⑧ 정신보건의 증진
⑨ 기본의약품의 제공

5. 대두 배경
① 건강권은 국민의 기본 권리로 인식. 전체인구가 보건의료에 평등
② 보건의료의 방향은 치료에서 예방, 건강증진 중심으로 변화
③ 의료자원의 수요와 공급의 불균형, 형평성 필요
④ 의료비용 상승으로 비용 부담의 증가
⑤ 사회경제적 발전으로 건강 위해요인들이 다양화, 건강증진을 위한 사회적 접근 필요
⑥ 개인은 자가 관리능력을 향상시켜 건강증진을 위해 적극적 노력

문제 [06] 일차보건의료는 '2000년대에는 전 인류에게 건강을'이라는 목표를 성취하기 위한 접근법이다. 학교보건 사업은 대표적인 일차 보건 의료 사업의 한 형태이다. 세계보건기구(WHO)는 일차 보건 의료 접근에서 고려해야 할 필수요소를 4A로 제시하고 있다. 4A란 무엇인지 쓰고, 각각에 대한 정의를 기술하시오.

문제 [98] 일차보건의료 개념을 쓰고 학교보건사업과 일차보건의료의 관련성을 기술하시오.

문제 [00] 일차의료 보건사업은 우리나라 건강관리 체계의 최말단 사업이다. 다음 질문에 답하시오.
1) 일차의료 보건사업이 대두하게 된 배경을 5가지 이상 쓰시오.
2) 학교보건에 있어 일차보건의료사업의 의의를 기술하시오.

국시 [19] 지역 주민을 중심으로 건강위원회를 구성하고 주기적인 회의 개최를 통해 주민의 요구를 반영하여 건강생활지원센터에서 보건사업을 계획하고자 한다. 이에 해당하는 일차보건의료의 필수요소는?

국시 [20] 보건진료소는 소외된 지역 없이 벽·오지까지 보건의료서비스가 전달되어, 지역주민이 원할 때는 언제나 가까운 거리에서 서비스를 받을 수 있도록 하기 위해 설치되었다. 이는 일차보건의료의 특징 중 어느 것에 해당하는가?

Ⅱ 가족 간호

( )월( )일

이아라 **전공보건**

01. 가족 간호

1. 가족의 이해

1) 정의: 혼인, 혈연 또는 양자 관계를 통하여 결합된 집단으로 사회 전체의 맥락과 연결되는 여러 가지 과업을 수행하고 서로 상호작용하며 의사소통하는 정서적 집단

2) 특징

① 일차적 집단
② 공동사회집단
③ 폐쇄적 집단
④ 가족은 형식적 집단이나, 가족관계는 비형식적, 비제도적 집단
⑤ 혈연집단

3) 구조

: 가족구조는 가족 내, 가족과 다른 사회체계와의 관계를 나타내는 순서집합
- 가족을 구성하는 개인
- 가족을 구성하는 개인 간의 관계
- 가족 구성원의 상호작용
- 다른 사회체계와의 상호작용

4) 기능

	대내적 기능	대외적 기능
성·애정기능	성적 욕구의 충족	성적 욕구의 통제
생식기능	자녀의 출산	종족 보존(사회구성원을 제공)
경제적 기능	생산과 소비, 경제적 활동과 자립	노동력 제공 및 경제 질서 유지
사회화 기능	자녀의 교육과 사회화	문화 전달 및 사회적 역할과 지위창출
보호·휴식기능	신체·정신적 보호·지지·건강관리	사회의 안정화

2. 가족간호

1) 중요성

① 질병 양상이 과거 급성 감염성 질환의 만연에서 만성 퇴행성 질환 증가로 변화
   질병 양상의 변화는 장기간에 걸친 가정간호가 필요해짐
② 가족의 생활양식은 가족 구성원의 건강과 관련된 습관·가치·태도에 영향을 주어 집단적 질병 발생의 원인이 됨
③ 가족의 건강 문제 결정은 개인보다는 가족이 관여하고 결정
④ 국민건강증진이 국가정책으로 채택되면서 가족 단위의 접근이 개인의 건강행위에 효율적인 영향력을 행사할 수 있다는 인식이 높아짐

2) 가족에 대한 관점(Whall)

- 가족을 개인을 둘러싼 환경으로 보는 개념
- 가족을 둘, 셋이나 그 이상의 구성원이 상호작용하는 집단으로 보는 개념
- 가족을 한정된 경계가 있는 하나의 단위로 보는 개념
- 가족을 환경과 상호작용하는 하나의 단위로 보는 개념

① 가족에 대한 3가지 접근법(Friedman)

[주요 배경으로서의 가족]

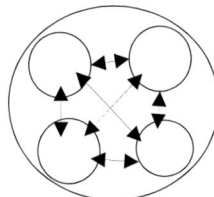
[대인관계 가족간호]

[전체체계로서의 가족간호]

> **문제 [09]** 보건실을 방문한 A학생을 보건교사가 확인한 결과, 학생의 몸에 여러 군데 멍과 불에 덴 자국 등을 통해 신체적 아동 학대를 받은 것으로 판단되었다. 이 경우 프리드먼 또는 핸슨과 보이드의 관점 중 하나를 선택하여 아동학대 가족을 간호 대상으로 보는 접근법과 이에 따른 간호 목표에 대하여 서술하시오.

Keyword

개인 환경으로서의 가족간호	정의	• 가족을 환자나 가족 구성원에 대한 배경으로 보는 관점
	목표	• 개인에게 초점을 맞추며 가족은 환자의 자원이 되거나 스트레스 요인이 되기도 한다.
	수행	• 개인 식이 및 운동조절이 간호목표 • 이를 위해 가족이 어떻게 개인을 지지해 줄 것인가가 고려 • 대부분의 간호현장에서 간호사의 가족간호 접근방식
	예	환자의 회복을 위해 가족이 함께 할 수 있는 일은 무엇일까요?
대인관계 체계로서의 가족간호	정의	• 주어진 시간에 서로 상호작용하는 가족의 수에 근거하여 둘이나 그 이상의 개인체계를 가족간호의 대상으로 하는 개념
	목표	• 대인적 수준에서 가족간호사는 가족구성원의 상호이해와 지지를 주된 목표로 설정
	수행	• 대인관계체계로서의 가족요구는 개인과 개인 간의 갈등 등 가족구성원 간의 잘못된 오해가 있을 때 발생, 가족간호는 가족의 상호작용에 개입함으로써 중개자로서의 역할을 수행
	예	질병으로 인해 부부의 관계가 변화한 것 같은가요?
전체체계로서의 가족간호	정의	• 가족을 환경체계 및 하위체계와 상호작용하는 구조적, 기능적 요소를 갖춘 체계로 보는 수준. 간호대상자는 전체체계로서의 가족
	목표	• 체계 수준에서 간호의 목표는 하나의 체계로서 가족체계 내의 변화, 체계-환경 간 및 체계-하위체계 사이의 조화의 증진으로 이루어짐
	수행	• 가족은 한 조각이 흔들리면 줄에 매달린 다른 조각이 자신의 의지와 관계없이 모두 흔들리는 속성이 있는 모빌에 비유 • 가족을 전체로 이해하려는 노력이 필요 • 가족 내 상호관계나 가족역동 또는 가족기능이 중심 • 이를 파악하기 위해 개인이나 다른 사회조직과의 관계를 파악
	예	가장의 당뇨병 진단으로 가족구성원들의 역할변화가 있나요? 가족은 이러한 상황을 극복하기 위해 잘 협조하고 있나요? 환자 치료를 위해 외부자원을 잘 활용하고 있나요?

② 가족에 대한 4가지 접근법(Hanson and boyd)
- 가족을 간호대상으로서 바라보는 시각
  - 배경으로서의 가족, 대상자로서의 가족, 체계로서의 가족, 사회구성원으로서의 가족
  - 어떤 한 시각만을 강조하기보다 간호서비스를 제공하는 현장과 가족의 특성을 고려하여 다양한 시각을 통합하여 사용

배경 또는 구조로서의 가족	의미	• 배경 또는 구조로서의 가족은 개인이 먼저이고, 가족은 그 다음 배경으로서의 가족은 개인의 건강과 질병에 대해 스트레스원이 되거나 또는 자원은 제공한다.
	예	환자: 인슐린, 식이, 운동에 대해 잘 이해하고 계십니까? 가족: 환자가 가진 당뇨병의 질환 특성과 식이, 운동 등 관리방법에 대해 얼마나 잘 이해하고 계십니까? 환자의 회복을 위해 무엇을 함께 할 수 있을까요?
대상자로서 가족	의미	• 가족이 먼저이고, 개인은 그 다음, 가족은 개별 가족 구성원의 합이 관점은 각 구성원들은 가족에게 영향을 준다는 것
	예	환자: 당신의 고혈압 진단 후 집안의 의사결정권이 변화되지는 않았습니까? 가족: 가장의 고혈압 진단 이후 가족 구성원들의 역할이나 행위 등에 변화가 있었나요?
체계로서의 가족	의미	• 부분이 합 이상인 가족 간의 상호작용 체계에 초점 • 이 관점은 <u>개인과 가족 전체 모두에 초점을 두는 것</u> • 가족 구성원들 간의 상호작용은 간호중재의 목표 • 가족에 대한 체계적인 접근은 한 명의 가족 구성원에게 어떤 일이 일어나면 가족체계의 다른 구성원들이 영향을 받게 됨을 암시
	예	환자: 당신의 뇌졸중 발생이 아내에게 어떤 부담을 주고 있습니까? 둘의 관계에서 어떤 변화가 있었나요 가족: 환자를 간호할 때 당신의 느낌은 어떻습니까?
사회구성원으로서의 가족	의미	• 가족을 <u>사회의 많은 조직 중에 하나</u>로 보는 것 • 사회의 일차적 조직인 가족은 보다 큰 체계의 부분이 되며, 가족은 다른 조직들과 상호작용 • 간호사는 가족과 지역사회 기관들과의 상호작용에 초점
	예	환자 치료를 위해 외부자원을 잘 활용하고 있나요?

02. 가족 관련 이론

1. 가족발달이론 - 미시적

1) 정의
   - 시간의 변화의 과정에 초점 맞추며, 가족생활주기의 단계별로 가족이 각 단계의 발달과업을 효과적으로 달성하는가를 중심으로 가족문제를 파악하는데 관점
   - 적용 가족에게 발생하는 문제를 미리 예측, 강점 확인, 발달단계, 발달과정 평가에 유용

2) 가족발달과업
   - 가족생활주기의 발달단계에서 구체적으로 주어진 기본적인 가족의 과업

3) 가족생활주기(Duvall) - 첫 자녀 중심, 핵가족 중심

단계	기간	발달과업	
1. 신혼기	결혼에서 첫 자녀 출생 전까지	• 결혼에 적응 • 밀접한 부부 관계의 수립, 가족 획, 성적 양립성, 독립성과 의존성의 조화 • 친척에 대한 이해와 관계의 수립 • 자녀 출생에 대비 • 생활수준 향상	
2. 양육기	첫 자녀의 출생 ~ 30개월 전	• 부모의 역할과 기능 • 각 가족구성원의 갈등이 되는 역할의 조정 • 산아제한, 임신, 자녀 양육 문제에 대한 배우자 간의 동의	
3. 학령전기 가족	첫 자녀가 30개월 ~ 6세	• 자녀들의 사회화 교육 및 영양 관리 • 안정된 결혼(부부)관계의 유지 • 자녀들의 경쟁 및 불균형된 자녀와의 관계 대처	불경 안사영
4. 학령기 가족	첫 자녀 6~13세	• 자녀들의 사회화 • 가정의 관습과 전통의 전승 • 학업성취의 증진 • 만족스러운 부부관계의 유지 • 가족 내 규칙과 규범의 확립	학령기에는 학사규칙만 관전

Keyword

5. 청소년기 가족	첫 자녀 13~19세	• 안정된 결혼관계 유지 • 10대의 자유와 책임의 균형을 맞춤 • 자녀들의 성문제 대처 • 직업(수입)의 안정화 • 자녀들의 독립성 증가에 따른 자유와 책임의 조화 • 세대 간의 충돌 대처 • 자녀의 출가에 대처	청소년기에 성충돌에 자책 후 안수받고 출가했다.
6. 진수기 가족	첫 자녀 결혼~ 막내결혼 : 자녀들이 집을 떠나는 단계	• 부부관계의 재조명 • 늙어가는 부모들의 지지 • 자녀 출가에 따른 부모의 역할 적응 • 새로운 흥미의 개발과 참여	지(부모) 역(자녀) 재개발(부부)
7. 중년기 가족	자녀들이 집을 떠난 후 은퇴할 때까지	• 경제적 풍요 • 출가한 자녀가족과의 유대관계 유지 • 부부관계의 재확립	
8. 노년기 가족	은퇴 후 ~ 사망	• 만족스러운 생활 유지 • 건강문제에 대한 대처 • 사회적 지위 및 경제적 감소의 대처 • 배우자 상실, 권위의 이양, 의존과 독립의 전환	

4) 장점과 한계

장점	한계
• 단시간에 가족을 사정하거나 많은 가족을 관리할 때 유용	• 가족생활주기 모델은 가족의 형성-확장-축소-소멸이라는 정형적 가족, 핵가족 중심의 발달과업에는 맞지만 다른 유형의 가족에게는 적용 곤란

5) 비교: 세계보건기구 가족주기(6단계)

	단계	발달과업
1	가족형성기	결혼~첫 자녀 출생
2	가족확대기	첫 자녀 출생~막내자녀 출생
3	확대완료기	막내 출생~자녀 결혼시작
4	가족축소기	자녀 결혼 시작~자녀결혼 완료
5	가족축소완료기	자녀 결혼완료~남편 사망
6	가족해체기(침체기)	

Keyword

문제 [13] 다음은 L 교사(여, 50세) 가족의 가계도이다. 듀발의 가족발달 이론에 근거하여 '가족생활 주기'와 '가족 발달과업'에 대해 설명한 것으로 바르게 연결한 것은?

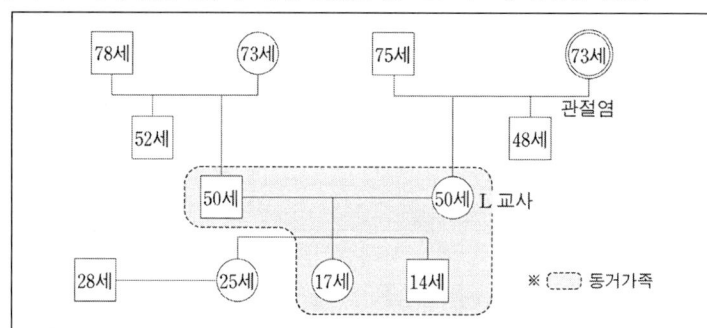

	〈가족생활 주기〉	〈가족 발달과업〉
①	청소년기 가족	새로운 친족 관계의 결속 유지
②	청소년기 가족	자녀의 사회화와 교육적 성취 격려
③	청소년기 가족	자녀 양육으로 인한 사생활 부족에 적응
④	진수기 가족	가족 내 규칙과 규범의 확립
⑤	진수기 가족	자녀의 출가에 따른 부모의 역할에 적응

국시 [21] 듀발(E. Duvall)의 가족발달이론의 특성으로 틀린 것을 바르게 고치시오.
① 확대가족 중심으로 설명한다.
② 자녀가 없거나 많은 가족을 고려한다.
③ 이혼가족, 재혼가족을 설명할 수 있다.
④ 저소득 취약계층을 중심으로 설명한다.
⑤ 첫째 자녀를 기준으로 생활주기를 분류한다.

국시 [19] 듀발의 가족생활주기 발달단계 중 어느 단계의 발달과업인지 쓰시오.
① 부부 관계 재확립
② 세대 간 충돌 대처
③ 사회적 지위의 낮아짐에 대한 대처
④ 출가한 자녀 가족과의 유대 관계 유지
⑤ 자녀들의 출가에 따른 부모의 역할 적응

Keyword

2. 체계이론

: 가족과정의 역동성을 이해하는데 가장 흔히 사용되는 틀

1) 정의: 가족을 체계라는 관점에서 이해(가족은 개방 체계)

   가족원의 문제는 가족 전체에 영향을 주며 외부체계와의 지속적 상호작용을 통해 변화와 안정 사이에 균형을 유지한다고 보아 가족 문제를 포괄적으로 이해하는 관점

2) 가정

   ① 가족은 각 부분의 특성을 합한 것 이상의 특징을 지닌 체계
   ② 가족 구성원 간의 상호작용은 가족 구성원의 특성을 합친 것 이상의 실체를 만들어 냄
   ③ 가족체계는 한 부분이 변화하면 전체 체계에 영향을 미친다.
   ④ 가족체계는 조직화 된 전체이기에 가족체계 안에서 개인은 상호의존적이다.
   ⑤ 가족체계는 안정된 양상을 유지하기 위해 항상성을 유지하고자 노력한다.

3) 관계

   ① 하위체계: 가족은 그 자체가 하위체계로 구성
   ② 상위체계: 국가와 지역사회
   ③ 외부체계: 보건의료체계, 복지·교육체계 등
   ④ 상호작용
      - 환경과의 상호작용: 환경의 속성이 체계에 영향을 주고, 체계의 행동에 의해 변화
      - 외부체계와의 지속적인 상호작용과 교류를 통하여 변화와 안정간의 균형 도모
   ⑤ 성장: 안정과 변화 사이의 균형이 개체를 성장하게 하는 것
      간호체계는 성장이 가능하며 여러 방법으로 변화를 일으키거나 촉진

4) 가족 간호에의 적용

   - 문제 있는 가족, 위기 가족 연구에 이용, 스트레스에 반응하는 가족의 변화, 개인의 변화는 가족 전체에 영향
   - 가족에서의 사건(개인행동)은 어떤 원인이 곧 결과가 된다는 직선적 인과관계보다는 원인이 결과이며, 결과가 원인이 될 수 있다는 순환적 관계로 보는 것
     가족에 대한 체계론적 관점은 다른 체계와 가족의 상호관계뿐 아니라 가족 내 개인의 상호의존성과 상호작용, 가족 내 하위체계와의 관계에서 더 나아가 외부환경 체계와의 교류에 의한 균형에 초점을 둔다.

5) 장점과 한계

장점	한계
• 가족 내외의 상호작용을 이해하기 위한 수단을 제공 • 정상가족과 가족의 문제를 포괄적으로 이해하는 데 가장 큰 영향을 준 이론	• 체계이론은 많은 개념들이 애매하고 추상적이어서 조직화하기 어렵다.

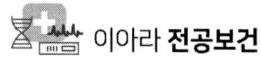

3. 구조-기능이론

1) 정의
거시적 측면의 접근, 가족이 사회통합에 어떻게 기여하느냐에 초점두어 개인보다 구조, 집단 강조, 가족이나 가족구성원은 변화에 수동적 구성요소로 봄

2) 가정
① 가족은 기능적 요구를 가진 사회체계
② 상호작용의 과정보다 구조 자체와 상호작용의 결과에 중점을 둔다.
③ 가족은 사회체계와 상호작용하는 체계로 보며 사회, 사회 환경과 관련된 개인보다는 구조나 집단으로 가족을 분석하며 사회화와 학습과정을 강조

3) 관계
① 가족 구성원 간 다양한 내적인 관계뿐 아니라 가족과 더 큰 사회와의 관계 강조 (가족은 하나의 사회체계. 가족과 사회를 연관시켜 해야 할 일이 무엇인가가 목표 방향)
② 가족 내에 구성원의 배열, 구성원 간의 관계, 전체와 구성원의 관계에 관심
   어떤 가족 형태가 다른 사회기관과 사회 전반적 구조와 관련 있는가에 초점
③ 가족의 기본적인 기능을 수행하도록 조직화 되어 있는지와 가족이 기능할 수 있도록 가족구조를 형성하는 것이 주요 관심사

4) 가족 간호에의 적용
- 가족건강을 평가하는데 구조 기능이론을 적용하는 것은 유용
  ㉑ 부모 중 한 명이 질환에 걸리면 가족의 구조와 기능에 변화가 생겨, 가족의 권력구조와 의사소통의 형태가 바뀌고 부모의 역할을 다른 구성원이 담당
- 사회 전체요구에 가족사회화 기능이 어느 정도 부합되는지 거시적 관점의 접근

5) 비교
① 가족을 하나의 체계로 인식. 사회체계와 하위체계로 보는 건 체계이론과 유사
② 발달론적 접근이 가족의 발달과업에 중점을 둔 변화에 초점을 두고, 체계이론이 가족 내 상호작용 과정과 가족체계의 성장을 중시하는데 비해 <u>구조-기능론적 접근에서는 성장과 변화, 불균형 등에는 관심이 적다.</u>

6) 장점과 한계

장점	한계
• 가족 구성원 간의 다양한 내적인 관계뿐만 아니라 가족과 더 큰 사회체계와의 관계를 중시	• 가족 간의 상호작용 과정보다는 구조 자체와 상호작용 결과에만 관심 • 가족 구성원은 가족구조를 이루는 배열일 뿐이며 가족구성원은 구조 속에서만 기능한다고 봄

4. 상징적 상호작용이론

1) 정의
상호작용 과정 속에 있는 <u>가족 구성원들의 행위들과 상징들이 가지는 의미들</u>에 초점, <u>가족 간의 상호작용</u>이 어떻게 시작되고 지속되는지 가족생활에 어떤 상호작용 과정들이 일반적, 근본적, 반복적인지를 이해하고 설명하는 이론 가족은 정지된 사회적 단위로 보는 접근에서 탈피, 살아있는 기능적인 집합체로 인식

2) 가정
① 인간은 사회, 환경, 가족, 친구, 문화와 <u>사회적 상호작용</u>을 함
② 타인과의 관계 형성에서 상징적 의미를 교환하고 <u>상징적 의미 습득</u>
③ 상징적 의미를 단순히 적용하는 것이 아니라 해석을 통해 타인의 <u>의미를 해석</u>하여 <u>스스로 어떻게 반응</u>할 것인지를 결정하여 행동

3) 관계
- 가족 구성원 간의 상호작용에 대한 개인의 중요성을 강조
- 가족 내 개인의 역할과 역할기대에 따른 상호작용을 중시하는 미시적 접근법
- 가족의 상호작용은 외부관찰만으로는 설명할 수 없으며, 가족의 상호구성원이 그 상황을 지각하는 방식으로 이해되어야 한다는 점을 강조

4) 가족 간호에의 적용
① 가족 구성원은 상호과정을 통해 발생한 일을 이해하기 위해 의미를 만들어 냄으로 간호사는 단순한 행위 관찰, 평가에서 나아가 행위, 상황에 대해 대상자가 어떤 의미, 가치를 두는지 알아낼 것
  예) 신혼부부는 외부관찰만으로는 부부가 같은 의미를 갖고 있을 것이라 여겨지나 의미공유가 안되면 바로 갈등의 원인이 되어 문제가 발생할 수 있음
  세대 간 갈등, 어린이의 자아개념 발전에 미치는 악영향은 상징의 공유가 부족한 것

5) 장점과 한계

장점	한계
• 가족의 내적 역동과 역할 기대를 이해하는 데 적합 • 가족 현상을 내적인 과정의 관점으로 설명하게 되므로 배우자 선택 과정, 역할 수행, 지위 관계, 의사결정 관계, 부모-자녀 관계 등을 이해하는데 도움 • 청소년 약물중독, 알코올 중독, 아동학대, 근친상간 등의 행위를 이해하며, 가족을 건강하게 하도록 접근하는 인간 행위 탐구에 유용	• 가족을 외부 환경과 연관 지어 개념화하지 않기 때문에 외적체계와 가족 간 연결이 부족 • 개념들과 가정 간의 일관성이 결여되어 있어 새로운 이론의 형성을 어렵게 함 • 광범위한 질적 연구가 시행되었으나 이론에 필요한 검증이나 비교 연구는 미흡

Keyword

* 가족 관련 이론 정리[발췌: 콕콕 지역사회간호. 지식과 미래 출간]

이론	구분	내용
가족 체계 이론	개념	• 가족은 구성원 개개인들의 특성을 합한 것 이상의 실체를 지닌 집합체 • 가족체계에서는 한 부분이 변화하면 전체 체계에 영향을 미치게 됨 • 가족체계는 외부 환경, 내부 스트레스에 반응하여 계속 변화 • 가족과 상호작용하는 내적·외적 환경을 모두 파악해야 함
	장점	가족 내·외의 의존성과 상호작용을 이해하기 위한 수단을 제공
	한계	많은 개념들이 애매하고 추상적이어서 조직화하기 어려움
구조-기능주의 이론	개념	• 사회 전체의 요구에 가족의 사회화 기능이 어느 정도 부합되는지 거시적 관점에서 접근 • 가족은 일개 사회구조. 사회체제·상호작용·사회구조가 개인행위결정 • 가족건강은 가족이 기능을 제대로 수행하도록 조직되었는지와 관련됨 • 사정 도구: 가계도(가족구조도), 사회지지도
	장점	가족 구성원 간의 다양한 내적인 관계뿐만 아니라 가족과 더 큰 사회체계와의 관계를 중시
	한계	가족 간의 상호작용 과정보다는 구조 자체와 상호작용 결과에만 관심을 두고 있음
상징적 상호작용 이론	개념	• 가족 내 개인의 역할과 역할기대에 따른 상호작용을 중시하는 미시적 접근법을 사용 • 가족 구성원들 간의 상호작용에 대한 개인의 중요성을 강조하면서 가족 내의 내적인 과정인 가족의 역할, 갈등, 위치, 의사소통, 스트레스에 대한 반응, 의사결정, 사회화에 초점을 둠 • 사정 도구: 가족밀착도
	장점	가족의 내적 역동과 역할 기대를 이해하는데 적합
	한계	상징적 상호작용이론은 개념들과 가정 간의 일관성이 결여되어 있어 새로운 이론의 형성을 어렵게 함
가족 발달 이론	개념	• 생애 주기별 발달과업 어느 정도 성취했는가 중심으로 가족건강평가 • 가족의 개별 구성원에게 초점을 맞추기보다는 사회체계의 한 단위인 가족 전체를 대상으로 접근
	장점	단시간에 가족을 사정하거나 많은 가족을 관리할 때 유용
	한계	핵가족 중심의 발달과업에는 맞지만 다른 유형의 가족에게는 적용하기가 쉽지 않음

03. 가족간호과정

1. 간호사정

1) 자료수집

직접수집 방법	• 종류: 가정방문, 전화, 면담 • 객관적 발견(가정과 자원에 대한 관찰), • 주관적 평가(개인과 가족구성원의 반응)
간접수집 방법	• 가족과 가까운 사람들(이웃, 친구, 친척) 등 지역에서 가족에 대한 정보를 얻을 수 있는 인적 자원을 통해 수집
기존자료 활용	• 가족이 이용하는 보건의료기관의 자료나 학교 직장 구청 동주민센터 등에 이미 수집되어 있는 기존 자료를 활용하는 방법 • 가족사정 시 시간과 노력을 덜어주므로 기존 자료가 어디에 얼마나 있는지를 파악하는 것이 효율적
자료수집 시 주의점	• 상호존중, 개방적, 정직한 의사소통의 바탕이 되는 신뢰적인 관계형성 • 기존 자료 이용 시 가족의 구두, 서면 동의 필요 • 자료를 통해 알아낸 가족의 비밀유지 의무

표 8-32 가족과 간호사가 접촉하는 방법

방법	장점	단점
가정방문	• 가족상황을 직접 볼 수 있으므로 가족관계, 시설, 능력에 대한 정확한 판단이 용이함	• 시간, 비용이 많이 듦 • 공통의 문제를 가진 사람들과의 경험을 나눌 수 없음
집단모임	• 구성원들 간의 경험교환 및 서로 도움을 주기에 용이함 • 문제에 대한 실제적인 도움을 얻기가 용이함	• 개인의 문제가 타인에게 노출될 수 있음 • 집단 구성원이 동질적인 문제해결에만 적용 가능함
전화	• 시간, 비용이 적게 듦 • 원하는 시간에 자주 접촉 가능함 • 가정방문보다 주민의 부담이 적음 • 편지보다 개인적 관계유지가 용이함	• 가족의 상황에 대한 정확한 판단이 어려움 • 연락이 잘 안 될 수 있음
편지	• 비용이 적게 듦	• 가족의 상황에 대한 판단이 어려움 • 가족 구성원이 받았는지 불확실함
인터넷	• 시간, 비용이 적게 듦 • 원하는 시간에 자주 접촉 가능함 • 주민의 부담이 적음	• 가족의 상황에 대한 판단이 어려움 • 활용능력이 있는 가족에게만 적용 가능함

Keyword

2) 가족사정 원칙

자료수집 (가족 내)	• 가족 전체와 더불어 문제가 있는 가족구성원을 대상으로 자료를 수집 • 가족의 다양함과 변화성에 대한 인식을 가지고 접근 • 가족의 문제점 뿐 아니라 강점도 사정
자료수집 (가족 외)	• 가구원 한 사람에게 의존하지 않고 가구원 전체, 친척, 이웃, 의료기관, 통반장 등 지역자원 및 기존자료를 통해 자료를 수집 • 단면적인 정보에 의존하기 보다는 여러 사람에게서 복합적인 정보를 수집
가족 참여	• 가족이 함께 간호과정에 참여 • 간호사와 대상자가 함께 진단을 내리고 중재방법을 결정
면접	• 가족사정 자료들은 질적 자료가 요구되므로 심층면접으로 충분한 시간 할애 • 한 번의 면접에서 너무 무리하게 자료를 얻으려는 것은 가족에게 부담을 주고, 정보도 정확하지 않을 수 있으므로 지속적인 면담을 통해 자료를 보완 • 1회 면담시간은 되도록 30분을 넘지 않도록
자료선택	• 수집된 자료 중 의미 있는 자료를 선택하여 범주화

3) 건강사정도구(공공기관을 중심으로 사용되는 가족사정도구)

① 사정영역(9가지): 가족구조, 가족발달주기, 가족체제 유지, 상호작용 교류, 지지, 대처, 적응, 건강관리, 위험행위, 주거환경, 강점

② 내용 ⓒ 구체적 상위 건강 지주

가족구조 발달주기	가족형태로 확대가족 또는 핵가족 여부, 동거형태 및 가족 외 동거인, 가족구조, 가족의 발달단계와 발달과업 등
가족체계 유지	재정(직업, 재정자원, 수입의 분배), 관습과 가치관(일상생활과 관련된 습관, **종교**, 여가활동), 자존감(교육 정도, 관심과 목표, 삶의 질 또는 만족도), 가족규칙
대처·적응	**문제해결 과정**(대처방식, 참여자와 지도자, 가족폭력, 아동폭력, 환자수발로 인한 가족의 부담, 역할 과다), 생활의 변화(급작스럽거나 과도한 생활변화)
상호작용 및 교류	가족의사소통(의사결정 유형, 가족갈등), 역할(역할만족 편중, 업무의 위임과 분배, 업무수행의 융통성), 사회참여와 교류(사회화, 사회참여, 사회적 고립), 양육(훈육 및 자녀교육, 가치관, 가훈), 의사결정과 권위(권력구조, 가족구성원의 자율성 정도)
건강위험행위	지나친 음주 흡연, 스트레스, 부적합한 건강관리법, 식습관 문제(불규칙한 식사, 편식, 맵고 짠 음식), 약물남용 등

Keyword

건강관리	가족건강력(유전질환 등 가족질병력, 심리적 문제에 대한 가족력, 질병 상태), 건강교육 상담(건강관리와 관련된 지식, 태도, 실천), 환자관리(외상환자, 치매환자 등), 지속적 관리대상(임산부, 영유아, 노인, 장애인) 건강증진과 관련된 행위
가족의 강점	자신의 가족에 대한 긍지 있음, 효과적인 의사소통 능력 있음. 자기관리능력과 적합하게 도움을 요청 수용하는 능력, 위기나 부정적 경험을 성장의 수단으로 사용하는 능력, 가족의 구심점이 되거나 이끌어가는 리더의 존재, 지지의 제공, 가족이 통합 될 수 있는 취미나 종교의 존재, 역할의 융통성, **유머** 또는 삶의 긍정적 자세, 건강에 대한 관심
지지	정서적 영적 지지(가족밀착도, 편애나 소회된 가족원에 대한 파악), 경제적 협동, 지지자원(가족 내외, 친족이나 이웃, 전문조직, 사회지지도)
주거환경	안전, 사고의 위험성, 가옥 방의 출입 어려움, 사생활 생활공간 부족, 위생관리 불량, 주거환경 불량, 주택구조 불량, 부적합한 식수, 난방, 환기, 채광, 소음이나 공해

> 문제 [94] 가족 건강을 위한 간호사정 도구 중 정신적 요소에 속하지 않는 것은?
> ① 종교 ② 문제 해결 능력 ③ 유머감각 ④ 직장에서의 성취정도

2. 사정자료분석

1) 가계도(가족구조도)

　① 정의
　　: 3세대 이상에 걸친 가족 구성원에 관한 정보와 그들 간의 관계를 도표로 기록하는 방법
　② 장점
　　• 가족에 관한 정보가 도식화되어 있어 복잡한 가족 유형의 형태를 한눈에 볼 수 있다.
　　• 간호사에게 체계적인 정보를 제공하고 가족도 체계적 관점에서 가족을 볼 수 있다.
　　• 필요한 정보 확인이 가능하여 깊이 있는 면접이 가능
　③ 작성순서

가족구조 도식화	• 우선 부부를 먼저 그리고, 아이들을 표시한 후 부부의 양가 부모와 형제자매를 그린다.
가족에 관한 정보 기록	• 가족구조를 도식화한 후 가족의 이력, 가족의 역할, 가족생활의 중요한 가족사건 등에 관한 정보를 덧붙인다. • 가계도를 통해 많은 세부사항을 수집할 수 있으므로 가능한 한 많은 세대에 걸쳐 결혼, 죽음, 가족 구성원의 나이, 생일 등을 적도록 한다. • 이혼, 결혼, 죽음, 질병력과 같은 중요한 사건일, 나이 등을 삽입

④ 가계도에 사용되는 상징적인 기호

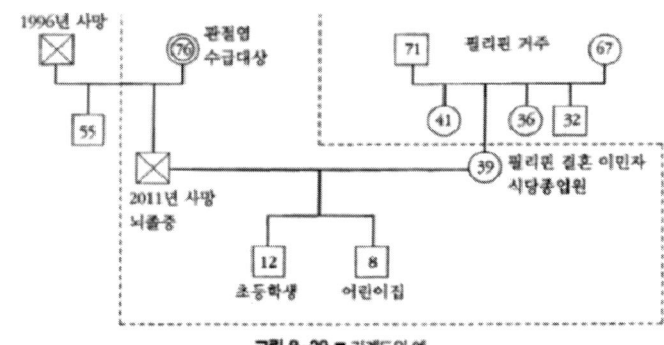

그림 8-29 ■ 가계도의 예

2) 가족밀착도

① 정의
: 가족구조뿐 아니라 구조를 구성하고 있는 관계의 본질을 파악하는 것
자신들의 가정생활에 영향을 미치는 근본적인 문제를 되짚어보면서, 현재 동거하고 있는 가족구성원 간의 밀착관계와 상호관계를 그림으로 도식화한 것

② 장점
- 부부, 부모자식간, 형제간 등에서 평소 알지 못하던 관계를 새롭게 조명해 볼 수 있고, 가족의 전체적인 상호작용을 바로 볼 수 있어 가족 간 문제를 확인하기 용이

③ 작성방법

가족 구성원을 둥글게 배치하여 남자는 □으로 여자는 ○로 표시
기호 안에 간단하게 구성원의 가족 내 위치와 나이를 기록
가족 2명을 조로 하여 두 사람의 관계를 선으로 나타낸다. (친밀감이 약한 관계 - , 서로 친밀한 관계(바람직) = , 매우 밀착된 관계 ≡

Keyword

④ 도표

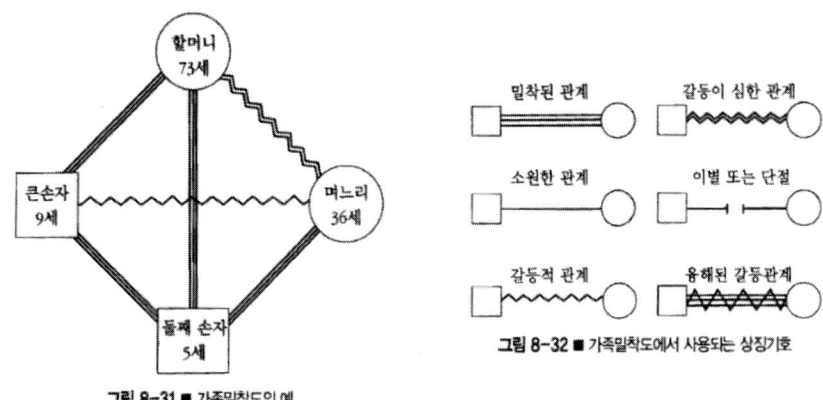

그림 8-31 ■ 가족밀착도의 예

그림 8-32 ■ 가족밀착도에서 사용되는 상징기호

3) 외부체계도, 생태도
   ① 정의
      : 가족을 둘러싼 다양한 외부체계와 가족구성원과의 관계를 그려봄으로써 가족과 외부와의 다양한 상호작용을 한눈에 파악할 수 있도록 한 것
   ② 장점
      - 가족체계를 둘러싼 외부체계와 가족구성원 간 상호작용을 통해 가족에게 유용한 체계, 스트레스나 갈등이 있는 외부체계를 파악할 수 있게 해준다.
      - 대상자와 상호작용하는 외부 환경들이 명료해져 유용한 자원, 스트레스가 되는 자원, 부족한 자원, 보충해야 할 자원 등에 대한 정보제공
      - 대상자가 외부체계도 그리는 과정에 참여함으로써 자신을 객관화할 수 있음
   ③ 단점: 관계가 불분명하거나 표현이 어려운 경우는 사용하기 곤란
   ④ 작성방법

중심원 안	가계도나 가족밀착도와 같은 방법으로 거주하는 가족구조를 그린다.
중심원 밖	가족체계를 둘러싼 외부체계를 하나씩 작은 원으로 배치 원 내에 외부체계에 대한 간단한 특성을 기술
상징기호	중심원과 외부원 각각의 상호관계를 상징기호를 이용하여 표시

⑤ 표

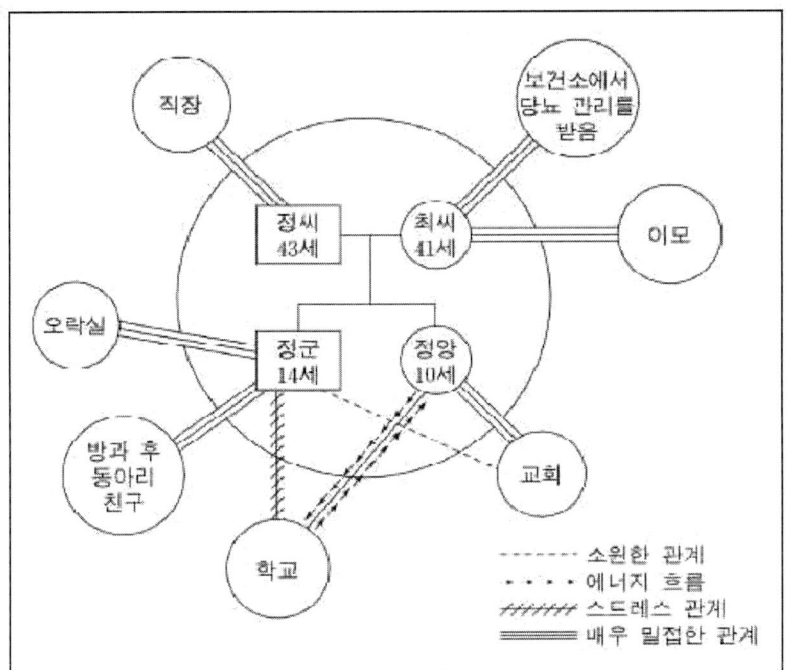

문제 [13]	위 표는 정 군(남, 14세)의 가족건강을 사정한 것이다. 그림에서 사용한 '가족건강 사정 도구'에 대한 설명으로 옳은 것은? ① 외부체계도(생태도)를 사용하여 가족 구성원들과 그들을 둘러싼 다양한 외부 환경 간의 상호작용을 나타낸 것이다. ② 외부체계도(생태도)를 사용하여 가족관계를 파악함으로써 가족 구성원들의 건강이나 가족 기능의 문제점을 나타낸 것이다. ③ 가족밀착도를 사용하여 가족 구성원들 간의 결속력이나 유대감을 나타낸 것이다. ④ 사회지지도를 사용하여 지역사회와 가족 구성원들의 건강에 중요한 영향을 주었다고 생각되는 사건을 나타낸 것이다. ⑤ 사회지지도를 사용하여 가족 내 취약한 가족 구성원을 중심으로 부모 형제, 친구, 기타 지역사회와의 관계를 나타낸 것이다.

4) 가족연대기

① 정의
: 연대표를 작성해 건강문제가 발생했을 때 중요한 사건의 관련성을 파악하고 가족 구성원과의 관계를 분석하는 데 사용하는 도구

② 작성방법

가족의 역사 중에서 중요하다고 생각되는 사건들을 순서대로 열거
사건들이 가족구성원에게 어떠한 영향을 미쳤는지 알 수 있으며, 특히 건강문제가 발생했을 때 사건과의 관련성을 파악, 가족구성원과 가족의 관계를 분석
중요한 시기만의 특별한 연대표를 작성하여 효율적으로 이용하는 경우도 있다.

③ 가족연대기 예시

표 8-35 가족연대기의 예

사건 발생일	중요한 사건	변화된 가족생활
1950년	할아버지는 전쟁 때 폭격으로 사망	• 할머니는 외아들과 생활하며 혼자 가계부담을 짐
1980년	외아들이 대기업에 취업	• 할머니의 높은 교육열과 지지 덕에 명문대학을 졸업한 아들이 유명 대기업에 취업함
1992년	외아들이 퇴근길에 교통사고로 사망	• 뺑소니차에 사고를 당해 사망 보상금도 받지 못한 채 집안 경제사정이 급격히 나빠져 며느리가 식당 시간제 종업원으로 취업하고 할머니인 시어머니가 가사를 전담
1997년	할머니가 허리 관절염으로 거동 불편해짐	• 한방병원에서 3차례의 입원과 주 2회의 외래 침술 및 물리치료를 받았으나 증상 완화 없고 계속되는 치료비가 큰 부담이 되자 보건소 한방과를 주 2회 다니게 됨 • 큰손녀가 할머니 병 수발과 가사를 많이 하게 되었고, 대학 진학에 실패해 조그만 제조회사에 취업하게 되자 고부간 갈등이 심화
1998년	손자는 학교에서 정학처분 받음	• 손자가 다니는 고교의 근처 타 고교생들과 집단폭력 사건으로 1개월 정학처분을 받은 후부터 학교 다니기를 기피하고 결석이 잦음
2000년	손녀가 취업함	• 가계 사정이 어려워 여상을 졸업한 손녀가 6개월 인턴직 사원으로 취업함 • 할머니는 거동불편이 더욱 심해져 와상 상태에 있어 보건소의 방문간호사가 월 1회 방문하여 물리치료를 하게 됨

문제 [13] 간호사가 방문간호 대상자 가족의 역사 중 개인에게 영향을 주었다고 생각되는 중요한 사건을 순서대로 열거한 후, 사건과 가족 구성원 건강문제와의 관련성을 파악하고자 할 때 사용하는 가족사정 도구는?

5) 가족생활사건(생의 변화 질문지)

① 정의: 가족이 경험하는 일상 사건수를 표준화한 도구(가족생활사건 도구)
- 가족이 경험한 생활사건의 스트레스 축적을 측정하기 위해 설계된 도구로 71문항 질병을 이르킬 수 있는 <u>스트레스가 되는 생의 사건 목록에 점수를 부여</u>하여 질병을 앓을 위험에 있는 사람들을 파악하기 위해 이용하는 사정도구
    - Holmes와 Rahe의 '생의 변화 질문지(life change questionnaire), 최근 생활 경험표와 사회재적응 척도 개발. 보편적으로 누구나 겪을 수 있는 생활사건을 통하여 스트레스를 예측하는 도구

② 방법: 부부가 함께 또는 따로 측정, 총점은 각 항목에서 부여된 점수를 합산하여 산출, 높은 점수는 가족 스트레스가 더 크게 누적되어 있음을 의미

③ 표: 사회재적응 척도

표 8-39 사회재적응 척도

다음은 여러분들이 일상생활에서 경험할 수 있는 일들입니다. 다음의 사항을 읽고 그것을 지난 1년 동안 경험한 일이 있으면 그것에 O표 하십시오. 그 다음에 표시된 각 문항의 점수를 더하여 밑의 총점 란에 쓰십시오.

순위	생활사건	스트레스 점수	순위	생활사건	스트레스 점수
1	배우자 사망	100	23	자녀와 떨어져 삶	29
2	이혼	73	24	법적인 문제점	29
3	별거	65	25	현저한 개인적 성취	28
4	투옥 중	63	26	아내가 직장을 갖음	26
5	근친사망	63	27	입학 또는 졸업	26
6	개인적 상해 또는 질병	53	28	생활여건의 변화	25
7	결혼	50	29	개인적 습관의 수정	24
8	해고(파면)	47	30	직장상사와의 문제점	23
9	부부간의 화해	45	31	작업시간 또는 조건의 변화	20
10	은퇴(퇴직)	45	32	거주지 변경(이사)	20
11	가족의 건강상 변화	44	33	전학	20
12	임신	40	34	오락의 변화	19
13	성기능 장애	39	35	종교활동의 변화	19
14	새가족의 등장	39	36	사회활동의 변화	18
15	직업 재적응	39	37	800만원 이하의 부채 또는 대부	17
16	재정(금융)적 변화	38	38	잠버릇의 변화	16
17	절친한 친구 사망	37	39	가족모임 횟수의 변화	15
18	직장내 부서이동	36	40	식사습관의 변화	15
19	배우자와의 불화 빈도수 변화	35	41	휴가	13
20	800만원 이상의 부채	31	42	크리스마스	12
21	부채 또는 대부금의 소실	30	44	사소한 법적 위반	11
22	직장내 임무변화	29	총합		

[출처] Holmes & Rahe가 개발한 생의 변화사건에 따른 스트레스 측정도구

Keyword

6) 사회지지도

① 정의: 가족 중 가장 취약한 구성원을 중심으로 부모형제관계, 친척관계, 친구와 직장동료 등 이웃관계, 그 외 지역사회관계를 그려봄으로써 취약 가족구성원의 가족 하위체계 뿐 아니라 가족 외부체계와의 상호작용을 파악할 수 있다.

② 장점
- 가족의 지지체계를 이해함으로써 가족중재에 활용
- 원 안에 얼마나 많은 선이 연결되었는지 평가하여 지지자원이 실태, 개발 가능하거나 간호중재에 활용할 수 있는 지지체계를 파악할 수 있다.

③ 작성방법

간호중재를 해야 하는 취약한 가족구성원을 선정
5개 원 안에서 밖으로 겹쳐 그려 나간다.
가장 안쪽 원에는 선정된 가족구성원, 두 번째 원에는 동거가족, 세 번째 원에는 친척, 네 번째 원에는 이웃, 친구, 직장동료, 가장 바깥쪽 원에는 선정된 가족구성원과 관련되는 지역사회자원(사회기관, 공공기관, 학교 등)을 삽입
안쪽 구성원을 중심으로 선을 이용하여 지지정도를 표시
소원한 경우는 선을 그리지 않으며 보통은 하나, 관계가 친밀한 경우에는 2개의 선으로 지지선을 그려 넣는다.

④ 표

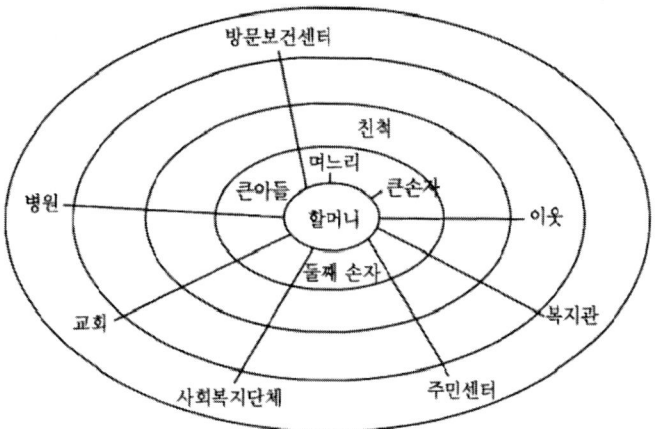

그림 8-34 ■ 사회 지지도의 예

7) 가족기능 평가도구
: 가족문제해결에 있어 가족의 자가 관리능력과 가족 기능수준을 사정해 보는 것

① Smilkstain(스밀크스타인)의 APGAR(가족기능 평가도구) ⓒ 동성애 해적

가족의 적응능력 (adaptation)	문제해결을 위한 가족자원 제공의 만족도 가족 위기 시 문제해결을 위한 내적 외적 가족자원의 활용
가족 간 동료의식 정도(partnership)	동료로서의 가족이 문제해결을 위한 의사결정 정도의 만족도(가족 구성원들과 의사결정을 공유하고 책임감을 기름)
가족 간의 성숙도 (growth)	가족 구성원 간 상호 지지를 통해 신체적 정신적 성숙하는 정도의 만족도
가족 간 애정 정도 (affection)	가족 구성원 간 서로 보살펴 주고 사랑하는 정도, 친밀감, 감정적 교류에 대한 만족도 (구성원 간 돌봄과 애정적 관계)
해결(resolve)	가족성숙, 애정을 위해 타구성원에게 서로 시간을 내어주는 정도의 만족도(시간을 함께 보내려는 의지에 대한 만족도)

항목당 최고 2점을 배정 총 7~10점을 받은 경우 가족 기능이 좋은 것

항목	거의 아니다	가끔 그렇다	항상 그렇다
나는 어떤 문제에 부딪혔을 때 큰 어려움 없이 가족에게 도움을 청한다.			
여러 가지 일에 대해 우리는 서로 의견을 교환하고 함께 해결한다.			
내가 새로운 활동을 시작하려 할 때나 진로를 변경하고자 할 때 가족들이 이를 받아들이고 도와준다.			
나는 나의 가족이 나에게 애정을 나타내거나 나의 감정을 받아들이는 방식에 만족한다.			
나는 나의 가족과 함께 시간을 보내는 방식에 만족한다.			

문제 [99] 학생상담을 위해 보건교사는 학생의 정상 성장발달 특성과 가족 기능을 이해하여야 한다. 다음 물음에 답하시오.
1) 다음에 제시된 학자의 이론에서 (14-16세)에게 적용되는 단계를 쓰고 간단히 설명하시오.
2) 스밀크스타인의 가족기능지수를 적용하여 가족구성원의 기능을 파악하고자 한다. 이 도구에 포함된 평가 항목을 기술하시오.

② Olson의 순환모델(가족의 적응력 및 결속력 평가도구(FACES-Ⅲ)
: 응집력, 적응력, 의사소통의 세 가지 차원으로 구성

응집력 (결속력)	이탈된 상태 분리된 상태 연결된 상태 밀착된 상태	: 이탈된 가족은 구성원들이 친밀감, 일치감을 갖지 못하고 각자 높은 수준의 자율성과 개성을 갖는다. : 밀착된 가족은 개인의 자율성이 무시되고 자신의 욕구와 목표보다는 가족의 충성과 일치 강조
적응력	경직된 상태 구조화된 상태 유연한 상태 혼돈된 상태	: 경직된 가족은 변화가 성장을 억제한다. : 혼돈된 가족은 가족규칙이나 역할들이 일관적이지 않아 가족 행동 양상을 예측하기 어렵고 문제 상황에서 공통의 의미를 형성하고 관계를 발전시킬 기회를 갖지 못한다.
의사소통	가족원의 응집력과 적응력의 수준을 결정하는 배경	
분류	균형을 이룬 가족	결속력이 분리되거나 연결된 상태, 적응력에서 구조화되어 있거나 유연함
	중간유형	적응력에서 유연하거나 구조화되어 있으나 결속력에서 이탈 또는 밀착된 경우, 결속력에서 분리 또는 연결된 상태이나 적응력에서 경직 또는 혼돈된 상태인 경우
	극단적 유형	결속력이 이탈되거나 밀착된 상태이면서 적응력에서 경직된 상태이거나 혼돈된 상태

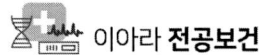

Keyword

8) 기거와 데이빗히저 (Giger & Davidhizar)의 사정도구
: 다문화 가족간호(문화적 다양성과 간호) 사정도구로 6가지 문화적 현상을 사용하여 종교적, 문화적으로 다양한 대상자들의 문화사정을 사정
ⓘ 항목 ⓒ 의사공시환생

의사 소통	• 억양과 발음,
	• 침묵사용,
	• 비언어적 의사소통 사용,
	• 터치
	• 기타
	  - 친구, 가족이나 아는 사람과 이야기 하기를 좋아하는가?
	  - 질문을 받았을 때 보통 반응을 하는가?(말이나 몸짓)
	  - 가족과 논의해야 할 중요한 일이 있을 때 어떤 방법으로 접근하는가?

공간	• 편안한 정도(공간침범을 당했을 때 움직임 또는 움직이지 않음)
	• 대화의 거리(다른 사람과 이야기 하거나 가까이 서 있을 때 친밀감과 편안함 정도)
	• 기타
	  - 당신이 가족과 이야기 할 때 얼마나 가까이 서있는가?
	  - 낯선 사람이 당신을 접촉했을 때, 당신은 어떻게 반응하고 느끼는가?
	  - 사랑하는 사람과 접촉한다면, 당신은 어떻게 반응하고 느끼는가?
	  - 지금 우리 사이의 거리는 편안한가?

사회 조직	• 건강상태, 결혼상태, 자녀 수, 부모의 생존 여부
	• 기타
	  - 사회활동을 어떻게 정의하는가
	  - 당신을 즐겁게 하는 활동들은 무엇인가?
	  - 취미가 무엇인가, 또는 시간이 있을 때 무엇을 하는가?
	  - 당신은 신을 믿는가?
	  - 신을 어떻게 숭배하는가?
	  - 가족 내에서 당신은 무슨 역할을 하는가(무엇을 하는가?)
	  - 가족 내에서 당신의 위치는 어떠한가?
	  - 어릴 때 당신에게 가장 영향을 미친 것은 혹은 사람은?
	  - 부모와 형제와의 관계는 어떠한가?
	  - 일하는 것은 당신에게 어떤 무리가 있는가?
	  - 당신의 과거, 현재, 미래 직업을 설명하세요
	  - 당신의 정치적 견해는?
	  - 당신의 정치적 견해가 건강과 질병에 대한 당신 태도에 어떤 영향을 주는가?

Keyword		
	시간	• 관념(과거 중심, 현재 중심, 미래 중심), – 관점(사회적 시간) • 시간에 대한 물리화학적 반응 　– 밤에 적어도 8시간은 잔다 　– 일정한 계획에 따라서 자고 일어난다 　– 계획대로 약을 먹고 치료받는 것의 중요성을 이해한다 • 기타 　– 어떤 종류의 시계를 매일 차는가? 　– 오후 2시에 약속을 했을 때, 몇 시에 도착하는 것이 괜찮은가? 　– 간호사가 '30분 정도'가 약을 받을 수 있다고 하면 실제로 간호사실에서 부르기 전까지 어느 정도 시간을 용납할 수 있는가?
	환경 통제	• 통제위(내적통제위: 변화하게 하는 힘이 내부에 있다고 믿는 것, 외적 통제위(운명, 운, 기회가 변화하는데 상당한 역할을 한다고 믿는 것) • 가치관념(초자연적인 힘, 변화하기 위해서 마술, 기도에 의존하는지 여부) • 기타 　– 당신의 집에 방문객은 얼마나 자주 오는가? 　– 갑자기 방문객이 왔을 때 수용할 수 있는가? 　– 어렸을 때 부모님이나 타인이 당신 병을 치료하려고 어떤 방식으로 말했나? 　– 당신이나 주위에 가까운 사람들이 당신이 아플 때 사용하는 가정요법이 있는가? 　– 어떤 가정요법을 사용하였는가?, 앞으로 당신도 그 요법을 사용할 것인가? 　– '건강하다는 것'의 정의는 무엇인가? 　– 병이나 '건강이 나쁘다'는 것에 대한 정의는 무엇인가?
	생물 학적 차이	• 완전한 신체사정(신체구조, 피부색, 색다른 피부특징, 모발 색과 숱) • 다른 신체 특징(켈로이드, 기미 등), 체중, 신장, 검사소견 • 기타 　– 당신 가족에게 일반적인 질환이나 질병이 있는가? 　– 당신 가족에게 유전적으로 취약한 특별한 질병이 있는가? 　– 가족이 아플 때 당신 가족의 전형적인 행동은? 　– 화가 나면 어떻게 반응하는가? 　– 보통 어려울 때 대처를 위해서 누구에게 도움을 청하는가? 　– 당신과 가족이 좋아하는 음식은? 　– 어떤 특이한 것을 갈구한 적이 있는가? (백색이나 붉은 점토 혹은 세탁 풀) 　– 어릴 때 어떤 유형의 음식을 먹었나? 　– 가족이 좋아하는 음식이나 전통 음식은?

Keyword

3. 간호진단: 가족과 개인의 건강문제

1) 의의
   - 자료 분석을 통해 가족의 여러 특성을 파악하고 간호와 관련된 건강문제 확인
   - 개인, 가족 건강문제 확인 과정에서 간호사-가족이 함께 참여하는 것이 바람직

2) 가족진단체계
   - 오마하문제분류체계, NANDA 가족간호진단, 가정간호분류체계, 국제간호실무분류체계

3) 우선순위

   * 우선순위 결정할 때 고려할 점
   - 가족이 실제로 행동을 함으로써 변화된 결과를 보거나 경험할 수 있는 것
   - 도미노 현상을 일으킬 수 있는 것
   - 가족의 관심도가 높은 것
   - 가족이 쉽게 수행할 수 있는 것
   - 응급 또는 긴급을 요하는 것
   - 가족 전체에 영향을 줄 수 있는 것

4. 간호계획

: 확인된 가족 문제를 해결하기 위해 목적과 목표를 설정하고 이를 달성하기 위한 간호전략과 간호지시를 결정하는 단계 - 가족과 함께 수립

1) 목표설정

   : 가족이 과정에 적극 참여해야 목표달성 가능성은 상승(언누어무범)

2) 방법과 수단 선택

   : 가족에게 적합, 간호표준과 일치, 가족의 신념, 사회적 배경과 조화를 이룰 것.
   가족에게 가치 있고 다른 계획된 방법과 조화를 이룰 것

3) 수행계획

   : 가족간호 계획은 목표달성을 위한 수행계획(전략)으로 수행에 필요한 자원(인력, 예산, 기구 등)배치, 일시 등을 포함

4) 평가계획

   : 이미 설정된 목적과 목표가 얼마나 성취되었는지를 측정하기 위한 계획
   - 가족 참여의 횟수, 중재 방법 효과, 달성된 정도 파악
   - 평가 시기, 횟수, 간격을 정하여 중간평가, 최종평가가 잘 이루어지도록 계획
   - 수행될 활동에 대해 언제, 어떤 평가도구로, 어느 범위, 누가 평가할지 계획

5. 간호 수행

1) 성공적인 가족 중재를 위한 지침

- 가족에게 자신 있고 당당하게, 가족을 배려하여 접근한다.
- 건강관리는 개인보다 가족에 역점을 둘 때 더 효과가 있다.
- 가족의 강점을 활용한다.
- 간호활동이 간호지침, 표준, 법적 윤리적 지침을 고려하여 선택되었는지 확인
- 가능한 한 가장 효율적인 간호 중재를 선택하였는지 끊임없이 질문한다.
- 중재된 간호활동과 간호에 대한 가족의 반응을 간호기록지에 기록하며, 간호계획 내용 중 수행하지 못한 것도 간략하게 내용과 이유를 기록한다.
- 수집된 사생활과 가족에게 제공된 간호서비스에 대한 비밀을 보장한다.

2) 가족간호 수행의 유형

예측적 안내	• 가족들이 경험할 수 있는 문제들을 예측하여 이에 대처할 수 있는 능력을 키워주는 것 - 문제해결의 접근방법을 통해 이루어짐 • 문제해결의 접근을 통해 가족들은 예기치 않은 문제뿐 아니라 기대되는 문제를 다루는 법을 배울 수 있다.
건강 상담	• 상담을 통하여 사람들은 자신의 문제를 인식할 수 있는 힘들 얻게 되며, 문제 해결의 방안을 스스로 찾을 수 있게 됨(스스로 돌보는 능력과 의료자원의 효과적인 이용을 증진하는 데 유용) • 해결방안의 선택은 대개 상담의뢰자 스스로 결정
보건교육	• 시범, 사례연구, 가족집담회, 역할극
계약	• 동반자 관계. 간호사-가족 간 협력적으로 공동의 분담된 노력 실시 • 가족이 능동적 참여자가 되어 자가간호 기술을 배워 자율성 증가 • 계약은 가족과 환자의 기대와 역할 책임을 문서화한다.
가족의 자원 강화	• 경제적, 물리적인 것과 인력 포함. • 경제적인 자원의 적절성 여부는 가족구성원 소득의 총액과 지출, 질병의 종류, 이용 가능한 의료기관의 접근도 등에 따라 달라짐
직접적인 간호제공	• 드레싱 교환, 도뇨관 삽입, 활력징후 체크 등 전문적 기술로 직접 하는 행위
의뢰	• 복합적 가족 건강문제, 위기 시에 여러 전문인의 도움이 필요할 때 시행, 여러 기관 시설 인력에 대한 정보가 필요할 때 적절히 활용

6. 간호평가

Keyword

가족과 간호사가 함께 간호계획에 명시된 목표를 얼마나 잘 이루었는지를 측정하는 것

〈사례〉

황 씨(33세)는 6년 전 뺑소니 택시 교통사고로 전신마비 상태이다. 남편 최 씨(38세), 딸(10세), 아들(6세) 세 식구와 거주 중이고, 사고 후 아들을 양육할 수 없어 아들(6세)은 백일부터 자원봉사자에게 위탁되어 있으며 자원봉사자를 친부모로 알고 있다.

사고 이전에는 부부가 함께 소규모 의류공장을 운영했으나 현재는 최 씨가 의류공장에서 벌어오는 월 40만원, 장애인 수당 및 후원금 월 60 만원으로 어렵게 생활하고 있다.

황 씨는 전신마비로 인해 3년 전부터 요도관을 꽂고 있으며, 두 손의 손가락만 부분적으로 움직일 수 있고, 개인위생 관리는 남편과 딸에게 거의 의존하고 있다. 최 씨는 근무 도중에 부인의 점심과 저녁 준비를 위해 집에 들르며, 거의 새벽 2시까지 공장에서 일을 하고 있다 딸은 방과 후 장애인 어머니를 돌보고 심부름을 하는 일에 거의 시간을 보내며, 복지관을 통해 하루 1~2시간 정도 과외 활동을 하고 있다.

황 씨는 불구로 인해 자녀들에게 어머니의 역할을 하지 못하고 있으며, 남편과의 성생활이 원활하지 못해 남편에게도 항상 미안한 마음을 갖고 있다. 요즈음은 남편의 귀가 시간이 종종 늦어져 부부 싸움이 잦아지고 있다. 최 씨는 딸과의 대화가 거의 없고 딸은 그런 아버지에 대한 불만이 많아지고 있다.

〈가족 사정〉

① 외부체계도

Keyword

② 가족 구조도

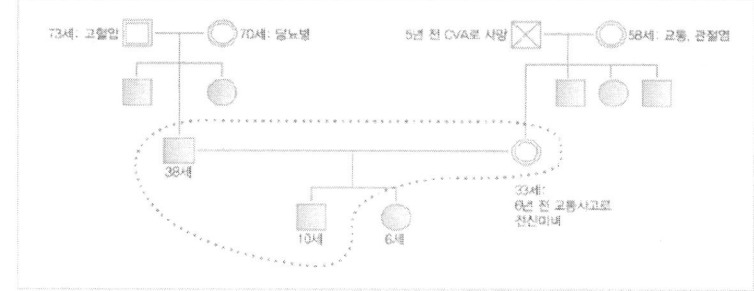

③ 가족밀착도

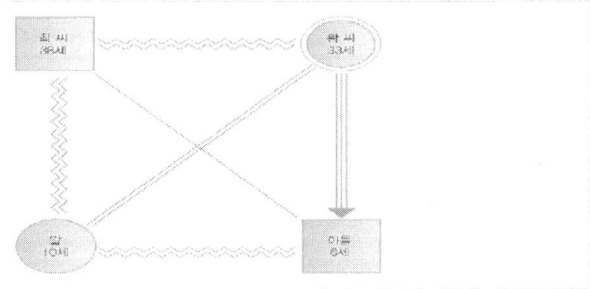

④ 사회지지도

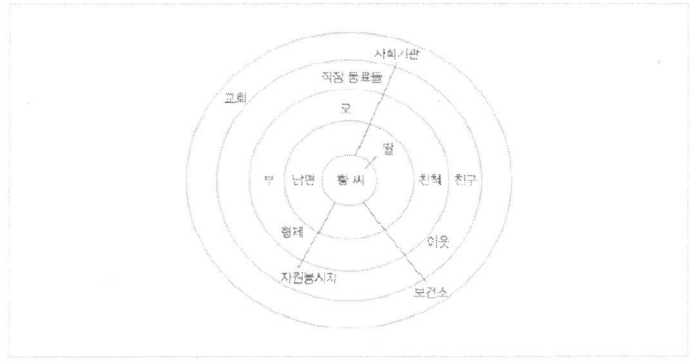

⑤ 가족의 강점 파악
- 황 씨를 돌봐 줄 남편과 딸이 있다.
- 활용 가능한 지지체계가 많다.(자원봉사자, 보건간호사, 복지관간호사, 이웃)
- 황 씨는 재활에 대한 의지가 강하다.

Keyword

문제 [15] 보건교사는 우울 증상을 보이는 A학생의 가정을 방문하여 다음과 같이 가족 사정을 하였다. 교사가 작성한 ㉠, ㉡에 해당하는 가족 사정 도구의 명칭을 순서대로 쓰시오(2)

년도	가족사건
1996	아빠의 사업 실패로 경제적 어려움을 겪음.
…중략…	
2002	A 학생 출생
2003	엄마의 건강 악화로 A 학생은 조부모에게 맡겨짐
2010	부모의 이혼
…하략…	

(㉠)

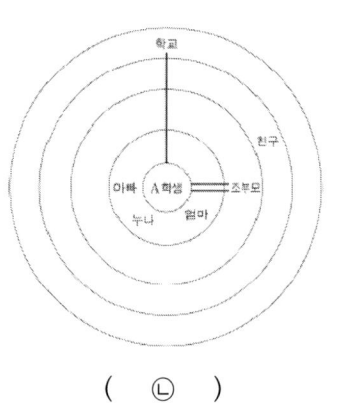

(㉡)

문제 [09] 보건소 간호사가 박 할머니 댁을 처음 방문하였다. 할머니는 고혈압과 당뇨를 앓고 있다. 할머니를 대상으로 3대 가족에 대해 생존한 사람과 사망한 사람을 포함하여 성별, 연령과 질병력에 관하여 자료를 수집하려고 한다. 가장 적절한 가족 사정 도구를 쓰시오.

문제 [07] 가족 간호에서 적용하고 있는 상징적 상호작용 이론의 토대가 되는 가정 3가지를 각각 2줄 이내로 쓰시오. (3)

Keyword

문제 [10] 간호학에서 대상자인 가족을 이해하기 위하여 활용하는 이론적 접근에는 ㉠체계 이론, ㉡상징적 상호작용주의 이론, ㉢구조 기능주의 이론 등이 있다. ㉠~㉢의 관점에 대한 설명으로 옳지 않은 것은?

① ㉠은 가족을 가족 구성원들의 개인적 특성을 단순히 합친 것 이상의 체계로 본다. 따라서 부분의 상호관계를 중심으로 전체적인 분석을 해야만 가족 체계를 온전히 이해할 수 있다.
② ㉡은 가족 상호작용은 그들의 부여하는 사물의 의미에 근거하여 이루어지므로, 외부 관찰만으로 설명될 수 없으며 가족 구성원이 그 상황을 지각하는 방식으로 이해되어야 함을 강조한다.
③ ㉡은 가족을 권력 관계로 규정하고, 구성원들 간의 갈등이 표출되는 특성을 고려하여 가족 내의 이해관계나 자원의 불균형 분배에 초점을 두고 가족 갈등을 처리하는 과정을 중시한다.
④ ㉢은 거시적 측면의 접근으로 가족이 사회통합에 어떻게 기여하는가에 초점을 두므로 개인보다는 구조나 집단을 강조하며, 가족이나 가족 구성원들은 변화에 수동적인 구성요소로 본다.
⑤ ㉢은 가족의 역할 구조, 의사소통 양상 등과 이러한 요소들의 연관성이 가족 전체 기능에 미치는 영향을 평가하는데, 이때 상호작용 과정보다는 구조 자체와 상호작용 결과에 더 중점을 둔다.

문제 [02] 아래의 내용은 A중학교 보건교사가 기록한 학생건강 상담일지의 일부분이다. 김OO학생의 두통을 가족적 문제에서 기인한 것으로 판단한 보건교사는 문제해결을 위해 가족적 접근을 하고자 한다. 다음 물음에 답하시오.

* 내담 학생: x학년 x반 김**
* 내담자 호소내용: 거의 매일 두통
* 병리적 소견: 병원의뢰결과 특이한 병리적 소견 없음
* 담임 소견:
 - 학교생활태도: 잦은 결석과 정서불안, 낮은 학습 집중력, 불결함, 친구도 별로 없고 모든 활동에 의욕이 없으며 항상 우울해 보임
 - 가족생활: 부모의 이혼으로 현재 할머니, 아버지, 동생과 살고 있음

1) Duvall은 가족의 생활 주기를 8단계로 구분하고 있는데 그 중 청소년기 가족이 성취해야 할 특징적인 발달과업 2가지만 기술하시오.
2) 학생의 가족 기능을 평가하기 위하여 가계도, 외부체계도, 사회지지도를 사용하고자 한다. 이 3가지 도구를 각각 설명하시오.
3) 가족의 건강을 시정하기 위한 기본원칙을 3가지만 제시하시오.
4) 위 학생이 보이는 우울 증상을 해결하기 위하여 가족적 접근 외에 할 수 있는 간호중재를 4가지만 쓰시오.

05. 취약가족 간호

1. 유형

가족 구조	해체 가족, 불완전 가족, 한부모 가족, 이혼가족, 별거가족, 독거노인
가족 기능	저소득 가족, 극빈가족, 실업가족, 취업모 가정, 만성질환자 가족, 장애인가족
가족상호작용	폭력가족, 문제 청소년 가족, 학대부모가족, 알코올 중독자 가족
가족발달단계	미혼모 또는 미혼부 가족, 미숙아 가족
기타	다문화 가족

2. 취약간호의 공통적 문제

1) **가족의 건강 수준 변화**: 위험상황에 처한 가족은 이러한 속성이 장기화되어 많은 스트레스를 받게 되므로 복합적 위기를 경험(지속적, 반복적 스트레스는 신체적, 심리적 질병 유발)

   예) 알코올 중독인 부모가 장기간 동안 간헐적으로 술에 취해 주정한 경우 가족은 복합적인 문제로 장기간 스트레스를 받게 된다.

2) **가족구조의 변화**: 위험상황에 처한 대부분의 가족은 한 명 이상 <u>가족 구성원이 없거나 분리</u>

3) **가족 구성원의 상호작용 변화**: 위험상황이 있는 가족 구성원에만 관심이 집중되어 <u>다른 구성원들의 신체·정서적 욕구가 무시되는 경우</u>

   예) 장애아가 출생한 경우, 모든 생활을 장애아를 중심으로 함에 따라 어머니는 신체적으로 피로하고, 정서적으로 죄의식, 슬픔, 낮은 자존감 등을 보일 수 있으며, 다른 가족 구성원의 요구를 충족시켜 주지 못하여 발생하는 문제 등으로 갈등

4) **가족 구성원의 역할 변화**: 취약 상황의 가족은 빈번하게 <u>가족 내 역할 변화</u>를 가져온다.

   예) 가족 구성원의 죽음이나 질병을 경험하고 있는 가족은 가족 구성원의 상실을 극복하기 위해 역할 변화를 경험한다.

5) 취약 상황에 있는 부모는 아이 <u>훈육에 어려움</u>을 겪는다.

   아이 요구를 무조건적으로 들어주고 행동에 제한을 두지 않는 경우도 있을 수 있다. 이 외에도 문제아가 있는 경우 그 자녀에게 부모의 관심이 집중되므로 다른 자녀들은 소외당한다고 생각하고 부모의 관심을 끌기 위해 과장된 행동을 하는 경향

6) **가족의 경제기능 변화**: <u>재정적 어려움</u>은 많은 취약 가족에서 흔히 있는 문제

   외부 도움이 없거나 불충분한 재정지원을 받는 경우 가족이 해체될 수 있으며, 재정 문제로 인해 가족의 통합이 깨지기도 한다.

Keyword

3. 취약가족관리의 중요성

1) **가족문제 예방**: 가족 문제의 발생을 사전 예방하여 가족의 행복추구권 보장

2) **가족 구성원의 삶의 질 향상**: 가족의 기본 생활권, 개인의 인권 등을 보장하고 가족관계 향상, 여가 정책, 사회교육정책과 자원의 연계 및 지원을 도모함으로써 삶의 질 향상

3) **가족의 사회통합**: 사회가 가족에 대한 사회적 책임을 수행하고 가족 생활역량이 강화되어 취약가족이 건강한 가족으로서 사회에 통합되는 것을 돕는다.

문제 [04]   취약가족이 경험하는 공통적 문제를 5가지만 쓰시오. (5점)

III. 산업 간호

( )월( )일

이아라 **전공보건**

근로자 건강관리(질병)				사고예방(사고)	작업환경관리(환경)	
원인	질병	건강진단	사후관리	산업재해통계	유해인자 노출기준	환경관리 기본원칙
분진 소음 중금속 유기용제 고온저온	근골 격계 요통 VDT	배치 전 일반 특수 수시 임시	구분 사후관리 업무수행 적합	건수율, 도수율 강도율, 평균작업손실일수 재해율 사망만인율	시간가중 평균노출기준 단시간 〃 최고 〃	대치 격리 환기 교육 보호구 착용

01. 산업 간호의 이해

1. 정의

: 산업체를 대상으로 건강을 스스로 지켜갈 수 있는 자기건강관리능력을 개발하기 위해 근로자의 건강관리, 보건교육, 산업유해 환경관리를 산업일차보건의료 수준에서 제공하는 과학적 실천

> 산업재해: 근로자가 업무에 기인하여 부상 또는 질병에 걸리거나 사망하는 것
> 산업피로: 정신적, 육체적, 신경적인 노동 부하에 반응하는 생체의 태도, 경고반응

2. 목적

- 산업체나 근로자 스스로가 건강관리를 하도록 능력을 개발시키는 것
- 궁극적 목적은 생산성 향상과 작업의 능률화

> **문제 [94]** 직업병이란?
> ① 특수한 직업에서 발생하는 상해만을 말함
> ② 직장에서 방지할 수 없는 특수 질환을 말함
> ③ 특수한 직업에서 특이하게 발생하는 질병을 말함
> ④ 모든 직장에서 흔히 발생하는 모든 질병을 말함

02. 근로자 건강관리

1. 직무 스트레스

1) **정의**: 일로 인해 심한 압박감을 받을 때 나타나는 신체적, 심리적 반응, 업무상 요구사항이 근로자의 능력, 자원, 요구 등과 일치하지 않을 때 생기는 유해 반응

2) **원인**

원인	내용
작업장의 물리적 환경	소음, 진동, 조명, 온열, 환기 및 위험한 상황
사회 심리적 환경	
• 시간적 압박, 업무시간	• 근로자의 업무속도 조절 가능 여부 • 과중한 업무, 장시간근무, 교대근무 등
• 조직구조	• 의사결정 참가수준 낮음, 부자유스런 의사소통 구조 • 업무 요구사항 불명확
• 조직에서의 역할	• 역할 모호, 역할 충돌, 직위 불안, 실적 경쟁 등
• 대인관계 갈등	• 상사, 동료 부하직원 등과 관계
• 조직 외적 스트레스	• 조직 차원을 넘는 고용불안, 경기변동

3) **영향**
- 심혈관계, 위장계, 호흡계, 생식계, 내분비계 등 신체 구조적, 기능적 손상 발생.
- 흡연, 알코올 증가, 약물남용, 대인관계 기피. 자기학대, 수면장애 등 행동 변화
- 업무 수행능력과 생산력 저하, 책임감 상실, 결근, 퇴직, 사고 유발 위험 증가
- 자살

4) **관리**
- 조직적 차원: 적절한 업무량 제공, 직위의 불안정성 감소, 물리적 환경 개선
- 개인적 차원: 근로자의 스트레스를 인지. 대처 교육, 지원

2. 감정노동

1) **정의**: "직업상 고객을 대할 때 자신의 감정이 슬프거나 화나는 상황이 있더라도 사업장에서 요구하는 감정, 표현을 고객에게 보여주는 등 고객 응대 업무를 하는 노동"

2) **속성**
① 표면행위: 실제로 느끼지 않는 감정을 조작해 표정, 제스처, 목소리 톤과 같은 언어적, 언어적 단서 표현으로 남을 속이는 행위. 일부러 미소 지으며 기분 좋은 사람인 듯 행동함

② 진심행위: 자신이 표현해야 하는 감정을 실제로 느끼거나 경험하려고 노력하는 것. 관련된 감정을 유도하기 위해 이미지, 기억 등을 노력해야 해서 표면행위보다 많은 노력 필요

3) 관리
① 사업주는 감정노동 실태 및 관련 요인 파악
 : 감정노동 실태조사, 설문조사, 현장검검, 근로자 면담
② 조직차원 관리(노동관리 정책 마련)
- 근로자의 건강과 안전을 우선시하는 정책 마련, 선포
- '근로자 자기보호 매뉴얼'을 개발하여 보급하고 근로자들에게 교육
- 고객에게 무조건 친절히 응대하도록 하는 것이 아닌 적정서비스 기준 제시
- 근로자들의 고충을 직장에 전달할 수 있는 의사소통 채널 마련
- 민주적이고 합리적인 직장문화 조성
- 고객과의 갈등이나 분쟁 발생 시 근로자에게 불이익을 주지 않는 문화를 조성한다. (일방적 친절 교육이 아닌 감정노동에 대한 이해, 관리 방안 교육)
- 근로조건 및 근로 환경 개선(적정 인원의 근로자 확보. 감정노동 수행 후 휴식을 취할 수 있도록 휴식공간 및 휴식시간 제공).
- '건강증진 프로그램' 운영
③ 개인 차원의 관리
자신의 감정을 다스리는 방법(근육이완법, 복식호흡, 긍정적으로 생각하기, 자신의 감정 털어놓기, 자기주장 훈련, 생활습관개선)을 습득
④ 스트레스 관리

3. 교대근무 및 야간근로

야간근무 근로자는 특수건강진단을 받도록 산업안전보건법 개정(모든 사업장으로 확대). 야간작업에 의한 건강영향은 야간작업관련 요관절차 (Cn), 유소견자(Dn)로 분류

1) 정의
① 교대근무: 각각 다른 근무시간대에 서로 다른 사람들이 일을 할 수 있도록 작업조를 2개 조 이상으로 나누어 근무하는 것, 일시적 또는 임시적으로 시행되는 작업 형태를 제외한 제도화된 근무형태
② 야간근무(night work): 근로기준법 제 56조 의거 저녁 10시부터 다음날 오전 6시까지 사이의 근로

2) 교대작업이 인체에 미치는 영향
① 일주기 리듬 부조화
- 24시간 주기로 반복되는 일주기 리듬에 따라 수면, 걷기, 소화 등 영향받음
- 집중력이 저하되고, 피로 누적

② 수면의 질 저하
- 교대근무자는 정상적인 수면패턴을 방해받아 질적, 양적으로든 감소된 수면으로 졸음을 야기. 잠이 들지 않는 것과 졸린 상태가 계속되는 어려움
- 야간근무 후 낮에 자는 수면은 밤에 자는 경우보다 수면 시간이 짧고 밤에 잘 때와 같은 깊은 수면 상태 유지 곤란, 낮시간 소음, 타인 활동 등 수면 방해

③ 교대 부적응증후군
- 교대근무에 전혀 적응이 안 되거나 오히려 적응도가 떨어지는 경우
- 교대 부적응증후군의 증상
  - 수면장애와 만성적인 피로감
  - 작열감, 변비, 설사 등과 같은 위장관계 질환
  - 불면증 자기치료와 관련된 알코올과 약의 남용
  - 사고와 실수의 높은 빈도 수
  - 우울증, 피로, 감정장애, 권태감, 인격변화
  - 대인관계의 어려움

4. 산업피로

1) **정의**: 정신적, 육체적, 신경적인 노동 부하에 반응하는 생체의 태도, 피로 자체는 질병이 아니라 원래 가역적인 생체변화로서 건강 장애에 대한 경고반응

2) **요인**

   작업의 강도와 양, 속도, 작업시간과 자세, 작업 환경 등 외부적 요인과 체력부족, 신체허약, 작업적성의 결함, 작업의욕 상실 등의 신체적 여러 인자들의 복합으로 일어나는 것, 직장과 가정 그리고 사회의 인간관계와 사회경제적 양상에 의해서 영향

5. 유해환경 인자별 직업병 예방과 관리

1) **분진**: (진폐증) 분진이 폐에 침착되어 폐에 섬유증식증이 발생하는 것

종류	교원성 진폐증	• 폐조직의 비가역성 변화나 파괴가 있고 반응은 영구적 • 규폐증: 유기규산분진, 석면폐증: 석면분진
	비교원성 진폐증	• 폐조직 정상, 간질 반응 경미, 조직반응은 비가역적 • 바륨폐증, 칼륨폐증

2) **중금속** ● 비 베큰 남카수.

   ① 비소 중독: 준금속류로 무기비소는 강한 발암물질. 공장 폐수에 의해 오염

증상	• 피부 점막 자극, 효소와 결합 생리기능 장애 • 비중격 천공, 피부암. 폐암. 구강암, 간암, 백혈병 등
	염색(인쇄용 잉크), 유리, 비소가 함유된 살충제나 구서제, 축전지, 방부제

Keyword

② 베릴륨 중독: 가벼운 금속, 분진형태로 흡입

증상	• 급성중독증상: 인후염, 기관지염, 모세기관지염, 폐부종 • 만성중독증상: 특징적인 육아종성 변화(폐, 피부, 간장, 췌장 등)	
예방	• 시설: 허용기준 지키기. • 격리: 분진 발생 작업은 반드시 밀폐,	• 환기: 환기장치 설치 • 보호: 적절한 보호구 사용, 개인위생

③ 크롬중독: 은백색의 단단한 금속, 피부, 호흡계, 위장계 흡수 ⓒ 신비점 우C

증상	• 급성중독: <u>심한 신장장애</u>로 인한 과뇨증, 진전시 무뇨증. 요독증으로 단시일 내 사망 • 만성중독: 코, 폐, 위장의 <u>점막에 병변 유발</u> 장기간 노출될 때는 기침, 두통, 호흡곤란 발생, <u>비중격 천공</u>
	<u>도금</u>, 합금, 가죽공장, 염색업 종사자, 시멘트 제조, 잉크, 페인트 및 플라스틱 안료
관리	우유와 환원제로 비타민 C 섭취
예방	• 환기: 작업장 공기를 허용 농도 이하로 유지 • 보호: 고무장갑, 장화를 신고 피부에 닿지 않게 하기 피부 보호용 크림을 노출된 피부에 바르고, 비중격 점막에 바셀린 바르기

④ 납중독: 호흡계(분진, 증기), 경구로 침입. 적혈구와 결합, 칼슘 결합 후 뼈에 축적

증상	(4대 징후) 혈관수축이나 빈혈로 인한 피부창백 (조혈장애) 구강 치은부에 암청회색의 황화연이 침착한 청회색선, 호염기성 과립적혈구 수 증가 및 적혈구 내 프로토폴피린 증가, 소변 중의 코프로폴피린의 검출 (증상) 위장장애 증상: 식욕부진, 변비, 복부팽만감, 급성복부산통 신경 및 근육계 장애: 신근쇠약(wrist drop)이나 마비, 관절통, 연성마비 중추신경계 장애: 급성 뇌증, 심한 흥분, 정신착란, 두통, 현기증, ⓒ 창백 구회선 소 코프로, 염소혈 프로
	<u>축전지 취급자</u>, <u>연관배관공</u>, 인쇄공, 식자공, 활자제조공, 전자제품 납땜공, 도자기 제조, 페인트. 농약, 자동차 배기가스
관리	착화치료: 디메르카프롤 (BAL: 납, 크롬, 수은, 비소 등의 중금속 해독제) 사용
예방	• 환기: 흡입 섭취 방지 • 대치: 독성 적은 물질로 대치, 물 뿌리고 바닥을 축축하게 유지해 분진 억제 • 보호: 개인보호구 착용, 최소한 1회 닦고 갈아입기 보호구 보관은 별도 장소. 분진이 손에 묻은 채로 흡연, 음식섭취 제한 • 격리: 납의 혼합 분쇄 공정에서 작업 공정을 밀폐

⑤ 카드뮴중독: 청백색의 광택 있는 육각형의 결정체, 경구침입

증상	• 급성중독증상: 구토, 설사, 급성위장염, 복통, 착색뇨, 간 및 신장 기능 장애 • 만성중독증상: 폐기종, 신장 기능 장애, 단백뇨, 뼈의 통증, 골연화증, 골다공증 🄲 카드를 소신 것 폐기하니 골이 아프다 (만성3대 증상)
	도금용기, 금속깡통에 든 주스, 아연 제련, 염화비닐 제조, 카드뮴 축전지, 페인트 플라스틱의 안료, 형광등 제조, 살충제 제조
질환	이타이이타이병: 일본에서 카드뮴 오염물 배출로 오염된 쌀에 의한 중독. 골연화증
예방	• 환기: 공기 중 허용농도 지키기 • 보호: 적절한 보호구 사용, 개인위생, 작업장 내 음식섭취 흡연 금지 작업복 자주 교체 및 작업 후 매일 목욕

⑥ 수은중독 🄲 유수미 구정에 떨린다. 수발, 세척, 전부치기

증상	• 유기수은의 독성이 무기수은의 독성보다 강하다 • 3대 증상(구내염, 근육진전, 정신증상) • 초기증상은 안색이 누렇게 변하고 두통, 구토, 복통, 설사 등 소화불량 • 뇌조직 침범시 신경장애(청력, 시력, 언어, 보행장애. 감각이상, 마비)
	도금, 수은작업, 광산종사자(석탄공), 수은제 제조공, 도금공, 온도계 제조업 종사자
질환	• 미나마타병: 유기수은이 유출로 오염된 어패류 섭취 후 중독, 신경장애, 언어장애
관리	• 급성 중독 시 우유와 달걀흰자를 먹여 수은과 단백질을 결합시켜 침전 • 위세척, 착화치료(BAL)
예방	• 대치: 수은 농도 허용기준을 지키고 대체품 사용, • 환기: 환기장치 설치 • 격리: 밀폐장치 안에 취급하며 수은입자를 흘리지 않도록 주의 • 보호: 작업장 청결 유지, 호흡기 보호용 마스크 착용, 작업 후 목욕하기

Keyword

5) **유기용제**: 탄소를 포함하고 있는 유기화합물, 피용해물질의 성질은 변화시키지 않고 다른 물질을 용해시킬 수 있는 물질, 호흡기·피부 등을 통해 흡수

증상	• 마취작용, 눈·피부·호흡기 점막의 자극증상. <u>중추신경계 억제증상</u>(두통, 혼돈) • 의식상실, 마비, 경련, 사망. 만성독성 뇌병증. 정신기질증후군
질환	• 가네미 사건: 가네미회사에서 제조한 PCB가 미강유에 혼입된 식품 섭취 후 중독
관리	[중독 시 구급처치] • 용제가 있는 작업 장소부터 환자를 떼어 놓기. • 용제가 묻은 의복 벗기기. • 보온과 안정에 유의 • 호흡이 멎었을 때는 인공호흡 실시 • 의식 있는 환자에게 따뜻한 물 주기
종류	• 벤젠 • 조혈장애(빈혈), 백혈병 • 톨루엔 • 중추신경계 억제의 일반증상 • MBK • 말초신경 독성 • PCBs • 피부 홍반, 부종, 간기능 장애, 신경장애 • 글리콜에테르 • 빈혈 등 조혈기능 장애, 폐 신장 생식기 장애

비스무드	납정련, 합금, 매독치료제
구리	<u>청동용기나 물건 취급자, 인쇄 특히 석판용 잉크 취급자</u>, 청동판 제작, 직물염색업 종사자, 전기기구, 전선, 합금, 구리광산, 제련소, 도금공장
시안	시안화합물을 취급하는 사업장, 도금, 플라스틱 제조, 금속열처리, 살충제

Keyword

문제 [13] 다음은 보건교사가 작성한 '중금속 물질 중독증과 관리 방법'에 대한 교수·학습지도안이다. (가)~(마) 중 옳은 것만을 있는 대로 고른 것은?

<교수·학습 지도안>

단원	직업과 건강의 관계	지도교사	K	주제	중금속 물질과 직업병

학습목표	중금속 물질의 종류별 중독 증상과 관리 방법을 구분할 수 있다.	
단계	교수·학습 내용	시간
도입	• 전시 학습 내용 확인: 작업장에서의 근로자 건강관리 • 동기 유발: 중금속 중독 사례 동영상 • 본시 학습 목표 확인	5분
전개	I. 작업장의 유해한 물질 유형에 따른 건강 장애와 관리 방법 • 납 중독 - 중독 증상: 식욕 부진, 변비, 급성 복부 산통, 손 처짐을 동반하는 팔과 손의 마비 등이 나타난다. - 관리법: (가) 분진이 손에 묻은 채로 담배를 피우거나 음식을 먹지 않는다. • 수은 중독 - 중독 증상 (나) 금속성 입맛이 나고 잇몸이 붓고 압통이 있는 구내염이 나타난다. - 관리법: 급성중독 시에는 우유와 계란 흰자위를 먹인 후 위세척을 한다. • 카드뮴 중독 - 중독 증상: (다) 빈혈, 적혈구 수명 단축 등의 조혈기능장애가 나타난다. - 관리법: 호흡 보호구나 고무장갑 등의 개인 보호구를 착용한다. • 크롬 중독 - 중독 증상: (라) 장기간 노출되면 골연화증과 허리 및 다리의 통증을 수반하는 보행 장애가 나타난다. - 관리법: 호흡 보호구나 고무장갑 등의 개인 보호구를 착용한다. • 베릴륨 중독 - 중독 증상 (마) 자극성 피부염, 비중격 천공이 발생하며, 소변에서 코프로폴피린 성분이 검출된다. - 관리법: 분진이 발생하는 작업은 습식 작업을 하고, 흄 생성 작업 공정은 반드시 밀폐한다.	40분
정리 및 평가	중금속 물질 중독에 관한 OX 질문	5분

Keyword

국시 [21] 자동차 도색 공정을 담당하는 근로자에게서 다음 증상들이 관찰된다면 어떤 중금속에 의한 중독을 의심할 수 있는가?

- 잇몸에 청회색 선이 있고, 피부가 창백함.
- 심한 흥분과 정신착란
- 식욕저하, 불면증, 피로, 무력감 등

문제 [93] 불량 환경조건에서 발생하는 직업병을 바르게 연결한 것은?
① 납중독, 수은중독-인쇄, 농약제조-농부-폐증, 불면증
② 크롬, 니켈, 알루미늄- 제련소- 피부염, 천식
③ 유리규산, 석면, 석탄-광부-규폐증, 석면폐증, 탄폐증
④ 진동- 조선공- 관절염, 신경염

문제 [94] 공장 폐수 중의 유해물질과 오염원이 바르게 연결된 것은?
① 카드뮴- 아연 제련, 도금 ② 비소- 도자기 공장, 합금 제조
③ 무기수은- 건전지, 염화비닐 제조 ④ 시안 화합물- 농약, 암모니아 비료 제조

문제 [92] 중금속 중독과 관련된 직업 종사자를 바르게 연결한 것은?
① 크롬 중독- 피혁, 합금, 염색업 종사자
② 비소 중독- 석탄공, 도금공
③ 수은 중독- 축전기 취급자, 연관 배관공
④ 비스무드(Biscuth)중독- 청동판 제작자, 석판용 잉크 취급자

문제 [92] 〈보기〉와 같이 인체에 영향을 미치는 중독 물질은?

〈보기〉
- 소화기, 호흡기, 음식물, 피부로 흡수되어 체내에 축적됨
- 빈혈 초래, 소화기, 중추신경계 장애
- 만성중독: 중독 물질이 0.3ppm 이상
- 뇌손상, 손이 늘어지는 것이 특징임

① 납 ② 카드뮴 ③ 비소 ④ 크롬

Keyword

6) 고온 및 저온
   - 고온에 의한 영향 ☯ 심신 이두현 피소 (열) 시원한 냉 음료

   표 8-68 열중증 질환의 특성

구분	원인	주증상	피부	체온	혈중염소농도	혈중농축	응급처치	예후
열피로	순환기 기능부전	실신 허탈	습, 온 또는 냉	정상 범위	정상	정상	휴식시키고 탈수가 심하면 5% 포도당 주사한다. 커피나 강심제가 도움이 되기도 한다	순환계 질환이 없으면 양호
열경련	NaCl 감소 및 탈수	동통을 수반하는 수의근의 경련 발작	습, 온	정상 또는 약간 상승	현저히 감소	현저	바람이 잘 통하는 곳에 환자를 눕히고 생리 식염수를 주사하거나 의식이 있으면 마시게 한다.	양호
열사병	체온조절 기능두전	혼수, 기능두전	건조, 헛소리	현저히 고온 (41~43℃)	정상 상승	정상	얼음물에 담가서 체온을 39℃ 이하로 내리고 사지를 마찰해 주며 호흡곤란 시에는 산소를 공급한다.	열중증 중 가장 불량

   ① 열경련

정의	• 고온 환경에서 심한 육체적 노동을 할 때 잘 발생 • 지나친 발한에 의한 탈수와 염분소실, 수분만을 보충하여 생기는 염분부족
증상	• 체온조절중추에 의해 교감신경계 작용-심한 발한, 근육내 Na+결핍. • 근육경련 강직, <u>수의근의 통증성 경련</u>, 현기증, 이명, 두통, 구역, 구토
관리	• (시원) 바람이 잘 통하는 곳에 대상자를 눕히고 작업복을 벗겨 전도와 복사에 의한 체열방출을 촉진시킴으로서 더 이상 발한이 일어나지 않도록 하고, • (냉) 피부에 차갑고 젖은 수건을 대주거나 찬물 스펀지로 문지름 • (음료) 생리식염수 1~2L를 정맥 주입하거나 0.1%의 식염수를 마시게 하여 수분과 염분을 보충. 의식이 있다면 이온음료, 염분 함유한 음료 권장 맹물 섭취는 제한, 염분 제한(충분한 수분 섭취 전까지는 위장 자극, 오심 구토 유발가능), 알코올, 카페인 등 이뇨 작용 음료 제한. • (마사지) 경련 근육을 부드럽게 스트레칭 해주고 마시지를 반복해 순환을 도움

Keyword

② 열사병

정의	• 고온다습한 환경에서 격심한 육체노동을 하거나 옥외에서 태양의 복사열을 머리에 직접 받는 경우 발생, <u>중추성 체온조절 기능 장애</u>. 땀의 증발에 의한 체온방출에 장애가 와서 체내에 열이 축적되고 뇌막 혈관의 충혈과 뇌 온도 상승이 원인 • 과열에 의한 세포손상으로 심장, 신장, 간의 광범위한 손상(DIC), 뇌사, 사망 초래
증상	• 땀을 흘리지 못하여 체온이 41~43℃까지 급격히 상승하여 혼수상태에 이르게 되며 피부는 뜨겁고 건조, 의식상태 감소. 섬망, 혼수, 치료 안하면 100% 사망
관리	• (시원) 시원한 환경으로 이동하고 환자의 의복을 벗김 • (냉) 급속 체온 하강이 중요(얼음물에 담가서 체온을 39℃까지 내려줌) 찬물로 닦으며 선풍기를 사용하여 증발 냉각 시도 • (마사지) 울혈 방지와 체열 이동을 돕기 위해 사지를 격렬하게 마찰시키고 • (약물) 호흡곤란 시 산소 공급, 체열 생산 억제를 위해 항신진대사제 투여 해열제(아스피린, 아세트아미노펜) 투여 제한 (시상하부의 set point와 무관)

③ 열피로(일사병, 열탈진)

정의	• 고온 환경에 오랫동안 노출되어 말초혈관 운동신경의 조절장애와 심박출량 부족으로 순환 부전, 특히 <u>대뇌피질의 혈류량 부족이 주원인</u>, 피부 혈관의 확장과 탈수가 유발요인(염분, 수분의 불충분한 보충)
증상	• 전구증상: 전신의 권태감, 탈력감, 두통, 현기증, 이명, 구역질 호소 • 허탈 상태에 빠져 의식소실, 이완기 혈압 하강
관리	• (시원) 시원하고 쾌적한 환경에서 휴식, 땀으로 젖은 옷 벗기고 마른 옷 걸침 • (냉) 피부에 차갑고 젖은 수건을 대줌 • (음료) 탈수가 심하면 5% 포도당 용액 정맥주사, 탈수 교정 이온 음료, 맹물 제한 • (관찰) 며칠 간 순환계 이상 증상 주의 깊게 관찰 쇼크시 기도유지, 고개를 돌려 기도 확보, 변형된 트렌델렌버그 자세 실시

Keyword

④ 열실신

정의	• 오래 서 있거나 환경기온, 습도가 급격히 높아질 때 발생하며 고온 환경에 장시간 노출 시 혈관운동 장해로 피부혈관이 확장되어 귀환혈액량 감소. • 대뇌 허혈에 의한 뇌산소 감소로 인한 실신 유발
증상	• 차고 습한 피부, 뇌 산소 부족으로 현기증, 현훈, 실신
관리	• (시원) 그늘지며 공기가 잘 통하는 환경으로 이동, 땀에 젖은 옷 탈의 • (냉) 피부에 차갑고 젖은 수건을 대줌, 선풍기 바람 • (음료) 탈수 교정을 위해 이온음료, 맹물 섭취 제한 실신시 기도유지, 고개를 돌려 기도 확보, 변형된 트렌델렌버그 자세 실시

⑤ 열쇠약

정의	고열에 의한 만성 체력소모
증상	전신권태, 식욕부진, 위장장애, 불면, 빈혈
관리	영양공급, 비타민 B1 공급, 휴양

- 저온에 의한 영향
  ① 저체온증: 중심체온(심부체온)이 35℃ 이하로 떨어진 상태
  ② 급성 일과성 염증 반응: 인체의 사지 피부에 찬 기온이 작용하면 피부표피의 모세혈관이 수축되고 간헐적으로 반응성 혈관이완이 나타남, 이로 인해 피부국소 발적 발생. 냉감각에 의한 냉통증을 느끼며 감각마비 현상 발생
  ③ 참호족·침수족: 지속적인 국소부위 산소결핍과 한랭으로 모세혈관이 손상되는 것
  ④ 국소작용: 찬 공기가 혈류분포가 적은 피부에 작용하면 국소의 발적에 이어 빈혈이 오며 격심한 동통이 수반. 그 후 피부는 감각을 잃고 피부궤양발생(사지, 귀뿌리, 코끝 등 노출된 부위에 발생)
  ⑤ 전신작용: 한랭의 전신작용은 반사적으로 신경계에 미치는 작용. 한랭에 대처하기 위해 혈관축소가 일어나고 맥박 증가, 내장 복부장기 혈관 수축
  ⑥ 동상: 표재성 조직이 동결되어 세포구조에 생기는 기계적 손상
  ⑦ 동사: 한랭에 대항하기 위한 생리적 반응 한계를 넘으면 자기 방어기전이 점차적으로 약화되어 각 기관의 기능이 상실. 체온이 하강, 생체기능 저하, 사망

Keyword

문제 [95] 젖은 부위를 1-10℃의 기온에 노출 시켰을 때 생기는 한랭 손상은?
① 잠함병 ② 열쇠약 ③ 참호족 ④ 울열증

문제 [04] 더운 여름날, 운동장 조회를 하던 중 한 학생이 담임교사에게 부축을 받으면서 보건실로 들어왔다. 학생은 두통과 어지러움, 오심을 호소했고, 얼굴은 창백하고, 피부상태는 축축하였으며, 체온을 측정한 결과 37.5 ℃였다. 이 학생을 위해 보건교사가 할 수 있는 간호중재에 대해 5가지만 쓰시오. (5)

문제 [12] 고온 환경에서 심한 육체적 노동을 하던 김 씨와 최 씨가 다음과 같은 증상을 호소하였다. 의심되는 질병 (가)~(다)와 관리 방법 ①~③을 옳게 짝지으시오.

건 강 상 담 일 지	건 강 상 담 일 지
성명:김〇〇 성별:남 연령:58세	성명:최〇〇 성별:남 연령:58세
상담 내용	상담 내용
주 증상: 근육 통증 활력 징후: 체온 37.8℃ 　　　　　맥박 90회/분 　　　　　호흡 22회/분 　　　　　혈압 120/80 mmHg 피부 상태: 차고 축축함.	주 증상: 혼돈, 실조(ataxia) 활력 징후: 체온 40℃ 　　　　　맥박 108회/분 　　　　　호흡 24회/분 　　　　　혈압 120/80 mmHg 피부 상태: 건조하고 뜨거움.

(가) 열사병
(나) 열경련
(다) 열피로

① 눕히고 다리를 올려준다.
② 염분이 들어있는 음료를 마시게 한다.
③ 미온수를 뿌리고 바람을 일으켜 열이 발산되게 한다.

문제 [11] 보건교사 임용시험에 응시한 김양이 시험에서 작성한 답안지의 내용 중 옳지 않은 것은?

20** 년도 보건과 중등 교사 임용 시험

〈문제〉 사례에서 보건교사가 해야 할 응급처치 방법을 다섯 가지 기술하시오.

여름철 극기 훈련을 하던 중학생 철민이가 갑자기 쓰러졌다. 학생의 활력징후를 측정한 결과 체온 41.2℃, 맥박 98회/분, 호흡 29회/분, 혈압 100/70mmHg이었고, 피부는 붉은색으로 뜨겁고 건조하며 땀은 나지 않았다. 이름을 불렀을 때 철민이는 간신히 눈을 뜨며 대답하고는 의식을 잃었다.

〈답안지〉 ① 의식 변화 여부, 기도개방 여부, 경동맥 맥박 유무를 확인한다.
② 서늘하고 바람이 잘 통하는 그늘진 곳으로 옮긴다.
③ 정제소금을 입에 넣어 염분 소실을 보충해 준다.
④ 옷을 벗긴다.
⑤ 물을 몸 전체에 뿌려준다.

7) 진동

① 의미
- 어떤 물체가 외력에 의하여 평형상태에 있는 위치에서 전후, 좌우 또는 상하로 흔들리는 것
- 프레스 작업, 사상(그라인딩)작업, 드릴작업, 지게차 운행, 건설현장 중장비 운전, 윤전기 가동 등이 진동에 많이 노출되는 작업, 진동이 심하게 발생되는 공정의 경우 주변 공정의 근로자에게 진동이 전파되어 영향을 미친다.

② 진동에 의한 영향

전신 진동	• 진동수 3Hz 이하: 신체도 함께 움직이고 동요감을 느낀다. • 진동수가 4~12Hz 증가: 압박감과 동통감, 공포감, 오한 • 신체 반응: 고관절, 견관절 및 복부장기가 공명하여 부하된 진동에 대한 반응이 증폭 • 20~30Hz: 두개골 공명하기 시작, 시력 및 청력장애 초래. 60~90Hz: 안구 공명 • 일상생활 노출: 어깨 뭉침, 요통, 관절통증 등의 영향 • 과거 장시간 서서 흔들리는 버스에서 일한 버스안내양의 경우 전신진동에 노출되어 상당수가 생리불순, 빈혈 등증상

국소 진동	• 레이노씨 현상(Raynaud's phenomenon)
	  – 압축공기를 이용한 진동공구를 사용하는 근로자의 손가락에 흔히 발생되는 증상으로 손가락에 있는 말초혈관운동의 장애로 인하여 혈액순환이 저해되어 손가락이 창백해지고 동통을 느끼게 된다.
	• 뼈 및 관절의 장애
	  – 심한 진동: 뼈, 관절, 신경, 근육, 건인대, 혈관 등 연부조직 병변
	  – 심한 경우 관절연골의 괴저, 천공 등 기형성 관절염, 이단성 골연골염, 가성관절염과 점액낭염, 건초염, 건의 비후, 근위축 발생
	• (수완)진동증후군: 건설현장·석산·탄광·석재가공 사업장에서 진동공구를 취급한 노동자의 증상
	  – 레이노씨 현상(말초혈관장애), 골관절 장애, 중추신경계 장애, 말초신경장애
	• 조선공의 주 직업병: 소음성 난청

③ 진동에 의한 건강장해 예방

진동에 의한 건강장해를 최소화 하는 공학적 방안: 진동댐핑,격리

진동 댐핑	고무 등 탄성을 가진 진동흡수재를 부착하여 진동을 최소화 하는 것
진동 격리	진동발생원과 작업자 사이의 진동 노출 경로를 어긋나게 하는 것

④ 진동장해 예방방법

기구	전동 수공구는 적절하게 유지보수하고 진동이 많이 발생되는 기구는 교체
휴식시간 부여	작업시간은 매 1시간 연속 진동노출에 대하여 10분 휴식을 한다.
접촉 최소화	지지대를 설치하는 등의 방법으로 작업자가 작업공구를 가능한 적게 접촉하게 한다.
체온 유지	작업자가 적정한 체온을 유지할 수 있게 관리한다.
손	손은 따뜻하고 건조한 상태를 유지한다.
저진동형 공구 사용	가능한 공구는 낮은 속력에서 작동될 수 있는 것을 선택한다.
보호구 착용	방진장갑 등 진동보호구를 착용하여 작업한다.
병원방문	손가락의 진통, 무감각, 창백화 현상이 발생되면 즉각 전문의료인에게 상담한다.
금연	니코틴은 혈관을 수축시키기 때문에 진동공구를 조작하는 동안 금연한다.
관리자, 작업자 교육	관리자와 작업자는 국소진동에 대하여 건강상 위험성을 충분히 알고 있어야 한다.

2. 질병(작업 관련성 질환의 예방과 관리)

1) 근골격계 질환

① 종류

	원인	증상
근막통증후군	목이나 어깨를 과다 사용하거나 굽힘의 자세	목이나 어깨부위 근육의 통증 및 움직임 둔화
요통	중량물 인양 및 옮기는 자세 허리를 비틀거나 구부리는 자세	추간판탈출로 인한 신경압박 및 허리 부위에 염좌가 발생하여 통증 및 감각마비
수근관 증후군	반복적이고 지속적인 손목의 압박 및 굽힘 자세	손가락의 저림 및 감각저하
내·외상과염	과다한 손목 및 손가락의 동작	팔꿈치 내 외측의 통증
수완진동증후군	진동이 많은 작업	손가락의 혈관 수축, 감각마비, 하얗게 변함

2) 요통

① 올바른 작업자세

선자세	• 작업대 높이는 팔꿈치 높이 • 서서 장기간 일할 때 15cm높이 보조받침대 위에 양발을 교대로 올려놓기 • 앞으로 기대고 서 있을 때는 반드시 무릎을 약간 구부리고 서 있기
앉은 자세	• 의자는 바닥이 단단하여 등받이가 높고 고정되어 움직이지 않는 것 선택 • 의자의 높이는 정강이 높이 • 앉을 때는 둔부를 의자의 등받이에 밀착, 다리 꼬는 자세는 피하기
누운 자세	• 요나 침대는 단단한 것을 사용 • 옆으로 누운 자세는 무릎을 약간 구부리기 • 똑바로 누운 자세는 베개를 낮게 하고 무릎 밑에 베개나 수건을 말아서 넣으면 허리가 편평해져서 편안해진다. • 엎드리는 것은 요추전만을 증가시키므로 피하기

② 신체 역학 원리 이용, 운동요법

3) VDT 증후군(영상표시단말기 증후군)

정의	컴퓨터 스크린에 방사되는 X서 전리방사선 등의 해로운 전자기파가 유발하는 두통, 시각장애 등의 증세를 가리키는 것, 컴퓨터 단말기 증후군
증상	• 안정피로: 시력감퇴, 복시, 안통, 두통, 오심, 구토 • 폭주부전: 가까운 곳을 보기 위해 두 눈을 모으는 폭주 후 원래 상태로 돌아가기 힘든 것. 먼 곳을 보기 위해 눈을 벌리는 것이 안 되는 상태 • 경견완증후군: 목, 어깨, 팔, 손가락 등 경견완장애, 통, 허리의 요통 • 정신신경장애: 불안, 초조, 신경질, 피로감, 두통 • 기타 장애: 임신, 출산의 이상, 소양감 등 피부장애
예방 대책	① 작업대: VDT 모니터와 키보드 부분이 분리되고 조절식으로 되어 있는 형태가 바람직, 손목의 신전을 줄이고 팔의 자세를 편하게 ② 의자: 작업 전과 작업대와 의자를 조절하는 습관을 가지도록 교육 　　의자 높이는 작업대와 무릎 사이 17~20cm 정도의 공간을 확보 　　키작은 작업자는 발 받침대를 반드시 사용, 무릎의 각도가 90도를 유지 ③ 자세: 부적절한 자세를 알려주고 이 자세에서 장시간 작업시 근골격계의 불편감과 통증이 생길 수 있음을 교육 　　작업 시 몸통의 경사각도를 90~110º를 유지. 약간 뒤로 누운 듯한 자세 ④ 조명 　• 작업대 표면에서 조명은 화면의 바탕 색상이 　• 검정색 계통일 때는 300~500Lux, 흰색 계통일 때는 500~700Lux 유지. 　• 조명은 작업자의 양 측면에서 작업자와 화면 축이 평행하게 설치 　• 작업 면에 도달하는 빛의 각도가 45º 이상 되지 않도록 주의 ⑤ 채광 　• 창가에는 차광막이나 커튼 등을 이용하여 외부 빛 반사되는 것을 막아주고, 근본적으로 반사휘광을 차단해 줄 수 있는 편광판 보안경 등을 화면에 설치 　• 조명방법을 간접조명으로 바꾸어 설치 ⑥ 휴식 및 운동 　• 짧더라도 주기적으로 휴식(1시간당 10~15분) 갖고, 이 시간 내 정기적 체조권장 긴장된 근육을 이완시키고 강화, 혈액 순환. 　• 강사들을 이용한 체조를 하거나 체조프로그램을 VDT 스크린에 삽입하여 작업장 에서도 간편하게 체조를 할 수 있도록 방안을 고려

Keyword

문제 [99]　컴퓨터 보급이 확산되어 학생들이 오락이나 통신을 하면서 컴퓨터 앞에서 보내는 시간이 점차 증가하고 있다. 이런 현상은 학생들의 건강을 위협하며 컴퓨터 단말기(VDT) 증후군을 야기하기도 한다. 컴퓨터 단말기 증후군에 대해 설명하고 예방요령을 제시하시오.

문제 [19]　다음 보건교사가 작성한 교수·학습 지도안의 ㉠, ㉡에 해당하는 용어를 순서대로 쓰시오.

단계	교수·학습 내용	시간
전개	1. 작업 환경 유해 요인별 건강 장해 　1) 분진에 의한 건강 장해 　　㉠ 　　　• 유기성 분진 또는 무기성 분진 등이 폐에 침착되어 조직 반응을 일으킨 상태의 총칭 　　　• 증상: 호흡곤란, 기침, 흉통 등 　　　• 합병증: 활동성 폐결핵, 흉막염, 기관지염, 기관지확장증, 기흉, 폐기종, 폐성심, 원발성 폐암, 비정형 미코박테리아 감염 　2) 작업 형태에 의한 건강 장해 　　㉡ 　　　• 음극선(Cathode, CRT) 화면, 액정 표시(Liquid Crystal Display, LCD) 화면 등을 장시간 사용함으로써 발생하는 장해 　　　• 증상: 눈의 피로, 근골격계 이상 (경견완증후군, 요통 등), 정신 신경계 이상(두통, 피로감 등)	40분

3. 건강진단의 종류 및 내용

: 선별검사, 건강 이상 소견을 조기발견·적절한 사후관리로 질병의 진행을 예방하기 위함

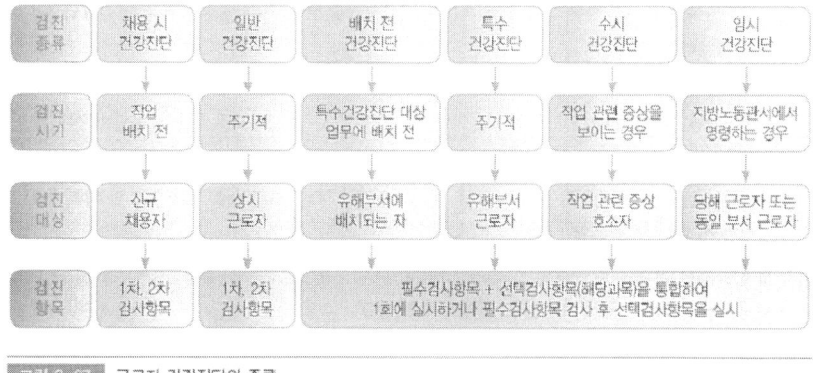

그림 8-37　근로자 건강진단의 종류

Keyword

배치 전 건강 진단	정의	특수 건강진단 대상 업무 또는 법정 유해인자 노출 부서에 근로자를 신규로 배치하거나 배치전환 시 사업주의 비용부담으로 실시하는 건강진단
	목적	직업성 질환예방을 위해 유해인자에 노출될 근로자의 건강평가에 필요한 기초건강자료를 확보하고 배치하고자 하는 부서업무에 배치 적합성 평가
	예외	신규 배치 근로자가 당해 유해인자에 대해 배치 전 건강진단, 특수 건강진단, 수시 건강진단 또는 임시 건강진단을 받고 6개월이 경과하지 않았거나 다른 사업장에서 이와 동일함을 증명할 수 있는 건강진단 개인표 또는 사본을 제출한 경우 배치 전 건강진단을 실시하지 아니할 수 있다.
일반 건강 진단	정의	모든 근로자에게 일정한 주기로 실시하는 건강진단
	목적	질병(일반질병, 감염병, 직업성 질병 포함)을 조기에 찾아내어 적절한 사후관리, 치료를 신속히 받도록 해 질병으로부터 근로자의 건강을 유지 보호하기 위함
	예외	• 국민건강보험 재정에서 비용을 부담하는 직장가입자의 건강진단을 실시하는 경우에는 일반 건강진단을 실시한 것으로 인정 • 당해년도에 실시한 배치 전 건강진단을 받은 근로자에 대하여는 당해 연도 일반 건강진단을 실시하지 아니할 수 있다
	방법	• 40세 미만 사무직에 종사하는 근로자에 대하여는 2년에 1회 이상, 기타 근로자에 대하여는 1년에 1회 이상 주기적으로 일반 건강진단을 실시
특수 건강 진단	정의	특수 건강진단 대상 업무, 유해인자에 노출되는 업무에 종사하는 근로자에 대하여 사업주의 비용부담으로 실시하는 주기적 건강진단(년 1회 or 6월 1회 이상)
	목적	근로자의 직업성 질환을 조기에 찾아내어 적절한 사후관리 또는 치료를 신속히 하여 근로자의 건강을 유지 보호하기 위함
	대상	사업주는 법정 유해인자에 노출되는 업무에 종사하는 근로자에 대하여 해당 유해인자의 정해진 기본 주기에 따라 특수 건강진단을 실시해야 한다. 표 8-60 특수건강진단의 시기 및 주기(산업안전보건법 시행규칙 제99조제2항 관련) | 구분	대상 유해인자	시기 배치 후 첫 번째 특수 건강진단	주기
---	---	---	---
1	N,N-디메틸아세트아미드 N,N-디메틸포름아미드	1개월 이내	6개월
2	벤젠	2개월 이내	6개월
3	1,1,2,2-테트라클로로에탄 사염화탄소 아크릴로니트릴 염화비닐	3개월 이내	6개월
4	석면, 면 분진	12개월 이내	12개월
5	광물성 분진 나무 분진 소음 및 충격소음	12개월 이내	24개월
6	제1호부터 제5호까지의 규정의 대상 유해인자를 제외한 모든 대상 유해인자	6개월 이내	12개월	 ※ 배치 후 첫 번째 특수건강진단 시기에서 유해인자별로 정해져 있는 '○월 이내'라는 기간의 의미는 ○월이라는 기간을 넘겨서는 안 되며 가급적 그 기간에 가까운 시점에 실시해야 한다는 의미이다. 예를 들어, '6월 이내'란 배치된 지 적어도 4~5개월부터 6개월이 되기 직전까지의 기간에 실시하여야 한다는 의미이다. (소음 발생 장소, 분진작업, 연 업무, 알킬연 업무, 유기용제, 특정 화학물질 취급업무, 코크스 제조업무, 고압실 내 작업 및 잠수작업 이상기압 하 업무, 유해광선, 강렬한 진동 발생 장소내 작업, 야간작업)

Keyword

	예외	사업주는 해당 유해인자별로 특수 건강진단의 주기를 <u>1/2로 단축</u> • 유해인자 발생이 <u>노출기준을 초과한</u> 작업부서 또는 공정에 노출된 근로자 • 특수 건강진단 실시 주기를 단축해야 한다는 <u>의사의 판정</u>을 받은 근로자 • 최근 실시한 건강진단 결과, <u>새로운 직업병 유소견자가 발생된 작업부서 또는 공정</u> • 특수 건강진단기관은 특수 건강진단의 정확성과 신뢰성을 확보하기 위하여 각 분야 검사 능력을 평가하는 '정도 관리'를 실시하여야 한다.
수시 건강 진단	정의	사업주의 비용 부담으로 특수 건강진단의 실시 여부와 관계없이 필요할 때마다 실시하는 건강진단
	목적	특수 건강진단 대상 업무로 인해 해당 유해인자에 의한 <u>직업성 천식, 직업성 피부염, 기타 건강장해</u>를 의심하는 증상으로 보이거나 의학적 소견이 있는 근로자에 대하여 실시, 급성 발병이나 특수진단으로 발견 어려운 직업병 조기 진단
	대상	수시 건강진단을 실시해야 하는 경우 • 증상이나 소견을 보이는 근로자가 요청한 경우 • 근로자 대표 또는 명예산업안전감독관이 수시 건강진단을 요청하는 경우 • 당해 산업장의 산업보건의 또는 보건관리자가 건의하는 경우
	예외	사업주가 특수 건강진단을 직접 실시한 의사로부터 수시 건강진단이 필요치 않다는 자문을 서면으로 제출받은 경우에는 실시하지 아니할 수 있다.
임시 건강 진단	정의	유해인자에 의한 중독, 질병이환여부 또는 질병 발생원인 등을 확인하기 위하여 <u>지방고용노동관서장의 명령</u>으로 사업주가 비용 부담하여 실시하는 건강진단
	목적	직업성 질환의 발생으로부터 해당 근로자 본인 또는 동료 근로자들의 건강 보호 조치를 긴급히 강구하기 위한 목적
	대상	• 동일 부서에 근무하는 근로자 또는 동일한 유해인자에 노출되는 근로자에게 유사한 질병의 자각 및 <u>타각증상이 발생</u>하는 경우 • 직업병 유소견자가 발생하거나 여러 명이 <u>발생할 우려</u>가 있는 경우 • 기타 지방고용노동관서의 장이 <u>필요하다고 판단</u>하는 경우

4. 근로자의 건강진단 사후관리

1) 결과관리
- 건강진단 실시 일부터 <u>30일 이내</u>에 근로자와 사업주에게 검진 결과가 송부
- 검진기관은 질병 유소견자에게 건강진단을 실시한 날부터 30일 이내에 의학적 소견 및 사후관리에 필요한 사항과 업무수행의 적합성 여부(특수 건강진단 기관)를 설명
- 특수건강진단기관은 근로자의 특수, 수시, 임시건강진단을 실시한 경우에는 건강진단을 실시한 날부터 30일 이내에 건강진단결과표를 지방고용노동관서의 장에게 제출
- 건강관리 실시결과는 <u>건강관리 구분, 사후관리 조치 및 업무수행 적합 여부</u>로 구분

2) 건강관리 구분
- 건강진단결과 근로자의 건강 유지, 보호를 위해 필요한 사후관리 조치의 결정에 참고목적
- 건강의 등급을 구분하는 기준은 아니다.

[건강관리 판정기준]

건강관리 구분		건강관리 구분 내용
A		건강 관리상 사후관리가 필요 없는 근로자(건강한 근로자)
C	C1	직업성 질병으로 진전될 우려가 있어 추적관찰이 필요한 근로자 (직업병 요관찰자)
	C2	일반 질병으로 진전될 우려가 있어 추적관찰이 필요한 근로자 (일반 질병 요관찰자)
	CN	질병으로 진전될 우려가 있어 야간작업 시 추적관찰이 필요한 근로자 (질병 요관찰자)
D	D1	직업성 질병의 소견을 보여 사후관리가 필요한 근로자 (직업병 유소견자)
	D2	일반 질병의 소견을 보여 사후관리가 필요한 근로자 (일반질병 유소견자)
	DN	질병 소견을 보여 야간작업 시 사후관리가 필요한 근로자(질병 유소견자)
R		1차 건강진단결과 건강 수준의 평가가 곤란하거나 의심되는 근로자 (제2차 건강진단 대상자)
U		차건강진단대상임을 통보하고 30일을 경과하여 해당 검사가 이루어지지 않아 건강 관리구분을 판정할 수 없는 근로자(특수건강진단 과정에서 퇴직 등의 사유로 건강관리구분을 판정할 수 없는 경우에는 "U"로 분류함.)

Keyword

[일반건강검진결과 판정기준]

판정구분	판정기준
정상A	1차 검진결과 건강이 양호한 자
정상B(경계)	1차 검진결과 건강에 이상이 없으나 식생활습관, 환경 개선 등 자가관리 및 예방조치가 필요한 자
일반 질환 의심	1차 검진결과 질환으로 발전할 가능성이 있어 추적 검사나 전문의료기관을 통한 정확한 진단, 치료가 필요한 자
고혈압·당뇨병 질환 의심 (2차 검진 대상자)	1차 검진결과 고혈압·당뇨병이 의심되어 치료와 관리가 필요한 자
유질환자	고혈압, 당뇨병, 이상지질혈증, 폐결핵으로 판정받고, 현재 약물치료를 받고 있는 자

3) 사후관리(사후관리 조치 10단계)

구분	사후관리조치내용
0	필요 없음
1	건강상담(생활습관 관리 등 구체적으로 내용 기술)
2	보호구 지급 및 착용 지도
3	추적검사(건강진단의사가 직업병 요관찰자(C1), 직업병 유소견자(D1) 또는 야간작업 요관찰자(Cn), 야간작업 유소견자(Dn)에 대하여 추적검사 판정을 하는 경우에는 사업주는 반드시 건강진단의사가 지정한 검사항목에 대하여 지정한 시기에 추적검사를 실시하여야 함
4	근무 중 치료
5	근로시간 단축 **근로기준법 제50조(근로시간)** ① 1주 간의 근로시간은 휴게시간을 제외하고 40시간을 초과할 수 없다. ② 1일의 근로시간은 휴게시간을 제외하고 8시간을 초과할 수 없다. **근로기준법 제69조(근로시간)** 15세 이상 18세 미만인 자의 근로시간은 1일에 7시간, 1주일에 35시간을 초과하지 못한다. 다만, 당사자 사이의 합의에 따라 1일에 1시간, 1주일에 5시간을 한도로 연장할 수 있다.
6	작업 전환
7	근로 제한 및 금지
8	산재요양신청서 직접 작성 등 해당 근로자에 대한 직업병 확진의뢰 안내(직업병 유소견자(D1) 중 요양 또는 보상이 필요하다고 판단되는 근로자에 대하여는 건강진단을 한 의사가 반드시 직접 산재요양신청서를 작성하여 해당 근로자로 하여금 근로복지공단 관할 지시에 산재요양신청을 할 수 있도록 안내하여야 함
9	기타(교대근무 일정 조정, 야간작업 중 사이 잠 제공, 정밀업무적합성평가 의뢰 등 구체적으로 내용 기술)

Keyword

- 근로자 건강관리를 지속적으로 시행하기 위한 조치. 사업장에서 사후관리소견에 따라 해당 근로자를 조치하는 것 중요. 추적검사는 건강진단 실시기관에서 시행
- 사후관리조치는 한 근로자에게 중복하여 판정 가능.
- 생활습관관리 등 구체적으로 내용 기술

〈건강진단 결과에 따른 사후관리 조치〉

개별적 사후관리 조치	1. 건강상담 및 건강증진 2. 보호구 지급, 교체 및 착용 지도 3. 추적검사(검사항목 일부) 4. 주기단축(건강진단, 전체, 개인)
집단적 사후관리 조치	1. 보건교육 2. 주기단축(동일공정, 작업 전체) 3. 작업환경 측정 4. 작업환경 5. 기술

- 작업장 내 건강 위험요인 제거, 작업환경과 작업조건의 개선을 우선적으로 고려하여 판정
- 사후관리(표)는 건강관리 구분에 따라 복수로 제시 가능
- 사업주는 근로자에 대하여 필요한 보건지도 및 사후관리를 실시, 조치결과를 건강진단 실시결과를 통보받은 날로부터 20일 이내에 관할 지방노동관서의 장에게 제출
  - (고용노동부고시)

〈고용노동부장관이 지원하는 사업장〉	1. 「산업재해보상보험법」에 따른 산업재해보상보험에 가입한 상시근로자수 50명 미만 사업장
	2. 건설 일용근로자를 사용하는 사업장
	3. 그 밖에 업종특성, 고용형태 등을 고려하여 비용을 지원할 필요가 있다고 고용노동부장관이 인정한 사업장

4) 업무수행 적합 여부

평가구분	업무수행 적합여부 평가기준
가	건강관리상 현재의 조건하에서 작업이 가능한 경우
나	일정한 조건(환경개선, 보호구착용, 건강진단의 단축 등)하에서 현재의 작업이 가능한 경우
다	건강장해가 우려되어 한시적으로 현재의 작업을 할 수 없는 경우 (건강상 또는 근로조건상 문제를 해결한 후 작업 복귀 가능)
라	건강장해의 악화 혹은 영구적인 장해의 발생이 우려되어 현재의 작업을 해서는 안 되는 경우

5) 질병자의 근로 금지 및 제한

- 사업주는 감염병, 정신병 또는 근로로 인하여 병세가 현저히 악화될 우려가 있는 질병으로서 노동부령이 정하는 질병에 이환된 자에 대하여는 의사의 진단에 따라 근로를 금지하거나 제한하여야 한다.
- 사업주는 근로를 금지 또는 제한받은 근로자가 건강을 회복했을 때에는 지체 없이 취업하게 하여야 한다.
- 질병자의 근로금지 대상
  - 전염의 우려가 있는 질병에 걸린 자(전염 예방 조치를 한 때에는 근로 가능)
  - 조현증, 마비성 치매 기타 정신질환에 걸린 자
  - 심장, 신장, 폐 등의 질환이 근로에 의하여 병세가 악화될 우려가 있는 자
  - 위에 준하는 질병으로서 고용노동부장관이 정하는 질병에 걸린 자.
- 사업주는 근로 금지 및 재개 시 미리 보건관리자(의사), 산업보건의, 건강진단실시 의사의 의견을 들어야 한다.
- **근로자 건강증진활동 지침** - 건강증진활동계획 수립·시행
  [1] 사업주는 근로자의 건강증진을 위하여 건강증진활동계획을 수립·시행 한다.
  [2] 건강증진활동계획을 수립할 때 포함 조치
      1. 건강진단결과 사후관리조치
      2. 근골격계질환 징후가 나타난 근로자에 대한 사후조치
      3. 직무스트레스에 의한 건강장해 예방조치
  [3] <u>상시 근로자 50명 미만을 사용하는 사업장의 사업주는 근로자건강센터를 활용하여 건강증진활동계획을 수립·시행할 수 있다.</u>

03. 사고 예방

Keyword

1. 산업재해의 원인과 종류
산업재해: 근로자가 업무에 기인하여 부상 또는 질병에 걸리거나 사망하는 것
산업피로: 정신적, 육체적, 신경적인 노동부 하에 반응하는 생체의 태도, 경고반응

2. 산업재해지표 ◉ 강 시손, 도 시재건, 손 건손, 건 종업원 건

도수율 (빈도율)	정의: 연 작업 100만 근로시간당 재해 발생 건수 $$도수율(빈도율) = \frac{재해건수}{연근로시간 수} \times 1,000,000$$
건수율 (발생율)	정의: 근로자 1,000명당 재해 발생 건수 특징: 재해발생상황을 총괄적으로 파악하는데 적합 단점: 작업시간이 고려되지 않은 점 $$건수율(발생율) = \frac{재해건수}{평균근로자 수} \times 1,000$$
강도율	정의: 근로시간 1,000시간당 재해로 인한 근로 손실일수 특징: 재해로 인한 손상의 정도를 나타냄 　　　사망 또는 영구완전 노동 불능의 경우 작업손실일수를 7,500일로 계산 $$강도율 = \frac{총근로손실일수}{연근로시간 수} \times 1,000$$
평균 작업손실일 수	정의: 재해 건수당 평균 작업손실규모가 어느 정도인가를 나타내는 지표 특징: 재해의 평균규모를 파악할 수 있는 측정 　　　작업장별·산업장 간 단순비교 가능 $$평균작업손실일 수 = \frac{총근로손실일수}{재해건 수}$$
재해율 (천인률)	정의: 근로자 100명당 발생하는 재해자의 수, 천명당 재해자의 수의 비율 특징: 산업재해의 현황을 나타내는 대표적인 지표 단점: 작업시간이 고려되지 않은 점 $$재해율(천인율) = \frac{재해자수}{상시근로자수} \times 100(1,000)$$
사망만일율 사망십만일율	특징: 나라별 산업재해를 비교하는 지표로 활용 $$사망만인율(사망 십만인율) = \frac{사망자수}{근로자수} \times 10,000(100,000)$$

Keyword

결근일수율	결근일수율 =	$\dfrac{결근일수}{전체\ 근로자\ 수} \times 100$
결근건수율 (도수율)	결근건수율(도수율) =	$\dfrac{결근건수}{전체\ 근로자\ 수} \times 100$
결근손실율	결근손실율 =	$\dfrac{결근\ 근로자\ 수}{전체\ 근로자\ 수} \times 100$
질병·결근일수율	질병·결근일수율 =	$\dfrac{해당\ 질병\ 결근건수}{전체\ 근로자\ 수} \times 100$

04 작업환경관리

1. 유해인자 노출기준(허용기준) 관리

1) **노출기준**: 근로자가 유해요인에 노출되는 경우 노출기준 이하 수준에서는 거의 모든 근로자에게 건강상 나쁜 영향을 미치지 아니하는 기준
   - 1일 작업시간 동안 시간가중 평균 노출기준(TWA), 단시간 노출기준(STEL) 또는 최고노출기준(C)으로 표시

2) **종류**

   ① 시간가중 평균농도

   [법적정의] 1일 8시간 작업을 기준으로 하여 유해인자의 측정치에 발생시간을 곱하여 8시간으로 나눈 값
   - 1일 8시간, 1주 40시간의 정상 노동시간 중 평균농도로 나타내며 근로자가 이러한 조건에서 반복하여 노출되더라도 건강상의 장애를 일으키지 않는 농도

   $$\dfrac{C_1 \times T_1 + C_2 \times T_2 + \cdots + C_n \times T_n}{8}$$

   C: 유해요인 측정치(단위:ppm, mg/m3)
   T: 유해요인 발생시간(단위: 시간)
   주의: 근로자마다 감수성이 다름

   ② 단기간 노출기준

   [법적정의] 15분간의 시간가중평균노출값으로서 노출농도가 시간가중평균노출기준(TWA)을 초과하고 단시간노출기준(STEL) 이하인 경우에는 1회 노출 지속시간이 15분 미만이어야 하고, 이러한 상태가 1일 4회 이하로 발생하여야 하며, 각 노출의 간격은 60분 이상이어야 한다.

- 근로자가 <u>1회 15분간 유해요인에 노출되는 경우를 기준으로</u>
- 1회 노출간격이 1시간 이상인 경우 1일 작업시간동안 4회까지 노출이 허용
- 15분 이하 단시간에 연속적으로 노출되더라고 견딜 수 있는 정도의 자극이거나, 생체 조직에 만성적 또는 비가역적인 질환을 일으키거나 마취작용에 의하여 사고를 일으키기 쉽거나 자제심을 잃거나 작업의 능률이 뚜렷하게 저하되지 않는 최고 농도

③ 최고 노출기준(최고 허용농도)
[법적정의] 근로자가 1일 작업시간동안 잠시라도 노출되어서는 아니 되는 기준
- 최고 노출기준 이상으로 노출 시 건강장애를 초래하는 유해요인에 적용되는 기준, 이 농도 이상으로 초과해서는 안 되는 노출 기준(어느 시간 동안이라도 초과되어서는 안 되는 최고 수준의 농도) 노출기준 앞에 c로 표시

④ 혼합물질의 허용 농도
- 2종 이상 유해요인이 혼재하는 경우 각 유해요인의 상승작용으로 유해성 증가할 수 있으므로 2종 이상 또는 존재하는 경우 수치가 1을 초과하지 않도록 한다.

$$혼합물 = C_1/T_1 + C_2/T_2 + ... + C_n/T_n$$

C: 화학물질 각각의 측정치
T: 화학물질 각각의 노출기준

3) 유해인자 노출기준 예시
① 소음의 노출기준(충격소음제외)

1일 노출시간(hr)	소음강도 dB(A)
8	90
4	95
2	100
1	105
1/2	110
1/4	115

주115dB(A)를 초과하는 소음 수준에 노출되어서는 안됨

② 라돈의 노출기준: 작업장 농도 600

2. 산업재해 예방대책

1) 가정: 모든 안전사고의 98%는 예방할 수 있고 2%만이 불가항력적(미국안전협회)
   - 하인리히 이후 재해 발생 큰 원인은 "사람"이라는 개념으로 인적 요인관리 중시

2) 사고의 법칙
   ① 하인리히 법칙
   : 재해 비율은 "현성재해: 불현성 재해: 잠재성 재해 (중상, 사망: 경상: 무상해) = 1:29:300" 이다.
   불현성 재해와 잠재성 재해에 관심을 기울여야 산업재해 근본적 해결이 가능
   예) 하인리히 법칙(1:29:300)이 적용되는 경우 사업장에서 58건의 경상 재해 발생 시 예상되는 아차사고 발생건수는? (600)
   ② 버드 1:10:30:600 = 중상, 폐질: 경상: 무상해: 무상해, 무사고, 무손실고장

3) 안전교육 이론
   ① 도미노 이론
   - 학자: 하인리히
   - 의미: 재해 발생과 예방에 관한 최초 이론
     도미노처럼 여러 원인이 연쇄적으로 발생하여 재해로 이어진다는 전제
   - 재해 5단계: 하인리히의 사고의 연쇄성

   > ① 사회환경과 내력,
   > ② 개인적 결함
   > ③ 불안전 상태와 행동 → 3단계 만이 제거 가능한 요인
   > ④ 사고,
   > ⑤ 재해

   - 사고 예방을 위한 방안(3E)

   > ① 기술적 대책(engineering)
   > ② 교육(education)
   > ③ 규제적 대책(Enforcement)

   - 단점: 재해 원인을 지나치게 개인의 문제로 환원해 버린다는 문제 제기

   ② 신도미노 이론
   - 버드(버드의 사고연쇄반응이론)
   - 의미: 하인리히의 도미노 이론에서는 직접 원인을 제거하면 재해가 일어나지 않는다고 설명하고 있는데 반해 버드의 연쇄이론에서는 기본원인의 제거가 중요하다는 이론
   - 재해 발생 5단계

Keyword

> 1 단계: 관리의 부족
> - 안전관리계획 및 스스로가 실시해야 할 직무계획의 책정
> - 각 직무활동에서 하여야 할 실시기준의 설정
> - 설정된 기준에 의한 실시 평가
> - 계획의 개선, 추가 등의 수정
>
> 2 단계: 기본원인
> - 개인적 요인: 지식 및 기능 부족, 부적당한 동기부여, 육체적 또는 정신적 문제
> - 작업상 요인: 기계설비 결함, 부적절한 작업 기준, 부적당한 기기의 사용방법
>
> 3 단계: 직접 원인 (불안전한 상태 및 행동, 관리의 부재)
> 4 단계: 사고 (접촉, 에너지원으로부터의 안전의 한계)
> 5 단계: 상해 (손실, 사고로 인한 상해)
> → 재해발생예방을 위해 재해 기본원인(2단계)의 4M을 제거해야 함
>
> > 산업재해 원인: Man(인간), Machine(기계), Media(매체), Management(관리)
> > ① MAN: 본인 외 인간관계, 소통불량
> > ② Machine: 기계, 설비결함
> > ③ Media: 인간, 기계의 매개체, 작업자세, 동작 결함
> > ④ Management: 안전교육, 훈련부족, 부하지도, 감독부족

- 단점: 재해 예방을 개인의 책임이 아닌 사회 시스템적 차원으로 접근하나 재해 발생을 선형적으로 단순화한다는 한계

③ 체계이론
- 사고의 원인을 다각적으로 검토해야 함을 강조
- 사고는 인간, 기계, 환경과의 상호작용 과정에서 발생하는 것으로 사고의 원인을 단순히 선형적인 연쇄 고리로만 볼 수 없다고 보고 사고를 예방하기 위해 개인안전 교육에 우선해 개인이 안전하게 행동할 수 있도록 조작하는 환경조성이 필요하다고 주장

3. 작업 환경 관리 기본원칙
- 근로자를 유해환경으로부터 보호하기 위한 중요한 과정
- 오염물질로부터의 보호 순서: 대치 → 격리 → 제거(환기)

Keyword

대치	유해 화학물질을 덜 유해하거나 유해하지 않은 물질로 변경하거나 공정과 시설을 변경하는 것
격리	• 격리저장: 물질들이 서로 섞이지 않도록 서로 격리 저장 • 위험 시설의 격리: 고압으로 가동하는 기계나 고속 회전을 요하는 시설은 따로 격리 • 공정과정의 격리: 화학공장의 많은 유해인자로부터 작업자를 격리
환기	• 전체 환기: 작업장 유해물질을 희석하는데 쓰이는 희석 환기 • 국소 환기: 유해 물질 발생원 근처에서 이를 빨아들여 밖으로 배출시키는 장치 설치
교육	관리자, 감독자, 작업자 교육
적합한 보호구 착용	청력 보호구(귀마개, 귀덮개), 호흡 보호구(방진 마스크, 송기마스크, 방독마스크), 보안면, 보안경, 안전모, 안전장갑, 안전대, 보호복, 안전화

문제 [94] 우리나가 근로기준법 제 42조에 명시되어 있는 근로시간은?
① 휴식시간을 제외한 1일 8시간, 1주 44시간
② 휴식시간을 제외한 1일 8시간, 1주 40시간
③ 휴식시간을 포함한 1일 6시간, 1주 40시간
④ 휴식시간을 포함한 1일 8시간, 1주 44시간

제69조(근로시간) 15세 이상 18세 미만인 자의 근로시간은 1일에 7시간, 1주일에 35시간을 초과하지 못한다. 다만, 당사자 사이의 합의에 따라 1일에 1시간, 1주일에 5시간을 한도로 연장할 수 있다.

국시 [20] 작업환경관리 원칙 중 다음에 해당하는 것은?

• 원격장치로 기계 작동
• 탱크에 인화성 물질 저장
• 콘크리트 벽으로 방호벽 설치

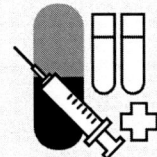
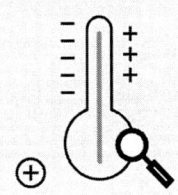
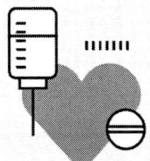

Chapter 7

환경과 건강

Ⅰ. 환경의 이해

( )월( )일

이아라 **전공보건**

01. 개념

환경보건(환경보건법): 환경오염과 유해화학물질 등이 사람의 건강과 생태계에 미치는 영향을 조사 평가하고 이를 예방관리하는 것

02. 내분비계 장애물질과 건강

1. 환경호르몬

: 생물체에서 정상적으로 생성 분비되는 물질이 아니라 인위적으로 만들어진 화학물질로서 체내에서 유인되어 마치 호르몬과 같은 작용을 하면서 내분비계의 정상적인 기능을 방해하는 물질

2. 기전 ⓒ 유촉봉 암생성

1) **호르몬 유사작용**: 호르몬 수용체와 결합하여 내분비 장애물질이 마치 정상호르몬과 유사하게 작용하는 것 ⓔ 합성에스트로겐인, 비스테놀A

2) **호르몬 촉발작용**: 내분비계 장애물질이 수용체와 반응함으로써 정상적인 호르몬 작용에서는 나타나지 않는 새로운 엉뚱한 대사 작용을 생체 내에 유발하는 것
   ⓔ 다이옥신, 다이옥신 유사물질

3) **호르몬 봉쇄작용**: 호르몬 수용체 결합부위를 봉쇄함으로써 정상호르몬이 수용체에 접근하는 것을 막아 내분비계가 기능을 발휘하지 못하도록 만드는 것
   ⓔ DDE(DDT의 분해산물)의 경우 정소의 안드로겐 호르몬의 기능을 봉쇄하는 것

3. 유발물질

- 다이옥신류: 쓰레기 소각장, 월남전 당시 고엽제 성분
- DDT 등 농약류: 살충제, 알킬페놀: 합성세제의 원료, 수은: 폐건전지
- PCB: 폴리염화비닐, 전기절연제
- 비스페놀 A: 합성수지 원료, 식품 음료용 캔의 안쪽 코팅

Keyword

4. 인체에 대한 영향
1) 암유발: 면역기능 저해로 발암
2) 생식기능 저하 및 생식기관 기형
3) 성장장애: 다음 세대 생장장애
4) 면역 기능 저하, 호르몬 분비의 불균형

03 | 환경영향평가

1. 개념
: 개발사업의 사업계획을 수집함에 있어서 해당 사업으로 인하여 환경에 영향을 미치는 해로운 영향을 미리 예측분석하고 부정적인 환경영향을 줄이는 방안을 마련하는 계획 과정의 일환이며 의사결정을 지원하는 수단

2. 기능
: 정보기능, 합의 형성기능, 유도 기능, 규제기능

3. 건강영향평가
: 계획된 정책 및 프로그램이 인체 건강에 미칠 수 있는 영향에 대하여 판단할 수 있는 절차 및 방법의 조합

4. 환경영향평가항목

평가분야	평가항목
자연생태환경 분야	동·식물상, 자연환경자산
대기환경 분야	기상, 대기질, 악취, 온실가스
수환경 분야	수질(지표, 지하), 수리·수문, 해양환경
토지환경 분야	토지이용, 토양, 지형 지질
생활환경 분야	친환경적 자원 순환, 소음, 진동, 위락·경관, 위생·공중보건, 전파장해, 일조장해
사회환경, 경제환경 분야	인구, 주거(이주의 경우를 포함한다.), 산업

Keyword

5. 효과
- 예방적 차원의 환경관리 기능이 가능
- 주민의 참여를 통해 절차적 민주성 확보
- 교육의 장으로서 환경 보전에 대한 사회적 관심을 유도 가능
- 환경 분쟁 예방 가능
- 환경 관련 법규 등 현행 제도의 미비점 보완 가능

6. 한계점
- 현재 이용 가능한 자료를 바탕으로 미래의 불확실한 환경변화 상태의 예측 곤란
- 경제적 편익과 환경적 손실의 비교 분석 곤란
- 개발과 조화 수준에 대한 판단이 어렵다.

> **국시 [21]** 사업자가 대규모 개발사업을 하기 전에 지역 주민의 생활, 자연, 사회·경제 등 전반에 미치는 영향을 예측하여, 부정적 영향을 최소화하는 방안을 마련하고자 할 때 해야 하는 것은?

04. 국제협약

: 리우협약(1992) 이후로 환경보호를 위한 국제적인 노력 진행

1. 협약 내용 🔑 비오몬 고기리 온실 파리 런던 바(다) 폐수

리우협약	• 기후변화에 관한 유엔 기본협약 • 지구온난화를 일으키는 온실 기체 배출량을 억제하기 위한 협약 • 리우회의에서 채택
바젤협약	• 국제적으로 문제 되는 유해 폐기물의 수출입, 처리를 규제가 목적
비엔나 협약	• 오존층 보호를 위한 최초의 국제협약, 우리나라 가입
몬트리올 의정서	• 오존층 파괴 물질인 염화불화탄소(CFCs)의 생산과 사용을 규제하려는 목적에서 제정한 협약 • 엔나 협약의 미흡한 규제조치를 강화하기 위해 보완하여 채택
생물다양성 보존협약	• 지구상의 생물종 보호 위한 협약으로 각종 생물자원의 이동을 규제
기후변화 방지협약	• 지구 온난화를 일으키는 온실 기체(탄산가스, 매탄, 이산화질소, 염화불화탄소 등) 배출량을 억제하기 위한 방법
런던 협약	• 폐기물이나 다른 물질의 투기를 규제하는 해양오염방지조약(선박, 항공기, 해양 시설로부터 폐기물 등의 해양투기 및 해양소각규제)
람사(르)협약	• 습지의 보호와 지속 가능한 이용에 관한 국제조약
CITES	• 멸종위기에 처한 야생 동식물의 국제거래에 관한 협약
사막화방지협약	• 심각한 한발 또는 사막화를 경험한 국가들의 사막화를 방지하기 위한 유엔 협약
나고야 의정서	• 유전자원의 접근 및 이익 공유에 대한 국제적인 강제이행사항을 규정하고 있는 의정서
교토의정서	• 기후변화 방지협약에 따른 온실가스 감축 목표에 관한 의정서로 (선진국 중 38개국만) 온실가스의 실질적인 감축을 위한 규정 • 공동이행제도: 선진국 A 국이 선진국 B 국에 투자하여 발생한 온실가스 감축분을 A 국의 감축 실적으로 인정하는 제도 • 청정개발체제: 선진국이 개도국에 투자하여 발생한 온실가스 감축분을 선진국의 감축 실적으로 인정하는 제도 • 배출권거래제도: 온실가스 감축 의무가 있는 국가들에 배출 쿼터를 부여한 후 동 국가 간 배출 쿼터의 거래를 허용하는 제도
발리로드지도	• 모든 선진국과 개도국이 온실가스 감축에 동참
파리기후 협약	• 모든 국가가 자국이 스스로 정한 방식에 따라 의무적인 온실가스 배출 감축을 시행해야 하는 약속 • 2015년에 채택되었으며 지구 평균온도 상승 폭을 산업화 이전 대비 2℃ 이상 상승하지 않도록 합의

Keyword

2. 한국이 가입한 협약
: 바젤협약, 몬트리올 의정서, 기후변화 방지협약, 생물 다양성 보존협약, 런던협약

| 문제 [14] | 다음은 보건교사가 작성한 교수 학습 지도안이다. 괄호 안의 ㉠,㉡에 해당하는 내용을 차례대로 쓰시오. (2) |

〈교수·학습 지도안〉

단원	환경과 건강	지도교사	최OO	주제	(㉠)와/과 건강
대상	고등학생(30명)	차시	2/3	장소	2-3 교실

목표	(㉠)이/가 건강에 미치는 영향을 설명할 수 있다.

단계	교수학습 내용	시간
도입	◦ 전시 학습 확인: 환경문제의 분류와 현황 ◦ 동기유발: (㉠)이/가 건강에 미치는 영향에 관한 동영상 시청	5분
전개	◦ (㉠)의 정의 　생체 내 호르몬의 생산, 분비, 이동, 대사, 결합 및 배설을 간섭하는 외인성 물질 ◦ (㉠)의 종류와 특징 및 영향 | 종류	특징 및 영향 | |---|---|
(㉡)	◦ 제초제와 살균제의 제조 과정, 염소 화합물의 연소 과정에서 발생하는 일련의 화합물 ◦ 주로 소각장에서 배출되며, 대표적으로 2, 3, 7, 8-TCDD가 있음 ◦ 암의 원인이 되기도 하고 면역력을 저하 시키기도 함.		40분

Ⅱ 환경요인과 건강

( )월( )일

이아라 **전공보건**

대기	물	생활환경	식품	폐기물
• 구성요소 • 오염 • 대책	• 자정작용 • 오염 • 상·하수	• 환기	• HACCP • 식중독	• 처리방법

01 대기

* 대기환경보전법상 용어

대기오염물질	대기 중에 존재하는 물질 중 제7조에 따른 심사·평가 결과 대기오염의 원인으로 인정된 가스·입자상물질로서 환경부령으로 정하는 것
온실가스	적외선 복사열을 흡수하거나 다시 방출하여 온실효과를 유발하는 대기 중의 가스상태 물질로서 이산화탄소, 메탄, 아산화질소, 수소불화탄소, 과불화탄소, 육불화황
가스	물질이 연소·합성·분해될 때에 발생하거나 물리적 성질로 인하여 발생하는 기체상물질
입자상물질	물질이 파쇄·선별·퇴적·이적될 때, 그 밖에 기계적으로 처리되거나 연소·합성·분해될 때에 발생하는 고체상또는 액체상의 미세한 물질
먼지	대기 중에 떠다니거나 흩날려 내려오는 입자상물질
매연	연소할 때에 생기는 유리 탄소가 주가 되는 미세한 입자상물질
검댕	연소할 때에 생기는 유리) 탄소가 응결하여 입자의 지름이 1미크론 이상이 되는 입자상물질
휘발성유기화합물	탄화수소류 중 석유화학제품, 유기용제, 그 밖의 물질로서 환경부장관이 관계 중앙행정기관의 장과 협의하여 고시하는 것

Keyword

1. 공기의 구성성분

종류	특징
질소 (78%)	• 정의: 생리적 비활성화 가스, 이상 고기압 시나 급격한 감압 시 인체에 영향을 미침 • 이상 상태[3기압: 자극작용, 4기압: 마취작용, 10기압: 정신기능 장애] • 질환 - 잠함병(감압병): 고기압 하에서 액화된 질소가 감압 시 기화 →기포 형성→ 모세혈관에 혈전 형성 →통증성 관절 장애, 잠수작업, 잠함 업자들에게 나타남.
산소 (20%)	• 정의: 헤모글로빈과 결합하여 세포조직에서 영양분 공급 • 이상 상태 [15% 이하: 저산소증, 10% 이하: 호흡곤란, 7% 이하: 질식 21% 이상: 산소중독]
아르곤 (1%)	공기 중 존재하는 비활성 기체
이산화탄소 (0.03%)	• 정의: 무색, 무미, 무취의 비독성 가스 • 이상 상태 [3% 이상: 불쾌감, 5% 이상: 호흡중추 자극, 8%: 호흡곤란, 10% 질식] • 실내 공기 오염의 지표로 사용, 온실효과 유발물질, 위생학적 허용 농도: 0.1%

2. 기후[3대 요소]: 기온, 기습, 기류

1) 온열 조건: 기온, 기습, 기류, 복사열 - 인간 체온조절에 영향

① 기온: 지상으로부터 1.5m에서의 대기 온도, 복사온도를 배제한 건구온도
  • 생활에 적합한 표준온도: 18±2℃
  • 건구온도는 풍속이나 습도에 영향받지 않지만, 습구온도는 온도, 습도, 기류의 종합작용에 의한 것으로 생물학적 의의가 있다. 쾌적 상태에서는 건구온도보다 3℃ 낮다.
  • 일교차: 하루 중 최저 기온(일출 30분 전), 최고(후 2시경)의 온도 차
    산악의 분지에서는 크고, 수목 우거진 곳은 작으며, 내륙은 해안보다 크다.

② 기습: 공기 중에 포함된 수증기량을 표시한 것 (쾌적 습도 60~65%)
  • 낮에는 태양열의 흡수로 대지의 과열을 방지, 밤에는 지열의 복사를 차단하여 대기의 냉각을 방지해 기후를 완화하는 작용

$$\text{상대(비교) 습도(\%)} = \frac{\text{그 온도에 있어서 공기 중의 수증기량}}{\text{그 온도에 있어서 포화수증기량}} \times 100$$

③ 기류(m/sec): 실외에서는 기압의 차이, 실내에서는 온도의 차이에 의해 발생
  • 풍속, 풍력: 기류의 강도
  • 인체에 미치는 영향: 방열작용 촉진, 신진대사의 촉진

- 불감 기류: 0.5m/sec 이하, 무풍상태: 0.1m/sec,
  쾌적 기류: 0.2~0.3m/sec(실내), 1.0m/sec(실외)
④ 복사열: 적외선에 의한 태양열이나 난로 등 발열체로부터의 열.
- 실체 온도보다 더 큰 옷감을 느끼게 하는 것. 흑구온도계로 측정
- 인체의 열복사: 외부 온도와 피부 온도의 차이에 의해 발생
- 온도가 같을 때는 복사열 없음, 주위 온도가 낮으면 체열의 방산이 커짐

2) 온열지수

① 쾌감대: 바람이 없는 상태, 의복을 입은 상태에서 쾌감을 느낄 수 있는 조건(온도 17~18℃, 습도 60~65℃일 때)에서 쾌감선을 중심으로 아래위 2~3℃ 정도의 기후 범위

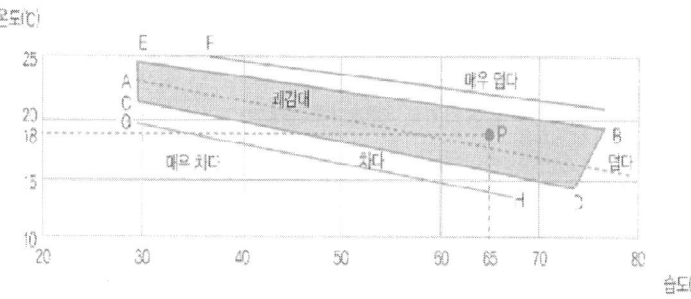

그림 10-2 쾌감대

* 힐-세프러드의 정의
  - 쾌감점: 온도 및 습도가 작용할 때 가장 쾌감을 느끼는 점
  - 쾌감선: 기온과 기습에 대해 구하면 하나의 곡선이 되는 선
  - 쾌감대: 쾌감선을 중심으로 아래위로 2~3℃ 정도의 기후 범위

② 감각온도: 체감온도. 기온, 기습, 기류가 종합작용을 하여 인체에 주는 온도감각
- 포화습도(습도 100%), 정지 공기(기류 0m/sec) 상태에서 동일한 온감(등온감각)을 주는 기온

③ 최적 온도: 체온조절에 있어서 가장 적절한 온도, 이상적인 온열 조건
- 주관적 최적 온도(쾌적 감각온도): 감각적으로 가장 쾌적하게 느끼는 온도
- 생산적 최적 온도(최고 생산온도): 생산능률을 가장 많이 올릴 수 있는 온도
- 생리적 최적 온도(기능적 지적온도): 최소에너지소모로 최대 생리적 기능을 발휘할 수 있는 온도

④ 냉각력: 기온, 기습, 기류가 작용하여 인체의 열을 빼앗는 힘(카타 냉각력)

⑤ 습구 흑구 온도지수: 온열 평가지수, 풍속이 고려되지 않은 단점

$$WBGT(°F) = 0.7WT + 0.2GT + 0.1DT \text{ (태양 직사광선 있는 옥외)}$$
$$WBGT(°F) = 0.7WT + 0.3GT \text{ (태양 직사광선 없는 옥외 또는 옥내)}$$
(WT: 습구온도, GT: 흑구온도, DT: 건구온도)

⑥ 불쾌지수: 기온, 기습의 영향에 의해 인체가 느끼는 불쾌감을 표시한 것
• 기류와 복사열 등 실외조건을 고려하지 않아 실외 불쾌지수 산출할 때 부적합

[공식]
DI(불쾌지수) = (건구온도 + 습구온도) × 0.72 + 40.6 [℃ 기준]
　　　　　　　(건구온도 + 습구온도) × 0.4 + 15　　[℉ 기준]
[불쾌지수와 불쾌감의 관계]
DI ≧ 70: 약 10%의 사람들이 불쾌
DI ≧ 75: 약 50%의 사람들이 불쾌
DI ≧ 80: 거의 모든 사람이 불쾌
DI ≧ 85: 모든 사람이 견딜 수 없을 정도의 불쾌

문제 [16] A 고등학교에서는 교실 에어컨의 적정 사용 기준을 제시하기 위한 지표로 '불쾌지수'를 활용하기로 하였다. 아래에 제시된 온도를 근거로 교실 내 불쾌지수를 산출하고, 실외에서는 이 지수가 불쾌감을 나타내는 적정지표가 아닌 이유를 쓰시오. (2)

〈교실 온도 및 불쾌지수〉
◦ 온　　도: 건구온도 28, 습구온도 25
◦ 불쾌지수: (　㉠　) [단, 온도는 섭씨(℃)로 계산하고 그 산출 값은 반올림 없이 소수점 이하 둘째 자리까지만 제시할 것.]

문제 [95] 감각온도에 종합적으로 작용하는 3요소는?
① 기습, 기압, 기류　② 기온, 기습, 기압　③ 기온, 기압, 기류　④ 기온, 기습, 기류

3) 기후변화의 원인

① 자연적 요인
- 내적 요인: 대기가 다른 기후시스템(대기, 해양, 바다 얼음, 식생, 반사도, 생태계, 눈 덮인 정도, 육지 얼음, 물, 수지 등)과 상호작용
- 외적 요인: 화산 분화에 의한 성층권의 에어로졸 증가. 태양 활동의 변화, 태양과 지구의 천문학적인 상대 위치 관계

② 인위적 요인
- 강화된 온실효과: 화석연료, 질소 비료 사용, 폐기물 소각, 냉매, 세척제 및 스프레이 사용
- 에어로졸의 효과: 산업화가 대기 중 에어로졸양 변화, 산업 지역 등 발원 지역 부근에 집중
- 토지 피복의 변화: 과잉 토지 이용, 장작 숯 채취 등 토지 이용도 변화, 고층건물 등장
- 산림 파괴: 도로 건설, 벌목, 농업의 확장, 땔감으로의 삼림 사용
  - 대규모의 산림 제거는 불이나 분해 때문에 대기 중으로 이산화탄소를 배출하는데 온실효과에 영향을 미쳐 지구온난화 더욱 강화

4) 기후변화가 건강에 미치는 영향

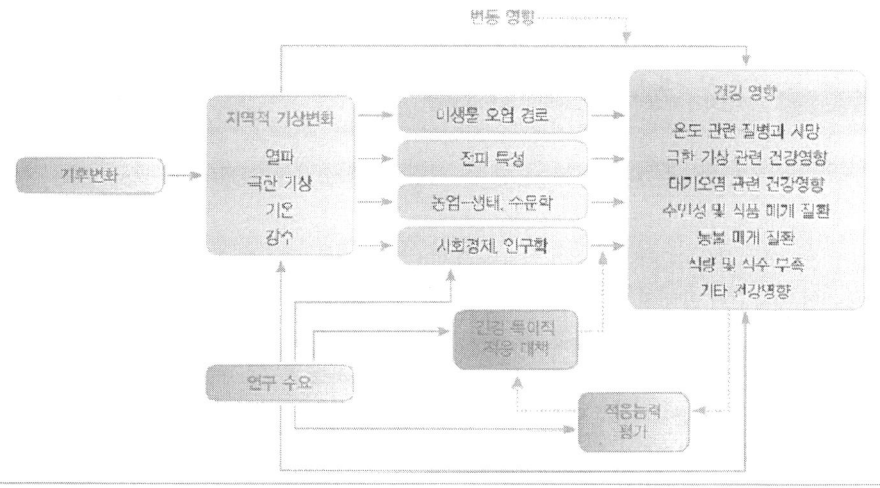

그림 10-5 기후변화가 건강에 미치는 영향
자료원: Campbell-Lencrum D., et al.(2007). Bulletin of WHO, 85:235-7.

: 1992년 브라질 리우데자네이루에서 열린 환경회의에서 "UN 기후변화협약(리우협약)"이 채택

① 목적: 인류의 활동으로 발생하는 위험하고 인위적인 영향이 기후시스템에 미치지 않도록 대기 중 온실가스의 농도를 안정화하는 것

② 주요 내용

전문		내용
목적		• 지구온난화를 방지할 수 있는 수준으로 온실가스의 농도 안정화
원칙		• 형평성: 공동의 차별화된 책임, 국가별 특수사정 고려 • 효율성: 예방의 원칙, 정책 및 조치, 대상온실가스의 포괄성, 공동이행 • 경제발전: 지속 가능한 개발의 촉진, 개방적 국제경제체제 촉진
의무사항	공통 의무사항	• 온실가스 배출통계 작성발표, 정책 및 조치의 이행, 연구 및 체계적 관측, 교육훈련 및 공공인식, 정보교환 특정 의무사항
	특정 의무사항	• 배출원 흡수원에 관한 특정 의무사항: 1990년 수준으로 온실가스 배출 안정화에 노력 • 재정지원 및 기술이전에 관한 특정 공약
기구 및 제도	기구	• 개도국의 특수상황 고려 • 당사국 총회/사무국/과학기술자문 부속기구/이행자문기구/재정기구
	제도	• 서약 및 검토(Pledge and Review)제도: 국가보고서 제출 및 당사국 총회 검토 • 이행과 관련된 의문점 해소를 위한 다자 간 협의과정/분쟁조정제도

2. 대기오염

: 대기 중 인위적으로 배출된 오염물질이 한 가지 또는 그 이상이 존재하여 오염물질의 양, 농도, 지속시간에 따라 어떤 지역의 불특정한 여러 사람에게 불쾌감을 일으키거나 해당 지역에 공중보건상 위해를 끼치고 인간이나 동식물의 활동에 해를 주어 생활과 재산을 누릴 정당한 권리를 방해받는 상태

1) 배출원

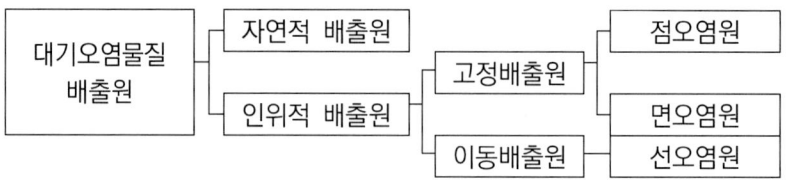

- 점오염원: 화력 발전소 등과 같은 대형 배출시설
- 선오염원: 자동차, 선박 등 일정한 길을 따라 이동하면서 배출
- 면오염원: 도시지역의 일반주택과 같은 소규모 배출시설이 밀집하여 분포

2) 대기오염물질

Keyword

① 1차 오염물질: 오염 발생원에서 직접 배기가스로 배출되는 것

입자상 물질	• 연기(매연): 배출시설에서 나오는 검댕, 황산화물 기타 연소 시 발생 물질 　* 링겔만 차트: 매연 정도 측정, 허용 농도는 2도(No. 2) 이하 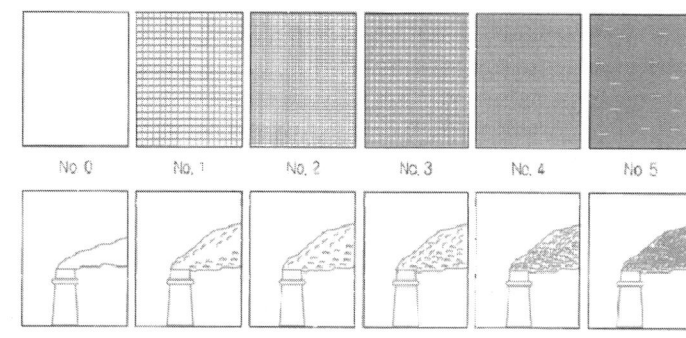 　그림 10-7　링겔만 차트
입자상 물질	• 연무: 가스나 증기 응축에 의해 생성된 입자상 물질 • 훈연: 광물질의 용해나 산화 등의 화학반응으로 증발한 가스가 대기 중에 응축해서 생기는 고체 입자 • 분진(미세먼지): 지상 물체가 외부의 힘에 의해 파쇄되어 생긴 미립자 * 건강상 문제가 되는 먼지 　- 강하 분진: 10 μ 이상의 크기, 무거워서 침강하기 쉬운 것, 지표면에 하강 　- 부유 분진: 10 μ 이하의 크기, 가벼워서 가라앉지 않고 장시간 공기 중에 부유하는 것. 호흡 시 상기도로 흡입되어 인체에 유해 　- 0.5 μ 이하 입자: 일단 폐포에 부착되었다가 호흡에 의해 밖으로 배출 　- 0.5 μ 이상 입자: 인후 또는 기관지 점막에 침착. 혈관, 림프관에 침입 　- 0.5~5 μ 크기의 입자: 가장 침착률이 높다. * 미세먼지가 인체에 미치는 영향 　- 각종 먼지 흡입 후 발생하는 폐 질환(진폐증) 　- 미세입자들은 호흡기를 통하여 인체 내에 유입되어 장기간 흡입 시, 입자가 미세할수록 코점막을 통해 걸러지지 않고 흡입 시 폐포까지 직접 침투하기에 천식, 폐 질환의 유병률, 조기 사망률 증가에 영향 　- 대부분의 연구를 따르면 장기적, 지속적 노출 시 건강 영향이 나타나며 단시간 흡입으로 갑자기 신체변화가 나타나지는 않는다. 그러나 어린이·노인·호흡기 질환자 등 민감 군은 일반인보다 건강 영향이 클 수 있어 더 각별한 주의가 필요

Keyword

가스상 물질	· 황산화물(SOx): 아황산가스, 자극성이 강하고 중요한 대기오염물질 · 대기 습도가 높으면 부식성 높은 황산 미스트 형성하여 산성비의 원인 · 호흡계(천식. 폐 질환), 소화계(위장장애), 점막 자극, 면역력 저하 유발 · 질소산화물(NOx): 석유, 석탄을 사용하는 공장, 자동차 배기가스 · 일산화질소(NO): 무자극, 무색, 무취, 신경 손상, 메트헤모글로빈혈증 · 이산화질소(NO_2): 적갈색, 자극성 기체. 강한 독성. 호흡계 질환 유발 · 일산화탄소(CO): 무색, 무취 가스, 자동차 배기가스로 대기오염의 주원인 · 인체에 산소결핍증, 신경계 장애 유발 · 이산화탄소(CO_2): 화석연료 연소로 배출, 실내 공기 오염 지표, 지구온난화

[참고] * 미세먼지 및 오존

1. 대기오염 분류 및 미세먼지 환경 기준

구분	미세먼지 환경 기준
미세먼지(PM-10)	연간 평균치: $50\mu g/m^3$ 이하, 24시간 평균치: $100\mu g/m^3$ 이하
초미세먼지(PM-2.5)	연간 평균치: $15\mu g/m^3$ 이하, 24시간 평균치: $35\mu g/m^3$ 이하
오존(O_3)	8시간 평균치: 0.06ppm 이하, 1시간 평균치: 0.1ppm 이하

2. 대기오염 경보 단계별 대기오염물질의 농도기준
   1) 미세먼지(PM-10):
      · 주의보 발령 (시간당 평균농도 $150\mu g/m^3$ 이상 2시간 이상 지속)
         해제 (시간당 평균농도 $100\mu g/m^3$ 미만일 때)
      · 경보 발령 (시간당 평균농도 $300\mu g/m^3$ 이상 2시간 이상 지속)
         해제 (시간당 평균농도 $150\mu g/m^3$ 미만일 때)
   2) 미세먼지(PM-2.5):
      · 주의보 발령 (시간당 평균농도 $75\mu g/m^3$ 이상 2시간 이상 지속)
         해제 (시간당 평균농도 $35\mu g/m^3$ 미만일 때)
      · 경보 발령 (시간당 평균농도 $150\mu g/m^3$ 이상 2시간 이상 지속)
         해제 (시간당 평균농도 $75\mu g/m^3$ 미만일 때)

3) 오존: 주의보, 경보, 중대 경보(0.1235 주경중 자제금)

대상물질	경보단계	발령기준	해제기준
미세먼지 (PM-10)	주의보	기상조건 등을 고려하여 해당지역의 대기자동측정소 PM-10 시간당 평균 농도가 150㎍/㎥ 이상 2시간 이상 지속인 때	주의보가 발령된 지역의 기상조건 등을 검토하여 대기자동측정소의 PM-10 시간당 평균 농도가 100㎍/㎥ 미만인 때
미세먼지 (PM-10)	경보	기상조건 등을 고려하여 해당지역의 대기자동측정소 PM-10 시간당 평균 농도가 300㎍/㎥ 이상 2시간 이상 지속인 때	경보가 발령된 지역의 기상조건 등을 검토하여 대기자동측정소의 PM-10 시간당 평균농도가 150㎍/㎥ 미만인 때는 주의보로 전환
초미세먼지 (PM-2.5)	주의보	기상조건 등을 고려하여 해당지역의 대기자동측정소 PM-2.5 시간당 평균 농도가 75㎍/㎥ 이상 2시간 이상 지속인 때	주의보가 발령된 지역의 기상조건 등을 검토하여 대기자동측정소의 PM-2.5 시간당 평균농도가 35㎍/㎥ 미만인 때
초미세먼지 (PM-2.5)	경보	기상조건 등을 고려하여 해당지역의 대기자동측정소 PM-2.5 시간당 평균 농도가 150㎍/㎥ 이상 2시간 이상 지속인 때	경보가 발령된 지역의 기상조건 등을 검토하여 대기자동측정소의 PM-2.5 시간당 평균농도가 75㎍/㎥ 미만인 때는 주의보로 전환
오존 (시간당 평균농도 기준)	주의보	기상조건 등을 고려하여 해당지역의 대기자동측정소 오존농도가 0.12ppm 이상인 때	주의보가 발령된 지역의 기상조건 등을 검토하여 대기자동측정소의 오존농도가 0.12ppm 미만인 때
오존 (시간당 평균농도 기준)	경보	기상조건 등을 고려하여 해당지역의 대기자동측정소 오존농도가 0.3ppm 이상인 때	경보가 발령된 지역의 기상조건 등을 고려하여 대기자동측정소의 오존농도가 0.12ppm 이상 0.3ppm 미만인 때는 주의보로 전환
오존 (시간당 평균농도 기준)	중대 경보	기상조건 등을 고려하여 해당지역의 대기자동측정소 오존농도가 0.5ppm 이상인 때	중대경보가 발령된 지역의 기상조건 등을 고려하여 대기자동측정소의 오존농도가 0.3ppm 이상 0.5ppm 미만인 때는 경보로 전환

Keyword

3. 대기오염 단계별 조치
   1) 주의보 발령: 주민의 실외활동 및 자동차 사용의 자제 요청 등
   2) 경보 발령: 주민의 실외활동 제한 요청, 자동차 사용의 제한 및 사업장의 연료 사용량 감축 권고
   3) 중대 경보 발령: 주민의 실외활동 금지 요청, 자동차 통행금지 및 사업장의 조업시간 단축 명령

4. 예보 기준 및 내용

예보내용		좋음	보통	나쁨	매우 나쁨
예보물질	미세먼지 (PM-10)	0~30㎍/㎥	31~80㎍/㎥	81~150㎍/㎥	151㎍/㎥ 이상
	미세먼지 (PM-2.5)	0~15㎍/㎥	16~35㎍/㎥	36~75㎍/㎥	76㎍/㎥ 이상
행동요령	민감군		• 실외활동 시 특별히 행동에 제약 없음 • 몸 상태에 따라 유의하여 활동	• 장시간 또는 무리한 실외활동 제한, • 특히 천식을 앓고 있는 사람이 실외에 있는 경우 흡입기를 더 자주 사용할 필요가 있음	• 가급적 실내활동, 실외활동 시 의사와 상의
	일반인			• 장시간 또는 무리한 실외활동 제한, • 특히 눈이 아픈 증상이 있거나, 기침이나 목의 통증으로 불편한 사람은 실외활동을 피해야 함	• 장시간 또는 무리한 실외활동 제한, • 목의 통증과 기침 등의 증상이 있는 사람은 실외활동을 피해야 함

② 2차 오염물질
: 대기에서 배출된 오염물질이 물리 화학적 반응을 일으켜 새로운 오염물질을 만드는 작용

광화학적 반응	황산화합물(SO_X), 질소산화물(NO_X) 등이 산소와 강한 자외선에 반응하여 새로운 복합물질을 만드는 반응, 스모그가 형성되는 과정
광화학적 스모그의 발생기전	NO_2 / 유기물 / HC(탄화수소) —빛→ O_3 —PAN→ 연무질 (유기물, smog) 1단계　　　　2단계 • 1단계: 1차 오염물질이 태양광선 E.에 의해 O_3를 생성하는 광화학 반응 • 2단계: O_3가 대기 성분 간의 화학반응에 의한 유기 연무질로의 변화
오염물질	• 오존: 무색 무미의 자극성 기체, 냄새 유발, 자동차 배출물인 질소산화물(NO_X)과 휘발성 유기화합물(VOCs)이 바람이 거의 없는 상태에서 강한 태양광선과 광화학반응을 일으켜 생성 인체의 영향→ 눈과 목이 따갑고 기도가 수축하여 호흡하기 힘들고 두통, 기침 등 증상 • PAN 류: 무색의 자극성 액체 • 알데하이드: 강한 자극성 가스(무색의 기체) 　- 인체의 영향 → 중추 신경에 대한 마취작용과 눈, 기도 점막에 대한 자극, 조직에 염증, 기침, 흉부압박감, 식욕 상실, 불면 등

* 오존 경보 발령기준과 1시간 평균 기준에 따른 조치 사항 ❸ 0.1235 자제금

구분	발령기준	조치내용
주의보	오존농도가 0.12ppm/h 이상일 때	• 실외운동경기 및 실외교육 자제 • 호흡기 환자, 노약자, 5세 미만 어린이의 실외활동 자제 • 자동차 사용자제 요청
경보	오존농도가 0.3ppm/h 이상일 때	• 실외운동경기 및 실외교육 제한 • 호흡기 환자, 노약자, 5세 미만 어린이의 실외활동 제한 • 발령지역 유치원, 학교의 실외활동 제한 • 자동차 사용 제한
중대 경보	오존농도가 0.5ppm/h 이상일 때	• 실외운동경기 및 실외교육 금지 • 호흡기 환자, 노약자, 5세 미만 어린이의 실외활동 중지 • 발령지역 유치원, 학교의 휴교 고려 • 자동차 통행금지

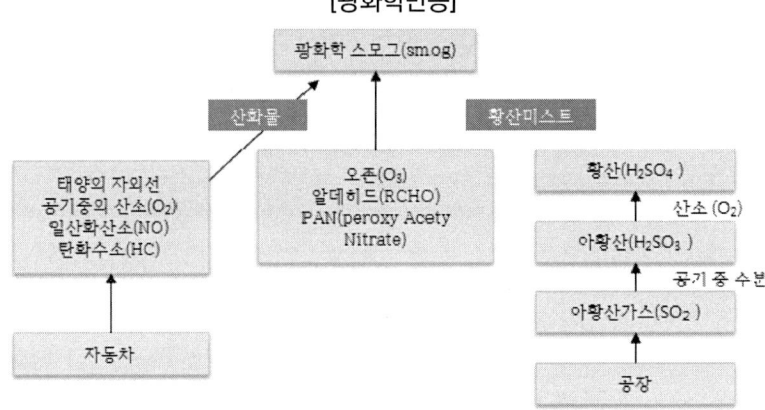

③ 스모그 사건의 유형

항목	런던 형 스모그	LA형 스모그
발생 시의 온도	-1~4℃	24~32℃
발생 시의 습도	85% 이상	70% 이하
기온역전의 종류	복사성 역전	침강성 역전
풍속	무풍	5m/sec 이하
가장 발생하기 쉬운 달	12월, 1월	8월, 9월 낮
주된 사용 연료	석탄과 석유계	석유계
주된 성분	SO_x, CO, 입자상 물질	O_3, NO_2, CO, 유기물
반응 유형	열적	광화학적, 열적
화학적 유형	환원	산화
최다 발생시간	이른 아침	낮
인체에 대한 영향	기침, 가래, 호흡계 질환	눈의 자극

④ 대기오염의 피해사례

사건명	환경	
미국 도노라 스모그	곡지, 무풍상태, 기온역전(침강성 역전) 저온, 연무 발생 공장지대(아연, 황산, 철)	아황산가스, SO_2 : 0.5~2.0ppm(5일간)
영국 런던 스모그	하천평지, 무풍상태, 기온역전(복사성 역전), 광화학 작용, 습도 90%, 한랭	아황산가스, 분진 SO_2 : 최고 0.7ppm
벨기에 뮤즈 계곡 스모그	곡지, 무풍상태, 저온, 기온역전, 연무 발생 공장지대(아연, 철, 금곡초자)	아황산가스, 불소화합물, 일산화탄소, 분진 SO_2 : 10~38ppm(3일간)

3) 대기오염과 기상

① 기온역전
: 공기의 층이 반대로 형성되는 것
고도가 상승하여도 기온이 상승하여 상부의 기온이 하부기온보다 높아 대기가 안정되고 공기의 수직 확산이 일어나지 않는 현상

복사성 역전	• (접지역전, 지표성 역전, 방사성 역전) • 낮 동안에 태양 복사열이 커 지표 온도는 높아지나 밤에는 복사열이 적어 지표 온도가 낮아짐으로써 발생.
침강성 역전	• 맑은 날 고기압 중심부에서 공기가 침강하여 압축 받아 따뜻한 공기층을 형성

② 열섬현상
: 도시 도로에 포장률이 증가하고 <u>인위적인 열의 생산량이 증가함</u>에 따라 도심의 온도가 증가, <u>주변 지역보다 도심지역 기온이 높게 나타나는 현상</u>. 도심이 먼지 등으로 오염되었을 때 공기의 수직 운동이 일어나지 않아 <u>도심 전체가 먼지 기둥 형태</u>를 만든다.

4) 대기오염의 영향

① 지구환경에 미치는 영향

온실효과	정의	• 대기 중 <u>이산화탄소, 이산화질소, 메탄, 염화불화탄소, 오존</u> 등이 지표로부터 복사하는 적외선을 흡수하여 열의 방출을 막을 뿐 아니라, 흡수한 열을 다시 지상에 복사하여 지구 기온을 상승시키는 현상 • 대기오염으로 발생된 온실가스(이산화탄소, 메탄, 아산화질소, 수소불화탄소, 과불화탄소, 육불화황소, 오존)가 지구 주위를 둘러싸고 그 결과 지구층의 가열된 복사열의 방출을 막고 지구가 더워지는 현상 • 온실 기체 중에서 온실효과에 기여하는 정도를 4가지 주요 기체로 분류 　- 수증기: 72% 　- 이산화탄소: 9% 　- 메테인: 4% 　- 오존: 3%
	영향	• 엘니뇨 현상: 온실효과에 의한 지구 기온의 상승은 해수면의 온도를 상승시켜 홍수, 가뭄, 폭설, 이상 강우 등을 몰고 오는 기상이변 현상 • 사막화: 온난화에 의해 대륙이 사막화로 변경 • 해변침식: 온난화로 극지방 빙하가 녹아 해수면 상승에 의한 해변침식 • 라니라 현상: 적도 무역풍이 평년보다 강해지면서 태평양의 해수면과 수온이 평년보다 상승하게 되고 찬해수의 용승(바닷물이 위로 솟구침) 현상 때문에 적도 동태평양에서 저수온이 강화되는 현상

Keyword

오존층의 파괴	지상으로 24~48km 올라간 공간. 자외선을 막아주고 지구상 생물 보호
	기침, 권태, 상기도 손상 등 폐렴 유발, 고농도에서 폐부종 등 사망

산성비	정의	공장, 발전소 등에서 배출되는 황산화물, 질소산화물, 탄소산화물이 황산, 질산 등의 형태로 빗물에 섞여 내리는 것, 빗물 pH: 5.6 이하
	영향	• 호수, 하천 산성화로 생태계 파괴 • 건물의 부식, 농작물이나 산림에 피해

폭염	• 폭염주의보: 일 최고 체감온도 33°C 이상인 상태가 2일 이상 예상될 때 또는 급격한 체감온도 상승 또는 폭염 장기화 등으로 중대한 피해 발생이 예상될 때 • 폭염경보: 일 최고 체감온도 33°C 이상인 상태가 2일 이상 예상될 때 또는 급격한 체감온도 상승 또는 폭염 장기화 등으로 중대한 피해 발생이 예상될 때
	* 체감온도: 습도나 바람에 따라 사람이 느끼는 더위나 추위를 나타낸 것. • 폭염특보의 체감온도는 (여름철/5~9월) 습도 고려 • <u>체감온도</u> 기반의 폭염특보

② 인체에 미치는 영향

황산화물	• 비강, 인후, 눈 및 호흡기 점막에 염증. • 만성폭로는 기도 협착, 과민성 증가로 호흡곤란, 천식 발작 유발 • 위장장애(위 팽만감, 트림, 식욕부진)
질소산화물	• 기관지염, 만성 폐 섬유화, 폐기종, 폐렴 • 용혈작용(혈색소와의 친화력이 강함) • <u>매트 헤모글로빈 혈증</u> 유발(NO2와 Hb 결합)-산소운반능력 저하
일산화탄소	• 산소결핍증 유발 • 청력과 시력의 약화, 사고능력의 감퇴, 운동신경과 근육 마비 • 식욕감퇴, 장운동 저하, 위 점막 침식으로 인한 출혈 및 부종
오존	• 눈, 코의 자극 증상. 천식 등 호흡 기능장애 유발
입자상 물질	• 진폐증

5) 세계화를 위한 관리 방안의 개발추진 ⓒ 비오몬: 우리나라 가입

- 유엔 환경계획
- 비엔나 협약: 오존층 보호를 위한 국제협약
- 오존층 파괴물질에 관한 몬트리올 의정서: 오존층 파괴물질(프레온가스, 할론)
  - 8종의 규제물질 지정, 2000년부터 사용금지 내용을 가지고 있고 95종으로 확대
- 지구재생계획
- 기후변화협약

6) 대기오염 대책

- 에너지 사용 구제 대체
- 오염방지기술의 향상과 보급
- 산업구조의 고도화
- 입지대책 등 사전조사
- 대기오염 방지에 대한 지도, 계몽 및 법적 규제
- 오염자 비용부담원칙의 적용

7) 대기 환경 기준 항목: SO_2, CO, NO_2, 미세먼지, O_3(오존), Pb(납), 벤젠

항목 ⓒ 벤, 납 CNS가 미오	기준
아황산가스	24시간 평균치 0.05ppm 이하
일산화탄소	8시간 평균치 9ppm 이하
이산화질소	24시간 평균치 0.06ppm 이하
미세먼지(PM-10)	24시간 평균치 100㎍/m3 이하
미세먼지(PM-2.5)	24시간 평균치 50㎍/m3 이하
오존	8시간 평균치 0.06ppm 이하
납	연간 평균치 0.5㎍/m3 이하
벤젠	연간 평균치 5㎍/m3 이하

문제 [03] 오염은 국민의 건강이나 환경에 위해를 초래한다. 따라서 건강하고 쾌적한 환경에서 생활하기 위해서는 대기오염물질을 관리할 필요가 있다. 대기오염에 대한 다음 물음에 답하시오.
1-1. 환경정책 기본법 시행규칙에 의하면 오존농도에 따라 대기오염 경보를 발령하도록 되어있다. 경보 발령 시의 오존농도를 제시하고, 행동지침에 대해 2가지만 쓰시오. (3점)
1-2. 환경정책 기본법에 규정된 우리나라 대기오염 측정 항목을 6가지만 쓰시오. (3점)

문제 [95] 아황산가스에 대한 설명으로 옳지 않은 것은?
① 무색, 무자극 기체이다.
② 허용치는 0.05ppm이다.
③ 대기오염의 지표이다.
④ 식물에 가장 큰 피해를 준다.

문제 [92] 온실효과(Green house effect)의 주원인이 되는 것은?
① 일산화탄소(CO) ② 이산화탄소(CO_2)
③ 아황산가스(SO_2) ④ 이산화질소(NO_2)

문제 [93] 지구의 온실효과를 초래하는 대기오염의 주원인은?
① 수증기 ② 공업적 질소 고정
③ 기온역전 ④ 이산화탄소의 농도 증가

Keyword

문제 [96] 다음 중 온실효과를 일으키는 대기의 성분으로 옳게 짝지어진 것은?
① O_3, CO_2 ② O_3, H_2O ③ H_2O, CO_2 ④ CO, SO_2

문제 [96] 오존층을 파괴하는 주된 물질은?
① 이산화탄소 ② 메탄가스 ③ 일산화질소 ④ 프레온가스

문제 [98] 온실효과에 의한 지구온난화 현상을 설명하고 이것이 환경에 미치는 영향을 기술하시오.

문제 [13] 다음은 보건교사가 작성한 '기온역전'에 대한 교수·학습 지도안이다. (가)~(마) 중 옳은 것만을 있는 대로 고른 것은?

<교수·학습 지도안>

단계	교수·학습 내용	시간
전개	Ⅰ. 기온역전 1. 정의 및 특성 　◦ (가) 상공에는 오염물질이 흩어지지 않고 머무는 먼지 돔(dust dome) 현상이 발생하며, 지역 전체가 비닐하우스에 둘러싸인 것 같은 현상이다. 　◦ (나) 공기의 교환이 적고 확산이 일어나지 않아서 고도가 증가함에 따라 기온이 증가하는 현상이다. 　◦ (다) 인위적인 열 생산량이 증가함에 따라 도심의 온도가 변두리 지역보다 높아지는 현상이다. 2. 사례 　◦ (라) 1948년 미국의 도노라 사건과 1952년 영국의 런던 스모그 사건이 그 예이다. 3. 유형 　◦ (마) 복사성 역전은 고지대에서 크고 두꺼운 역전층이 생기는 반면, 저지대에서는 역전층이 거의 생기지 않기 때문에 발생한다. 　◦ 침강성 역전은 공기층 전체가 하강할 때 형성 (중략)	40분
정리 및 평가	기온역전의 정의, 유형, 사례에 관한 OX 질문	5분

02. 물

1. 자정작용
- 물리적 작용: 폭기에 의한 가스교환, 희석, 확산, 여과, 자외선 조사에 의한 탈색과 소독, 중력과 침전에 의한 부유물질 제거
- 화학적 작용: 호기성 세균에 의해 산화되어 무기성 질소화합물로 변경, 철 또는 망간과 결합하여 침전. 산소 부족 시 가수분해로 액화, 가스 형성, 산화작용
- 생물학적 작용: 미생물에 의한 유기물질 분해, 수중생물에 의한 미생물 포식 작용

2. 수질오염
: 폐기물량이 증가하여 물의 자정 능력이 상실된 상태

1) 수질오염의 지표 (BCD PS)

생화학적 산소요구량 (BOD)	• 물속의 유기물질을 미생물이 분해할 때 필요한 산소의 양 • 수중에 함유된 분해 가능한 무기물질의 함유량을 간접적 측정
	• 수질오염의 강도와 자정작용의 정도 예견 • BOD 높으면 수중에 부패성 유기물이 많이 포함된 혐기성 상태
화학적 산소 요구량 (COD)	• 물속의 유기물을 화학적 산화제로 분리할 때 소비되는 산소 요구량 • 수중의 유기물질을 간접적으로 측정하는 방법
	• 폐수의 COD 값은 BOD 값보다 크다. • COD 값이 적을수록 오염물질이 적게 들어있어 수질이 좋다.
용존산소 (DO)	• 물속에 녹아 있는 산소의 양, 물에 녹아 있는 유리 산소 • 물의 오염도를 나타내는 지표.
	• 온도가 하강하면 용존산소 증가 • BOD 높으면 DO 낮다 • DO 값이 클수록 좋은 물(2ppm 이상 무취, 4ppm 이상 어류 서식)
pH	• 수소이온 농도, pH 5.8~8.5가 어류의 생존에 적합한 농도
부유물질(SS)	• 유기와 무기물을 함유한 고형물 • 유기물질인 경우 DO 소모, 어류 폐사, 수중식물 광합성 장애 유발
총대장균군	• 유당을 분해하고 산과 가스를 형성하는 모든 호기성 or 통성혐기성 균 • 분변 오염의 지표, 검출방법이 간단, 정확한 수질오염 지표
지표생물	• 독특한 환경조건에서만 살 수 있는 생물

Keyword

2) 수질오염의 현상
   ① 부영양화
   : 가정의 생활하수나 가축의 배설물 등이 하천에 한꺼번에 많이 유입되어 물속에 유기물과 무기물이 증식하게 되는 현상
   ② 적조 현상
   : 질소, 인산 함유가 많은 생활하수, 비료 성분이 유입되면 플랑크톤의 다량 번식하여 바다나 호수가 붉게 변하는 현상
   ③ 녹조현상
   : 영양염류의 과다로 호수에 녹조류 등 다량으로 번식하여 물빛이 녹색으로 변하는 것

3) 수질오염 사건

미나마타병	• 공장에서 생긴 메틸수은화합물이 유출되어 어패류에 오염을 일으키고, 이를 먹은 주민에게 발생 • 증상: 마비, 청력 장애. 시야 협착, 언어장애. 선천성 신경장애
이타이이타이병	• 광업소에서 배출한 카드뮴이 쌀 등의 식품을 통해 과다 흡수되어 만성 중독 형태가 나타남 • 증상: 골연화증, 보행장애, 심한 요통, 대퇴관절통, 신장 기능장애
가네미 사건	• 일본 가네미 회사에서 열매체로 사용된 PCB가 미강유에 혼입되어 그것을 먹고 중독 증상을 일으킨 사건 • 증상: 식욕부진, 구토, 안질. 10% 사망률

4) 수질오염의 해석
   ① 암모니아 질소의 검출: 최근 오염, 분변에 의한 오염
   ② 과망간산칼륨($KMnO_4$)의 과다검출: 수중 유기물 간접 추정
   ③ 대장균군 검출: 분변의 오염, 수질오염의 지표

Keyword

문제 [95] 수질오염 지표에 대한 설명 중 옳은 것은?
① BOD는 숫자가 클수록 오염도가 낮은 물이다.
② DO는 수온이 낮을수록 기압은 높을수록 증가한다.
③ COD는 물속 유기물질이 미생물에 의해 분해될 때 필요한 산소 요구량이다.
④ pH는 외부로부터 산, 알칼리성 물질이 유입되면 쉽게 변하므로 오염 지표가 될 수 없다.

문제 [19] 다음은 보건교사가 작성한 교수·학습 지도안이다. 〈작성 방법〉에 따라 순서대로 서술하시오.

〈교수·학습 지도안〉

단계	교수·학습 내용		시간
전개	◦ 수질 오염의 대표적인 사례		35분
	㉠ 미나마타병	• 1950년 일본 구마모토현 미나마타 시에서 발생 • 임상 증상: 사지마비, 청력장애, 시야협착, 언어장애, 선천성 신경장애 등	
	㉡ 이타이이타이병	• 1940년 일본 도야마현에서 발생 • 임상 증상: 보행장애, 심한 요통, 대퇴관절통, 신기능장애	

	◦ 수질 오염 지표
	  • 용존산소(Dissolved Oxygen, DO)
	  • ㉢ 생물화학 산소요구량(Biochemical Oxygen Demand, BOD)
	◦ 수질 오염 예방 대책
	〈모둠 활동〉
	수질 오염이 건강에 미치는 영향을 ㉣수인성 감염병, 화학물질에 의한 중독 측면에서 태블릿 PC를 이용하여 검색하고, 일상생활에서 실천할 수 있는 수질 오염 예방 대책에 대해 토론하기		

〈작성 방법〉
◦ 밑줄 친 ㉠, ㉡의 발생원인 물질의 명칭을 순서로 제시할 것.
◦ 밑줄 친 ㉢을 정의하고, ㉢과 용존산소(DO)와의 관계를 서술할 것.
◦ 밑줄 친 ㉣과 관련한 Mills-Reincke 현상에 대해 서술할 것.

hint) Mills-Reincke 현상: 물의 여과급수에 따라서(먹는 물을 여과 정화 처리하여 급수하면) 장 typhus(typhoid fever) 같은 소화기계 수인성 전염병의 사망률 뿐 아니라 일반 사망률도 현저히 저하하는 현상 (수돗물을 여과하여 급수하였더니 typhoid fever, 이질, 설사, 장염, 기생충 감염 등에 따른 환자(발병률)와 사망자(사망률)가 감소하였고 일반 사망률도 현저하게 저하한 효과를 발견한 후 명명)

Keyword

> 문제 [94] 해역의 적조 현상은 어떤 상태에서 일어나는가?
> ① 염분 농도가 높고 수온이 낮을 때
> ② 질소, 인 등 영양염류의 감소로 인하여
> ③ 식물성 plankton의 번식 감소로 인하여
> ④ 영양염류의 질소와 인의 농도비가 10-15:1일 때

> 문제 [92] 〈보기〉의 설명과 관계가 깊은 것은?
> - 물속에 용해되어 있는 산소량은 PPM 단위로 표시한다.
> - 수온 낮고 기압(산소분압)이 높을수록 증가, 유기물질이 많으면 감소한다.
> - 물의 오염도를 판단하는 데 중요한 자료다.
>
> ① BOD ② DO ③ COD ④ IDOD

3. 상수

[물의 정수법]

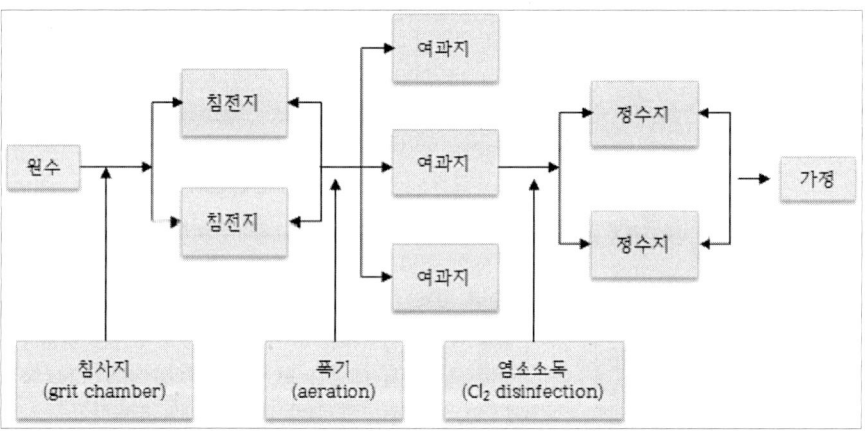

1) 정수과정: 침사 → 침전 → 폭기 → 여과 → 소독

   ① 침전과 폭기

침전	· 침전은 물속에 있는 비중이 무거운 부유물을 가라앉혀 색도, 탁도, 냄새, 세균 등을 감소시키는 방법 · 보통침전: 침전지에서 서서히 물을 흐르게 하거나 정지시켜서 부유물을 침전시키는 방법. 완속 여과의 전처리과정. 탁도와 세균 등이 제거 · 약품침전: 보통침전으로 잘 가라앉지 않는 작고 가벼운 물질은 약품을 사용하여 응집시켜 가라앉히는 방법. 급속여과의 전처리과정
폭기	CO_2, CH_4, H_2S, NH_2 등과 O_2를 교환하는 단계

② 여과
- 완속여과: 보통침전법으로 침전시킨 후 여과지로 보내는 방법. 여과지 상층은 작은 모래, 하층은 큰 돌을 사용하여 물을 통과시키면 불순물이 제거

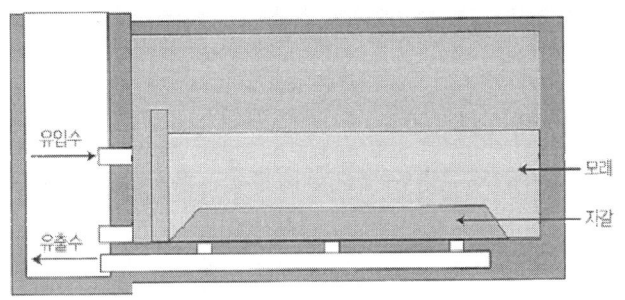

그림 10-11 완속여과지

- 급속여과: 약품을 사용하여 침전시킨 후 여과지로 보낸다.

구분	완속여과법	급속여과법
침전법	보통침전법	약품침전법
청소방법	사면대치	역류세척
여과속도	3m(6~7m)일	120m/일
사용일 수	20~60일	12시간~2일(1일)
탁도, 색도가 높을 때, 이끼류가 발생하기 쉬운 장소, 수면이 동결하기 쉬운 장소	불리하다	좋다
면적	광대한 면적	좁은 면적에 가능
비용	건설비는 많이 드나 경상비는 적게 든다.	건설비는 적게 드나 경상비가 많이 든다.
세균제거율	98~99%	95~98%

③ 소독
- 가열법: 자비소독(100℃ 끓는 물 15~20분간) 가장 안전한 소독법. 소규모 먹는 물에 사용
- 자외선법: 살균력이 크지만 투과력이 약함, 비용이 비쌈
- 오존 소독
  - 장점: 염소소독보다 소독력이 강하고 정수력이 뛰어남, 염소소독시 발생하는 트리할로메탄의 생성염려 없다.
  - 단점: 잔류성이 없어 효과의 지속성이 없고 가격이 비싸다.

- 화학적 소독법(염소소독법)

장점	값이 싸고 조작 간편, 소독력이 강
단점	독성과 냄새, 염소소독으로 생성되는 트리할로메탄은 발암성 물질

특징	• <u>강한 산화력</u>: 유기물질이나 환원성 물질과 접촉하면 살균력이 약화되므로 잔류염소가 필요(물에 주입된 염소는 유리잔류염소와 결합잔류염소로 존재)
	  * 결합잔류염소: 유기물과 암모니아와 염소화합물로서 존재하는 잔류염소
	• <u>불연속점</u>: 물에 염소를 주입하면, 보통은 직선적으로 주입량에 비례하여 잔류 염소의 양도 증가. 암모니아와 같은 물질을 함유한 물은 곡선과 같이 일단 증가한 잔류염소가 어느 점에서 하강하여 거의 0에 가까워졌다가 다시 증가하기 시작하는 곡선의 밑바닥
	  * 불연속점 이상에서 처리시 장점(불연속점 염소소독법)
	    : 경제적, 소독효과도 크고 물의 냄새와 맛도 제거할 수 있다.

범위	• 유리잔류염소 0.2mg/L, 결합잔류염소는 0.4mg/L가 필요 • 상수의 유리잔류염소의 규정은 수도꼭지에서 0.2mg/L 이상을 유지, 병원미생물에 오염되었거나 오염될 우려가 있을 때에는 0.4mg/L 이상을 유지

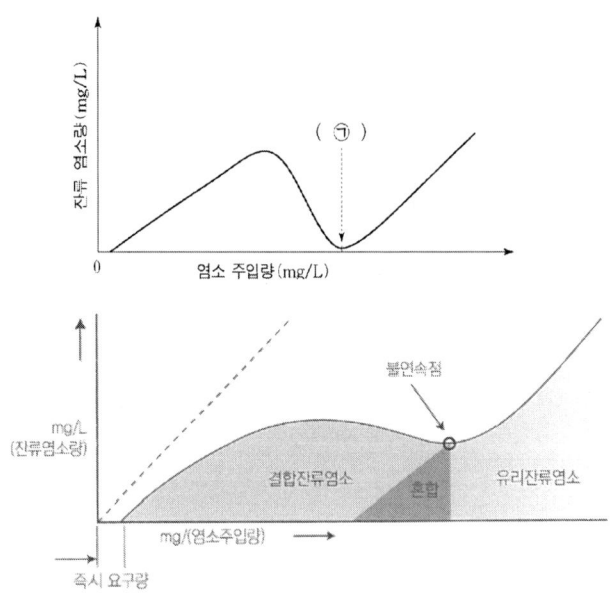

그림 10-12 불연속점 염소소독

2) 먹는 물의 수질

[먹는 물의 수질기준] ⓒ 수 카페 난벤비 크 암모니아 톨 불 질소

미생물	일반세균	100CFU/mL를 넘지 아니할 것.
	총대장구균, 분원성대장균군,	100mL에서 검출되지 아니할 것. (분원성연쇄상구균, 살모넬라, 쉬겔라 250mL에서 불검출)
유해 무기물질	수은	0.001mg/L를 넘지 아니할 것
	카드뮴	0.005mg/L
	납, 비소, 시안, 셀레늄	0.01mg/L
	크롬	0.05mg/L
	암모니아성 질소	0.5mg/L
	불소	1.5mg/L
	질산성 질소	10mg/L
	우라늄	**30㎍/L를 넘지 않을 것**
유해 유기물질	페놀	0.005mg/L
	벤젠	0.01mg/L
	톨루엔	0.7mg/L
소독 부산물	총트리할로메탄	0.1mg/L
	포름알데히드	0.5mg/L
	유리잔류염소	4.0mg/L
심미적 물질	냄새, 맛	ND(불검출)
	세제(음이온계면활성제)	0.5mg/L를 넘지 아니할 것
	색도	5도
	탁도	1NTU이하
	수소이온농도	pH 5.8 이상 8.5 이하이어야 할 것
	과망간산칼륨 소비량	10mg/L
	황산이온	200mg/L
	염소이온	250mg/L
	경도	1000mg/L(수돗물 300mg/L)를 넘지 아니할 것.
	세제(음이온계면활성제)	0.5mg/L를 넘지 아니할 것

Keyword

대장균군	• 검수 100mL 중 불검출 • 분변 오염의 지표, 소화기계 병원균에 의한 오염 가능성, 간단 정확한 검출방법으로 수질오염의 지표, 메트헤모글로빈혈증 질병 발생

최적확수(MPN) = 검수 100ml당 대장균수(MPN = 10, 100ml 중 10 존재)
대장균지수(Coli index) = 대장균군을 검출한 최소 검수량의 역수

* 대장균 지수 계산법
- 물 100ml에서 처음 대장균군 1을 검출   1/100=0.01
- 물 50ml에서 처음 대장균군 1을 검출   1/50=0.02
- 즉, 대장균지수는 값이 클수록 오염도가 높다.
- 대장균 군 자체는 일반적으로 유해하지는 않으나 대장균 검출은 다른 미생물이나 분변 오염 추측이 가능하고, 검출방법이 간단하며 정확하여 수질오염의 지표로 중요하게 활용된다.

일반세균	• 검수 1ml 중 100CFU 이하. • 정수처리 공정의 처리 효율의 지표
불소	• 건강상 유해영향 무기물질, 1.5mg/L 이하 • 충치 예방에 유효, 높은 농도는 비타민, 지방, 미네랄 대사 방해 • 급성중독 시 신장염, 간 장애, 심장장애, 만성독성시 반상치 유발
암모니아성 질소	• 수질오염을 추정하는 유력한 지표, 분변에 의한 오염 가능성 의미 • 유기질소 화합물의 5단계 분해과정 (단백질→아미노산→암모니아성 질소→아질산성질소→질산성 질소)을 통해 오염물 오염 후 오랜 시간이 경과하지 않았음을 의미
질산성 질소	• 질소화합물이 산화되어 생성된 최종분해물, 과거오염을 의미 • 만 1세 미만의 유아에게 청색증 유발(메트헤모글로빈증)
총트리할로메탄	• 상수원에 함유된 유기물과 살균소독제인 염소와 반응하여 생성. 발암성
경도	• 칼슘, 마그네슘 농도가 높으면 장기간 음용 시 요도결석 유발
과망간산칼륨 소비량	• 음용수에 함유된 유무기물을 산화하는데 소모된 과망간산칼륨 양 • 소비량이 많으면 유기물 다량 함유된 오수에 의해 오염, 물속에 무기물이 많음을 의미 • 소비량에 따라 수중 유기물을 간접적으로 추정
염소이온	• 많은 양의 검출은 인축의 배설물이나 가정, 공장 폐수 유입을 의미, 분뇨 오염

Keyword

국시 [20] 분뇨로 인해 최근에 수질오염이 발생하였다면 확인할 수 있는 지표는?

문제 [01] 학교보건업무 중 식수관리는 보건교사의 중요한 임무이다. 식수의 위생적 관리를 하하여 실시하는 수질검사 방법의 하나인 대장균 검사의 의의와 그 평가방법을 설명하시오.
1) 대장균 검사의 의의
2) 대장균 검사의 평가방법

문제 [12] 지하수를 먹는 물로 사용하는 학교의 수질검사 결과이다. 〈보기〉에서 조치가 필요한 항목을 고르시오.

〈보기〉
먹는 물 수질검사결과

항 목	기 준
ㄱ. 일반세균	1ml 중 110CFU
ㄴ. 총 대장균	100ml 중 불검출
ㄷ. 유리잔류염소	1.0mg/L
ㄹ. 색도	4도
ㅁ. 질산성 질소	12mg/L

문제 [06] 학생과 교직원에게 양질의 음용수를 제공하기 위하여 수질검사를 실시한 결과는 아래와 같다. 먹는 물의 수질 기준 및 검사 등에 관한 규칙 제2조 제1항에 제시된 기준을 초과하는 항목을 3가지 찾아 각각의 기준치를 쓰시오(3)

- 일반 세균 수: 1ml 중 200CFU
- 탁도 2도(NTU)
- 색도: 2도
- 총 대장균 수: 100ml 중 10개
- pH: 4

문제 [92] 식수 판정 기준으로 옳은 것은?
① 탁도는 4도를 넘지 아니한다.
② 페놀은 0.005ppm을 넘지 않는다.
③ 일반 세균 수는 1cc당 150마리 이내이어야 한다.
④ pH는 2.6~4.5 이내이어야 한다.

문제 [93] 다음 중에서 음용수의 수질 기준에 알맞은 것은?
① 페놀은 0.05mg/ℓ를 넘지 아니할 것
② 황산이온은 300mg/ℓ를 넘지 아니할 것
③ 염소이온은 150mg/ℓ를 넘지 아니할 것
④ 암모니아성 질소는 5mg/ℓ를 넘지 아니할 것

Keyword

문제 [95] 현행 음료수 수질 기준 등에 관한 규칙에 맞지 않는 것은?
① 일반 세균은 1ml중 100을 넘지 아니할 것
② 대장균은 100ml에서 검출되지 아니할 것
③ 납은 0.05mg/l를 넘지 아니할 것
④ 페놀은 0.05mg/l를 넘지 아니할 것

문제 [93] 충치예방을 위해 음료수에 투입하는 불소량의 기준은?
① 0.1ppm ② 0.2ppm ③ 0.4ppm ④ 1.5ppm

문제 [94] 지역주민 중 특히 영유아에게 돌발성 매트-헤모글로빈혈증을 일으켰다. 그 원인으로 추정되는 것은?
① 수소이온농도 ② 대장균 ③ 일반세균 ④ 질산성질소

문제 [22] [22] 괄호 안 ⓒ에 해당하는 수치를 쓰시오.

∘ 먹는 물 수질 기준

수질검사 항목	수질 기준
총 대장균군	검수 100 mL 중 불검출
일반 세균	1 mL 중 100 CFU(Colony Forming Unit) 이하
수소이온 농도	pH 5.8 이상 pH 8.5 이하
유리잔류 염소	(ⓒ) mg/L 이하

※ 근거: 먹는 물 수질기준 및 검사 등에 관한 규칙(환경부령 제942호, 2021.9.16., 타법개정)

3) 하수처리공정

: 처리방식에 따라 예비처리(스크린, 침사법, 침전법), 본처리(혐기성 처리, 호기성 처리)로 분류하는 법과 1차 처리, 2차 처리, 3차 처리로 분류됨

1차 처리 예비처리	• 하수 중 부유물이나 침강물을 물리적으로 제거하는 방법 　- 스크린: 최초 유입하수를 스크린을 통해 부유물 제거 　- 침사법: 하수가 침사지를 통과해 비중이 큰 무기물 제거 　- 침전법 보통침전: 하수를 정지시키거나 완만하게 흘려 불순물 제거 　　　　　 약품침전: 약품 사용하여 부유물 제거
2차 처리 본처리	• 미생물을 이용한 생물학적 처리법 　- 혐기성 처리: 공기 차단, 염기성 균 증식하여 암모니아 생성 	부패조 (septic tank)	• 단순한 탱크에 하수를 넣으면 가벼운 것이 떠다니며 공기 차단. 이 때 탱크 내 산소 결핍으로 혐기성 균에 의한 분해 • 단점: 가스 발생. 악취발생 | 	임호프탱크 (imhoff tank)	• 부패조 결점 보완한 탱크 • 침전실과 부패실로 분비. • 부패실에서 냄새가 역류하여 밖으로 나오지 않도록 고안 | 　- 호기성 처리: 호기성균에 의한 유기물 산화 촉진 	활성오니법	• 호기성균에 의한 산화작용. 호기성균이 풍부한 유기성 오물을 채우고 산소를 주입, 호기성 세균이 유기성 오물 분해 | 	살수여상법	• 미생물 막과 폐수 중의 유기물을 접촉시켜 처리 • 슬러지를 미생물로 활성화시키는 활성 슬러지법 | 	산화지법	• 하수를 웅덩이(안정지)에 저장하면 자정작용으로 안정되는 과정	
3차 처리	물리 화학 생물학적 처리방식을 조합하는 고도의 처리과정

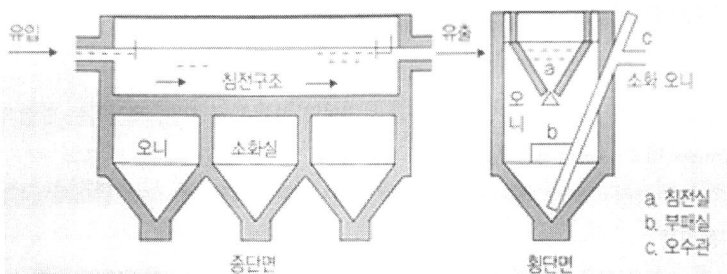

[그림] 임호프조 탱크

Keyword

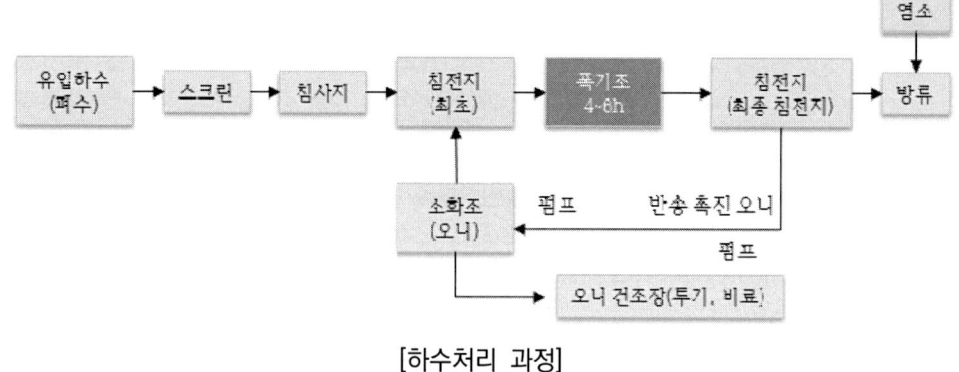

[하수처리 과정]

문제 [14]	그림은 상수도 소독 방법 중 하나를 나타낸 것이다. ㉠의 명칭과 정의를 쓰고, 상수도 소독에서의 활용 방법과 그에 따른 장점을 서술하시오.(5)

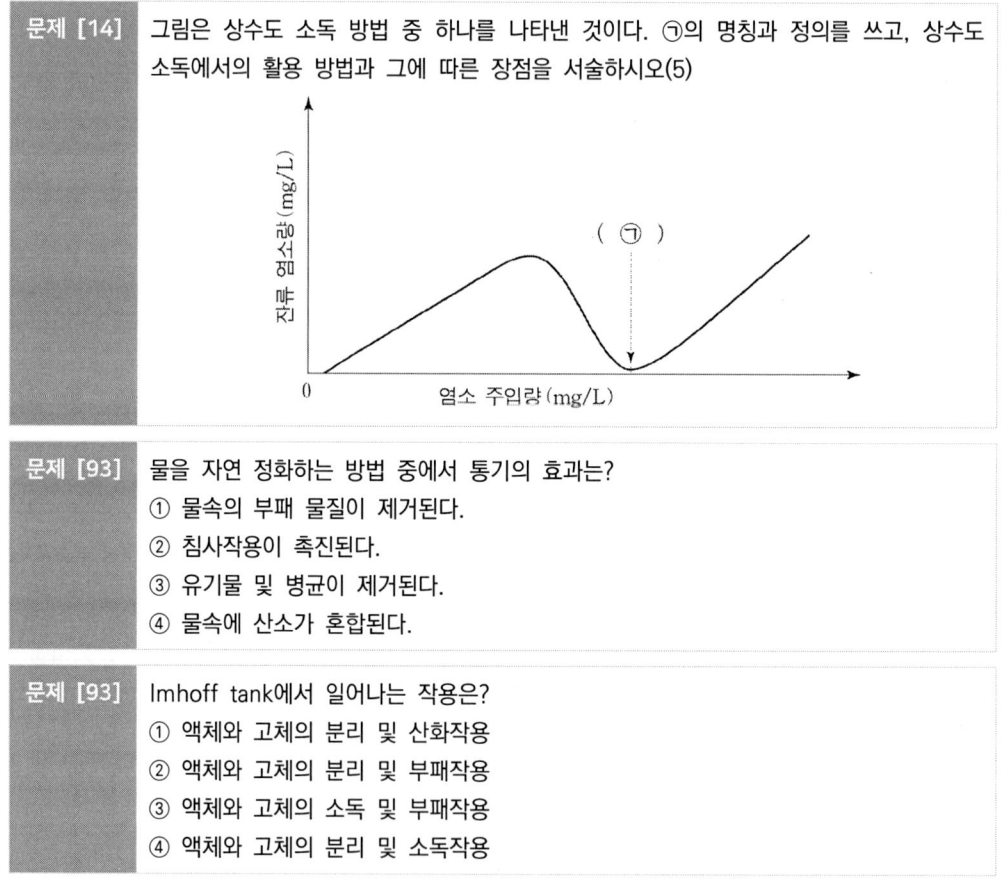

문제 [93]	물을 자연 정화하는 방법 중에서 통기의 효과는? ① 물속의 부패 물질이 제거된다. ② 침사작용이 촉진된다. ③ 유기물 및 병균이 제거된다. ④ 물속에 산소가 혼합된다.

문제 [93]	Imhoff tank에서 일어나는 작용은? ① 액체와 고체의 분리 및 산화작용 ② 액체와 고체의 분리 및 부패작용 ③ 액체와 고체의 소독 및 부패작용 ④ 액체와 고체의 분리 및 소독작용

03. 식품과 건강

Keyword

1. 식품위생
: 식품의 생육, 생산, 제조로부터 최종적으로 사람이 섭취할 때까지 모든 단계에 있어서 식품의 안정선, 건전성 및 악화방지를 보장하기 위한 모든 수단

2. 위해요소 중점관리 기준(HACCP, 해썹)
- HA(Hazard Analysis, 위해요소분석): 발생 가능한 생물학적 화학적 물리적 위해요소 분석
- CCP(Critical Control Point, 중요 관리점): 위해요소를 예방, 제거 또는 허용수준으로 감소시킬 수 있는 공정이나 단계의 중점관리

3. HACCP 시스템 수행 과정 ⓒ 위중한 모개 검문

(1) **식품 위해 요소의 분석**: 미생물이 증식하기 쉬운 식재료로 한 음식을 규명하고, 음식 생산 단계의 위해 요소와 위해 인자를 분석함

(2) **중요 관리점 규명**: 위해 요소를 식품 조리 과정 중에서 제거, 방지, 최소화할 수 있는 지점, 단계를 규명함

(3) **관리 한계 기준 설정**: 냉장온도. 조리온도, 열장온도. 해동조건 각종 소독액의 적정 농도, 사용 방법 등에 대해 한계 기준을 설정함

(4) **모니터링 방법 설정**: 온도 확인, 시간 확인, 소독액 농도 검사 등의 횟수, 판정 방법 및 기준을 설정함

(5) **개선 조치의 설정**: 식재료 반품, 납품업체에 대한 경고, 냉장 냉동 온도 조절, 소독제 농도 조정 등의 조치

(6) **검증 방법의 설정**: 현장 서류와 기록 확인 현장 검증, HACCP의 계획이 정확하고 효과적으로 기능하는지 정기적으로 검증하는 것

(7) **문서화, 기록 유지**: 모니터링 개선조치 검증 등의 실시 결과를 정확히 기록하여 보존하는 기준과 방법을 정함

Keyword

단계	세부사항	적용
위해분석	위해분석 및 예방조치 기술	일반세균 - 고온, 살균
중요관리점 설정	위해예방 단계 결정	냉장, 금속검출
한계기준 설정	위해관리 목표기준 설정	압력, 온도, pH, aw
감사방법 (모니터링)설정	한계기준 준수 여부 관찰	온도, 압력 등 모니터링
개선조치	한계기준이탈 시 조치 방법	작업 중단, 제품검사 등 위해제거
검증방법 설정	HACCP 실행 기록 문서화	HACCP 원칙에 따른 기록
기록유지방법 설정	HACCP 실행상태 검증	장비교정, 최종제품, 기록 검토

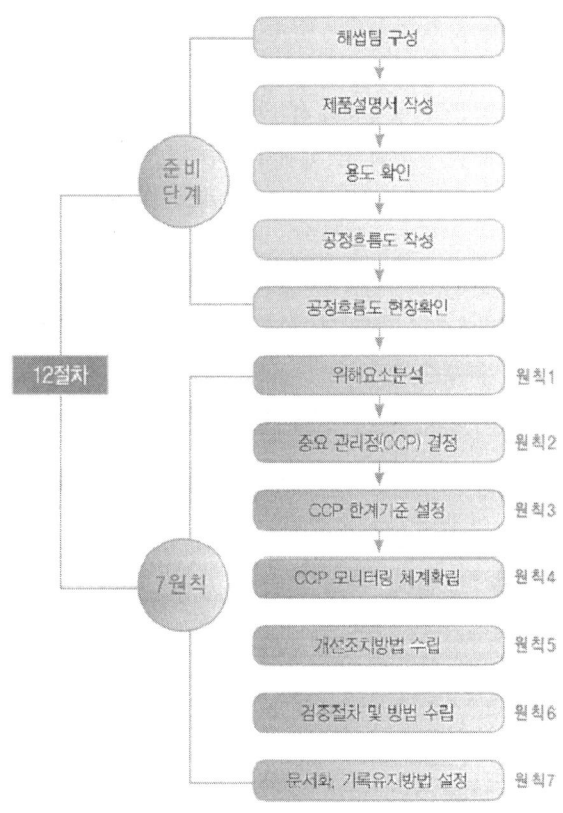

그림 10-16　HACCP의 7원칙 12절차

4. 식중독

: 식품, 물을 매개로 하여 발생하는 급성위장염, 신경장애 등 중독증상 총칭

1) **특징**: 단시간 내 발생. 집단적 발생. 환자에 의한 2차 감염은 드물다.
   - 병후 면역 획득이 없고 다량의 세균이나 독소로 발병
   - 잠복기: ⓒ 보살 평균 24시간, 최단기 황색포도당구균, 최장기 캠플로박터

2) **비교**

	감염형 식중독	독소형 식중독
정의	세균이 체내에서 증식 및 대량 번식하여 소화기관에 작용하여 일어남	세균이 증가할 때 발생하는 체외독소가 소화기관에 작용하여 일어남
독성	균체 내독소	균체 외독소
잠복기	길다	짧다
균의 생사와 발병과의 관계	균이 사멸하면 발생하지 않음	생균이 전혀 없어도 발생할 가능성이 있음
요리 시 가열에 의한 예방효과	효과 있음	효과 없음

3) **분류** ⓒ 살병장 캠여리, 황보웰

세균성 식중독		
감염형: 식품에서 미리 증식한 균이 식품과 함께 섭취되어 소장에서 더욱 증식한 후, 중독 증상을 일으키는 것으로 대표적인 원인균은 살모넬라, 장염 비브리오 등		
1. 살모넬라 식중독	원인균	• salmonella typhynurium • 원인식품: 부적절하게 가열한 동물성 단백질 식품, 식물성 단백질 식품, 생선묵, 생선요리와 육류 섭취, 대소변에 오염된 음식 섭취
	잠복기	6~48시간(평균 24시간)
	증상	• 감염 후 1~3일 후위장염 증상(복통, 설사, 구토), 급격한 발열 (38~40℃) • 농양을 만들고 폐렴, 관절염, 화농성 피부 합병증
	예방	• 5℃이하 저온 저장. • 75℃에서 1분간 가열 후 섭취(60℃에서 20분 가열) • 조리 시 사용한 기구 등은 세척 소독하여 2차 예방을 방지

Keyword

2. 병원성 대장균 식중독 (장출혈성 대장균 식중독)	원인균	• O-157, E-coli • 원인식품: 햄. 치즈, 소시지, 두부 등이 원인식품. 분변에 직간접으로 오염된 식품
	잠복기	12~72시간(평균 12시간)
	증상	• 급성장염 증세(설사, 복통, 발열, 구토) • 출혈성 대장염, 혈전성 혈소판 감소증, 용혈성 요독 증후군(용혈성 빈혈, 혈소판감소증, 급성신부전증)이 나타나며 심하면 사망
	예방	• 조리기구 구분해서 사용, 생육과 조리된 음식을 구분하여 보관 • 다진 고기는 중심부 온도가 75℃ 1분 이상 가열
3. 장염 비브리오 식중독 (호염균 식중독)	원인균	• Vibrio Parahemolyticus, • 원인식품: 어패류, 생선회, 수산식품 • 조리한 사람의 손과 기구로부터 다른 식품에 2차 오염
	잠복기	2~48시간(평균 12시간)
	증상	• 장독소를 생성하며 많은 양의 수양성 설사 유발, 미령(고열은 드물다.) • 콜레라 유사 증세(설사, 복통, 구토, 발열), 혈변, 점액변이 나오기도 한다.
	예방	• 60℃에서 15분 이상, 80℃에서 7~8분 이상 가열하면 예방 • 여름철에 어패류의 생식을 피할 것 • 손과 조리기구 청결 유지(횟감용 칼과 도마 구분 사용). 오염된 조리기구는 10분 간 세척, 소독하여 2차 오염 방지 • 장염비브리오는 소금 없는 물에 약하므로 해산물을 수돗물로 세척
4. 캠필로박터균 식중독	원인균	• Campylobacter • 원인식품: 소 돼지 개 고양이 닭 우유 물 육류의 생식이나 불충분한 가열, 동물의 분변에 의해 오염. 처리하지 않은 우유나 오염된 음용수가 감염원 • 미호기적 조건에서 30℃이상에서 증식(냉장온도에서도 생존)
	잠복기	**2~7일(긴 잠복기가 특징), 평균 63시간**
	증상	• 설사, 복통, 구토, 발열, 근육통, 감염력이 높음 • 신경계 질환인 길리언 바레 증후군 유발. 예후 양호
	예방	• 생육을 만진 경우 손을 깨끗이 씻고 소독하여 2차 오염을 방지 • 생균에 의한 감염이므로 식품을 충분히 가열 • 열 건조에 약하므로 조리 기구는 물로 끓이거나 건조
5. 여시니아 식중독	원인균	• Y. entrocolitica(실온, 저온의 냉장, 포장 식품에서 발육) • 원인식품: 불완전하게 요리된 닭, 돼지, 소고기. 오염된 음용수
	잠복기	1~6일(10 미만)
	증상	• 맹장염 유사(복통, 고열. 설사. 구토 메스꺼움) 1~2주 내 회복
	예방	• 가열, 70℃ 3분에 의해 사멸

Keyword

6. 리스테리아증	원인균	• L.menocytogenes • 4℃ 냉장온도에서 오랫동안 생존, 증식 • 불결한 도축환경, 비위생적인 경우 오염, 오염된 냉동식품 • 부적절한 살균 처리 시 덜 익혀진 상태로 섭취할 경우
	증상	임산부 유산 유발, 감기 증상. 패혈증, 신경증상
	예방	• 생고기, 살균하지 않은 우유, 치즈 섭취 금지 • 냉동 가공품은 철저히 관리, 타 식품과의 교차오염 주의, 가열

독소형: 식품에 들어 있는 균이 증식하면서 독소를 생산하고 그 식품 섭취 후 독소증상

1. 황색 포도상 구균 식중독	원인균	• enterotoxin(장독소) • 원인식품: 육류 및 가공식품과 우유, 크림, 버터, 치즈 등 과자류 유제품 김밥 도시락 두부 등 복합조리식품
	잠복기	**0.5~6시간(평균 3시간)**
	증상	급성 위장염 증상(구토, 설사, 복통, 오심)
	예방	• 80℃ 30분간 가열로 균은 거의 사멸, 식중독의 원인인 장독소는 내열성이 강하여 100℃ 60분간 가열해야 파괴 • 식품취급자는 손을 청결, 화농, 편도선염환자 식품을 취급금지 • 기구와 기기 등을 청결히 유지하여 2차 오염을 방지 • 식품은 5℃ 이하 냉장 보관
2. 클로스트라디움 보툴리눔균 식중독	원인균	• Clostridium botulinum이 내는 외독소. A형이 치명적 • 원인식품: 통조림, 햄, 소시지, 레토르트 식품, 생선 • 보툴리눔균은 내열성이 강해 100℃ 수 시간 가열해도 죽지 않음 • 생성된 독소는 열에 쉽게 파괴 80℃ 20분, 100℃ 1~2분 가열
	잠복기	8~36시간(평균 12시간)
	증상	• 신경성 증상(현기증, 두통, 신경장애, 언어장애, 호흡곤란) • 체온 정상, 치명률은 67%로 가장 높다
	예방	• 원재료에 포자가 있을 수 있으므로 채소와 곡물을 반드시 세척 원재료를 가공 및 통조림으로 제조할 때 100℃ 30분간 가열로 포자를 완전히 사멸 • 균의 독소는 단시간 가열로 불활성화, 통조림 등 가열하여 섭취
3. 웰치균 식중독	원인균	• Clostridium welchii 균주가 분비하는 외독소 • 원인식품: 어류, 육류 또는 그 가공품 중 단백질 식품 • 혐기성 균으로 대향의 식사를 위해 가열 조리할 때 잘 발생, 집단식중독 • 열에 강해 100℃에서 4시간 가열해도 사멸되지 않음
	잠복기	12~18시간(평균 12시간)
	증상	복통, 설사, 두통, 2~3일 내 회복
	예방	• 식품 오염방지, 식품가열 후 즉시 섭취 또는 급랭시켜 증식억제

Keyword

감염독소형: 식품 내 증식한 균이 장관 내 정착하여 독소 산출, 독소에 의한 증상 발현			
클로스트라디움 퍼프린젠스균 식중독	원인균	• Clostridium perfringens, A형과 C형 • 원인식품: 돼지고기. 닭고기, 칠면조 등 조리한 식품 및 그 가공품인 단백질 식품이며, 가열 후 상온에서 5시간 방치된 식품에서 많이 발생	
	잠복기	8~12시간	
	증상	설사, 복통, 가벼운 증상 후 회복	
	예방	• 혐기성 균이므로 식품을 대량 보관하지 말고 소량씩 보관 • 신선한 원재료를 필요량만 신속하게 조리하여 남기지 않도록, 남은 식품은 충분히 가열 후 섭취	
바이러스성 식중독			
노로바이러스	원인	• 급성 위장관염을 유발, 식품매개 집단 식중독의 주요한 원인체 • 전파경로: 분변-구강경로를 통해 감염 (감염자의 대변, 구토물에 있는 바이러스가 음식, 물을 오염. 손, 접촉물 오염 후 이에 접촉함으로써 오는 2차 감염) • 감염성은 발현기에 가장 심하며 회복 수 3일에서 최장 2주까지 가능 • 전파양식: 식품매개, 경구경로, 수인성 순으로 감염되며 2차 감염도 흔함 • 감염된 조리자에 의한 집단 감염, 상수도 오염 시 폭발적 유행	
	증상	• 오심, 설사, 복통, 구토 등 위장관염 증세, 두통 • 대부분 증상 경미, 1~2일 지나면 자연회복, 만성보균자는 없다.	
	잠복기	24~48시간	
	예방	• 접촉 후 충분히 세척, 소독 • 조리자는 용변을 본 후 조리하기 전에 손을 씻고 소독 • 과일과 채소는 철저히 씻고 굴 등의 어패류는 중심온도가 85℃에서 1분 이상 가열하여 먹는다. • 질병 발생 후 오염된 표면은 소독제로 철저히 세척 살균하고 • 감염된 옷과 이불 등은 즉시 비누를 사용하여 뜨거운 물로 세척	
자연독 식중독			
병인	원인독	증상	
복어	테트로도톡신	• 구토, 설사, 지각이상, 언어장애 시력장애. 호흡근마비, 의식명료. 사망 • 특징: 신경독(알, 난소에 강한 독성 함유, 신경증상 유발, 높은 치사율) • 열내성(100℃에서 4시간 동안 파괴되지 않음)	
홍합	미틸로톡신	• 말초신경, 호흡중추마비	

Keyword

굴, 조개	베네루핀	• 권태. 오한, 구토, 두통, 뇌증상, 사망(높은 치사율) • 특징: 열내성(100℃에서 1시간 동안 파괴되지 않음)
섭조개	삭시톡신	• 신경장애, 마비, 호흡중추 마비로 사망
버섯류	무스카린	• 위장형 구토. 위장산통 허탈. 콜레라형 • 특징: 발병률 100%
감자	솔라닌	• 복통허탈 현기증, 심하면 호흡중추마비
청매	아미그달린	• 오심, 구토, 복통, 설사. 두통, 지각 이상 • 특징: 가열로 파괴
독초	식물성 알칼로이드	• 위장염형. 침 흘림 • 신경형 동공산대. 호흡마비 • 특징: 잠복기 6~7일 후, 사망률 7%
맥각	에르고톡신	• 임산부의 조산 유산. 위통 구토, 경련 • 특징: 치사량 강함
미나리	시쿠톡신	• 구토 등 위장관계 증상, 현기증. 경련, 치사량이 강함
곰팡이	아플라톡신	• 발암물질(간암), 부패한 땅콩, 옥수수, 콩, 보리 등에 나타남

4) 식중독 예방법
- 식중독 예방: 3대 요령(손 씻기, 익혀먹기, 끓여먹기)
  - 청결: 손은 비누를 사용하여 골고루 흐르는 물로 20초 이상 씻어야 하며,
  - 가열: 음식물은 74℃, 1분 이상 조리, 속까지 충분하게 익혀서 섭취, 물은 끓여 마신다.
  - 냉각: 5℃ 이하 저온저장
  - 신속: 신속히 조리. 조리 후 신속히 섭취

[식중독 예방 10대 수칙]
① 안전을 위해 가공된 식품을 선택할 것
② 철저하게 조리할 것
③ 조리된 식품은 즉시 먹을 것
④ 조리된 식품은 조심해서 저장할 것
⑤ 한 번 조리된 식품은 철저하게 재가열할 것
⑥ 날 음식과 조리된 식품이 섞이지 않도록 할 것
⑦ 손은 여러 번 씻을 것
⑧ 부엌의 모든 표면을 아주 깨끗이 할 것
⑨ 식품은 곤충, 쥐, 기타 동물들을 피해서 보관할 것
⑩ 깨끗한 물을 이용할 것

Keyword

문제 [10] 식중독은 세균, 식물성 및 동물성 자연독, 독성 화학 물질 등에 의하여 오염된 식품을 섭취함으로써 집단적으로 발생한다. 〈보기 A〉에서 제시된 식중독의 원인균(독)과 특성을 각각〈보기 B〉와 〈보기 C〉에서 골라 바르게 연결한 것은?

〈보기 A〉
가. 맥각중독   나. 살모넬라 식중독   다. 호염균 식중독
라. 복어 중독   마. 포도상구균 식중독

〈보기 B〉
ㄱ. 아미그달린   ㄴ. 마이틸로톡신   ㄷ. 베네루핀
ㄹ. 대변연쇄상구균   ㅁ. 에르고톡신   ㅂ. 장염비브리오균
ㅅ. 테트로도톡신   ㅇ. 황색포도상구균   ㅈ. 장염균

〈보기 C〉
A. 식후 평균 3시간 정도에 발병하고 급성위장염 증상을 보이며, 치사율이 가장 높은 식중독이다.
B. 열에 약하고 담수에 사멸되는 특징이 있으므로, 먹기 전에 가열하거나 깨끗한 수돗물로 씻는다.
C. 산란기에 독성이 강해지며, 주 증상은 구순 및 혀의 지각마비, 호흡 장애, 위장 장애, 뇌장애 등으로 중추신경 및 말초신경에 대한 신경독을 일으킨다.
D. 열에 약하여 섭씨 60도에서 20분간 가열하면 균이 사멸되므로 먹기 전에 끓여 먹는다.
E. 덜 익은 매실 속에 들어있으며, 중독 시에는 구토, 두통, 출혈성 방점이, 심한 경우에는 의식 혼탁과 토혈 등의 증상이 나타난다.

① 가-ㄱ- E   ② 나-ㅈ-A   ③ 다-ㅂ-B
④ 라-ㄴ-C   ⑤ 마-ㅇ-D

문제 [92] 장독소(Enterotoxin)를 형성하는 식중독의 원인균은?
① 황색 포도상 구균(Staphylococcus aureus)
② 연쇄상 구균(Streptococcus pneumoniae)
③ 헤모필루스(Hemophilus influenza)
④ 리켓챠(Rickettsia rickettsii)

문제 [95] 곰팡이가 생산하는 유독성 대사물에 의한 식중독은?
① Tetrodotoxin   ② Aflatoxin
③ Amanitatoxin   ④ Saxitoxin

Keyword

문제 [16] 다음은 보건교사가 중학생들을 대상으로 복어독 식중독 예방을 주제로 한 수업의 모둠 활동지이다. 괄호 안의 ㉠, ㉡에 해당하는 용어를 순서대로 쓰시오.(2)

[활동1] 복어독 식중독 예방 및 관리

♣ 다음 상황을 보면서 '복어에 의한 식중독'에 대해 토론해 봅시다.

♣ 다음은 복어독의 명칭과 속성을 묻는 질문입니다. 답이 무엇인지 찾아봅시다.
○ 복어독은 계절, 복어의 종류 및 부위에 따라 독력이 다르게 나타난다. 복어에 들어있는 독소의 명칭은 무엇인가요?
(㉠)
○ 위 상황에서 식중독이 발생한 이유는 요리에 들어간 복어독의 어떤 속성 때문인가요?
(㉡)

Keyword

문제 [22] 다음은 보건교사를 대상으로 한 연수 교육자료의 일부이다. 괄호 안의 ㉠과 ㉡에 들어갈 내용을 순서대로 제시하시오.

<식중독>

1. 정의: 식품 섭취로 인해 발생하는 급성위장염을 주 증상으로 하는 건강문제
2. 종류

병인	유형	원인균	전파경로
세균성	감염형	살모넬라균	오염된 식품 또는 감염된 육류, 유류(milk), 가공식품으로 조리한 음식물을 섭취
		장염 비브리오균	보균자의 오염된 손을 통해 조리한 해산물, 오징어, 생선회 등을 섭취
	독소형	황색포도상구균	원인균 장독소가 들어있는 빵, 우유, 가공된 육류, 과자류 등을 섭취
		(㉠)	독소를 만드는 아포가 파괴되지 않은 소시지, 육류, 통조림, 밀봉 식품 등을 섭취
		웰치균	식품 내 균이 증식하여 독소가 생성된 식육가공품, 어패류 조리 식품 등을 섭취
바이러스성	바이러스	노로 바이러스	노로 바이러스에 감염된 사람의 (㉡)을/를 통해 오염된 물과 음식물을 섭취

Keyword

문제 [15] 다음은 고등학교 보건교사가 수학여행을 앞두고 있는 학생들의 식중독 예방교육을 위하여 작성한 교수·학습 지도안이다. 괄호 안의 ㉠, ㉡에 해당하는 내용을 순서대로 쓰시오.

<교수·학습 지도안>

단원	식품과 건강	지도교사	김○○
주제	식중독 예방 및 관리	대상	남학생 35명
차시	2/3차시	장소	2-1 교실
학습목표	• 식중독 유형에 따른 원인과 예방법을 설명할 수 있다.		

단계	교수·학습 내용	시간
도입	• 전시 학습 확인: 우리나라 식중독 발생 현황 • 동기 유발: 학생 집단 식중독 사례에 대한 동영상 시청 • 본시 학습 목표 확인	5분

전개	I. 식중독 유형에 따른 원인과 특성
	1. 포도상 구균 식중독
	  - 황색 포도상 구균(Staphylococcus aureus)이 생성하는 (㉠)이/가 원인이 되어 발병함.
	  - 오심, 설사, 구토, 복통 등의 급성 위장염 증상을 나타냄.
	  - 주로 우유와 유제품, 김밥, 도시락, 어패류 등의 식품이 원인이 됨.
	  - 식품 취급자가 (㉡) 질환이나 편도선염 등에 걸렸을 때는 조리 업무 종사를 금함.
	2. 장염 비브리오 식중독
	… (중략) …
		40분

정리 및 평가	• 식중독의 원인균과 원인 식품에 대한 O, X 퀴즈	5분

04. 폐기물과 건강

1. 개념
: 쓰레기. 오니. 폐유 등 사람의 생활이나 사업 활동에 필요하지 않게 된 물질

1) 생활폐기물 - 사업장 폐기물 외의 폐기물

2) 지정폐기물 - 사업장 폐기물 중 폐유, 폐산 등 주변 환경을 오염시킬 수 있거나, 의료폐기물 등 인체에 위해를 줄 수 있는 유해한 물질

3) 의료폐기물 - 보건, 의료기간, 시험·검사기관 등에서 배출되는 폐기물 중 인체에 감염 등 위해를 줄 우려가 있는 폐기물

2. 폐기물 처리 방법

1) 일반폐기물 처리
   ① 투기법: 가장 간단한 처리법. (불쾌감, 비위생적 환경 유발, 악취. 오염 문제로 이용률 저하)
   ② 소각법: 가장 널리 이용. 열적처리방법, 폐기물을 연소시켜 양을 줄이고 잔여물은 매립하는 방식
   ③ 위생적 매립법: 폐기물을 모아서 파묻는 방법. 처리비용이 가장 낮으며 공정이 간단
     - 매립시 쓰레기 두께는 1~2m, 매립 후 20cm 높이 복토를 덮는다.
     - 매립 진개가 1/2로 줄었을 때 새 진개를 매립하고 복토를 덮는다.
     - 매립 경사는 30도, 최종 복토는 60~100cm 두께
   ④ 퇴비화: 호기성 조건 아래 생물학적으로 유기물을 안정화 시키는 방법
     - 폐기물 유기물질을 호기성 또는 혐기성 세균, 곰팡이 등을 이용하여 비료로 만드는 방법
       (과정 - 3~4주 소요. 가로쓰레기(street trash)를 생물학적 과정으로 분해하여 안정된 상태의 부식토로 변환시킴. 고온이 발생하며 병원균을 파괴함)

2) 지정폐기물 처리
   - 중간처리: 소각, 고온 열분해, 파쇄, 절단, 탈수, 고형화, 사료화, 퇴비화 등
     ① 소각: 폐기물 내 유기성 가연물질을 소각시켜 처리하는 방법. 가장 위생적이고 안전하나 소각 시 2차 오염 유발. 열 소실 출구온도를 200℃이상 유지. (건설비과 관리비가 비싸며 고도의 기술 요구, 소각 시 다이옥신 배출로 대기오염 유발)
     ② 고온 열분해: 가연성 물질을 무산소나 저산소 상태에서 열을 간접 가열하여 분해하는 것, 열분해실 출구온도는 1,100℃이상으로 유지.

Keyword

③ 파쇄, 절단: 고형물의 크기를 작게 하는 조작, 절단편 크기는 15cm 이하
④ 탈수: 폐기물의 용적을 감소시켜 취급, 운반, 처리를 편리하게 함. 진공여과, 가압여과, 원심분리, 천일건조상 등의 방법을 이용
⑤ 고형화(고화처리): 폐기물을 고체형태로 고정시키는 물질과 혼합, 폐기물 고정시키고 화학적으로 안정화시키는 처리방법. 고화제를 섞어 유해물질의 용출 방지
⑥ 사료화 퇴비화: 폐기물의 재활용 측면에서 확대되어야 하며 공정 중 악취가 발생할 경우 탈취장치 필요

- 최종처리
: 지정처리물의 최종처리는 매립처리

문제 [94] 쓰레기 처리 중 위생적 매몰에 대한 설명이다. 맞는 것은?
① 매몰 작업의 표면은 45° 경사가 좋다.
② 매몰 지역은 1년 후에 집을 지을 수 있다.
③ 넓고 평탄한 땅을 이용하는 곳은 구매몰법이 사용된다.
④ 매몰이 끝난 후 최종으로 덮어야 할 흙의 두께는 30cm는 되어야 한다.

문제 [94] 도시 쓰레기를 퇴비로 만들 때 그 처분 방법으로 옳은 것은?
① 쓰레기의 최적수분량은 40-60%가 적당하다.
② 쓰레기 중의 탄소와 질소의 비는 20-25:1 이 적당하다.
③ 혐기성 발효법을 사용하여 쓰레기 분해 과정 중의 악취를 제거한다.
④ 쓰레기의 퇴적 높이는 2.5-2.8m보다는 낮고 0.5-0.8m보다는 높아야 한다.

05. 생활환경과 건강

1. 환기
: 실내에서 정체되어 있는 오염된 공기를 실외로 배출하고 깨끗한 공기를 실내에 공급하여 오염물질을 제거하거나 희석하는 과정

2. 환기량
: 환기에 의하여 출입하는 공기의 양

[1인 1시간당 필요 환기량의 산출 공식]

$$V = \frac{K}{CO-C}$$

V: 1인 1시간당 필요 환기량(m^2)
K: 1인 1시간당 호출되는 CO_2량 = 21L
CO: 실내 공기의 CO_2의 허용 농도 = 0.1%
C: 정상외기의 CO_2 함유량 = 0.03%

[환기횟수]

$$N = \frac{xV}{v}$$

N: 시간 당 환기 횟수
x: 실내의 사람 수
V: 1인당 환기량
v: 실내 공기 용적

㉮ 1인당 필요 환기량이 30m2일 경우, 공기면적이 10m2인 거실 환기 횟수
 = 30/10 = 3회
 즉, 1시간에 1인당 3회의 환기가 필요

3. 실내공기오염

1) 군집독: 많은 사람이 환기가 불량한 실내에 장기간 있으면 불쾌하고 권태감, 두통, 구역, 현기증 등의 증상을 나타내는 현상. 예방법은 환기

2) 일산화탄소 중독
 ① 원인: 유기물이 완전 연소하면 이산화탄소가 생기지만 산소 공급이 불충분하면 불완전 연소되어 일산화탄소 발생(CO_2 + C(작열한 탄소) = $_2CO$)
 ② 위생학적 허용 농도: 0.01%(100ppm)
 ③ 일산화탄소 중독 기전: CO가 흡입되어 혈액으로 가면 혈색소와 결합(CO+Hb)하여 혈색소의 산소결합 능력을 빼앗게 되므로 혈중 산소 농도가 저하되어 <u>조직의 저산소증</u> 초래
  • 인체에 심한 독성 기체로 작용하여 내질식 상태 유발로 <u>중추신경계통의 장애</u> 초래
  • CO는 산소운반 장애와 산소해리 장애 작용의 이중 작용으로 <u>생체조직의 산소결핍증</u> 유발

④ 중독 증상
  - 급성증상(중추신경계 영향으로 두통, 현기증, 구역, 구토, 시청각 감퇴)
  - 중증(의식혼탁, 혼수상태)
⑤ 예방과 치료
  - 예방: 일반 가정에 환기설비와 가스누설 방지가 필요하고 환자발생 시 환자를 신선한 공기가 있는 곳으로 옮겨 안정, 보온시킴
  - 치료: 인공호흡과 산소흡입 및 고압 산소요법 사용

> **문제 [93]** 일산화탄소(CO)중독 시 혈액 중에 탄소포화도가 어느 정도일 때 혼수상태가 올 수 있는가?
> ① 10~20% ② 20~30% ③ 30~40% ④ 40~50%

4. 주거환경

1) 새집증후군
   ① 정의: 새집으로 이사한 뒤 눈이 따갑거나 목과 머리가 아프고, 아토피성 피부염이 생기는 증상
   ② 원인: 새집의 합판, 바닥재, 가구에 있는 포름알데히드와 휘발성 유기화합물 등 유해물질
   ③ 증상: 극심한 두통, 구토, 눈과 목통증, 아토피성 피부염, 맥관부종(두드러기), 천식, 만성 피로, 불면, 불안, 초조 등. 석면, 포름알데히드가 배출하는 물질(환경호르몬)에 의한 내분비계 균형 교란
   ④ 예방: 친환경 소재 사용, 충분한 환기, 베이크 아웃(집안 온도를 35~40℃로 올린 뒤 8시간 이상 난방하는 방법)

2) 헌집증후군
   ① 정의: 오래된 집에 숨어있는 곰팡이, 세균, 집먼지 진드기 등 오염물질이 건강에 나쁜 영향을 주는 현상
   ② 예방: 환풍 장치 설치로 습기 제고, 낡은 배수관 교체, 잦은 환기

3) 빌딩증후군
   ① 정의: 실내 공기가 오염되어 건물 안에서는 머리가 아프고, 어지러우며, 쉽게 피로하고, 나른, 눈과 목이 따갑고, 소화가 잘 되지 않으며, 메스꺼운 증상을 보이다 건물 밖으로 나가면 증상이 사라지는 현상
   ② 원인: 물리적 요인 - 담배연기. 건축자재, 사무용품 등에서 방출되는 라돈, 석면 등
      - 정신적 요인 - 직업만족도, 근무분위기, 스트레스 등
   ③ 예방: 밀폐된 공간의 환기시설 강화, 장기적으로 환기구조의 개선, 실내 공기질 개선(실내 공기 오염원 제거), 근무환경의 물리적-정신적 요인 개선

Ⅲ 위험의사소통

( )월( )일

이아라 **전공보건**

01 위험 의사소통 개념

- 위험과 관련된 내용을 전달하는 의사소통 과정
- 이해집단 간에 신체적·환경적 위험의 수준, 위험의 중요성이나 의미, 위험을 통제 혹은 관리하기 위한 결정, 행동 또는 정책 등에 관한 정보를 주고받는 행위

02 위험의사소통 프로그램 절차(순환적인 프로그램)

1. 1단계
- 위험상황의 분석 및 이론 탐색
- 조사를 통해 강점, 약점, 기회요인, 위험요인 등의 위험 상황 분석

2. 2단계
- 목표 및 관련 공중의 설정
- 위험 의사소통의 대상인 목표 대상을 선정하는 것

3. 3단계
- 이론 적용 및 커뮤니케이션 실행
- 가장 최선의 의사소통 실행계획을 설정하고 시행하는 것

4. 4단계
- 평가 및 학습
- 프로그램을 기획, 실행하는 과정과 영향력을 측정하여 평가하고 학습하는 과정

5. 5단계
- 공중과의 관계 유지
- 대상자와의 관계 유지. 개방성을 가지고 의무 분담

03 간호사 역할

: 배려하는 태도, 일반인을 고려하는 대화중심의 접근

Ⅳ. 재난간호

( )월( )일

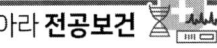

01. 정의

[재난 및 안전관리 기본법]

1. 재난
- 국민의 생명, 신체, 재산과 국가에 피해를 주거나 줄 수 있는 것

2. 국가재난관리기준
- 모든 유형의 재난에 공통적으로 활용할 수 있도록 재난관리의 전 과정을 통일적으로 단순화, 체계화 한 것으로 행정안전부장관이 고시한 것

3. 행정안전부장관
- 국가 및 지방자치단체가 행하는 재난 및 안전관리 업무총괄·조정

02. 특성

1. 누적성
- 재난은 한순간에 발생하지 않는다. 재난은 오랜 시간 동안 누적되어 온 위험요인들이 특정한 시점에서 밖으로 표출된 결과

2. 불확실성
- 재난은 부정형으로 진화하며 불확실. 재난의 특성은 변할 수 있고 그에 따라 위기 관리조직도 정상적인 대응보다는 선례가 없는 조치들을 취할 수 밖에 없게 된다.

3. 상호작용성
- 재난은 상호작용. 재난은 대부분 단일한 원인으로 발생하지 않으며 재난 발생 이후에도 피해 주민의 반응, 피해 지역의 기반시설 등의 요인들과 계속된 상호작용을 동반하면서 진행해나간다. 결국 이러한 상호작용에 의해 총체적으로 피해의 강도와 범위가 정해진다.

4. 복잡성
- 재난은 복잡한 원인들에 기인. 재난의 복잡성의 원인 중 하나는 재난의 상호작용성 때문

03 분류

1. 자연재난
- 태풍, 홍수, 호우, 강풍, 풍랑, 해일, 대설, 낙뢰, 가뭄, 지진, 황사, 적조, 조수, 화산활동, 소행성 유성체 등 자연 우주물체의 추락 충돌, 기타 자연현상 그 밖에 이에 준하는 자연현상으로 인하여 발생하는 재해

2 사회재난
- 감염병의 예방 및 관리법」의 감염병 또는 「가축전염병예방법」의 가축전염병 확산, 「미세먼지 관리 특별법」에 따른 미세먼지 등으로 인한 피해
- 화재·붕괴·폭발·교통사고·화생방 사고·환경오염사고 등으로 인하여 발생하는 대통령령으로 정하는 규모 이상의 피해
- 에너지, 통신, 교통, 금융, 의료, 수도 등 국가 기반체계의 마비
- 공공성이 큰 국가 사회기반 시설물에서 발생하는 재난(건축물, 사회기반, 시설물, 에너지 시설, 해상사고, 유조선 사고, 환경시설 사고, 자동차 사고, 열차사고, 비행기 사고, 선박사고, 가스폭발 사고 등)

3. 인적 재난
- 화재, 붕괴, 폭발, 교통사고, 화생방 사고, 환경오염 사고, 이와 유사한 사고로 발생하는 대통령령으로 정하는 규모 이상의 피해. 인간의 부주의로 발생하는 사고성 재해와 고의적으로 자행되는 범죄성 재해, 공업의 발달에 따른 제반 재해

4. 특수 재난
- 인위적인 원인에 의한 불특정 다수에 대한 범죄행위로 공공테러, 연성테러(감염성 미생물 테러), 컴퓨터 바이러스 테러, 괴질, 불법 시위 등

04. 재난관리모형

1. 재난 단계별 간호(Petak 의 재난 관리과정 4단계)

1단계 재해의 완화와 예방	2단계 재해의 대비와 계획	3단계 재해의 대응	4단계 재해 복구
		재난중→위기관리 4단계(관심, 주의, 경계, 심각)	재난 종료 후
재난 발생 전		재난 발생 후	

• 위험성 분석 및 위험지도 작성
• 건축법 정비 제정
• 재해 보험
• 토지 이용 관리
• 안전관련법 제정
• 조세 유도
	• 재난대응 계획
	• 비상경보체계구축
	• 통합대응체계 구축
	• 비상통신망 구축
	• 대응자원 준비
	• 교육훈련 및 연습
		• 재난대응 적용
		• 재해진압, 구조구난
		• 응급의료체계 운영
		• 대책본부 가동,
		• 환자 수용, 간호,
		• 보호 및 후송 +
		  이재민 대피 시설 안내 및 관리:
		  간호의 역할
			• 잔해물 제거
			• 감염 예방
			• 이재민 지원
			• 임시거주지 마련
			• 시설 복구 +
			  정신적 트라우마

1) 1단계: 재해의 완화와 예방
   • <u>위험성 분석 및 위험지도 작성</u>, 건축법 정비 제정, 재해 보험, 토지 이용 관리, 안전관련법 제정, 조세 유도

2) 2단계: 재해의 대비와 계획
   • 재난대응 계획, 비상경보체계 구축, 통합대응체계 구축, 비상통신망 구축, 대응자원 준비, 교육훈련 및 연습

3) 3단계: 재해의 대응
   • 재난대응 적용, 재해진압, 구조 구난, 응급의료체계 운영, 대책본부 가동, 환자 수용, 간호, 보호 및 후송 + 이재민 대피 시설 안내 및 관리: 간호의 역할

4) 4단계: 재해 복구
   • 잔해물 제거, 감염 예방, 이재민 지원, 임시거주지 마련, 시설 복구 + 정신적 트라우마

2. 재난 단계별 간호(재난안전법 4단계)

재난 발생 전	
재난의 예방	재난의 대비
1. 재난 대응 조직 구성 및 정비 2. 재난 예측 및 예측정보 제공·이용체계 구축 3. 재난 발생 대비 교육·훈련과 재난관리 예방 홍보 4. 재난 위험 높은 분야 안전관리체계의 구축 및 안전관리규정의 제정 5. 국가핵심기반의 관리 6. 특정관리대상지역에 관한 조치 7. 재난방지시설의 점검·관리 8. 재난관리자원의 관리	1. 재난관리자원의 관리 2. 재난현장 긴급통신수단의 마련 3. 국가재난관리기준의 제정·운용 4. 기능별 재난대응 활동계획의 작성·활용 5. 재난분야 위기관리 매뉴얼 작성·운용 6. 안전기준의 등록 및 심의 7. 재난안전통신망의 구축·운영 8. 재난대비훈련 기본계획 수립 9. 재난대비훈련 실시

재난 발생 후	
재난의 대응	재난의 복구
1. 응급조치 2. 재난사태 선포 3. 위기경보의 발령 4. 재난 예보·경보체계 구축·운영 5. 대피명령 6. 위험구역의 설정 7. 통행제한 8. 응원 9. 긴급구조 10. 재난대비능력 보강	1. 재난피해 신고 및 조사 2. 재난 복구계획의 수립 시행 3. 특별재난지역 선포 및 지원 4. 응급지원 5. 손실보상 6. 치료 및 보상 7. 포상 8. 복구비 지급

Keyword

| 국시 [19] | 재난 발생 시 다음 보기는 어느 단계에서 수행할 활동인가?
① 잔해물 제거 ② 위험지도 작성 ③ 안전관리법 제정
④ 환자 중증도 분류 ⑤ 재난대응 전문인력 훈련 |

| 국시 [20] | 대형 재난이 발생한 후 재해 복구단계에서 수행해야 할 간호는?
① 위험지도 작성 ② 재난대피소 지정 ③ 재난수색과 구조
④ 비상경보체계 구축 ⑤ 심리상담 및 전문치료 의뢰 |

| 국시 [21] | 재난 관련 위험을 예방하거나 최소화하기 위하여 해야 할 예방적 활동은?
① 위험지도 작성 ② 긴급의약품 조달 ③ 감염병 발생 관리
④ 재난 응급의료체계 운영 ⑤ 피해자 심리적 지지 프로그램 제공 |

| 국시 [20] | 「재난 및 안전관리 기본법」상 다음에서 제시된 업무는 재난관리 중 어느 단계에 해당하는지 각각 제시하시오.
① 재난관리자원의 비축 및 관리
② 재난안전통신망의 구축 및 운영
③ 재난현장 긴급통신수단의 마련
④ 재난분야 위기관리 매뉴얼 작성 및 운용
⑤ 안전기준의 등록 및 심의
⑥ 재난관리를 위해 대피소 운영, 비상의료지원, 중증도 분류가 이루어지는 단계 |

05. 재난관리와 간호사의 역할

1. 간호사의 재난간호역량

```
                    재난 간호 역량
    ┌──────────┬──────────┬──────────┬──────────┐
 예방/완화 역량   대비 역량      대응 역량    복구/재활 역량
```

예방/완화 역량	대비 역량	대응 역량	복구/재활 역량
• 위험감소, 질병예방, 건강증진 • 정책개발과 기획	• 윤리적 실무 • 법적 실무와 책무성 • 의사소통과 정보공유 • 교육과 대비	• 지역사회 돌봄 • 개인과 가족 돌봄 • 심리적 간호 • 취약 인구 집단간호	• 개인, 가족, 지역사회의 장기적 회복에 노력

〈재난간호역량 틀〉

2. 재난간호역량 틀의 방향성
① 간호사들의 공유된 목표로 일관성 있는 간호 제공
② 재난상황에서 소통 용이
③ 자신감 전문성 촉진
④ 다분야 팀의 구성원으로서 능력을 향상시키는 기능 향상

3. 간호사의 역할
① 간호사는 한 영역에서 전문적으로 수행하는 간호능력보다 대상자의 다양한 요구를 수용할 수 있는 간호능력과 재난간호 수행 시 최소한의 사정능력, 적응력, 융통성, 창의성을 갖출 것을 요구한다.
② 이러한 능력은 통합적이고, 상호협력적인 태도, 재난 간호를 제공할 지식과 능력 및 리더로서의 자질을 갖춤으로서 강화될 수 있다.

이아라 **전공보건**

학교보건
보건교육

이해	행정	목표	활동	법
정의	조직		학교보건과정	부록
목적 [학교보건법 1조] : 학교의 <u>보건관리에 필요한 사항을 규정</u>	**인력** - 배치기준 - 업무 [보건교사 응급처치 보조인력]		**1. 간호과정** (사정-계획-수행-평가) **2. 프로그램** (원인-증상-관리-예방) -시력 -청력 -구강 -비만 -영양관리	
중요성 : 수, 시기, 효과, 효율, 위상	**기록** - 기록의 중요성 - 기록의 원칙	건강증진 - 정환기사지	**3. 학교보건사업** [학교보건봉사] - **<u>학생건강검사</u>** - 학교감염병	1.건강관리 2.환경위생 3.감염병 관리
범위 <table><tr><td>학교보건봉사</td></tr><tr><td>건전한 학교생활 환경조성</td></tr><tr><td>학교보건교육</td></tr><tr><td>학교와 지역사회의 관계</td></tr></table>	**보건실** - 설치기준 - 시설 및 기구		[건전한 학교생활 환경조성] - 학교환경위생 - 정신적 환경 - 학교안전관리 [학교보건교육] - 보건교육	

건강검진			
계획	절차	결과	예외
학생건강증진계획수립·시행: 교육감, 학교장 건강검사 실시계획의 수립: 학교장 건강검사에 필요한 사항: 교육부령 대상(who) 1. 건강검진-학생, 교직원 　초 1, 4(구강all) 　중고 1 cf) 1. 별도검사: 초 2356, 　　　　　　　중고 23 　　2. 신체능력: 초 56, 중고 　　　　　　　(초4는 선택) 언제(when) - 3.31까지 무엇(what) - 건강검사 　신체발달상황: 　　키, 몸무게, 비만도(BMI) 　신체능력: 필수, 선택 　건강조사: 설문지 　　(병력, 식생활, 건강생활행태) 　**건강검진**: 검진기관 방문 　정신건강상태검사: 　　설문지, 교육정보시스템 - 별도검사 　　소　시　구　결 　　(초중고)(중고)(고) 장소(where): 학교, 검진기관 (건강검진,신체발달상황)	[기관 선정] 학교장 - 2개 교육감 - 1개	Ⅰ. 관리 - 나이스(교육정보시스템) - 별도관리 - 학생건강기록부 　(신체발달상황, 신체능력검사, 　건강검진 결과, 별도검사 실시결과, 나이스 기록자료) Ⅱ. 기록 　(교육정보시스템 기록) 　- 인적사항 　- 신체발달상황(키. 몸무게) 　　및 능력 　- 기타(예방접종, 건강검진 　　일자 및 기관명, 별도검 　　사 일자 및 기관명) Ⅲ. 교부, 보존 　- 진학 시 　- 졸업 시 　- 졸업 못할 시 Ⅳ. 통계 　통계표 　- 신체발달상황(8월31일) 　- 신체능력검사(필수)2월 말, 　　교육감 보고 Ⅴ. 조치 　- 등교중지 　- 보건관리	[연기,생략] 교육감 OR 교육장 승인(천재지변) - 연기, 생략 가능 정신-동의 X - 지체없이 알려야

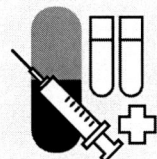
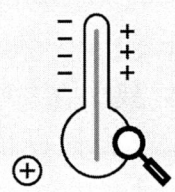
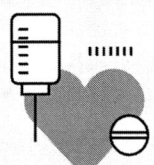

Chapter 1

학교간호

I 학교보건의 이해

( )월( )일

이아라 **전공보건**

1. 정의

1) 학교보건: 학교를 중심으로 지역사회의 공동노력을 통하여 학생 및 교직원의 건강을 보호, 증진하는 것

2) 학교간호: 학생과 교직원의 건강을 보호, 증진하기 위하여 간호과정을 적용하는 보건교사의 간호활동으로서 학생 및 교직원이 스스로 자신의 건강을 관리할 수 있는 능력을 갖추도록 하는 데 목표를 두는 실천적 학문

2. 목적[학교보건법 1조]

: 학교의 보건관리에 필요한 사항을 규정하여 학생과 교직원의 건강을 보호·증진함

3. 중요성

- 어느 연령층을 대상으로 한 건강사업보다 효율적인 이유
- 학교보건사업이 어느 분야보다도 국민건강에 기여할 수 있는 이유
- 학교 건강증진사업의 배경, 대두 배경. 학교건강증진 프로그램의 필요성
- 학교를 대상으로 한 건강증진 사업의 중요성(장점)
- 청소년이 건강증진 프로그램의 표적 대상자가 될 수 있는 이유

수	• 학교인구 대상자가 많다. 학생은 전체 인구의 약 1/6을 차지하는 계층 • 가족을 포함한다면 학교보건의 대상 인구는 더욱 커지므로 학교 인구의 건강을 증진시키는 것이 국민 전체의 건강 수준을 향상 시키는 것 • 가족과 지역사회로 전파되는 간접교육 효과도 있음
시기	• 학령기는 성장발달 시기. 이 시기에 건강문제가 발생하면 일생에 미치는 심각성이 크며 질병을 조기에 발견하여 장애를 예방한다면 적은 경비 큰 성과 가능 • 학령기는 학습효과가 높은 시기. 좋은 건강습관이 쉽게 형성될 수 있고 가족과 지역사회에의 간접교육 효과(파급효과)도 얻을 수 있다.
효과	• 학령기는 감염에 저항력이 약하므로 집단생활은 감염병의 근원이 되며, 전파 파급력이 미치는 영향이 크다. 학령기 동안 건강한 행동습관 형성과 건강증진 행동 양상은 집단 감염병 발생 예방 효과가 있다.
효율	• 학교인구는 학교라는 고정된 장소 내 밀집하여 사업 제공이 쉽다. • 학교는 건강증진사업을 펼치기에 효율적인 장이다.
위상	• 학교는 지역사회의 중심 역할을 하며 교직원은 지역사회에서 지도자로서 위치에 있다. 지역사회의 보건문제를 다룬다면 학교보건문제를 먼저 해결해야 한다.

문제 [00] 학교보건에 있어 일차보건의료사업의 의의를 기술하시오.

Keyword

> 문제 [02] 학교보건사업과 일차보건의료의 관련성을 기술하시오.
> – 어린이와 청소년들이 만성질환 예방을 위한 건강증진에 주요 대상으로 주목받고 있는 이유 Perry(1985)]
>
> ① 건강과 관련된 행동 양식은 어린 시절에 학습되며 청소년기를 거쳐 성인까지 지속
> ② 만성질환(당뇨, 심질환 등)의 위험요인이 이미 어린이와 청소년기에 시작되어 고위험군인 어린이를 찾아내어 행동수정을 시작하는 것이 바람직하므로
> ③ 어린이와 청소년은 학교에서 습득한 새로운 정보와 문화적 변화를 다른 가족 구성원에 전달하며 변화를 유발시킬 수 있는 영향력을 가진 인구집단이기 때문에

> 문제 [02] 학생집단을 대상으로 하는 학교보건 사업은 학교라는 특수성으로 인하여 타 분야의 보건사업과는 다른 중요성이 있다. 다음 물음에 답하시오.
> 1) 학교보건의 중요성 5가지만 쓰시오.
> 2) 학교보건의 목적을 기술하시오.

4. 범위

학교보건봉사	• 건강평가 • 건강상담 • 감염병관리 • 응급처치 • 요양호자 건강관리 • 학교급식
건전한 학교생활 환경조성	• 환경관리 • 생활관리
학교보건교육	• 보건교과 지도 • 보건교과 수업
학교와 지역사회의 관계	• 지역사회 내 보건사업과 일치 • 학생 및 교직원의 보건조직 활동

> 문제 [98] 학교보건은 포괄적 사업이다. 학교보건사업의 범위를 4가지로 구분하여 설명하시오.

5. 학교보건사업 변화과정

: 전염병 관리중심, 신체검사강조, 포괄적 건강관리 중시, 보건교육

# II 학교보건행정

( )월( )일

이아라 **전공보건**

1. 조직

2. 인력(학교보건법 시행령 제23조(보건교사))

1) 학교에 두는 의료인·약사 및 보건교사

법적 근거	내용
유아 교육법	제20조 ② 유치원에는 교원외에 촉탁의사, 간호사 또는 간호조무사, 행정직원 등을 둘 수 있다.
초·중등 교육법	제21조(교원의 자격) ① 보건교사(2급) 1. 대학·산업대학의 간호학과를 졸업한 사람으로서 재학 중 일정한 교직학점을 취득하고 간호사 면허증을 가진 사람 2. 전문대학의 간호과를 졸업한 사람으로서 재학 중 일정한 교직학점을 취득하고 간호사 면허증을 가진 사람 중 대통령령으로 정하는 바에 따라 교육부장관이 검정·수여하는 자격증을 받은 사람 ② 보건교사(1급) 보건교사(2급) 자격증을 가진 사람으로서 3년 이상의 보건교사 경력을 가지고 자격연수를 받은 사람 제21조의2(교사 자격 취득의 결격사유) 1. 마약·대마·향정신성의약품 중독자 2. 미성년자에 대한 성폭력범죄 또는 아동·청소년대상 성범죄 행위로 형 또는 치료감호를 선고받아 그 형 또는 치료감호가 확정된 사람 3. 성인에 대한 「성폭력범죄의 처벌 등에 관한 특례법」에 따른 성폭력범죄 행위로 100만원 이상의 벌금형이나 그 이상의 형 또는 치료감호를 선고받아 그 형 또는 치료감호가 확정된 사람
학교 보건법	제15조 ② 모든 학교에 제9조의2에 따른 보건교육과 학생들의 건강관리를 담당하는 보건교사를 둔다. 다만, 대통령령으로 정하는 일정 규모 이하의 학교에는 순회 보건교사를 둘 수 있다.
학교 보건법 시행령	제23조 ① 학교에는 학생과 교직원의 건강관리를 지원하는 의료인과 약사를 둘 수 있다. 학교에 두는 의료인·약사는 학교장이 위촉하거나 채용한다. ② 학교에 보건교육(심폐소생술 등 응급처치에 관한 교육을 포함한 보건교육)과 학생들의 건강관리를 담당하는 보건교사를 두어야 한다. 다만, 대통령령으로 정하는 일정 규모 이하의 학교에는 순회 보건교사를 둘 수 있다. ③ 보건교사를 두는 경우 일정 규모(**36학급**) 이상의 학교에는 <u>2명 이상의 보건교사를 두어야 한다.</u>

Keyword

2) 규제의 재검토

: 교육부장관은 다음 기준일을 기준으로 <u>3년마다</u>(매 3년이 되는 해의 기준일과 같은 날 전까지) 그 타당성을 검토하여 <u>개선조치</u>를 하여야 한다.
  ① 보건실 설치기준과 보건실에 갖추어야 하는 시설 및 기구의 기준: 2016. 1.1
  ② 학교의사, 학교약사 및 보건교사의 배치기준, 자격 및 직무: 2014년 1월 1일

3) 학교보건 인력

시도 교육감	① 학교환경위생 정화구역의 설정, 고시의무 ② 감염병 예방과 학교보건을 위한 <u>휴업 명령</u> ③ 학생의 신체 및 정신 건강증진을 위한 학생건강증진계획의 수립 시행
학교장	① 학교의 환경위생 및 식품위생의 유지 관리 ② 건강검사 실시 ③ 학생건강증진계획의 수립 시행 ④ 건강검사 기록의 작성 관리 ⑤ <u>등교중지</u> ⑥ 학생, 교직원 보건관리·보건교육·예방접종 완료 여부 검사·질병치료 및 예방조치·안전관리 ⑦ 질병의 예방을 위한 휴업

보건
교사
	① 학교보건계획의 수립
	② 학교 환경위생의 유지관리 및 개선에 관한 사항
	③ 학생과 교직원에 대한 건강진단의 준비와 실시에 관한 협조
	④ 각종 질병의 예방처치 및 보건지도
	⑤ 학생·교직원 건강관찰, 학교의사의 건강상담, 건강평가실시 협조
	⑥ 신체가 허약한 학생에 대한 보건지도
	⑦ 보건지도를 위한 학생가정 방문
	⑧ 교사의 보건교육 협조와 필요시의 보건교육
	⑨ 보건실의 시설 설비 및 약품 등의 관리
	⑩ 보건교육자료의 수집 관리
	⑪ 학생건강기록부의 관리
	⑫ 다음의 의료행위 ⓒ 의외 부질 (없)응요
	   ㉠ 외상 등 흔히 볼 수 있는 환자의 치료
	   ㉡ 응급을 요하는 자에 대한 응급처치
	   ㉢ 부상과 질병의 악화를 방지하기 위한 처치
	   ㉣ 건강진단결과 발견된 질병자의 요양지도 및 관리
	   ㉤ 의료행위에 따르는 의약품의 투여

Keyword		
	보건교사의 응급처치	① 학교장은 사전에 <u>학부모 동의와 전문의약품을 처방한 의사의 자문</u>을 받아 보건교사(순회보건교사)로 하여금 <u>제1형 당뇨로 인한 저혈당쇼크 또는 아나필락시스 쇼크로 인하여 생명이 위급한 학생에게 투약행위 등 응급처치</u>를 제공하게 할 수 있다. 이 경우 보건교사에게 무면허 의료행위 금지법을 적용하지 아니한다. ② 보건교사가 제1항에 따라 생명이 위급한 학생에게 응급처치를 제공하여 발생한 재산상 손해와 사상에 대하여 고의 또는 중대한 과실이 없는 경우 해당 보건교사는 <u>민사책임</u>과 상해에 대한 <u>형사책임</u>을 지지 아니하며 사망에 대한 형사책임은 감경하거나 면제할 수 있다.
	보조인력	① 학교의 장은 질병이나 장애로 인하여 특별히 관리·보호가 필요한 학생을 위하여 보조인력을 둘 수 있다. ② 보조인력의 역할 • 보건교사의 지시를 받아 질병이나 장애로 인하여 특별히 관리·보호가 필요한 학생에 대해서 보건교사가 행하는 다음 활동을 보조한다. — 법 제15조의2제1항에 따른 <u>투약행위 등 응급처치</u> — 각종 질병의 예방처치, <u>건강관찰 및 건강상담 협조</u> 등의 보건활동 ③ 요건 • 보조인력은 「의료법」 제7조에 따른 <u>간호사 면허</u>가 있어야 한다.

문제 [20] 다음은 학교보건법 시행규칙(교육부령 제194호, 2019.10.24., 일부개정) 제11조에 근거한 ○○중학교의 보건 보조인력 채용 공고문이다. 〈작성 방법〉에 따라 순서대로 서술하시오. [4]

보건 보조인력 채용 공고

1. 근무 기간: 2019. 3. 1.~2020. 2. 29.
2. 근무 장소: ○○중학교
3. 지원 자격: (㉠   )
4. 직무: 학교보건법 제15조의2 제3항에 따른 보조인력은 같은 조 제1항에 따른 보건교사등의 지시를 받아 질병이나 장애로 인하여 특별히 관리·보호가 필요한 학생에 대해서 보건교사등이 행하는 다음 각 호의 활동을 보조함.
   가. 학교보건법 제15조의2 제1항에 따른 (㉡   ) 등 응급처치
   나. 각종 질병의 예방처치, 건강관찰 및 건강상담 협조 등의 보건 활동
5. 선발 방법: ㉢ <u>패널 면접(panel interview)</u>

〈작성 방법〉
○ 괄호 안의 ㉠에 해당하는 내용을 제시할 것.
○ 괄호 안의 ㉡에 해당하는 내용을 제시할 것.
○ 밑줄 친 ㉢의 방법을 쓰고, 장점 1가지를 서술할 것.

Keyword

문제 [03]	학교보건법 시행령 제23조에서는 학교보건 관리자인 보건교사의 직무를 제시하고 있다. 학교보건법 시행령에 제시된 보건교사 직무를 8가지만 쓰시오.

문제 [06]	학교보건 관리자인 보건교사의 직무는 '학교보건법 시행령 제6조'에 제시되어 있다. 이 중 보건교사가 할 수 있는 의료행위 5가지를 쓰시오. [5점]

문제 [20]	다음 괄호 안의 ⓒ, ⓔ에 해당하는 내용을 순서로 제시하시오.

당뇨병 학생 응급 상황 조치 계획	
저혈당 증상	…(상략)…
비 고	학교보건법 제15조의2(응급처치 등) 제2항: 보건교사등이 제1항에 따라 생명이 위급한 학생에게 응급처치를 제공하여 발생한 재산상 손해와 사상에 대하여 고의 또는 중대한 과실이 없는 경우 해당 보건교사 등은 (ⓒ)와/과 상해에 대한 (ⓔ)을/를 지지 아니하며 사망에 대한 (ⓔ) 은/는 감경하거나 면제할 수 있다

3. 기록

1) 기록의 중요성

자료	• 학교보건사업 활동에 관한 <u>근거자료</u> • 학교보건사업에 관한 <u>통계자료</u>로서 연구 활동에 활용 • 보건교사의 학교보건사업에 관한 <u>법적 증거자료</u>(신분의 위협으로부터 보호)
도구	• 학생을 위한 <u>교육적 도구</u>로 활용 • <u>보고서</u>로서의 가치
수단	• 건강문제에 대한 이해를 돕고, 향후 <u>학교보건사업의 방향을 결정하는</u> 기준 • 학교와 보건의료 전문인 사이의 <u>의사소통수단</u>으로 활용
정보	• 학교보건사업의 계획, 수행, 평가를 위한 <u>정보제공</u> • 학생 및 교직원의 건강상태에 관한 추가적이면서 계속적인 <u>정보제공</u>

2) 기록의 원칙

- 정확성, 간단 명료성, 통일성, 즉시성(활동이 끝난 즉시)
- 기록 내용에 대한 책임(자신이 기록한 내용에 한해서 기록의 마지막 부분에 서명)

문제 [02]	보건교사는 학교보건 활동을 함에 있어 각종 문서와 기록(공문서, 보고서, 보건일지, 가정통신문 등)을 작성하게 된다. 학교보건 활동에서의 기록의 목적을 5가지만 제시하시오.

4. 보건실

Keyword

1) 설치기준(학교보건법 시행령 제2조(보건실의 설치기준 등))

위치	학생 및 교직원의 응급처치 등이 신속히 이루어질 수 있도록 이용이 쉽고 통풍과 채광이 잘 되는 장소로 배치
면적	보건실의 면적은 66m² 이상(교육감은 학생 수 등을 고려하여 학생 및 교직원의 건강관리에 지장이 없는 범위에서 그 면적을 완화할 수 있음)
시설	1. 학생과 교직원의 건강관리와 응급처치 등에 필요한 시설과 기구 및 용품 2. 학교환경위생 및 식품위생검사에 필요한 기구
온도	적정한 실내온도(18~28℃) 유지를 위해 반드시 냉·난방 시설을 갖출 것

2) 보건시설의 시설 및 기구(학교보건법 시행규칙 2조)

구분	기준
일반시설 및 기구 등	사무용 책상·의자, 서류 보관장, 약장·기기보관함, 소독(멸균)기, 냉·온장고, 물 끓이는 기구, 손전등, 가습기, 수도시설 및 세면대, 냉·난방시설, 칠판·교육용 기자재 등
환자안정용 기구	침대·침구류 및 보관장, 칸막이(가리개), 보온기구 등
건강진단 및 상담용 기구	신장계·체중계·줄자·좌고계, 비만측정기, 시력표·조명장치·눈가리개·시력검사용 지시봉, 색각검사표, 청력계, 혈압계·청진기, 혈당측정기, 스톱워치(stopwatch), 검안경·검이경(귀보개)·비경, 펜라이트(penlight), 치과용 거울, 탐침·핀셋, 상담용 의자·탁자 및 진찰용 의자
응급처치용 기구	체온계, 핀셋·핀셋통, 가위·의료용 쟁반·가제통·소독접시·상처소독용 이동식 수레, 부목·휴대용 구급기구·구급낭 등
환경위생 및 식품위생검사용 기구	통풍건습계, 흑구온도계, 조도계, 가스검지기, 먼지측정기, 소음계 및 수질검사용 기구 등
기타	학생 및 교직원의 보건관리에 필요한 시설과 기구 및 용품 등
보건교육용	인체모형, 치아·칫솔모형, 안구모형, 인체해부도, 식품모형, 생식기 구조도, 교통표 지판, 뇌모형, 성교육자료 등

비고: 교육감은 학교의 실정에 따라 제5호의 규정에 의한 기준을 조정할 수 있다.

문제 [95] 학교시설, 설비 기준령에 의한 보건실의 시설 기준은?
① 학교당 1실 이상으로 한다. ② 학교 사정에 따라서 한다.
③ 학교당 1/2실 이상으로 한다. ④ 관리용실과 겸용할 수 있다.

Ⅲ 학교보건목표

( )월( )일

이아라 **전공보건**

- **학교보건목표: 건강증진**

1) WHO 학교건강증진 영역과 내용 © 정환기사지

   (1) 학교보건정책(건강한 공공 정책 확립)
      : 건강 향상시키는 영역에서 건강 관련 이슈에 대한 학교의 정책 방향을 제시
      예 급식, 금연, 금주, 투약, 응급처치 훈련

   (2) 학생의 물리적 환경(건강 지향적 환경조성)
      : 물리적 환경은 교사, 운동장, 실내·외 시설, 학교 주변의 위생 및 쾌적함을 유지
      예 안전 검사, 환기, 조명, 청결 유지, 쓰레기

   (3) 학교의 사회적 환경(건강 지향적 환경 조성)
      : 교직원간, 학생 간 상호관계, 교직원과 학생간의 상호관계, 학생과 학부모 간 상호관계질의 유대관계
      예 학생 교직원 간 친밀한 관계, 인정 존중받는 학생, 좋은 교우관계, 학부모 교육

   (4) 지역사회와의 연계(지역사회 활동 강화)
      : 지역사회의 참여를 촉진하여 학교활동에 협조하고 참여
      지역사회와 학교의 연계를 유지.

   (5) 개인의 건강 기술(개개인의 기술 개발)
      : 교육과정에서 건강 관련 내용을 다루어 학생 참여를 유도
      교사들에게 건강 교육실시 및 건강자원 정보제공, 교사는 역할 모델

   (6) 학교보건 서비스(보건의료 사업 방향 재조정)
      : 학교는 학생의 건강관리, 건강 유지 증진에 대한 책임을 갖고 직접 서비스 제공
      예 예방접종, 건강검사, 구강보호 서비스 실시, 건강자료 기록 보관

Ⅳ 학교보건과정

( )월( )일

이아라 **전공보건**

사정 단계	계획단계	수행단계	평가단계
• 학교간호 문제 규명을 위한 자료수집 및 자료 분석 • 학교보건이 기준 및 지침 확인 및 학교간호 문제 확인 • <u>학교간호진단 및 우선순위설정</u>	• 학교간호사업 목표설정 • 학교간호방법과 수단 선택 • 학교간호사업 수행계획 수립 • 학교간호사업 평가계획	• 학교간호사업계획 수행	• 수행 성과평가

1. 자료수집

1) 사정내용
  ① 학생 및 교직원의 건강상태(건강수준)
    • 인구통계: 학생 및 교직원의 연령, 성별, 이동상태(결근, 결석)
    • 보건통계
      - 사망과 상병에 대한 정보(사망률, 유병률, 전염병, 사고 발생률), 불구불능아동률(비만, 통상증상, 선천질환, 만성질환, 행동장애, 적응장애 등)
      - 성장 발육에 관한 정보(신체 발달상황 검사, 건강검진, 신체 능력검사 건강조사, 별도검사 통계. 체중, 신장, 시력, 철역, 치아상태, 영양상태)
      - 건강행위에 관한 정보(흡연상태, 식습관, 운동, 약물사용, 사고위험행위, 보건교육 참여율, 보건실 이용률)
  ② 학교의 보건환경상태
    • 학교 내 환경
      - 물리적 환경(교지 및 교사/ 교실: 면적, 방향, 창, 커튼, 천장, 벽, 환기, 채광 조명, 온습도, 소음/ 교구관리: 책상과 의자, 칠판관리/ 위생관리: 쓰레기, 화장실, 음용수/ 식품위생/ 학교시설의 일체의 청결 상태)
      - 사회적 환경(학교 내 조직들/ 학생들의 정규 및 비정규 조직의 종류/ 학교보건 관점에서 본 이들의 특성이 무엇인지 파악)
    • 학교 주변 환경(절대보호구역과 상대보호구역 내 위해요소 사정)
  ③ 학교보건자원
    • 인적자원: 보건교사, 교의, 치과의, 한의사, 학교 약사, 교직원, 학부모
    • 물적자원
      - 시설물(보건실, 학교지정병원, 인근 병원, 의원, 보건소, 약국)
      - 기구 및 도구(건강검사기구, 응급처치도구, 약품 등)
      - 자료(참고서적, 보건교육자료, 건강기록부, 학교보건관리기준 등)
      - 재정(학교보건 예산 및 출처)

- 시간(보건교사 및 보건관리에 참여하는 인력의 이용 가능한 시간),
- 지원체계(학교 보건위원회, 응급관리체계 등)

④ 학교보건사업
- 건강평가사업: 신체발달, 신체능력, 건강검진 등에 대한 사정
  (평가지표) 이상학생비율, 각종검사 참여율
- 건강증진사업: 비만관리, 구강보건, 사고예방, 약물남용예방프로그램 사정
  (평가지표) 참여율, 탈락률, 평균체중, 치아우식증발생률, 사고발생률, 약물남용행위율
- 보건교육사업: 정규보건수업, 관련교과수업, 매체/방송교육 등에 대한 사정
  (평가지표) 평균시간/빈도
- 환경관리사업: 음용수관리, 쓰레기관리, 위생관리(화장실, 세면장, 급식시설)에 대한 사정
  (평가지표) 관리횟수
- 보건실 운영: 비품/의약품, 예산, 정보체계, 보건교육자료, 이용절차 등에 대한 사정
  (평가지표) 비품미충족률, 연평균예산

2) 자료수집 방법

- 일차자료(직접자료): 학교시찰, 관찰, 면담 질문지, 공청회 등 직접수집 방법
- 이차자료(간접자료): 건강기록부, 보건일지, 건강검사결과지 등 기존자료를 조사하는 방법

① 기존자료 활용: 보건일지, 학생건강기록부, 교직원 건강검사 결과표, 학교보건사업과 관련된 공문, 연간보건교육 계획서, 보건실 물품 관리대장 등
② 직접관찰: 학교 내부의 교지. 교사. 먹는 물, 화장실, 쓰레기장 등과 학교 주위의 절대·상대 환경위생정화구역과 환경 주위의 지역사회를 직접 다니면서 관찰 활동을 통하여 자료수집
③ 참여: 학교의 각종 행사에 참여하여 많은 자료를 얻을 수 있다.
④ 설문조사: 새로운 문제자료가 필요한 경우 설문조사를 함으로써 자료수집
⑤ 면담: 담임교사, 상담교사들이 중요한 정보제공자, 또래 집단의 가까운 친구들을 면담 대상으로 선정, 학교의 등과 면담을 통해 자료수집
⑥ 공청회: 학교 내 위원회, 학생회, 학부모회 등의 공청회를 통하여 자료수집
⑦ 언론매체: 학교신문, 방송 등의 언론매체를 통해 학교보건 관련 자료수집

Keyword

2. 간호진단

1) 간호진단: NANDA 진단 틀, ICPN 진단체계를 많이 사용

2) 우선순위 결정(각 요소들을 통합적으로 고려하여 결정)
   ① 건강문제가 영향을 미치는 인구집단의 범위 (감염병 〉 만성질환)
   ② 영향을 미치는 대상자: 취약성 높은 저학년 우선
   ③ 문제의 심각성: 학생과 교직원의 건강문제, 환경문제 순
   ④ 자원 동원 가능성
   ⑤ 학생의 관심도
   ⑥ 보건교사의 준비도
   ⑦ 국가정책과의 연관성: 기준과 지침 확인

3. 간호계획

: 목표설정, 방법과 수단 선택, 수행계획, 평가계획

4. 간호수행

1) 직접간호 수행: 보건실 활동, 방문활동, 의뢰활동, 집단지도, 면접, 매체활동, 응급처치, 상담, 보건교육실시, 예방접종, 신체검사 등

2) 간접간호 수행
   - 조정자 역할: 계획을 상황에 맞추어 집행
   - 감시자 역할: 계획대로 진행이 이루어졌는지 수행의 질적인 면까지 확인
   - 지도 감독자의 역할: 기술적인 면을 지도

5. 평가절차(5가지 접근단계)

1) 평가대상 및 평가측정 기준 설정

2) 평가하기 위한 정보 및 자료수집

3) 계획과 실적 비교

4) 결과분석: 사업의 가지 판단(목표에 도달하였는지, 계획대로 되었는지, 어느 정도 성취 되었는지 등에 대한 원인분석 및 성취 정도에 대한 가치 부여)

5) 미래 사업 진행 방향 결정

Keyword	문제 [97]	학교 건강 사정을 통해 학교간호사업 계획을 세우고자 한다. 1) 자료 수집항목을 기술하시오. 2) 문제의 우선순위를 설정하는 기준을 제시하시오.
	문제 [06]	보건교사가 학교간호문제를 파악하려 할 때, 사용할 수 있는 자료수집방법을 5가지 기술하시오.
	문제 [93]	다음 〈보기〉의 학교보건 사업의 평가절차를 순서대로 바르게 나열하시오. ⓜ-ⓛ-ⓒ-ⓘ-ⓔ ⓘ 목표달성 정도의 성취에 대한 판단　　ⓔ 개선사항을 반영 ⓛ 관련 자료수집　　　　　　　　　　ⓜ 목적 성공과 실패의 판단 기준 결정 ⓒ 설정된 목표와 현재에 도달한 상태 비교
	문제 [11]	C 초등학교 보건교사가 학교간호과정의 4단계를 적용하여 건강증진사업을 운영하였다. (가)의 활동에 해당되는 내용으로 옳은 것은? 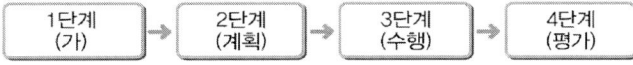 ① 학부모에게 부모교육용 뉴스레터를 매주 발송하였다. ② 사업 요구도를 파악하기 위해 학교건강검사 결과를 분석하였다. ③ 사업 실시 후 학생들의 체지방 및 체중 변화 정도를 분석하였다. ④ 학생들의 식습관과 생활습관을 교정하기 위하여 행동수정요법을 실시하였다. ⑤ 소재지 보건소에 의뢰하여 학생들에게 식이 처방과 운동 처방을 받게 하였다.

 # 건강증진프로그램   ( )월( )일

이아라 **전공보건**

1. 시력관리 - 시력저하

원인	유전, 환경(조명 불량), 생활습관(나쁜 자세, 눈에 적당한 휴식을 주지 않는 것), 작업 활동(근거리 작업이나 독서, TV, 컴퓨터, 오락기 사용), 영양 상태
증상	* 시력 문제를 가진 아동을 규명할 수 있는 지침 • 잘 안 보이며 눈을 찌푸리고 보는 경향. 눈을 자주 문지르거나 비비며 깜박임 • 머리를 많이 기울이거나 앞으로 내밀며 TV나 책을 가까이에서 봄. • 안정피로(눈과 머리가 아프며 경우에 따라 오심)를 호소 • 눈이 쉽게 피로하고 두통 * 안과 즉시 내원할 7대 위험 증상 • 계속적인 눈의 충혈: 염증이 있음을 의미 • 지속적으로 눈물이나 눈꼽 등의 분비물이 있는 경우 • 눈이나 안검의 신생물, 각막이나 수정체의 혼탁 • 안구 또는 눈 주위에 계속적인 불편감이나 동통(특히 외상 후) • 원근 조절 장애로 인한 시력장애, 빛 주위에 무리나 무지개가 나타날 때, 갑작스런 눈앞의 부유물, 주변 시야의 결손, 지속적인 복시 • 소아 사시 - 좌우 동공의 크기가 다른 경우
관리 필요성	• 눈의 기능은 어릴 때 완성되고 성장 후에는 회복이 어렵다. • 시력은 인간 생활에 절대적으로 필요하며 학습 활동에 큰 영향을 준다. • 시력저하는 신체발달에 균형을 깨뜨릴 수 있다.
예방 교육	• 학교와 가정: 근시 예방을 위한 생활습관 교육 (독서법, 컴퓨터, TV 시청지도, 올바른 안경사용 방법, VDT증후군 예방대책) • 각급 학교별: 시력저하 예방 관련 행사 실시 • 시력보호를 위한 일정한 휴식 및 영양교육 실시 (비타민, 칼슘 부족 시 근시가 생길 수 있으므로 균형 잡힌 영양공급 필요) | 음식물 | 안정 | |---|---| | - 아침 식사를 꼭 한다. - 음식물의 편식을 피한다. - 가공식품, 단음식, 탄산음료를 피한다. - 비타민A, 무기질, 단백질을 충분히 섭취(홍당무, 시금치, 호박, 버터, 우유, 콩, 해초, 계란 노른자, 열무, 뱀장어) | - 바른 자세로 항상 마음의 안정을 유지한다. - 충분한 수면을 취한다. - 긍정적인 마음의 태도를 갖는다. - 목, 눈혈점을 수시로 지압하고 가벼운 안구 운동을 자주 실시 |

Keyword

올바른 눈 관리	① 학습에서의 눈 보호	
	자세	- 독서 시 올바른 자세 유지 (눈에서 30cm 떨어져 읽기, 엎드리거나 누워서 또는 흔들리는 차 속에서 독서 지양) - 책상과 일정 거리 유지 (너무 높거나 낮아서 가까이 보지 않도록)
	조명	- 너무 어둡거나 밝지 않은 적절한 조명일 것, - 광원은 왼쪽 위에서 비추어 필기 시 손 그림자가 안 생기게 할 것 - 스탠드나 실내 전등은 매월 1회 이상 청소
	휴식	- 독서 후 주기적인 눈의 휴식 필요(1시간 독서 후 5~10분 휴식)
	② 정기적인 시력검사: 1년에 한 번 이상 안과 검진 　고도 근시 학생은 과중한 노동 또는 과격한 운동 삼가(망막박리 발생) ③ TV 컴퓨터 오락기와 눈 보호	
	문제	시력저하, 눈 피로, 건조감, 희미한 시력, 색각이상 현상, VDT 증후군
	작업 환경	눈높이보다 낮은 작업 높이, 실내조명은 균일하고 어둡지 않게, 자세는 바르게, 실내 환기를 자주하여 온도 습도 조절 필요
	휴식	휴식 중 다른 시각물을 보지 않고 눈을 감거나 먼 곳 주시
	④ 영양관리 　영양소, 비타민 부족은 근시 원인, 칼슘이 충분한 균형 있는 영양식 ⑤ 안구운동: 지압, 눈 체조 운동	
환경 (조도 관리)	① 채광(자연조명) • 직사광선을 포함하지 아니하는 천공 광에 의한 옥외 수평조도와 실내조도의 비가 평균 5% 이상으로 하되, 최소 2% 미만이 되지 않도록 할 것 • 최대조도와 최소조도의 비율이 10대 1을 넘지 아니하도록 할 것 • 교실 바깥의 반사물로부터 눈부심이 발생되지 아니하도록 할 것 ② 조도(인공조명) • 교실의 조명도는 책상면을 기준으로 300럭스 이상이 되도록 할 것 • 최대조도와 최소조도의 비율이 3대 1을 넘지 아니하도록 할 것 • 인공조명에 의한 눈부심이 발생되지 않도록 할 것. 칠판 300Lux 이상 ③ 실내 마감(창 면적 변경, 유리교체, 차양설치 등) 유지관리, 조명설비 청소, 형광등 안정기 교환 실시	

Keyword

검사 방법	• 집단별 시력검사표('한천석시력표', '청산시력표')를 보여주고 검사 목적 설명 • 차안기를 보여주며 검사받지 않을 눈 가리는 방법을 시범 • 주의가 산만하지 않은 방에서 검사해야 하므로 교실은 부적당 • 편평한 공간에 수직으로 깨끗한 검사표를 건다. (모든 가능한 섬광 제거) • 아동의 측방, 후방, 머리 위쪽에서 빛이 오도록. (얼굴 정면에 오지 않게) • 형광등이 내장된 시력검사표 사용, 시력표 위 빛의 강도는 500Lux 촉광 • 시력검사표 1.0선이 아동이 섰을 때의 눈높이로 한다. • 아동의 눈에서 5m선(한천석), 6m(snellen)에 대고 양 눈을 뜨게 한다. • 큰 시표부터 작은 시표쪽으로 읽게 하고 왼쪽에서 오른쪽으로 검사 • 부호 4개 중 3개를 읽었을 때 그 선의 시력 기록 • 안경을 쓴 아동은 교정시력을 한 번만 검사 • 비정상적 행동 관찰(머리 기울이기, 눈 깜박이기, 얼굴 찌푸림, 가늘게 뜬 눈)
측정 결과	• 정상 =20/20=1.0 = 시력표와 대상자 사이의 거리/정상인이 볼 수 있는 거리 비정상 = 분모가 커질수록 시력이 나쁘다. • 기타 시력측정법= 5m용 시력표의 0.1 위치의 부호를 읽지 못할 때, 0.1이 보이는 거리까지 앞으로 1m씩 거리를 단축하여 검사 예) 2m 거리에서 0.1 위치의 부호를 읽은 경우 $\quad 2m:x = 5m:0.1, \quad x=0.2/5= 0.04. \quad [0.1 \times 2/5 =0.04]$

문제 [92] 1.5m거리에서 3m용 시력표의 0.1을 볼 수 있다면 그의 시력은 얼마인가?
① 0.02 ② 0.03 ③ 0.05 ④ 0.06

문제 [93] A학생의 시력검사 결과 거리 2m에서 시력표(5m용)의 0.1에 해당하는 기호를 읽었다면, 이 학생의 시력은 얼마인가?
① 0.01 ② 0.02 ③ 0.03 ④ 0.04

문제 [00] 학생신체검사 결과 전년도에 비해 시력이 저하된 학생 수가 증가하였다. 다음 질문에 답하시오.
1) 학생들의 시력이 저하되는 원인을 5가지 이상 제시하시오.
2) 근시를 예방할 수 있는 방법을 5가지 이상 제시하시오.

문제 [03] 보건교사는 학생들의 시력 건강증진 프로그램을 기획하려고 한다. 물음에 답하시오.
1) 보건교사는 시력저하를 초래 요인으로 개인행위가 중요하다고 판단하였다.
   시력건강을 유지하기 위해 요구되는 개인 건강행위에 대해 5가지만 쓰시오.
2) 보건교사는 시력저하를 초래하는 요인으로 교실 내 조도관리가 중요하다고 판단하였다. 시력건강을 위해 필요한 조도관리 방법을 4가지만 쓰시오.

문제 [99] 시력을 보호하기 위한 방법을 쓰시오.

Keyword

문제 [13] 다음은 K교사(여, 43세)와 보건교사의 대화 내용이다. (가)~(마) 중 옳은 것을 모두 고르시오.

> K 교사: 안과에서 20/30이라는 시력 검사 결과가 나왔는데 이게 무슨 뜻인가요?
> 보건교사: (가) <u>근거리 시력을 검사하는 스넬렌(snellen) 차트로 검사를 하셨군요.</u>
> (나) <u>20/30은 정상 시력이랍니다.</u> 차트 몇 미터 앞에서 측정하셨어요?
> K 교사: (다) <u>차트에서 6m 떨어진 곳에 서서 정면을 보고 측정을 했어요.</u> 큰 시표부터 차차 작은 시표로 읽어서 읽을 수 있는 최소 시표까지 읽었어요. 그런데 선생님, 저의 부모님께서 두 분 모두 녹내장 수술을 하셨는데 저는 괜찮을까요?
> 보건교사: (라) <u>녹내장은 가족력 소인, 고혈압, 당뇨병 등이 위험 요인이 됩니다.</u>
> (마) <u>녹내장 가족력이 있는 경우 정기적으로 안압을 측정하여야 합니다.</u>

문제 [17] 다음은 동료 교사(여/40세)와 보건교사의 대화 내용이다. ㉠에 들어갈 내용을 서술하시고 보건교사가 말한 부분 중 잘못된 내용이 있는 문장 1개를 찾아 그 내용을 바르게 서술하시오.

> 동료 교사: 책을 볼 때 작은 글씨가 안보여 안과에 갔어요. 양쪽 모두 20/20이라는 시력검사 결과가 나왔는데 시력이 어떻다는 거죠?
> 보건 교사: 20/20이라는 결과는 정상 시력이라는 의미에요.
> 동료 교사: 시력을 분수로 표시하던데 분수에서 분자와 분모는 각각 무엇을 나타내는 건가요?
> 보건 교사: (　　　㉠　　　)
> 동료 교사: 일반인 시력검사와 다르게 측정하던데요?
> 보건 교사: 시력검사에는 근거리 시력검사와 원거리 시력검사가 있어요. 근거리 시력검사는 포켓용 근거리 시력표를 눈에서 35cm 떨어진 거리에서 읽도록 합니다. 원거리 시력검사는 차트에서 3m 떨어진 곳에 서서 정면을 보고 측정하고, 작은 시표부터 차차 큰 시표로 읽도록 합니다.
> 동료 교사: 시력표의 맨 위에 있는 자를 읽지 못하면 어떻게 하나요?
> 보건 교사: 검사 상자가 1m씩 앞으로 나갑니다. 1m 앞에서도 맨 위의 시표를 읽지 못하면 50cm 앞에서 손가락 세기, 30cm 앞에서 손 움직임을 검사하는 수동 운동(hand movement)으로 측정합니다.

문제 [22] 밑줄 친 ⓒ의 의미를 분모와 분자의 수치를 포함하여 서술하시오.

> 보건교사: 시력측정은 가장 흔히 문자 시력표를 이용하는데, 학생을 시력표로부터 3m 정도 떨어진 거리에 세운 후 문자열을 읽게 해요. 먼저 한쪽 눈을 가리고 다른 쪽 눈부터 검사를 하는데, 안경을 쓰고 있는 학생은 안경을 쓴 상태에서 검사를 합니다.
> 담임교사: 그렇군요. 저희 반 학생이 ⓒ<u>스넬른(Snellen) 차트를 이용해서 시력을 측정했을 때, 양쪽 시력이 20/40으로 나왔어요.</u>

2. 청력관리 - 난청

원리	• 전음계(외이, 중이) 장해 - 중이염, 이경화증, 이관 협착 • 감음계(내이, 청신경계) 장해 - 내이염, 청신경염
증상	• 주의 산만, 엉뚱한 답, 큰 소리로 이야기, 듣는 자세가 특이 • <u>통증, 이명</u>을 호소, 귀 주위에 발적, 부종, 분비물 • <u>언어</u>에 이상이 있거나 청력 장애의 소인을 보인다.
검사 방법	* 시계 소리에 의한 검사 • 시계의 똑딱거리는 소리를 들을 수 있는 능력을 보는 간이검사 • 사전에 검사 도구로 사용할 시계 선정, 들을 수 있는 거리 결정 • 피검사인 학생을 의자에 앉히고 검사자는 학생 뒤에서 시계를 왼쪽 혹은 오른쪽 귀에 대고 학생에게 들리면 손을 들게 함
	* 순음청력검사 • 전문가에 의해 실시 • 헤드폰을 씌우며 인간이 들을 수 있는 음(125~8,000Hz)을 1~110dB까지 다양하게 변화시켜가며 들려주어 학생이 들을 수 있는 소리의 높이와 세기를 측정
관리	• 원인을 파악하여 조기 교정, 보청기 사용 및 기타방법을 제시, 적용 교육
예방	• 난청의 원인이 되는 질환, 특히 중이염에 걸리지 않도록 주의 • 소음이 너무 큰 곳에 가지 않는다. • 이어폰의 사용을 자제 • 귀지를 파내는 데 예리한 기구보다는 면봉을 사용 • 귀에 더러운 물이 들어가지 않도록 주의하고 청결하게 관리 • 코를 너무 세게 푼다거나 귀에 압력을 가하지 않기 • 정기적으로 청력검사를 하며 청력장해가 있는 경우 원인을 밝혀 즉시 치료

3. 구강 보건관리 – 치아우식증(충치) ⓒ 치태 산, 석회산

Keyword

정의	① 구강보건사업: 구강질환의 예방·진단, 구강건강에 관한 교육·관리 등을 함으로써 국민의 구강건강을 유지·증진시키는 사업 ② 수돗물불소농도조정사업: 치아우식증(충치)의 발생을 예방하기 위하여 상수도 정수장 또는 수돗물 저장소에서 불소화합물 첨가시설을 이용하여 수돗물의 불소농도를 적정수준으로 유지·조정하는 사업 또는 이와 관련되는 사업 ③ 초등학생 치과주치의사업: 초등학생의 구강건강관리를 위하여 구강검사, 구강질환 예방진료, 구강보건교육 등을 지원하는 사업
원인	* 발생기전 ① 치아에 해로운 탄수화물과 달고 끈적이는 음식 섭취로 인한 <u>치태</u> 형성 ② 치태 속 세균 활동에 의해 음식물 속 당이 <u>산</u>으로 배설되어 치아의 법랑질과 상아질 내 칼슘과 <u>석회질</u>을 분해하고 제거 ③ 세균이 치수강까지 도달, 신경을 파괴하고 염증 유발. 치근관까지 사멸
증상	• 1단계: 법랑질만 썩음(무증상) • 2단계: 상아질까지 썩음(경미한 통증) • 3단계: 치수까지 썩음 (심한 통증) • 4단계: 뼈까지 퍼져 고름주머니 생김(농 형성 단계, 심한 통증)
관리 필요성	• 학령기는 <u>유치와 영구치의 교차</u>가 일어나는 시기 • <u>치아우식증</u>은 학령기에 빈번하게 발생하며 연령이 증가할수록 증가 • 치주병이나 <u>치은염이 발생되는 시기</u>로 구강 건강을 증진시켜야 할 시기 • <u>후유증</u>은 치아의 영구 상실, 유치의 조기 상실시 치아부정교합 발생

관리	* 불소용액 양치사업
	
	① 목적
	: 불소용액으로 양치하게 하여 치아우식증과 치주병 예방, 학생들에게 바른 칫솔질 방법을 교육하고 칫솔질의 습관화 유도
	
	② 기전
	: 0.2% 불화소다 용액 사용 주1회 양치 사업으로 치아우식증 예방.
	
	      | 산 | (+) 치아가 산에 잘 견딜 수 있도록 <u>내산성을 높여</u> 충치 예방
	           | (−) 세균이 당을 분해하여 <u>산을 생성하는 과정을 억제</u>
	      | 석회 | (+) 치아의 <u>재석회화</u>를 도와주어 충치 예방
	           | (−) 세균의 효소 대사 방해로 치아의 <u>무기질이 용해되는 것 방지</u> (<u>탈석회화 방지</u>)
	
	③ 방법
	• 횟수
	  – 불소용액 양치사업에 필요한 양치횟수: 매일 1회 또는 주 1회
	  – 불소 도포사업에 필요한 불소 도포 횟수: 6개월에 1회

Keyword	– 불소용액 농도: 매일 1회 양치하는 경우(양치액의 0.05퍼센트)
	                      주 1회 양치하는 경우(양치액의 0.2퍼센트)
	• 불소도포
	  – 불소 도포사업에 필요한 불소 도포의 횟수는 6개월에 1회
	  – 치과용 불소 겔을 담은 틀을 4분 정도 물고 있다가 30분 정도 아무것도 먹지 않고 입도 헹구지 않도록 하는 방법
	• 불소양치법
	  – 매일 이를 닦고 0.05%(주 1회는 0.2%) 불화소다액으로 1인당 10ml를 입에 머금고 1분 동안 함수하다 뱉는다. (유리 용기는 산도가 변하므로 경제적, 가벼운 플라스틱 용기를 사용한다. 개인 플라스틱컵이나 종이컵 준비) 이 때 삼키지 않도록 하고, 가급적 양치 후 30분 동안 음식을 먹지 않는다.
	
	④ 용량계산법
	• 400명 학생들에게 매일 0.05% 불소용액 양치 시 1회 양치액 용량은?
	  400명 × 10ml × 0.05/100 = 2gm
	  물 4000cc에 2gm의 불화소다를 혼합한 용액이 필요
	
	⑤ 장점
	• 단시간 내 도포 가능
	• 구강보건 전문기술이 필요하지 않아 비전문가가 관리할 수 있다
	• 학업에 지장을 주지 않는다.
	• 불소도포 용액을 만들기 쉽고 아동들이 쉽게 할 수 있다.
	• 특수기구, 장비가 필요하지 않다.
	• 학동들의 책임감을 불러일으킬 수 있다.
	⑥ 주의점
	• 불소용액 1.5ppm 이상 사용하면 치아가 검게 착색, 부서지는 반상치 초래
	• 불소관리를 철저히 하여 중독사고가 없도록 해야 한다.
	• 불소 과다섭취 시 경한 증상인 구역질을 보이면 우유를 마시는 조치 실시

예방	• 칫솔질 (학교 집단 칫솔질 사업): 올바른 칫솔질로 매 식사 후와 잠자기 전에 이를 닦아 구강을 항상 깨끗이 한다.(하루 3번, 식후 3분 이내, 3분 동안 회전법으로 닦기)
	• 식이관리 및 교육: 치아에 해로운 탄수화물, 단 음료와 달고 끈적이는 음식, 너무 뜨겁거나 찬 것, 딱딱한 것 섭취 제한
	  치아 건강에 좋은 식품인 우유, 두부, 생선, 과일, 야채, 미역 등 섭취
	• 정기검진: 6개월에 한 번씩 정기적으로 구강검진
	  정기적인 스케일링(3~6개월 마다 치석제거)
	• 치아 홈메우기 실시(치면열구전색)
	• 불소도포 및 불소용액으로 양치

사업	① 학교 구강보건사업 • 구강보건교육

Keyword

- 구강검진
- 칫솔질과 치실질 등 구강위생관리 지도 및 실천
- 불소용액 양치와 치과의사 또는 치과의사의 지도에 따른 치과위생사의 불소도포
- 지속적 구강건강관리

② 학교구강보건시설의 설치
- 집단잇솔질을 위한 수도시설
- 지속적인 구강건강관리를 위한 구강보건실
- 불소용액양치를 위한 구강보건용품 보관시설

문제 [00] 치아우식증은 자연치유가 어려우므로 예방에 중점을 두어야 한다. 다음 질문에 답하시오.
1) 치아우식증이 발생 되는 기전을 설명하시오.
2) 치아우식증의 예방법 5가지 이상 제시하시오.

문제 [93] [93] 충치 예방을 위하여 음료수에 투입하는 불소량의 기준은?
① 0.1ppm ② 0.2ppm ③ 0.4ppm ④ 1.0ppm

문제 [93] 학교구강보건사업 중 불소용액 양치사업의 장점과 불소용액 양치법을 쓰시오.

4. 비만관리

원인	과식, 잘못된 식사방법, 운동 부족, 유전
측정	① BMI: 신장(m) 제곱 값에 대한 체중(kg)의 비를 계산한 것 BMI=체중(kg)/신장(m2)

판정		
	비만	체질량지수 백분위수 도표 95이상
	과체중	체질량지수 백분위수 도표 85이상 95미만
	정상	체질량지수 백분위수 도표 5이상 85미만
	저체중	체질량지수 백분위수 도표 5미만

- 비만 기준

세계보건기구	대한비만학회 비만 진료지침
BMI ≥ 25 : 과체중 BMI ≥ 30 : 비만	BMI 23-24.9 kg/m2:비만 전 단계(과체중 or 위험체중) BMI 25-29.9 kg/m2:1단계비만 BMI 30-34.9 kg/m2:2단계비만 BMI ≥ 35 kg/m2:3단계비만(고도비만)

② Broca 지수: 표준체중에 의한 상대체중으로 산출된 비만도
표준체중(kg) = (신장-100)x0.9
비만도 =(실제체중-표준체중)/표준체중x100%

Keyword

판정	고도비만	50% 이상
	중등도비만	30% 이상 ~ 50% 미만
	경도비만	20% 이상 ~ 30% 미만
	정상	20% 미만

참고) 신장별 표준체중 공식
  신장 >160cm: (신장(cm)-100) x 0.9
  신장 = 150~160cm: (신장(cm)-150) x 0.5+50
  신장 <150cm: 신장(cm)-100

③ Rohrer지수: 학령기(6~12세) 아동의 영양상태를 나타내는 신체충실지수
  Rohrer(로레르) 지수 = (체중kg/신장cm3)x107
  비만판정) 신장 110~129cm - 180이상
       130~149cm - 170 이상
       150cm~   - 160 이상 비만으로 판정

④ 피부주름두께
- 신체 지방축적정도를 파악하기 위해 사용하는 방법으로, 캘리퍼(측정계)로 삼두근 부위의 피부주름두께를 측정한다.

⑤ 허리둘레
- 여자 85cm(87) 이상, 남자 90cm(100) 이상은 복부 비만
  측정 위치: 갈비뼈 가장 아래 위치와 골반의 가장 높은 위치(장골능)의 중간 부위를 줄자로 측정

⑥ 허리둘레와 엉덩이둘레의 비정상 (여자 0.85 이상, 남자 0.95 이상)

문제

① 소아비만의 신체적 특징
- 같은 나이 정상아보다 체중, 키가 더 크고 골연령이 증가, 사춘기는 일찍 나타날 수 있고 조기에 성장판이 폐쇄되어 최종 키가 작을 수 있다.
- 사춘기 여아는 둔부, 남아는 몸통에 지방이 쌓이고, 그 양이 많아지면 팔, 다리에 축적되고 심하면 배도 튀어나온다.
- 유선 부분의 지방축적으로 남아의 여성형 유방, 남아의 성기가 비정상적으로 작아 보이지만 실제로는 보통 크기로 정상이다.
- 여자의 성기는 정상적으로 발육, 초경은 빨라질 수 있음.
  배, 허벅지에 백색 또는 자색의 줄무늬(살 트임)
  피부 겹침에 의한 종기, 부스럼.
- 사지는 상박과 대퇴부 비만이 흔함, 손은 작고 가늘며 외반슬이 흔하다.

② 건강상의 문제
- 이 시기 비만이 80~85%가 <u>성인</u> 비만으로 이행
- <u>조기 성인병 증상</u>(고지혈증, 지방간, 고혈압, 동맥경화, 당뇨병, 심근경색, 뇌출혈). 심하면 어릴 때부터 성인병 합병증 유발
- 심부담 증가, 편도비대증으로 호흡 장애, 신체발육에도 영향
- 무거운 몸무게를 지탱하느라 무릎관절이나 척추 등 통증 호소

③ 정서적 문제
- 신체적 열등감, 정서적 불안정으로 인해 학업에 열중하지 못해 성적부진

Keyword		① 식사요법 • 총섭취량 감소: 체중유지를 위해 하루에 필요로 하는 열량에서 500kcal씩 줄여서 섭취. 한 달에 2kg씩 체중감소
		> * **권장 1일 열량** > 9~11세: 1500~1,600kcal/일 > 12~14세: 2000~2400kcal/일 > 15~18세: 2000~2700kcal/일 > 비만증 아동을 위한 체중 감량 식이요법은 1일 300~500Kcal를 감소시켜 0.5Kg/wk(주)의 체중감소를 목표로 6개월에서 1년의 기간에 걸쳐 서서히 감량시킨다.

	관리	• 계획된 열량 골고루 영양 섭취: 영양소 골고루 섭취로 영양균형 도모
		  탄수화물은 체내 기본적으로 필요로 하는 양(100g/1일 이상) 섭취
		• 식습관 파악: 체중유지나 점차적인 체중감소 권장. 무리한 체중감량보다 잘못된 식사량·음식선택방법 조절, 잘못된 식습관을 고치는 것 중요
		• 꾸준한 식사조절
		② 운동요법
		• 규칙적 운동
		• 운동 30분 후 섭취. 탄수화물·지방보다 수분함유 음식(과일·우유) 권장
		• 종류: 유산소 운동과 지구력을 요하는 운동(걷기, 자전거 타기. 계단 오르기, 에어로빅, 탁구, 배드민턴, 수영, 조깅, 줄넘기. 등산, 농구)
		  일상생활을 통한 운동프로그램이 정형화된 운동프로그램보다 효과적
		③ 행동요법
		• 잘못된 식습관 생활습관 교정을 위한 행동요법
		  : 나쁜 식습관 요인을 찾기 위해 식사일기, 운동일기 쓰고 분석
		  : 식습관 평가 후 식사일기 쓰기
		  : 간식, 패스트푸드 줄이기
		• 생활습관 개선
		  : 많이 걷기, 계단이용, 많이 움직이고 활동량을 재어서 늘리기
		• 대체요법: 개와 산보하기, 청소, 목욕, 앨범정리 등
		• 행동수정방법
		  : 비만의 문제점을 깨닫게 하고 체중과 관계없는 부모의 사랑 인식, 주변인의 노력과 배려, 정부 차원의 지속적 예방 교육 등

5. 영양관리

Keyword

목적	* 집단급식의 목적 • 연령에 따른 적절한 영양공급으로 건강증진, 성장발달 • 바람직한 식습관 형성 • 최소의 경비로 최고의 영양식을 공급하여 경제적
측정	* 키, 몸무게, 머리둘레, 피부주름두께, 팔 둘레 측정 • [팔 둘레 측정법]: 근육량의 간접적 측정방법

문제	* 비타민 장애
	① Vit. A
	• 기능: 상피세포 형성, 눈 망막의 간상세포 내 시홍소의 구성성분
	뼈·치아의 발달, 생식 및 면역체계 보존. 시력유지기능
	• 결핍: 상피세포의 각질화, 근시, 야맹증(간상세포 내의 시홍(視紅)의 재합성이 방해되어 암순응이 지연), 치아손상, 뼈 형성약화
	② Vit. B
	• 기능: 탄수화물, 단백질, 지방 대사 과정에서 조효소로 작용, 신경계, 피부, 혈색소 생성
	• 결핍 B_1(티아민): 각기병, 팔다리 신경염, 베르니케-코르사코프 증후군
	      B_2(리보플라빈): 구각염, 설염, 구순염, 피부염, 백내장
	      B_3(니아신): 펠라그라, 피부염, 대구성 빈혈, 골수기능 저하
	      B_{12}: 거대적아구성 빈혈, 악성빈혈, 구순염
	③ Vit. C
	• 기능: 콜라겐 형성, 신경전달물질 합성(도파민, NE, 트립토판), 항산화작용
	적혈구 형성을 위한 철분의 흡수
	• 결핍: 괴혈병, 내부 장기 출혈
	④ Vit. D
	• 기능: 칼슘과 인 대사, 뼈의 대사
	• 결핍: 구루병, 골연화증, 골다공증,
	⑤ Vit. E
	• 기능: 세포벽 통합성 보호, 항산화제(세포 손상 방지)
	• 결핍: 용혈성 빈혈, 부종, 피부병소,
	⑥ 단백질
	• 기능: 에너지원, 인체 구성성분, 항체 형성으로 면역 기능,
	• 결핍: 콰시오커(단백질 결핍증), 성장장애, 치유 감소, 면역기능부전

식품 첨가물	* 인스턴트 식품, 식품첨가물 등의 특징 • 열량, 염분, 지방 함량이 높다.
조식 결식 영향	• 혈당 공급 부족으로 오전 내 두뇌활동이 저하되어 무기력, 집중력 감소 • 저혈당에 의한 스트레스 반응 • 점심, 저녁 식사의 과식으로 비만 • 보상적 과식으로 소화불량 • 보상적 과식으로 고혈당, 고인슐린 혈증은 관상동맥 질환 유발

Keyword

문제 [20] | 다음은 보건교사가 첫 아이를 임신한 동료교사와 나눈 대화 내용이다. 괄호 안의 ㉠에 해당하는 영양소의 명칭을 제시하시오.

> 동료교사: 선생님, 결혼 전부터 제가 완전 채식주의자예요. 임신 진단을 받고 나서 채식을 계속해도 되는지 걱정이 많이 돼요. 채식을 고수하면 어떤 영양소가 결핍될까요?
> 보건교사: 여러 가지 영양소가 결핍될 수 있지만, 그중에서도 (㉠)은/는 고기, 달걀, 유제품 등 동물성 식품에만 포함돼 있기 때문에 채식주의자들에게는 결핍 현상이 나타날 수 있어요.
> 동료교사: 그러면 어떤 문제가 발생할까요?
> 보건교사: 이 영양소가 결핍되면 특징으로 ㉣거대적아구성 빈혈, 설염, 신경계 질환이 임부에게 나타날 수 있으니 주의하셔야 해요.

문제 [98] | 우리나라 중, 고학생들의 식생활과 관련된 문제점은 이른 등교, 늦은 하교로 인한 식사시간의 불균형, 외모나 맵시를 중시하는 경향, 체격 발달에 비해 약한 체력 등이다. 이런 문제를 지닌 학생에게 식사지도를 하고자 할 때 포함해야 할 교육주제를 서술하시오. (7)
- 결식이 미치는 영향
- 여성에게 미치는 영향
- 성장발달에 미치는 영향
- 질병 발생 문제

문제 [92] | 비타민과 그의 임상적 용도가 바르게 짝지어진 것은?
① 비타민 A- 레버(Leber) 시신경 위축 치료
② 비타민 B- 골연화증 치료
③ 비타민 C- INH 장기 투여 시 병용
④ 비타민 D- 부갑상선 기능 저하증 치료

문제 [94] | 〈보기〉의 내용 중 필수 아미노산을 함유한 단백질 섭취량의 부족 현상으로 나타나는 증상을 바르게 나열한 것은?

〈보기〉
㉠ 발육 장애 ㉡ 콰시오카 ㉢ 내장기관의 기능 저하 ㉣ 산혈증

비교) 콰시오커(단백질 영양 실조증), 소모증(단백-열량 영양 불량) 관리는 둘 다 필수 영양소 등 충분한 영양 섭취(고단백, 고탄수화물 식이)

 학교보건사업

( )월( )일

이아라 **전공보건**

1. 학교보건서비스

1) 학생건강검사

① 정의: 신체의 발달상황 및 능력, 정신건강상태, 생활습관, 질병의 유무 등에 대하여 조사 또는 검사하는 것(학교보건법 2조)
  - 신체의 발달상황, 신체의 능력, 건강조사, 정신건강상태검사 및 건강검진으로 구분(학교건강검사규칙 3조)

② 목적
  - 건강증진을 위한 생활을 할 수 있는 기초를 제공
  - 학생 개인이 정기적으로 건강상태를 이해하고 관심을 가지도록 하기 위해
  - 학부모들이 자녀들의 건강상태를 이해
  - 학교의 교육을 능률적으로 실시
  - 국민의 건강 수준 향상

③ 계획

학생건강증진 **기본계획의 수립·시행**	교육부장관은 학생건강증진기본계획을 그 계획을 시행하는 해의 전년도 10월 31일까지 수립해야 한다.
학생건강증진계획의 수립 · 시행	교육감은 기본계획에 따라 **매년 지역의 여건 및 특색을 고려하여** 학생의 신체 및 정신건강 증진을 위한 학생건강증진 시행계획을 수립·시행하여야 한다.
	학교의 장은 건강검사에 따른 결과를 평가하여 이를 바탕으로 학생건강증진계획을 수립·시행하여야 한다.
건강검사 실시계획의 수립	학교의 장은 건강검사를 원활하게 실시하기 위하여 건강검사에 필요한 소요예산을 포함한 구체적인 건강검사 실시계획을 매년 3월 31일까지 수립하여야 한다.
건강검사에 필요한 사항	건강검사의 시기, 방법, 검사항목 및 절차 등에 관하여 필요한 사항은 교육부령으로 정한다.

Keyword

학생건강 증진 전문기관	① 교육부장관은 교육감과 협의하여 학생의 신체 및 정신건강 증진 지원을 위해 학생건강증진 전문기관을 설립하거나 지정할 수 있다. ② 교육감은 다음 각 호의 업무를 수행하기 위하여 관할 지역에 학생건강증진센터를 설치·운영할 수 있다. 　1. 학생의 신체발달 상황 및 생활습관, 정신건강 상태 등의 실태조사 　2. 학생의 건강증진 개선을 위한 프로그램의 개발·운영 　3. 학생의 신체 및 정신건강 증진을 위한 상담 　4. 건강이 취약한 학생에 대한 지원

④ 대상
- 학교의 장은 학생과 교직원에 대하여 건강검사를 하여야 한다.
- 교직원: 교직원에 대한 건강검사는 「국민건강보험법」건강검진으로 갈음할 수 있다.
- 학생: 초등학교 1학년 및 4학년 학생(구강검진은 전 학년에 대하여 실시하되, 그 방법과 비용 등에 관한 사항은 교육감이 정한다.) 중·고등학교 1학년 학생

⑤ 건강검사내용 및 실시방법
- 신체의 발달상황, 신체의 능력, 건강조사 및 정신건강 상태검사는 해당 학교의 장이 실시. 건강검진은 검진기관에서 실시
- 건강검진을 실시하는 학생에 대한 **신체의 발달상황에 대한 검사는 검진기관**에서 실시가능

검사항목	대상학년	실시기관	실시방법
신체발달 상황	초1,4/중1/고1	검진기관	키, 몸무게 측정 후 비만도 산출
	초2~3, 5~6/중2~3/고2~3	당해학교 (교직원)	
건강조사	초1,4/중1/고1	당해학교 (교직원)	건강조사 설문지 의한 조사
	초2~3, 5~6/중2~3/고2~3		
건강검진	초1,4/중1/고1	검진기관	학생들이 연중 방문검진
정신건강 상태검사	초1,4/중1/고1	당해학교 (교직원)	설문조사 결과처리는 교육정보시스템을 통해

Keyword

⑥ 연기 또는 생략
- 천재지변 등 부득이한 사유로 관할 교육감 또는 교육장의 승인을 받은 경우에는 교육부령으로 건강검사를 연기하거나 건강검사의 전부 또는 일부 생략할 수 있다.
- [신체의 발달상황 및 신체의 능력과 건강조사를 **생략**, 건강검진은 다음 학년도로 **연기**]

⑦ 기록

학교장은 건강검사 결과를 교육부령으로 정하는 기준에 따라 작성·관리하여야 한다. 1. 대상자가 학생인 경우 　가. 신체발달상황 및 신체능력검사 결과: 학생건강기록부로 작성·관리 　나. 건강검진 결과: 검진기관이 통보한 자료를 학생건강기록부와 별도로 관리 　다. 별도검사 실시결과: 학생건강기록부와 별도로 관리 2. 대상자가 교직원인 경우: 「국민건강보험법」에 따른 건강검진의 결과를 관리
건강검사 결과를 작성·관리할 때 교육정보시스템을 이용하여 처리하여야 하는 자료 1. 인적사항 2. 신체의 발달상황 및 능력 3. 그 밖에 교육목적을 이루기 위하여 필요한 범위에서 교육부령으로 정하는 사항 　(예방접종 완료 여부, 건강검진의 검진일자 및 검진기관명, 별도검사의 종류, 별도검사의 검사일자 및 검사기관명) 학교의 장은 법 제7조의3제2항 각 호의 사항을 교육정보시스템을 이용하여 처리하기 위하여 학생건강기록부에 기록해야 한다.
교육감은 신체능력검사 결과에 따라 학생 개인별 신체활동 처방을 제공하는 학생건강체력 평가시스템을 교육정보시스템과 연계하여 구축하고, 학생·학부모가 조회할 수 있도록 관리하여야 한다.

⑧ 교부와 보존

진학 시	학교장은 소속 학교의 학생이 전출하거나 고등학교까지의 상급학교에 진학할 때에는 그 학교의 장에게 건강검사 관련 자료를 넘겨주어야 한다.
졸업 시	고등학교의 장은 소속 학생이 고등학교를 졸업할 때 학생건강기록부를 해당 학생에게 교부하여야 한다.
졸업 못할 시	학생이 중학교 또는 고등학교에 진학하지 아니하거나 휴학 또는 퇴학 등으로 고등학교를 졸업하지 못한 경우 그 학생이 최종적으로 재적하였던 학교는 학생건강기록부를 비롯한 건강검사 등의 실시 결과를 학생이 최종적으로 재적한 날부터 5년간 보존하여야 한다.

⑨ 건강검사 등의 실시결과에 따른 조치

통계표 작성	• (통계표 보고) 학교의 장은 건강검사 등을 실시한 경우에는 <u>학생 신체의 발달상황 통계표</u>를 작성하여 해당 연도의 8월 31일까지, <u>학생신체능력검사(필수평가) 통계표</u>를 작성하여 다음 연도의 <u>2월 말일까지</u> 관할 교육장을 거쳐 <u>교육감</u>에게 보고 • (통계자료 요청) <u>교육감</u>은 학생건강증진계획의 수립, 시행을 위하여 필요한 경우에는 학교의 장에게 건강조사 결과 및 건강검진 결과에 관한 통계자료를 제출하도록 할 수 있다.
적정한 조치	학교의 장은 건강검사 등을 실시한 결과 수업면제·휴학·치료·보호 또는 교정 등을 필요로 하는 학생에 대해서는 본인 또는 그의 보호자에게 <u>적정한 조치를 강구하도록 요청</u>하여야 한다.
등교 중지	학교의 장은 건강검사의 결과나 의사의 진단 결과 감염병에 감염되었거나 감염된 것으로 의심되거나 감염될 우려가 있는 학생 및 교직원에 대하여 대통령령으로 정하는 바에 따라 <u>등교를 중지</u>시킬 수 있다.
교직원 보건 관리	학교의 장은 건강검사(건강검진)의 결과 필요하면 교직원에 대하여 질병 치료와 근무여건 개선 등 필요한 조치를 하여야 한다.
	학교장은 교직원에 대해 건강검사(검진)을 실시한 결과 <u>전염성 질환 또는 신체의 심한 허약</u> 등으로 복무에 지장이 있다고 인정되는 경우 <u>휴직 기타 적절한 조치</u>를 취하도록 <u>임면권자에게 건의</u>해야 한다.

문제 [96] 학교 건강기록부 관리 중 맞는 것은?
① 누가 기록하지 않는다.
② 담임선생님이 연중 보관한다.
③ 이상 질병 시 의사와 협의하여 보건교사가 기록한다.
④ 상급학교 미진학 시 고등학교에서는 5년간 보관한다.

⑩ 건강검사의 실무

신체발달상황: 키·몸무게 측정 후 비만도를 산출하여 파악

목적		• 아동 자신의 성장과 안녕, 자신의 상태에 관심 유발 • 아동의 개인차 인지 • 발달의 통계지표로 활용
기간		• 신체발달상황검사는 <u>매학년도 제1학기 말까지 실시</u>해야 하며, 필요한 경우 <u>추가로 실시</u>할 수 있다.
측정 (객관성과 신뢰성)	측정기구	• 신장계, 체중계는 표준화된 것으로 규격 정품일 것 • 학교보건 행정가는 측정기구를 매년 같은 종류의 것을 사용 • 검사 기구는 검사 실시 전에 이상 유무를 점검
	측정자	• 측정자에게 정확한 측정기술을 교육 • 정부 책임자의 명단을 비치 • 키, 몸무게 별로 동일인이 동일 방법으로 측정
	측정장소	• 측정장소는 교실이나 강당을 이용 • 측정기구를 한곳에 고정 (측정기구의 이동은 정확성을 낮출 수 있음) 학생들이 이동하여 측정을 받도록 한다.
	측정내용	• 모든 검사는 3회 실시한 후 중간치를 채택
검사 전 준비사항		• 소요예산 확보 • 검사용 기구를 점검 확인 • 측정자 및 측정장소를 지정 • 측정기구를 한곳에 고정 배치 • 피검자 대상수 확인 • 검사 일정표를 작성하여 검사표 등 소정의 양식 준비 • 가정 통신문을 발송하여 보호자에게 연락

실시내용
및 방법
		〈키〉
		1. 검사대상자의 자세
		   가. 신발을 벗은 상태에서 발꿈치를 붙일 것
		   나. 등·엉덩이 및 발꿈치를 측정대에 붙일 것
		   다. 똑바로 서서 두 팔을 몸 옆에 자연스럽게 붙일 것
		   라. 눈과 귀는 수평인 상태를 유지할 것
		2. 검사자는 검사대상자의 발바닥부터 머리끝까지의 높이를 측정
		   • 측정단위는 센티미터로 하되, 소수 첫째 자리까지 나타낸다.
		
		〈몸무게〉
		   • 체중계의 정확성을 사전에 점검
		   • 용변 후에 측정, 식사 후 또는 과격한 운동 직후에는 측정 안한다.
		   • <u>옷을 입고 측정한 경우 옷의 무게를 뺄 것</u>
		   • 측정단위는 킬로그램으로 하되, 소수 첫째 자리까지 나타낸다.

Keyword

검사결과의 활용	① 지난해와 비교(다른 아동보다 키가 작거나 체중이 적은 것은 중요하지 않다. 건강상태가 좋다면 지난해보다 신장과 체중이 줄어들지 않음) 신장과 체중의 측정은 전체의 일부로서도 건강검사에 도움이 됨 ② 극도의 체중 미달, 비만 상태 등을 발견- 아동의 건강상태 재확인 ③ 검사결과는 학생 개인의 건강관리와 학교보건사업계획을 위한 기초자료 - 통계 처리, 건강 이상 학생의 지속적 상담 및 건강관찰
통계처리 중요성	• 신체발육 통계치는 그 <u>집단의 건강을 평가하는</u> 지표로 사용 • 연령별, 성별, 신체발육통계는 학교 및 <u>지역사회 건강수준</u> 지표 • 학생신체의 형태를 수치로 표현하는 작업-학생의 건강수준 파악

문제 [95] 체력검사 측정방법으로 옳지 않은 것은?
① 측정단위는 'cm, kg'을 사용한다.   ② 키 특정 시 후두부에 잣대를 붙인다.

문제 [96] 키재는 방법으로 옳은 것은?
① 정중선 위치
② 등은 자대에 꼭 닿아있는가
③ 후두가 자대에 닿아있는가
④ 후두와 자대사이에 손하나 들어갈 정도로 띄웠는가

문제 [92] 학교 신체검사 실시할 때 검사 신뢰도 높이는 방법으로 옳지 않은 것은?
① 측정 도구를 객관화해야 한다.
② 측정자의 소양을 높여야 한다.
③ 측정 기간을 충분히 길게 하여 실시하여야 한다.
④ 여러 사람의 공동 측정치를 종합하는 것이 좋다.

문제 [93] 다음의 검사의 신뢰도에 영향을 미치는 요인을 모두 고르시오.

〈보기〉
㉠ 관측자의 편견과 미숙   ㉡ 측정 도구의 부정 상태
㉢ 인구의 성별   ㉣ 측정 시 환경 조건

문제 [97] 체격검사에서 키와 몸무게를 측정하려 한다. 측정 시 타당도와 신뢰도를 유지하기 위한 다음의 사항을 설명하시오.
1) 보건교사로서 계측 실시 전에 준비해야 할 사항을 기술하시오.
2) 키, 몸무게 측정결과의 해석방법을 설명하시오.

문제 [01] 학교신체검사 규칙 제3조에 의거하여 학교장은 매년 학생들의 키, 몸무게 두 항목의 체격검사를 시행하여야 한다. 학교신체검사 규칙에서 제시한 각 항목별 측정방법을 구체적으로 설명하시오.

Keyword

문제 [15] 다음은 OO고등학교로 새로 발령받은 초임 보건교사 A와 선임 보건교사 B의 대화 내용이다. ㉠~㉤에 들어갈 내용을 학교건강검사규칙[교육부령 제31호]에 근거하여 순서로 서술하시오. [5]

A 교사: 선생님! 안녕하세요? 처음 뵙겠습니다.
B 교사: 어서 오세요. 발령을 축하드려요. 보건교사로서 첫 직장이지요?
A 교사: 네. 선생님은 학교 경력이 많으시죠?
B 교사: 저는 보건교사로 근무한 지 10년이 되었어요.
A 교사: 제가 초임이라 잘 몰라서 그러는데 학교 건강검사에 대한 것을 상세히 여쭤어봐도 될까요?
B 교사: 예. 학교 건강검사는 학교건강검사규칙에 해서 실시하는데요. 뭐가 궁금하시죠?
A 교사: 학생들에게 시행해야 하는 건강검사는 어떤 종류가 있나요?
B 교사: 학생의 건강검사에는 4가지가 있는데 구체적으로
(㉠) (으)로 구분합니다.
A 교사: 학교 건강검사실시계획은 매년 수립하는 것으로 알고 있는데, 언제까지 수립해야 하나요?
B 교사: 아! 그건 학교장이 매년 (㉡)까지 수립하면 됩니다. 혹시 당해연도에 천재지변과 같이 부득이한 사유로 건강검사를 실시할 수 없을 때는 교육장이나 교육감 승인 하에 (㉢).
A 교사: 마지막으로 한 가지만 더 여쭤볼게요. 학생 건강기록부는 학생들의 졸업 시에 어떻게 처리해야 하나요?
B 교사: 졸업하는 학생의 경우는 (㉣), 휴학이나 퇴학으로 졸업하지 못하는 학생의 경우는 (㉤)

	건강조사
목적	학생 건강상태 평가하거나 건강에 저해되는 특수상태 조기발견 목적 ① 아동의 상태를 포괄적이고 신중하게 평가한다. ② 부모와 학교 당국에 가치 있는 충분한 건강 정보를 제공한다. ③ 결함을 발견한다. ④ 일탈에 대한 전문적 상담을 해준다. ⑤ 아동에게 가치 있는 건강 경험을 제공한다. ⑥ 아동이 학교의 각종 프로그램에 참여토록 하는 의식을 고취시킨다. ⑦ 의학적 감독과 교정을 실시한다.
항목	건강조사는 병력, 식생활, 건강생활 행태 등에 대해서 실시해야 한다.
기간	<u>매 학년도 제1학기 말까지 실시</u>해야 하며, 필요한 경우 추가로 실시할 수 있다.
방법	<u>시·도교육감</u>은 위 조사항목 및 내용을 포함한 구조화된 <u>설문지 마련</u>, <u>학교의 장</u>을 통하여 조사할 수 있도록 한다.

Keyword

건강조사 항목 및 내용

조사항목	조사내용
1. 예방접종/병력	가. 전염병 예방접종, 나. 가족병력, 다. 개인병력
2. 식생활/비만	가. 식습관, 나. 인스턴트 및 그 밖에 식품의 섭취형태, 다. 다이어트 행태
3. 위생관리	가. 손 씻기, 나. 양치질
4. 신체활동	가. 근지구력향상 위한 운동, 나. 심폐기능향상을 위한 운동 다. 수면
5. 학교생활/가정생활	가. 가족 내 지지 정도, 나. 학교생활 적응정도, 다. 교우관계
6. 텔레비전/인터넷/음란물의 이용	가. 텔레비전 시청, 나. 인터넷 이용 다. 음란물에의 노출 여부 및 정도
7. 안전의식	가. 안전에 대한 인식, 나. 안전사고의 발생
8. 학교폭력	가. 학교폭력에의 노출 여부 및 정도
9. 흡연/음주/약물사용	가. 흡연, 나. 음주, 다. 흡입제의 사용 여부 및 약물의 오·남용 여부 등
10. 성 의식	가. 성문제, 나. 성에 대한 인식
11. 사회성/정신건강	가. 사회성(자긍심, 적응력 등), 나. 정신적 건강(우울, 자살, 불안증, 주의력 결핍 등)
12. 건강상담	가. 건강에 대한 상담의 요구 등

별도검사	
방법	학교의 장은 건강검사 외에 학생의 건강을 보호·증진하기 위하여 필요하다고 인정하면 교육부령으로 학생을 별도 검사할 수 있다.
	검사 시기와 방법 등은 교육감이 정한다.
항목·대상	건강검진 대상을 제외한 초 중 고등학생 중 교육감이 지정하는 학년의 학생 1. 소변검사, 시력검사: 초·중·고등학교의 학생 중 교육감이 지정하는 학년의 학생 　(초 2, 3, 5, 6학년, 중 2, 3학년, 고 2, 3학년 학생) 2. 결핵검사: 고등학교의 학생 중 교육감이 지정하는 학년의 학생 　(고 2, 3학년 학생) 3. 구강검사: 중학교 및 고등학교의 학생 중 교육감이 지정하는 학년의 학생 　(중 2, 3학년, 고 2, 3학년 학생) ⓒ 소시구결

초	중	고
소변, 시력	소변, 시력, 구강	소변, 시력, 구강, 결핵

관리	결핵검사	• X-ray 유소견자 추후관리 　- 활동성 결핵 교직원: 휴직, 기타 적절한 조치를 취하도록 임면권자에게 건의 　학생 1. 결과를 학부모에게 통보 　　　2. 재검사, 정밀검사를 실시하여 확진 검사 　　　3. (2급 감염병) 교육청에 보고, 보건소에 신고, 보건소에 등록 후 치료 　　　4. 치료 후 감염력이 없어질 때까지 등교중지 　　　5. 건강기록부에 기록하여 완치 결과가 나올 때까지 계속적 관리
	소변검사	• 집단뇨 검사의 의의 　1. 신기능 이상, 혈액질환 이상(용혈성 질환), 요로결석, 요로감염 조기 발견 　2. 신기능 손상은 자각증상이 없으며, 한번 손상 시 재생이 어렵다. 　3. 국가 경제적 측면 이익-만성신장염 조기발견, 치료로 만성신부전이행 예방. • 검사항목 　㉠ 요단백 검사(정상치: 음성) 　　양성: 당뇨병성 신증, 신증후군, 사구체신염, 신우신염, 신부전, SLE 신장, 요로에 이상이 없어도 장기간 서서 일을 한 뒤 양성(기립성 단백뇨)-양성인 경우에는 기상 직후의 소변으로 재검사를 할 필요가 있다. 　㉡ 뇨잠혈 검사 　　양성: 비뇨계 질환 　　　(방광염, 요도염, 사구체신염, 간질성신염, 낭종성 신질환) 　　혈액응고장애 질환이나 혈관질환의 초기 증상 　　이상 있는 자는 추후검사에 따라 정기적 정밀검사를 받아야 한다. • 채뇨 시 주의사항

Keyword

1. 채뇨 전날 밤 취침 전 배뇨하기
2. 생리 중인 경우 재검사
3. 지나친 채식, 비타민 C 섭취 제한(pH 변화)
4. 아침 첫 소변에서 중간뇨 받기. 채뇨 6시간 내 검사

- 요검사 이상 시 문진 사항
    1. 검사 전날 밤 취침 전 배뇨 여부- 배뇨하지 않으면 기립성단백뇨 양성 가능
    2. 채뇨 시간(아침 첫 소변인지), 생리 여부
    3. 가족력: 만성 신부전, 알포트 증후군(난청 동반 혈뇨) 유무
    4. 현재 병력: 혈뇨, 피로감, 배뇨 시 통증, 빈뇨, 야뇨
- 요검사 양성자 관리
    1. 집단검진으로 위험군을 색출하는 검사로 양성 시 재검사로 오류 가능성 배제
    2. 가정통신문 통보 양성 결과를 가정에 통보
    3. 확진검사 위해 의뢰 진단 및 치료
    4. 담임, 체육교사에게 알려 수업 시 건강상태 고려
    5. 정밀검사 후 요양: 병결석 인정, 피로 방지, 안정도모, 적정 단백 식이 권고
    6. 건강기록부 및 신체허약자 기록 및 관리

문제 [08] 학교건강검사규칙「제6조 1항」에 의해 학교의 장은 별도의 검사를 실시할 수 있다. 검사의 종류와 대상을 규정에 따라 쓰시오.(4)

문제 [00] 1998년 1월 1일부터 모든 초중고학생은 집단소변검사를 하게 되었다. 다음 질문에 답하시오.
1) 신장의 기능 3가지 이상을 쓰시오.
2) 보건교사가 단백이 검출된 학생들에게 취해야 할 조치 사항 5가지 이상을 제시하시오.
3) 학생소변검사 결과 단백이 검출된 학생에서 의심할 수 있는 대표적인 질환을 3가지 이상 제시하시오.

Keyword

	건강검진
항목	• 척추, 눈·귀, 콧병·목병·피부병, 구강, 병리검사 검사 또는 진단
기관 선정	• 학교의 장은 <u>2개 이상의 검진기관</u>을 선정하여야 한다. • 단, 검진기관을 2개 이상 선정할 수 없는 경우에는 관할 <u>교육감</u>(하급기관에 권한을 위임한 경우에는 교육장)의 승인을 얻어 1개 검진기관만 선정할 수 있다. • 검진기관을 선정 시 학교운영위원회의 심의 또는 자문을 받을 수 있다.
방문	• 학교의 장은 검진대상자가 검진기관을 방문하여 건강검진을 받도록 하여야 한다. 예외) 학교장은 1개 검진 기관만을 선정, 검진기관이 <u>출장 검진</u>하도록 할 수 있다 1. 학교가 소재한 지역(읍·면·동)에 검진기관이 없는 경우 2. 특수학교 및 특수학급의 학생을 대상으로 검진을 실시하는 경우 3. 그 밖에 부득이한 사유로 출장검진이 불가피하다고 교육감이 승인한 경우
결과	• 검진기관은 결과를 검사일부터 30일 내 학생 or 학부모와 해당학교 장에게 각각 통보 • 검진결과 질환 의심되거나 정밀검사가 필요한 학생의 학부모에게 반드시 통보

Keyword

사항목별 판정 구분치

질환별	검진항목	1차 검진			의심질환
		정상A	정상B	질환의심	
폐결핵, 흉부질환	흉부 방사선 촬영	정상 비활동성		그 이외의 자	
고혈압	수축기 혈압 이완기 혈압	120 미만 80mmHg미만	120-139 80-89	140 이상 90 이상	
고지혈증	총콜레스테롤	200mg/dl 이하	200-239	240 이상	폐쇄성황달, 심근경색, 동맥경화, 갑상선저하
간장질환	AST ALT	40U/L이하 35U/L이하	4.1-50 36-45	51 이상 46 이상	급만성간염, 췌장염
신장질환	요단백, 요잠혈	음성	약양성	양성(+1) 이상	
빈혈증	혈색소(여)	12~15g/dl	10~11.9 15.6~16.5	10 미만	
당뇨	혈당(공복)	100mg/dl 미만	100~125	126 이상	

판정기준
- 정상A: 검진결과 건강이 양호한 자
- 정상B: 검진결과 건강에 이상이 없으나 자기관리, 예방조치(생활습관, 환경개선)필요
- 질환의심(R): 정밀검진 필요한 자

Keyword

건강검진 항목 및 방법(학교건강검사규칙 제5조 제2항 관련)

검진항목		검진방법(세부항목)	
1. 척추		척추옆굽음증(척추측만증) 검사	
2. 눈	가. 시력측정	가. 공인시력표에 의한 검사 나. 오른쪽과 왼쪽의 눈을 각각 구별하여 검사 다. 안경 등으로 시력을 교정한 경우에는 교정시력을 검사	
	나. 안질환	결막염, 눈썹찔림증, 사시 등 검사	
3. 귀	가. 청력	가. 청력계 등에 의한 검사 나. 오른쪽과 왼쪽의 귀를 각각 구별하여 검사	
	나. 귓병	중이염, 바깥귀길염(외이도염) 등 검사	
4. 콧병		코곁굴염(부비동염), 비염 등 검사	
5. 목병		편도선비대 · 목부위림프절종대 및 갑상선비대 등 검사	
6. 피부병		아토피성피부염, 전염성피부염 등 검사	
7. 구강	가. 치아상태	충치치아, 충치발생위험치아, 결손치아 검사	초등 *all*
	나. 구강상태	구내염 및 연조직질환, 부정교합, 구강위생상태 등 검사	
8. 병리검사 등	가. 소변	요컵 또는 시험관 등을 이용하여 신선한 요를 채취하며, 시험지를 사용하여 측정(요단백 · 요잠혈 검사)	
	나. 혈액	**1) 혈당(식전에 측정), 총콜레스테롤, 고밀도지단백(HDL) 콜레스테롤, 중성지방, 저밀도지단백(LDL) 콜레스테롤 및 간 세포 효소(AST · ALT)**(초4, 중1, 고1 학생 중 비만) **2) 혈색소**(고1 여학생)	
	다. 결핵	흉부 X-선 촬영 및 판독(중1, 고1 학생)	
	라. 혈압	혈압계에 의한 수축기 및 이완기 혈압	
9. 허리둘레		줄자를 이용하여 측정(초4, 중1, 고1 학생 중 비만)	
10. 그 밖의 사항		제1호부터 제9호까지의 검진항목 외에 담당 의사가 필요하다고 판단하여 추가하는 항목(검진비용이 추가되지 않는 경우로 한정한다.)	

※ 적용범위 및 판정기준
1. 다음의 대한 검사 또는 진단은 해당 목에 따른 학생을 대상으로 하여 실시한다.
   가. 제8호나목1)(혈액) 및 같은 표 제9호(허리둘레)의 검진항목: 초등학교 4학년과 중학교 1학년 및 고등학교 1학년 학생 중 비만인 학생
   나. 위 표 제8호나목2)(혈색소)의 검진항목: 고등학교 1학년 여학생
   다. 위 표 제8호다목(결핵)의 검진항목: 중학교 1학년 및 고등학교 1학년 학생

Keyword

문제 [95]	학생 건강검사에 대한 설명 중 옳지 않은 것은? ① 매년 1회 실시한다. ② 4월 1일부터 5월 31일 사이에 실시한다. ③ 체격검사와 체질검사 2종류가 있다. ④ 질병 및 결함 발견, 예방, 간이치료를 도모한다.
문제 [96]	도시지역의 중·고등학교에서 환자 조기발견을 위해 실시하고 있는 일반적인 병리검사는? ① 기생충, 요검사 ② X-ray, 요검사 ③ 혈액형, X-ray ④ 기생충, X-ray
문제 [11]	고등학교 1학년 여학생 예은이의 신체발달상황과 학교건강검사규칙에 근거하여 올해 예은이가 받아야 할 건강검진 항목으로 옳은 것은?

건강 검사 실시 현황

가. 신체 발달 상황

구분		초등학교			중학교		고등학교		
		1	2	3	2	3	1	2	3
키(cm)		122	125	132	157	160	160		
몸무게(kg)		24	25	30	60	65	70		
비만도	체질량지수	16.1	16.0	17.2	24.4	25.7	27.3		
	상대체중	21.2	11.1	4.16	16.9	22.4	29.6		

① 흉부X선 검사, 색각 검사
② 간염 검사 (B형 간염 항원검사), 혈색소 검사
③ 흉부X선 검사, 간염 검사 (B형 간염 항원검사)
④ 색각 검사, 혈액 검사 (혈당·총콜레스테롤, AST - ALT)
⑤ 혈액 검사 (혈당 - 총콜레스테롤 - AST - ALT), 혈색소 검사

문제 [12]	중학생을 대상으로 건강검사를 하려고 한다. (가)~(다)에 들어갈 내용을 쓰시오.

검사항목	대상 학년 실시기관	실시기관	조사항목 및 실시방법
신체 발달상태	중학교 1학년	(가)	키, 몸무게, 비만도
	중학교 2, 3학년	-	
건강조사	중학교 1학년	-	건강조사항목 문진표 조사
	중학교 2, 3학년	(나)	(다)
건강검진	중학교 1학년	-	근·골격 및 척추 등을 검진

문제 [16]

다음은 수도권 지역 30학급 규모의 학교에서 건강검진을 수행하기 위해 나눈 대화의 일부이다. 괄호 안의 ㉠, ㉡에 해당하는 내용을 학교건강검사규칙[교육부령 제31호]에 근거하여 쓰시오. [2]

> 보건교사: 교감 선생님, 내년에는 검진기관을 바꿔보면 어떨까요?
> 교감: 시골에 있는 내 친구가 근무하는 학교는 병원 검진 차량이 학교로 와서 건강검진을 해준다고 하던데…… 우리 학교도 병원 검진 차량을 학교로 오게 할 수는 없나요?
> 보건교사: 우리 학교는 해당이 되지 않습니다.
> 교감: 왜 해당이 안 되나요?
> 보건교사: (㉠)
> 교감: 네, 그렇군요. 그럼 검진기관은 몇 개 선정해야 하나요?
> 보건교사: 2개 이상 선정해야 합니다.
> 교감: 그렇군요. 검진 관을 꼭 바꾸고 싶은데 2개 이상 선정하지 못하면 어떻게 해야 하나요?
> 보건교사: (㉡)
> 교감: 잘 알겠습니다.

문제 [93]

다음 중 학교신체검사 규칙에 대한 설명으로 옳지 않은 것은?
① 학교 건강검사의 시기와 방법은 학교장이 결정하여 실시한다.
② 학교 건강검사는 학생의 신체발달상황 및 능력, 정신건강상태, 생활습관, 질병의 유무를 포함한다.
③ 코 및 목의 검사는 비후성 비염, 축농증, 선양증식증, 편도선 비대증 등에 주의한다.
④ 초등학교 2학년 이하의 아동에 대하여 색각검사를 생략할 수 있다.

문제 [05]

학교보건법에 규정된 학교신체검사규칙 제9조에는 「신체검사 결과의 관리」가 제시되어 있다. 이 관리 내용 중 학생건강기록부 관리에 관한 사항을 4가지 쓰시오. (4)

문제 [09]

「학교보건법」과「학교보건법 시행령」내용으로 옳은 것을 고르시오.
① 보건교사는 부상과 질병의 악화를 방지하기 위한 처치를 한다.
② 교육감은 학교 환경위생 정화구역을 설정·고시하여야 한다.
③ 학교의 장은 전염병 환자에게 등교중지를 명할 수 있다.
④ 학교의 장은 학생과 교직원에 대하여 건강검사를 하여야 한다.

Keyword

정신건강 상태검사

- 필요한 경우에는 학부모의 동의 없이 실시할 수 있다.
- 이 경우 학교의 장은 지체없이 해당 학부모에게 검사 사실을 통보하여야 한다.
  ~~검사와 관련한 구체적인 내용을 학부모에게 미리 알려야 한다.~~(삭제)
- 설문조사 방법으로 실시
- 시행과 결과 처리는 교육정보시스템을 통하여 할 수 있다.

신체능력검사

종류	신체의 능력등급을 판정하는 필수평가와 신체활동에 대한 인식정도 등 필수평가에 대한 심층평가를 하는 선택평가로 구분
대상	학교장이 신체능력검사 실시(심장질환 신체허약자와 지체부자유자 제외가능) 1. 초등학교 제5학년 및 제6학년 학생 2. 중학교 및 고등학교 학생 학교의 장은 초4학년 필수평가 또는 선택평가 실시여부 자율적 결정 가능
항목	필수평가는 체력요소별로 1개의 검사항목을 선택하여 매 학년 초에 실시하는 것 원칙, 선택평가는 학교의 장이 해당 학교의 여건을 고려하여 검사항목, 검사주기 등을 자율적으로 결정하여 실시 가능

신체능력검사 항목 및 방법(제7조제5항 관련)

1. 필수평가

체력요소	검사항목	검사방법
심폐 지구력	1. 왕복오래 달리기	1) 초등학교 학생: 남·녀 구분 없이 15미터 2) 중·고등학교 학생: 남·녀 구분 없이 20미터
	2. 오래달리기 -걷기	1) 초등학교 5~6학년 학생: 남·녀 구분 없이 1,000미터 2) 중·고등학교 학생: 여학생은 1,200, 남학생은 1,600미터
	3. 스텝검사	시간 간격이 정해진 신호음에 맞추어 스텝박스를 올라갔다 다시 내려오는 동작을 3분 동안 반복 실시 후 안정시 심박수 3회 측정하여 기록
유연성	4. 앉아 윗몸 앞으로 굽히기	1) 신발을 벗고 실시자의 두 발 사이가 5센티미터를 넘지 않게 두 발바닥이 측정기 전면에 완전히 닿도록 무릎을 펴고 앉을 것 2) 한 손을 다른 한 손 위에 올려 양 손이 겹치게 하고 윗몸을 앞으로 굽히면서 고개를 숙이고 측정기 위의 눈금 쪽으로 뻗을 것

Keyword

	5. 종합 유연성 검사	가. 어깨, 몸통, 옆구리, 하체 4부분으로 나누어 검사 　1) 어깨: 몸 뒤쪽으로 한손은 어깨 위에서 아래 방향으로 다른 한 손은 아래에서 위 방향으로 하여 닿을 수 있는가를 검사 　2) 몸통: 상체를 좌우로 회전시켜 발뒤꿈치에 위치한 숫자 카드를 읽을 수 있는지 검사 　3) 옆구리: 바르게 선 자세에서 척추가 좌우로 충분히 굽혀져서 손이 무릎 뒤 오금에 닿는가를 검사 　4) 하체: 앉은 자세에서 좌우 한 발씩 곧게 뻗고 한손바닥을 다른 쪽 손의 손등에 나란히 올려놓은 상태에서 양손이 발끝에 닿을 수 있는가를 검사
근력· 근지구력	6-1. 팔굽혀 펴기 (남)	양발은 모으고 양손을 어깨너비로 벌린 후 30cm 높이의 봉을 잡고 몸은 머리에서부터 어깨, 등, 허리, 발끝까지는 일직선으로 할 것 팔을 굽혀 몸이 내려가 있는 동작에서는 가슴과 봉 사이의 거리가 10cm 이하이고 팔꿈치 각도는 90도 되도록 한 후 측정
	6-2. 무릎대고 팔굽혀 펴기(여)	팔을 굽혀 몸이 내려가 있는 동작에서는 가슴과 지면 사이의 거리가 15센티미터 이하이어야 하며 팔꿈치의 각도는 90도가 되도록 할 것
	7. 윗몸말아 올리기	3초에 1번씩 울리는 신호음에 맞추어 손이 넓적다리 위를 타고 올라가 손바닥으로 무릎을 감쌀 수 있도록 상체를 말아 올릴 것
	8. 악력	검사대상자는 악력계를 자신의 손에 맞도록 폭을 조절하고, 손가락 제2관절이 직각이 되도록 악력계를 잡고 오른쪽, 왼쪽 각각 2회 측정
순발력	9. 50미터 달리기	코스는 반드시 직선주로가 되어야 하며, 부정출발을 한 경우 주의를 주고 다시 출발할 것
	10. 제자리 멀리뛰기	발을 한번만 굴러서 공중자세는 자유로이 하여 뛸 것
비만	11. 체질량 지수	1) 체질량지수는(BMI: kg/㎡) 키와 체중 값으로 계산 2) 0.1kg/㎡ 단위까지 기록, 0.01kg/㎡ 단위에서 올림할 것

Keyword

2. 선택평가

검사항목	검 사 방 법
1. 심폐지구력 정밀평가	1) 심폐지구력정밀평가는 필수평가의 심폐지구력 측정 종목 측정 시 심박수 측정기를 착용하여 측정하는 것으로 검사방법은 심폐지구력 종목 측정과 동일함

2. 비만평가	가. 측정도구: 체지방측정기
	나. 자세
	  1) 공복상태를 유지하고 신체에 금속성 물질을 제거할 것
	  2) 양말을 벗고 체지방측정기의 양 발과 양 손의 측정 위치에 맞게 정확히 위치시킬 것
	다. 측정
	  1) 체지방률이 측정되는 동안 최대한 몸을 움직이지 않고 전방을 주시할 것
	  2) 장비를 통해 자동으로 측정되어진 체지방률을 분석하여 근육량과 지방량을 계산하고, 체중에 대한 체지방률 정상범위(남자: 12~14.9%, 여자: 15~26.9%)를 기준으로 최소 근육 조절량과 조절 체지방량을 계산하여 제공

3. 자기 신체평가	가. 측정도구: 자기기입식 기록지 나. 세부항목: 10개 항목[심폐지구력, 유연성, 근력·근지구력, 체지방(날씬함), 신체활동, 스포츠자신감, 외모, 건강상태, 신체전반, 자기존중감]별 2개 문항으로 구성(총 20문항)
4. 자세평가	가. 측정도구: 자세평가 보조도구 나. 세부항목: 문진 2문항, 시진(어깨기울기, 골반기울기, 다리굴곡, 경추기울기, 상체기울기, 골반전후기울기, 척추 휨 정도) 7문항

학교건강검사규칙

목적	학교 건강검사의 실시 및 그 결과의 기록에 관하여 필요한 사항 규정
계획	학교의 장은 건강검사에 필요한 소요예산을 포함한 구체적인 건강검사 실시계획을 매년 3월 31일까지 수립

| | 별도
검사 | 1. 소변검사 및 시력검사 : 초등학교·중학교 및 고등학교의 학생 중 교육감이 지정하는 학년의 학생
2. 결핵검사 : 고등학교의 학생 중 교육감이 지정하는 학년의 학생
3. 구강검사 : 중학교 및 고등학교의 학생 중 교육감이 지정하는 학년의 학생
검사의 시기 및 방법 등 검사에 필요한 사항은 교육감이 정한다. |

수행	건강검사		신체의 발달상황	신체의 능력	건강조사	정신건강 상태검사	건강검진
		항목	키와 몸무게	체력요소를 평가하여 신체의 능력등급을 판정하는 필수평가, 신체활동에 대한 인식정도 등 필수평가에 대한 심층평가를 하는 선택평가	병력, 식생활 및 건강생활행태 등	우울, 자살 등	척추, 눈·귀, 콧병·목병·피부병, 구강, 병리검사 등(수)
		시기	매학년도 제1학기 말까지 실시, 필요시 추가 실시	필수평가매년 학년 초 실시 원칙, 선택평가)학교장이 학교의 여건을 고려하여 검사항목, 검사주기 등을 자율적으로 결정하여 실시)	매학년도 제1학기 말까지 실시, 필요시 추가 실시		
		장소	해당학교 검진기관(건강검진 학생)	해당학교	해당학교	해당학교(설문조사 방식, 결과 처리는 교육정보시스템)	검진기관
		대상	(검진대상) 건강검사(학생과 교직원) 건강검진(초등학교 1학년 및 4학년 학생(구강검진은 전 학년), 중고등학교 1학년 학생) 신체능력검사(초등학교 제5·6학년 학생, (제4학년에 대한 필수평가 또는 선택평가의 실시여부는 자율적으로 결정) 중학교 및 고등학교 학생, 심장질환 등으로 인한 신체허약자와 지체부자유자는 그 대상에서 제외)				

예외	학교의 장은 천재지변 등 부득이한 사유로 당해연도에 건강검사를 실시할 수 없는 경우에는 관할 교육감 또는 교육장의 승인을 얻어 신체의 발달상황 및 신체의 능력과 건강조사를 생략할 수 있고, 건강검진은 다음 학년도로 연기할 수 있다.
건강검진	1. 기관 선정 원칙: 학교의 장은 학생의 건강검사를 실시하기 위하여 2개 이상의 검진기관 선정 예외 : 2개 이상 선정할 수 없는 경우 관할 교육감(하급교육행정기관에 권한 위임 시 교육장)의 승인을 얻어 1개의 검진기관만 선정

Keyword

진절차	2. 학교운영위원회 심의 또는 자문 : 학교의 장은 검진기관을 선정하고자 하는 때에는 학교운영위원회의 심의 또는 자문을 받을 수 있다.
	3. 방문검진
	 원칙 : 학교의 장은 검진대상자가 검진기관을 방문하여 건강검진을 받도록 하여야 한다.
	 예외 : 학교의 장은 다음 각 호의 어느 하나에 해당하는 경우 1개의 검진기관만을 선정하여 <u>출장검진</u>을 하도록 할 수 있다.
	  1) 학교가 소재한 지역(읍·면·동을 말한다)에 검진기관이 없는 경우
	  2) 특수학교 및 특수학급의 학생을 대상으로 검진을 실시하는 경우
	  3) 그 밖에 부득이한 사유로 출장검진이 불가피하다고 교육감이 승인한 경우
	4. 검진기관 검사항목 : 검진기관은 검진대상자에 대하여 <u>신체의 발달상황에 대한 검사 및 건강검진</u>을 실시하여야 한다.
	5. 준비물 : 검진기관은 검진을 실시하기 전에 검진에 필요한 문진표를 비치, 검진대상자에게 필요한 문진표를 작성·제출하도록 한다.
	6. 결과통보 : 검진기관은 검사결과를 검사일부터 30일 내에 해당 학생 또는 학부모와 해당학교의 장에게 각각 통보하여야 한다.
	 검진결과 질환이 의심되는 학생 또는 정밀검사가 필요한 학생이 있는 경우에는 해당 학부모에게 반드시 통보하여야 한다.

관리	1. 건강검사의 실시결과 작성·관리
	 1) 학생건강기록부
	  가. <u>신체발달상황 및 신체능력검사 결과 : 학생건강기록부로 작성·관리</u>
	  나. 학교의 장은 법 3)을 교육정보시스템을 이용하여 처리하기 위하여 학생건강기록부에 기록
	 2) 학생건강기록부와 별도로 관리
	  가. 건강검진 결과: 검진기관이 통보한 자료를 학생건강기록부와 별도로 관리
	  나. 별도검사의 실시결과를 학생건강기록부와 별도로 관리
	 3) 교육정보시스템을 이용하여 처리하여야 하는 자료
	 (인적사항, 신체의 발달상황 및 능력, 그 밖에 교육목적을 이루기 위하여 필요한 범위에서 교육부령으로 정하는 사항(예방접종 완료 여부, 건강검진의 검진일자 및 검진기관명, 별도검사의 종류, 검사일자 및 검사기관명)

교부	1. 학교의 장은 소속 학교의 학생이 전출하거나 고등학교까지의 상급학교에 진학할 때에는 <u>그</u> 학교의 장에게 자료를 넘겨 주어야 한다. 2. 고등학교의 장은 소속 학생이 고등학교를 졸업할 때 학생건강기록부를 해당 학생에게 <u>교부</u>하여야 한다. 3. 학생이 중학교 또는 고등학교에 진학하지 아니하거나 휴학 또는 퇴학 등으로 고등학교를 졸업하지 못한 경우 그 학생이 <u>최종적으로 재적</u>하였던 학교는 학생건강기록부를 비롯한 건강검사 등의 실시결과를 학생이 최종적으로 재적한 날부터 <u>5년간 보존</u>하여야 한다.
결과조치	①학교의 장은 건강검사 등의 실시결과에 따라 보건의료기관, 체육단체 및 대학 등의 협조를 받아 소속 학생 및 교직원에 대한 건강상담, 예방조치 및 체력증진 등 적절한 보호 또는 양호의 대책을 강구하여야 한다. ②학교의 장은 건강검사 등을 실시한 결과 수업면제·휴학·치료·보호 또는 교정 등을 필요로 하는 학생에 대해서는 본인 또는 그의 보호자에게 적절한 조치를 강구하도록 요청하여야 한다. ③학교의 장은 교직원에 대해서 건강검사 또는 「국민건강보험법」 제52조에 따른 건강검진을 실시한 결과 전염성질환 또는 신체의 심한 허약 등으로 복무에 지장이 있다고 인정되는 경우에는 휴직 기타 적절한 조치를 취하도록 임면권자에게 건의하여야 한다. ④ 학교의 장은 건강검사 등을 실시한 경우에는 학생 신체의 발달상황 통계표를 작성하여 해당 연도의 8월 31일까지, 학생신체능력검사(필수평가) 통계표를 작성하여 다음 연도의 2월 말일까지 관할 교육장을 거쳐 교육감에게 보고해야 한다

1. 척추		척추옆굽음증(척추만증) 검사
2. 눈	가. 시력측정	1) 동인시력표에 의한 검사/2) 오른쪽과 왼쪽의 눈을 각각 구별하여 검사/3) 안경 등으로 시력을 교정한 경우에는 교정시력을 검사
	나. 안질환	결막염, 눈썹접힘증, 사시 등 검사
3. 귀	가. 청력	1) 청력계 등에 의한 검사/2) 오른쪽과 왼쪽의 귀를 각각 구별하여 검사
	나. 귓병	중이염, 바깥귀길염(외이도염) 등 검사
4. 콧병		코곁굴염(부비동염), 비염 등 검사
5. 목병		편도선비대·목부위림프절비대·갑상샘비대 등 검사
6. 피부병		아토피성피부염, 전염성피부염 등 검사
7. 구강	가. 치아상태	충치, 충치발생위험치아, 결손치아(영구치로 한정한다) 검사
	나. 구강상태	치주질환(잇몸병)·구내염 및 연조직질환, 부정교합, 구강위생상태 등 검사
8. 병리검사 등	가. 소변	요컵 또는 시험관 등을 이용하여 신선한 요를 채취하며, 시험지를 사용하여 측정(요단백·요잠혈 검사)
	나. 혈액	1회용 주사기나 진공시험관으로 채혈하여 다음의 검사 1) 혈당(식전 측정), 총콜레스테롤, 고밀도지단백(HDL) 콜레스테롤, 중성지방, 저밀도지단백(LDL) 콜레스테롤 및 간 세포 효소(AST·ALT) (초등학교 4학년과 중학교 1학년 및 고등학교 1학년 학생 중 비만인 학생) 2) 혈색소(고등학교 1학년 여학생)
	다. 결핵	흉부 X-선 촬영 및 판독(중학교 1학년 및 고등학교 1학년 학생)
	라. 혈압	혈압계에 의한 수축기 및 이완기 혈압
9. 허리둘레		줄자를 이용하여 측정(초등학교 4학년과 중학교 1학년 및 고등학교 1학년 학생 중 비만인 학생)

2. 학교환경위생관리(교육환경법)

목적	학교의 교육환경 보호에 필요한 사항을 규정하여 학생이 건강하고 쾌적한 환경에서 교육받을 수 있게 하는 것
용어	교육환경: 학생의 보건·위생, 안전, 학습에 지장이 없도록 하기 위한 학교 및 학교 주변의 모든 요소(학교환경위생관리구역은 교육환경보호구역으로 변경)
계획	교육환경보호기본계획 수립: 교육부장관, 학교교육환경 보호를 위해 5년마다 수립 교육환경보호구역 설정·고시: 교육감

1) 교내환경(학교보건법 4조)

① 학교의 환경위생 및 식품위생

범위	관리 장소	〈학교장〉은 학교시설[교사대지(校舍垈地)·체육장, 교사·체육관·기숙사 및 급식시설, 교사대지 또는 체육장 안에 설치되는 강당 등]에서의
	항목	환기·채광·조명·온도·습도 조절과 <u>유해중금속 등 유해물질 예방 및 관리</u>, 상하수도·화장실 설치 및 관리, <u>오염공기·석면·폐기물·소음·휘발성유기화합물·세균·먼지</u> 등의 예방 및 처리 등 환경위생과 식기·식품·먹는 물의 관리 등 식품위생을 적절히 유지·관리한다.
관리	점검, 기록, 참관 허용	• 〈학교장〉은 학교시설의 환경위생 및 식품위생을 적절히 유지·관리하기 위해 **연 2회 이상** 점검, 그 결과를 기록·보존 및 보고. • 공기질 점검 시 <u>학교운영위원회 위원 또는 학부모</u>가 <u>참관을 요청하는 경우 허용</u>할 것 • **점검 결과가 교육부령 기준에 안 맞으면 지체없이 시설 보완 등 필요한 조치를 하고 이를 교육부장관 및 교육감에게 보고**
	공개	점검 결과 및 보완 조치를 <u>학교 인터넷 홈페이지 또는 교육부장관이 운영하는 홈페이지에 공개</u>(측정 수치는 최초측정, 재측정 포함)

• 〈교육부장관이나 교육감〉제환경위생과 식품위생 유지·관리하기 위해 필요시 관계 공무원에게 학교에 출입하여 점검을 하거나 점검 결과의 기록 등을 확인하게 할 수 있으며, 개선이 필요한 경우 <u>행정적·재정적 지원</u>을 할 수 있다.
• 〈학교장〉은 학교시설의 환경위생 점검을 실시하여 <u>심각한 유해물질의 지속적 발생의 가능성이 확인된 경우 관할 교육감에게 특별점검을 요청</u>해야 하고, 〈교육감〉은 이에 <u>특별점검을 실시하고 대책을 수립·실행</u>할 것

문제 [07] 학교보건법 시행규칙에는 학교장이 관리해야 할 교사 안에서의 환경관리항목으로 공기의 질 이외에 8가지를 제시하고 있다. 해당되는 항목을 쓰시오.

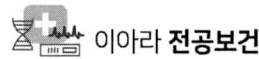

Keyword

교사	• 선정된 교지 중에서도 높은 대지에 위치 • 교실의 방향은 남향 또는 동향이 좋으며 남동향이 가장 이상적 • 지하는 채광이나 환기가 잘 되지 못하므로 특수교실로 사용 • 일반교실, 과학실험실, 체육관:남향이나 동향, 미술실:북향이나 북서향
환기	• 교실 내 이산화탄소 농도는 1,000ppm(0.1%) 이하 • 환기용 창 등을 수시로 개방하거나 기계식 환기설비를 수시로 가동하여 1인당 환기량이 21.6m3/시간 이상 되도록 할 것 [시간당 환기 횟수] $N = \dfrac{xV}{v}$ N: 시간당 환기 횟수 x: 실내의 사람 수 V: 1인당 환기량 v: 실내 공기 용적 예) 용적 200m³ 교실에 30명의 학생이 있는 경우, 시간당 최소 3~4회 환기
조도, 채광	학습효과, 시력보호를 위해 적정기준의 조도(인공조명), 채광(자연조명) 유지 교실 내의 조도(인공조명) : 최대조도와 최소조도의 비율이 3대 1을 넘지 않아야 하며 책상면 조도(300 Lux 이상)와 칠판면의 조도(300 Lux 이상)가 적정기준 유지 교실조도가 300Lux 이상: 교실 당 40와트 복실 형광등(2개 1조)이 8개 설치 교실 내의 채광(자연조명) • 최대조도와 최소조도의 비율의 10대 1을 넘지 않아야 하며, • 일광을 가리지 않도록 창 가까이 건물이나 높은 수목이 있어서는 안됨 • 창은 전체 바닥의 1/5 이상, 교실 내의 가장 깊은 책상 면에서 하늘이 보일 것 • 과도한 조도 차이를 줄이기 위해 창문에 커튼을 부작 • 벽색은 눈부심을 방지하기 위해, 열고 밝은 색, 바닥색은 어두운 색 • 무색투명한 창을 사용하고 채광창과 환기창으로 구별한다.
온도, 습도	• 적절한 온습도 유지는 학생들의 학습능률, 신체적 기능, 정서적 안정감을 도모 • 실내온도: 섭씨 18도 이상 28도 이하, 난방온도: 섭씨 18도 이상 20도 이하 냉방온도: 섭씨 26도 이상 28도 이하(냉방 시 실내외 온도 차이 5~7°C 이내) • 비교습도는: 30퍼센트 이상 80퍼센트 이하로 할 것
소음	• 학교보건법시행규칙에 따른 학교 소음기준(·교사 내: 55dB 이하)

지역구분	적용 대상지역	기준(환경정책법)	
		낮(06시 ~ 22시)	밤(2시 ~ 06시)
일반지역	학교 부지경계로부터 50미터 이내의 지역	50	40
도로변지역		65	55

Keyword

공기질	• 공기 질 유지 및 관리 - 학교장은 공기 질의 위생점검을 상·하반기에 각각 1회 이상 실시하여야 한다. - 학교장은 교사 내 공기질 측정장비에 대하여 매년 2회 이상 정기적으로 점검 실시할 것 • 공기정화설비 등 설치 학교장은 <u>각 교실에 공기를 정화하는 설비 및 미세먼지를 측정하는 기기를 설치할 것</u>
폐기물	• 학교내 폐기물소각시설을 설치·운영하지 아니하도록 할 것 • 폐기물을 배출할 때에는 그 종류 및 성상에 따라 분리하여 배출할 것
화장실	• 여성화장실의 대변기 수는 남성 대·소변기 수의 합 이상 되도록 설치 • 소독: 4월~9월까지는 주 3회 이상, 10월~3월까지는 주 1회 이상
수질 관리	• 지하수: 연 4회 이상 수질검사를 의뢰, 연간 1회 이상은 시·도 보건환경연구원에 의뢰하여 정밀검사. • 저수조(물탱크): 매월 1회 이상 위생상태 정기점검, 6개월마다 1회 이상 청소 • 정수기: 주 1회 이상 주기적 청소·소독 실시. 필터교환 등 관리실태 점검, 기록

<u>학교시설에서의 환경위생 및 식품위생에 대한 점검의 종류 및 시기</u>

(제3조제3항관련)

점검종류	점검시기
일상점검	• 매 수업일
정기점검	• 매 학년: 2회 이상. 다만, 제3조제1항 각 호의 기준에서 점검횟수를 3회 이상으로 정한 경우에는 그 기준을 따른다.
특별점검	• 전염병 등에 의하여 집단적으로 환자가 발생할 우려가 있거나 발생한 때 • 풍수해 등으로 환경이 불결하게 되거나 오염된 때 • 학교를 신축·개축·개수 등을 하거나, 책상·의자·컴퓨터 등 새로운 비품을 학교시설로 반입하여 폼알데하이드 및 휘발성유기화합물이 발생할 우려가 있을 때 • 그 밖에 학교의 장이 필요하다고 인정하는 때

비고: 별표 4의2에 따른 오염물질 중 라돈에 대한 정기점검의 경우 최초 실시 학년도 및 그 다음 학년도의 점검 결과가 각각 유지기준의 50퍼센트 미만에 해당하는 기숙사(건축 후 3년이 지나지 않은 기숙사로 한정한다) 및 1층 교사에 대해서는 교육부장관이 정하는 바에 따라 정기점검의 주기를 늘릴 수 있다.

	교구
책상 의자	책상 의자 선택시 고려기준 ㉠ 의자의 높이: 하퇴장(무릎 이하 다리의 길이) - 1.5cm ㉡ 책상의 높이: 앉은 키의 1/3 + 의자의 높이 ㉢ 의자의 폭: 상퇴의 길이 ㉣ 책상의 폭: 가운데 손가락 끝에서 팔꿈치까지의 2배 이상 ㉤ 책상과 의자의 세로 길이: 가로의 2/3 이상
칠판	면이 편평하고 반짝거림이 없으며 글씨가 잘 써지고 잘 지워지는 것이 좋다. 칠판의 높이: 학생의 하퇴길이에 좌고를 더한 높이를 칠판의 하단으로 하며(바닥에서 70~90cm 지점, 때로는 10cm 낮게 하여 수평시선을 취함), 칠판의 상단은 학생의 손이 닿는 범위로 한다.

교사 안에서의 공기의 질에 대한 유지·관리기준

1. 유지기준 ⓒ35~75세 고급 미모. 150 강한 체력 80 폼(기 고급) 이천, 총총84, 낙10진100, CO10, NO20.05(도로변 교실), 라148, 석0.01, 오0.06
ⓒ 총휘 벤 톨에 스자 - 휘발성 유기 화합물

오염물질 항목	기준	적용시설	비고
미세먼지(μg/m³)	35	교사, 급식시설	직경 2.5μm 이하 먼지
	75		직경 10μm 이하 먼지
	150	체육관, 강당	
이산화탄소(ppm)	1,000	교사, 급식시설	기계환기시설은 1,500ppm이하
폼알데하이드(μg/m³)	80	교사, 기숙사, 급식시설	건축 후 3년이 지나지 않은 기숙사 건축에는 증축 및 개축 포함
총부유세균(CFU/m³)	800	교사, 급식시설	
낙하세균(CFU/실)	10	보건실, 급식시설	
일산화탄소(ppm)	10	개별난방교실 및 도로변교실	직접연소방식의 난방교실 한정
이산화질소(ppm)	0.05		
라돈(Bq/m³)	148	기숙사, 1층 및 지하의 교사	건축 후 3년이 지나지 않은 기숙사 증축 및 개축 포함
석면(개/cc)	0.01	석면건축물 학교	
오존(ppm)	0.06	교무실 및 행정실	오존을 발생시키는 사무기기(복사기 등)가 있는 경우
진드기(마리/m²)	100	보건실	

Keyword

휘발성 유기 화합물	총휘발성유기화합물(μg/m³)	400	건축한 때로부터 3년 경과 안 된 학교	증축 및 개축 포함
	벤젠(μg/m³)	30		건축 후 3년이 지나지 않은 기숙사 건축에는 증축 및 개축 포함
	톨루엔(μg/m³)	1,000		
	에틸벤젠(μg/m³)	360		
	자일렌(μg/m³)	700		
	스티렌(μg/m³)	300		

2. 관리기준

대상 시설	중점관리기준
신축학교	(ⓒ 신축 ~3년 폼 휘발) • 오염물질 방출 건축자재를 사용하지 않을 것 • 교사 안에서의 원활한 환기를 위해 환기시설을 설치할 것 • 책상·의자·상판 등 학교의 비품은 한국산업표준 인증을 받은 제품을 사용할 것 • 교사 안에서의 <u>폼알데하이드 및 휘발성유기화합물</u>이 유지기준에 적합하도록 필요한 조치를 강구하고 사용할 것
개교 후 3년 이내의 학교	• <u>폼알데하이드 및 휘발성유기화합물</u> 등이 유지기준에 적합하도록 중점적으로 관리할 것
개교 후 10년 이상 경과한 학교	(ⓒ 10년 미 부유) • <u>미세먼지 및 부유세균</u>이 유지기준에 적합하도록 관리 • 기존시설을 개수 및 보수시 오염물질 방출 건축자재를 사용하지 않을 것 • 책상·의자·상판 등 학교의 비품은 한국산업표준 인증을 받은 제품을 사용할 것
도로변학교 보건실 급식실 석면학교	• 차량의 통행이 많은 도로변의 학교와 겨울철에 개별난방을 하는 교실은 일산화탄소 및 이산화질소가 유지기준에 적합하도록 중점적 관리 • 보건실은 낙하세균, 진드기 관리 • 급식시설은 미세먼지, 이산화탄소, 폼알데하이드, 총부유세균, 낙하세균이 유지기준에 적합하도록 중점적으로 관리할 것 • 석면사용 학교는 석면이 유지기준에 적합하도록 중점관리
암기	1. 건축 3년 내 기숙사: 총휘 벤 톨에 스자 폼라(밑줄 만) 2. 신축학교: <u>총휘 벤 톨에 스자 폼라</u> (밑줄 만: 휘발성 유기화합물 + 폼알데하이드) 3. 개교 후 3년 이내: 휘발성 유기화합물 + 폼알데하이드 등 4. 10년 이후 학교: 부+미(총부유세균이 아니고 부유세균임)

Keyword

| 문제 [00] | 학생들의 학습효과를 높이고 건강유지 및 증진에 기여할 수 있는 학교 내 환경관리 내용을 기술하시오. |

| 문제 [92] | 학교환경기준으로 옳은 것은?
① 창문의 크기를 교실 면적의 10% ② 학교 도서실의 조도는 70~90lux
③ 교실 내 소음은 30~40dB ④ 겨울철 실내 온도는 15℃ |

| 문제 [93] | 도서실, 실험실 및 강당에 적당한 조도는?
① 50~100 lux ② 100~150 lux ③ 300~400 lux ④ 400~500 lux |

| 문제 [93] | 120㎥인 거실에 성인 8명이 있다면, 시간당 필요한 환기 횟수는? |

| 문제 [94] | 42㎡의 방에 성인 3사람이 함께 있을 때 1시간에 환기를 몇 번시키는 것이 건강에 가장 좋은가? |

| 문제 [94] | 인공조명을 할 때 구비할 조건으로 맞는 것은?
① 빛은 작업상 오른쪽 위에서 비추는 것이 좋다.
② 광원의 광밀도가 적으면 나쁘므로 간접조명이 좋다.
③ 조도는 시간과 장소에 따라 불변 균등해야 한다.
④ 물건을 빨리 식별할 수 있는 범위는 낮에는 옥내에서 150-160lux, 야간에는 100-300lux이다. |

| 문제 [93] | 30학급인 초등학교에서 보건위생시설로서 필요한 대변기의 수는? |

| 문제 [04] | 각 교실의 보건위생상 위치 방향이 맞게 연결된 것은?
① 일반교실 – 남향 혹은 동향 ② 체육실 – 북향 혹은 서북향
③ 유치원, 실험실 – 서향 혹은 동향 ④ 미술실, 제도실 – 남향 혹은 동향 |

| 문제 [14] | 다음은 보건교사가 수집한 2013년도 학교 보건 환경 검사 자료이다. 학교보건법 시행규칙에 규정된 정상 기준에서 벗어난 항목 2가지를 찾아 각각의 정상 기준치와 함께 쓰시오. |

Keyword

영 역	내 용
학교 소개	도시 근교에 치한 50년 역사의 학교
교외 환경	학교 정화 구역 내에 유해 시설 없음.
교내 환경	1. 공기 〈표 1〉 교사 내 공기의 질 검사 결과 	검사항목	결과	조사 시설
---	---	---
미세먼지	90μg/㎥	모든 교실
이산화탄소	900ppm	
…(중략)…		

석면	0.04 개/cc	지하 음악실 |
		
		2. 교사 내 소음: 50dB(A)
		3. 교실 내 환경
		  1) 온도 및 습도: 앙 자동 조 장치(법 기 충족)
		  2) 조도 및 환기
		〈표 2〉 교실 내 검사결과
		
		| 검사 항목
				결 과

---	---	---
조도 (인공 조명)	책상면 조도	320Lux
	최대 조도와 최소 조도 비율	10 : 1
1인당 환기량		21.6㎥/hr	 4. 식수

항목			주요 유지·관리 기준	적용대상	중점 점검 시기	연간 점검 횟수
실내환경	환기		• 1인 1시간당 21.6㎥ 이상	모든 교실	동절기	1회 이상
	채광 및 조도	자연 조명	• 주광율 5% 확보/최소 2% 이상 • 최대조도와 최소조도의 비가 10:1 이하 • 반사물에 의한 눈부심이 발생되지 않도록 함	모든 교실	동절기	1회 이상
		인공 조명	• 300룩스 이상(책상면, 칠판면) • 최대조도와 최소조도의 비가 3:1 이하 • 눈부심이 발생되지 않도록 함	모든 교실		
	온도·습도		• 실내온도 18℃~28℃(난방: 18℃~20℃, 냉방: 26℃~28℃) • 비교습도 30%~80%이하	교사 내	계절별	4회 이상
	소음		• 55데시벨 이하(교사 내)	모든 교실	하절기	1회 이상

Keyword

학교시설에서의 공기질 등	미세먼지	• PM2.5 35μg/㎥ 이하	교사, 급식시설	연중	상,하반기 각 1회 이상
		• PM10 75μg/㎥ 이하	교사, 급식시설		
		• PM10 150μg/㎥ 이하	체육관, 강당		
	이산화탄소	• 자연환기 시 1,000ppm 이하 • 기계환기 시 1,500ppm 이하	교사, 급식시설		
	폼알데하이드	• 80μg/㎥이하	교사, 급식시설 기숙사 (건축 3년 이내)		
	총부유세균	• 800CFU/㎥ 이하	교사, 급식시설		
	낙하세균	• 10CFU/실당 이하	보건실, 급식시설		
	일산화탄소	• 10ppm 이하	개별 난방 교실 및 도로변 교실		
	이산화질소	• 0.05ppm 이하			
	라돈	• 148Bq/㎥ 이하	기숙사 (건축 3년 이내) 1층, 지하 교사		
	휘발성 유기화합물 - 총휘발성유기화합물	• 400μg/㎥ 이하	신축, 증·개축 후 3년 이내 학교		
	휘발성 유기화합물 - 벤젠	• 30μg/㎥ 이하	기숙사(건축 3년 이내)		
	휘발성 유기화합물 - 톨루엔	• 1,000μg/㎥ 이하			
	휘발성 유기화합물 - 에틸벤젠	• 360μg/㎥ 이하			
	휘발성 유기화합물 - 자일렌	• 700μg/㎥ 이하			
	휘발성 유기화합물 - 스티렌	• 300μg/㎥ 이하			
	석면	• 0.01개/cc 이하	석면사용 교실		
	오존	• 0.06ppm 이하	교무실, 행정실		
	진드기	• 100마리/㎡(진드기알레르겐 10μg/㎡) 이하	보건실		
폐기물		• 발생감량 및 분리배출	교사 내	하절기	2회 이상
구내매점		• 환경위생관리, 식품보관, 취급품목 적정성 등 관리	교사 내	하절기	2회 이상
먹는물		• 상수도: 직결급수 공급 원칙 • 지하수: 저수조 경유	교사 내	계절별	4회 이상
상·하수도		• 수도법 및 하수도법 관련규정으로 설치, 관리	교사 내	하절기	1회 이상
화장실		• 정기적인 청소·소독 실시 • 화장실 위생용품 수거함 설치	교사 내	하절기	4회 이상
기타 환경위생		• 주기에 맞는 청소·소독, 위생해충관리, 수영장 관리 등	교사 내	하절기	4회 이상

2) 교외환경(교육환경법)

① 교육환경보호구역 설정

유형		교육감은 학교경계 또는 학교설립예정지 경계(학교경계등)로부터 직선거리 200m범위 안의 지역을 교육환경보호구역으로 설정·고시
	절대보호 구역	학교출입문으로부터 직선거리로 50m까지인 지역 (학교설립예정지: 학교경계로부터 직선거리 50m까지인 지역)
	상대보호 구역	학교경계등으로부터 직선거리로 200m까지인 지역 중 절대보호구역을 제외한 지역
통보		학교설립예정지를 결정·고시한 자나 학교설립을 인가한 자는 학교설립예정지가 확정되면 지체없이 관할 교육감에게 그 사실을 통보하여야 한다.
고시		교육감은 학교설립예정지가 통보된 날부터 30일 이내에 설정·고시하여야 한다.
효력 상 실		설정·고시된 교육환경보호구역 효력상실 1. 학교가 폐교되거나 이전하게 된 때 2. 학교설립예정지에 대한 도시·군관리계획결정의 효력이 상실된 때 3. 유치원, 특수학교, 대안학교의 설립계획이 취소되거나 설립인가가 취소된 때

② 교육환경보호구역에서의 금지행위

 누구든지 학생의 보건·위생, 안전, 학습과 교육환경 보호를 위하여 교육환경보호구역에서는 다음 각 호의 어느 하나에 해당하는 행위 및 시설을 하여서는 아니된다. 다만, 상대보호구역에서는 제14호부터 제27호까지 및 제29호부터 제31호까지에 규정된 행위 및 시설 중 교육감이나 교육감이 위임한 자가 지역위원회의 심의를 거쳐 학습과 교육환경에 나쁜 영향을 주지 아니한다고 인정하는 행위 및 시설은 제외한다.

- 절대적 금지: 절대보호구역 내 유해시설설치 일체 금지
- 상대적 금지: 상대보호구역 내 교육감이 지역위원회의 심의를 거쳐 학습과 교육환경에 나쁜 영향을 주지 아니한다고 인정하는 행위 및 시설은 예외적 허용 (14~29호)

  ⓒ 청소년은 악취, 진동하는 가축 분뇨를 매화 밑에 폐기하고 도축을 절대적으로 제한하하는 것을 대수롭지 않게 생각한다.

Keyword

No	행위 및 시설	유	초중등	대학/원
1	대기오염물질 배출 시설	X	X	X
2	수질오염물질을 배출하는 시설, 폐수종말처리시설	X	X	X
3	가축분뇨 배출시설, 처리시설, 공공처리시설	X	X	X
4	분뇨처리시설	X	X	X
5	악취 배출시설	X	X	X
6	소음·진동 배출시설	X	X	X
7	폐기물 처리시설	X	X	X
8	가축사체, 오염물건, 수입금지물건의 소각·매몰지	X	X	X
9	화장시설, 봉안시설, 자연장지 (개인·가족자연장지, 종중·문중자연장지는 제외)	X	X	X
10	도축업 시설	X	X	X
11	가축시장	X	X	X
12	제한상영관	X	X	X
13	청소년유해업소(여성가족부장관이 고시한 영업소)	X	X	X
14	고압가스, 고시가스, 액화석유가스의 제조, 충전, 저장시설	X	X	X
15	폐기물 수집 보관 처분 장소	X	X	X
16	총포 또는 화약류의 제조소 및 저장소	X	X	X
17	감염병 격리소, 요양소, 진료소	X	X	X
18	담배 소매인, 담배자동판매기	O	X	O
19	게임제조업, 인터넷컴퓨터게임시설제공업, 복합유통게임제공업	O	X	O
20	게임물 시설	X	X	O
21	당구장, 무도학원, 무도장	O	초등	O
22	경마장 및 장외발매소, 경륜경정의 경주장 및 장외매장	X	X	X
23	사행행위영업	X	X	X
24	노래연습장업	O	X	O
25	비디오물 감상실업 및 복합영상물제공업의 시설	O	X	O
26	단란주점 및 유흥주점	X	X	X
27	숙박업 및 호텔업	X	X	X
28	만화대여업(삭제)	O	X	O
29	화학물질(사고대비물질) 취급시설	X	X	X
30	레미콘 제조업	X	X	X
31	중독자재활시설(알코올 중독, 약물 중독, 게임 중독)	X	X	X
32	카지노업	X	X	X

Keyword

③ 보호구역의 관리

학교의 장은 해당 학교의 보호구역 내 교육환경에 대한 현황 조사 및 보호구역 내 금지행위의 방지 등을 위한 계도 등(관리)을 한다. 다만, 학교가 개교하기 전까지의 관리는 보호구역을 설정한 자가 한다.

학교 간에 보호구역이 서로 중복되는 경우 중복된 보호구역에 대한 관리
1. 상·하급 학교 간에 보호구역이 서로 중복되는 경우: 하급학교의 장
   다만, 하급학교가 유치원인 경우에는 상급학교의 장
2. 같은 급의 학교 간에 보호구역이 서로 중복될 경우: 학생 수가 많은 학교의 장
3. 절대보호구역과 상대보호구역이 서로 중복되는 경우: 절대보호구역 학교의 장
   (여러 경우가 중복될 시 절대보호구역 학교장이 관리)

문제 [92] 학교 교육환경보호구역 관리는?
① 초등학교와 유치원의 상대보호구역이 중복될 때에는 유치원에서 관리한다.
② 중학교와 초등학교의 절대보호구역이 중복될 때에는 중학교에서 관리한다.
③ 학교 간에 상대보호구역과 절대보호구역이 중복될 때에는 상대보호구역 학교의 장이 관리한다.
④ 같은 급의 학교 간에 보호구역이 중복될 때에는 학생 수가 많은 학교의 장이 관리한다.

문제 [92] 학교 교육환경보호구역에 대한 옳지 않은 것은?
① 상·하급 학교 간에 보호구역이 서로 중복될 경우에는 하급 학교가 관리하되, 하급학교가 유치원인 경우에는 상급학교가 관리한다.
② 상대보호구역은 학교경계선으로부터 직선거리로 200m까지의 지역 중에서 절대 정화구역을 포함한 지역
③ 학교 간에 상대·절대 보호구역이 서로 중복될 경우, 절대 정화구역이 설정된 학교의 장이 관리한다.
④ 같은 급의 학교 간에 보호구역이 중복될 경우, 학생 수가 많은 학교가 관리한다.

문제 [96] 교육환경보호구역에 대한 설명 중 옳은 것은?
① 절대 보호구역은 학교 출입문에서 직선거리 150m 이내이다.
② 상대 보호구역은 학교 출입문에서 직선거리 100m 이내이다.
③ 학교장은 보호구역 내에서 학습에 지장을 초래할 경우 조치를 취할 수 있다.
④ 전문 음식점, 각종 유흥음식점, 간이주점은 심의 후 보호구역에서 제외시킬 수 있다.
해설: 특별시장, 광역시장, 시군구청장, 관계 행정기관의 장은 보호구역내에서 학습에 지장을 초래할 경우 조치를 취할 수 있다.

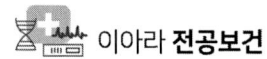

Keyword

문제 [99] 학교보건법에 규정된 다음의 사항에 대하여 서술하시오.
1) 학교환경위생 정화구역의 종류와 각각의 구체적 거리 기준을 제시하고 정화구역 안에서의 금지행위 및 시설 10가지를 쓰시오.
2) 학교환경위생관리 항목 6가지를 쓰시오.
3) 보건교사직무 중 허용되는 의료행위 5가지 쓰시오.

문제 [10] 「학교보건법」과「학교보건법 시행령」, 「교육환경보호법」에 명시된 교육환경보호구역 설정 및 관리에 관한 내용으로 옳은 것은? [1.5점]
① 교육감은 보호구역을 설정할 때에는 절대보호구역과 상대보호구역으로 구분하여 설정한다. 이때, 상대보호구역은 학교출입문으로부터 직선거리로 300m까지인 지역 중 절대보호구역을 제외한 지역으로 한다.
② 보호구역은 보호구역이 설정된 해당 학교의 장이 관리한다. 학교 간에 절대보호구역과 상대보호구역이 서로 중복될 경우에는 상대보호구역이 설정된 학교의 장이 이를 관리한다.
③ 상·하급 학교 간에 보호구역이 서로 중복될 경우에는 상급학교가 관리하며, 같은 급의 학교 간에는 학생 수가 적은 학교가 관리한다.
④ 학교설립예정지를 결정·고시한 자나 학교설립을 인가한 자는 학교설립예정지가 확정되면 지체없이 해당 학교장에게 사실을 통보해야 하며, 학교장은 학교설립예정지가 통보된 날부터 보호구역을 관리해야 한다.
⑤ 교육감은 보호구역을 고시할 때 보호구역의 위치 및 면적과 정화구역이 표시된 지적도면을 포함하여야 하고, 게시판 또는 인터넷 등을 이용하여 그 내용을 국민에게 공개하여야 한다.

Keyword

3) 정신적 환경
   ① 학교폭력
      ㉠ 정의
         - 학교폭력: 학교 내외에서 학생을 대상으로 발생한 상해, 폭행, 감금, 협박, 약취·유인, 명예훼손·모욕, 공갈, 강요·<u>강제적인 심부름 및 성폭력, 따돌림, 사이버 따돌림, 정보통신망을 이용한 음란·폭력 정보</u> 등에 의하여 신체·정신 또는 재산상의 피해를 수반하는 행위
         - 따돌림: 학교 내외에서 2명 이상의 학생들이 특정인이나 특정집단의 학생들을 대상으로 지속적이거나 반복적으로 신체적 또는 심리적 공격을 가하여 상대방이 고통을 느끼도록 하는 모든 행위
         - 사이버폭력: 정보통신망을 이용하여 학생을 대상으로 발생한 따돌림과 그 밖에 신체·정신 또는 재산상의 피해를 수반하는 행위

      ㉡ 원인
         - 개인적 특성: 성격, 가치관 혼돈, 문화에 대한 이해 부족, 정신이상 등
         - 가정의 문제: 가족구조의 변화, 가정교육의 기능약화 등
         - 학교의 문제: 인성교육 부족, 과다경쟁과 입시교육 위주의 학교 교육
         - 사회적 환경: 도덕 윤리의 붕괴, 폭력적인 범죄, 하위문화의 영향, 대중 매체의 폭력 보도와 방영, 사회 전반적인 유해환경의 확산 등

      ㉢ 피해징후
      * <u>가정</u>에서 부모가 발견할 수 있는 폭력징후

신체	• 몸에 다친 상처나 멍 자국이 자주 발견되며, 다친 원인에 대해서 그냥 넘어졌거나 운동 중에 다쳤다고 대답한다. • 두통, 복통 등을 호소하며 학교에 가지 않으려 한다.
정신	• 교과서나 가방, 공책 등에 '죽어라', '죽고 싶다'와 같은 낙서가 적혀있다. • 학교에서 돌아온 후 방안에서 우울해하거나 힘이 없거나 눈물을 보인다. • 학교 가는 것을 두려워한다.(등교 거부) • 잠을 잘 자지 못하거나 악몽을 자주 꾼다. (수면장애 호소) • 매사에 의욕이 없으며, 식욕부진 등이 나타난다.
사회	• 비싼 옷이나 운동화, 안경 등을 자주 망가뜨리거나 잃어버린다. • 용돈이 모자란다고 하거나 말도 없이 집에서 돈을 집어간다. • 아이의 옷이 더렵혀져 있거나 책 등과 같은 물건이 손상되어 있다. • 갑자기 성적이 떨어지거나 전학을 보내달라고 한다. • 학교와 관련된 일에 흥미를 잃고 있다. • 함께 어울리는 친구가 거의 없다.

      * 학교에서 교사가 발견할 수 있는 폭력징후

Keyword

신체	• 자주 지각을 하거나 몸이 아프다는 이유로 결석하는 학생이 있다. • 상담실 앞을 서성이거나 보건실을 찾는 경우가 많다. • 갑자기 신체적인 외상이 있는데, 이유에 대한 설명을 피한다.
정신	• 평소보다 어두운 얼굴 표정으로 수심이 있고 수업에 열중하지 못한다. • 주위를 살피고 두려워하는 기색을 보인다.
사회	• 잘못했을 때 놀리거나 비웃는다. • 수업시간에 특정 학생에게 야유나 험담이 많이 나돌고 비하성 별명이나 욕으로 호칭 된다. • 친구의 심부름을 자주 한다.
	• 쉬는 시간, 점심시간에 혼자 있고 체육 시간, 야외활동시간에 집단에서 떨어져 따로 행동하는 학생이 있다. • 늦게 등교하거나 혼자 교실에 늦게 들어오는 경우가 많다. • 전학을 요구하거나 전학 방법에 대해 질문한다.

> **문제 [03]** 학교폭력으로 인한 피해는 매우 심각한 것으로, 부모나 교사는 학생의 폭력 피해징후를 신속히 찾아내어야 한다. 학교폭력 때문에 고통받는 학생의 폭력 피해징후를 신체적, 정서적, 사회적 측면에서 5가지만 쓰시오. (총 5점)

ⓔ 개인별 대처방법

알아두기	• 집 근처의 안전한 길과 도움을 받을 만한 장소를 미리 알아둔다.
알리기	• 폭력을 행사하거나 위험한 인물은 즉시 경찰, 부모, 학교에 알린다.
피하기	• 싸울 때는 주먹 대신 대화로 해결 • 싸움 현장을 멀리하고 본능적으로 위험하다는 느낌이 들면 즉시 피한다. • 다른 사람이 시비를 걸면 상대하지 않고 일단 자리를 피한다. • 유흥업소, 술이나 마약을 접할 수 있는 장소, 의심스러운 장소는 피한다. • 마약이나 폭력을 행사하는 친구를 사귀지 않는다.
참여	• 폭력 예방 캠페인, 마약퇴치 모임, 상담학교 등에 적극 참여
협력	• 주위의 친구나 후배들이 폭력의 희생자가 되지 않도록 공동으로 협력

ⓓ 학교폭력 대처기관(학교폭력예방 및 대책에 관한 법률)

학교폭력 대응전문교육 기관 및 센터 운영	① <u>국가</u>는 학생 치유·회복을 위한 보호시설 운영, 연구 및 교육 등을 수행하는 전문교육기관의 설치·운영과 <u>학교폭력 예방센터</u>의 지정·운영을 할 수 있고, 이에 관한 사항은 대통령령으로 정한다.

학교폭력 대책위원회	• 학교폭력대책위원회
	• 목적: 학교폭력의 예방 및 대책에 관한 다음 사항 심의
	   – 학교폭력 예방 및 대책에 관한 기본계획 수립 및 시행 평가
	   – 학교폭력과 관련하여 관계 중앙행정기관 및 지방자치단체의 장이 요청하는 사항
	   – 학교폭력과 관련하여 교육청, 학교폭력대책지역위원회, 학교폭력 대책지역협의회, <u>학교폭력대책심의위원회</u>, 전문단체 및 전문가가 요청하는 사항
	• 소속: <u>국무총리 소속</u>
	• 구성: 위원장 2명을 포함하여 20명 이내의 위원
	• 시·도에 학교폭력대책지역위원회 설치
	• 구성: 위원장 1인을 포함한 11인 이내의 위원

교육감	• 시·도교육청에 학교폭력 예방, 대책, 법률지원을 포함한 통합지원을 담당 <u>전담부서</u> 설치·운영 • 관할 구역 내 학교폭력이 발생한 때에는 해당 및 관련 <u>학교의 장에게 그 경과 및 결과 보고 요구</u> • 학교의 장으로 하여금 <u>학교폭력의 예방 및 대책에 관한 실시계획을 수립·시행하도록</u> 하여야 한다. • 심의위원회가 처리한 학교의 **학교폭력빈도를 학교의 장에 대한 업무수행 평가에 부정적 자료로 사용하여서는 아니 된다.** • 교육감은 <u>전학</u>의 경우 그 실현을 위하여 필요한 조치를 취하여야 하며, <u>퇴학처분</u>의 경우 해당 학생의 건전한 성장을 위하여 다른 학교 재입학 등의 적절한 대책을 강구하여야 한다. • 학교폭력의 실태를 파악하고 학교폭력에 대한 효율적인 예방 대책을 수립하기 위하여 **학교폭력 실태조사를 연 2회** 이상 실시하고 그 결과를 공표하여야 한다. • <u>학교의 장 및 교감을 대상으로</u> 학교폭력 예방 및 대책 등에 관한 **교육을 매년 1회 이상** 실시 • <u>조사, 상담, 치유프로그램운영,</u> 학생 치유·회복을 위한 보호시설 운영, 법률지원을 포함한 통합지원을 위한 전문기관 설치·운영 • 결과 보고에 있어 축소 및 은폐를 시도한 경우 징계의결 요구 • 학교폭력의 예방 및 대책 마련에 기여한 바가 큰 학교 또는 소속 교원에게 상훈을 수여 or 소속 교원 근무성적 평정에 가산점 부여

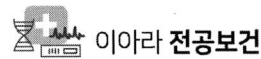

Keyword

교육지원청 - 학교폭력대책 심의위원회	〈학교폭력대책심의위원회〉 • 설치: 학교폭력의 예방 및 대책에 관련된 사항을 심의하기 위하여 교육지원청에 학교폭력대책심의위원회를 둔다. 다만, 심의위원회 구성에 있어 대통령령으로 정하는 사유가 있는 경우에는 교육감 보고를 거쳐 둘 이상의 교육지원청이 공동으로 심의위원회를 구성할 수 있다. (학교에서 교육지원청으로 이전) 〈심의사항〉 1. 학교폭력의 예방 및 대책 2. 피해 학생의 보호 3. 가해 학생에 대한 교육, 선도 및 징계 4. 피해 학생과 가해 학생 간의 분쟁조정
	• 심의위원회 구성·운영 　- 심의위원회는 <u>10명 이상 50명 이내의 위원</u>으로 구성, 전체위원 3분의 1 이상을 해당 교육지원청 관할 구역 내 학교에 소속된 <u>학생의 학부모</u>로 위촉 　- 심의위원회의 위원장은 다음에 해당하는 경우에 회의 소집 　　1. 심의위원회 재적위원 4분의 1 이상이 요청하는 경우 　　2. 학교의 장이 요청하는 경우 　　3. 피해학생 또는 그 보호자가 요청하는 경우 　　4. 학교폭력이 발생한 사실을 신고받거나 보고받은 경우 　　5. 가해학생이 협박 또는 보복한 사실을 신고받거나 보고받은 경우 　- 심의위원회는 회의의 일시, 장소, 출석위원, 토의내용 및 의결사항 등이 기록된 회의록을 작성·보존하여야 한다. 　- 회의가 소집되는 경우 교육장은 가해학생·피해학생 및 그 보호자에게 (회의 일시·장소와 안건, 조치 요청사항 등 회의 결과)를 통지하여야 한다.
	심의위원회는 심의 과정에서 소아청소년과 의사, 정신건강의학과 의사, 심리학자, 그 밖의 아동심리와 관련된 전문가를 <u>출석하게 하거나 서면 등의 방법으로 의견을 청취</u>할 수 있고, 피해학생이 상담·치료 등을 받은 경우 해당 전문가 또는 전문의 등으로부터 <u>의견을 청취</u>할 수 있다. 다만, 심의위원회는 피해학생 또는 그 보호자의 의사를 확인하여 <u>피해학생 또는 그 보호자의 요청</u>이 있는 경우에는 <u>반드시 의견을 청취</u>하여야 한다.

Keyword

	학교폭력대책 심의위원회 - 분쟁조정	심의위원회는 학교폭력과 관련하여 분쟁이 있는 경우에는 그 분쟁을 조정할 수 있다. • 분쟁조정 기간: 1개월을 넘지 못한다. • 분쟁조정 내용: 피해학생과 가해학생 또는 그 보호자 간의 손해배상에 관련된 합의조정 및 심의위원회가 필요하다고 인정하는 사항 • 시·도교육청 관할 구역 안의 소속 교육지원청이 다른 학생 간에 분쟁이 있는 경우에는 <u>교육감</u>이 직접 분쟁을 조정 • 관할 구역을 달리하는 시·도교육청 소속 학교의 학생 간에 분쟁이 있는 경우에는 <u>피해학생을 감독하는 교육감</u>이 가해학생을 감독하는 교육감과 협의를 거쳐 직접 분쟁을 조정

	학교장
	-
	자체해결
		• <u>경미한</u> 학교폭력에 대하여 피해학생 및 그 보호자가 심의위원회의 개최를 원하지 아니하는 경우 학교의 장은 학교폭력사건을 자체적으로 해결할 수 있다. → 학교의 장은 지체없이 이를 심의위원회에 보고하여야 한다.
		  1. 2주 이상 신체적·정신적 치료를 요하는 진단서를 발급받지 않은 경우
		  2. 재산상 피해가 없거나 즉각 복구된 경우
		  3. 학교폭력이 지속적이지 않은 경우
		  4. 학교폭력에 대한 신고, 진술, 자료제공 등에 대한 보복행위가 아닌 경우
		• 절차를 모두 거칠 것
		  1. 피해학생과 그 보호자의 심의위원회 개최 요구 의사 서면 확인
		  2. 학교폭력의 경중에 대한 전담기구의 서면 확인 및 심의

		학교의 장은 경미한 학교폭력에 대하여 피해학생 및 그 보호자가 심의위원회의 개최를 원하는 경우 피해학생과 가해학생 사이의 <u>관계회복 프로그램</u>을 권유할 수 있다.
	학교장 - 의무	• 학교의 장은 제16조(피해학생의 보호), 제16조의2(장애학생의 보호), 제17조(가해학생에 대한 조치)의 이행에 협조하여야 한다. • 학교장은 학교폭력을 축소 또는 은폐해서는 아니 된다. • 학교장은 교내 학교폭력단체의 결성예방 및 해체에 노력해야 한다.
	학교 - 전문상담교사 배치, 전담기구	• 학교의 장은 학교에 상담실을 설치하고, 전문상담교사를 둔다. • 학교의 장은 교감, 전문상담교사, **보건교사** 및 책임교사(학교폭력문제를 담당하는 교사), 학부모 등으로 학교폭력문제를 담당하는 **전담기구**(를 구성한다. 이 경우 <u>학부모는 전담기구 구성원의 3분의 1 이상</u>이어야 한다.

Keyword

ⓑ 학교 내 폭력 대처방안(학교폭력예방 및 대책에 관한 법률)

제16조 (피해학생 의 보호)	① 심의위원회는 피해 학생의 보호를 위하여 다음 각 호의 조치(병과 포함)를 할 것을 교육장(교육장이 없는 경우 조례로 정한 기관의장)에게 요청할 수 있다. 다만, <u>학교장</u>은 학교폭력사건을 인지한 경우 피해학생의 반대의사, 현장체험학습 중, 대회 참가, 이미 분리된 경우 등 특별한 사정이 없으면 지체 없이 <u>가해자(교사를 포함한다)와 피해학생을 분리</u>하여야 하며, <u>피해학생이 긴급보호를 요청하는 경우</u>에는 제1호, 제2호 및 제6호의 조치를 할 수 있다. 이 경우 학교의 장은 심의위원회에 즉시 보고하여야 한다. ⓒ 조심 보호치 교체 　1. 학내외 전문가에 의한 **심**리상담 및 **조**언 　2. 일시**보호** 　3. **치**료 및 치료를 위한 요양 　4. 학급**교체** 　5. 그 밖에 피해학생의 보호를 위하여 필요한 조치 ② 요청이 있는 때-교육장은 피해학생 보호자 동의를 받아 7일 이내 조치 ③ 1호~제3호 상담 등 사용 비용은 가해학생 보호자가 부담. 신속한 치료를 위하여 학교안전공제회 또는 시·도교육청 부담 후 상환청구권 행사 ④ 피해학생 지원 조력인: 교육감 또는 교육장은 피해학생 지원을 위하여 피해학생이 필요로 하는 법률, 상담, 보호 등을 위한 서비스 및 지원기관을 연계하는 조력인을 지정할 수 있다.
제17조 (가해학생 에 대한 조치)	① 심의위원회는 피해학생 보호와 가해학생 선도·교육을 위하여 가해학생에 대하여 각 호의 조치(병과 포함) 할 것을 교육장에게 요청 　퇴학처분은 의무교육과정에 있는 가해학생에 대하여는 적용 안함 ⓒ 사복 학사 봉봉 심정지 급 전퇴 　1. 피해학생에 대한 서면**사**과 　2. 피해학생, 신고·고발 학생에 대한 접촉, 협박, **보복**행위의 금지 　3. **학**교에서의 **봉**사 　4. **사**회**봉**사 　5. 학내외 전문가에 의한 특별 교육이수 또는 **심**리치료 　6. 출석**정지** 　7. 학**급**교체 　8. **전**학 　9. **퇴**학처분 ② 요청이 있는 때-교육장은 14일 이내에 해당 조치를 하여야 한다. ③ 학교장은 선도가 긴급하다고 인정할 경우 우선 제1호~제3호, 제5호 및 제6호의 조치를 할 수 있으며, 제5호와 제6호 조치는 동시에 부과 가능

Keyword

제15조 (학교폭력 예방교육 등)	① 학교장은 학생의 육체적·정신적 보호와 학교폭력의 예방을 위한 <u>학생 교육</u>(학교폭력의 개념·실태 및 대처방안 등을 포함)을 <u>학기별로 1회 이상</u> 실시, 학교폭력 예방 및 대책 등을 위한 <u>교직원 및 학부모 교육</u>을 학기별로 1회 이상 실시하여야 한다. • 장소: 학생에 대한 학교폭력 예방교육-학급 단위 실시 원칙. 여건에 따라 전체학생을 대상으로 한 장소에서 동시 실시 가능 ② 내용: • 교직원 교육 - 학교폭력 관련 법령 내용, 학교폭력 발생 시 대응요령, 학생 대상 학교폭력예방 프로그램 운영 방법 등을 포함 • 학부모 교육 - 학교폭력 징후 판별, 학교폭력 발생 시 대응요령, 가정에서의 인성교육에 관한 사항 포함 • 학생과 교직원, 학부모를 따로 교육하는 것을 원칙으로 하되, 내용에 따라 함께 교육할 수 있다.
제20조 (학교폭력 신고의무)	① 학교폭력 현장을 보거나 그 사실을 알게 된 자는 학교 등 관계 기관에 이를 즉시 신고하여야 한다. ② 신고를 받은 기관은 이를 가해학생 및 피해학생의 보호자와 소속 학교의 장에게 통보하여야 한다. ③ 통보받은 소속 학교장은 이를 심의위원회에 지체 없이 통보하여야 한다. ④ <u>누구라도 학교폭력의 예비·음모 등을 알게 된 자는 이를 학교의 장 또는 심의위원회에 고발할 수 있다.</u> 교원이 이를 알게 되었을 경우에는 학교의 장에게 보고하고 해당 학부모에게 고지 ⑤ 누구든지 학교폭력 신고행위를 이유로 불이익을 주어서는 아니 된다

② 집단따돌림
  ㉠ 정의: 두 명 이상이 집단을 이루어 특정인을 집단 속에서 소외시켜, 구성원으로서의 역할수행에 제약을 가하거나 인격적으로 무시, 음해하는 언어적·신체적인 일체의 행위
  ㉡ 형태: 대화거부, 약점들추기, 모함하기, 비난하기, 시비걸기, 바보 만들기
  ㉢ 대처방안

파악	• 평상시 학생들의 교우관계를 파악한다. • 교내의 따돌림 실태를 파악한다. • 확인된 피해자의 상담을 통해 원인을 파악한다.
교육	• 소집단활동으로 이루어지는 특별활동을 강화 • 학생, 교사, 부모를 대상으로 개인과 개성을 존중하는 지속적 교육

문제 [04] 집단따돌림을 당한 학생이 보건실을 방문하였다. 보건교사가 학교 당국과 협조하여 대처할 수 있는 방안을 5가지만 쓰시오.

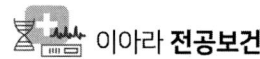

③ 성폭력
  ㉠ 정의
    - 성폭력: 강간, 성희롱, 성추행, 성기 노출, 윤간, 강도강간, 어린이 성추행 등 성을 매개로 하여 인간에게 가해지는 신체적·정신적·언어적 폭력
    - 성적 학대: 성적 행동에 대처할 만큼 성숙과 발달을 이루지 못한 아동에게 성적 수치심을 주는 성적 행동을 강요하는 것
      성행위, 강간, 성희롱, 매춘, 아동 근친상간, 시각적 장면 연출을 위해 성적으로 노골적인 행동에 참여하도록 아동을 이용, 설득, 강요하는 것
  ㉡ 후유증

신체적 후유증	• 신체화 증상(감각기관, 수의근계를 제외한 신체 부위 증상이 나타남) • 복통, 수면장애, 두통(이유 없는 복통, 두통) • 빈뇨감, 식이 장애(비만, 폭식, 식욕부진, 식사 거부) • 여성질환(골반통증, 질출혈, 성병, 임신, 월경전 증후군) • 옷을 자주 갈아입거나 자주 씻는다.
성적 후유증	• 자신의 성에 대해 부끄럽게 느낀다. • 결혼에 대해 부정적으로 생각한다. • 음란물 서적, 음란 사이트에 빠진다. • 다른 사람을 해치는 성희롱이나 성폭행 하는 가해자가 되기도 한다.
정신적 후유증	• 심한 공포심, 불안, 수치심, 죄책감, 우울감, 분노, 무기력이 평생 지속 • 외상 후 스트레스 장애 • 주체성 장애(다중 인격, 자기고유인격 외 한 가지 이상 다른 인격과 교체) • 대인관계 장애, 이성혐오증 • 자책감, 자살시도
사회적 후유증	• 집중력, 학교 교과 수행능력. 학교성적의 급격한 하락 • 공격성 또는 비행, 또래 폭력 증가 • 약한 이성 친구를 못살게 굴거나, 모든 이성을 적대시 여김
강간상해 증후군	* 강간상해 증후군 심리적 반응을 3단계의 명칭과 그 특성 1) 1단계 　① 명칭: 급성 혼란기(acute disorganization phase) 　② 특성: 충격, 정신적 속, 공포, 두려움, 의심, 불신 　[참고] 급성혼란기는 표현기와 조절기로 나눌 수 있다. 　　- 표현기: 쇼크, 의심, 공포, 죄의식, 수치심, 분노 등의 감정을 보임 　　- 조절기: 감정을 숨기고 침착하게 보인다. 2) 2단계 　① 명칭: 부정기 및 외부 적응기 　② 특성: 불안고조, 공포, 그 장면의 엄습, 수면장애, 각성상태, 심인성 반응 등이 나타난다. 　[참고]

Keyword

- 부정기: 사건에 대해 말하기를 피하고 부정하는 시기
- 적응기: 진정이 되어보이는 시기라도 실제로 부정과 억압에 의한 적응이다.

3) 3단계
① 명칭: 재조직기(phase of reorganization)
② 특성: 전체적 시각으로 다시 조정하고 조직화하는 시기, 심리적 극복단계, 사람에 따라서는 완전히 회복하지 못하고 만성 스트레스성 질환이나 공포증(phobias)을 갖게 된다.

ⓒ 대처방안

성폭력 예방법	• 되도록 밤늦게 다니지 말고, 사람이 잘 다니지 않는 으슥한 골목은 피해 다니고 호루라기 등을 소지한다.
	• 환승역이나 지하주차장 같은 곳을 갈 때는 친구나 혹은 다른 행인과 함께 가도록 한다.
	• 승용차 열쇠나 아파트 열쇠 같은 것은 항상 유사시에 신속히 꺼낼 수 있도록 준비해 놓는다.
	• 집에 있을 때는 항상 문을 잠그고 낯선 사람은 절대 문안에 들여놓지 않는다.
	• 급하면 택시를 불러 달아날 수 있도록 항상 비상금 갖고 다닌다.
	• 부모는 평소에 자녀들과 성에 관한 이야기를 스스럼없이 해서 자녀가 성폭력 위기 시에, 부모와 의논할 수 있도록 한다.
	• 어릴 때부터 자녀 수준에 맞는 성교육을 하여 우리의 성은 소중한 것이며, 누구도 허락없이 침범할 수 없는 중요한 것이라는 교육
	• 사이버 성폭력 대처방법
	  - 개인정보를 철저하게 관리한다.
	  - 대화에 편함을 느꼈다면 언제든지 통신 또는 인터넷을 중지
	  - 대화방에서 사적으로 만나자는 유혹을 특히 조심한다.
	  - 통신에서 알게 된 사람을 개인적으로 직접 만나는 일은 신중
	  - 내키지 않는 사람과 이야기하지 않는다.

성폭력 발생시 대처방법	• 휴대폰에 단축번호를 사전에 저장하고, 위험 발생시 즉각 누르도록 하며, 단축번호는 한 자리 숫자로 하고 학부모, 가까운 친인척, 경찰서, 소방서 등을 입력하도록 한다. • 당황하지 말고 소리를 크게 질러 주위 사람들이 도움을 요청한다. • 뒤에서 누군가 따라오면 가장 가까운 집을 자신의 집인 것처럼 들어가거나 초인종을 누르면서 부모님을 부르는 것처럼 한다. • 성폭행 행동의 기미를 빨리 알아차리는 것이 중요하다. • 상대가 싫은 느낌을 주는 신체적 접촉을 해올 때 단호히 싫다고 말한다. • 이성의 의도적인 친절 행동에 경계할 것. 성폭력을 계획하는 사람들의 행동을 자세히 살펴보면 자연스럽지 않은 데가 있다. 무언가 앞

Keyword		
		뒤가 맞지 않고 인위적인 데가 있으므로 주의를 기울이면 알아차릴 수 있다. • 상대방이 성폭행이나 성추행을 하려는 의도가 보이면 상대방 눈을 똑바로 쳐다보면서 이성적인 화제를 꺼내 대화를 시도하거나 아니면 잠깐 볼 일이 있다면서 자리를 피한다. 이 때 가방이나 소지품을 그 자리에 놓아두어 상대방을 안심시키는 것이 좋다. • 엉뚱한 질문을 하는 것도 도움이 된다. • 위급상황일 경우는 집기나 가재도구로 창문을 깨뜨려 외부에 알린다. 골목길이라면 돌멩이로 남의 집 창문을 깨뜨리는 것도 좋다. • 상대방이 예상하지 못하는 행동을 하는 것이 도움이 될 수 있다.(미친 사람처럼 행동하거나 큰소리로 노래를 부른다.)

	성폭력
	피해 직후
	대처방안
		• 도움 요청
		  - 즉시 안전한 장소로 몸 옮기고, 주위(경찰, 가족, 교사)에 알려 도움 요청. 성폭력 상담소 등 전문기관에 상담 및 도움 요청
		• 증거수집
		  - 현장 그대로 보존, 주변물건, 가해자물품을 종이봉투에 담아 보관 사건과 가해자에 대해 기억나는 것을 모두 적어둔다. (구체적인 일시, 장소, 목격자, 자신이 대응했던 방법, 가해자의 태도 등)
		  - 몸에 멍이나 상처가 있을 경우 카메라를 이용해서 다친 부위와 전신사진을 함께 찍어 놓는다.
		• 병원방문
		  - 목욕을 하거나 옷을 갈아입지 말고 바로 산부인과에 가서 치료 및 증거 채취를 한다.
		  - 임신방지 12시간 내 사후 피임
		  - 증거채취 48시간 내 정자
		  - 외상 치료
		  - 성병 예방 치료
		• 정서적지지
		  - 아동 앞에서 지나친 걱정표현은 금하고 안심시킨다.
		  - 아동과 무슨 일 있었는지 대화 시작 시 다그치지 말고. 스스로 기할 때까지 기다린다. 편견을 갖지 않고 주의 깊게 경청한다.
		  - 성적 공격에 대해 이야기할 기회 제공한다.
		  - 가족들이 아동이 정상 활동 시작하도록 격려.(아동 행동을 관찰)
		• 고소
		  - 고소를 신중히 결정한다.
		  - 성폭력 특별법에 의해 친고죄 규정 삭제.
		  - 성폭력은 피해자의 의사와 관계없이 처벌 대상이 되는 중대범죄
		  - 심리치료, 자조 집단 및 비슷한 유경험자들이 모인 단체에 가입한다.
		
		***성폭력 직후 대처방법 - 123456**
		1. 즉시 안전한 장소로 몸을 옮기고 주위에 도움 청함. 경찰 신고 (112)
		   증거 확보를 위해 성폭력 피해 입은 자리 그대로 보존

Keyword

	2. 몸을 씻거나 옷을 갈아입지 말고 바로 병원으로 감. (48시간 이내 증거 채취, 2일) 3. 임신 방지(72시간 이내 임신방지 가능, 3일) 4. 피해 당시 생겼던 상처나 멍든 곳 사진 촬영(가능하면 얼굴 포함) 5. 가해자의 신장, 인상착의, 행동 특성 등 기억나는 것 적기(오감이용) 6. 1366(여성긴급상담전화)-전문상담기관이나 전문가도움 받도록 함 *1366 – 성폭력, 가정폭력 포함

4) 학교 안전관리
  ① 학생의 안전관리(학교보건법 12조)
    : 학교장은 학생의 안전사고를 예방하기 위하여 학교의 시설 장비의 점검 및 개선, 학생에 대한 안전교육실시 등 필요한 조치를 취해야 한다.
  ② 학교 안전사고의 예방관리
  문) 초등학생 발달특성과 관련해 학교 복도, 계단에서의 낙상 방지 방안 제시

교내안전통행	
복도 통행 안전	• 뛰지 말고 왼쪽으로 발뒤꿈치를 들고 조용히 걷는다. • 어깨동무를 하고 다니다가 남을 쓰러뜨리는 일이 없도록 한다. • 한눈을 팔면서 뒷걸음질하거나 뒤돌아보면서 뛰지 않는다.
계단 통행 안전	• 계단을 이용할 때 주머니에 손을 넣지 않는다. (주머니에 손을 넣은 채 계단을 오르내리다가 넘어지면 크게 다치게 된다.) • 계단을 오르내리면서 책을 보거나 음악을 듣지 않는다. • 계단을 오르내릴 때 뛰지 않으며, 비나 눈이 온 뒤의 계단은 물기로 인해 미끄러지기 쉬우므로 특별히 조심해야 한다.
계단난간 안전	• 난간을 이용하여 미끄럼을 타지 않는다. • 난간 사이에 머리를 넣는 일이 없도록 한다.
	• 문을 열거나 닫을 때, 뒤에 따라 들어오는 사람은 없는지 확인한다. • 문의 자물쇠가 안전한지 확인한다.
문이나 창문이용 안전	• 창밖으로 몸을 내밀지 않는다. • 창틀은 덜컹거리지 않는지 확인한다. • 깨진 유리창이 방치되어 있지 않은지 점검한다. • 창문 가까이에 책상이나 다른 가구를 배치하지 않도록 한다. • 2층 이상의 창문에는 안전장치를 설치한다.
	• 복도 끝에 비상등의 불이 들어오는지 점검한다. • 건물의 옥상에 자물쇠가 잠겨 있는지 점검할 필요가 있다.

Keyword

급식시간 안전	• 국이나 밥을 운반할 때는 데지 않도록 면장갑을 끼고 천천히 옮긴다. • 담긴 무거운 통은 두,세 사람이 함께 들도록 한다. • 한꺼번에 많은 사람이 몰려가서 배식을 받지 않는다. • 국을 담을 때 국물이 손에 닿지 않도록 주의한다. • 식판, 그릇, 젓가락, 포크 등 서로 빼앗거나 찌르는 장난을 하지 않는다. • 식판을 들고 식탁이나 자기 자리에 들어갈 때 한눈팔고 걷지 말고, 발에 걸려 넘어지지 않도록 살피면서 간다. • 운반차를 놀이기구처럼 이용하지 않는다. • 한 눈을 팔거나 잡담을 하면서 운반차를 밀고 가지 않는다.
장소별 안전	
교실안전	• 교실 내의 장난과 심한 행동은 항상 물체의 모서리 등 날카로운 부분에 부딪혀 다칠 수 있으므로 삼간다. • 교실 내 책상이나 교탁 등 날카로운 부분이 돌출되면 즉시 안전 수리를 위해 담임교사에게 알린다. • 출입문 이용 시 손발이 틈새에 끼지 않도록 한다. • 각종 전령기(빔프로젝트, VCR, 컴퓨터, 에어컨, 온풍기, 선풍기, 실물화상기, TV, 녹음기) 이용 시 장시간 사용으로 과열되지 않도록 한다. • 교실 내 콘센트에 전열, 전기기구를 함부로 꽂지 않으며 사용하지 않는 전기 제품은 콘센트를 분리한다. • 겨울철 온풍기 주변은 항상 청결을 유지. 화재를 예방하고 자주 환기. • 빠지려고 하는 창문 및 출입문은 담임교사에게 연락하여 즉시 수리 • 교실에 금이 가거나 깨진 유리창이 있는지 수시로 점검. 깨진 유리는 맨손으로 빼거나 만지지 말고 바로 행정실이나 담임교사에게 연락한다. • 자리를 뜰 때에는 의자를 책상 밑으로 넣는 등 책걸상 주변 정리를 잘하여 통행에 불편을 주지 않는다. • 뛰어다니거나 심한 장난 금지. 안경을 낀 채 심한 장난을 하지 않는다. • 친구들과 책걸상이나 칼, 연필 등 학용품으로 장난치지 않는다. • 책상 위에 올라서서 유리창에 기대거나 창틀 위에 올라간다든가 문 난간에 기대어 앉거나 밖으로 몸을 내밀지 않는다. • 교실 대 각종 학습 시설물에 타격을 가하거나 파손하지 않는다. • 만약의 사태에 대비해 소화기를 설치하고 평소 사용법을 익힌다.

Keyword

과학실
안전
	• 실험실 내에서는 항상 지도교사의 지시에 따르며, 호기심에 의한 개인행동 및 안전상 위험한 장난을 치지 않는다.
	• 과학실에 비치되어 있는 화학약품 등에 함부로 손대지 않는다.
	  – 가루, 액체로 된 약품을 함부로 만지거나 맛보지 않기
	  – 시약병 입구에 얼굴을 대고 냄새 맡지 않기
	  – 화학약품이 피부에 닿았을 때 물로 씻고, 붕산수로 씻기
	  – 약품명 스티커가 지워졌거나 없을 경우 선생님께 꼭 확인하기
	• 실험 도중 직접 코를 대고 냄새를 맡지 않는다.
	• 날카로운 도구의 사용 시 반드시 안전장갑을 착용한다.
	• 전기기구 및 발화 물질의 취급 시, 위험하다고 생각될 때는 반드시 지도교사의 도움 및 지시를 따른다.
	• 시험관 가열 시에는 시험관 입구가 사람을 향하지 않게 한다.
	• 시약병에서 시약을 옮기거나 부을 때는 반드시 라벨을 확인하고 흘리거나 쏟지 않도록 안전한 도구를 사용한다.
	• 시약을 묽게 할 때 진한 시약에 물을 함부로 붓지 않으며, 남은 시약은 절대로 다시 넣지 않도록 한다.
	• 알코올 램프나 불을 사용하는 실험은 화재, 화상 사고에 주의하여 다룬다.
	• 유리관을 깨우거나 자를 때는 안전에 특히 유의한다.
	• 실험 내용을 충분히 이해한 후 실시, 실험은 신중히 서두르지 않는다.
	• 본 수업과 관련 없는 실험도구나 시약은 함에 부로 만지지 않는다.
	• 실험 후 배출된 오폐수는 지도교사의 지시에 따라 농도를 묽게 한 후 오폐수 수거통에 버린다.
	• 실험이 끝난 후 사용한 기구는 깨끗이 정리하여 제자리에 갖다 놓는다.

미술실 안전	• 조각도 종류별 칼질 요령, 사용법을 올바르게 알고 사용한다. • 끝이 날카로운 가위나 칼, 정 등을 신중하게 다룬다. • 미술 재료는 먹거나 닿아도 해롭지 않은 안전품질표시가 있는 것 사용. • 접착제를 사용할 때 눈이나 얼굴에 닿지 않도록 안전하게 다룬다. • 본드를 사용하거나 니스칠할 때 하고 난 후에는 반드시 환기를 시킨다.

Keyword

특별실 안전	• 휴대용 가스버너는 가능한 한 사용하지 않는다. • 채칼이나 칼, 가위 등은 안전한 장소에 보관한다. • 뜨거운 물을 용기에 붓거나 넣을 때 조심한다. • 뜨겁게 달구어진 프라이팬을 함부로 만지지 않는다. • 간이 소화기를 비치해 둔다. 만약 음식을 하다가 튀김 기름에 불이 붙거나 작은 불씨가 될 경우 간이 소화기로 뿌린다. • 톱질할 때 안전하게 한다. (나무에 고정해 놓고 톱질하기, 물건을 누르고 있는 손이나 발을 톱날에 너무 가까이하지 않기) • 삽을 사용할 때 함부로 휘두르지 않는다. • 전기기구를 콘센트에 꽂을 때 물에 젖은 손으로 만지지 않는다. • 전기납땜을 사용할 경우, 불똥이 튀지 않게 조심하고, 녹는 잡이 손에 닿지 않도록 조심한다. • 페인트, 니스 칠을 할 때 눈에 들어가지 않게 한다. • 아크릴 사용 시 칼로 자를 때 조심할 것(아크릴 단면에 베이지 않도록) • 도서실이나 자료실의 경우, 책장의 책이 한꺼번에 떨어지지 않도록 책장을 밀거나 매달리지 않는다.
컴퓨터실에서의 안전	• 지도교사의 지시에 따르며 전기시설에 함부로 손대지 않는다. • 의자를 빼거나 하는 등의 장난은 치지 않는다. • 전기 배선에 걸려 넘어지지 않게 한다. • 함부로 컴퓨터를 작동시키거나 취급하지 않는다. • 키보드 및 마우스 연결선을 함부로 만지지 않는다. • 키보드 판을 심하게 치거나 장난하지 않는다.
화장실에서의 안전	• 습기가 있는 곳의 전기 설비는 방수가 제대로 되어 있지 않으면 감전의 우려가 있으므로 주의한다. • 항시 물기가 있어서 미끄러지기 쉬우므로 주의를 준다. • 변기에 담배꽁초 등 일반 쓰레기를 집어넣어 막히는 일은 없도록 한다. • 화장실 변기나 휴지통 위에 올라가서 옆 화장실을 들여다보거나 낙서하는 등 짓궂은 장난을 하지 않는다. • 화장실 출입문을 노크하지 않고 갑자기 열거나 발로차서 열지 않는다. • 화장실 문 잠금장치가 제대로 되어 있는지 확인. 미비한 경우 수리요청
체육관이나 운동장 등의 체육장소에서의 안전	• 운동장의 정비와 체육관 내 체육 용구 등의 점검을 확실히 행한다. • 운동 전후 종목에 적합한 준비운동과 정리운동 등을 자율적으로 한다. • 운동할 때는 복장을 단정히 하고 손발톱을 깎는다. • 운동장 수업 시 실기를 하고 있는 학생을 웃기거나 건드리지 않는다. • 실기 수업 중에는 항상 체육복을 입고 운동장이나 강당을 벗어날 때는 반드시 지도교사의 허락을 받고 이동한다. • 경기 규칙을 지키고 난폭한 행동을 하지 못하게 한다. • 기본동작이 미숙하면 여러 가지 부상의 원인이 되므로 점차로 단계를 높여 고도의 기술을 익혀 나간다.

③ 일상생활 속의 안전관리

	교통사고 예방
학교 다닐 때	• 신호등과 건널목이 가장 적고 공사장 등 위험한 장소가 적은 곳으로 다닌다. • 학교 갈 때에는 시간을 여유 있게 두고 집을 나서야 한다. • 항상 사람 다니는 길의 안쪽으로 걷도록 하고 마주 오는 차량을 살핀다. • 뒤돌아보며 걷거나 장난하지 않으며 앞을 보고 살피며 다닌다.
골목길, 주차장 다닐 때	• 좁은 골목에서 차로로 나올 때는 앞뒤좌우를 살펴보며 천천히 걸어 나온다. • 좁은 골목에 차가 다닐 때는 차가 지나갈 때까지 기다렸다 가야 한다. • 주차장에서 차들 사이를 빠져나갈 때에는 뛰어나가지 말고 앞뒤 좌우를 살펴 천천히 걸어나가야 한다. • 차가 다니는 좁은 골목길이나 주차장에서 공놀이, 자전거, 롤러 스케이트를 타면 안된다.
횡단보도가 없는 길을 건널 때	• 뛰거나 서두르지 말고 운전자가 잘 보이는 위치에서 손을 들어 차를 멈춘다. • 좌우를 살핀 후 차가 완전히 멈춘 것을 확인하고 천천히 건넌다. • 길을 다 건넌 다음 손을 흔들어 고마움을 표시한다.
	낙상사고 예방
계단낙상의 예방	• 계단에 지지대를 촘촘히 세워, 작은 체구학생이 떨어지지 않게 주의 • 계단의 설계시 각각의 발판은 적어도 2~3cm의 눈에 띄는 돌출부나 디딤판 코를 가져야 한다.
승강기 낙상의 예방	• 가정이나 학교에서 어린이들에게 승강기 사용방법을 철저히 교육한다. • 승강기 앞이나 안에서 장난을 하지 못하도록 한다. • 승강기의 비상시 인터폰으로 연락이 불가능한 어린이는 혼자 타지 않는다. • 승강기의 정원, 적재 하중을 반드시 지켜 운행하고, 비상정지 버튼을 필요한 때 외에는 절대 만지지 않도록 한다.
	놀이사고 예방
자전거를 탈 때	• 학교운동장, 놀이터 등 차가 다니지 않는 안전한 장소에서 탈 것 • 바지를 입고 무릎 보호대, 팔꿈치 보호대, 헬멧, 운동화 신는 것이 안전 • 인도와 차도의 구별이 없는 도로에서 자전거는 오른쪽 통행할 것
롤러스케이트를 탈 때	• 타기 전 바퀴가 고장 났는지 확인. 헬멧 무릎, 팔꿈치 보호대 착용 • 계단이나 내리막길에서 타는 것은 자제. 차도에서는 절대 타지 말 것, 길을 건널 때 롤러스케이트를 들고 건너야 한다. 또한, 사람이 다니는 길에서는 다른 사람을 다치게 하지 않도록 주의해야 한다.
수영장	• 수영 전 준비(건강한 상태로 수영하고 준비운동과 샤워, 용변처리를 하고 식후 한 시간 후에 물속으로 들어갈 것) • 수영할 때는 혼자 수영하지 않으며, 수상안전반의 감시영역 안에서 안전하게 예정된 시간을 철저히 엄수하며 수영한다. • 수영 후에는 수영복을 빨리 벗어 피부에 이상이 생기지 않도록 하고,

Keyword

	깨끗한 물로 전신을 샤워하고 귓속의 물도 반드시 제거하도록 한다.
화재예방	
전기화재 예방	• 콘센트에 플러그를 완전히 꽂는다. • 플러그를 뽑을 때에는 선을 잡아당기지 말고 플러그를 잡고 뽑는다. • 전선이 꼬이지 않도록 하고 전선 피복이 벗겨져 합선되지 않도록 한다. • 퓨즈는 개폐기에 표시된 용량의 퓨즈를 사용한다. • 전선이 쇠붙이나 움직이는 물체와 접촉되지 않도록 한다.
불장난 화재예방	• 폭음탄이나 화약놀이를 하지 않도록 안전지도를 한다. • 성냥이나 라이터는 가지도 다니지 않도록 단속한다.
화재 발생 시 행동요령	

학생 행동요령	• 화재 발생 즉시 최초 화재 목격자는 '불이야'하고 외치고 비상벨을 누른다.
	• 화재 경보 접수 시 선생님 지시에, 대피로에 따라 지정된 장소로 대피
	   - 학생들은 소지품을 그대로 두고 한 줄로 이동
	   - 무질서한 행동 금지(고함을 지르는 행위, 책상이나 교탁에 숨는 행동, 창문 밖으로 뛰어내리는 행동 등)
	   - 대피 시 엘리베이터 이용 금지 비상구와 비상계단을 이용하여 대피
	   - 이동 도중 연기에 휩싸이는 경우 손으로 입을 막고 자세를 낮추고 빠르게 이동(뜨겁고 유독한 가스를 마시지 않도록 코와 입을 막음)
	   - 아래층으로 대피를 못할 경우 옥상으로 대피한 후 구조요청
	   - 문손잡이는 뜨거울 수 있으니 항상 조심
	• 대피로가 화염에 쌓여 있어 이동이 불가능한 경우 교실로 되돌아가 문을 닫고 옷이나 양말 등으로 틈새를 막은 후 구조를 요청한다.
	• 연기가 새어 들어 올 때에는 낮은 자세로 바닥에 엎드려 짧게 숨을 쉰다.
	• 학급에 발생한 화재는 소화가 가능한 경우 소화기로 불을 끈다.
	• 소방서에서 건물 안전 여부 판정 전까지 절대 건물에 들어가지 않는다.
	* 화재신고방법
	119로 전화를 한다. - 당황하지 말고 침착하게 전화번호를 누른다. - 화재상황을 말한다 - 발생 장소, 주요건축물, 화재종류 등을 상세히 말한다. - 주소를 정확하게 말한다. - 00동 00번지입니다.
	* 옷에 불이 붙은 경우
	  • 그 자리에 멈추고 엎드려 눈과 입을 가리고 불이 꺼질 때까지 뒹군다.
	*이동 소화기 사용법
	  • 불이 난 장소로 소화기를 가져온다.
	  • 바람을 등지고 자리를 잡고 소화기의 안전핀을 뽑는다.
	  • 한 손으로 소화기 손잡이를 잡고 다른 한 손으로 호스를 잡는다.
	  • 호스를 불 방향으로 향하고 손잡이를 힘껏 움켜쥔다.
	  • 불꽃의 아래를 향하여 빗자루를 청소하듯이 앞에서부터 좌우로 뿌린다.
	  • 소화기는 잘 보이고 편리한 곳에 두며 햇빛, 습기에 노출을 피한다.
	* 옥내 소화전의 경우
	  • 소화전 함에서 호스를 꺼내 꼬이지 않도록 하여 화재지점까지 끌고

	간다. • 소화전 함에 설치된 밸브를 시계방향으로 연다. • 밸브가 안 열린다면 적색 버튼을 누른다.
학교/교사 행동요령	• 화재 발생, 경보 발생(화재신고): 화재 비상벨이 울리면 미리 지정된 담당자가 즉시 교내 화재 발생 경보를 발령한다. • 화재신고: 119에 신고하되, 가능하다면 벨이 울린 지점에 접근하여 화재 발생 여부를 파악한 후 119에 신고한다. • 신고 내용: 학교명, 주소, 현재의 화재 진행 상태, 부상자 상황 • 대피 장소로 이동: 전교생에게 피난 지시(정확한 지시) • 대피 경로 안전 확보, 대피 시 반드시 출석부 지참, 대피 후 안전 확보 • 출석부로 인원을 파악하여 대피 못한 학생 확인 • 안전 여부 확인, 부상자 응급조치, 의료기관 등에 연락 • 학교 대책본부 설치, 교사 시설 등 피해 상황 파악, 정보 수집, • 교육청에 보고, 외부 기관과의 협조 유지, 교사 외 피난 장소에서 대응 • 보호자에게 연락한 후 학생 인계 조치

③ 학교 안전사고 예방 및 보상

학교안전사고 예방 및 보상에 관한 법률	
학교안전사고 예방계획 수립·시행	교육부 장관. 3년마다 학교 안전사고 예방 기본계획 수립·시행
학교안전공제회	교육 학교에서 일어나는 안전사고를 예방하고, 교육 활동 중에 발생한 사고에 대한 보상을 담당하는 기관. '학교 안전사고 예방 및 보상에 관한 법률' 제28조에 따라 설립된 기관으로, 학교안전 중앙 공제회를 중심으로 각 시도 단위별로 운영
안전공제회 설립	교육감. 해당 시·도에 학교안전공제회 설립
공제급여	1. 요양급여: 학교안전사고로 인하여 피공제자가 부상을 당하거나 질병에 걸린 경우 지급(진찰·검사, 약제·치료재료의 지급, 처치·수술 그 밖의 치료, 재활치료, 입원, 간호, 호송, 장애인보조기구의 처방 및 구입) 2. 장해급여: 요양을 종료한 후에도 장해가 있을 때 지급 3. 간병급여: 치료를 받은 후에도 의학적으로 상시 또는 수시로 간병이 필요한 경우 실제로 간병을 자에게 지급 4. 유족급여: 피공제자가 학교안전사고로 인하여 사망한 경우에 위자료를 피공제자의 상속인에게 지급 5. 장의비: 피공제자가 학교안전사고로 인하여 사망한 경우에 평균임금의 100일분을 그 장의를 행하는 자에게 지급

④ 학교 안전교육 7대 표준안 ⓒ 폭신 응 교생 약사 재직

Keyword

대분류	중분류	소분류
7개 영역	25개 중분류	52개 소분류
생활안전	시설 및 제품이용 안전	시설안전, 제품안전, 실험실습안전
	신체활동 안전	체육 및 여가 활동 안전
	유괴 및 미아사고 방지	유괴 및 미아사고 방지
교통안전	보행자안전	교통 표지판 구별하기, 길을 건너는 방법, 보행안전
	자전거안전	안전한 자전거 타기, 안전한 자전거 관리
	오토바이안전	오토바이 사고의 원인과 예방 오토바이 운전 중 주의 사항
	자동차 안전	자동차 사고의 원인, 자동차 사고 예방법
	대중교통안전	대중교통 안전, 대중교통 이용 안전 수칙
폭력 및 신변안전	학교폭력	학교폭력, 언어/사이버 폭력, 물리적 폭력, 집단따돌림
	성폭력	성폭력예방 및 대처방법, 성매매 예방
	아동학대	아동학대 예방 및 대처방법
	자살	자살예방 및 대처방법
	가정폭력	가정폭력 예방 및 대처방법
약물·사이버 중독	약물중독	마약류 폐해 및 예방, 흡연 폐해 및 예방 음주폐해 및 예방, 고카페인 식품 폐해 및 예방
	사이버중독	인터넷게임 중독, 스마트폰 중독
재난안전	화재	화재 발생, 화재 발생 시 안전수칙 소화기 사용 및 대처방법
	사회재난	폭발 및 붕괴의 원인과 대처방법 각종 테러사고 발생시 대처요령
	자연재난	홍수 및 태풍 발생시대처요령 지진·대설·한파·낙뢰 발생시 대처요령
직업안전	직업안전의식	직업안전 의식의 중요성, 직업안전 문화
	산업재해의 이해와 예방	산업재해의 의미와 발생, 산업재해의 예방과 대책
	직업병	직업병의 의미와 발생, 직업병의 예방과 대책
	직업안전의 예방 및 관리	산업재해 관리, 정리정돈, 보호구 착용
응급처치	응급처치의 이해와 중요성	응급처치의 목적과 일반원칙 응급상황 시 행동요령 응급처치 전 유의사항 및 준비
	심폐소생술	심폐소생술, 자동제세동기의 사용
	상황별 응급처치	기도폐쇄, 지혈 및 상처처치, 염좌, 골절, 화상

Keyword

* 학교안전교육 실시 기준 등에 관한 고시

제1조(목적)「학교안전사고 예방 및 보상에 관한 법률 시행규칙」의 학교안전교육의 실시 기준 등에 관한 사항을 규정함이 목적

제3조(학생 안전교육)
① <u>학교의 장</u>은 규칙 제2조제1항에서 규정하고 있는 학교안전교육 7대 영역에 해당하는 안전교육 계획을 수립·시행하여야 한다.
② 안전교육은 이론과 실습교육으로 병행하되 교원, 안전교육전문교육기관 직원, 의사, 간호사, 응급구조사 등 안전 영역과 관련된 자격증을 보유한 자, 교육감이 인정하는 기준에 부합하는 자가 실시하는 것으로 하여야 한다.
 제4조(교직원 등 안전교육) ① 법 제2조제3호에 따른 교직원은 안전교육을 3년마다 15시간 이상을 이수하여야 한다.
 제4조의1(재난대비훈련) 학교의 장은 매 학년도 2종류 이상의 각종 재난 대비 훈련을 실시하여야 한다.

* 학년별 학생 안전교육의 시간 및 횟수

구분		생활안전 교육	교통안전 교육	폭력예방 및 신변보호 교육	약물 및 사이버 중독 예방 교육	재난안전 교육	직업안전 교육	응급처치 교육
교육 시간	유치원	13차시	10	8	10	6	2	2
	초등학교	12	11	8	10	6	2	2
	중학교	10	10	10	10	6	3	2
	고등학교	10	10	10	10	6	3	2
횟수		학기당 2회 이상	학기당 3회 이상	학기당 2회 이상	학기당 2회 이상	학기당 2회 이상	학기당 1회 이상	학기당 1회 이상

문제 [21] 다음은 학교 안전사고 발생사건에 대한 내용의 일부이다. 〈작성 방법〉에 따라 순서대로 쓰시오. [2점]

고등학교 2학년 남학생 3명이 실험실에서 축제 준비를 하였다. 이때 학생 A가 오래된 시약을 버리던 중 알 수 없는 이유로 화학반응이 일어나 폭발사고가 났다. 학생 A는 방호복, 안전모, 안전장갑 등 보호구를 착용하여 손상을 입지 않았다. 그러나 실험실에 함께 있었던 학생 B는 전신 5%, 1도 화상으로 통원치료를 받았고 장해가 없는 상태로 완치되었다. 학생 C는 전신 40%, 3도 화상으로 대학병원 중환자실에 입원하여 치료를 받았으며, 여러 차례 목과 팔 등에 피부 이식 수술을 받았다. 학생 C는 퇴원 후 간병이 필요 없는 상태에서 상당 기간동안 재활치료를 받았으며, 요양을 모두 종료한 후에 신체 장해 제12급 판정을 받았다.
※ 근거: 학교안전사고 예방 및 보상에 관한 법률(약칭: 학교안전법)
[법률 제15966호, 2018.12.18., 일부개정]

〈작성 방법〉
- 학생 B와 학생 C가 공통으로 보상받을 수 있는 공제급여의 종류 1가지를 법률에 제시된 명칭으로 쓸 것.
- 학생 C가 추가로 보상받을 수 있는 공제급여의 종류 1가지를 법률에 제시된 명칭으로 쓸 것.

5) 학교감염병

① 평상시 학생감염병 관리

가. 감염병 국가 위기 단계별 학교의 대응

[표 1-1] 감염병으로 인한 국가위기 단계별 학교 및 교육행정기관 대응

단계		판단 기준	학교 내 발생 가능성	대응
예방		• 평상시	없음	• 일반적 대비 • 대응체계 구축
국가위기단계	관심 (Blue)	• 해외 신종 감염병 발생 (세계보건기구 : '국제 공중보건 위기상황' 선포)	없음	• 감염병 발생 동향 파악 • 구체적 대응 방안 검토
		• 국내의 원인불명·재출현 감염병 발생	산발적	• 구체적 대응 방안 검토 • 징후 감시 활동(필요시)
	주의 (Yellow)	• 해외 신종 감염병의 국내 유입 및 제한적 전파 (세계보건기구 : '감염병 주의보' 발령)	해당 지역	• 구체적 대응 방안 마련 • 유관기관 협조체계 가동 • 환자발생 지역에 대한 감시 및 대응 실시
		• 국내에서 원인불명·재출현 감염병의 제한적 전파		
	경계 (Orange)	• 해외 신종 감염병의 국내 유입 후 추가 전파에 따른 지역사회 전파	해당 지역	• 대응체계 가동 • 유관기관 협조체계 강화 • 환자발생 지역에 대한 감시 및 대응 강화
		• 국내 원인불명·재출현 감염병의 추가 전파에 따른 지역 전파		
	심각 (Red)	• 해외 신종 감염병이 전국적 확산 징후	전국적	• 대응역량 총동원 • 범정부적 협조체계 강화 • 전국으로 감시 및 대응 강화 확대
		• 국내 원인불명·재출현 감염병의 전국적 확산 징후		
복구		• 유행 종료	산발적	• 평가 및 보완 • 복구 • 감시 활동 유지

나. 발생 단계

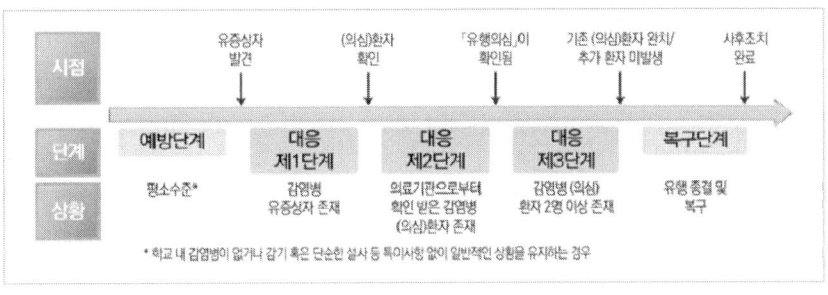

Keyword

〈예방단계〉

1) 학교감염병 예방관리 계획 수립
   - 시기: 매년 3월 말까지
   - 총괄: 학교장
   - 내용: 학생감염병 관리조직 구성, 감염병 예방 교육 연간 실시계획, 방역물품 비축 계획, 방역실시계획, 일시적 관찰실 설치·운영 계획

2) 평상시 감염병 관리를 위한 보건교사의 업무
   * 감염병 관리 예방 교육
     - 대상: 학생, 학부모 및 교직원
     - 내용: 감염병 일반 예방수칙(손 씻기, 기침 예절 등), 학생 빈발 감염병의 예방·관리방법, 감염병 증상 발생 시 행동요령, 심리적 피해 예방 교육 등

   > **심리적 피해 예방 교육**
   > - 감염병 (의심)환자의 낙인효과(비난받음, 따돌림 등) 예방 위해 평소에 교육
   > - 교육 내용(예시)
   >   - 감염병이 의심될 경우 자신과 다른 사람의 보호를 위한 다양한 조치(일시적 격리, 마스크 착용, 등교 중지 등)를 하는 것이 당연하다는 것 알림.
   >   - 일시적 격리와 마스크 착용이 감염병 환자 의미가 아니며, 환자로 확인 되기 전에 필요한 사전조치이므로 본인이나 주변 사람들이 불안해할 필요가 없음.
   >   - 대부분 감염병은 개인위생수칙, 영양 섭취 등의 건강생활수칙 준수 시 충분히 예방 및 치료가 가능하므로 지나치게 불안해하지 않도록 함.
   >   - 감염병에 걸린 것이 자신의 잘못이 아니며, 누구나 감염될 수 있다는 것을 안내함.

   * 예방접종 관리
     - 목적: 국가예방접종에 대한 접종 완료 여부 확인, 미접종자 추가 접종 실시
     - 내용: 미접종 학생 예방접종 현황 파악 및 보건소에 자료 제출, 가정통신문

   * 수동 감시체계 운영
     - 정의: 평소 학생들을 관찰, 보건실 이용 과정을 통해 감염병(의심) 환자를 발견하는 것
     - 내용: 보건실 이용 학생 중 감염병(의심) 환자 발견 후 담임교사에게 알림. 학생/학부모의 자발적 통지, 교사 관찰, 보건실 이용 학생 관찰을 통해 발견 감염병 감시대상 정보제공 요령을 참고하여 정보를 발생감시팀에게 제공.

〈대응단계〉

Keyword

[표 2-3] 대응단계의 기간 및 후속조치

단계	상황	시작 시점	종료 시점	후속 조치
대응 제1단계	감염병 유증상자 존재	유증상자 발견	의료기관 진료 결과 감염병 (의심)환자 발생을 확인	⇒ 대응 제2단계
			감염병이 아닌 것으로 확인	⇒ 예방단계
대응 제2단계	의료기관으로부터 확인 받은 감염병 (의심)환자 존재	의료기관 진료 결과 감염병 (의심)환자 발생을 확인	추가 (의심)환자 발생 확인을 통해 유행의심 기준을 충족	⇒ 대응 제3단계
			기존 (의심)환자가 완치되고 추가 (의심)환자가 미발생	⇒ 예방단계
대응 제3단계	감염병 (의심)환자 2명 이상 존재	추가 (의심)환자 발생 확인을 통해 유행의심 기준 충족	기존의 모든 (의심)환자가 완치되고 추가 (의심)환자가 미발생	⇒ 복구단계

1) 대응 1단계: 학교 내 감염병 유증상자의 발견 및 확인 단계
- 활동
  유증상자 발견 – 담당교사에게 연락 – 마스크 착용 필요 여부 확인 – 보건실로 환자 이동[1] – 감염병 여부 확인(의심증상/진료 여부/질환명) - 필요시 일시적 격리 실시 - 학부모 연락. 료기관 진료요청 - 교실 환기/소독 – 학생 대상 위생수칙 교육 – 일시적 관찰실[2] 환기/소독[3] – 의료기관 진료 결과 확인 및 조치

> 「감염병 (의심) 환자 이동 수칙」
> 감염병 (의심)환자가 교내에서 혼자 이동하는 것 원칙적 금지. 이동 시에는 담당교사가 동행하며 2m 정도의 거리를 유지함(필요시 모두 마스크 착용).

> **일시적 관찰실**
> 전파 우려 있는 감염병 (의심)학생이 의료기관에 진료를 받으러 가기 전까지 격리하여 관찰하는 학교 내 공간. 격리 학생에게 격리' 대신 '관찰'용어 사용

- 사례

  〈대응 제1단계: 학교 내 유증상자 발견 시나리오〉

  OO초등학교 1학년 1반 담임교사(임신 중인 36세 여성)는 자신의 학급 학생인 민수가 등교 이후 평소와 달리 기운이 없고 축 처져 있는 것을 발견하고, 기침과 발열, 목 부위에 발진이 있음을 확인하였다. 보건(담당)교사의 적절한 행동은?

Keyword

- 보건(담당)교사
  - 이동 담당교사와 민수가 보건실에 도착한 즉시 <u>손을 씻도록 교육</u>함.
  - 보건(담당)교사는 <u>마스크를 착용</u>하고, 체온을 측정하고 더불어 환자의 <u>증상·징후를 관찰</u>한 후 감염병이 의심 여부를 확인함.
  - 민수가 의료기관 진료를 받지 않았음을 확인하고 담임교사가 보호자 연락하여 의료기관 진료를 받도록 안내할 것을 요청함.
  - <u>일시적 격리</u>가 필요하므로 교무부장에게 연락하여 격리 담당교사 결정을 요청하고, 민수를 일시적 관찰실로 이동시킴. 이 때 사전에 지정된 당직실을 이용하였고 외부에 <u>안내판 부착</u>함.
  - 보호자가 올 때까지 일시적 관찰실에 격리. 담당교사를 통해 민수 상태를 주기적으로 확인함.
- 보건(담당)교사
  - 담임교사를 통해 학교 내 감염병 (수두) 의심환자 발생을 확인함.

2) 대응 2단계: 학교 내 감염병 유행 의심 여부를 확인하는 단계

- 활동
  <u>보고 및 신고</u>1) - <u>능동감시 실시 지시 및 실시</u> - <u>질환 예방 및 관리 교육자료 준비</u>교육요청 및 실시 - 감염병(의심) 환자 학급 관리 - <u>유행의심 여부 확인</u>
  - 신고 법정감염병: 1급 법정감염병(즉시 신고), 2급·3급(24시간 이내 신고)
  - 신고방법: 나이스시스템 보건소 신고기능 활용
  - 능동감시: <u>유행 의심되는 일정기간 동안 증상 유무 묻기</u>, 검사 등을 통해 감염병 (의심) 환자를 적극적으로 파악하는 것

〈대응 제2단계: 감염병 (의심) 환자 발견 시나리오〉

(상황 1) 보건(담당)교사는 1반 민수 담임교사로부터 민수가 진료 결과 수두로 진단받았음을 확인하였다. 보건(담당)교사의 적절한 행동은?
- 수두 환자 발생 사실을 학교장에게 보고, 나이스(NEIS)로 교육지원청에 보고
- 담임교사에게 반 학생들의 마스크 착용과 증상 발생에 대한 감시를 요청함.
- 능동감시 상황(민수와 같은 층을 사용하는 학급 전체)을 파악. 학교장에게 보고
- 수두에 한 예방 교육 자료와 가정통신문을 기안하여 담임교사에게 배부를 요청

(상황 2) 능동감시 결과 민수의 옆 반 담임교사는 선미에게 발진이 있음을 확인하였다. 보건(담당)교사의 적절한 행동은?
- 선미가 보건실에 도착한 즉시 대응 제1단계 사례와 같이 조치를 취한 결과 수두가 의심됨을 확인함. 기타 조치는 제1단계 사례와 동일함.
- 선미의 의료기관 진료 결과를 통보받고 유행 의심 기준에 해당함을 확인하고 대응 제3단계로 격상함.

3) 대응 제3단계: 학교 내 유행 확산 차단

Keyword

- 활동
학생 감염병 관리 조직 활성화 – <u>보고 및 신고</u>[1] – 능동감시체계 강화 – <u>환자/유증상자 관리</u> – <u>밀접접촉자 파악 및 관리</u> – <u>고위험군 파악 및 관리</u> – 감염병 예방 교육 실시 – 방역활동 – 전파 차단을 위한 별도 조치 – <u>역학조사 지원</u> – 출결 관리 및 수업결손 대책 마련

보고 및 신고

- 보건(담당)교사
  - 유행의심 기준을 충족하는 「유행의심」 상황임을 학교장과 교육(지원)청에 보고함.
  - 환자 발생 현황을 정기적으로 학교장과 교육(지원)청에 보고함.
- 학교장
  - 신고가 필요한 감염병의 경우 관할 보건소장에게 신고함.
- 담임교사
  - 나이스의 메뉴경로[보건-감염병 환자관리-감염병 환자등록]를 통해 모든 환자 발생을 등록

보고체계 확대

대응 제3단계에서는 감시대상자 수의 증가로 인해 보고체계(<u>담임교사→학년 부장→보건(담당)교사</u>)를 대응 제2단계(담임교사→보건(담당)교사)보다 확대함.

〈대응 제3단계: 학교 내 유행 확산 차단 시나리오〉

수두 환자의 추가 발생을 확인하여 유행 의심 상황을 확인한 후 담임교사와 보건(담당)교사, 생활부장, 학교장의 적절한 행동은?

- 보건(담당)교사
  - 즉시 「유행의심」 상황을 학교장과 교육지원청에 보고함.
- 학교장
  - 즉시 「학생감염병관리조직」을 활성화시키고 대응 제3단계 활동 수행 지시
- 보건(담당)교사
  - 가정통신문과 교육자료 작성. 정보제공 및 예방교육 실시를 담임교사에게 요청
  - <u>고위험군</u>에 대한 주의사항을 담임교사에게 알리고, 고위험군이 노출되는 경우 즉시 의료기관 진료를 요청함. 임신 중인 교직원에게 수두 감염 시 위험성 알림.
  - 학년부장을 통해 수두(의심)환자 발생 현황 파악. 학교장과 교육지원청에 보고
  - 마지막 (의심)환자가 완치되고 최 잠복기 동안 (의심)환자의 추가 발생이 없는 경우 복구단계의 활동을 수행함.

---

4) 복구단계: 학교 내 유행 종결 및 복구

- 활동
<u>유행종료 판단과 보고</u>(학교장과 교육청에 보고) – 사후조치 실시(수업결손 보충, <u>심리지원</u>) – <u>유행종료 선언</u>(가정통신문 작성 배포)

② 학교감염병 유행 상황 대처방안
1. 보고 및 신고: 확진 시 교육청, 보건소에 보고 및 신고
2. 환자관리
   가. 감염병 학생 등교중지
      1) 신체검사 경로가 감염병으로 감지되거나 감염의 우려가 있는 학생 및 교직원에 대해 등교를 중지시킬 수 있다. (의사가 감염병 예방상 지장 없다고 인정한 경우 제외) 이 경우 그 사유와 기간을 명시해야 한다.
      2) 감염병으로 결석할 경우 출석 처리
   나. 환자 발생 모니터링 및 지속적인 정보수집
   다. 환자 발생 시 진단: 병원/보건소로 진단 및 치료 의뢰(진단서 확인)
   라. 환자관리
      1) 적절한 치료(병의원/보건소 의뢰) 및 환자교육(자가간호, 격리)
      2) 필요시 역학조사 실시(설문지 작성, 보건소 의뢰)
3. 접촉자 관리
   가. 접촉자를 관찰하여 2차 발병 시 적절한 조치
   나. 감수성자는 예방접종 실시
4. 환경관리: 교내외 환경에 대한 방역소독 실시. 철저한 환경관리 유지
   가. 교내소독(화장실, 쓰레기장)을 철저히. 양호실 기구 자불소독을 철저히
   나. 식수는 끓여서 보급하고 급수시설의 오염을 방지
   다. 파리와 쥐의 구제
   라. 화장실 소독을 철저히 하고 비누를 비치
   마. 공동으로 쓰는 수건을 폐지
   바. 숙직용, 기타 공동용구 사용 시 일광소독을 철저히 한다.
   사. 환기를 자주 시킨다.
5. 보건교육
   가. 학생들에 대한 개인위생 보건교육을 강화
   나. 담임교사에게 질병 발생 교육 후 협력을 강구하여 조기발견을 도모
   다. 가정통신문 발송하여 학부모에게 학교 내 감염병 유행 사실 통보하고, 가정에서 발병 시 보건소 또는 인근 의료기관 진료를 받도록 지도.
6. 외부와의 협조
   학교 외부(학원 등)에서의 감염병 전파 가능성에 대한 관리도 필요. 학부모와 가정통신문, 전화통화를 통해 교외 생활 및 위생 지도에 대한 협조 요청
7. 역학조사
   수인성 감염병이나 식품 감염병 유행이 의심되는 상황에서 보건당국의 역학조사가 이루어질 때까지 반드시 조리현장 보존. 급식과 관련된 설사 질환의 유행 시에는 보존식을 확인, 식수에 대해서도 검체를 채취 전까지 염소소독 금지. 조리시설 역시 환경검체를 채취할 때까지 소독 금지.

Keyword

* 대응 3단계(감염병 (의심)환자 2명 이상 발생)

구분	주체	활동
보고 및 신고	보건교사	• 유행의심 상황을 학교장과 교육청에 보고 • 환자 발생현황을 발생 즉시 학교장과 교육청 보고
	교장	• 신고 감염병의 경우 관할 보건소장에게 신고
능동 감시	보건교사	• 보건실 이용 학생의 감염병 증상 여부 매일 확인 • (의심)환자/완치자 등 일일 현황을 집계 • 학생감염병 증상 유무 관찰. 추가환자 발생 파악
환자 관리	보건교사	• 담임교사 통해 보호자에게 병원 진료받도록 안내 • 의사소견에 따라 담임교사가 등교중지 판단시 상담
접촉자 관리	보건교사	• 최대 잠복기 동안 (의심)환자 발생 감시 • 가정통신문 배부 및 보건교육 • 담임교사에게 밀접접촉자 관리 방안에 따라 조치요청, 보건교육자료 제공 지원(마스크 착용, 격리요청)
감염병 예방교육	보건교사	• 감염병 예방 교육자료와 가정통신문 작성. 제공 • 학생 대상 예방 교육실시와 가정통신문 배부 안내 • 학생 교직원을 대상으로 감염병 예방교육 실시
역학조사 요청	보건교사	• 교육청을 통하거나 직접 보건소에 역학조사 요청 • 방역당국의 역학조사 시 적극적으로 협조
전파차단 조치	학교장	• 학사일정조정: 유행 확산 정도에 따라 단축수업 및 자체 휴업실시 필요성을 검토(*휴교(업) 판단 시에는 방역당국 또는 교육청 감염병 관리 협의체 자문 후 결정)

③ 감염병 발생시 학교 대처

Keyword	• 등교중지권자: 학교장 • 등교 중지 사유: 감염, 의심, 우려 • 대상: 학생, 교직원

등교중지	• 학교장은 건강검사의 결과나 의사의 진단결과 감염병 감염, 감염 의심, 감염될 우려가 있는 학생 또는 교직원에 대하여→등교중지시킬 수 있다.
	• 교육부장관은 감염병으로 인하여 주의 이상의 위기경보가 발령되는 경우 학생 또는 교직원에 대하여 질병관리청장과 협의하여 등교를 중지시킬 것을 학교의 장에게 명할 수 있다.
	  1. 검역감염병의 감염이 우려되는 사람
	  2. 감염병에 감염되었을 것으로 의심되는 사람
	  3. 자가 또는 시설에 격리된 사람의 가족 또는 그 동거인
	  4. 감염병의 차단과 확산 방지 등을 위하여 등교 중지가 필요하다고 인정
	• 명을 받은 학교장은 학생 또는 교직원에 대하여 지체 없이 등교를 중지시켜야 한다.

치료 및 예방조치	• 학교장은 건강검사의 결과 질병에 감염되었거나 감염될 우려가 있는 학생에 대하여 질병의 치료 및 예방에 필요한 조치를 하여야 한다. • 교육감은 검사비, 치료비 등 조치에 필요한 비용을 지원할 수 있다.

질병의 예방	• 휴업권자: 학교장, 교육청(교육감)
	• 휴업사유: 감염병 예방과 학교의 보건에 필요 사유
	• 휴교명령권자: 교육청(교육감)
	
	• 학교장은 감염병 예방과 학교의 보건에 필요하면 휴업을 할 수 있다.
	• 관할청(유치원: 교육부장관, 중고등학교: 교육감)은 감염병 예방과 학교의 보건에 필요하면 해당 학교에 대하여 다음 조치를 명할 수 있다.
	  1. 학년 또는 학교 전체에 대한 휴업 또는 등교수업일 조정
	  2. 휴교(휴원을 포함한다)
	• 「재난 및 안전관리 기본법」주의 이상의 위기경보가 발령되어 휴업 및 휴교조치를 하는 경우 학교장→관할청 동의, 교육감→교육부장관 동의 받아야 한다.

감염병 예방접종의 시행	시장·군수 또는 구청장이 학교의 학생 또는 교직원에게 감염병 필수 또는 임시 예방접종을 할 때 → 학교의사 또는 보건교사(간호사 면허를 가진 보건교사로 한정)에게 접종하게 할 수 있다. 이 경우 보건교사에 대하여는 「의료법」 제27조제1항을 적용하지 아니한다.
감염병 대응 매뉴얼의 작성	• 교육부장관은 학교에서 감염병에 효과적으로 대응하기 위하여 질병관리청장과의 협의를 거쳐 "감염병대응매뉴얼"을 작성·배포하여야 한다. • 감염병대응매뉴얼 작성·배포 등에 필요한 사항은 대통령령으로 정한다.
감염병 교육	• 국가기관의 장 및 지방자치단체의 장은 소속 공무원 및 직원 등에 대하여 감염병 교육을 연 1회 이상 실시하고, 그 결과를 질병관리청장에게 제출하여야 한다.

Keyword

(1) 환자의 발생감시 및 조기발견
  ① 평상시 유증상 환자 모니터(보건교사를 중심으로 담임교사가 일일 모니터)철저
  ② 조기유행 인지: 평상시보다 설사 등의 증상으로 인한 결석자나 환자수가 증가할 경우나 단기간 내에 집단설사환자 발생시 보건소 신고
(2) 환자 발생시 정확한 진단확인 및 보고, 신고
  ① 보건소 등으로 진단 및 치료 의뢰
  ② 보건소, 교육청 신고 및 보고
(3) 역학조사 실시 (보건소와 협조)
  ① 환자 대상 설문조사 및 가검물 채취
  ② 원인추정 음식(예: 급식 보전식)이나 식수(반드시 염소 소독전 채취)검사 실시
  ③ 조리시설 및 환경 가검물 검사
  ④ 그 밖의 추정원인에 대한 조사: 조리사 역학조사 등
(4) 환자관리
  ① 환자 역학조사서 작성 및 가검물 채취하여 보건소 의뢰
  ② 소화기 전염병으로 확진 또는 의심되는 환자는 격리, 격리기간에는 음식조리, 육아금지
  ③ 처방에 따른 적절한 항생제 투여
  ④ 충분한 수분 및 전해질 섭취
  ⑤ 장내배설물(대변, 구토물)에 대한 철저한 관리
(5) 접촉자/공동폭로자 관리
  ① 가검물 채취하여 검사의뢰
  ② 잠복기 끝날 때까지 발병여부에 대한 감시, 설사증상이 나타나면 바로 보건소로 의뢰
  ③ 대변검사결과 나올 때까지 조리 및 육아 금지
(6) 예방보건교육 실시
  ① 개인위생 강화: 식사전, 화장실 다녀온 후, 외출후 흐르는 물에 비누로 손씻기 등
  ② 설사증상 발생시 조기에 보고하도록
(7) 환경 및 식품위생관리
  ① 손씻을 수 있는 환경여건 제공
  ② 철저한 급식관리, 안전식수 공급, 살균, 살충, 소독
  ③ 학교에서 흔히 발생하는 감염성 질환의 전염가능기간과 등교중지기간

Keyword

병명	전염가능기간	등교중지기간(격리기간)
유행성 이하선염	증상 발생 3일 전부터 발생 후 5일까지	증상 발생 후 5일까지
유행성 결막염	발병 후 14일까지	격리없이 개인위생수칙 지키기
급성출혈성 결막염	발병 후 4일~1주일	격리없이 개인위생수칙 지키기
홍역	발진 발생 4일 전부터~발진 5일 후까지	발진이 나타난 후 5일까지
풍진	발진 출현 전 7일 ~ 출현 후 7일	발진 출현 후 7일
결핵	약물 치료 시작 후 2주까지	약물 치료 시작 후 2주까지
수두	수포 생기기 1-2일 전부터 모든 수포에 가피가 형성될 때까지	발진 발생 후 최소 5일간, 모든 수포에 가피가 형성될 때까지
A형 간염	임상증상 시작되기 2주 전~황달이 완전히 사라진 다음 1주일	황달 증상 이후 7일간(황달증상 없으면 입원일로부터 7일간)
B형 간염	일상생활에서는 전파되지 않음	등교 중지 안 함.
수족구병	발병 후 7일 간이 가장 전염력 강함, 피부 병변(수포)에 가피가 생성될 때까지	수포 발생 후 6일간 또는 가피가 형성될 때까지
백일해	증상 발생 후 2주간 전염력이 높으며 증상 발생 4주 후에는 전염성 소실	항생제 투여 후 5일까지
인플루엔자	증상 발생 1일 전부터 5일까지	해열 후 24시간 경과할 때까지
성홍열	항생제 치료 시작 후 24시간까지	항생제 치료 시작 후 24시간까지, 항생제 치료를 받지 않은 경우기침 발생 후 최소 3주 이상 기침이 멈출 때까지 호흡기 격리
뇌수막염	바이러스(증상 발현 후 5~7일) 세균(H. influenzae, N. meningitidis: 항생제 치료 후 24시간 까지)	바이러스(증상 발현 후 5~7일) 세균(H. influenzae, N. meningitidis: 항생제 치료 후 24시간 까지)
수막구균성 수막염	항생제 치료 시작 후 24시간까지	항생제 치료 시작 후 24시간까지
B형 헤모필루스 인플루엔자	항생제 치료 후 48시간	항생제 치료 시작 후 24시간까지
인플루엔자	증상 발생 1일 전부터 5일까지	환자 상태에 따라 실시
노로바이러스	급성기부터 설사가 멈추고 48시간 후까지	증상 소실 후 48시간까지
성홍열	항생제 치료 시작 후 24시간까지	항생제 치료 시작 후 24시간까지
세균성이질	발병 후 4주 이내	항생제 치료 종료 48시간 후부터 24시간 간격으로 2회 대변검사가 음성일때까지
폐렴구균	불명확(호흡기 분비물에 균이 존재하는 동안)	모든 증상이 소실될 때까지
폴리오	바이러스 노출 후 3-6주까지	입원 후 매주 채취한 대변 검체에서의 바이러스 분리·배양검사 결과가 2회 연속 음성일 때까지

④ 학생 빈발 감염병 관리방안

I. 결핵

병원체	• 결핵균(Mycobacterium tuberculosis complex)에 의한 공기매개 감염 질환
전파경로	• 기침, 재채기, 대화로 배출된 결핵균이 공기를 통해 타인 폐로 들어가 결핵균에 감염
전염기간	• 전염성 결핵이 의심되는 시점부터 치료 시작 후 2주 이상
진단	• 검체(객담, 기관지세척액, 체액, 조직)에서 항산균도말 양성, 결핵균 배양 양성 • 검체(객담, 기관지세척액, 체액, 조직)에서 특이 유전자 검출

임상증상	• 일반적인 공통 증상: 발열, 전신 피로감, 식은땀, 체중감소 등
	  – 폐결핵: 발열, 기침, 가래, 혈담, 흉통, 심한 경우 호흡곤란 등
	  – 폐외 결핵: 흉막, 임파선, 복부, 요도, 피부, 관절, 골, 뇌막염 등

환자관리	• 환자 격리: 치료 시작 후 2주까지 호흡기 격리 • 접촉자 조사: 전염성 결핵환자의 접촉자에 대해 접촉자조사 실시 • 전염성 환자를 조기에 발견하여 격리·치료하여 완치시키는 것이 중요

치료	• 기본 치료요법(6개월 단기요법): 2HRZE/4HR
	  – 초기 2개월 동안 isoniazid(H), rifampicin(R), pyrazinamide(Z), ethambutol(E) 사용
	  – 이후 4개월 동안 isoniazid(H), rifampicin(R)을 사용
	• 잠복결핵감염자 치료: 9H(isoniazid 9개월 요법), 3HR(isoniazid/rifampicin 3개월 요법) 또는 4R(rifampicin 4개월 요법)

예방	• 신생아 BCG예방접종(생후 1개월 이내) • 결핵 고위험군·호흡기 결핵환자의 접촉자에 대한 잠복결핵감염 검진으로 추가 결핵환자 조기발견 및 선제적 치료를 통한 결핵 발생 예방

* 결핵 발견 시 조치
1. 보고 및 신고
   1) 학교장-결핵 확인 시, 지체없이 교육청 및 관할 보건소장에게 보고 및 신고
   2) 보건소의 접촉자조사 시 사전 협의 및 흉부 X-선 검사 협의 협조
   3) 학생, 교직원 대상 결핵 교육실시
   4) 보호자 대상으로 결핵관련 가정통신문 발송
2. 감염병 환자 및 접촉자 관리
   1) 환자 조치사항
     (1) 전염성이 소실될 때까지 호흡기 격리(치료 시작 2주 이내 전염력 소실)
     (2) 학교장은 치료 환자에 대해 수시 상담(복약 외) 및 교육실시
     (3) 등교중지: 약물치료 시작 후 2주까지

2) 접촉자 조치사항
   (1) 결핵 환자의 양성 확인 - 관할 보건소와 협의하여 접촉자조사 실시
   (2) 전염성 결핵 환자의 접촉자에 대해 흉부 X선 검사, 잠복결핵감염 검사 실시
      ① 검사결과 1명 양성 확인 - 해당 학급 학생 및 교직원(결핵, 잠복결핵감염검사)
      ② 학교에서 6개월 이내 활동성 결핵 환자 2명 이상 발생
         - 해당 학교 전원(결핵검사), 잠복결핵감염(밀접접촉자) 검사

구 분	설 명
잠복 결핵	• 결핵균에 감염되어 체내에 소수의 살아있는 균이 존재하나 임상적으로 결핵 증상이 없고 균이 외부로 배출되지 않아 타인에게 전파되지 않음 • 객담 항산균 검사와 흉부 X선 검사에서 정상인 경우
비활동성 결핵	• 이전에 결핵균이 증식하면서 폐병변을 만들었지만 결핵약의 복용이나 면역기전에 의해 결핵균이 모두 죽거나 억제되어 결핵균의 증식이 없는 상태(흉터)를 말함 • 치료가 필요 없음

3. 환경관리
   1) 기본사항
      (1) 결핵(공기매개)은 환경접촉보다 공기전파 가능성이 높으므로 환기·채광에 주의
      (2) 공기청정기 가동과 별도로 매 수업 시작 전·후 환기 필요
   2) 환경소독
      (1) 최소한 2~4시간 창문 등을 열어 자연 환기
      (2) 청결을 유지할 정도의 소독 실시(교실, 벽, 책상, 출입문 손잡이, 계단 난간)

II. 뇌수막염

병원체	• 바이러스성 뇌수막염: Enterovirus group에 속하는 바이러스 • 세균성 뇌수막염: Streptococcus pneumoniae, Haemophilus influenzae type B, Neisseria meningitidis(수막구균)
전파경로	• 바이러스: 호흡기 분비물, 분변-경구 전염 • 세균: 대부분 밝혀지지 않음, Neisseria meningitidis: 호흡기 분비물의 상기도 침입
잠복기	• 바이러스: 3~7일 • 세균: Streptococcus pneumoniae: 1-3일, Neisseria meningitidis: 2~10일

임상증상	• 갑작스런 발열, 심한 두통, 오심, 구토, 경기
	  - 세균성 뇌수막염: 의식 변화
	  - 수막구균성 뇌수막염: 전신에 점상 출혈, 출혈성 반점

특 징	• 무균성 뇌수막염: 대부분 1~2주 내 완치, 주로 Enterovirus에 의해 발생
	  - 뇌 및 척수를 감싸는 체액에 생긴 바이러스 감염. 발열, 심한 두통, 구토. 급성 질환
	• 세균성 뇌수막염: 회복 후 후유증이 남을 수 있는 심각한 감염 질환
	  - 발열, 두통, 구토, 의식소실, 항생제 치료를 하지 않으면 사망에 이를 수 있음

환자관리	• 환자 조치사항
	  - 호흡기 분비물 격리: 세균성 감염(Haemophilus influenzae, Neisseria meningitidis)의 경우 항생제 투여 시작 후 24시간까지 비말 격리가 필요함
	  - 바이러스성 뇌수막염(enterovirus)의 경우 접촉주의를 준수해야 하므로 손위생에 각별히 주의해야 하며, 격리 대상은 아님
	  - 등교중지: H. influenzae, N. meningitidis(항생제 치료 후 24시간 까지)
	• 접촉자 조치사항
	  - Haemophilus influenzae 뇌수막염: 예방접종을 받지 않았거나 불완전하게 접종받은 경우 항생제 예방요법 시행

예방	• Streptococcus pneumoniae, Neisseria meningitidis: 백신 존재 • Haemophilus influenzae: Hib(Haemophilus influenzae type B) 백신은 생후 2,4,6개월에 3회 기초 접종, 생후 12~15개월에 추가 접종

III. 백일해

병원체	• 그람음성간균인 Bodetella pertussis에 의한 호흡기 감염질환
전파경로	• 호흡기 분비물을 통한 전파 • 인간이 유일한 숙주
잠복기	• 4~21일(평균 7~10일)
전염기간	• 전구기 시작~발작성 기침 시작 후 3주(또는 적절한 항생제 투여 시작 후 5일까지)
임상증상	• 카타르기: 감기 같은 증상, 백일해균 증식이 가장 왕성하여 전염성이 제일 높은 시기 • 경해기: 발작성 기침, whooping cough, 기침 후 구토, 무호흡 등 증상이 나타남 • 회복기(convalescent stage): 발작성 기침의 횟수나 정도가 호전 회복은 천천히 진행되고 2~3주 후 기침은 소실. 비발작성 기침은 수 주간 지속가능
환자관리	• 환자관리: 호흡기 격리(표준주의 및 비말주의 격리) - 항생제 치료 시작 후 5일까지 격리, 기타 기침이 멈출 때까지 최소한 3주 이상 격리 - 등교중지: 항생제 투여 후 5일까지 등교중지 • 접촉자 관리: 발병여부 관찰, 예방적 항생제 투여
치료	• 항생제 치료: 증상을 완화시킬 수도 있으나 주로 이차적인 전파 억제 목적 　부작용: 1개월 미만 영아에서 erythromycin 치료 시작부터 치료 종료 1개월 후까지 비대날문협착증 발생 여부를 추적 관찰 • 보존적 치료: 식이요법, 습도 유지, 기도확보 등
예방 접종	• (아동) 생후 2, 4, 6, 15~18개월, 만4~6세 DTaP백신, 만 11~12세 Tdap백신 추가접종, 이후 Td 백신으로 매 10년마다 추가접종 실시 • (성인) 0, 4~8주, 2차 접종 후 6~12개월에 Td 백신으로 총 3회 접종 • (임산부) 백일해에 감염되었으나 특징적인 백일해 소견이 없는 임산부는 출산 후 아이에게 주요 감염원이 되기 때문에 접종 필요

Ⅳ. 성홍열

병원체	• A군 베타 용혈성 연쇄구균의 발열성 외독소에 의한 급성 발열성 질환
전파경로	• 환자와 보균자의 호흡기 분비물과 직접 접촉 혹은 분비물의 손을 통한 간접 접촉
잠복기	• 1~7일(평균 3일)
전염기간	• 항생제 치료 시작 후 24시간까지
임상증상	• 인두통에 동반되는 갑작스런 발열, 두통, 식욕부진, 구토, 인두염, 복통 등 • 발진: 1~일 후면 작은 좁쌀 크기로 입주위 및 손발바닥을 제외한 전신에 나타나지만 발진은 병의 첫 징후로 나타나기도 함. 발진은 3~4일 후면 사라지기 시작하며, 간혹 손톱 끝, 손바닥, 발바닥 주위로 피부 껍질이 벗겨지기도 함 • 붉은 얼굴: 얼굴은 홍조가 나타나나 입주위는 창백 • 혀: 처음에는 회백색이 덮이고 돌기가 현저히 두드러지는 모양에 발병 후 2~3일 지나면 붉은 색을 띠고 돌기가 붓는 딸기 모양으로 새빨간 혀가 됨(strawberry tongue) • 편도선이나 인두 후부에 점액 화농성의 삼출액, 경부 림프절 종창 등
환자관리	• 환자관리: 항생제 치료 시작 후 24시간까지 격리 • 접촉자관리: 집단 시설에서 침습성 A군 연쇄구균 감염증*, 급성 류마티스열, 연쇄구균 감염 후 사구체신염 유행이 의심 시 보균자에 대한 항생제 치료 고려 * 괴사성 근막염, 독성쇼크 증후군 등 • 등교중지: 항생제 치료 시작 후 최소 24시간까지 등교 중지
치료	• 항생제 치료: 아목시실린, 페니실린(Benzathine penicillin G)

예방	• 예방 백신 없음
	• 일반적 예방
	  - 올바른 손씻기: 흐르는 물에 비누로 30초 이상 손씻기, 기침 예절
	  - 수건, 물컵, 식기구 등 개인용품 공유하지 않기

V. 유행성 결막염

병원체	• 아데노바이러스 감염에 의한 안과질환
전파경로	• 직접 접촉: 눈 분비물 등과 접촉 • 간접 접촉: 수건, 침구물, 세면기구 등 개인용품과 접촉, 수영장 등 물을 통한 전파
잠복기	• 5일 ~ 14일
전염기간	• 증상 발생 후 2주까지
임상증상	• 양안의 출혈과 안검 부종, 안통, 눈물, 눈곱, 눈의 이물감, • 눈부심, 눈꺼풀 부종, 결막 여포, 이개전림프절병증, 각막 상피하 점상 혼탁 • 합병증: 시력저하, 안구 건조증 등
치료	• 치료제는 없음, 대증요법
관리	• 환자 조치사항: 초·중·고 학생은 격리 없이 개인위생수칙을 철저히 지킬 것을 권장함 • 접촉자 조치사항: 노출 후 7일간 감시 필요 • 등교중지: 해당 없음
예방	〈 일반 〉 • 올바른 손씻기 생활화 - 흐르는 물에 비누나 세정제로 30초 이상 손을 씻기 • 눈을 만지거나 비비지 않기 • 수건이나 베개, 화장품 등 개인 소지품을 다른 사람과 공유하지 않기 〈 환자 〉 • 환자는 외출 자제 - 특히 사람들이 많이 모이는 장소나 수영장에 가지 않기 • 눈병이 발생한 경우 다른 사람들과 접촉을 하지 않기 • 사용한 수건 등은 반드시 뜨거운 물과 세제로 세탁하기

VI. 수두

병원체	• Varicella-Zoster virus: VZV에 의한 급성 감염질환
전파경로	• 수포성 병변에 직접접촉 또는 호흡기 분비물의 공기전파를 통해 감염
잠복기	• 10~21일(평균 14~16일)
전염기간	• 발진 발생 1~2일 전부터 모든 병변에 가피가 생길 때까지 (발진 발생 후 최소 5일간)
진단	• 검체(수포액, 가피, 비인두도찰물, 혈액, 뇌척수액)에서 Varicella-Zoster virus 분리 • 회복기 혈청의 항체가가 급성기에 비하여 4배 이상 증가 • 검체(혈액)에서 특이 IgM 항체 검출 • 검체(수포액, 가피, 혈액, 뇌척수액)에서 특이 유전자 검출

임상증상	• 수두의 임상 증상
	  - (전구기) 발진 발생 1일 내지 2일 전에 권태감과 미열이 동반될 수 있으나, 소아는 대개 발진이 첫 번째 증후로 나타나는 경우가 많음
	  - (발진기) 발진은 주로 몸통, 두피, 얼굴에 발생하며 소양감을 동반하고, 24시간 내에 반점(macules), 구진(papules), 수포(vesicles), 농포(pustules), 가피의 순으로 빠르게 진행되어 동시에 여러모양의 발진이 관찰되기도 함
	  - (회복기) 모든 병변에 가피가 형성되며 회복됨
	• 임신 20주 이내 수두에 감염된 어머니에서 태어나는 신생아는 선천성 수두 증후군이 발생. 저체중, 사지 형성 저하, 피부 가피, 부분적 근육 위축, 뇌염, 뇌피질 위축, 맥락망막염과 소두증 등 다양한 이상소견이 나타남

환자관리	• 환자관리
	  - (격리) 모든 피부 병변에 가피가 형성될 때까지 발진 발생 후 최소 5일 간 격리(예방접종을 시행한 사람은 수두 발병 시 가피가 생기지 않을 수 있으므로 이 경우 24시간 동안 새로운 피부 병변이 생기지 않을 때까지 격리)
	  - 고위험군(면역저하자, 임신부, 신생아 등)과 접촉하지 않도록 관리
	• 접촉자 관리
	  - (예방접종) 수두 예방접종력이 없고, 과거에 수두를 앓은 적이 없는 사람이 수두 (의심)환자에 노출된 경우 노출 3일(늦어도 5일) 이내에 예방접종을 받을 것을 권장
	  - 수두백신 접종을 할 수 없는 경우 백신 접종 금기자는 면역글로불린(VZIG)을 노출 후 10일 이내에 되도록 빨리 1회 근육주사

치료	• 보존적 치료
예방	• 예방접종: 생후 12~15개월에 1회 접종(13세 이상 4~8주 간격 2회)

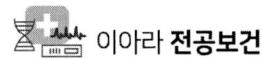

Ⅶ. 수족구병

병원체	• 콕사키바이러스 A16나 엔테로바이러스 71형 감염에 의해 발열 및 입안의 물집과 궤양, 손과 발의 수포성 발진을 특징으로 하는 질환
전파경로	• 직접접촉이나 비말을 통해 사람 간 전파 • 오염된 물을 마시거나 수영장에서도 전파 가능 • 전파의 위험이 높은 장소: 가정(감염자가 있는 경우), 보육시설, 놀이터, 병원, 여름캠프 등 많은 인원이 모이는 장소
잠복기	• 3-7일
전염기간	• 발진 발생 1~2일 전부터 모든 병변에 가피가 생길 때까지(발진 발생 후 최소 5일간)
임상증상	• 전신증상: 발열, 식욕감소, 무력감, 위장증상: 설사, 구토 • 발진/수포(물집): 주로 입, 손, 발, 영유아의 경우 기저귀가 닿은 부위

환자관리	• 환자관리: 증상이 있는 경우에는 의사의 진료를 받고 등교 및 외출 자제
	  - 격리
	    · 확산 방지를 위하여 수족구병 환자는 등교·등원중지 권장
	    · 증상이 있는 경우에는 의사의 진료를 받고 자가 격리
	    · 대변에서 바이러스 배출이 수 주간 지속 가능하므로 손 위생이 중요
	    · 수포 발생 후 6일간 또는 가피가 형성 될 때까지 등교중지 하도록 함
	  - 등교중지: 수포 발생 후 6일간 또는 가피가 형성될 때까지 등교중지
	• 접촉자관리: 발병을 감시하며, 발병 시 등교 및 외출 자제
	  - 접촉 후 증상이 있는 경우에는 의사의 진료를 받고 발병 시 스스로 자가 격리하며 환자와 동일하게 조치
	  - 유사증상 발생 시 의사의 진찰을 받도록 교육 및 홍보

치료	• 해열 진통제로 증상 완화, 탈수로 인한 수분보충 등 대증요법 * 아스피린은 사용하지 말 것

예방	• 올바른 손씻기의 생활화
	  - 흐르는 물에 비누로 30초 이상 손씻기
	  - 외출 후, 배변 후, 식사 전·후, 기저귀 교체 전·후
	  - 산모, 소아과나 신생아실 및 산후 조리원, 유치원, 어린이집 종사자
	• 올바른 기침예절
	  - 옷소매 위쪽이나 휴지로 입과 코를 가리고 기침하기
	• 철저한 환경관리
	  - 아이들의 장난감, 놀이기구, 집기 등을 소독 하기(붙임 3 참조)
	  - 환자의 배설물이 묻은 옷 등을 철저히 세탁하기
	• 의심되면 바로 병원 진료를 받고 등교 및 외출 자제(발병후 1주일)

Ⅷ 유행성이하선염

병원체	• 유행성이하선염 바이러스(Mumps virus)에 의한 급성 바이러스 질환
전파경로	• 감염자의 호흡기 분비물(비말)로 사람간 전파
잠복기	• 12~25일(평균 16~18일)
전염기간	• 증상 발현 3일 전부터 5일 후까지
진단	• 검체에서 Mumps virus 분리 • 회복기 혈청의 항체가가 급성기에 비하여 4배 이상 증가 • 검체(혈액)에서 특이 IgM 항체 검출, 검체에서 특이 유전자 검출
임상증상	• 전구기: 근육통, 식욕부진, 권태감, 두통, 미열 등 비특이적 증상 나타남 • 2일 이상 지속되는 침샘의 부종과 통증이 특징적임 • 한쪽 또는 양쪽을 침범할 수 있고, 하나 이상의 침샘을 침범할 수 있음 • 1일~3일째 가장 심한 증상을 나타내다 3일 내지 7일 이내에 호전됨
치료	• 보존적 치료

관리	• 환자관리
	  - 격리: 증상 발현 후 5일까지 격리
	  - 등교중지: 증상 발생 후 5일까지
	• 접촉자 관리
	  - 환자가 발생한 집단의 구성원 중 유행성이하선염에 대한 면역이 없는 경우 예방접종이나 면역글로불린의 투여는 효과를 기대할 수 없음
	  - 면역력 없는 경우 예방접종 권고: 노출 후 백신접종으로 예방효과는 없지만, 이후 노출 시 예방효과 기대(4주 이상 간격을 두고 2회 접종)

예방	• 생후 12~15개월, 만 4~6세에 MMR 백신 2회 접종

IX. 홍역

병원체	• 홍역 바이러스(Measles virus) 감염에 의한 급성 발열성 발진성 질환
전파경로	• 비말 등의 공기매개감염, 환자의 비·인두 분비물과 직접 접촉
잠복기	• 7~21일(평균 10~12일)
전염기간	• 발진 4일 전부터 4일 후 까지(전염성이 매우 높음)
진단	• 검체(호흡기 검체, 소변, 혈액)에서 바이러스 분리 또는 유전자 검출 • 혈청학적 진단: 특이 IgM 항체 양성, 회복기/급성기 IgG 항체가 증가
임상증상	• (전구기) 전염력이 강한 시기, 3일 내지 5일간 지속되며 발열, 기침, 콧물, 결막염, 특징적인 구강내 병변(Koplik's spot) 등이 나타남 • (발진기) 홍반성 구진성 발진이 목 뒤, 귀 아래에서 시작하여 몸통, 팔다리 순서로 퍼지고 손바닥과 발바닥에도 발생하며 서로 융합됨. 발진은 3일 이상 지속되고 발진이 나타난 후 2일 내지 3일간 고열을 보임 • (회복기) 발진이 사라지면서 색소 침착을 남김 • 연령, 백신 접종력, 수동 면역항체 보유여부에 따라 뚜렷한 전구증상 없이 발열과 가벼운 발진이 나타나는 경우도 있 • 합병증: 중이염, 기관지염, 모세기관지염, 기관지폐렴, 크룹 등의 호흡기 합병증, 설사, 급성뇌염, 아급성 경화성 뇌염 등
치료	• 보존적 치료: 안정, 충분한 수분 공급, 기침과 고열에 대한 대증치
관리	• 환자관리: 공기주의(격리기간: 발진 발생 4일 전부터 4일 후까지) • 접촉자관리: 예방접종, 면역글로불린 투여
예방	• (예방접종) 생후 12~15개월, 만 4~6세에 MMR 백신으로 2회 접종

X. 콜레라

병원체	• 콜레라균(vibrio cholerae O1, O139) 감염에 의한 급성 설사 질환
전파경로	• 오염된 물, 음식을 통해 전파, 드물게 환자 대변, 구토물 직접 접촉감염
잠복기	• 수시간~5일(보통 2~3일)
전염기간	• 환자는 균 배출 기간이 증상기부터 회복 후 약 2~3일 정도 • 무증상 환자의 대변 오염에 의한 감염가능 기간은 7~14일 정도. 드문 경우 수개월 간 간헐적으로 균 배출
진단	• 확인 진단 - 검체(대변, 직장도말물, 구토물)에서 vibrio cholerae O1 또는 O139 독소형 분리 동정
임상증상	• 처음에는 복통 및 발열이 없이 수양성 설사가 갑자기 나타남, 구토 동반 • 심한 탈수 등으로 저혈량성 쇼크 • 무증상 감염이 많으며, 10% 정도는 증상이 심하게 나타날 수 있음
치료	• 대증치료: 경구 또는 정맥으로 수분, 전해지 신속히 보충 (적절한 수액 치료시 치사율 1% 미만, 치료받지 않으면 50% 치사율) • 항생제 치료: 중증 탈수 환자에서만 권유

관리	〈환자 관리〉
	• 환자 격리
	  - <u>항생제 치료하지 않은 경우</u>: 설사 증상이 소실되고 48시간이 지난 이후 24시간 간격으로 2회 배양검사(대변검체) 음성 확인 후 격리 해제
	  - <u>항생제 치료 한 경우</u>: 항생제 치료를 완료하고 48시간이 지난 이후 24시간 간격으로 2회 배양검사(대변검체) 음성 확인 후 격리해제
	  - 격리 해제까지 음식 조리, 간호, 간병, 보육 금지
	• 무증상 감염인(병원체 보유자) 격리
	  - 병원체 보유를 확인하고 나서 48시간이 경과 후에 24시간 간격 2회 배양검사(대변검체) 음성 확인 후 격리해제
	〈접촉자 관리〉
	• 환자와 의심 감염원에 함께 노출 된 경우 접촉자 발병여부 관찰
	• 환자와 음식, 식수를 같이 섭취한 접촉자는 마지막 폭로 가능 시점부터 5일간 발병여부 감시

예방	• 일반적 예방: 올바른 손씻기, 안전한 음식 섭취, 위새억인 조리하기
	  - 예방접종: 콜레라 유행 또는 발생지역을 방문하는 경우 백신 접종 권고
	  - 경구용 사백신(기초접종 2회, 추가접종)

문제 [92] 콜레라가 유행할 때 보건교사가 할 일로 우선순위가 가장 낮은 것은?
① 예방접종을 하도록 한다. ② 음료수를 끓여서 공급한다.
③ 보건교육을 한다. ④ 학교 내 소독을 한다.

XI. 인플루엔자

병원체	• 인플루엔자 바이러스(A·B·C) 감염에 의한 급성 호흡기 질환
전파경로	• 감염된 환자의 호흡기로부터 비말(droplet)로 전파
잠복기	• 1~4일(평균 2일)
전염기간	• 증상발현 1일 전부터 발병 후 5일~7일 정도까지 • 소아나 면역저하자에서는 증상 시작 후 10일 이상 전염가능
진단	• 검체(인후 및 비인두 도찰물, 인후 및 비인두 흡인물) - 인플루엔자 특이항체 검출, 바이러스 특이 유전자 검출, - 회복기 혈청의 항체가가 급성기에 비하여 4배 이상 증가 확인
임상증상	• 고열(38~40℃), 마른기침, 인후통 등 호흡기 증상과 두통 근육통, 피로감, 쇠약감, 식욕부진 등 <u>전신증상</u> 보임 • 호흡기 증상(콧물, 코막힘), 안구통, 구토, 복통 등이 동반될 수 있음 • 대부분 경증으로 자연 치유되지만 노인, 영유아, 만성질환자, 임신부 등은 합병증 발생 또는 기저질환의 악화와 합병증으로 사망도 가능함. • 증상지속기간 5~9일
치료	• 대증요법 • 항바이러스제 치료
관리	• 환자관리 - 해열 후 24시간이 경과할 때까지 등교 중지 - 소아의 경우 증상 발생 후 적어도 2일간 경련과 섬망 등 이상반응 관찰 - 다중이용시설 이용 제한, 기침예절 및 손씻기 등 개인위생수칙 준수 • 접촉자 관리 - 일상적으로 관리는 하지 않음 - 고위험시설*에 인플루엔자 유행 시에는 접촉자에 대해 예방화학 치료(항바이러스제) 고려(*노인복지법에 따른 노인주거복지시설(양로시설), 노인의료복지시설(노인요양시설) 등) • 유행시기여도 예방접종을 하지 않은 학생은 예방접종 적극 권장 - 유행 시기 전(10~11월) 예방접종 안내 - 학교별 예방접종률을 향상시킬 수 있는 적극적인 예방대책 추진 필요 • 등교중지 - 해열 후 24시간이 경과할 때까지 등교중지
예방	• 예방접종 • 일반적 예방 - 올바른 손씻기(흐르는 물에 비누로 30초 이상 손씻기) - 기침 예절(기침, 재채기 할 때는 휴지나 옷소매로 입과 코를 가리기, 마스크 착용) - 손으로 눈, 코, 입 등을 만지지 않기 - 급성호흡기환자와 접촉하지 않기

Keyword

문제 [18] 다음은 인플루엔자에 대한 보건교육 자료이다. ㉠은 법정 감염병 중 몇 군에 해당하는지 제시하고, ㉡에 의해 획득되는 후천성 면역의 유형을 쓰시오.

- ㉠ 인플루엔자의 개요
  - 원인: 인플루엔자 바이러스
  - 증상: 고열, 오한, 기침, 인후통, 콧물, 근육통, 관절통 등
  - 감염 경로: 기침, 재채기, 비말에 의한 직접 전파 등
- 인플루엔자 예방 수칙
  - 외출 후에는 반드시 손 씻기를 생활화합니다.
  - 기침과 재채기를 할 때는 휴지나 손수건으로 가리는 등 기침 에티켓을 지킵니다.
  - 발열과 호흡기 증상 있을 경우 사람들 많이 모이는 장소를 피하고 외출을 삼갑니다.
  - 발열, 호흡기 증상이 있으면 마스크를 착용하고 가까운 의료기관에 내원하여 진료를 받습니다.
  - ㉡ 예방접종을 통해 개인 면역력을 증강 시킵니다.

XII. 신종인플루엔자

병원체	• A형 인플루엔자 바이러스가 변이를 일으켜 생긴 바이러스
원인	• 돼지에서 기원한 새로운 H1N1 바이러스가 검출
전염기간	• 발진 4일 전부터 4일 후 까지(전염성이 매우 높음)
임상증상	• 7일 이내 회복 • 발열, 오한. 투통, 상기도 증상(기침, 인후통, 콧물, 호흡곤란), 근육통, 관절통, 구토감, 설사 등의 소화기 증상
치료	• 항바이러스제 치료(타미플루, 오셀타미버-임산부 금기, 태아 영향)
관리	• 환자관리: 공기주의(격리기간: 발진 발생 4일 전부터 4일 후까지) • 접촉자관리: 예방접종, 면역글로불린 투여
예방	• 외출 후나 대중이 많이 모이는 장소를 다녀온 후에는 반드시 손을 씻고 평소 손씻기를 생활화

XI. 지카바이러스

원인	• 뎅기. 황열 바이러스와 동일한 flavivirus
감염경로	• 숲모기에 의한 전파로 감염, 감염자와 일상적 접촉으로 감염되지 않음 • 수혈전파, 성적전파(감염회복 후 2주까지 정맥에서 바이러스 확인)
증상	• 반점구진성 발진을 동반한 갑작스런 발열, 관절통, 결막염, 근육통, 두통
진단	• 혈청 RT-PCR로 바이러스의 유전자를 검출하여 확진.
합병증	• 소두증 신생아 출산, 길랭 바레 증후군 증가
주의	• 확진 후 6개월 간 임신 연기, 성관계 피하거나 콘돔 사용

Keyword

문제 [11] A 중학교(교생 500명)와 B 중학교(교생 500명)의 전염병 발생 현황 보고서이다. 전염병 발생 후에 각 학교에서 취한 조치로 옳은 것만을 〈보기〉에서 모두 고르시오.

전염병 발생 현황 - 기관명: A 중학교

1. 병 명: 세균성 이질
2. 최초 발생일: 2010년 7월 6일
3. 이환 및 치료 상황 (단위 : 명)

일자	학교	신규 환자수	현재 치료 중인 환자수				완치자 수		환자 연인원 수
			입원	자가	통원	계(a)	금일	누계(b)	a+b
7.6	A	10	1	5	4	10	0	0	10
7.7	A	15	6	10	9	25	0	0	25
7.8	A	20	11	15	19	45	0	0	45

전염병 발생 현황 - 기관명: B 중학교

1. 병 명: 신종 인플루엔자 A(H1N1)
2. 최초 발생일: 2010년 10월 4일
3. 이환 및 치료 상황 (단위 : 명)

일자	학교	신규 환자수	현재 치료 중인 환자수				완치자 수		환자 연인원 수
			입원	자가	통원	계(a)	금일	누계(b)	a+b
10.4	B	50	5	10	35	50	0	0	50
10.5	B	100	5	20	125	150	0	0	150
10.6	B	150	10	70	220	300	0	0	300

〈보기〉

ㄱ. A학교 교장은 제1급 전염병인 세균성 이질 환자가 발생한 후 임시휴업조치를 하였다.
ㄴ. B학교 교장은 환자 발생 수가 증가하고 있어 임시 휴업 조치를 하였다.
ㄷ. A학교 교장은 의사가 세균성 이질에 감염되었다고 진단한 학생에 하여 등교 중지를 명하였고, 그 사유와 기간을 구체적으로 밝혔다.
ㄹ. B학교 교장은 의사가 신종 인플루엔자 A에 감염되었다고 진단한 학생에 대하여 등교 중지를 명하고, 신종 인플루엔자 A가 제3급 전염병이므로 그 사유와 기간은 밝히지 않았다.

문제 [21] 감염병의 예방 및 관리에 관한 법률에 근거하여 괄호 안의 ⊙과 ⓒ에 들어갈 말을 순서대로 쓰시오.

* 신종인플루엔자 확진 환자 신고
(1) 신고 의무자: 학교장
(2) 신고 시기: (⊙)
(3) 신고 의무자는 (ⓒ)에게 신고함.

XI. 말라리아

원인	• plasmodium(열원충) 속 원충감염(삼일열 등)에 의한 급성 발열성 질환
병원소	• 사람, 원숭이, 모기
감염경로	• 얼룩날개모기속에 속하는 암컷 모기에 의해 전파 • 드물게 수혈, 주사기 공동사용에 의해 전파 • 사람간 직접 전파는 발생하지 않음
잠복기	• 삼일열 말라리아: 단기 잠복기(7일~20일), 장기 잠복기(6~12개월)
증상	• 초기증상: 권태감과 서서히 상승하는 발열이 초기에 수일간 지속, • 오한, 발열, 발한 후 해열이 반복적으로 나타남 • 경증: 갑작스런 발열, 두통, 서맥 • 중증: 40도 이상의 고열 증상이 3일 정도 지속된 후 하루정도 열이 없는 시기가 오고, 다시 열이 나면서 증상이 악화됨 • 황달, 혈액응고장애, 신부전, 간부전, 쇼크. 의식장애, 급성 뇌증
치료	• 클로로퀸, 프리마퀸 투여
예방	• 환자의 조기발견, 치료로 감염원 없애는 것이 가장 중요 • 예방적 화학요법: 클로로퀸 감수성 지역 여행 시 예방적 클로로퀸 적용 • 모기노출 방지: 가능하면 모기가 무는 저녁부터 새벽까지 외출 금지 • 방충망, 모기장 사용, 긴 소매, 긴바지로 노출 최소화

문제 [13] 다음은 Y 고등학교 보건교사가 '말라리아'에 하여 제작한 가정통신문이다. (가)~(바) 옳은 것만 있는 대로 고르시오. [2.5]

가정통신문
말라리아를 예방합시다.

1. 정의: (가) 말라리아는 플라즈모디움 속에 속하는 기생원충이 적혈구와 간세포 내에 존재함으로써 일어나는 급성 열성 감염증이다.
2. 병원소 및 증상: (나) 학질모기, 사람과 원숭이 등이 병원소이며, 고열, 두통, 오심 심하면 혈액 섞인 구토와 황달 등의 증상이 나타난다.
3. 역학적 특성
- (다) 국내에서는 70년대 말 박멸 선언 이후 2012년 현재까지 토착형 말라리아는 발생하지 않고 있으나, 최근 동남아, 아프리카 등의 여행자에 의해 해외 유입 말라리아가 발생하고 있어서 주의를 요한다.
- 암컷 모기가 인체를 흡혈하면서 전파하는 것이 주 감염 경로이지만, (라) 수혈이나 오염된 주사기 바늘의 공동 사용으로도 전파된다.
4. 예방과 관리
- (마) 특별한 치료제나 예방약이 없으므로 유행 지역으로 여행 시에는 유행 여부를 반드시 확인하고 모기 기피제를 포함한 대비 물품을 철저히 준비한다.
- (바) 검역감염병이므로, 체류지역시장이나 군수는 감염의심자의 건강상태를 최대 144시간 감시한다.
- 야외캠핑시 모기장을 설치하여 모기에 물리지 않도록 하고 모기 서식처를 제거하는 노력이 필요하다.

Keyword

XII. 중동호흡기증후군

병원체	• 코로나바이러스에 의한 급성호흡기 감염병
임상증상	• 발열을 동반한 호흡기 증상. 설사 구토 등 소화기 증상. SARS-CoV 보다 급성신부전 동반 사례가 많고, 림프구 감소증, 혈소판 감소증 흔히 관찰 • 잠복기: 5일(2~14일) • 사망률: 기저질환 혹은 면역기능 저하자의 예후 불량. 치명률은 30%
진단	• MERS 코로나바이러스 특이적인 타깃 유전자 2개 이상 PCR 양성 • MERS 코로나바이러스 특이적 유전자에 PCR 양성, 반복 실시한 PCR 산물의 염기서열 분석 양성
예방	• 손씻기 기침 재채기 예절 등 개인위생 수칙 준수 • 중동지역 여행자 권고

XI. 파상풍

원인	• 파상풍균(Clostridium tetani)이 생산해내는 신경독소가 신경세포에 작용해 근육 경련성 마비와 동통을 동반한 근육수축을 일으키는 감염성 질환
감염경로	• 파상풍균이 생산한 신경 독소에 의해 발생. 파상풍균은 흙에서 발견 • 상처를 통해서도 균이 들어올 수 있고, 화상을 입거나 비위생적인 수술과 같은 외과적 조작을 통해서도 균이 침입할 수 있으며, 동물에 물려서 감염
잠복기	• 3~21일. 대부분 14일 이내에 발병. 잠복기가 짧을수록 병의 경과 나쁨
증상	• 초기: 상처 주위에 국한된 근육 수축. • 진행: 목과 턱 근육의 수축이 먼저 나타나고 차츰 심해져서 입을 열지 못하거나 삼키지 못하는 등의 마비 발생. 이후 몸통 근육 수축으로 진행. • 전신 경련은 파상풍 발병 후 1~4일 뒤에 나타나며 발열, 오한 동반
진단	• 특징적 임상 증상이나 병력을 통해 진단. • 상처 부위에서의 균 배양 검사. • 근전도 검사를 통해 근육의 수축 기능에 이상 여부 확인
치료	• 파상풍 면역 글로불린이나 항독소를 정맥 주사하여 독소를 중화. • 파상풍 항독소는 과민반응 검사 후 투여, 항생제를 투여. • 상처를 철저히 소독, 괴사조직 제거, 근육 이완제 투여, 호흡관리 등의 적절한 증상 완화치료. 파상풍에 걸리더라도 독소의 양이 작아 면역이 적절히 생기기 어렵기 때문에 치료와 동시에 능동면역(예방 접종)을 시작
예방	• 파상풍 면역글로불린의 투여나 파상풍 톡소이드 접종 • 10년마다 예방접종이 필요

Keyword

문제 [92]	보기의 증상을 가진 질환은?
	〈보기〉 ◦ 두통 ◦ 개구장애 (trismus) ◦ 배뇨곤란 ◦ 경소(risus sardonicus)

5) 학교응급환자 관리
   ① 학교 응급환자 정의
      질병, 각종 사고 및 재해로 인한 부상이나 기타 위급한 상태로 인하여 즉시 필요한 응급처치를 받지 아니하면 생명을 보존할 수 없거나 심신상의 중대한 위해가 초래될 가능성이 있는 환자 또는 이에 준하는 자
   ② 학교보건법상 보건교육

[학생의 보건관리]	학교의 장은 학생의 신체발달 및 체력증진, 질병의 치료와 예방, 음주·흡연과 마약류를 포함한 약물 오용·남용의 예방, 성교육, 이동통신단말장치 등 전자기기의 과의존 예방, 도박 중독의 예방 및 정신건강 증진 등을 위하여 보건교육을 실시하고 필요한 조치를 한다.
[보건교육]	학교보건법 ① 교육부장관은 초·중등교육법에 따른 학교에서 모든 학생들을 대상으로 심폐소생술 등 응급처치에 관한 교육을 포함한 보건교육을 체계적으로 실시하여야 한다. ② 학교의 장은 교육부령으로 정하는 바에 따라 교직원을 대상으로 심폐소생술 등 응급처치에 관한 교육을 실시하여야 한다. ① 학교장은 응급처치교육 후 각 교직원의 교육이수결과를 교육감(사립학교 이사장)에게 제출, 교육감은 인사기록카드에 교육이수결과를 기록 관리. 다만, 교육감이 인사기록을 직접 관리하지 아니하는 교직원에 교육기록은 학교의 장이 별도로 기록 관리한다. ② 학교장은 교육감이 설치한 연수원 또는 의료기관에서 교직원으로 하여금 응급처치교육을 받게 할 수 있다. 이 경우 예산의 범위에서 비용 지원

   ③ 응급처치교육의 계획 내용 및 시간 등(제10조 제1항 관련)
      가. 교육계획의 수립 및 교육주기
         • 학교의 장은 매년 3월 31일까지 교육대상, 내용, 방법을 포함한 당해 학년도 교육계획을 수립. 학교의 장은 교육계획을 수립할 때 교직원에 매 학년마다 교육을 받도록 한다.
         • 해당 학년도에 다른 응급처치 교육을 받은 교직원은 응급처치교육을 면제할 수 있다.

Keyword

나. 교육내용, 교육시간 및 교육 강사

	교육내용	교육시간	교육강사
이론교육	1. 응급상황 대처요령 2. 심폐소생술 등 응급처치 시 주의사항 3. 응급의료 관련 법령 등	2시간	가. 의사(응급의학과 전문의 우선 고려) 나. 간호사(심폐소생술 등 응급처치와 관련된 자격을 가진 사람으로 한정) 다. 응급구조사 자격을 가진 사람으로서 응급의료 또는 구조, 구급 관련분야(응급처치교육 강사 경력 포함)에서 5년 이상 종사하고 있는 사람
실습교육	1. 심폐소생술 등 응급처치	2시간	

비고: 교육여건 등을 고려하여 응급처치교육 내용·시간을 조정할 수 있으나 실습교육 2시간을 포함하여 최소 3시가 이상 실시
심폐소생술에 대한 전문지식을 갖춘 사람을 실습교육을 위한 보조강사로 할 수 있다.

④ 응급환자 발생 시 대처〈응급환자 발생 시 교직원 행동지침〉
  가. 최초 발견 교직원은 침착하게 상황을 관찰. 먼저 상황이 안전한지 확인
  나. 응급환자 발생 시 보건교사에게 즉시 연락. 비의료인의 견지에서 볼 때도 응급상황이라 생각되면, 보건교사가 오기 전에도 119에 곧바로 연락
  다. 보건교사 도착하기 전까지 교직원이 반드시 계속해서 응급환자를 관찰
  라. 응급상황에서 물, 약물 등 경구(입)투여는 하지 않는다.
  마. 중증 부상이나 아픈 학생을 이동시키지 않는다. 2차 손상을 예방하기 위해 꼭 이동이 필요한 경우 "목과 등"에 응급처치방법대로 지지 후 이동
  바. 보건교사는 신속하게 환자의 활력증상을 측정하고 환자를 사정한다.
  사. 필요한 경우 119를 부르거나 병원으로 후송한다.
  아. 일반차량으로 후송시 운전자와 관찰자 등 최소 2명 이상이 후송(보건교사 동행 시 환자 관찰 및 처치를 위하여 보건교사는 운전하지 않는다.)
  자. 담임교사는 가능한 빨리 학부모에게 연락. 학교 관리자에게 구두 보고.
  차. 학부모에게 연락 안되면, 학부모 권한 대행자에게 연락. 의료기관에 후송
  파. 교직원은 학부모에게 인계하기 전까지 의료기관에서 학생 상태 관찰
  타. 보건교사는 상황을 보건일지, 응급환자 기록지에 기록. 학교장에게 보고

Keyword

관찰	신고	응급처치	후송	연락 및 인계	기록
-최초 발견 교직원은 침착하게 <u>상황 관찰</u> -먼저 상황이 안전한지 확인	-보건교사에게 즉시 <u>연락</u> -비의료인의 견지에서 볼 때에도 <u>응급 상황인 경우</u> -보건교사 기다리지 말고 <u>119 구급대에 곧바로 연락</u>	-일반교사: 보건교사가 응급현장에 도착하기 전까지 응급환자를 관찰 하고 필요한 도움을 주어야 한다. -응급시 경구투여 금지 -불가피한 경우를 제외하고 학생은 이동 시키지 않는다. -이동이 필요한 경우는 경추지지 후 이동 -보건교사: 활력증상을 측정, 환자사정	-필요한 경우 119를 부르거나 <u>병원으로 후송</u> -일반차량(승용차)으로 후송시 운전자와 관찰자 등 최소 2명이상이 후송 (보건교사는 환자 동행 시 관찰, 처치를 위하여 운전하지 않는다)	-담임교사: 학부모에게 연락, 학교 관리자에게 <u>구두 보고</u> -학부모에게 연락이 되지 않을 경우: 학부모 권한 대행자에게 연락하고 의료 기관에 후송 -교직원은 학부모에게 인계하기 전까지: 의료기관에서 학생의 상태 관찰	-보건교사: 응급처치 상황을 보건일지 또는 별도의 응급환자 기록지에 <u>기록</u>, 학교장에게 <u>보고</u>

⑤ 적용 - 저혈당 쇼크 또는 아나필락시스 쇼크시의 응급처치

제15조의2(응급처치 등)

① 학교의 장은 사전에 학부모의 동의와 전문의약품을 처방한 의사의 자문을 받아 보건교사 또는 순회 보건교사로 하여금 <u>제1형 당뇨로 인한 저혈당 쇼크 또는 아나필락시스 쇼크로 인하여 생명이 위급한 학생에게 투약행위 등 응급처치를 제공</u>하게 할 수 있다. 이 경우 보건교사에 대하여는 「의료법」 제27조제1항(책임규정)을 적용하지 아니한다.

② 보건교사 등이 학생에게 응급처치를 제공하여 발생한 재산상 손해와 사상에 대하여 고의 또는 중대한 과실이 없는 경우 해당 보건교사 등은 민사책임과 상해에 대한 형사책임을 지지 아니하며, 사망에 대한 형사책임은 감경하거나 면제)

	인플루엔자 (급)	홍역 (급)	풍진 (급)	유행성 이하선염 (급)	수두 (급)
원인균	인플루엔자 바이러스 A,B,C/사람(병원소)				
면역 여부	매년 백신 개발	영구면역 O	영구면역 O	영구면역 O	영구면역 O
잠복기	1~3일(3~5일)	1~3주(평균 10일)	2~3주(평균 14일)/ 선천성 : 해당없음	2~3주(18일)	2~3주
전파 경로	• 직접전파 : 비말전파 • 간접전파	• 직접전파 : 비말전파 • 공기전파, 간접전파	• 직접전파 : 비인두 분비물, 비말 • 간접전파 • 수직전파, 임신초 감염시( )	• 직접전파 • 간접전파	• 직접전파 : 비말전파, 수포액과 • 직접접촉 • 공기전파, 간접전파
전파기간					
증상	• 열 : 갑자기, 고열(38-4 0℃) 2-3일, 1주일 • 두통.근육통 • 감기증상 : 인후통 동반 기침, 콧물.코막힘,충혈 • 소화기증상 : 복통, 구 토, 설사, 식욕부진 • 기간 : 감염 후 1-3일내 발현, 합병증 없으면 증상 7일 이내 사라짐	• 전구기 - 전염력 강함 - 발열 - 3C( ) - ( ) - ( )반점 • 발진기 : ( ) - 순서 : ( ) - 고열 : 발진 후 2-3일간 40℃ - 소실 : 3일간 퍼진 후 난 순서대로 소실 • 회복기 - 피부낙설 - 임상색 색소 침착 - 합병증 잘 생김	• 전구기 - 미열, 두통, 두통, 피로 - 림프절 종창 : 발진 출현 1일전부 터 귀 뒤, 목 뒤 후두부의 림프절 종창이 회복기까지 지속 • 발진기 - 시기 : ( ) - 림프절 종창 커진 발진 - 부위 - 두피 방향 발진 - 열나서 2시간내 전신으로 1. 홍역처럼 색소침착 없고, 융합 X 2. 성홍열 비슷, 선홍색 작은 구진 3. 발진이 발한 순서대로 소실 • 호흡기 - 경한 호흡기 증상, 결막염(결막 충혈) cf) 홍역은 전구기에 결막염	• 전구기 - 발열 : 1-2일간 오한, 발열, 두통 근육통, 전신쇠약, 식욕부진 이하선 종창 - 종창 : 처음 한쪽에서 시작하여 2-3 일 후 양쪽 침범 - 고열 : 이하선이 부어오를 때 - 통증 : 입벌리거나 음식섭취시 통증 - 난청 - 감소 : 고열 2-3일 있은 후 열, 타액 선감소 • 회복기	• 전구기 - 발진이 나기 24시간 전 발 열(미열), 오한, 권태감, 근 육통, 관절통, 식욕부진 • 발진기 - 발진 : 2-5일에 걸쳐 ( ) 순서로 - 급격히 변화, ( ) - 소양증 : 가려움 동반
합병증	• ( ) 음, 청색증, 고열 • 편도선염, 기관지염, 중 이염 • 뇌염.근육염.심근염	• 신경계 : ( ) • 호흡계 : 기관지염, 폐렴, 급성 중 이염 • 혈액계 : ( )	• ( ) • ( ) • ( ) • ( ) • 관절염	• 사춘기 남 - 고환염, 부고환염, 불임 • 사춘기 여 - 난소염 • ( ) - 구토, 두통, 발작시 치료 • 귀 - 유양돌기염, 감각신경성 청각장애에 • 관절염 - 여자에게 흔함 • 혈액계 : ( ) • 염증 - 췌장염, 심근염, 신장염	• 감염 : 폐렴, 패혈증, 관절염, 골수염 cf)인플루엔자, 폐렴 두, 볼거리해 : 폐렴 • 혈액계 : ( ) 출혈성 Varicella • 신경계 ( ) • 피부 - 농가진, 봉와직염
예방 접종			< 출생 후 풍진 > - (격리) 발진 발생 후 7일까지 - 환자와 접촉 제한 오는 사람 물건 소독 • 분비물 - 소각, 분비물로 오염된 물건 소독 • 대증요법 - 발열기간에 침상휴식, 해열제, 영양공급, 수분 섭취	< 출생 후 풍진 > • (격리) 발진 발생 후 7일까지 • 임산부와의 접촉 금지 < 선천성 풍진 증후군 > • (격리) 임원 시 적용 - 생후 1년까지, 선천성 백내장 수술 시 생후 3년까지	
간호	• 신종인플루엔자 원인 병원 체 : A(H1N1)-가금 • 손에서 5분 이하 생존 • 물과 비누로 씻으면 즉 시 바이러스 파괴				

예방대책 & 기타	• 피부간호 • 눈간호 1. 인공 능동면역 - 홍역접촉 3일 이내 예방접종 - 대상 : 면역이 없는 사람(감수성자) - 과거 홍역을 앓은 적이 없고, 예방접종력이 없거나 불완전한 사람 - 면역기능저하자, 고열 환자는 X 2. 인공 수동면역 - (노출 후 예방요법) 홍역접촉 6일 이내 감마글로불린 투여 - 백신과 동시투여 안됨 - 대상 : 감수성자, 6개월 미만 영아, 임산부, 면역저하자 등(면역결핍 아는 접종부 관계없음) 면역글로불린을 빨리 근육 주사해야함) - 효과 : 3주간 유지되며 예방접종 이 금기되자 않을 때 3개월 후 홍역 예방접종	- 단, 생후 3개월 이후 12개월 간격으로 임은 2번이 임상검체(매변 호흡기, 소변 모두 재채)에서 바이러스 분리배양 검사 음성일 경우 격리 해제 •임산부와의 접촉 금지 〈 선천성 풍진 증후군 〉 1. 시기 : 12주 이내 임산부가 풍진감염 → 기형아 출산, 자궁 내 사망, 유산, 자체중이 출산 2. 기형 : CRS 3대 증상 백내장, 녹내장, 망막변증 선천성 청력 소실 심장기형 소두증, 뇌수막염, 정신지체 자반증, 황달 3. 유산 : 자궁 내 사망, 유산, 자체증이 출산 4. 진단 : 풍진 IgM 항체(IgM은 태반을 통과하지 않으니 태아가 만든 것)	• 격리 - 종창부터 ( )일간 격리 • 물품소독 - 간접접마 감소 • 냉,온찜질 - 종창으로 인한 불편감 감소 • 수분 - 유동식을 권하고 신 음식을 피함 음식, 전해질 - 수마니염, 해장염으로 구토, 탈수 • 침상안정 - 휴식으로 면역력 높여 회복 • 고환염 - 몸에 붙는 팬티(고환염에 지지 제공) 〈예방대책〉 1. 면역력이 없는 사람(감수성자) - 사춘기 이전 목표 위함에 놓인 감수성자, 남자에게 예방접종 2. 접촉자 - 환자와 접촉자 중 면역이 없는 사람을 접종 - 면역글로불린은 효과 없음(접종후, 발생)	• 접촉방지 : 감수성자, 신생아, 면역억제자(중증으로 진행) • 격리 : 발진 후 6-7일동안. 수포가 건조해질때까지. • 물품소독 : 오염물품, 옷, 침구류 • 소각 : 분비물 있는 휴지 소각 • Acyclovir : ( )제체 투여 • 아스피린 금지 : ( ) • 피부간호 〈예방접종〉 1. 인공 능동면역(생백신) - 접종력 없는 아동은 접종 후 가능한 3일(최대 5일) 이내 백신 투여하면 예방효과, 경증으로 예방 2. 인공 수동면역(면역글로불린) - 환자와 밀접하게 접촉한 면역저하자, 신생아, 임산부에게 질병완화 or 예방 위해 (노출 후 예방요법) 면역글로불린(VZIG)을 10일 이내에 빨리 1회 근육주사

	성홍열 ( )	디프테리아( ) D	백일해( ) P	파상풍 ( ) T
원인균				
면역				/흙, 먼지, 대변(병원소)
잠복기	1-3일(2-5일)	1-10일(평균2-5일)	2-3주(평균 1주일)	3일~3주(10일), 2일에서 수개월 · 상처 크기, 부피, 균량에 따라 달라짐
전파경로	· 직접전파 : 비말감염 · 간접전파 : 환자가 접촉한 물건, 음식물 오염된 음식물	· 직접전파 : 비말 · 간접전파 : 오염된 옷, 물건	· 직접전파 : 비말 · 간접전파 : 비말 묻은 물건	· 상처 · 신생아 배꼽 · 사람 간 전파 없음
전파기간	항생제 치료시작 후 24시간까지 치료시작 후 낙설기가 지날 때까지는 모든 성이 없어진 후	(2~4주) 치료받는 경우 2일 내 감염력 감소 치료에 따라서 4주 이상 지속	· 전구기 시작~발작성 기침 시작 후 3주 (또는 적절한 항생제 투여 시작 후 5일까지) cf) 수막구균성 수막염, 성홍열 : 항생제 치료 시작 후 24시간	
증상	· 전구증상 - 갑작스런 발열, 인후통, 구토 · 발진기 - 선홍색 작은 구진 : 누르면 퇴색, 때면 다시 나타남 - 부위 → ( ) 시작 → 24시간 내 몸체, 사지를 덮고 3-7일 이내 사라짐 - ( ) : 접히는 부분, 사타구니 내측의 진하게 충혈된 횡선(놀라시 없어지지 않음) - 안면 홍조 : 입주위에는 발진 없음 - 편도, 인두 : 부종, 붉어짐, 삼출물 반점 덮임 - 혀 1-2일 : 흰 털이 혀, 혀에 막이 덮히고 돌기가 회백색, 붉은유두, 딸기모양 허 - 경부 임파 부종 · 낙설기 - 피부낙설 : 발병 후 1주경부터 딱지가 떨어지기 시작 cf) 홍역 : 작은 겨껍질 모양으로 벗겨짐 가와사키 : 아급성기에 손, 발의 시작되던 의 피부 낙설 현상은 진단에 도움	· 인두염 - 염증은 편도를 넘어서 연구 개를 덮음 · 위막 - 인두, 편도에 위막을 형성 위막을 억지로 떼어내면 출혈 · 호흡곤란 - 쉰목소리, 청색증, 식음담. 불안, 초조	· 상기도 감염 : 콧물, 미열 · 결막염 : 충혈, 붓음, 결막출혈 cf) 결막염 : 렙토스피라증, 쯔쯔가무시증, 백일해 · 논흥혈 - 높은 전염성 · 발작적 기침 : 염증이 붙어지고 기침을 특징적 발작적 기침으로 짧은 호기성 기침을 15~20 회 연발하고 기침 후에 구토가 동반됨 - whooping : 사이사이에 흡기성인 긴 호흡인 whooping은 흡기 시에 흡하는 소리 냄 - 가래 - 코끈끈한 점액성 가래 · 회복기 감수성 : 영아는 백일해에 모체의 면역력을 전달받지 못하여 감염에 매우 취약, 5세 미만 아동에서 발생률이 높고 높은 영아 사망률과 연관되는 전염성이 높은 질환임	통증 – 전신성 통증, 상처부위 통증, 근육통, 근육수축 미열 – 두통, 미열, 불안정 경련 – 사소한 자극에 경련, 전신경련 시 반( ): (목, 등이 경직되어 활 모양으로 등쪽으로 힘) 얼굴경련 – 얼굴표정 경련으로 냉소적 표정 목 근육 경직 – 얼굴 뒤 목 근육이 경직되어 턱이( )의 입을 열거나 삼키기 사망 가능 호흡근 마비 – 호흡곤란 결국은 방광 결막근 경직 배뇨곤란 – 방광 경직

	수족구병 ( )	공수병, 광견병 ( )	(디프테리아)	일본뇌염 ( )	말라리아 ( )
증상	- 편도선 주위, 인두후부 농양 - 급성기에 부비동염, 중이염 - 경부 임파선종 - 류마티스성 열(상기도 감염) - 급성 사구체신염(상기도, 피부 감염)		- 호흡기 – 폐렴, 무기폐, 기흉, 기관지 확장증 - 영양실조, 탈수 – 심한 구토가 원인 - 소화기 – 탈장, 직장탈출	•표준 주의 지침에 따라 환자 관리 *(상처 치료 시 파상풍 예방) 백신 접종, 면역 글로불린 투여 〈예방접종〉 - 기본예방접종 : 1 - 추가접종 : - 10년마다 추가접종(만12세 Td)	
예방접종		- 디프테리아 독소이드(인공 능동면역) 예방접종사업으로 집단 면역수준 유지 - 기본예방접종 : - 추가접종 : - 10년마다 추가접종(만12세 Td) - 감염의 위험성 높은 의사, 간호사, 교사는 4-5년마다, 10년마다 추가접종	〈DPT 예방접종〉 - 기본예방접종 : - 추가접종 : - 나이 많은 이동, 성인은 백신 부작용으로 예방접종X 〈예방대책〉 (노출 후 예방요법) 환자 접촉 후, 접종을 불가피한 경우 예방 접종을 하고, 증상에 관계 없이 erythromycin(예방적 항생제) 복용	〈예방대책〉 1.인공 능동면역 - 10년간 지속효과 - Td 백신과 TIG를 함께 투여할 때 반드시 서로 다른 부위 주사 - 파상풍 회복 후에도 면역 획득 안 됨 - 노동면역 필요 2. 인공 수동면역 - TIG(파상풍 면역글로불린) : 1회 IM - 항독소(antitoxin) : 독소를 중화	
간호	〈환자, 접촉자 관리〉 - 페니실린 : 10일간 투여 - 격리 : 페니실린 치료시작 후 24시간 격리 - 환자가족 : 인두 배양검사 하고 증상이 나타나면 치료 - 좌위 : 머리를 높여주어 코의 분비물 도움 - 함수 : 따뜻한 물로 행궁(입안 분비물 씻어 낼 것 방지)	〈환자, 접촉자 관리〉 - 검사물 배양 : 코, 목 검사물 배양검사 - 격리 : 항생제 치료 종료 후 24시간 이상 경과 이후로 총 2회(24시간 이상 간격) 채취한 비강내 인두부위의 검체에서, 모두 균이 배양음성일 때까지 배양 어려울 경우, 적절한 항생제 치료에 필요한 14일 동안 - 항생제 : 배양검사결과 맞지 않거나, 에리스로마이신 치료 - 추가접종 : 예방접종을 맞지 않았거나 맞은 경우, 마지막 추가접종을 5년전에 맞은 경우 추가접종	〈응급간호〉 - 격리 : 항생제 치료 기간 5일까지 (치료를 받지 않은 경우 7일이 연증에 때까지 최소한 3주 이상) - 소독 : 코, 이후 분비물 오염된 물품 소독 - 관찰 : 호흡기 폐색증상(청색증, 안절부절 못함, 흡부견축 관찰) - 기도 발작 : 발작시 머리 숙이고 기침(분비물 넘어가지 않도록) - 지지 : 기침 발작시 지지와 위안제공 - 유인인자 : 온도차, 소음, 활동, 흥분을 피하고 조용함을 유지 - 가습 : 실내 습도 높이기(분비물 배출 도움) - 소량 : 구토시 소량씩 수분, 식사 자주 섭취 (탈수감소)	〈응급간호〉 - 세척 : 세척으로 이물질 제거(이물에서 파상풍 간균이 치료기 쉬움) - 소독 : 상처 부위 철저 소독 - 기도유지 - 환경 : 최소한 자극(빛, 바람 없고, 약간 어둡고 조용한 방) - 불필요한 자극은 경련 유발 유지도록 보존 삼함	
검사	• ASO 상승 • 연쇄상구균 항원에 항체 반응 검사 • 인두후 환자의 80%에서 감염 후 3-6주 내			- 치료 : 항생제 치료시작 5-7일 내 비인두 병원균 제거 - corticosteroid - albuterol : β2교감신경항진제, 기관지 확장제(기침감소)	- 치료 - 항생제 : 창상의 2차 감염, 합병증 예방을 위해 페니실린, 테트라사이클린 치료 - 근이완제 투여

원인균	• coxachie virus A16 • enterovirus 71 - 수족구병과 무균성수막염, 뇌염, 마비 질환 초래	• Rabies virus - 바이러스가 일으키는 중추신경계 급성감염 - 인수 공통 감염병	• 일본뇌염 바이러스 - 발병시 치명률이 40% 이상으로 높음	• 삼일열 원충(Plasmodium속에 속하는 원충)
병원소		전과의 야생동물과 가축	일본 뇌염모기	사람
잠복기/ 전파 기간	4-6일 / 전파기간 : 첫 증상이 나타날 때부터 수포성 발진이 생긴 후 3일까지		1-2주 / 6월 하순 ~ 9월(모기의 번식기). 돼지는 혈액 속에 바이러스가 있는 동안	단잠복기(2주), 장잠복기(6-12개월) 증상 후 3일-14일간 전염력(1년(열대열), 3년(삼일열), 일생(4일열) 전염력+, 모기의 일생(1일) 동안 전염력+
전파 경로	- 직접전파 : 비말, 분변-구강전파(바이러스가 대변으로 배출) - 간접전파 : 매개물 cf) 소아마비, 로타 바이러스, 수족구병 : 대변, 호흡기로 배출	동물이 물거나 핥을 때 동물의 타액 속 바이러스가 상처로 전파	• 돼지 - 모기 - 사람의 경로 • 감염된 돼지를 일본뇌염모기가 흡혈 후 균을 얻고 사람을 물 때 균을 옮겨줌	• 감염된 사람을 흡혈할 때 얼룩무늬 날개 모기가 흡혈할 중에 얼룩무늬 감염되고 감염된 모기가 다른 사람을 물 때 새로운 유행 • 감염된 주사기로 전염
증상	- 식욕감소 : 잠복기 이후 몸이 안 좋아 보이며, 쉽게 피로, 식욕감소 - 구강 : 혀, 구강 내 점막에 4-8mm 궤양성 수포 - 미열 : 고열X. 미열 동반 또는 없음 - 발진 : 수포성 발진이 손과 발에 있음, 소양증X - 흔히 : 7-10일 경과 후 문제없이 호전 - 합병증 : 무균성 뇌막염, 뇌염 : enterovirus 71 cf) 수두 : 수포성 발진, 소양증 O 반점→구진→수포→농포→가피 몸통, 두피, 얼굴(수두) → 팔, 다리(지방) cf) 가와사키 : 급성기 손,발 종창 2주 지속, 손으로 물건을 잡으려 하지 않고 발로 체중을 지탱하려 하지 않음	전구기 (2-4일간 지속) - 권태감, 하악, 발열, 두통, 인후통 - 오심 - 정신적 우울 흥분기 (1-3일간 지속) - 불안정, 근심, 인불부절 못함 - 목 근육때문 삼키기 어려움 - 호흡곤란, 무호흡, 청색증, 무산소증, 호흡근 경련, 침흘림 - 발작 - 음식, 물 보거나, 물 소리에도 근육경련, 침흘림 마비기 - 감염되면 거의 사망하는 치명적인 급성 바이러스성 뇌척수염 - 호흡 근육의 심각한 경련으로 무호흡, 무산소증, 혼수, 마비 → 사망	전구기 - 고열 : 급작스런 고열, 고열로 두통 - 소화기 : 구토, 설사, 복통, 소화기 증상 급성기 - 뇌막자극 증상: 두통, 구토, 강직, 경련, 신경마비, 혼수, 의식장애 후유증 - 언어장애, 판단능력저하, 판단능력저하, 사지운동지하	- 열 : 72시간마다 열, 하루걸이 열 심한 고열 - 규칙적 오한, 고열, 두통이 낫는 듯 하다가 하루 후 다시 - 발열, 오한 - 신경계 : 혼수, 전신발작, 급성 뇌장애 - 악성변형 : 적혈구를 침범하며 악성 변열도 사망기능 - 간부전 : 간세포 침범으로 황달, 간부전, 비종대 - 심부전
예방 접종		- 능동면역인의의 광견병 백신(Duck Embryo Vaccine:DEV) - 항체를 함유하고 있는 면역글로불린(rabies hyper immune serum) - 백신의 첫 번째 IM으로 면역글로불린과 동시에 이루어지고 그 후 3, 7, 14, 28일째 재접종	5회 접종(사백신) S.C - 기본예방접종 3회 - 1차: 12-24개월 - 2차: 1차 후 1-2주 후 - 3차: 2차 후 12개월 후 추가접종 2회 - 4차: 만 6세 - 5차: 만 12세 3회 접종(생백신) S.C - 기본예방접종 2회 - 1차: 12-24개월 - 2차: 1차 후 12개월 후 추가접종 - 3차: 6세(생일) 1회 추가	

치료 및 간호	**〈치료〉** - 대증요법 - 항생제 사용X (치료에 도움되지 않음) - 해열제, 진통제로 증상 완화	**〈환자 및 접촉자 관리대책〉** 1. 상처 - 세척 : 물린 직후 빨리 분명의 비눗물 열균수 염수로 상처세척, 상처가 깊으면 주사기로 상처 내 주입하여 씻고, 면밤으로 덮음 - 절대봉합금지 : 상처로부터 출혈 흐르도록 놓아둠 2. 동물 - 공수병 확인 : 문 동물 공수병 유무 확인, 어떤 동물, 소유주, 상처모양, 동물 건강상태나 면역 상태 파악 - 건강한 동물 : 예방접종 한 동물은 죽이지 말고 10일간 관찰 - 광견병 의심 : 광견병 의심되는 동물, 동물이 깨문 인후 즉각적인 경우는 광견병을 의심 - 인박사 : 뇌 도말 검사를 위해 머리 부분에 손상을 주지 않음 - 예방접종 맞은 사람이 조심히 다룸 3. 환자 - 즉시 광견병 예방접종(DEV) : 3,7,14,28일째 재접종. 항체를 함유하고 있는 면역 글로블린 - 격리 : 철저히 격리하여 타구에 의한 전파방지 - 목욕제한 : 물소리가 자극이므로 목욕시키지 않음 - 소독 : 환자 타액에 더렵혀진 물건 소독 - 보호장비 착용 : 장갑, 가운, 마스크 타액에 묵독되지 않도록	**〈환자, 접촉자 관리〉** - 격리, 소독 불필요, 환자격리, 물건소독 필요없음 - 대증요법 : 호흡장애, 순환장애, 세균감염에 따른 대증요법 사용 - 진정제 : 경련, 근육경련에 사용 - 호흡부전 : 구강 내 고이는 분비물 흡인하여 기도로 넘어가지 않도록 함 **〈예방〉** - 외출제한 : 모기가 무는 저녁부터 새벽까지 외출하지 않음 - 옷 : 야간 외출 시 긴 바지, 긴팔 옷. 흰 색 옷, 모기는 검정색, 고동색 옷을 좋아하는 경향 - 모기향, 방충망 사용 - 웅덩이 습지 : 없애거나 소독 - 돼지관리 : 돼지우리는 주택과 1km 이상 떨어뜨려 지음 - 예방접종
검사	- 격리 : 수포성 발진이 생긴 후 3일까지 등교X - 손씻기 : 분변-경구 전파로 기저귀 갈기나 화장실 다녀온 후 손씻기 - 아이스크림, 쉐이크 ↑ 통증으로 먹지 못해 탈수, 영양부족 차가운 음식으로 통증완화, 영양공급 - 수포 : 일부러 터뜨리지 않음(저절로 없어짐)		**〈예방〉** - 외출제한 : 모기가 무는 저녁부터 새벽까지 외출하지 않음 - 옷 : 야간 외출 시 긴 바지, 긴팔 옷. 흰색 옷, 모기는 검정색, 고동색 옷을 좋아하는 경향 - 모기향, 방충망 사용 - 웅덩이 습지 : 없애거나 소독 - Chloroquine phosphate 말라리아 만연지역 여행자들 구강으로 1회 두여(RA 치료제) - 수혈 : 수혈 받는 피는 말라리아 병력 여부 확인

	유행성 각결막염	급성 출혈성 결막염(아폴로 눈병)	로타 바이러스
원인균			
잠복기	1-2주	1-2일의 짧은 잠복기	48시간(1-3일)
전파 기간	주요 증상이 사라진 후 2일이 경과할 때까지 전염력이 강하므로 발병 후 10일 정도 격리치료		• 분변-구강 전파 • 비말 감염 : 호흡기 cf) 수족구병, 폴리오, 로타: 분변-구강 전파, 비말 감염
전파 경로	• 직접접촉 : 환자의 분비물: 눈물, 눈곱의 직접 접촉 • 간접접촉 : 분비물이 묻은 물건을 만지고 자신의 눈을 만지거나 비볐을 때 수영장, 목욕탕을 통해서 전파		〈병태생리〉 • 바이러스가 소장의 융모 상피세포 침식으로 수분흡수와 분비 불균형, 복합 탄수화물 흡수장애
증상	염증증상 - 결막충혈 : 빨갛게 충혈, 경미한 출혈 - 눈물 : 누물이 많이 낌 - 눈곱 : 눈곱이 많이 낌 - 눈꺼풀 부종 : 눈이 붓고 안검종창 - 이물감 : 눈에 이물감 - 가려움, 통증 : 감자스런 통증 - 수양 : 각막 표면이 손상되어 빛을 보면 눈이 부심 - 며칠 후 반대쪽 눈에도 증상 • 림프절 비대 : 열이 나면서 귓바퀴 앞 임파선이 붓고 아플 수 있음	- 유행성 각결막염과 유사증상 - 열, 무력감, 전신근육통 : 25%의 환자에서 나타남 - 짧은 경과 기간으로 1주 이내 호전	- 열 : 경증, 중등도의 열 - 호흡기계 : 상기도 호흡기계 증상으로 기침, 콧물 - 소화기계 : 경한 복통 - 구토, 수양성 설사 - 열, 구토는 2일 이내에 줄어들지만 설사는 5-7일간 지속
합병증	시력저하		
간호	〈눈병 환자 조치 : 예방간호 포함〉 - 진료 : 부종, 충혈 등 이물감이 이상이 있을 때 손으로 비비거나 만지지 말고 안과 진료 - 격리 : 전파를 막기 위해 등교중지(의사 소견서 제출시 결석처리 되지 않음 주요증상이 사라진 후 2일 경과 때까지 전파 방지 목욕탕을 피하여 유행성 눈병의 전파를 방지함 - 수건 : 환자가 사용한 분비물이 수건은 분리세탁 삶음, 사용한 휴지는 버리기 - 눈위생 : 축적된 분비물이 반대쪽 눈이 누관의 오염을 막고 눈을 깨끗하게 유지함 내안각에서 바깥쪽으로 눈이 누관의 오염으로 염증감소 - 염증점질 : 눈 위에 얼음 냉찜질로 염증감소 - 따뜻한 습포 : 가피제거에 도움이 되나 폐쇄된 습기는 박테리아 성장을 촉진시키므로 습포를 오래 대지 않음 - 안대 금기 : 안대는 눈의 온도를 높여 박테리아 성장 촉진과 증상을 악화시킴 - 면역 증가 : 과일, 채소, 물을 충분히 먹고, 충분한 잠을 통해 자서 면역을 증가시킴	〈치료〉 - 특별한 치료약이 없음(바이러스에 의한 것이므로) - 발병 후 합병증과 2차 감염이 생기지 않도록 주의 - 충분한 휴식 등 관리만 잘해주면 합병증 없이 1주일 정도 지나면 나음	

치료	〈국소 항생제 요법〉
	• 대상 : 세균성 결막염과 adeno virus에서 이차 세균 감염을 막기 위해 항생제 투여
	• 안약주입
	  - 누점막기 : 전신 흡수와 부작용을 줄이기 위해 코의 누점을 막고 점안
	  - 내축에서 외측 : 흘러 넘치는 약물은 깨끗한 젖은 수건으로 눈의 내측 가장자리에서 외측으로 살짝 닦아쥐 누관의 오염을 막음
	  - 5분 이상 : 하나 이상의 국소 안약 사용시 5분 이상 간격 두기
	  - 혼자 사용 : 치료용 안약은 혼자만 사용하고 다른사람과 함께 사용 X
		〈검사〉
		- EIA(enzyme immunoassay) 검사 : 바이러스 검출
		cf) HIV 항체검사
		  : ELISA - 표준적인 선별 검사
		    western blot assay - 확진 검사
		- 임신반응 검사 : ELISA-융모 성선 자극호르몬(hCG)

예방	- 손씻기 : 흐르는 물에 비누로 닦고 손톱은 항상 짧게 깎기 - 눈 만지지 않기 : 청결하지 못한 손으로 눈 만지거나 문지르기 삼가 - 개별적 사용 : 눈병 유행시 개인 소지품 수건 같이 사용하지 않기 - 손수건 : 눈 분비물 닦을 때 청결한 자기 손수건 사용, 음식점 물수건으로 눈 닦지 X - 목욕탕, 수영장 : 눈병 유행시 목욕탕, 수영장 금지, 깨끗한 물, 생리식염수로 눈 세척	

	세균성 이질( )	콜레라( )	장티푸스( )	장출혈성 대장균 감염증( )
원인균				
잠복기	1-7일(5일), 1-3일로 짧다	1-5일, 24시간 내에 발생	1-3주	3-8일
전파기간	설사가 멈추고 항생제 투여를 중지한 후 48시간 후 24시간 간격으로 채취한 대변에서 연속 2회 대변 배양 검사 음성	항생제 치료 종료 후 48시간 후부터 24시간 간격으로 시행한 분변배양에서 3회 연속 음성 (3장. 설정)	항생제 치료 종료 후 48시간 후부터 24시간 간격으로 시행한 분변배양에서 3회 연속 음성 (3장. 설정)	항생제 치료 종료 48시간 후부터 24시간 간격으로 2회 대변배양검사 음성
전파경로	• 직접 전파 : 분변-구강 전파 손에 있는 세균만으로도 직접 전파되며 매우 적은 양(10-100개)의 세균량을 일으켜 감염력 높음(2차 발병률은 10-40%) • 간접 전파 : - 식품매개 : 배운 후 깨끗이 씻지 않은 식물과 날 것, 설어인 음식 오염 - 식수매개 : 우유, 위생상태가 나쁜 우물물 등의 음용수를 통해 집단전파 가능 - 활성 매개체 : 바퀴벌레. 파리에 의한 매개 생물에 의한 간접 전파	• 직접 전파 : 분변-구강 전파 • 간접 전파 : - 식수매개 전파 : 콜레라균에 오염된 물의 식수 매개 - 식품매개 전파 : 콜레라균에 오염된 음식물과 날 것, 설어인 해산물, 조개, 세우, 게 등 식품에 의한 간접 전파	• 직접 전파 : 분변-구강 전파. 작은 양에도 발병 • 간접 전파 : - 식수매개 전파 : 환자, 보균자의 도물, 대소변에 오염된 물이 식수매개에 의한 간접전파 - 식품매개 전파 : 환자, 보균자의 도물, 대소변에 오염된 음식물, 우유, 유제품 - 활성매개체 전파 : 파리가 오염된 음식물에 세균 전파의 매개체에 의한 간접 전파	• 직접 전파 : • 간접 전파 : - 식수매개 전파 : 염소소독이 충분하지 않은 물, 얼음이 안 된 생우유, 식수 매개에 의한 간접 전파, 오염된 호수, 수영장에서 수영 - 식품매개 전파 : 조리가 될 된 소고기, 교차오염에 의한 음식물. 오염된 물로 재배한 야채
증상	- 열 : 오한, 고열, 두통, 피로 - 식욕부진 : 식욕부진, N/V - 복통 : 심한 복통, 경련, 경련성 복통이 수양성, 혈액성 설사보다 선행 - 설사 : 수양변 → 점액변 → 혈액 섞인 설사 혈변으로 진행 - 이급후증 : 변을 보아도 시원하지 않은 느낌	- 열 : 없음 - 식욕부진 : 식욕부진 - 복통 : 복통, 근육통 - 설사 : 감자물 같은 심한 수양성의 쌀뜨물 같은 설사. 구토 cf) 열이는 소화기 감염 : 콜레라, 성 대장균 감염증 열없는 식중독 : 독소형 식중독(황색포도상구균. 보툴리누스 중독. 웰치균 식중독)	• 열 : 서서히 상승하여 지속적 발열이 며칠간 이상임이 되어 해열. 심한 두통 - 복통 : 감자스럽게 복통이 있는 심한 수양성의 쌀뜨물 같은 설사, 설사 후 변비 - 발진 : 가슴, 배에 붉은 발진(장미진) - 비장종대 : 발병 1주 후 비장종대 - 서맥 : 서맥 견태감 - 호흡기 : 호흡기 감염증세. 건성 기침	- 열 : 발열 없고 설사변에 백혈구가 없음 - 격렬한 복통 - 혈변 : 감자스런 수양성 설사가 며칠 내 육안적 혈변으로실사변이 선혈 혈변으로 다양함 - 빈혈
합병증	패혈증. 균혈증	• 탈수 : 심한 설사로 인한 탈수 증상인 갈증, 핍뇨, 빈맥 혈액감소, 청색증, 소크, 사망가능 • 신부전 : 수분보충이 안되면 급성 신부전으로 요독증	• 장출혈, 장천공 : 치료하지 않을 경우 회장의 파이어판에 궤양으로 장출혈. 장천공 • 백혈구 감소 : 심한 수양성, 호중구, 호산구 감소 cf) 이장열 : 감자기 열이 오르며 하루에도 체온차가 1도 이상이면서 체온변화가 심함	용혈성 요독 증후군 : ( ) 1) 시구체 세동맥의 내피세포 손상으로 협소만. 섬유소 덩이라가 축적되어 폐쇄 2) 작별하는 패쇄된 혈관을 통과하면서 손상되어 금성용혈성 빈혈을 일으킴 3) 손상 받은 혈관 내에서 혈소판이 손상에 혈소판 감소증. 5세 미만 유아, 노인에게 위험성

치료	- 수분, 전해질 공급
	- 항생제 : 질병기간을 줄이고 사망률 감소
	  내성 균주가 많이 내성 검사 실시 후 선택
	  엠피실린, 박트림 내성균에 귀돌로르제 (퀴놀론제)
	- 설사약 : 설사약은 권고하지 않음 : 독성 거대
	  결장이 되기 쉬움
	  cf) 궤양성 대장염 : 독성 거대결장
	- 예방접종은 없음
		- 항생제 투여
		- 클로람페니콜 14일간
		- 보균자는 엠피실린(ampicillin) 1개월간	

간호	- 격리 : 소량의 균으로 감염가능
	- 소독 : 대변, 구토물에 오염된 물건을 철저히 소독
	- 손씻기 : 음식조리 전, 배변 후 손 깨끗이 씻기
	- 식품 : 우유, 식료품 삶음
	  유행지역에서 반드시 물 끓여 먹기
	  음식은 익혀서 먹고, 과일 껍질을 벗겨
	  먹기
	- 채한 : 환자, 가족은 2번의 대변검사가 음성으
	  로 나올 때까지 식품취급, 육아, 환자간호를 하
	  지 않음
		- 격리지도
		- 개인위생, 철저한 환경위생
		- 예방접종, 고위험군에만 접종
		- 장기 보균자는 2년간 보균 검사
		- 야채, 과일, 소화되지 않는 음식은 삼가
			〈예방〉
			- 방역검사 : 가축사육 목장에 대한 방역검사와
			  도축장, 육류가공처리 과정에 대한 오염방지책
			  수립, 위험 식품에 지속적 감시 체계
			- 고기가열 : 70℃에서 2분 정도면 균이 사멸
			- 유제품 멸균 : 살균되지 않은 생우유 먹지 않기
			- 염소소독 : 간이 상수도, 수영장 염소 소독
			- 야채씻기 : 염소 처리한 청결한 물로 잘 씻어
			  섭취
			- 조리기구 : 도마, 조리기구를 재료별로 분리,
			  청결히 사용하여 교차오염 방지, 끓이거나 햇
			  볕에 말려 사용
			- 손씻기 : 양로원, 집단 급식시설 수
			  용자, 종사자는 개인 위생 수칙, 손 자주 씻기

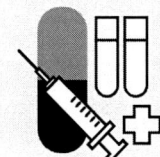
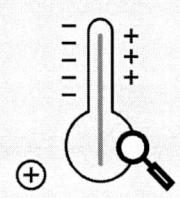
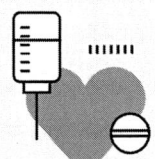

Chapter 2

보건교육

보건교육과정

이해	이론	계획	수행(방법, 매체)	평가
보건 - 건강행위 (Karl 과 Cobb : 예방행위, 질병행위, 환자역할행위 3가지 유형) 교육 : 교육 개인의 지식, 신념, 태도 등 반영 보건교육 - 개념 - 중요성 - 대상 - 범위	- 학습이론 행동주의(원리/이론) 인지주의 인본주의 구성주의 사회인지학습이론 - 보건행태이론 귀인이론 인지조화론 MATCH - 교수-학습과정개발 개별-학습과정모형 브루너 불룸 가네 스노우 타일러 - 교육목표설정 및 진술 - 학습경험의 선정 - 학습경험의 조직평가	사정 - 요구도 사정 규범적 요구 내면적 요구 외향적 요구 상대적 요구 - 준비도 사정(PEEK) 신체적 준비정도 정서적 준비정도 경험적 준비정도 지식적 준비정도 - 요구조사 단계 계획 - 목표설정 목표는 변화내용, 행위, 조건. 기준의 네 부분으로 구성 - 보건교육 내용 학습내용의 선정 학습내용의 조직	수행 - 보건교육계획서 - 보건교육 방법 개별교육 면접 상담 개별학습(프로그램 학습, 컴퓨터 보조학습) 집단교육 -강의 -토의 (배심토의, 브레인스토밍) 분단토의 -시범 -역할극 프로젝트 방법 문제해결법 사례연구 견학 모의실험 캠페인	교육매체 실물, 실제상황 모형, 유사물 융판 괘도 그림, 사진 팜플렛, 녹음기/비디오 테이프 투시환등기 슬라이드 실물환등기 컴퓨터 수행 교육활동 도입단계 전개단계 요약 및 정리단계	평가 의미 과정 유형 방법

Ⅰ 보건교육의 정의

( )월( )일

이아라 **전공보건**

1. 보건(건강행위)의 의미

1) 정의: 개인 또는 집단이 건강을 유지 증진하기 위해 수행하는 바람직한 행위, 건강위해행위는 바람직하지 못한 행위

2) 유형: 예방행위, 질병행위, 환자역할행위 3가지 유형(Karl 과 Cobb) ⓒ 예질환

예방행위	• 자신이 건강하며 질병 증후나 증상이 없다고 믿는 사람들이 계속 건강하기 위한 목적으로 수행하는 활동 예) 암 조기발견을 위한 건강검진, 수돗물 끓여먹는 행위
질병행위	• 자신이 건강에 대해 확신하지 못하거나 자신이 믿는 신체의 감각이나 느낌이 질병의 증후나 증상일 것으로 문제시하거나 의심스러워한다든지, 이러한 경험의 의미를 분명히 알면서도 자신이 건강한지 아닌지를 결정하기를 원하고, 건강하지 못할 때 무엇을 해야 하는지 알기 원하는 사람들이 하는 행위 예) 복통이 있는 경우 의료기관 방문
환자역할 행위	• 자신이나 다른 사람들에 의해 이미 아프다고 인정된 사람들이 수행하는 행위 • 이는 질병에 이환되어 치료를 받고 있는 사람에 의해 이루어지는 행위로 의료인 및 의료기관과 장기간의 접촉을 가지면서 치료를 받는 행위, 처방된 치료를 이행하거나 재활훈련을 하는 것 예)소화가 잘되며 자극성이 적은 연한 음식을 섭취

2. 보건교육의 의미

1) 정의

- 보건교육은 개인, 집단, 지역사회를 대상으로 건강을 향상 유지하는데 유익한 **지식, 태도, 행동 등을 바람직한 방향으로 변화**시키고자 하는 것.
- 대상자가 자신을 위한 건강한 삶을 선택하고 실천하며 보건서비스를 적절히 이용하도록 학습과정을 적용하여 개인의 건강문제를 예방하고 나아가 건강증진을 돕기 위해 계획한 교수 학습과정을 적용하는 것

2) 목표

① 지역사회로 하여금 건강이란 가장 중요한 가치 있는 자산임을 인식시키고 또한 자신의 건강은 자신이 지켜야 한다는 긍정적인 태도를 갖도록 한다.
② 개인이나 지역사회구성원들이 자기 스스로 자신의 건강을 관리할 능력을 갖도록 한다.
③ 자신들이 속한 지역사회의 건강문제를 스스로 인식하고 자신들이 해결할 수 있는 문제는 해결하려는 노력을 통하여 지역사회의 건강을 자율적으로 유지, 증진하도록 하는 힘을 갖게 한다.

Keyword

문제 [98] 세계보건기구가 제시한 보건교육의 기본 목표를 기술하시오.

문제 [96] 학교에서 건강교육을 추진하는데 일차적인 역할을 담당하는 사람은?
① 교장 ② 교의 ③ 보건교사 ④ 학급담임교사

문제 [97] 학교보건교육은 학생과 교직원의 건강관리를 위한 중요한 간호활동이다.
학교보건교육이 건강관리에 필요한 이유를 기술하시오.

문제 [00] 만성질환이 증가함에 따라 보건교육의 중요성이 강조되고 있다. 다음 질문에 답하시오.
1) 만성질환 예방을 위한 학교보건교육의 궁극적인 목표를 2가지 이상 쓰시오.
2) 만성질환 예방에 있어 학교보건교육의 중요성을 3가지 이상 제시하시오.
3) 만성질환 예방을 위한 학교보건교육실시 후 학생의 이행을 증진시키기 위한 전략을 5가지 이상 제시하시오.

Ⅱ 보건교육 기본이론

( )월( )일

이아라 **전공보건**

1. 교수-학습이론

1) 정의: 인간의 행동, 태도, 습관, 의식, 신념, 가치관 등의 형성, 변화에 관한 설명

행동주의	**정의**: 인간의 학습 현상을 <u>행동과 행동의 발생 원인이 되는 외부 환경</u>에 초점을 둔 이론. 외적인 환경을 적절히 조성하여 학습자의 행동을 변화시키는 것 (목표한 행동의 변화가 학습) **가정**: • 행동은 강화에 의해 증가. • <u>반복</u> 행동에 의해 강화가 이루어지고 불규칙적인 강화가 행동을 오래 지속 • <u>즉각적</u>이고 일관성 있는 강화가 효과적 • 행동은 이전의 <u>경험</u>에 의해, 다음에 올 결과에 의해 영향 • <u>처벌</u>은 행동을 억제. (처벌이 제거되면 행동은 증가하는 경향) • 대상자가 원하는 <u>보상</u>일 때 행동이 증가 • 명백하게 행동과 연결된 보상이나 벌이 행동을 강화 • 욕구를 충족시키지 못하는 행위는 <u>소멸</u> **학습원리**: • 학습자에게 기대되는 <u>학습목표를 명백하게 진술</u>(관찰 가능 행동과 측정 가능 학습결과로 기술)하고 이를 근거로 교수가 실시되어야 학습을 이끌어내는데 효과적. • 학습자들이 학습목표에 도달하도록 학습정보를 <u>쉬운 것에서 어려운 것으로 순차</u>적이고 체계적인 순서에 의해 제공하고, 학습초기에 단서(clue)를 사용하여 학습자의 올바른 반응을 유도해야 하는 것이 바람직하다. • 학습자가 올바른 반응을 하여 학습이 성공적으로 이루어졌을 때는 <u>긍정적인 강화</u>를 제공하여 향후에 학습이 다시 일어날 수 있도록 하는 것이 중요하다. • 학습목표에서 진술한 행동은 <u>반복해서 학습할 수 있는 기회</u>가 주어져야 하고, 성공의 기회를 준다. • 학습목표 도달 속도에 나타나는 <u>개인차</u> 고려(자기 속도로 가능하도록 조치) • 학습결과에 대한 <u>피드백</u>을 제공하여 학습자가 자신의 오류를 교정할 수 있도록 학습결과와 관련된 정보를 활용하여 학생의 학습 진도를 관찰하고 이를 관리 조정함으로서 학습 성취를 진작할 수 있다. **비판**: 학습자의 내적인지변화와 학습과정을 간과. 고등정신 학습영역이나 외적강화에 큰 영향을 받지 않는 성인 학습자의 경우 그대로 적용하기에는 제한적임
인지주의	**정의**: 인지란 인간의 지각, 기억, 이해, 추론 등의 지적인 정신 과정, 인간은 문제해결을 위해 정보를 적극적으로 탐색, 재배열하여 새로운 학습을 성취하는 능동적이고 적극적인 존재. 학습의 외적 요인도 중요시하지만 <u>학습을 본질적으로 내적인 사고과정의 변화</u>로 본다.

Chapter 2. 보건교육 **543**

Keyword		기본 가정: • 개인이 정보를 선택, 부호화하여 지식을 재구성하는 능동적 인간관 • 인간의 내적 과정과 정보처리과정 중시 • 학습은 '요소들 간의 관계' 또는 '요소와 도식(스키마) 간의 관계' 학습원리: • <u>주의집중</u>은 학습을 증가시킴. 먼저 주의집중이 이루어져야 다음 단계인 파지, 재생, 동기유발로 진행될 수 있다. 주의를 집중함으로써 행동이나 정보의 사실적 또는 분석적 표상이 형성되고 기억의 단계로 갈 수가 있다. • <u>정보자료를 조직화</u>하면 학습이 증진됨. 정보를 조직화하여 장기기억에 저장 • 정보를 <u>관련지음</u>으로써 학습 증가. 학습자가 새로이 제시된 정보를 기존의 지식이나 경험과 연결하는 것은 학습을 용이하게 한다. • <u>신기함, 새로움</u>은 파지에 영향을 준다. 파지는 정보·기술을 저장하는 것. 특별한 자극은 주의를 집중하게 만들고, 주의집중은 정보의 파지를 증가. • <u>우선적인 것은 파지</u>에 영향을 준다. 학습자들은 학습 초기에 많은 에너지와 주의를 투입하기 때문에 <u>학습활동의 처음과 마지막을 더 잘 기억</u> • (심상화) 언어, 시각, 청각 경험이 동시에 이루어질 때 가장 효과적이다. • 새로 학습한 내용을 다양한 상황에 적용해 보는 것은 <u>학습의 일반화</u>에 도움. 다양한 상황에서의 적용은 일반화된 원리나 규칙을 발견하고, 비슷한 상황에서 대처 가능 • <u>모방</u>은 하나의 학습방법. 가치있는 모델을 관찰함으로써 학습이 이루어 짐
	인본 주의	정의: 인간은 자아실현적인 존재로, <u>학습은 개인이 주위 환경과의 능동적인 상호작용을 통하여 자아성장과 자아실현을 이루는 과정</u> 학습원리 • 인간은 <u>자연적인 학습욕구</u>, 세상에 대한 호기심, 그리고 새로운 경험을 탐색·동화하려는 열망을 갖고 있으므로 이를 <u>만족</u>시켜야 한다. • 학습은 교육내용이 <u>학습자와 관련성</u>이 깊을 때 유의미, 빠르게 이루어짐 • 학습은 <u>외적 위험이나 지시가 감소</u>될 때 촉진한다. 즉 학습 환경은 편안하고 개방적이며, 수용적이고 신뢰가 바탕이 되어야 한다. • <u>능동적 참여에 의한 학습</u>은 자기주도적이고 자기지도적일 때 더 이루어짐 • 학습은 학습자의 <u>지적인 측면과 정의적 측면 통합</u>에 관련될 때 가장 지속적 • 학습은 학습자의 <u>자기책임이 강조되고 자기평가</u>가 이루어질 때 더 고양된다. • 교육자의 역할은 학습자의 조력자이며 촉진자
	구성 주의	정의: 구성주의 학습은 주어진 상황에서 학습자가 자신의 주관적 경험과 사회적 상호작용을 통해 지식이 갖는 내적인 의미를 구성하는 과정, 자신의 개인적인 경험에 근거해 독특하게 개인적 해석을 내리는 능동적, 개인적 과정 교육목적: 학습자들이 환경의 맥락에서 자신이 구성한 의미를 사용함으로서 <u>실제의 문제에 지식을 적용할 수 있는 능력을 기르는 것</u>이다. 교육자는 보조자, 촉진자 **학습원리(학습원칙)** ⓒ교실 협동체 자성

Keyword		
		- [체험학습] <u>학습자는 학습의 주체</u>이며, 능동적으로 학습과정에 참여하여 자신의 경험의 의미를 구성할 때 학습이 일어난다.
- [자기성찰적 학습] 학습자의 기본 지식과 개념을 활용할 수 있는 학습 환경을 제공해 메타인지(학습하는 방법을 배우는 것) 습득 및 활동이 가능하게 한다.
- 학습이 유의미하기 위해서는 학습한 <u>지식이 실제로 사용될 수 있는 맥락과 함께 제공되어야</u> 한다. 맥락은 실제 상황과 유사한 것일 것.
- [실제적 성격의 과제 제시] 학습자는 문제 상황에서 관련정보를 회상하고, 문제해결과정에 집중하며 전문가들이 <u>실제</u>의 문제해결 과정에서 경험하는 사고력을 촉진하고자 <u>문제 상황을 제공</u>한다.
- [교사역할: 촉진자, 동료학습자] 교육자는 학습자의 흥미를 유발하고, 지속적인 피드백과 지지를 통해서 학습자의 <u>의미구성</u> 과정을 촉진한다.
- [협동학습] 학습자는 <u>협동학습</u>을 통해 다른 사람들과 아이디어를 공유하고 다양한 관점을 접하게 되며, 이때 모순, 불일치를 경험하면서 반성적인 사고를 통해서 자신의 관점을 재해석하거나 변형하는 등 조절이 가능하다.
- <u>평가는 학습과정에서 이루어져야</u> 한다. 평가는 학습자가 문제를 해결하는 과정에서 지식과 기능을 새로운 상황에 전이할 수 있는 능력에 초점을 둔다.
	사회 인지 학습 이론	정의: (반두라) 인간의 행위, 인지를 포함한 개인적 요소, 환경적 영향 3가지가 서로 역동적으로 상호작용하여 개인의 행위가 결정된다는 이론(행동학습에 인지능력 가미)

가정:
- 행동을 위한 강화되는 과정은 직접적이고 기계적인 과정이 아니라 인간의 인지과정을 거쳐 강화에 이르게 되는 것.
- 환경과 행동과의 관계는 인간의 인지적인 능력과 상호작용하는 관계이며, 세 구성요인들의 상호작용을 통해 인간의 행동이 결정되므로, 같은 환경 속에 있는 인간이라도 자신의 행동을 통해 환경을 통제
  ex) 운동 후 근육이 아픈 경우 한 명은 신체 무리로 해석한 후 운동을 중단한 반면, 다른 사람은 일시적 근육통으로 해석하여 계속적으로 운동을 더 열심히 하는 것.

구성개념:
① 대리학습 - 타인의 행동을 단순히 보고 따라함으로써 행동을 할 수 있게 되는 것. 역할모형 활용
② 결과기대 - 어떤 행동으로 특정한 결과가 초래될 것이라고 믿는 것
   ex) 운동이 체중을 감소시켜줄 것이라 확신하는 것은 결과기대가 높은 것
③ 결과기대가치(유인) - 이러한 결과기대에 대하여 가치를 부여한 것
   ex) 운동 후 체중감소가 가져다 줄 결과기대가치가 성인병 예방이라는 장기적 가치보다는 몸짱이 되어 여자친구가 생길 수 있다는 단기적 결과기대가치가 더 효과적

④ 자기효능 - 어떠한 행동을 자신이 해낼 수 있다고 믿는 믿음
   * 자기효능을 증가시키는 방법 ⓒ 성대 언어 신 |

Keyword

(성공적 실천경험, 대리경험, 언어적 설득(의미있는 타인으로 부터의 긍정적 평가), 신체적 반응에 대한 해석(생리적·정서적 반응이 불안, 긴장으로 나타날 때 수행능력 저하- 스트레스 관리나 지지로 자기효능 증가))
⑤ 자기통제(자기조절) - 목표로 삼고 있는 행동을 개인이 스스로 규제할 수 있다는 의미. 본인 스스로의 지속적 감시 가능할 때 자기 통제 증가
* 자기조절 증가 전략 - 목표 행동을 아주 구체적으로 정하는 것

문제 [00] 보건교육 프로그램을 개발하려고 할 때 다음에 해당하는 학습이론은?

- 실제 사례 제시
- 학습자 주도적인 학습환경
- 소규모 팀으로 구성된 협동학습
- 안내자 및 촉진자로서 교육자의 역할

---

2) 보건행태이론

1) 귀인이론
  ① 정의
   - 특정 원인이 특정 행동을 유발한다는 이론
   - 귀인은 어떠한 원인이 어떠한 사건을 발생시킨다고 믿는 원인에 대한 믿음으로, 동기를 유발하고 행동 방향 제시.
  ② 적용
   : 체중조절을 시도하는 여성이 체중조절 실패 시 자신의 행동을 성격 탓(나는 식욕을 참을 수 없다), 운명 탓(우리 가족은 해결할 수 없는 비만인자가 있다.), 상황 탓(주위사람들이 먹을 때 나는 참을 수 없다.)으로 돌리는 것은 잘못된 귀인의 예로 위험행동을 더욱 습관화 됨. 귀의의 특성을 진단한 후 잘못된 귀인을 선택하여 교정하는 것을 교육목표로 설정하면 건강증진행동에 대한 동기유발이 된다.

(2) 인지조화론
  ① 정의
   - 자신이 가지는 지식, 태도, 행동이 서로 일관되고 조화로운 상태를 유지하는 것
   - 조화로운 상태는 새로운 지식을 습득하게 되면 지식, 태도, 행동 간의 부조화가 발생하고 부조화 해소를 위해 새로운 지식에 맞게 태도, 행동을 바꾸는 것

② 한계
: 위 이론은 전통적 보건교육의 기반으로 보건교육을 통해 지식을 증가시킨다 하더라고 태도나 행동이 변하지 않을 수 있음(인간은 조화 상태 뿐 아니라 부조화도 수용)

③ 적용: 보건교육

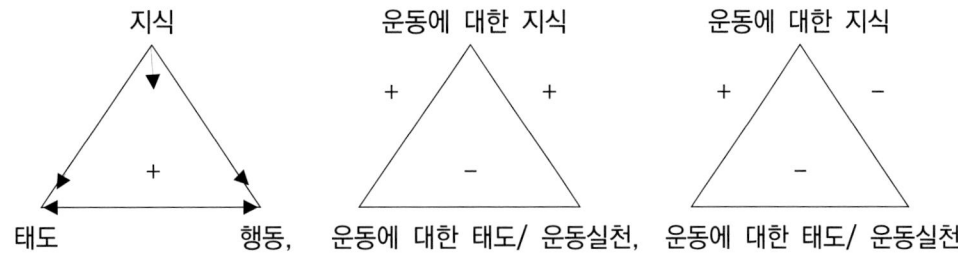

개인이 운동에 대한 인지 부조화를 경험하면(2가지 이상의 상반되는 믿음) 해소를 위해 인지측면이나 행동측면의 변화를 시도하게 된다. 운동에 대해 우호적인 태도를 갖으면 운동에 더 관심을 가질 것이고 운동을 실천하게 되며 운동에 관한 새로운 지식을 습득하게 된다. 행동의 변화는 지식과 태도의 변화에 의해 결정되기 보다는 상호영향으로 결정되므로 지식과 태도를 함께 고려하는 접근법이 효과적이다.

3. 교수-학습과정 개발 이론

1) 캐롤의 학교학습모형이론

2) 불룸의 숙달모형

3) 부르너의 발견학습모형

4) 가네의 처방적 교수 이론

5) 스노우 작성-처치 상호이론

4. 교수-학습과정

Keyword

1) Glaser의 교수학습 과정의 요소(4가지)

학습 목표	교수-학습 과정을 통하여 학습자가 달성해야 할 것을 구체적으로 세분해 놓은 것
출발점 행동 진단	학습에 임하는 학습자의 현재 상태를 파악하는 것, 구체적으로 학습자의 지능, 적성, 흥미, 이전 학습에서 어느 정도를 성취했는가를 말함
수업의 실제	수업목표를 학습자에게 어떤 순서에 따라서 어떤 방법으로 가르칠 것인가의 문제를 다룸.
평가	교수-학습이 바르게 진행되었는가를 확인하는 것

1. 수업목표의 확정	2. 출발점 행동의 진단	3. 수업의 실제	4. 학습결과의 평가
-학습과제 분석 -수업목표세목화	선수학습 능력진단 사전학습 능력진단	교수 학습 활동의 전개	학습결과의 측정

Glaser의 교수 학습 과정의 절차

① 학습 목표의 확정 기능
   첫째, 학습 목표는 <u>교육과정에서 의도하고 있는 목표와 내용을 성취시킬 수 있는 학습 경험 선정 방향제시</u>
   둘째, 학습 목표는 이를 달성하려는 학생들의 학습을 일반적으로 촉진하는 기능
   셋째, 학습 목표는 <u>객관적 평가 준거</u>. 수업 후 학생들의 목표를 성취 기준 확인
② 출발점 행동의 진단
   첫째, 선수학습능력(어떤 학습과제를 무난히 성취하기 위해서 수업이 이루어지기 전에 반드시 갖추고 있어야 할 지적 능력이나 기능)
   둘째, 사전학습능력(어떤 학습과제에서 가르치려고 하는 수업 목표들 중에서 수업이 시작되기 전에 학습자 개인이 이미 알고 있거나 지니고 있는 것)
   셋째, 정의적 특성(특정 수업 전략이나 수업 방법에 관련 있을 것으로 생각되는 학습자의 흥미, 성격, 경험, 자아개념, 자신감 등)
③ 수업의 실제
   교수-학습 과정의 핵심, 학습자들에게 학습 목표를 성취시키기 위하여 제공되는 여러 활동을 계획하는 수업전략으로 도입, 전개, 정리 단계로 분류

Keyword

도입 활동	• 본 수업 시작 단계(5~10분) • 주의집중, 학습목표제시, 과거학습내용 회상 – 본 수업과 관련 • 인사 첫째, 학습자 동기 유발(다양한 방법 사용, 학습 과제에 대한 학습자의 관심과 흥미를 불러일으키는 것) 둘째, 사전 또는 선수학습과 관련짓기(본 수업과 관련 있는 과거의 학습 경험들을 회상시키거나 재생시켜 주는 활동) 셋째, 학습목표 제시(학습자가 성취해야 할 학습목표 구체적, 분명하게 제시- 구체적 행동목표 제시, 보기·작품을 함께 제시하면 효과적)
전개 활동	• 수업의 중심 활동(실제 수업의 대부분, 수업시간의 약65~70%를 차지) 첫째, 학습내용의 제시 : 기본적인 과제→일반적인 과제로, 단순하고 쉬운 과제→복잡하고 어려운 과제로한 시간 학습 내용을 학습자의 수준, 특성, 수업의 조건과 활동 상황 등을 고려하여 적당한 크기로 묶기. 학습 목표 달성에 필요한 주요 내용 및 예시 미리 선정 둘째, 학습자료의 제시 : 학습목표를 달성하는 데 도움이 되는 다양한 프로그램이나 매체를 제시하는 것. 학습자의 수준이나 학습 내용의 특성을 고려 셋째, 학습자의 참여 유도 : 질의응답, 시범, 실행 활동 활발(교사가 전 과정을 주도해서는 안되며, 학습자의 적극적인 참여 유도를 위해서는 다양한 표현의 기회 제공, 적극적 토론유도, 학습자들에게 학습 과제를 제시) 넷째, 다양한 학습방법의 사용 : 학습목표, 학습상황, 학습 자료의 특징, 학습자의 수준 등에 따라 다양 다섯째, 시간과 자원의 관리 : 몇 개의 하위 단계 또는 활동으로 구분하여 시간과 자원을 관리
정리 활동	• 학습지도의 결론, 평가, 정리 및 일반화 단계 첫째, 학습과제에 대한 요약정리 둘째, <u>연습을 통한 강화</u>. 중요한 개념이나 일반적인 원리나 새롭게 배운 내용은 여러 번의 연습을 통해서 분명하게 숙지 셋째, <u>일반화</u>. 학습 내용을 주변의 생활 문제에 적용 및 해결 하는 활동 넷째, 보충자료 제시 및 차시 예고

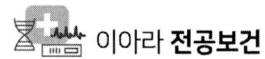

Keyword

2) 교육과정 개발절차(tyler)
   ① 교육목표설정 및 진술: 학교는 어떠한 교육목표 달성하기 위하여 노력해야 하는가?
   ② 학습경험(교육내용)의 선정: 이러한 교육목표를 달성하기 위해서 어떤 교육내용(학습경험)이 제공될 수 있는가?
   ③ 학습경험(교육내용)의 조직: 이러한 교육내용(학습경험)은 어떻게 효과적으로 적용될 수 있는가?
   ④ 평가: 설정된 교육목표가 달성되었는지 여부를 어떻게 결정될 수 있는가?

* **교육주제 선정 시 고려할 점**
  ① 교육자: 수업능력, 지식, 언어능력, 학생 이해 능력, 직업만족도 등
  ② 학습자: 학습자의 준비정도, 지적능력(지능, 선수학습 능력, 기타 학습 능력), 학습전략, 학습동기, 자신에 대한 지각, 심리적 개인차 고려
  ③ 교육내용: 집단에 의해서 요구되는 건강교육내용, 집단에 의해서 중요하다고 느끼는 특별한 관심, 학습 목표의 난이도
  ④ 교육환경: 교육시설, 소음, 온습도, 채광 및 조도, 통풍 등

문제 [10] 보건교사가 초등학교 1학년을 대상으로 위생과 관련된 보건교육을 교실에서 실시하였다. 학생들의 학습동기 증진 전략으로 바람직한 것을 모두 고르시오.

> ㄱ. 학생들이 교사를 좋아하게 만들기 위하여 수업 분위기를 적절하게 통제하면서도 자유롭고 온화하게 조성하였다.
> ㄴ. 직접 체험 경험, 관찰을 통한 대리경험, 격려 등 언어적 설득 전략을 활용하여 학생이 자신의 과제를 잘 수행할 수 있다는 자신감을 갖게 하였다.
> ㄷ. 수업시간에 외적 동기를 증진시키기 위해 호기심, 탐험, 재미 등 다양한 학습 방식을 제공함으로써 학생들이 문제를 해결하고 이해하면서 의미를 느끼도록 하였다.
> ㄹ. 즉각적이고 구체적으로 피드백을 제공하여 학생들로 하여금 자신이 가진 지식이 정확한지를 평가하게 하였다.
> ㅁ. 처벌은 일시적인 효과는 있으나 비효과적이므로 수업시간에 집중하지 않는 학생들을 꾸짖는 것을 가급적 삼가하였다.

내적 동기	• 행위(목표 도달 과정) 자체에 만족 • 행위에 대한 욕구, 흥미, 호기심, 즐거움 등으로 행동이 지속된다. • 학습 또는 성장·발전 지향적
외적 동기	• 행위 자체에 대한 흥미보다는 그를 통해 보상을 받거나 불이익을 피하려는 것 • 외적 동기에 의한 행위는 성장·발전의 의미보다 단순 반복·일정 기간동안 수행해야 하는 일에 효과적이다.

문제 [97] 학교 어머니회를 대상으로 건강교육을 실시하려고 한다.
1) 건강교육의 <u>주제를 선정하기 위해 고려할 사항</u>을 기술하시오.
2) 집단지도 <u>계획의 작성 시 포함되는 항목</u>을 기술하고 가정에서의 성교육이란 주제를 가지고 설명하시오.

Ⅲ 보건교육과정

( )월( )일

이아라 **전공보건**

* 보건교육의 순서
교육요구 사정 – 학습목표 설정 – 학습내용 선정 – 교육시간 배정 – 교육방법·매체 선정(교육 보조자료 선정) - 평가방법 및 기준 설정

1. 사정

1) 대상자의 학습요구 사정/요구의 유형(Bradshow) ⓒ 규상내외
: 교육대상자가 무엇을 배우고 싶어하는지 알아내기 위한 보건교육요구
① 규범적 요구: 보건의료전문가의 전문적 판단에 의해 규정되는 요구, 표준이나 준거에 의해 설정되고 제시, 교육대상자의 주관적 느낌이나 생각과는 차이가 발생함
② 상대적 요구: 다른 집단과 비교해 특정 집단만이 가지는 고유한 문제
③ 내면적 요구: 학습자의 개인적인 생각이나 느낌에 의하여 인식되는 요구
④ 외향적 요구: 다른 사람들은 어떠한 방법으로 그 문제를 해결하는가 등과 같이 학습자가 언행으로 표현하는 요구로 내면적 요구가 행위로 전환된 것

2) 학습자의 준비성 사정 ⓒ 정신 (돌) 지경
: 학습자의 학습능력과 준비성을 확인하기 위하여 검토해야 할 내용(PEEK)
① 신체적 준비 정도(Physics): '학습자의 신체적 기능 정도가 건강 행위를 수행할 수 있는가' 또는 학습자의 건강 수준이 복잡한 건강 행위 시범을 따라 할 수 있는가'에 대한 준비
② 정서적 준비 정도(Emotion): 건강 행위에 필요한 노력을 최대한 투입하려는 학습자의 동기로, 불안 수준, 동기화 정도, 마음 상태 등이 해당.
③ 경험적 준비 정도(Experience): 교육 이전 경험, 훈련, 학습자가 가지고 있는 배경, 성공 경험, 과거 대처 기전, 내적·외적 통제범위, 지향점 등.
④ 지식적 준비 정도(Knowledge): 학습자의 현재 지식 기반, 학습능력 정도, 선호하는 학습 유형을 의미, 현재 지식 정도, 인지능력, 학습장애, 학습 유형

3) 요구도 조사단계
① 자료수집단계
• 1차 자료수집방법: 설문지, 면담조사, 전화면담조사, 전자우편조사, 집단면담조사, 공청회, 초점집단면담, 명목집단기법, 델파이 기법, 지역사회 공청회, 관찰, 자기진단 등
• 2차 자료수집단계: 정부 기관, 대학 등 다양한 자료원을 수집하는 방법
② 자료 분석 단계
건강문제와 관련된 유전적, 환경적, 행위적 요인을 파악하고 건강 행동에 영향을 미치는 요인을 확인하며 최종 중재 프로그램의 핵심요소를 규명한다.

③ 요구도 조사분석 자료 종합 단계
: 건강문제와 관련된 위험요인을 확인하고 확인된 요구의 우선순위를 정함.

4) 우선순위 설정 방법
① 욕구의 위계체계(Maslow)를 이용. 기본적인 욕구부터 설정, 1단계 생리적 욕구, 2단계 안전의 욕구, 3단계 소속감과 애정욕구, 4단계 존중욕구, 5단계 자아실현 욕구로 구분.
② <u>우선순위 등급화</u>(Pickett&Hanlon)는 요구의 우선순위를 양적으로 분석, 종합하고 우선 순위화된 요구의 타당성을 검증하는 방법
- 다수에게 영향을 미치는 문제, 심각한 영향을 미치는 문제, 기술 해결가능성, 자원해결 가능성, 집단의 관심도 및 자발성

5) 요구 사정을 위한 자료수집방법
① 양적 자료수집 방법

델파이 기법	설문조사기법, 합의에 도달하지 못한 주제에 대해 이메일, 우편방법(이메일)을 활용해 전문가들(10~15인)의 의견을 조사한 후 합의된 내용을 얻는 방법
명목집단 기법	• 전문가 (5~7인) 집단을 대상으로 주제와 관련한 질문에 대한 의견을 종이에 적도록 한 후 돌아가며 자신의 의견을 발표한다. 발표된 결과를 투표를 통해 우선순위의 주제를 정한다. • 목표확인과 행동계획을 개발하기 위해 이용하는 것. 참여자들은 독자적으로 현안이나 리스트를 작성하고 이를 합쳐 참여자들은 짧은 시간 동안 리스트에 기재된 현안에 대해 찬반을 논한다. 최종적으로 집단은 현안 가운데 우선순위를 매기기 위해 투표한다.

② 질적 자료수집 방법

지표분석방법	정부기관 또는 보건 관련 조직에 의해 수집된 기존 자료를 이용하여 지역사회구성원의 요구나 문제를 분석하는 방법. 인구센서스자료, 한국의 사회지표, 사회통계조사보고, 노동통계, 보건복지통계 등을 바탕으로 지역사회의 문제 또는 욕구, 서비스 이용실태를 분석하는 것이다.
지역사회집단 접근방법	• 사회조사의 방법으로 가장 널리 쓰이는 요구조사방법 • 단점: 지역사회에서 개인 인터뷰, 설문지, 전화 인터뷰 등 대규모 면접시 비용 문제, 우편 질의의 경우 낮은 회수율

③ 면접 조사방법

표준화 면접 (구조적 면접)	• 표준화된 질문표를 미리 작성하고, 이를 기초로 응답자에게 동일한 질문에 대하여 순서대로 응답하게 하는 면접 • 장점: 체계적인 자료수집 가능, 높은 신뢰도, 반복적 면접 가능, 결과의 계량화 가능 • 단점: 낮은 타당도, 깊이 있는 측정 곤란
반표준화 면접	일정한 수의 중요한 면접은 표준화하고 그 외의 질문은 비표준화하는 방법
비표준화 면접	• 면접자가 질문내용이나 순서를 미리 작성하지 않고 융통성을 발휘하여 질문함으로써 응답자의 답을 요구하는 면접 • 장점: 높은 타당도·신축성·유연성, 심층적 질문 가능 • 단점: 반복적인 면접 불가, 낮은 신뢰도, 결과 통계처리 곤란 예) 비지시면접: 면접자의 영향을 최소화한 방법 • 응답자가 자유롭게 응답할 수 있는 분위기 조성 후 면접
일대일 면접 (심층면접)	• 면접관 한 명과 지원자 한 사람이 일대일로 평가하는 방식 • 장점: 지원자에 대해 세부적으로 알아내는 방법 • 단점: 시간이 오래 걸림 • 면접관 주관이 크게 작용
패널 면접 (반복적 면접)	• 한 명의 지원자에게 두 명 이상의 사람들이 질문을 하여 평가하는 면접. 일정한 시간을 두고 동일한 질문을 반복하거나 그 면접조사기간에 동일한 일정 응답자를 대상한 반복면접 방법 • 장점: 높은 신뢰도 • 단점: 산만한 진행, 피면접자의 심리적 위축, 평가 오류 가능성, 시간이 많이 소요
집단 면접	• 다수 면접관이 지원자 여러명을 질의응답해 한꺼번에 평가하는 방식 • 장점: 시간 효율적, 지원자를 오래 관찰 가능 • 단점: 타인에 의해 결과가 영향받음, 타인 경청 태도도 중요
초점 집단 면접	• 관찰자의 역할을 가진 연구자가 동질의 소수의 집단을 대상으로 특정 주제에 대한 자유로운 토론을 진행하고 이 과정에서 응답자들의 솔직한 의견을 얻어냄 • 장점: 소규모 집단에 적합, 높은 타당도, 비교적 저렴, 신속 • 단점: 분석 통계처리 곤란, 집단 상황으로 응답자가 타인에게 영향 받음
집단 토론 면접	• 한 가지 주제에 대해 8명 내외 지원자가 토론하는 과정을 면접관이 지켜보며 평가하는 방법. 대화참여자 의견을 최대한 존중하며, 다양한 의견을 인정하는 자세가 중요

Keyword

문제 [06] 교사가 학교 간호문제를 파악하려고 할 때, 사용할 수 있는 자료수집 방법을 5가지만 기술하시오. [4점]

문제 [08] 보건교사가 성교육을 계획하는 단계에서 학습자의 준비 정도를 파악하려고 한다. 준비 정도란 학습자가 학습에 필요한 준비 조건을 어느 정도 갖추고 있는지를 말한다. 학습자의 준비 정도를 파악하기 위해서 포함 시켜야 하는 요소 4 지를 쓰시오. [4점]

문제 [93] 〈보기〉는 보건교육을 계획하는 과정이다. 순서대로 나열하시오.

〈보기〉
㉠ 학습내용 선정 ㉡ 교육 목표 설정
㉢ 시간 배정 ㉣ 교육 방법 선정
㉤ 교육 요구 추정 ㉥ 교육 보조자료 선정
㉦ 평가 방법 및 기준 설정

문제 [94] 〈보기〉는 보건교육 계획들을 나열한 것이다. 그 과정 순서상 바르게 나열하시오.

〈보기〉
㉠ 학습내용 선정 ㉡ 교육방법 선정 ㉢ 구체적 목표 설정
㉣ 교육요구 측정 ㉤ 평가 ㉥ 보조자료 선정
㉦ 적절한 시간 배정

국시 [19] 보건교사가 학생의 건강수준을 사정하기 위해 이용할 수 있는 2차 자료 수집방법은?
① 학생 대상 설문조사
② 개별 학생 면접 시행
③ 학생 대상 관찰 시행
④ 학생의 학교 출석부 확인
⑤ 학생 대상 초점집단 면담 시행

국시 [20] A 지역에 보건진료소 전담 공무원이 새로 부임하여 지역주민을 위한 보건교육사업을 계획하려고 할 때 우선 고려해야 할 것은?
① 대상자 집단크기
② 대상자의 학습환경
③ 대상자의 교육정도
④ 대상자의 교육요구
⑤ 교육보조매체 활용가능성

2. 계획 – 보건수업 계획안 작성

1) 학습 목표 설정
   ① 정의 및 기능
   - 정의: 학습결과로서 대상자에게 나타날 바람직한 지식, 태도, 행위의 변화
   - 기능: 학습자가 도달해야 할 수준 제시, 교육 방향 결정, 교육내용 선정의 준거, 평가기준
   ② 일반적 목표와 구체적 목표
   - 일반적 목표
     - 심장질환의 위험요인을 알고 건강 행위를 함으로써 심장질환을 예방한다.
   - 구체적 목표
     - 향후 2년간 지역사회의 건강 생활양식 실천율 중 흡연율을 58%에서 50%로 낮춘다.
     - 향후 2년간 건강 생활양식 실천율 중 운동실천율이 17%에서 35%로 증가한다.
       · 목표 기술시 고려점: 상위체계와 관련성, 논리성, 실현가능성, 관찰가능성, 측정가능성
       · 목표 기술시 방법: 무엇을, 누가, 어디서, 언제, 어느 만큼 성취한다.(구성요소 5가지 포함)
   ③ 학습 목표 진술시 고려할 점
   - 교육자의 학습 목표로 진술하지 않으며, <u>학습자의 행동변화</u>를 학습 목표로 설정.
   - 학습의 과정을 목표로 서술하지 않고, <u>학습결과로 변하게 될 행동</u>을 목표로 진술.
   - 하나의 목표 속에 두 가지 학습결과를 포함시키지 않는다. (<u>한 가지 학습결과</u>)
   - 세부 학습 목표를 지나치게 <u>세분화하지 않는다.</u> (1시간 교육에 1~3가지 목표가 적당)
   ④ 학습 목표의 구성요소
   - 변화내용(Content): 무엇을 가르칠 것인가.
   - 행위(Behavior): 대상자가 해야 할 활동. 학습자에게 기대되는 행동, 도달점 행동 기술
   - 조건(condition): 대상자가 해야 할 활동이 특정한 조건하에서 행해질 때 기술
     예) ~도구가 주어진다면, ~까지 등으로 조건을 기술
   - 기준(criteria): 대상자가 어느 정도를 수행해야 학습이 성공적인가를 명시
     예시: '대상자는 5가지 기초식품군(내용)의 1일 섭취량(기준)을 도움 없이(조건) 계량할 수 있다(행동).'
     cf) popham의 학습 목표 설정의 세 가지 요소: 학습할 교육 내용(Content), 학습자에게 기대하는 행동(Behavior), 학습자의 행동 변화를 알 수 있는 기준(criteria)
     cf) 가네와 브리그스의 목표 진술 방식: 대상, 행동, 상황, 도구와 다른 제한 조건, 학습된 능력

예) 응급상황 발생 시 제세동기를 이용해 심폐소생술을 실시할 수 있다.
cf) Mager의 진술방식: 대상(Audience), 도착점 행동(Behavior), 조건 혹은 상황(condition), 수락조건(준거기준)(Degree)
(ex) 학습자는(학생) 응급 위기 상황에서(조건) 상황에 맞는 응급처치 방법을 (수락기준) 사용해 응급처치를 할 수 있다. (도착점 행동)

Keyword

문제 [93] 보건교육 실시과정에서 학습 목표 진술에 요구되는 조건으로 옳지 않은 것은? BCCC
① 변화를 요구하는 조건의 제시
② 목표한 변화의 달성
③ 변화내용의 기술
④ 행동용어로 기술

문제 [06] 고등학생들의 비만 예방을 위한 보건교육안을 작성하기 위해 학습 목표를 수립하려고 한다. 학습 목표 서술에 포함되어야 할 5가지 요소를 모두 제시하고, 비만 예방 교육을 예로 들어 4가지 이상의 요소가 들어가도록 구체적 학습 목표의 예를 1가지만 쓰시오.
• 학습 목표의 요소: _____
• 구체적 학습 목표: _____

문제 [17] 다음은 보건교사가 약물사용에 관한 교육 후 학습 목표달성을 확인하기 위해 작성한 평가계획서이다. 메이거(R. F. Mager)가 제시한 학습 목표 구성의 3가지 요소를 쓰고, 평가계획서를 근거로 하여 이들 요소를 모두 포함하는 학습 목표를 서술하시오.

〈평가계획서〉	
평가 대상	○○ 중학교 2학년
평가 단원	약물과 건강
평가 내용	약물사용과 관련된 용어 학습 확인
평가 문항	※ 다음 문장이 맞으면 ○, 틀리면 ×를 쓰시오. 1. 열이 나고 기침이 심해 한 달 전에 동생이 처방받아 복용했던 약물을 먹는 것은 약물 오용이다. ( ) 2. 두통약을 오래 복용했더니 1알 먹고 듣지 않아 2알로 늘린 것은 금단 증상 때문이다. ( ) 3. 오랫동안 피우던 담배를 끊었더니 불안과 불면증이 생긴 것은 약물 내성이다. ( )
성취도 판별 기준	평가 문항 3개 중 2개 이상 맞아야 함

Keyword

⑤ 학습 목표의 분류(Bloom), 학습목표영역

인지적 영역 ⓒ지리적 분종평	의미: 지식의 증가와 이를 활용하는 능력을 나타내는 지적 영역으로 행동의 복합성에 따라 가장 낮은 수준의 지식습득부터 가장 높은 수준의 평가까지 지식(암기)·이해·적용·분석·종합·평가의 6가지 수준으로 분류 • 지식(knowledge)/암: 정보를 회상해내거나 기억하는 것 • 이해(comprehension): 가장 낮은 수준의 이해 학습자는 무엇이 의사소통되고 있는가를 알며, 의사소통되고 있는 물질이나 아이디어를 다른 것과 관련시키지 않고 사용할 수 있다. • 적용(application): 구체적이고 특수한 상황에 일반인 아이디어나 규칙·이론·기술적인 원리 혹은 일반화된 방법의 추상성을 사용. • 분석(analysis): 표현된 아이디어의 위계와 관계가 분명해지도록 의사소통을 부분으로 나누는 것을 의미(의사소통을 분명히, 조직적, 효과적으로 하기 위함) • 종합(synthesis): 부분이나 요소를 합하여 그전에는 분명하게 보이지 않던 양상이나 구조로 구성하는 것 • 평가(evaluation): 주어진 목표에 대하여 자료나 방법의 가치에 관해 판단하는 것, 자료와 방법이 범주를 충족시키는 정도에 관해 질적·양적으로 판단.
	인지 영역 학습 목표설정의 예 • 지식: 대상자들은 흡연의 피해를 열거할 수 있다. • 이해: 대상자들은 니코틴의 작용을 말할 수 있다. • 적용: 대상자들은 심장질환과 니코틴 작용을 관련지어 말할 수 있다. • 분석: 대상자들은 흡연으로 인한 증상과 자신에게서 나타나는 증상을 비교한다. • 종합: 대상자들은 금연방법을 참고하여 자신의 금연계획을 작성한다. • 평가: 대상자들은 자신들이 계획한 금연계획을 실천가능성에 따라 평가한다.
	인지학습 예 • 지식: 인슐린을 맞으면 당뇨병이 조절된다고 말한다. • 이해: 인슐린 주사방법과 목적을 설명한다. • 적용 적절한 혈당 수준을 유지할 수 있도록 매일 인슐린 용량을 조정한다. • 분석: 인슐린, 식사, 활동 그리고 당뇨병의 관계를 논의한다. • 종합: 자신의 당뇨병을 관리하기 위하여 학습 내용을 통합하고, 계획을 세운다. (식단작성 등) • 평가: 목표에 비추어 당뇨병의 조절상태를 비교한다.

Keyword

정의적 영역 ⓒ수감 (되어) 반가운 조인성	의미: 느낌이나 정서의 내면화가 깊어짐에 따라 대상자의 성격과 가치 체계에 통합되어 가는 과정

- 수용, 감수: 학습자는 단순히 의식적이거나 선호하는 자극에 주의 기울임
- 반응: 학습자는 반응을 보인다.
- 가치화: 학습자가 자의적으로 가치를 가지고 있음을 타인이 확인 가능
- 조직화(내적 일관성): 복합적인 가치를 적절히 분류하고 순서를 매겨 체계화하여, 가치들의 관계가 조화로우며 내적으로 일관성이 있다.
- 성격화(채택): 일반화된 태세로 일관성 있고, 효과적으로 행동하도록 한다.

정의적 영역 학습목표 설정의 예
- 감수: 대상자는 담배 연기로 죽어가는 쥐를 들여다본다.
- 반응: 대상자는 담배가 자신이나 가족에게 매우 해롭다고 말한다.
- 가치화: 대상자는 금연계획을 세우고 담배를 줄이며, 금연 스티커를 자신이 볼 수 있는 곳곳에 붙여 놓는다.
- 조직화: 대상자는 흡연의 유혹을 피하기 위해 기상과 함께 조깅을 하고, 아침 식사 후 커피 대신 과일을 먹는 등의 생활양식을 체계적으로 실행한다.
- 성격화: 대상자는 지역사회 금연운동에서 자원봉사자로 활동한다.

정서학습 예
- 감수(수용): 가족계획 강의에 관심을 보인다.
- 반응: 다양한 방법의 장단점을 토론한다.
- 가치화: 사용할 방법을 선택한다.
- 조직화: 자녀를 갖는 것에 대한 책임을 이해하고 받아들인다.
- 성격화: 임신 시도를 계속해서 실천한다.

심리운동 영역

ⓒ지태 지기 외적창

의미: 행동을 다루는 영역, 수준이 올라갈수록 신체적 기술의 수행할 수 있는 능력 증가
관찰 가능하기 때문에 학습목표 확인과 측정이 쉽다.

- 지각: 감각기관을 통해 대상, 질, 관계를 알게 되는 과정.
- 태세: 특정한 종류의 활동이나 경험을 위한 준비.
- 지시에 따른 반응(유도반응): 교육자의 안내 하에 학습자가 외형적인 행위를 하는 것, 활동에 앞서 반응할 준비성과 적절한 반응을 선택하는 것
- 기계화: 학습된 반응이 습관화되어 학습자는 행동 수행에 자신감이 있으며, 상황에 따라 습관적으로 행동.
- 복합 외적 반응: 복합적이라고 여겨지는 운동 활동의 수행, 고도의 기술이 습득되고 최소한의 시간과 에너지로 복합적인 운동 활동을 수행.
- 적응: 신체적 반응이 새로운 문제 상황에 대처하기 위해 운동 활동을 변경하는 것.
- 창조: 이해·능력·기술로 새로운 운동 활동이나 자료 다루는 방법을 창안

Keyword

> **심리운동 영역 학습 목표 설정의 예**
> - 지각: 노인들은 운동시행자가 보이는 근력운동을 관찰한다.
> - 태세: 노인들은 운동하기 위해 필요한 고무밴드를 하나씩 집어든다.
> - 지시에 따른 반응: 노인들은 운동 시범자의 지시에 따라 고무밴드를 이용한 운동을 따라 한다.
> - 기계화: 노인들은 음악을 들으며 스스로 운동을 한다.
> - 복합 외적 반응: 노인들은 집에서 텔레비전을 보면서 고무밴드를 이용한 운동을 능숙하게 실행한다.
> - 적응: 노인들은 고무밴드가 없는 노인회관에서 고무밴드 대신 긴 타월을 이용하여 운동을 한다.

문제 [04] 보건교사가 AIDS에 관한 교육을 하기 위해 학습 목표를 설정하려고 한다. 물음에 답하시오.
1. Bloom 등에 의하면 교육목표는 인지적 영역, 정의적 영역, 심리. 운동적 영역으로 구분된다. 각 영역을 간단히 설명하시오. (3점)
2. 보건교사는 AIDS 교육과 관련하여 다음과 같은 인지적 영역의 학습 목표를 설정하였다. 각각은 Bloom의 인지적 영역 중 어느 단계에 해당되는지 그 이름을 쓰시오. (2점)

번호	학습 목표	단계
①	학생은 AIDS 원인균의 이름을 말할 수 있다.	
②	학생은 AIDS 증상을 설명할 수 있다.	

Keyword

2) 보건교육내용

① 학습 내용의 선정 ⓒ 관중 허참 균형
: 학습 목표가 내용과 행동으로 이루어졌을 때의 내용을 의미
- 관련성: 학습 목표와 관련된 내용
- 중요성: 대상자의 건강향상에 꼭 필요하고 중요한 내용, 다양한 상황에의 활용가능성
- 균형성: 내용의 범위와 깊이의 균형이 적절
- 참신성: 새롭고 참신한 내용일 것
- 허용성: 대상자의 자기 건강관리를 위해 현재와 미래에 기여하는 내용이어야 하며, 대상자가 살고 있는 가정과 지역사회의 여건에서 요구되어 허용되는 내용이어야 한다.

② 학습 내용의 조직
- 계속성: 개념, 원리, 핵심내용을 반복적 제공(연속적 연습)
- 계열성: 내용 전개의 점진적 발전(양적 확대, 질적 심화 및 순차적 조직-관련성, 확대성, 심화성)
  (* 학습 내용 조직의 일반적 원리: 이미 알고 있는 것에서 모르는 것으로, 직접적인 것에서 거리가 먼 것으로, 구체적인 것에서 추상적인 것으로, 쉬운 것에서 어려운 것으로 이행)
- 통합성: 분리되어 보이던 각각의 아이디어를 하나의 묶음으로 결합하고 상호 관련시켜 효율적으로 연계

문제 [08] 보건교사가 보건 교과 내용을 조직하기 위해서는 계속성, 계열성, 통합성의 3가지 원리를 기초로 하여, 구체적으로 교육내용을 어떤 순서로 전개해 나갈 것인지를 계획해야 한다. 논리적 구조(특성)에 따라 교육내용을 배열할 때 고려해야 할 사항을 5가지만 쓰시오. [4점]

문제 [00] 고등학교 1학년을 대상으로 [흡연 예방 교육 계획서]를 작성하고자 한다. 이와 관련하여 다음 질문에 답하시오.
1) '흡연이 청소년에 미치는 영향을 설명할 수 있다.'는 학습 목표에 도달할 수 있는 교육내용을 선정하시오. - 신체적/정신적/사회적 영향(관준 허참 균형)
2) 교육방법을 선택할 때 고려해야 할 사항을 5가지 이상 제시하고 간략하게 설명하시오.
3) 또래 교육(teaching) 방법을 활용하여 청소년 흡연 예방 교육을 실시한다면 기대할 수 있는 효과가 무엇인지 2가지 이상 제시하시오.

Keyword

3. 수행

① 보건교육 수행단계

도입단계	• 학습의욕 환기. 충분한 계획과 준비시키기. 과거 학습 내용 연결 • 보건교육 주제, 내용, 목적, 중요성 등 제시 • 5~10분 정도 소요 • 수행 내용: 학습 목표 제시, 학습자의 동기유발, 호기심 자극(사전테스트, 동영상 슬라이드 보기, 전시 등), 과거 학습경험과 연결하기, 새로운 내용을 받아들일 수 있도록 긴장감 해소
전개단계	• 학습의 중심적 단계, 전체 학습의 65~70% 차지 • 수행 내용: 학습 내용 제시 전달, 학습자의 참여 유도, 다양한 학습방법 및 매체 활용
종결단계	• 앞 단계에서 학습한 것을 종합하고 조직, 결론짓는 총괄적인 단계 • 수행 내용: 학습 내용에 대한 요약정리, 연습을 통한 강화와 학습과제에 대한 설명, 보충자료 제시, 학습 전반에 대한 평가

② 보건교육계획서 ⓒ 주일대장, 도전정, 인사동, 목표, 내자시 참방, 평예요
   * 방문 임산부 및 가족 대상으로 한 보건교육계획서의 예
   • 주제: 방문 임산부 및 가족 대상으로 한 보건교육
   • 교육대상: 보건소 방문 임산부 및 가족 30명
   • 교육장소: 보건소 회의실
   • 교육일시: 2000년 00월 00일(0요일) 00시
   • 일반적 학습 목표:
   • 구체적 학습 목표 및 교육 진행안

Keyword

단계	구체적 학습목표	학습 내용	교수학습방법	교육자료	시간	평가방법
도입		인사, 사전학습회상 동기유발 목표소개	• 산후우울관련 동영상 보기 • 학습 목표 제시	CD-ROM	5분	
전개	산후 우울이 무엇인지 말할 수 있다.	산후우울이란?	• 산후 우울의 정의, 빈도, 발생 시기, 증상을 설명하고 동영상을 보여준다.		10분	질의평가
	산후 우울의 발생 원인과 영향에 대해 설명할 수 있다.	산후 우울의 발생 원인과 영향	• 산후 우울의 발생 원인을 설명한다. • 산후 우울이 아이와 가족에게 미치는 영향을 설명한다.	PPT 슬라이드 VCR	10분	질의평가
	산후 우울 발생 시 대처방법을 알고 실천할 수 있다.	산후 우울 시 대처방법	• 산후 우울의 대처방법을 역할극을 통해 보여주고 토론한다.		20분	O,X 퀴즈
정리 평가		요약 및 결론	• 강의 및 질의응답		5분	질의평가, 설문지

③ 보건교육방법
    가. 보건교육 방법 선정 시 고려 사항
       • 교육대상 집단의 크기
       • 학습 목표의 내용과 수준(난이도)
       • 대상자의 교육 정도
       • 교육실시 장소 및 시설
       • 교육자의 학습지도 기술(능력)
       • 교육시간과 시기

    나. 개별교육
       • 단점: 경제성 없다. 개인 비밀 문제(성병, AIDS, 미혼모)에 적용
       • 장점: 큰 교육 효과. 대상집단 개인차가 클때에도 개별적 교육이 효과적.

Keyword

종류	장점	단점
면접	• 정의: 상호이해에 도달하려는 목표를 가진 사람 간 의사소통. • 면접자의 자질 – 신뢰감, 존중하는 태도, 효과적인 의사소통 능력, 관찰력과 이해능력, 인간과 사회에 대한 통찰력, 충분한 전문지식, 가용자원에 대한 폭넓은 이해, 좋은 청취자적 자질 필요. 비밀보장 유지	
	• 시간과 장소의 제약 없이 가능. • 피면접자의 심리적 부담감, 준비물 불필요	많은 인원과 시간이 소요
상담	• 직접대화를 통하여 태도와 행위가 바람직한 방향으로 변화되도록 촉진하는 것, 피상담자의 자기이해, 의사결정 및 문제가 해결되도록 상담자가 전문적으로 도와주는 과정, 교육자가 충고 하는 것이 아니라 **대상자 스스로 해결책을 선택할 수 있도록 기회를 제공**	
	• 개별적으로 진행되어 높은 교육효과 • 교육자와 대상자 간에 상호작용이 많다. • 대상자의 내밀한(비밀) 건강문제해결에 도움 • 협소한 공간에서 이루어져 집단교육에 비해 별도의 행정적인 노력이 불필요	• 개인을 대상으로 이루어져 시간, 인력, 비용에 있어 비경제적
	* 주의점 • 신뢰 관계 형성: 대상자 존중, 교육자의 언행 일치 신중한 태도 • 대상자에 대한 긍정적 태도로 대상자 대답을 강요하지 않기 (스스로 말할 때까지 서두르지 말고 여유 있게 기다려준다.) • 현재의 문제에만 초점 • 부드럽고 조용한 상담 분위기를 조성 • 대상자의 부정적 감정도 수용/명령, 훈계, 설득, 충고, 권고 피함 • 대상자의 비밀엄수	
프로그램 학습과 컴퓨터 보조 학습	• 프로그램 학습: 책이나 소책자를 매체로 이용하는 학습법 • 컴퓨터 보조학습: 컴퓨터를 매체로 이용하는 학습법	
	• 컴퓨터를 매체로 이용. 대상자가 스스로 학습할 수 있도록 고안. • 전문가에 의해 상호작용이 가능하도록 개발된 교수 자료를 활용하여 대상자 스스로 학습하는 방법(시간적 제약이 없을 때 잘 배우는 사람과 각 단계를 여러 번 반복해야 안심하는 사람들에게 유용)	
	• 학습자 능력에 따라 학습 가능 • 반복 학습 가능(비용 효과적이고 편리) • 학습자 수준과 속도에 따라 학습자료 양 조절 가능 • 흥미로운 학습경험 제공. 학습 개별화 가능	교육자의 세심한 배려와 컴퓨터에 대한 이해 없이는 비인간적이고 비교육적

Keyword

문제 [93] 보건교사가 학생을 면접할 때 사용하는 질문방법으로 옳지 않은 것은?
① 관심과 친절감 있는 언어를 사용한다.
② '예', '아니오'로 대답을 유도하는 질문을 한다.
③ 지나치게 많은 질문은 혼란스럽게 하므로 피한다.
④ 직접적인 질문보다 일반적인 유도 질문을 한다.

문제 [99] 보건교사가 상담 시 중요하게 활용되는 의사소통 기법의 하나가 경청이다. 효과적인 경청기술(청취를 효과적으로 하기 위해 고려할 사항)을 4가지 이상 제시하고 상담 시 유의사항을 4가지 이상 쓰시오.)

문제 [03] 보건교육 방법 중에서 컴퓨터 보조 학습 (Computer Assisted Instruction: CAI)은 교수 - 학습 전략을 개선하는데 효과가 있다. 컴퓨터 보조학습의 장점을 교수-학습 측면에서 5가지만 쓰시오.(5점)

Keyword

2) 집단교육: 2명 이상의 대상자에게 이루어지는 교육

종류		장점	단점
강의		교육자가 학습자에게 학습 내용을 직접 언어로 전달하는 보편적인 교육방법. 대상자가 기본지식이 없을 때 지식 전달을 위한 교수주도 교육방법	
		• 단시간에 많은 정보를 다수에게 전달 • 학습내용을 학습자 수준에 적절하게 조절하여 전달 가능. • 대상자의 적극적인 참여 없이도 이루어지며, 긴장감이 비교적 적다. • 대상자가 많아 다른 방법을 적용하기 어려울 때 활용 가능.	• 다양의 지식, 정보 전달로 학습자가 쉽게 잊어버린다. • 교육자의 일방적 전달로 학습자가 수동적으로 되며 문제해결 능력을 가질 수 없다. • 학습자 간의 개인차를 고려 곤란
강의시 유의점	a. 준비	• 강의와 목표를 분명히 한다. • 대상자의 특징(성별, 연령, 교육수준, 건강상태, 경제 등)을 분석 • 대상자분석을 기초로 강의내용을 선택, 적절한 시청각자료를 준비.	
	b. 조직	• 주제에 맞추어 강의내용을 조직. • 대상자 이해 돕도록 단순한 것→복잡한 것, 순서적→논리적 조직 • 익숙한 것과 새로운 것을 적절히 혼합하여 제시. • 강의 개요 작성 및 소개, 본론, 중간 중간의 요약과 결론으로 조직.	
	c. 전달	• 강의내용을 전달하는 언어 수준이 청중에게 적합해야 한다. • 말의 속도를 대상자에게 적절하게 유지해야 한다. • 강의 전 연습하고 강의를 변화 있게 전개 • 15분마다(15분 이상 주의집중곤란) 시청각자료, 질문 활용 • 목소리는 분명하고 커야 하며 대화하듯 한다. • 대상자들과 눈 맞추기는 효과적인 교수에 매우 중요하다. • 교육자의 외모가 주제와 청중과 어울려야 한다	
		장점	단점
토의		정의: 대상자들이 서로 의견을 교환하고 함께 생각하여 문제를 해결할 수 있도록 도와주는 방법, <u>정의적 영역인 태도학습에 효과적인 방법</u>. 효과: 공동학습의 한 형태. 대상자들은 자유로이 의견을 발표, 타인의 의견을 받아들여 문제를 해결해 나가는 능력 함양. 토의과정을 통해 대상자의 반성적 사고와 의사소통 기술 향상	
		• 반성적 사고와 태도 형성 • 집단의식과 공유능력 향상 • 자율성 향상(능동적 참여, 자발성) • 선입견, 편견은 집단구성원의 비판적 탐색에 의해 수정, 비판적 자세 견지	• 시간이 많이 소요 • 철저한 준비에도 돌발상황 발생 • 일부에 의해 주도되어 나머지 학습자 방관의 위험성 • 주제를 이해 못하면 기대효과 도달 곤란
		* 토의의 유형	

Keyword	포럼	• 정의: 25명 이상의 <u>학습자 집단과 한 명 이상 전문가 집단</u>들 간에 진행되는 15~60분간의 공개토론, 1~3인 정도의 전문가의 간략 발표 후 발표내용을 중심으로 청중과 질의응답을 통해 토론 진행(**청중이 직접 토의에 참가**하여 **공식적으로 연설자에게 질의 하거나 받을 수 있고 청중이 논평하도록 자극**하는 점 특징) • 토론자 의견 발표 후 질문이 이어지는 심포지엄과 비슷, <u>토론자 간 or 청중-토론자 간 활발한 참여로 토론이 이루어지는 합의 형성</u>에서 차이.
		학습자 질의·의견 중심으로 진행되어 학습자들의 욕구와 필요를 반영 / 학습자의 충분히 이야기할 시간이 적어 참여 요구를 불충족시킴
	세미나	• 토론 구성원이 해당 주제에 관한 **전문가나 연구자로 이루어**졌을 때 주제발표자가 먼저 발표를 하고, 토론참가자들이 이에 대한 토론을 하는 방법. • 세미나는 사전에 철저한 연구와 토론준비를 전체로 하여 토론자들이 해당 주제에 대한 지식이나 정보를 체계적이고 깊이 토론 가능
		토의 주제에 대해 심층적 연구와 전문연구의 기회 제공. 높은 전문성, 다양한 발표, 토의를 통해 참석자들의 관심집중, 흥미유발, 전문성향상 효과 / 해당분야와 관련하여 전문적 식견과 정보, 배경이 별로 없는 사람들이 구성원이 되었을 경우에는 활용 불가
	배심 토의	어떤 주제에 <u>상반되는 견해를 가진 전문가 4~5명</u>이 사회자의 안내에 따라 토의를 진행하는 방법. 전문가들이 정해진 시간동안 발표한 후 <u>청중(배심원)과의 질의응답</u>을 통해 전체토의가 진행 그림 4-4 배심토의
		• 전문가와 청중이 함께 토의함으로써 문제해결 방안을 제시 가능. • 청중이 높은 수준의 토론 경험. 타인 의견 듣고 비판하는 능력 배양 / • 전문가의 위촉에 따르는 부담 • 청중이 기존 지식이 없을 때는 토론 내용을 이해 곤란.

Keyword

심포지엄	동일한 주제에 대해 <u>전문적인 지식을 가진 연사(전문가) 2~5명</u>을 초청하여 각자 10~15분씩 의견을 발표하도록 한 후, 발표내용을 중심으로 사회자(최고 전문가)가 청중(전문가)을 공개토론 형식으로 참여시키는 교육방법 (배심토의와 차이: 심포지엄은 발표자(연사)나 사회자, 청중 모두 주제에 대한 전문지식 있는 전문가들이라는 점.)		
	• 특별한 주제에 접근 가능. • 의사전달의 능력 여하에 따라 강의가 다채롭고 창조적이고 변화있게 진행 • 청중은 전체 및 부분적 이해 가능.	• 연사의 발표내용에 중복 가능 • 청중이 주제에 대한 정확한 윤곽이 형성되지 못했을 때 비효과적.	
분단 (분임) 토의 (와글 와글)	• 대상자 전체의 의견을 반영하거나 분위기가 침체되었을 때 실시하는 방법. • 전체를 몇 개의 분단으로 나누어 토의시키고, 다시 전체 회의에서 종합. 각 분단은 6~8명이 적당. 회의 진행시 각 분단에 의장과 서기를 두면 효과적		
	• 참석인원이 많아도 진행이 가능. • 전체가 의견 제시 가능.	• 참가자들의 준비가 없을 때는 토론의 성과를 거둘 수 없다.	
집단 토론	참가자들이 특정주제에 대해 자유롭게 상호의견을 교환 및 결론을 내리는 방법. 참가자 모두 토론의 목적을 이해하고 참여하여야 하므로 참가자 수가 많을수록 토론의 참여 기회가 적어지므로 참가자는 10명 내외가 적당		
	• 대상자들이 능동적인 참여를 통해 상호 협동적·민주적 회의능력 함양 • 각자의 의견을 표현하므로 자신의 의사를 올바로 전달하는 능력이 배양	• 많은 대상자가 참여하기 어렵다. • 교육자의 토론유도기술이 부족하면 집단토론의 장점을 살릴 수 없다.	
브레인 스토밍	(묘안착상법, 팝콘회의) 특정 문제해결 위해 여러 구성원이 토론 없이 가능한 많은 아이디어를 종이에 기록하여 목록화, 그 중 최상의 아이디어를 선택하는 방법. 12~15명 그룹지어 15분의 단기토의 진행. 모든 구성원이 자유롭게 다양한 의견을 말하도록 유도 가능한 사회자, 서기를 정하는 것 중요		
	• 어떤 문제든 토론 주제 가능 • 별도의 장비를 준비하지 않아도 된다. • 기대하지 않았던 의미있는 결과 얻음 • 협력적인 분위기를 조성하는데 유용	• 토론이 제대로 유도되지 않으면 시간 낭비 • 대상자들이 아이디어를 제시해야 하는 부담감	

Keyword			
시범	실제 적용해 보는 활동, 심리운동영역 기술교육에 적합 시범장면을 비디오로 먼저 시청 후. 교육자가 시범을 보이면 쉽게 목표 도달. 시범 후 실습기회. 교육자의 실습 중 즉시 피드백으로 오류 시정		
	• 직접 상황을 관찰하고 해볼 수 있으므로 흥미, 동기유발이 용이 • 배운내용을 실제에서 쉽게 적용가능 • 학습자수준에 따라(개별화)적용가능 • 학습경험 달라도 교육목표 도달용이	• 소수에게만 적용 • 교육자가 많은 준비시간이 필요. • 특정장비가 준비되어야 한다. • 교육자의 준비 정도에 따라 학습자의 기술습득 정도가 달라진다.	
시범교육 시 유의사항	• 시범 실시 전에 전체 절차를 숙지 • 시범 실시 전에 물품을 준비하고, 기구가 잘 작동하는지 시험해본다. • 모든 대상자가 잘 볼 수 있도록 장소를 준비 • 시범 보이는 동작과 절차는 정확하고 가장 진보적인 방법을 선택한다. • 대상자가 오류를 범하기 쉬운 어려운 동작이나 기술을 반복해서 보여준다. • 모든 대상자가 실습할 수 있는 시간을 갖도록 해주고 미숙한 부분을 교정		
역할극	정의: 대상자들이 실제상황 연극을 통해 문제나 상황 분석, 해결방안 모색 효과: 참여자, 시청자 모두 학습기회. 가치, 태도의 이해 증진		
	• 흥미와 동기유발이 용이 • 대상자 수가 많아도 적용 가능 • 대상자 태도, 가치관 재고기회 제공 • 의사소통 및 결정에 대한 경험제공 • 사회성 개발	• 준비에 시간, 비용이 많이 소요 • 대상자들이 역할 선택의 어려움 • 극 중 인물이 사실과 거리감이 있을 때 효과가 떨어짐	
사례연구	학습주제를 기존사례로 이용하는 방법. 학습자는 사례 수집, 비교, 분석하여 해결방안 모색하거나 일반적 원리 파악과정에서 새로운 지식습득.		
	• 대상자 중심의 활동이 매우 많다. • 문제 해결 위한 분석적 사고력 향상 • 특정 문제의 다양한 해결책 습득	• 교수의 지도 경험이 부족한 경우 예기치 않은 결과를 야기	
견학	현장을 직접 방문하여 관찰을 통해 대상자의 학습을 유도하는 방법. 견학 장소에 대한 사전답사와 방문일정을 사전에 조율. 견학에 앞서 견학의 목적 전달, 견학 후에는 학습자의 느낌 토의, 관찰내용 보고서 제출		
	• 실물이나 실제상황을 직접 관찰 • 관찰한 내용을 실제상황에 적용할 수 있는 능력을 기른다.	• 시간과 경비가 많이 든다. • 견학 장소 선택의 어려움 • 사전 계획이 미비하면 효과 저조 • 예측이 어려운 사고 가능성	
모의실험	실제와 유사한 상황이나 중요한 요소를 선별해 제공하여 활동을 재현함으로써 쉽게 기억하게 하여, 실제 상황에서 적용 능력을 길러주는 방법		
	• 실제와 유사한 조건하에서 연습가능 • 위험한 활동을 안전하게 수행 가능 • 의사결정 기술을 개발 • 행동에 대한 즉각적 피드백 가능	• 시행착오 시 문제해결을 위해 많은 시간이 필요 • 단순한 시뮬레이션일 경우 실제상황을 제대로 이해하지 못함	

Keyword

캠페인	건강관리에 필요한 지식과 기술을 향상시키기 위해 집중적이고 반복적인 과정을 통해 올바른 교육내용을 습득하도록 널리 알리는 교육방법. 교육매체: 팜플렛, 포스터, TV, 라디오, 거리 인쇄물 배포 등 활용	
	• 지역사회 어디서나 활용 가능. • 단기간 동안 다수에게 반복적 전달	• 종료 후 관심이 감소, 지속적인 관리가 필요
문제해결법	대상자 자신이 배운 지식을 이용하여 문제의 해결책을 고안, 해결을 위한 자료를 모으며, 해결방안을 모색하는 방법	
	• 시점에 관계없이 이루어져 <u>모든 분야에서 얻은 이론적 지식을 실제상황에 적용 가능</u> • 학습자 개개인이 스스로 연결하여 활용 • 강의나 집단교육에도 사용가능 • 자율성과 적극성을 배양 • 협동학습을 통해 민주적 생활태도 함양 • 실제적인 문제해결의 기회	• 한꺼번에 많은 대상이 참여곤란 • 학습자의 사전준비 및 능력의 한계에 결과가 좌우된다 • 노력에 비해 능률이 낮다. • 체계적인 기초학력 기르기 어렵다. • 시간이 많이 소요. • 수업과정 산만, 일관성 있는 수업 진행 곤란.
프로젝트법	<u>대상자들에게 학습목적을 제시하고 지침을 주어 스스로 자료를 수집하고 계획 시행함으로써 교육목표를 달성하게끔 하는 자기주도형 보건교육 방법.</u>	
	① 대상자 스스로 계획하고 실시하므로 <u>능동적 학습자세</u>, 학습 동기유발, 자주성, 책임감 개발. ② 실제 상황 문제에 대한 실천가능한 <u>해결방안 모색 및 해결능력 배양</u>, 해결과정 변수에 대한 이해 증진. ③ <u>협동심</u>, 지도력, 희생정신 배양 ④ 이론과 실제 상황간 차이비교를 통해 <u>문제발견능력, 관찰능력, 의사결정능력 형성</u> ⑤ 주어진 목적을 완료하여야 하므로 인내심 배양되며 결과를 얻었을 경우는 성취감 형성	① <u>스스로 문제에 접근하고 해결할 능력이 부족한 대상자에게는 시간과 노력 낭비</u> ② 단계적인 작업수행이 이루어져야 효과를 얻을 수 있는데 그렇지 못할 경우 <u>목표를 제대로 달성하기 어렵다.</u> ③ 기본이론을 무시하고 가시적인 접근만 시도하는 경향

Keyword

① 학습동기, 자율성, 능동적 능력 배양
② 실제적 상황을 통하여 배우므로 문제해결능력이 강화되며 새로운 상황에 대한 효과적 대처가 가능 - 학습자의 구체적 행동과 경험을 토대로 한 교육으로 실생활에 적용할 수 있는 학습이 된다.
③ 대상자에게 필요한 지식, 태도, 사고와 판단 및 의사소통 기술을 동시에 배우게 됨
  - 지식 기능 태도가 길러져 전인적 발달 도모
  - 사고력, 창의력 등 고등정신기능 함양
  - 문제해결해 나가면서 기본적 지식에 대해 조금씩 학습하게 함으로써 단순 암기보다 잘 기억하고, 좀 더 융통성 있게 활용
  - 필요한 새로운 지식을 자율적으로 습득할 수 있는 능력 함양
④ 협동학습으로 민주적인 생활태도 배양
	① 교과과정 기획과 문제설계가 아주 복잡하고 어렵고, 교과의 체계적 학습이 어렵다.
	② 학생의 경우 반드시 알아야 할 지식이나 수기를 빠뜨리거나 불필요한 것 학습할 수 있다. (충실한 기초학력 배양이 어렵다.)
	③ 교수들은 더 많은 시간을 학생 교육에 할애하여야 한다.
	④ 교수들이 튜터(tutor)로서의 역할을 이해하고 잘 수행 할 수 있도록 사전교육과 준비 필요
	⑤ 충분하고 다양한 학습매체가 준비 필요
	⑥ 소집단 토의이므로 충분한 교실 필요
	⑦ 수업이 어수선하고 일관성 있는 진행 곤란
	⑧ 학습능률이 낮다.
	⑨ 문제가 해결될 때마다 개개인의 참여도와 성취도에 대해 학생간 평가, 튜터에 의한 평가 등 형성평가가 주로 이루어지므로, 총괄평가는 적절한 척도가 되지 못한다.

Keyword

1. 문제해결법(problem solving)

1) 정의
   (1) 대상자 자신이 배운 지식을 이용하여 문제의 해결책을 고안, 해결을 위한 자료를 모으며, 해결방안을 모색하는 방법
   (2) 인간이 갖고 있는 사고활동을 통해 어떤 문제를 분석, 파악, 종합하여 최상의 해결안을 찾아내는 방법

2) 특성
   (1) 건강문제에 대처하는 건강행위의 학습은 문제해결과정 자체
   (2) 창의적인 접근방법과 분석적인 접근방법 분류
      ① 창의적인 접근방법: 해결가능한 문제를 폭넓게 정리하고 문제에 대한 해결가능한 여러 가지 방법을 설계(브레인스토밍 사용)
      ② 분석적인 접근방법: 해결하고자 하는 문제를 정하고 문제의 성격과 현실성을 명료화하여 문제와 관련된 배경을 조사연구, 적합한 해결책 선택, 검증, 평가

3) 문제해결 단계
   (1) 1단계: 문제인식 → 학생이 선택된 문제를 자세히 검토, 본질을 명확히 인식토록 한다.
   (2) 2단계: 해결방법연구 → 문제의 성질에 따라 각 분단별로 또는 개인별로 문제해결방법이나 절차 연구
   (3) 3단계: 자료수집 → 문제해결을 위한 자료 수집, 수집된 자료의 가치 확인
   (4) 4단계: 해결의 실시(해결방안 계획-실행-평가) → 실제적인 활동이 전개되는 시기, 수집된 자료 조사, 관찰, 실험, 비교 활동실시
   (5) 5단계: 정리, 종합발표 및 결과발표 → 활동한 결과를 구두, 보고서, 제작물 등으로 발표. (올바른 지도와 비판 하에 다음 학습문제로 발전)
   [문제점 발굴, 학습목표 설정단계(1단계) -학생 자신이 맡은 부분을 공부하며 정리하는 단계(2단계)- 공부 내용을 발표, 토론하는 지식재조합단계(3단계)]

2. 팀프로젝트(구안법) - 문제해결법의 발전형

1) 정의:
   학습자가 실제상황에서 스스로 계획하고 실천하며 활용하는 현대적인 지도법
   개인이나 소집단으로 이루어진 대상자들에게 학습목적을 제시하고 지침을 주어 스스로 자료를 수집하고 계획 시행함으로써 교육목표를 달성하게끔 하는 자기주도형 보건교육 방법.

2) 목적

Keyword

기존 주입식 방법을 지양, 대상자중심의 자발적 참여활동을 강화하기 위한 것
대상자 중심의 자발적·능동적 학습활동 강화, 대상자 자신이 계획하고 실제상황에서 학습함으로써 교육 후 즉시 활용 능력 향상.
심층적 연구가 요구되는 과제에 적합

3) 방법

먼저 목적 제시, 소집단이나 개인이 자료 수집, 계획, 수행하면서 문제해결에 필요한 지식, 태도, 기술 등을 종합적으로 습득 시킴

4) 프로젝트 교육방법 4단계

(1) 목적설정단계: 대상자에게 학습목표 제시, 대상자가 흥미를 가지고 문제해결을 위한 기본지식을 갖도록 하는 단계
(2) 계획단계: 가장 주요한 단계, 목표 달성 위해 대상자 스스로 계획
(3) 실행단계: 실제 조사된 자료를 바탕으로 문제해결방안을 만들어내는 단계
(4) 평가단계: 대상자 자신, 교육자 또는 상호적으로 약점을 찾아내고 수정하므로써 대상자의 자발적 참여와 능력개발에 기여

5) 적용

교육주제	교육방법의 특성
환경오염과 건강	• 교실 중심의 교육에서 벗어나 소집단별로 학생들 스스로 현장을 방문하여 환경오염과 건강의 관계를 파악하기 위한 자료를 수집함 • 이 과정에서 학생들은 전체 학습 과정을 스스로 계획하고 실행함 • 현장 조사나 자료수집 과정에서 학생들의 의사결정 능력과 관찰 능력이 함양

3. 문제중심학습(PBL, problem based learning) → 구성주의와 연계학습 필요

1) PBL 3단계

(1) 1단계: 문제점 발굴, <u>학습목표 설정</u>
(2) 2단계: 학생들이 자신이 맡은 부분을 공부하며 정리
(3) 3단계: 공부한 내용을 발표하고 토론하면서 지식을 재조합

Keyword

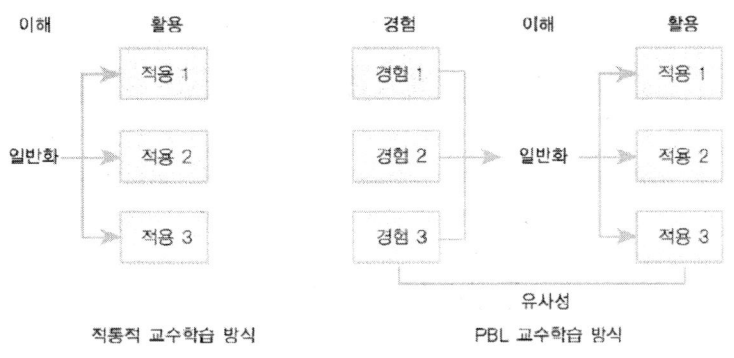

그림 4-7 학습전개 과정의 비교

2) PBL 활동을 위한 교사의 역할
   (1) 복잡하고 비구조이며 특정 상황에 기반하는 문제를 만든다.
   (2) 문제를 학생들에게 제시한 후에는 학생들로 하여금 팀 구성, 팀내에 서기, 리더 선정 독려
   (3) 주어진 과제해결에 도움 될 학습자료를 수집, 학생들에게 제시
   (4) 팀활동을 통해 위의 여러 사항이 결정, 학생들은 개별적인 학습시간을 갖도록 한다.
   (5) 개별학습이나 팀학습의 결과로서 맨 처음에 결정된 '가설 해결안'에 대해 필요한 경우 언제든지 수정·보완할 수 있도록 한다.
   (6) 이러한 과정을 반복하여, 과제해결안 도출, 팀발표를 한 뒤, 다른 팀으로부터 피드백, 또는 다른 팀의 결과물에 대한 논의하는 등 지식구성과 지식공유를 모두 경험하도록 한다.
   (7) 평가의 경우에도 반드시 학생들의 참여가 전제되어야 한다.

3) 문제중심학습 활용시 유의사항
   (1) 문제가 자주적으로 해결될 수 있는 자율적인 학습분위기 조성
   (2) 가능한 한 많은 문제 상황을 접하도록 구성
   (3) 충분한 시간과 기회를 주어 학습자가 충분한 사고를 할 수 있게
   (4) 문제상황을 만들 때 학습자의 능력, 흥미, 자질 등을 고려

4) 적용
학생들을 소그룹으로 나누어 환경오염에 대한 시나리오를 주고, 스스로 문제 발견과 해결 과정을 통해 환경오염 예방 능력을 배양하도록 문제 중심 학습 (PBL: Problem Based Learning) 방법을 적용

4. 플립러닝

Keyword

1) 정의

학습자가 사전에 학습내용을 배우고, 수업시간에 다른 학습자 들과 협력적인 환경에서 토론, 보충 및 심화학습에 참여하는 교육 방법

5. 블렌디드 러닝

1) 정의

혼합형 학습, 두 가지 이상의 학습 방법을 결합하여 이루어지는 형태로, 대개 대면수업(등교수업)과 원격수업을 결합한 수업 형태를 말한다.

6. 협동학습

성취과제 분담모형 STAD 모형	• 의미: 점수 분배에 있어 집단보상 방식 (개별적 책무성, 성취 결과의 균등한 분배) • 방법: 성적이 다른(상중하) 4~5명의 학습팀 조직 구성원 모두 학습 내용을 이해할 때까지 팀 학습 유지. 팀 학습이 끝나면 개별 시험 • 보상: 개인별 향상 점수를 팀 점수로 환산하여 우수팀 선정 후 집단보상
jigsaw 모형 (전문가 협동학습 모형)	• 의미: 집단 내에서 동료에게 배우고 가르치는 방식 • 방법: ① 모집단의 과제분담활동: 집단을 5~6개의 소집단으로 나누고 학습할 단원을 집단 수에 맞게 쪼개 배분해 준다. ② 전문가 집단 구성 및 활동: 각 집단에서 학생들은 각각 자신이 학습할 단원을 맡고 같은 단원의 학생들이 모여 전문가 집단을 형성한 후 토의한다. ③ 모집단 재소집(동료활동): 전문가 집단에서 학습된 내용을 원래의 집단으로 돌아와 발표하면 모둠원들은 기록, 정리한다. 전체 과제를 범위로 개인적 정리 • 보상: 학생들은 개별 시험을 보고 개인 성적대로 점수를 받는다. <table><tr><td>직소 I</td><td>개별보상(낮은 보상 의존성)</td></tr><tr><td>직소 II</td><td>개별보상 + 집단보상 추가(높은 보상 의존성)</td></tr></table> • 장점: 상호의존성, 협동성, 책무성 함양
jigsaw III 모형	• 의미: jigsaw 모형의 수업 활동 후 바로 평가하지 않고 배운 것을 정리할 수 있는 평가 유예기간(휴식기) 제공 • 방법: 모든 집단구성원이 좋은 평가를 받을 수 있도록 모집단이 재소집되어 동료 학습을 통해 서로 도와주는 활동 • 보상: 평가결과에 STAD 방식에 따라 보상 제공

3) 교육 매체

① 정의: 효과적 교수활동 위해 교육자와 학습자 간에 사용되는 모든 교육자료

② 목적: 대상자들의 감각적 경험 확대, 흥미와 동기유발, 추상적 내용의 구체화, 복잡하고 어려운 내용을 이해하기 쉽게 전달

③ 매체 선택 시 고려할 점
- 학습목적: 학습 목표의 영역이 인지적 영역인지, 정의적 영역인지, 심동적 영역인지에 따라 요구되는 교육 매체의 종류가 달라짐
- 학습 내용
- 학습자 특성
- 학습 환경: 예산의 규모, 학습자 수, 교육자의 학습설계 능력 및 교육매체 활용능력, 교육자의 교육 매체 개발 능력, 교육 장소의 시설 및 구조
- 매체특성
- 이용 가능성

④ 교육 매체의 체계적 선정을 위한 ASSURE 모형
- A: 학습자 분석(Analyze learners)
- S: 목표 진술(State objectives)
- S: 교육방법 매체 자료 선택(Select methods, media and materials)
- U: 매체와 자료 활용(Utilize media and materials)
- R: 학습 참여 요구(Require learner participation)
- E: 평가와 수정(Evaluate and revise materials)

⑤ 종류
[Dale의 경험의 원추와 Bruner의 표상 양식의 비교]
- 비투사자료: 모형, 실물 등 자료를 제시할 때 다른 매체를 이용하지 않고, 제시방법도 광학적이거나 전기적인 투사방법을 사용하지 않는다.
- 시각매체: 광학적이거나 전기적인 투사방법을 사용하는 것. 자료를 제시하기 위해 매체가 필요, 자료의 제시가 주로 시각적인 방법에 의존.
  예) 슬라이드, TP, 슬라이드 프로젝터, OHP
- 청각매체: 청각적인 정보를 전달하는 것, 예) 라디오, 녹음기
- 시청각매체: 시각과 청각적 정보를 동시에 활용하는 것,
  예) VTR, 영사기, TV 방송, 비디오테이프, 필름
- 상호작용매체: 컴퓨터에 관련된 것들로 학습자와 상호작용이 가능한 것.
  예) CAI(컴퓨터 보조수업), 상호작용 비디오, 멀티미디어, 쌍방향 텔레비전

Keyword

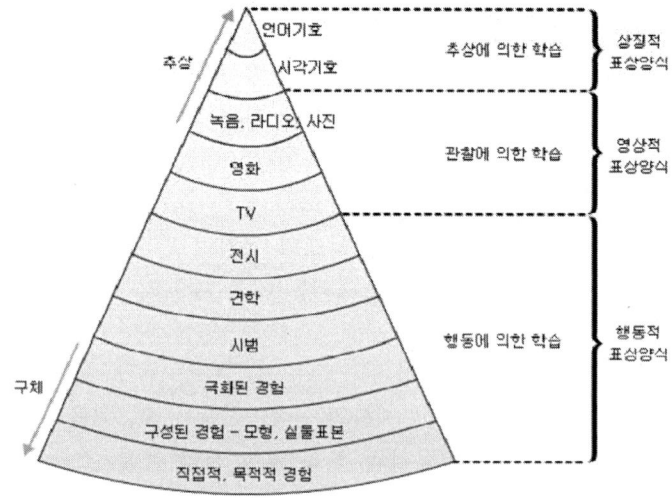

⑥ 유형

유형	장점	단점
실물·실제상황	가장 효과적인 교육방법 예) 자가 주사방법 교육 시 실제 주사기를 사용하거나 피임방법 교육 시 실제 피임기구들을 가지고 설명하는 것 • 대상자가 모든 감각기관을 동원하여 입체적인 학습을 할 수 있어 흥미를 갖고 학습 목표에 도달하기 쉽다. • 교육자-대상자 의사소통용이 • 교육 후 실생활에 즉시 활용 가능	• 구입, 활용이 어려운 경우가 많다. • 대상자 수가 많을 때는 활용 곤란 • 시간·계절·비용 등의 제한 • 실물은 쉽게 손상될 수 있고 보관이 어렵다.
모형·유사물	실물과 닮은 것은 모형, 실물처럼 움직이거나 기능할 수 있는 모형은 유사물. 예) 기본간호학 실습실의 인형들, 인공순환기, 투석기기들이 유사물 • 실물, 실제 상황과 비슷한 효과 • 반복해서 시행 가능 • 확대 또는 축소하거나 단면화시켜 세부적인 부분까지 볼 수 있다. • 감각을 활용해 개념 습득 용이 • 기술을 배울 수 있는 방법으로 이용	• 값이 비싸고 파손되기 쉽다. • 대상자가 많으면 효과가 적다. • 보관과 운반이 불편하다.
융판	융을 고정할 도구, 그림과 사포만 있으면 어디서나 활용 가능한 매체 • 복잡한 내용을 간단히 묘사 가능 • 자료 탈부착하며 흥미·동기유발 • 경제적, 반복 가능, 휴대편리 • 다양한 색과 그림을 단계적으로 제시하여 주의집중 쉽고, 흥미있게 목표 도달	• 대상자가 소수일 때 적용 가능 • 교육목적에 맞게 그림이나 글씨를 미리 제작해야 하므로 기술과 시간이 필요. • 섬세한 설명은 불가능

Keyword

	복잡한 내용의 요점이나 개념 간의 상호 관계의 이해를 위해 도표·그래프·그림·지도 등을 일정한 크기의 종이에 그리거나 인쇄하여 조직적으로 시각화한 간편 교재	
괘도	• 내용이 복잡한 것이나 크기가 작아 잘 볼 수 없는 것을 간단하게 요약, 확대하여 제시함으로써 학습자 이해 도모 • 제작 비용 저렴, 필요할 때마다 수시로 제작 • 여러 기법 사용-주의집중 흥미	• 평면적이고 정적인 자료이므로 장시간 사용하면 지루하다. • 대상자 수가 많을 때 적용하기 곤란
	개인이나 소집단에게 유용하게 사용. 신문이나 책에서 자료를 쉽게 구할 수 있고, 염가 제작이 가능하므로 다양한 형태로 학습 활용 가능	
그림·사진	• 압축하여 간결하게 표현 가능. • 구하기 쉽고 비용 경제적, 필요시 복사하여 학습자에게 배부 • 휴대 간편, 기계적 장치가 필요없어 어떤 장소에서나 활용 가능	• 평면적이며 움직임을 묘사하기 곤란 • 큰 집단에는 사용하는데 제한
	알리고자 하는 정보를 짤막하고 명확하게 요약해 그림과 함께 인쇄하여 중요한 내용을 이해하는 데 도움을 주는 매체	
템플릿	• 관련 있는 그림을 효과적으로 사용할 때 이해가 빠르며, 쉽게 기억 가능 • 쉽게 제작 가능, 사용이 용이	• 기존 자료는 학습 목표와 동일하지 않은 경우가 많아 정보를 제공에 한계 • 자세한 내용을 다루기 어렵다.
	학습해야 할 기술이 청각적인 것일 때 효과적 특성: 녹음·재생 반복성, 사실 그대로 기록성과 보존성, 시공간 극복	
녹음기	• 반복하여 여러 번 들을 수 있다. • 테이프의 비용 저렴, 보관 간편. • 특수한 기술 불필요-누구나 사용 • 대상자 수가 많아도 사용 가능 • 글을 모르는 사람에게도 적용가능	• 다른 자극 없이 청각 자극만으로는 지루해서 집중하기 어려워 교육 효과를 떨어뜨릴 수 있다.
	시각과 청각을 동시에 자극하므로 실제 경험과 비슷한 경험을 할 수 있고, 대상자가 화면 속 연기자와 같은 경험을 유도가능. 동기유발의 방법으로 효과적	
비디오 테이프	• 움직이는 과정이 소리와 함께 보여 사실과 가깝게 접근 가능. • 시공을 초월하여 학습 가능 • 필요한 장면을 정지해서 보거나 교육 목적에 맞게 재구성하여 사용 가능	• 반드시 시설과 기구를 갖추어야 함 • 비디오테이프를 제작하는 때는 기술이 필요하므로 학습목적에 맞게 제작 곤란

Keyword

투시물 환등기 OHP	• 암막장치 없이 투시물을 확대하여 선명한 상을 스크린에 비추는 기계로 학습자와 교육자가 마주 앉은 상태에서 사용 가능한 매체. • OHP-조작이 간편하여 누구나 손쉽게 사용할 수 있어 교육현장에 널리 활용 • 투시물 자료-아세테이트나 셀로판지 제작, 과정·사실·요점을 시각적 명료하게 제시, 소규모 학습에서 대단위 학습까지 광범위하게 사용	
	• 조명을 끄지 않고 사용할 수 있으므로 주위가 산만해지지 않고 평가하는 데 방해받지 않는다. • 학습자와 시선을 마주하고 사용하여 학습자 반응을 관찰하여 진행가능 • 기계조작 간편, 자료제작 용이, 다양한 색체 사용 가능 • 지우고 다시 쓸 수 있으며, 가격이 저렴하여 경제적	• 사전에 준비하는 데 시간이 걸린다. • 평면적인 상만 제시
슬라이드	실물이나 모형으로 보여줄 수 없는 것을 환등기를 통하여 확대하여 보여줄 수 있고 시공을 초월하여 시각적으로 보고 배울 수 있는 매체.	
	• 다수에게 동일한 시각적 경험 제공 • 육안으로 볼 수 없는 장면을 시공을 초월해 관찰 가능 • 정지된 화면을 계속 볼 수 있다. • 제작비 경제적, 보관 이용 용이 • 슬라이드 순서를 재편집 가능, 각 장면을 제거 또는 첨가할 수 있어 내용의 전개에 융통성	• 반드시 전기와 암막이 필요 • 정지된 상태만 보여주므로 연속적 과정을 배우는 데는 제한 • 슬라이드를 보기 위해 불을 끄면 주의집중에 방해, 졸음을 촉진
실물환등기	OHP가 투명한 자료만을 투시하는 것과 달리 불투명한 자료를 스크린에 투사해 인쇄물·도표·그림을 확대하여 보여주는 매체	
	• 실물을 직접 영사하여 보여주므로 자료를 제작할 필요가 없다. • 작은 것을 확대하여 보여줄 수 있어 조작 간편하고 집단에 사용 가능	• 자료가 너무 크면 투영할 수 없다. • 실내조명을 끄고 암막을 사용해야 선명하게 볼 수 있다.

Keyword

컴퓨터	즉각적인 반응, 수많은 정보의 저장과 응용, 특성이 다양한 학습자에게 각기 다른 처방을 줄 수 있는 가능성 등으로 수업의 장면에 다각적으로 활용. 컴퓨터를 활용하는 방법: 컴퓨터 시뮬레이션, 컴퓨터 보조수업, 멀티미디어와 인터넷, e-learning	
	• 학습 속도와 순서를 학습자 스스로 조정 가능해 일반수업보다 시간 절약 • 학습자 요구나 반응에 적절한 피드백 제공(학습 개별화 효과 향상) • 다양한 음향, 영상 등 학습자의 흥미를 끌고 다양한 경험제공 • 논리적인 방법으로 의사소통을 하도록 자극받아 학습의 효율성과 효과성 증진 • 학습자가 원하는 부분을 반복학습	• 정의적·심리 운동적 그리고 대인관계 기술 영역 학습에 비효과적 • 질 높은 컴퓨터를 이용하여 수업을 활용하는 데는 비용이 많이 든다. • 창의성 무시, 사회적 관계 결여 • 나이가 많은 학습자는 전형적인 컴퓨터화된 수업과정이 어려움 • 인터넷을 이용한 수업의 경우 음란물이나 폭력물 등에 노출

문제 [93] 보건교육의 보조자료 선정 시 고려할 점으로 적절한 것은?
① 경제성 있고, 적절한 시간이 배정되어야 한다.
② 정해진 시간에 가능한 한 많은 내용을 다룰 수 있는 것이어야 한다.
③ 내용은 과학적인 근거보다는 흥미 위주로 되어야 한다.
④ 구하기 어려워도 조작이 간편하여야 한다.

문제 [99] 학교 보건교육의 효과를 높이기 위하여 여러 종류의 교육 매체를 활용하고 있다. 다음 물음에 답하시오.
1) 시청각 교육 매체의 사용 효과 3가지를 기술하시오.
2) 적절한 교육 매체를 선택할 때 고려해야 할 5가지를 기술하시오.

4. 보건교육평가

1) 정의: 교육과정의 전 과정을 통하여 학습 목표를 기준으로 학습자의 행동에 변화가 있었는지를 판단하는 것

2) 평가과정
   ① 평가대상과 기준 설정
      무엇을 평가할 것인지(평가대상) 결정하고, 보건교육의 목표달성 여부를 어떤 기준으로 평가할 것인지 결정하는 단계
   ② 관련 자료수집
      평가대상과 관련된 다양한 자료를 수집하는 과정으로 가장 적절한 자료수집방법을 결정하여 자료수집
   ③ 결과해석

수집 자료를 분석한 결과를 설정된 목표와 비교하여 도달 여부를 확인한 후, 결과에 영향을 미친 요인들과 직간접적 원인을 분석하여 명확히 하는 과정

④ 재계획의 반영

평가결과 분석을 통해 얻어진 영향요인과 원인을 해결하기 위한 방법을 모색하여, 그 결과를 향후 보건교육을 계획 시에 반영하는 것

3) 평가도구의 조건

① 타당도(평가의 진실성, 정직성): 평가도구가 원래 측정하고자 했던 것(목적, 내용)을 충실히 재고 있는 정도. 무엇을 얼마나 충실히 측정하느냐의 기준

보건교육평가는 목적지향 타당도인 내용 타당도 유지가 중요

② 신뢰도: 측정하려고 하는 목적과 내용을 얼마나 정확하고 일관되게 측정하느냐의 개념. 평가의 결과로 나온 성적이 다음에 동일한 조건과 동일한 대상에 다시 적용해도 그 결과가 동일할 수 있느냐의 여부.
- 신뢰도에 영향을 주는 요인: 개인 특성, 체계적·우연적 요인 등. 신뢰도를 높이기 위해 표본을 무작위 추출, 문항 안정성을 높이며, 문항의 동질성을 유지해야 한다.

③ 객관도: 평가결과를 결정하는 사람에 의해 발생하는 오차

평가자의 객관성 부족으로 평가결과가 사실과 다르게 나타나는 정도.
- 객관도를 높이기 위한 방법: 평가자의 의도가 개입될 수 없는 선택형 문항을 이용하여, 평가자의 주관이 개입되지 않게 평가자의 자질을 향상시키고 평가 기준을 명확히 설정. 평가 후 결과를 여러 사람이 검토

④ 실용도: 평가 방법을 얼마나 쉽게 적용할 수 있느냐 하는 정도
- 실용도를 높이기 위한 방법: 평가 실시방법의 간편성을 유지하고, 평가한 것을 채점하는 방법도 실용성이 있을 것

〈타당도와 신뢰도의 관계〉

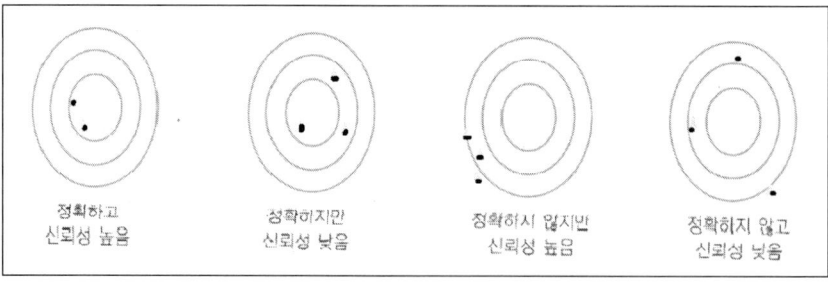

Keyword

4) 평가유형

① 평가 기준에 따른 분류
  a. 절대평가(목표지향평가)
  b. 상대평가

② 평가 시점에 따른 분류
  a. 진단평가: 사전평가, 교육실시 전에 교육대상자들이 보건교육 주제에 대해서 갖고 있는 지식, 태도, 및 행동의 수준을 파악하여 학습자들의 요구를 확인하는 방법. 대상자의 지식, 태도, 동기, 준비도, 흥미 등을 파악할 수 있고 어떤 주제의 교육이 필요한지 확인
  b. 형성평가: 교육이 진행되는 동안 교육내용, 교육방법, 교육 효과를 향상시키기 위하여 무엇을 조정하거나 추가하는 것이 필요한지를 확인하는 방법
  c. 총괄평가: 보건교육 후 학습자가 교육주제에 대한 지식, 태도의 변화가 있는지, 행동에 대한 동기부여가 생겼는지를 확인하는 방법

국시 [20]	보건교육 시작 전 학습자들의 지식, 태도, 준비도 및 동기 정도 등을 파악하는 평가유형은?

국시 [19]	보건교육 평가시기에 따른 분류 중 교육이 진행되는 동안 학습 진행 정도를 파악하여 교육내용과 교육방법을 향상시킬 목적으로 실시하는 평가는?

문제 [08]	청소년기 조기 흡연은 성인기 흡연 보다 유해한 영향이 더 심각함에도 불구하고 최근 청소년의 흡연 시작 연령이 점차 낮아지고 있어 더욱 강화된 흡연 예방사업이 요구되고 있다. A중학교에서는 흡연의 유해성에 대한 교육과 캠페인 등을 포함한 포괄적인 흡연 예방사업을 실시하고자 한다. 이 사업을 시작하기 전에 보건교사가 계획해야 하는 평가 시기별 평가 종류 3가지를 쓰시오.

③ 평가성과에 초점을 둔 분류
   a. 과정평가
      - 의미: 보건교육 프로그램이 어떻게 시행되었는가를 평가하는 것
      - 대상: 교육 프로그램에 사용된 여러자료들, 제반 교육과정의 적절성, 과정의 시간적 길이, 참석자 수, 대상자 참여율 포함, (프로그램의 계획과 개발에 참여한 사람들이 누구이며, 몇 명이 얼마 동안 개입하였는지, 프로그램 계획 시 주민 의사는 어떻게, 어느 정도 반영하였는지 포함)
   b. 영향평가
      - 의미: 프로그램을 투입한 결과로 단기적으로 나타난 바람직한 변화를 평가
      - 대상: 대상자의 지식·태도·신념의 변화, 기술 또는 행동의 변화, 기관의 프로그램, 자원의 변화, 사업의 수용도 등을 측정
   c. 성과평가
      - 의미: 교육을 통해 나타난 바람직한 변화가 시간에 따라 긍정적으로 나타난 효과를 평가
      - 대상: 프로그램을 시행한 결과로 얻어진 건강 또는 사회적 요인의 개선점, 이환율이나 사망률의 감소, 삶의 질 향상 등을 평가하는 것

4) 평가방법

> 인지적 영역인 지식 평가 - 질문지법이나 구두질문법
> 정의적 영역인 태도 측정 - 질문지법과 관찰법, 면접, 자가보고서 및 자기감시법
> 심동적 영역인 기술 평가 - 관찰법, 토론, 실기시험

* 평가도구의 조건인 신뢰성, 타당성, 객관성, 실용성이 유지될 것
(타당도는 측정 도구가 측정하려는 내용을 빠짐없이 포함하고 있는가이며, 신뢰도는 반복 측정하여도 같은 결과가 나오는지 확인)

① 질문지법
   - 최소한 읽을 수 있고, 질문을 이해할 수 있는 사람에게 사용할 수 있는 간접적인 방법
   - 질문지 문항을 작성하는데 시간과 노력이 필요하지만 타당도와 신뢰도가 높은 문항이 개발되면 교육자의 시간을 절약할 수 있고, 평가목적을 달성하기 용이.
   - 문항의 유형: 선택형(진위형, 배합형, 선다형)과 서답형 선택형(단답형, 완결형, 논문형)

② 구두질문법
   - 쉽게 관찰되지 않는 행동을 평가
   - 구두질문은 시간이 많이 걸리지만 질문에 대한 대상자의 이해 정도와 대답이 맞는지를 즉각적으로 알 수 있다는 장점.
   - 언어를 사용하는 질문방법은 자신을 표현하기 어려운 대상자에게는 적용하기 어렵고, 또한 말을 유창하게 잘하는 대상자는 마치 더 많이 알고 있는 것처럼 보일

Keyword

수 있는 단점
③ 관찰법
- 관찰법은 행동측정에 유용한 방법, 객관적으로 관찰을 해야만 오류를 줄일 수 있다.
  a. 직접관찰
     : 대상자가 관찰되고 있음을 알지 못할 때 정확하게 측정할 수 있고, 관찰자가 관찰방법과 결과의 분석 및 해석에서 객관성을 유지할 수 있어야 한다. 관찰자는 언제 어디서 무엇을 관찰할 것인지를 사전에 계획을 세워야 하고, 관찰한 것인지를 사전에 계획을 세워야 하고, 관찰한 것을 사실 그대로 즉시 기록해야 한다.
  b. 도구사용 관찰
     : 전략으로 모의상황에서 말이나 글 또는 행동으로 표현하도록 유도하는 것
  c. 장점
     - 조사자가 현장에서 즉시 포착할 수 있다.
     - 행위, 감정을 언어로 표현하지 못하는 유아, 동물에 유용하다.
     - 일상적이어서 관심이 가지 않는 일에 유용하다.
     - 대상자가 조사연구에 비협조적이거나 면접을 거부하는 경우에도 가능하다.
  d. **관찰 시 유의점**
     - 관찰 전 구체적 계획 필요: 관찰 전에 충분한 계획을 세워 어떤 행위를 언제, 어떤 기준에 의해 관찰하고 기록할 것인가를 구체적으로 계획하여야 평가를 위한 관찰이 됨
     - 객관성: 관찰자의 편견이나 의견이 들어가지 않도록 객관성 유지
     - 상황 고려한 기록: 관찰 시 상황과 조건, 돌발사건을 충분히 고려. 기록
     - 대표성: 관찰한 행동표본이 전체를 대표할 수 있을 만한 것일 것
     - 적절한 방법: 적절한 기록방법을 유지

  e. 관찰결과의 기록
     : 일화기록법(anecdotal record), 행동목록표(check list)

Keyword

일화 기록법	• 정의: 관찰 행동, 사건 중 의미 있다고 생각하는 것을 구체적, 상세히 기록하는 방법 • 장점: 정의적 행동적 영역의 평가에 유용, 어리거나 의소소통이 제한된 학생에게도 가능 • 단점: 전형적 행동보다 단편적, 피상적 행동의 기록이 될 수 있음. 관찰과 기록에서의 객관성 유지 곤란. 기록, 관리에 상당한 노력과 시간이 소요. 자료 처리나 분석이 복잡
행동 목록표	• 정의: 관찰하려는 행동단위를 미리 분류하고 행동에 대한 관찰내용을 체크하거나 빈도로 표시하는 방법 • 장점: 정의적 영역의 평가뿐 아니라 인지적 영역의 실기 실습 행동적 영역에도 다양하게 사용 가능. 비교적 실시방법이나 기록방법이 간편하고 결과의 양적 처리가 가능 • 단점: 행동단위 분류가 어려워 관찰한 행동을 모두 포괄하면서도 서로 배타적으로 만들기가 어렵다.

> **문제 [06]** 보건교사가 '근 골격의 건강관리' 수업의 2차시 내용으로, '요통 예방을 위한 운동법'에 대하여 교육하였다. 교육 10단계로 구성된 행동목록표(checklist)를 사용하여 평가하고자 한다. 행동목록표를 작성하고 평가할 때 고려해야 할 사항을 4가지만 쓰시오. [4점]

④ 자가보고서 및 자기감시법
  • 척도법은 설문지, 개방식 질문지, 진술 식의 자가보고서는 대상자의 태도, 가치, 흥미, 선호, 불안, 자존감 등 정의적 영역을 평가할 때 유용.
  • 자기감시법은 대상자가 내면적 행위나 외향적 행위를 한 후 자신의 행위를 기록하는 방법, 외부에서 관찰한 자료와 다를 수도 있다.
⑤ 평정법 or 평정척도
  • 정의: 평가자와 평가내용을 숫자나 내용으로 연속선 위에 분류하는 측정도구 오류 배제를 위해 복잡한 내용을 세분화하여 평가하는 것. 3~5항목 제시
  • 종류: 기술평정척도·숫자평정척도·기술도표척도 등. 기술평정척도는 평가하려는 척도의 내용이나 단계를 간단한 단어·구·문장으로 표시하여 평정하는 방법이고, 숫자평정척도는 평정하려는 특성의 단계를 숫자로 표시하는 방법이며, 기술도표척도는 기술척도와 도표척도를 합쳐서 나타내는 것
  • 평정척도의 오류 ⓒ인표집이 접대

Keyword

집중화 경향의 착오	• 극단치의 평정은 피하고 중간 평점을 주려는 경향 • 중간 평점의 간격을 넓게 잡아 오류 최소화
표준의 착오	• 평정자가 표준을 어디에 두는가에 따라 생기는 오류 • 척도에 관한 개념을 정립하고 평정항목에 관한 오차를 줄여 오류 최소화
인상의 착오	• 평정하고자 하는 특성 외 피험자의 다른 인상이 영향을 주는 착오 • 피험자를 한 번에 한 가지 특성만 평가, 강제선택법 사용하여 오류 최소화
이론(논리)의 착오	• 논리적으로 아무 연관없는 두 개의 특성을 관련지어 평정하는 것 예) 성실성이 높으면 준법성도 높다.(연관 없는 것을 관련지어 평정) • 객관적 자료, 관찰을 통해 의미를 정확히 해 오류를 최소화
대비의 착오	• 평가자가 자신의 기준을 대상자에게 적용하여 과대, 과소 평정하는 착오 • 대상자 스스로를 객관화 한 후 평가하여 오류를 최소화
접근의 착오	• 평정이 시간적, 공간적으로 가까울수록 상관관계가 높게 나타나는 오류 • 시간, 공간을 충분히 떨어지게 한 후 평가하여 오류를 최소화

국시 [21] 보건진료전담공무원이 고혈압을 진단받은 지역주민에게 규칙적 운동과 식이 조절, 투약 방법을 교육한 후 일상생활에서의 실천 정도를 평가하고자 한다. 이때 적합한 평가방법은?

문제 [21] 다음은 고등학교 교감과 신임 보건교사의 대화 내용이다. 밑줄 친 ㉠에 해당하는 평가의 명칭과 밑줄 친 ㉡에 해당하는 오류 용어를 순서대로 쓰시오.

> 보건교사: 교감 선생님. 교원평가는 어떻게 이루어지나요?
> 교 감: 동료평가를 포함하는 다면평가로 이루어지지요.
> 보건교사: 네. 그렇군요. 그러면, 동료평가는 어떻게 이루어지나요?
> 교 감: ㉠ 교사들의 직무 수행과 관련된 특성을 나타내는 서술문들을 평가 항목으로 배열하고, 동료교사가 각 항목의 유·무를 표시하여 평가합니다.
> 보건교사: 그렇군요. 그런데, 동료교사가 ㉡ 평가대상 교사에 대해 전반적으로 우수하다는 인상을 가지고 있으면, 다른 평가 항목도 좋게 평가할 수 있어 이에 대한 오류를 조심해야 할 것 같아요.
> 교 감: 선생님의 의견을 고려하여 객관적이고 타당한 평가가 되도록 노력할게요.
> 보건교사: 감사합니다. 교감 선생님.

[부록] 보건 교과 교육과정(2022 개정 교육과정 총론)

1. 보건
: 교양 → 진로선택 → 보건

2. 창의적 체험 활동 개선
: 자율자치 활동, 동아리 활동, 진로 활동 3개 영역으로 재구조화
※ 봉사활동은 동아리 및 진로 활동으로 통합

3. 안전교육 개선
1) (초1~2학년) 기존의 안전한 생활 성취기준, 내용 요소를 통합교과로 재구조화하여 교과와 연계한 생활 중심 안전교육 강조
   - 안전한 생활을 바른 생활 16시간, 슬기로운 생활 32시간, 즐거운 생활 16시간으로 재구조화
2) (초3학년 이후) 과학, 체육, 실과, 보건 등 관련 교과(목)의 '안전' 대단원을 통해 전 학교급에 걸친 체계적인 안전교육 실시

4. 학생의 진로와 적성을 고려한 학습기회 확대
(특수목적고등학교) 전문교과Ⅰ에서 보통교과로 재구조화하여 일반고에서도 선택 가능

5. 직업계고 교육과정 개선
학교에서 직업 세계로의 이행에 필요한 직업 생활의 공통 기본소양 함양을 위해 전문공통 과목 세분화 ※ <u>노동인권과 산업안전보건</u>, 디지털 정보 기술 등 과목 신설

6. 성교육
: 보건교육 과정 영역의 한 부분(확대)

Keyword

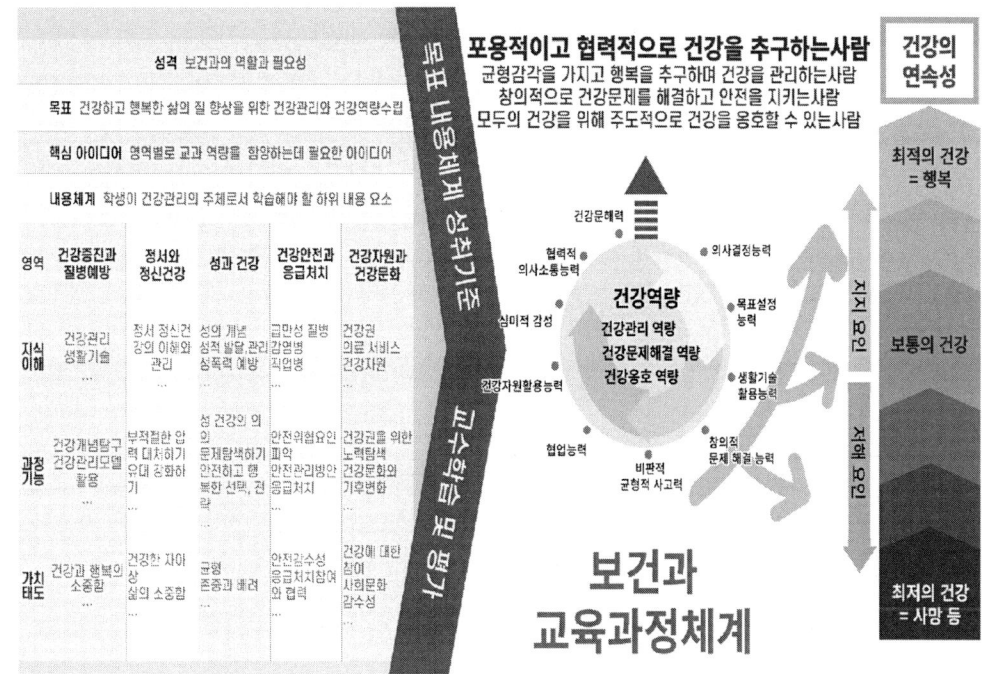

1. 핵심역량(2015 교육과정)
   1) 건강관리 능력: 건강을 유지·증진하기 위하여 일상생활에서 지속적으로 건강 행동을 계획하고 실행하여 자신의 잠재 능력을 최대한 발휘할 수 있도록 하며, 사회적, 물리적 환경 변화에 유연하게 대처할 수 있는 능력
   2) 건강·안전 위험 인식 능력: 일상 속에서 개인 및 공동체의 건강과 안전을 위협하는 여러 가지 위험요인을 인지하고 분석하며, 이에 대응할 수 있는 능력
   3) 건강 정보·자원 활용 능력: 비판적, 융합적인 사고를 통해 다양한 건강 정보·자원을 탐색하고, 올바른 건강 정보·자원을 선택적으로 수용하여 활용할 수 있는 능력
   4) 건강 의사소통 능력: 다양한 건강 관련 의사소통에서 문서적, 언어적, 비언어적 소통 방법을 활용하여 자신의 건강상태나 요구 등을 효과적으로 표현하고 타인에 대해서도 바르게 이해할 수 있는 능력
   5) 건강 의사결정 능력: 다양한 건강자원의 선택 및 건강관리의 실천 상황에서 건강에 유익하고 합리적인 의사결정을 할 수 있는 능력.
   6) 건강 사회·문화 공동체 의식: 사회·문화적 특성이 개인 및 집단의 건강신념 및 건강 행위뿐만 아니라 국가의 건강 증진 정책, 제도 등에도 영향을 미치고 있음을 이해하고, 건강한 사회·문화의 가치, 태도를 수용하고 실천하며 공유하는 능력
      → 학생들은 보건 과목 학습을 통해 핵심역량을 길러 건강 문제를 인식하고 적절히 대처하는 탐구와 실천을 지향하며, 개인과 사회·문화의 균형적 시각에서 접근하는 종합적 관점을 길러 개인과 공동체의 건강 및 삶의 질을 향상시키게 된다.

Keyword

2. 보건과 3대 역량(2022 개정 보건교육 과정)
   1) 건강관리 역량+건강문제 해결 역량+건강 옹호 역량 = 건강역량으로 통합
   2) 하위 소양 및 역량
      인문학적 소양, 공동체 역량, 디지털 미디어 리터러시를 포함한 건강 문해력(health literacy), 비판적·균형적인 사고력, 심미적 감성, 협력적 의사소통 능력, 의사결정 능력, 목표설정 능력, 생활기술 활용 능력, 건강정보와 자원활용 능력, 협업능력, 창의적 문제 해결능력

3. 총론 주요 사항 반영

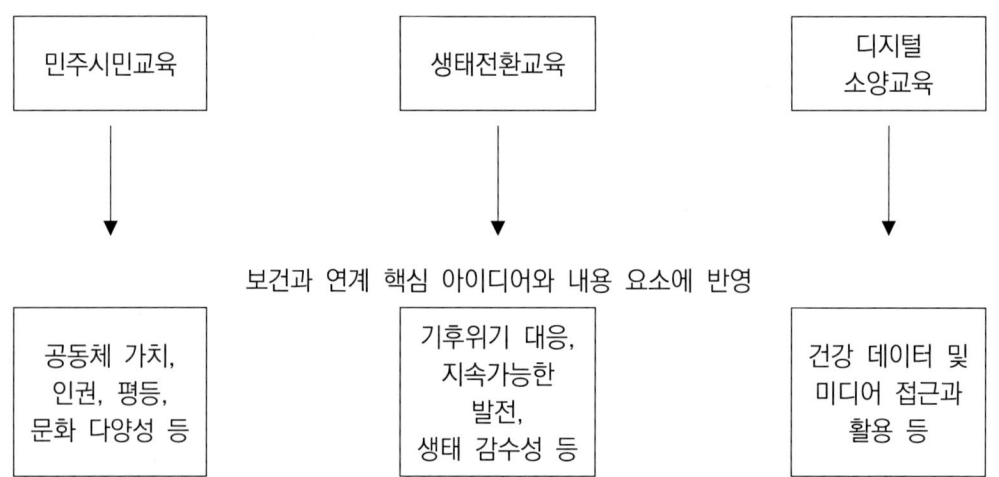

4. 보건교육과정 영역

   2015개정 보건교육과정 4개 영역→ 2022개정 보건교육과정 5개 영역

   1) 5개 영역
      : 건강증진과 질병예방, 정서와 정신건강, 성과 건강(독립), 건강안전과 응급처치, 건강자원과 건강문화
      ☞ 건강의 가치와 개념, 영향요인, 몸과 마음의 이해, 다양한 건강정보와 자원을 비판적으로 탐색·활용
         → 생활 속에서 개인과 공동체 건강관리, 건강문제 해결, 건강을 옹호

5. 성취기준 및 기능 평가
   • 방향 및 평가기준 설정의 근거
   • 교과서 내용 집필 및 검인정 판단의 기준
   • 향후 교수학습의 방향 안내
      - '내용요소와 기능을 결합하여 포괄적, 추상적이 아닌 구체적으로 진술

Keyword

6. 중학교 보건교육 내용 체계

1) 건강증진과 질병예방

핵심 아이디어	• 우리 삶의 질에 중요한 건강을 유지, 증진하기 위해서는 건강의 연속성과 항상성 및 다양한 영향요인을 고려한 건강관리가 중요하다. • 건강관리의 생활화를 위해서는 몸과 마음의 신호를 알아차리고, 건강관리 모델과 전략, 건강생활기술, 정보, 자원을 활용할 수 있는 건강관리 역량과 사회적 지지가 중요하다.	
범주		**내용 요소**
지식·이해	건강과 건강증진	• 건강 개념과 영향요인 • 건강관리모델 • 건강에 대한 사회적 지지
	건강신호와 생활주기	• 몸과 마음의 신호와 건강지표 • 생활주기와 건강생활습관
	질병예방과 건강생활 기술	• 건강문제 및 질병 예방과 건강관리 • 건강생활기술 • 건강옹호와 협력
과정·기능	건강이해	• 건강 개념 및 가치와 영향요인 탐색하기 • 몸과 마음의 신호 이해하기
	건강탐구	• 건강상태를 확인하고 건강관리 방안 제시하기 • 건강관리 모델을 알아보고 생활에 적용하기 • 건강관리 목표와 전략을 세우고 평가하기
	실천적용	• 건강문제와 건강생활기술을 탐색하여 건강관리 실천하기 • 건강옹호활동을 이해하여 사례에 적용하기
가치·태도		• 건강과 행복의 소중함 • 건강의 가치 내면화 및 건강을 관리하려는 태도 • 몸과 마음의 신호에 대한 민감성 • 건강생활기술 활용 및 옹호와 협력에 대한 적극성

Keyword

2) 정서와 정신건강

범주		내용 요소
지식·이해	중독과 건강	• 흡연·음주·약물 오·남용 • 행위 중독
	정서·정신건강	• 감정·공감 및 지지 • 자아 존중감 • 스트레스 관리 • 삶·죽음·상실의 의미
과정·기능	건강이해 건강탐구 실천적용	• 정서와 정신건강 및 영향요인 알아보기 • 약물과 중독의 기전을 이해하고 조절하기 • 건강하고 안전한 선택 지지하기 • 감정을 이해하고 적절하게 표현하여 행복한 관계 맺기 • 유혹과 압력 등에 대처 및 옹호하기 • 다양성을 존중하며 유대 강화 및 환경 개선하기
가치·태도		• 자신과 타인의 삶을 소중히 여기고 존중하는 태도 • 건강한 자아상·유대와 행복 추구 • 위험요인 감수성과 중독에 대한 비판적 태도

3) 성과 건강

범주		내용 요소
지식·이해	성과 성 발달	• 성의 개념 • 성적 발달과 신체상
	사랑, 권리와 책임	• 성적자기결정권 • 이성교제와 경계 존중 • 성역할 및 임신과 피임
	성문화와 위험관리	• 성폭력·성매개감염병 등 성 건강위험 • 성 건강문제와 관리·옹호 • 성문화
과정·기능	건강이해 건강탐구 실천적용	• 성 건강에 관련된 생리와 주제, 제도, 권리 탐색하기 • 성적 발달과 관계에 대해 알아보고 건강하게 관리하기 • 디지털 미디어와 성문화를 탐색하여 개선하기 • 안전하고 행복한 선택을 위한 균형 있는 관점으로 대처전략 세우기 • 청소년 성 건강문제를 알아보고 예방·관리하기 • 성과 관련된 차별과 고정 관념, 평등과 존중에 대해 알아보고 평가하기
가치·태도		• 안전하고 행복한 성의식과 성문화 함양 • 성인지 감수성 및 차이를 존중하고 공감·배려하는 자세 • 성 건강을 근거를 가지고 관리하는 태도 • 성 미디어 문해력 함양

Keyword

4) 건강안전과 응급처치

범주		내용 요소
지식·이해	건강 안전	• 건강 안전의 의미와 위험요인 • 급·만성 질병 및 관리 • 면역과 감염병 예방 및 관리
	사고예방 응급처치	• 공동체의 문화와 건강 안전 및 관리 • 건강수칙·응급처치·협력
과정·기능	건강이해 건강탐구 실천적용	• 건강 안전의 개념 및 위험요인을 탐구하여 예방·대처방안 탐색하기 • 질병과 면역의 원리를 이해하고 건강수칙 탐색하기 • 위급 상황에서 협력적 건강 안전 관리 방안을 탐색하고 실천하기 • 질병과 함께 건강하게 살아갈 방안을 탐색하여 생활에 적용하기 • 다양한 응급상황에서 협력적 응급처치와 심폐소생술·자동심장충격기 사용 방법을 익히고 실천하기
가치·태도		• 건강과 안전에 대한 감수성 내면화 • 건강안전 관리 방안에 대한 탐색적 태도 • 질병 예방과 응급처치에 대한 관심과 참여

5) 건강자원과 건강문화

범주		내용 요소
지식·이해	건강권과 건강자원	• 건강권 • 건강정보와 보건의료서비스건강자원 • 디지털·인공지능 시대 건강자원의 변화·위험
	건강문화	• 건강 문해력과 디지털 문해력 • 기후변화와 사회적 건강문제 • 건강 신념과 규범·관행 등 건강문화와 지속가능한 환경
과정·기능	건강이해 건강탐구	• 건강권을 위한 노력과 자원 탐색하기 • 디지털·인공지능 건강정보와 보건의료서비스 및 건강자원의 변화와 활용 탐색하기 • 문화와 기후변화가 건강에 미치는 영향 탐색하기
	실천적용	• 건강옹호활동 주도하기 • 건강지향적 문화와 환경 지지·옹호하기
가치·태도		• 건강에 대한 권리와 책임 인식 • 건강한 문화와 환경 변화를 위한 참여 의식 내면화 • 건강의 가치화와 다양성 존중

Keyword

[부록] 간호법

간호법

제1장 총칙

제1조(목적) 이 법은 모든 국민이 보건의료기관, 학교, 산업현장, 재가 및 각종 사회복지시설 등 간호사등이 종사하는 다양한 영역에서 수준 높은 간호 혜택을 받을 수 있도록 간호에 관하여 필요한 사항을 규정함으로써 의료의 질 향상과 환자안전을 도모하여 국민의 건강 증진에 이바지함을 목적으로 한다.

제2조(정의) 이 법에서 사용하는 용어의 뜻은 다음과 같다.
1. "간호사"란 제4조에 따른 면허를 받은 사람을 말한다.
2. "전문간호사"란 제5조에 따른 자격인정을 받은 사람을 말한다.
3. "간호조무사"란 제6조에 따른 자격인정을 받은 사람을 말한다.
4. "간호사등"이란 간호사 · 전문간호사 · 간호조무사를 말한다.
5. "의료기관"이란 「의료법」 제3조제1항에 따른 의료기관을 말한다.
6. "보건의료기관"이란 「보건의료기본법」 제3조제4호에 따른 보건의료기관을 말한다.

제3조(다른 법률과의 관계) 간호사등에 관하여 이 법에서 규정하지 아니한 사항에 대하여는 「보건의료기본법」과 「의료법」 등 보건의료 관계 법률을 따른다.

제2장 면허와 자격

제4조(간호사 면허) ① 간호사가 되려는 사람은 다음 각 호의 어느 하나에 해당하는 사람으로서 제8조에 따른 간호사 국가시험에 합격한 후 보건복지부장관의 면허를 받아야 한다.
1. 「고등교육법」 제11조의2에 따른 인정기관(이하 이 조에서 "평가인증기구"라 한다)의 인증을 받은 간호학을 전공하는 대학이나 전문대학[구제(舊制) 전문학교와 간호학교를 포함한다]을 졸업한 사람
2. 외국의 제1호에 해당하는 학교(보건복지부장관이 정하여 고시하는 인정기준에 해당하는 학교를 말한다)를 졸업하고 외국의 간호사 면허를 받은 사람

② 제1항에도 불구하고 입학 당시 평가인증기구의 인증을 받은 간호학을 전공하는 대학 또는 전문대학에 입학한 사람으로서 그 대학 또는 전문대학을 졸업하고 해당 학위를 받은 사람은 같은 항 제1호에 해당하는 사람으로 본다.

③ 평가인증기구의 인증을 받은 간호학을 전공하는 대학이나 전문대학을 6개월 이내에 졸업하고 해당 학위를 받을 것으로 예정된 사람은 제1항제1호의 자격을 가진 사람으로 본다. 다만, 그 졸업예정시기에 졸업하고 해당 학위를 받아야 면허를 받을 수 있다.

제5조(전문간호사 자격인정) ① 보건복지부장관은 간호사에게 제4조에 따른 간호사 면허 외에 전문간호사 자격을 인정할 수 있다.

② 전문간호사가 되려는 사람은 다음 각 호의 어느 하나에 해당하는 사람으로서 보

건복지부장관이 실시하는 전문간호사 자격시험에 합격한 후 보건복지부장관의 자격인정을 받아야 한다.
1. 보건복지부령으로 정하는 전문간호사 교육과정을 이수한 사람
2. 보건복지부장관이 인정하는 외국의 해당 분야 전문간호사 자격이 있는 사람
③ 전문간호사의 자격 구분, 자격 기준, 자격 시험, 자격증, 그 밖에 필요한 사항은 보건복지부령으로 정한다.

제6조(간호조무사 자격인정 등) ① 간호조무사가 되려는 사람은 다음 각 호의 어느 하나에 해당하는 사람으로서 보건복지부령으로 정하는 교육과정을 이수하고 제8조에 따른 간호조무사 국가시험에 합격한 후 보건복지부장관의 자격인정을 받아야 한다.
1. 초·중등교육법령에 따른 특성화고등학교의 간호 관련 학과를 졸업한 사람(간호조무사 국가시험 응시일부터 6개월 이내에 졸업이 예정된 사람을 포함한다)
2. 「초·중등교육법」 제2조에 따른 고등학교 졸업자(간호조무사 국가시험 응시일부터 6개월 이내에 졸업이 예정된 사람을 포함한다) 또는 초·중등교육법령에 따라 같은 수준 이상의 학력이 있다고 인정되는 사람(이하 이 조에서 "고등학교 졸업 이상 학력 인정자"라 한다)으로서 보건복지부령으로 정하는 국·공립 간호조무사양성소의 교육을 이수한 사람
3. 고등학교 졸업 이상 학력 인정자로서 평생교육법령에 따른 평생교육시설에서 고등학교 교과 과정에 상응하는 교육과정 중 간호 관련 학과를 졸업한 사람(간호조무사 국가시험 응시일부터 6개월 이내에 졸업이 예정된 사람을 포함한다)
4. 고등학교 졸업 이상 학력 인정자로서 「학원의 설립·운영 및 과외교습에 관한 법률」 제2조의2제2항에 따른 학원의 간호조무사 교습과정을 이수한 사람
5. 고등학교 졸업 이상 학력 인정자로서 외국의 간호조무사 교육과정(보건복지부장관이 정하여 고시하는 인정기준에 해당하는 교육과정을 말한다)을 이수하고 해당 국가의 간호조무사 자격을 취득한 사람
6. 제4조제1항제1호 또는 제2호에 해당하는 사람
② 제1항제1호부터 제4호까지에 따른 간호조무사 교육훈련기관은 보건복지부장관의 지정·평가를 받아야 한다. 이 경우 보건복지부장관은 간호조무사 교육훈련기관의 지정을 위한 평가업무를 대통령령으로 정하는 절차·방식에 따라 관계 전문기관에 위탁할 수 있다.
③ 보건복지부장관은 제2항에 따른 간호조무사 교육훈련기관이 거짓이나 그 밖의 부정한 방법으로 지정받는 등 대통령령으로 정하는 사유에 해당하는 경우에는 그 지정을 취소할 수 있다.
④ 제1항에 따른 간호조무사 자격인정, 제2항에 따른 간호조무사 교육훈련기관의 지정·평가 등에 필요한 사항은 보건복지부령으로 정한다.

제7조(결격사유) 다음 각 호의 어느 하나에 해당하는 사람은 간호사등이 될 수 없다.
1. 「정신건강증진 및 정신질환자 복지서비스 지원에 관한 법률」 제3조제1호에 따른 정신질환자. 다만, 「의료법」 제77조에 따른 전문의가 간호사등으로서 적합하다고 인정하는 사람은 그러하지 아니하다.

2. 마약·대마·향정신성의약품 중독자
3. 피성년후견인·피한정후견인
4. 금고 이상의 실형을 선고받고 그 집행이 끝나거나 집행이 면제된 날부터 5년이 지나지 아니한 사람
5. 금고 이상의 형의 집행유예를 선고받고 그 유예기간이 지난 후 2년이 지나지 아니한 사람
6. 금고 이상의 형의 선고유예를 받고 그 유예기간 중에 있는 사람

제8조(국가시험) ① 간호사 및 간호조무사 국가시험(이하 "국가시험"이라 한다)은 매년 보건복지부장관이 시행한다.
② 보건복지부장관은 국가시험의 관리를 대통령령으로 정하는 바에 따라 「한국보건의료인국가시험원법」에 따른 한국보건의료인국가시험원에 위탁할 수 있다.
③ 보건복지부장관은 제2항에 따라 국가시험의 관리를 위탁한 때에는 그 관리에 필요한 예산을 지원할 수 있다.
④ 국가시험에 필요한 사항은 대통령령으로 정한다.

제9조(응시자격의 제한) ① 제7조 각 호의 어느 하나에 해당하는 사람은 국가시험에 응시할 수 없다.
② 부정한 방법으로 국가시험에 응시하거나 국가시험에 관하여 부정행위를 한 사람에 대하여는 그 수험을 정지시키거나 합격을 무효로 한다.
③ 보건복지부장관은 제2항에 따라 수험이 정지되거나 합격이 무효가 된 사람에 대하여 처분의 사유와 위반 정도 등을 고려하여 대통령령으로 정하는 바에 따라 그 다음에 치러지는 국가시험의 응시를 3회의 범위에서 제한할 수 있다.

제10조(면허 또는 자격의 등록과 조건) ① 보건복지부장관은 제4조부터 제6조까지에 따른 면허를 내주거나 자격인정을 할 때에는 그 면허 또는 자격에 관한 사항을 등록대장에 등록하고 면허증 또는 자격증을 발급하여야 한다.
② 보건복지부장관은 보건의료 시책에 필요하다고 인정하면 제4조에 따른 면허를 내줄 때 3년 이내의 기간을 정하여 특정 지역이나 특정 업무에 종사할 것을 면허의 조건으로 붙일 수 있다.
③ 제1항의 등록대장은 간호사·전문간호사·간호조무사별로 따로 작성·비치하여야 한다.
④ 그 밖에 면허 또는 자격의 등록과 면허증 또는 자격증의 발급에 필요한 사항은 보건복지부령으로 정한다.

제11조(면허 대여 금지 등) ① 간호사등은 제4조부터 제6조까지에 따라 받은 면허 또는 자격을 다른 사람에게 대여하여서는 아니 된다.
② 누구든지 제4조부터 제6조까지에 따라 받은 면허 또는 자격을 대여받아서는 아니 되며, 면허 또는 자격의 대여를 알선하여서도 아니 된다.

제3장 간호사등의 업무

제12조(간호사의 업무) ① 간호사는 다음 각 호의 업무를 임무로 한다.
1. 환자의 간호요구에 대한 관찰, 자료수집, 간호판단 및 요양을 위한 간호

2. 「의료법」에 따른 의사, 치과의사, 한의사의 지도하에 시행하는 진료의 보조
3. 간호 요구자에 대한 교육·상담 및 건강증진을 위한 활동의 기획과 수행, 그 밖에 대통령령으로 정하는 보건활동
4. 간호조무사가 수행하는 제1호부터 제3호까지의 업무 보조에 대한 지도
② 제1항에도 불구하고 간호사는 「의료법」 제3조제2항제3호에 따른 병원급 의료기관(이하 "병원급 의료기관"이라 한다) 중 보건복지부령으로 정하는 기관에서 환자의 진료 및 치료행위에 관한 의사의 전문적 판단이 있은 후에 의사의 일반적 지도와 위임에 근거하여 진료지원업무를 수행할 수 있다.
③ 제1항제2호 및 제2항에 따른 업무에는 「의료기사 등에 관한 법률」 제2조 및 제3조에 따른 의료기사등의 업무는 원칙적으로 제외하되, 구체적인 범위와 한계는 대통령령으로 정한다.

제13조(전문간호사의 업무) ① 전문간호사는 제5조제2항에 따라 자격을 인정받은 전문분야에서 업무를 수행하여야 한다.
② 전문간호사의 업무 범위는 보건복지부령으로 정한다.

제14조(진료지원업무의 수행) ① 제12조제2항에 따른 진료지원업무를 수행하려는 간호사는 다음 각 호의 어느 하나의 요건을 갖추어야 한다.
1. 전문간호사 자격을 보유할 것
2. 보건복지부령으로 정하는 임상경력 및 교육과정의 이수에 따른 자격을 보유할 것
② 진료지원업무의 구체적인 기준과 내용, 교육과정 운영기관의 지정·평가, 병원급 의료기관의 기준 및 절차·요건 준수에 관한 사항은 보건복지부령으로 정한다.
[시행일] 제14조제2항에 따른 교육과정 운영기관의 지정 및 평가는 공포 후 9개월이 경과한 날부터 3년 내에 시행하되, 그 기간 내에 보건복지부령으로 정하는 시점부터 시행

제15조(간호조무사의 업무) ① 간호조무사는 「의료법」 제27조에도 불구하고 간호사를 보조하여 제12조제1항제1호부터 제3호까지의 업무를 수행할 수 있다.
② 제1항에도 불구하고 간호조무사는 「의료법」 제3조제2항제1호에 따른 의원급 의료기관에 한정하여 같은 법에 따른 의사, 치과의사, 한의사의 지도하에 환자의 요양을 위한 간호 및 진료의 보조를 수행할 수 있다.
③ 제1항 및 제2항에 따른 구체적인 업무의 범위와 한계에 관하여 필요한 사항은 보건복지부령으로 정한다.

제16조(보수교육) ① 간호사는 제18조제9항에 따른 보수(補修)교육을 받아야 한다.
② 간호조무사는 보건복지부령으로 정하는 바에 따라 보수교육을 받아야 한다.

제17조(실태 및 취업상황 등의 신고) ① 간호사는 대통령령으로 정하는 바에 따라 최초로 면허를 받은 후부터 3년마다 그 실태와 취업상황 등을 보건복지부장관에게 신고하여야 한다.
② 보건복지부장관은 제16조제1항에 따른 보수교육을 이수하지 아니한 간호사에 대하여 제1항에 따른 신고를 반려할 수 있다.
③ 보건복지부장관은 제1항에 따른 신고 수리 업무를 대통령령으로 정하는 바에 따

라 제18조제1항에 따른 간호사중앙회에 위탁할 수 있다.
④ 간호조무사는 보건복지부령으로 정하는 바에 따라 최초로 자격인정을 받은 후부터 3년마다 그 실태와 취업상황 등을 보건복지부장관에게 신고하여야 한다.

제4장 간호사 및 간호조무사 단체
제18조(간호사중앙회와 지부) ① 간호사는 대통령령으로 정하는 바에 따라 전국적 조직을 두는 간호사회(이하 "간호사중앙회"라 한다)를 설립하여야 한다.
② 간호사중앙회는 법인으로 한다.
③ 제1항에 따라 간호사중앙회가 설립된 경우에는 간호사는 당연히 간호사중앙회의 회원이 되며, 간호사중앙회의 정관을 지켜야 한다.
④ 간호사중앙회는 대통령령으로 정하는 바에 따라 특별시·광역시·특별자치시·도 및 특별자치도(이하 "시·도"라 한다)에 지부를 설치하여야 하며, 시·군·구(자치구를 말한다)에 분회를 설치할 수 있다. 다만, 그 외의 지부를 설치하려면 보건복지부장관의 승인을 받아야 한다.
⑤ 간호사중앙회가 지부나 분회를 설치한 때에는 그 지부나 분회의 책임자는 지체 없이 특별시장·광역시장·특별자치시장·도지사·특별자치도지사(이하 "시·도지사"라 한다) 또는 시장·군수·구청장(자치구의 구청장을 말한다. 이하 같다)에게 신고하여야 한다.
⑥ 간호사중앙회는 제21조에 따른 자격정지 처분 요구에 관한 사항 등을 심의·의결하기 위하여 윤리위원회를 둔다.
⑦ 제6항에 따른 윤리위원회의 구성·운영 등에 관한 사항은 대통령령으로 정한다.
⑧ 간호사중앙회에 관하여 이 법에 규정되지 아니한 사항은 「민법」 중 사단법인에 관한 규정을 준용한다.
⑨ 간호사중앙회는 보건복지부령으로 정하는 바에 따라 회원의 자질 향상을 위하여 필요한 보수교육을 실시하여야 한다.
제19조(설립 허가 등) ① 간호사중앙회를 설립하려면 대표자는 대통령령으로 정하는 바에 따라 정관과 그 밖에 필요한 서류를 보건복지부장관에게 제출하여 설립 허가를 받아야 한다.
② 간호사중앙회의 정관에 적을 사항은 대통령령으로 정한다.
③ 간호사중앙회가 정관을 변경하려면 보건복지부장관의 허가를 받아야 한다.
제20조(간호조무사협회) ① 간호조무사는 대통령령으로 정하는 바에 따라 전국적 조직을 두는 간호조무사협회(이하 "간호조무사협회"라 한다)를 설립할 수 있다.
② 간호조무사협회는 법인으로 한다.
③ 간호조무사협회의 설립 허가의 신청 등에 필요한 사항은 보건복지부령으로 정한다.
④ 간호조무사협회는 제21조에 따른 자격정지 처분 요구에 관한 사항 등을 심의·의결하기 위하여 윤리위원회를 둔다.
⑤ 제4항에 따른 윤리위원회의 구성·운영 등에 관한 사항은 대통령령으로 정한다.

⑥ 간호조무사협회에 관하여 이 법에 규정되지 아니한 사항은 「민법」 중 사단법인에 관한 규정을 준용한다.
⑦ 간호조무사협회의 정관에 적을 사항은 보건복지부령으로 정한다.
⑧ 간호조무사협회가 정관을 변경하려면 보건복지부장관의 허가를 받아야 한다.

제21조(자격정지 처분 요구 등) 간호사중앙회 및 간호조무사협회의 장은 간호사 및 간호조무사가 「의료법」 제66조제1항제1호에 해당하는 경우에는 각각 제18조제6항 및 제20조제4항에 따른 윤리위원회의 심의·의결을 거쳐 보건복지부장관에게 「의료법」 제66조제1항에 따른 자격정지 처분을 요구할 수 있다.

제22조(협조의무) 간호사중앙회 및 간호조무사협회는 보건복지부장관으로부터 의료와 국민보건 향상에 관한 협조 요청을 받으면 협조하여야 한다.

제23조(감독) 보건복지부장관은 간호사중앙회나 그 지부 또는 간호조무사협회가 정관으로 정한 사업 외의 사업을 하거나 국민보건 향상에 장애가 되는 행위를 한 때 또는 제22조에 따른 요청을 받고 협조하지 아니한 경우에는 정관을 변경하거나 임원을 새로 뽑을 것을 명할 수 있다.

제5장 간호사등의 권리 및 처우 개선 등

제24조(국가 및 지방자치단체의 책무 등) ① 국가 및 지방자치단체는 근무환경 및 처우 개선을 통한 간호사등의 장기근속 유도 및 숙련 인력 확보를 위하여 필요한 정책을 수립하고 그에 따른 지원을 하여야 한다.
② 국가 및 지방자치단체는 제1항에 따른 정책의 효율적 수립 및 수행에 필요한 재원을 확보하는 등 예산상의 조치를 취할 수 있다.
③ 국가 및 지방자치단체는 숙련 간호사의 확보를 위하여 예산의 범위에서 의료기관 및 관련 단체 등에 필요한 재정지원을 할 수 있다.
④ 국가 및 지방자치단체는 서울특별시·인천광역시 및 경기도가 아닌 시·도에 소재한 병원급 의료기관 중 보건복지부령으로 정하는 의료기관이 적정 수준의 간호사를 확보할 수 있도록 의료기관 등에 필요한 지원을 할 수 있다.
⑤ 간호사등을 고용하는 각종 기관과 시설의 장은 간호사등의 근무환경 및 처우 개선을 위하여 필요한 지원을 하여야 한다.

제25조(간호사등의 권리) ① 간호사등은 자신의 전문성과 경험, 양심에 따라 최적의 간호 서비스를 제공할 수 있고, 이를 보장하기 위하여 적정한 노동시간의 확보, 일·가정 양립지원 및 근무환경과 처우의 개선 등을 요구할 권리를 가진다.
② 간호사등은 「의료법」 제27조제5항을 위반한 무면허 의료행위 지시를 거부할 수 있으며, 보건의료기관의 장 및 무면허 의료행위 지시를 한 자 또는 이와 관련된 자는 무면허 의료행위 지시를 거부한 사람에 대하여 징계 등 불이익한 처우를 하여서는 아니 된다.

제26조(간호사등의 책무) 간호사등은 보건의료의 중요한 담당자로서 자발적으로 그 능력의 개발 및 향상을 도모하도록 노력하여야 한다.

제27조(간호사등 인권침해 금지) ① 누구든지 간호사등에게 업무상 적정범위를 넘는 신체

적·정신적 고통을 주거나 근무환경을 악화시키는 행위(이하 이 조에서 "인권침해행위"라 한다)를 하여서는 아니 된다.
② 각종 기관 및 시설의 장은 간호현장에서 간호사등에 대한 인권침해행위가 발생하지 아니하도록 최선의 노력을 다하여야 한다.
③ 보건복지부장관은 간호현장에서 간호사등에 대한 인권침해행위가 발생하지 아니하도록 예방 및 교육을 충실히 하여야 한다.
④ 제3항에 따른 예방 및 교육 등에 필요한 사항은 보건복지부령으로 정한다.
⑤ 누구든지 간호사등에 대한 인권침해행위가 발생한 사실을 알게 된 경우 그 사실을 해당 보건의료기관의 장에게 신고할 수 있고, 신고를 받은 보건의료기관의 장은 「근로기준법」제76조의3에 따른 조치를 하여야 한다.

제28조(간호사등의 일·가정 양립지원) 보건의료기관의 장은 간호사등이 「근로기준법」제74조에 따른 출산전후휴가 또는 유산·사산 휴가 및 「남녀고용평등과 일·가정 양립 지원에 관한 법률」제19조에 따른 육아휴직을 사용하거나 같은 법 제19조의2에 따른 육아기 근로시간 단축으로 인하여 발생하는 업무의 결손이 다른 간호사등의 근로조건을 악화시키지 아니하도록 필요한 조치를 강구하여야 한다.

제29조(간호사 대 환자 수) 국가는 병원급 의료기관 중 보건복지부령으로 정하는 의료기관에 근무하는 간호사 1인당 환자 수를 줄이기 위하여 필요한 정책을 수립하고 그에 따른 지원을 할 수 있다.

제30조(교대근무) ① 국가는 병원급 의료기관 중 보건복지부령으로 정하는 의료기관에 근무하는 간호사가 규칙적이고 예측 가능한 교대근무를 할 수 있도록 필요한 지원을 할 수 있다.
② 제1항에 따른 의료기관의 장은 질병, 사고 등 예기치 못한 사정으로 근무를 할 수 없게 된 간호사를 대신하여 근무할 수 있는 대체인력을 둘 수 있다.
③ 국가는 제2항에 따른 대체인력 배치에 필요한 비용의 전부 또는 일부를 지원할 수 있다.

제31조(간호인력 지원센터의 설치 및 운영) ① 보건복지부장관은 보건의료기관 등 지역사회의 다양한 간호현장에 근무하는 간호사 및 간호조무사의 장기근속 유도, 이직 방지, 전문성 및 자질 향상 등을 지원하기 위하여 다음 각 호의 업무를 수행하는 간호인력 지원센터를 특별시·광역시·도·특별자치도별로 설치·운영할 수 있다.
1. 지역별, 기관별 간호인력의 근무여건과 복리후생 등 실태에 관한 현황 조사
2. 제4조제1항제1호에 따른 간호학을 전공하는 대학이나 전문대학(구제 전문학교와 간호학교를 포함한다) 졸업예정자에 대한 취업 교육 및 신규 간호인력의 취업 확대와 장기근속 유도 지원
3. 간호인력의 역량 강화 지원
4. 간호인력의 경력단절 방지 및 재취업 지원
5. 간호인력에 대한 사회적 인식개선 및 홍보 지원
6. 간호인력의 업무 수행 중 발생하는 고충 해소 및 상담 지원
7. 제32조에 따른 교육전담간호사의 교육

Keyword

8. 그 밖에 간호인력 지원을 위하여 보건복지부장관이 정하는 사항

② 보건복지부장관은 간호인력 지원센터를 효율적으로 운영하기 위하여 그 운영에 관한 업무를 대통령령으로 정하는 절차·방식에 따라 관계 전문기관 또는 단체에 위탁할 수 있다.

③ 국가 및 지방자치단체는 제2항에 따라 간호인력 지원센터의 운영에 관한 업무를 위탁한 경우에는 그 운영에 드는 비용을 지원할 수 있다.

④ 그 밖에 간호인력 지원센터의 운영 등에 필요한 사항은 보건복지부령으로 정한다.

제32조(교육전담간호사) ① 병원급 의료기관에는 신규 채용되거나 보임된 간호사, 간호대학생(이하 이 조에서 "신규간호사등"이라 한다)에게 직무수행에 필요한 지식, 기술 및 역량 등을 전수하고 적응을 지원하기 위하여 교육전담간호사 양성교육을 이수하는 등 보건복지부령으로 정하는 자격을 갖춘 교육전담간호사를 두어야 한다.

② 제1항에 따른 교육전담간호사는 다음 각 호의 직무를 수행한다.

1. 신규간호사등의 교육과정 기획·운영·평가
2. 신규간호사등의 교육 총괄 및 관리
3. 신규간호사등의 교육을 담당하는 인력의 관리 및 지도
4. 신규간호사등의 교육에 필요한 자원 확보·개발

③ 국가는 제1항에 따른 교육전담간호사 운영에 필요한 비용의 전부 또는 일부를 지원할 수 있다.

④ 제1항에 따른 교육전담간호사의 배치 대상과 기준은 의료기관의 종류 및 규모, 신규간호사등의 수 등을 고려하여 보건복지부령으로 정한다.

제33조(교육지원) 의료기관의 장은 교육훈련 중인 간호사를 대신하여 근무할 수 있는 대체인력을 둘 수 있다.

제6장 간호종합계획의 수립 등

제34조(간호종합계획의 수립 등) ① 보건복지부장관은 간호사등을 양성하여 보건의료기관 등이 원활히 간호사등을 확보할 수 있도록 지원하고, 간호사등에 대한 처우 개선을 위하여 5년마다 간호종합계획(이하 "종합계획"이라 한다)을 수립하여야 한다. 이 경우 종합계획은 「보건의료기본법」 제15조에 따른 보건의료발전계획, 「지역보건법」 제7조에 따른 지역보건의료계획, 「보건의료인력지원법」 제5조에 따른 보건의료인력 종합계획, 「의료법」 제60조의2에 따른 의료인 수급계획과 연계하여 수립한다.

② 보건복지부장관은 종합계획을 수립할 때에는 미리 관계 중앙행정기관의 장과 협의하여야 한다.

③ 종합계획은 제38조에 따른 간호정책심의위원회의 심의를 거쳐 확정한다. 이 경우 보건복지부장관은 확정된 종합계획을 관계 중앙행정기관의 장 및 시·도지사에게 알려야 한다.

제35조(연도별 시행계획의 수립·시행) ① 보건복지부장관, 관계 중앙행정기관의 장 및 시·도지사는 매년 종합계획에 따라 간호정책 시행계획(이하 "시행계획"이라 한다)을 수립·시행하여야 한다.

② 관계 중앙행정기관의 장 및 시·도지사는 다음 연도의 시행계획과 전년도의 시행계획에 따른 추진실적을 매년 보건복지부장관에게 제출하고, 보건복지부장관은 매년 시행계획에 따른 추진실적을 평가하여야 한다.
③ 시행계획의 수립·시행 및 추진실적의 평가 등에 필요한 사항은 대통령령으로 정한다.

제36조(계획수립의 협조) ① 보건복지부장관, 관계 중앙행정기관의 장 및 시·도지사는 종합계획 또는 시행계획의 수립·시행을 위하여 필요한 경우에는 관계 기관 또는 단체의 장에게 협조를 요청할 수 있다.
② 제1항에 따른 요청을 받은 자는 정당한 사유가 없으면 이에 따라야 한다.

제37조(실태조사) ① 보건복지부장관은 5년마다 다음 각 호의 사항이 포함된 간호사등에 관한 실태조사(이하 이 조에서 "실태조사"라 한다)를 실시하여 그 결과를 공표하고, 이를 종합계획과 시행계획에 반영하여야 한다.
1. 간호사등의 수급 변화에 관한 사항
2. 보건의료기관별·직종별·지역별 간호사등의 현황 및 업무 실태에 관한 사항
3. 간호사등의 근무시간, 근무형태, 이직률, 직업 만족도 등 근무여건과 근무환경에 관한 사항
4. 간호사등의 임금 수준 및 지급 실태에 관한 사항
5. 간호사등에 대한 교육·훈련 및 인력 관리에 관한 사항
6. 간호사등의 인권침해 실태 및 일·가정 양립에 관한 사항
7. 그 밖에 간호사등의 양성 및 처우 개선을 위하여 필요한 사항
② 보건복지부장관은 실태조사를 위하여 관계 기관·법인·단체·시설의 장에게 필요한 자료의 제출 또는 의견의 진술을 요청할 수 있다. 이 경우 요청을 받은 자는 정당한 사유가 없으면 이에 협조하여야 한다.
③ 실태조사의 내용과 방법 등에 필요한 사항은 보건복지부령으로 정한다.

제38조(간호정책심의위원회) ① 간호사등의 양성 및 처우 개선에 관한 다음 각 호의 사항을 심의하기 위하여 보건복지부장관 소속으로 간호정책심의위원회(이하 이 조에서 "위원회"라 한다)를 둔다.
1. 종합계획 및 시행계획의 수립에 관한 사항
2. 간호사등의 수급, 양성 및 적정 배치에 관한 사항
3. 간호사등의 근무환경 및 처우 개선을 위하여 필요한 시책에 관한 사항
4. 간호사등의 장기근속 유도 및 숙련인력 확보에 필요한 시책에 관한 사항
5. 의료기관 등에서 교대근무 및 야간근무를 하는 간호사등의 건강권 보호, 적정 보상 및 지원에 관한 사항
6. 우수 간호사 양성을 위한 대학 및 의료기관의 교육 여건 지원에 관한 사항
7. 지역의료 강화 및 필수의료 분야에 필요한 간호사의 양성, 확보 및 지원에 관한 사항
8. 간호사등에 대한 지역별 수요를 고려한 적정수급에 관한 사항
9. 그 밖에 위원장이 심의에 부치는 사항

② 위원회의 위원장은 보건복지부차관이 되고, 위원장을 포함한 15명 내외의 위원으로 구성한다.
③ 위원회의 구성 및 운영에 관한 사항은 보건복지부령으로 정한다.

제7장 보칙

제39조(면허 또는 자격의 취소와 재교부) ① 보건복지부장관은 간호사등이 다음 각 호의 어느 하나에 해당할 경우에는 그 면허 또는 자격을 취소할 수 있다. 다만, 제1호·제8호의 경우에는 면허 또는 자격을 취소하여야 한다.

1. 제7조 각 호의 어느 하나에 해당하게 된 경우. 다만, 의료행위 중 「형법」 제268조의 죄를 범하여 제7조제4호부터 제6호까지의 어느 하나에 해당하게 된 경우에는 그러하지 아니하다.
2. 「의료법」 제66조에 따른 자격정지 처분 기간 중에 의료행위를 하거나 3회 이상 자격정지 처분을 받은 경우
3. 제2항에 따라 면허 또는 자격을 재교부받은 사람이 「의료법」 제66조제1항 각 호의 어느 하나에 해당하는 경우
4. 제10조제2항에 따른 면허 조건을 이행하지 아니한 경우
5. 제11조제1항을 위반하여 면허를 대여한 경우
6. 「의료법」 제4조제6항을 위반하여 사람의 생명 또는 신체에 중대한 위해를 발생하게 한 경우
7. 「의료법」 제27조제5항을 위반하여 사람의 생명 또는 신체에 중대한 위해를 발생하게 할 우려가 있는 수술, 수혈, 전신마취를 의료인 아닌 자에게 하게 하거나 의료인에게 면허 사항 외로 하게 한 경우
8. 거짓이나 그 밖의 부정한 방법으로 제4조에 따른 면허 또는 제6조에 따른 자격의 발급 요건을 취득하거나 국가시험에 합격한 경우

② 보건복지부장관은 제1항에 따라 면허 또는 자격이 취소된 자라도 취소의 원인이 된 사유가 없어지거나 개전(改悛)의 정이 뚜렷하다고 인정되고 대통령령으로 정하는 교육프로그램을 이수한 경우에는 면허 또는 자격을 재교부할 수 있다. 다만, 제1항제4호에 따라 면허가 취소된 경우에는 취소된 날부터 1년 이내, 제1항제2호·제3호에 따라 면허 또는 자격이 취소된 경우에는 취소된 날부터 2년 이내, 제1항제5호부터 제7호까지 또는 제7조제4호부터 제6호까지에 따른 사유로 면허 또는 자격이 취소된 경우에는 취소된 날부터 3년 이내, 제7조제4호에 따른 사유로 면허 또는 자격이 취소된 사람이 다시 제7조제4호에 따른 사유로 면허 또는 자격이 취소된 경우에는 취소된 날부터 10년 이내에는 재교부하지 못하고, 제1항제8호에 따라 면허 또는 자격이 취소된 경우에는 재교부할 수 없다.

③ 제1항에 따른 면허 또는 자격 취소의 세부적인 기준은 보건복지부령으로 정한다.

제40조(면허 또는 자격의 효력정지) 보건복지부장관은 간호사등이 제17조제1항 또는 같은 조 제4항에 따른 신고를 하지 아니한 때에는 신고할 때까지 면허 또는 자격의 효력을 정지할 수 있다.

제41조(청문) 보건복지부장관은 간호사등에게 제39조제1항에 따른 면허 또는 자격의 취소를 하려면 청문을 실시하여야 한다.

제42조(시정명령) ① 보건복지부장관 또는 시장·군수·구청장은 의료기관이 제32조제1항·제4항을 위반한 때에는 일정한 기간을 정하여 위반한 사항을 시정하도록 명할 수 있다. 이 때 시정명령은 「의료법」 제63조제1항의 시정명령과 같은 것으로 본다.
② 제1항에 따른 시정명령의 세부적인 기준은 보건복지부령으로 정한다.

제43조(경비 보조 등) 보건복지부장관 또는 시·도지사는 국민보건 향상을 위하여 필요하다고 인정될 때에는 간호사등·간호사중앙회·간호조무사협회 또는 관련 단체에 대하여 시설, 운영 경비, 조사·연구 비용의 전부 또는 일부를 보조할 수 있다.

제44조(수수료) ① 이 법에 따른 간호사등의 면허 또는 자격인정을 받거나 면허증 또는 자격증을 재교부받으려는 사람 및 국가시험에 응시하려는 사람은 보건복지부령으로 정하는 바에 따라 수수료를 내야 한다.
② 제8조제2항에 따라 국가시험의 관리를 위탁받은 한국보건의료인국가시험원은 제1항에 따라 납부받은 국가시험의 응시수수료를 보건복지부장관의 승인을 받아 시험 관리에 필요한 경비에 직접 충당할 수 있다.

제45조(권한 등의 위임·위탁) ① 이 법에 따른 보건복지부장관 또는 시·도지사의 권한은 그 일부를 대통령령으로 정하는 바에 따라 질병관리청장, 시·도지사 또는 시장·군수·구청장이나 보건소장에게 위임할 수 있다.
② 보건복지부장관은 이 법에 따른 업무의 일부를 대통령령으로 정하는 바에 따라 관계 전문기관에 위탁할 수 있다.

Keyword

제8장 벌칙

제46조(벌칙) ① 다음 각 호의 어느 하나에 해당하는 사람은 5년 이하의 징역이나 5천만원 이하의 벌금에 처한다.
  1. 제11조제1항을 위반하여 면허 또는 자격을 대여한 사람
  2. 제11조제2항을 위반하여 면허 또는 자격을 대여받거나 면허 또는 자격의 대여를 알선한 사람
② 제42조제1항에 따른 시정명령을 위반한 자는 500만원 이하의 벌금에 처한다.

제47조(양벌규정) 법인의 대표자나 법인 또는 개인의 대리인, 사용인, 그 밖의 종업원이 그 법인 또는 개인의 업무에 관하여 제46조의 위반행위를 하면 그 행위자를 벌하는 외에 그 법인 또는 개인에게도 해당 조문의 벌금형을 과(科)한다. 다만, 법인 또는 개인이 그 위반행위를 방지하기 위하여 해당 업무에 관하여 상당한 주의와 감독을 게을리하지 아니한 경우에는 그러하지 아니하다.

[부록] 기출 법령

Keyword

년도	
2025	• 아동복지법 • 아동학대범죄의 처벌 등에 관한 특례법 • 도로교통법 • 감염병의 예방 및 관리에 관한 법률
2024	• 국민건강증진법 • 대기환경보전법 • 사회보장기본법
2023	• 암검진 실시기준(2문항), 암 관리법 • 학교안전교육 실시 기준 등에 관한 고시 • 대기환경보전법 • 후천성면역결핍증 예방법 • (지문)-노인복지법(노인학대)
2022	• 감염병의 예방 및 관리에 관한 법률 • 먹는 물 수질기준 및 검사 등에 관한 규칙 • 정신건강증진 및 정신질환자 복지서비스 지원에 관한 법률 • 사회보장기본법 • 장기요양급여 제공기준 및 급여비용 산정방법 등에 관한 고시 • 고용노동부고시(근로자 건강진단 실시기준)
2021	• 학교안전사고 예방 및 보상에 관한 법률 • 감염병의 예방 및 관리에 관한 법률 • 학교안전교육 실시 기준 등에 관한 고시 개정안
2020	• 아동복지법(아동학대) • 학교보건법 • 학교보건법 시행규칙 • 2015 개정 고등학교 교양 교과 (보건) 교육과정
2019	• 감염병의 예방 및 관리에 관한 법률 시행규칙 • 2015 개정 교육과정 : 암관리법 시행령, 암검진 실시기준 • 산업안전보건법: 작업환경 유해요인 • 필수예방접종법 • 학교보건법
2018	• 감염병의 예방 및 관리에 관한 법률: 인플루엔자 • 모자보건법 • 산업안전보건법
2017	• 산업안전보건법 시행규칙 • 재난 및 안전관리 기본법

Keyword	2016	• 학교건강검사규칙 • 감염병의 예방 및 관리에 관한 법률: 폐결핵

	기타	• 감염병 예방 및 관리에 관한 법률
		• 검역법
		• 후천성 면역결핍증 예방법
		  – 마약류 관리에 관한 법률
		  – 국민건강보험법
		  – 산업재해보상법
		  – 응급 의료에 관한 법률

이룸보건

지역사회 간호학
(학교보건, 보건교육)

정 가	36,000원

초 판 발 행	2025년 1월 20일
편 저	이아라
발 행 자	구봉철
발 행 처	도서출판 G북스
등 록	1997년 3월 27일
주 소	서울특별시 동작구 노량진로 190(서울사무소)
전 화	(02)812-3400 (서울사무소)
팩 스	(02)812-3497 (서울사무소)

도서출판 **G북스**는 **(주)와이에스디**의 임프린트입니다.

I S B N 979-11-7356-013-2 (13510)

> ※ 이 책의 일부 또는 전체를 무단전재, 복사, 복제하는 것은 저작권법 제136조에 의거하여 5년 이하의 징역 또는 5,000만원 이하의 벌금에 처하거나 이를 병과할 수 있습니다.